陳福成著

陳福成著作全編

第六十三冊　那些年我們是這樣談戀愛的

文史哲出版社印行

國家圖書館出版品預行編目資料

陳福成著作全編 / 陳福成著. -- 初版. --臺北市：文史哲,民 104.08
頁： 公分
ISBN 978-986-314-266-9（全套：平裝）

848.6 104013035

陳福成著作全編

第六十三冊 那些年我們是這樣談戀愛的

著　　者：陳　福　成
出 版 者：文　史　哲　出　版　社
http://www.lapen.com.tw
登記證字號：行政院新聞局版臺業字五三三七號
發 行 人：彭　正　雄
發 行 所：文　史　哲　出　版　社
印 刷 者：文　史　哲　出　版　社
臺北市羅斯福路一段七十二巷四號
郵政劃撥帳號：一六一八〇一七五
電話886-2-23511028 · 傳真886-2-23965656

全 80 冊定價新臺幣 36,800 元

二〇一五年（民一〇四）八月初版

ISBN 978-986-314-266-9 08981

陳福成著作全編總目

壹、兩岸關係

①決戰閏八月
②防衛大台灣
③解開兩岸十大弔詭
④大陸政策與兩岸關係

貳、國家安全

⑤國家安全與情治機關的弔詭
⑥國家安全與戰略關係
⑦國家安全論壇。

參、中國學四部曲

⑧中國歷代戰爭新詮
⑨中國近代黨派發展研究新詮
⑩中國政治思想新詮
⑪中國四大兵法家新詮：孫子、吳起、孫臏、孔明

肆、歷史、人類、文化、宗教、會黨

⑫神劍與屠刀
⑬中國神譜
⑭天帝教的中華文化意涵
⑮奴婢妾匪到革命家之路：復興廣播電台謝雪紅訪講錄
⑯洪門、青幫與哥老會研究

伍、詩〈現代詩、傳統詩〉、文學

⑰幻夢花開一江山
⑱赤縣行腳・神州心旅
⑲「外公」與「外婆」的詩
⑳尋找一座山
㉑春秋記實
㉒性情世界
㉓春秋詩選
㉔八方風雲性情世界
㉕古晟的誕生
㉖把腳印典藏在雲端
㉗從魯迅文學醫人魂救國魂說起
㉘六十後詩雜記詩集

陸、現代詩（詩人、詩社）研究

㉙三月詩會研究
㉚我們的春秋大業：三月詩會二十年別集
㉛中國當代平民詩人王學忠
㉜讀詩稗記
㉝嚴謹與浪漫之間
㉞一信詩學研究：解剖一隻九頭詩鵠
㉟囚徒
㊱胡爾泰現代詩臆說
㊲王學忠籲天詩錄

柒、春秋典型人物研究、遊記

㊳山西芮城劉焦智「鳳梅人」報研究
㊴在「鳳梅人」小橋上

總序：陳福成的一部文史哲政兵千秋事業

陳福成先生，祖籍四川成都，一九五二年出生在台灣省台中縣。筆名古晟、藍天、司馬千、鄉下人等，皈依法名：本肇居士。一生除軍職外，以絕大多數時間投入寫作，範圍包括詩歌、小說、政治（兩岸關係、國際關係）、歷史、文化、宗教、哲學、兵學（國防、軍事、戰爭、兵法），及教育部審定之大學、專科（三專、五專）、高中（職）等各級學校國防通識（軍訓課本）十二冊。以上總計近百部著作，目前尚未出版者尚約二十部。

我的戶籍資料上寫著祖籍四川成都，小時候也在軍眷長大，初中畢業（民57年6月），投考陸軍官校預備班十三期，三年後（民60）直升陸軍官校正期班四十四期，民國六十四年八月畢業，隨即分發野戰部隊服役，到民國八十三年四月轉台灣大學軍訓教官。到民國八十八年二月，我以台大夜間部（兼文學院）主任教官退休（伍），進入全職寫作高峰期。

我年青時代也曾好奇問老爸：「我們家到底有沒有家譜？」

他說：「當然有。」他肯定說，停一下又說：「三十八年逃命都來不及了，現在有個鬼啦！」

兩岸開放前他老人家就走了，開放後經很多連繫和尋找，真的連鬼都沒有了，茫茫無垠的「四川北門」，早已人事全非了。

但我的母系家譜卻很清楚，母親陳蕊是台中縣龍井鄉人。她的先祖其實來台不算太久，按家譜記載，到我陳福成才不過第五代，大陸原籍福建省泉州府同安縣六都施盤鄉馬巷。

第一代祖陳添丁、妣黃媽名申氏。從原籍移居台灣島台中州大甲郡龍井庄龍目井字水裡社三十六番地，移台時間不詳。陳添丁生於清道光二十年（庚子，一八四〇年）六月十二日，卒於民國四年（一九一五年），葬於水裡社共同墓地，坐北向南，他有二個兒子，長子昌，次子標。

第二代祖陳昌（我外曾祖父），生於清同治五年（丙寅，一八六六年）九月十四日，卒於民國廿六年（昭和十二年）四月二十二日，葬在水裡社共同墓地，坐東南向西北。陳昌娶蔡匏，育有四子，長子平、次子豬、三子波、四子萬芳。

第三代祖陳平（我外祖父），生於清光緒十七年（辛卯，一八九一年）九月二十五日，卒於（年略記）二月十三日。陳平娶彭宜（我外祖母），生光緒二十二年（丙申，一八九六年）六月十二日，卒於民國五十六年十二月十六日。他們育有一子五女，長子陳火，長女陳變、次女陳燕、三女陳蕊、四女陳品、五女陳鶯。

以上到我母親陳蕊是第四代，到筆者陳福成是第五代，與我同是第五代的表兄弟姊妹共三十二人，目前大約半數仍在就職中，半數已退休。

寫作是我一輩子的興趣，一個職業軍人怎會變成以寫作為一生志業，在我的幾本著作都詳述（如《迷航記》、《台大教官興衰錄》、《五十不惑》等」。我從軍校大學時代開始寫，從台大主任教官退休後，全力排除無謂應酬，更全力全心的寫（不含為教育部編著的大學、高中職《國防通識》十餘冊）。我把《陳福成著作全編》略為分類暨編目如下：

壹、兩岸關係

①《決戰閏八月》②《防衛大台灣》③《解開兩岸十大弔詭》④《大陸政策與兩岸關係》。

貳、國家安全

⑤《國家安全與情治機關的弔詭》⑥《國家安全與戰略關係》⑦《國家安全論壇》。

參、中國學四部曲

⑧《中國歷代戰爭新詮》⑨《中國近代黨派發展研究新詮》⑩《中國政治思想新詮》⑪《中國四大兵法家新詮：孫子、吳起、孫臏、孔明》。

肆、歷史、人類、文化、宗教、會黨

⑫《神劍與屠刀》⑬《中國神譜》⑭《天帝教的中華文化意涵》⑮《奴婢妾匪到革命家之路：復興廣播電台謝雪紅訪講錄》⑯《洪門、青幫與哥老會研究》。

伍、詩〈現代詩、傳統詩〉、文學

⑰《幻夢花開一江山》⑱《赤縣行腳‧神州心旅》⑲《「外公」與「外婆」的詩》、⑳《尋找一座山》㉑《春秋記實》㉒《性情世界》㉓《春秋詩選》㉔《八方風雲性情世界》㉕《古晟的誕生》㉖《把腳印典藏在雲端》㉗《從魯迅文學醫人魂救國魂說起》㉘《60後詩雜記詩集》。

陸、現代詩（詩人、詩社）研究

㉙《三月詩會研究》㉚《我們的春秋大業：三月詩會二十年別集》㉛《中國當代平民詩人王學忠》㉜《讀詩稗記》㉝《嚴謹與浪漫之間》㉞《一信詩學研究：解剖一隻九頭詩鵠》㉟《囚徒》㊱《胡爾泰現代詩臆說》㊲王學忠籲天詩錄。

柒、春秋典型人物研究、遊記

㊳《山西芮城劉焦智「鳳梅人」報研究》㊴《在「鳳梅人」小橋上》㊵《我所知道的孫大公》㊶《孫大公思想主張手稿》㊷《金秋六人行》㊸《漸凍勇士陳宏》。

捌、小說、翻譯小說

㊹《迷情・奇謀・輪迴》㊺《愛倫坡恐怖推理小說》。

玖、散文、論文、雜記、詩遊記、人生小品

㊻《一個軍校生的台大閒情》㊼《古道・秋風・瘦筆》㊽《頓悟學習》㊾《春秋正義》㊿《公主與王子的夢幻》51《洄游的鮭魚》52《男人和女人的情話真話》53《台灣邊陲之美》54《最自在的彩霞》55《梁又平事件後》。

拾、回憶錄體

56《五十不惑》57《我的革命檔案》

58《台大教官興衰錄》59《迷航記》60《最後一代書寫的身影》61《我這輩子幹了什麼好事》62《那些年我們是這樣寫情書的》63《那些年我們是這樣談戀愛的》

64《台灣大學退休人員聯誼會第九屆理事長記實》。

拾壹、兵學、戰爭

65《孫子實戰經驗研究》66《第四波戰爭開山鼻祖賓拉登》。

拾貳、政治研究

67《政治學方法論概說》68《西洋政治思想概述》69《中國全民民主統一會北京行》70《尋找理想國：中國式民主政治研究要綱》。

拾參、中國命運、喚醒國魂

71《大浩劫後：日本311天譴說》、《日本問題的終極處理》72《台大逸仙學會》。

拾肆、地方誌、地區研究

73《台北公館台大地區考古・導覽》74《台中開發史》75《台北的前世今生》76《台北公館地區開發史》。

拾伍、其他

77《英文單字研究》78《與君賞玩天地寬》（別人評論）79《非常傳銷學》80《新領導與管理實務》。

我這樣的分類並非很確定，如《謝雪紅訪講錄》，是人物誌，但也是政治，更是歷史，說的更白，是兩岸永恆不變又難分難解的「本質性」問題。

以上這些作品大約可以概括在「中國學」範圍，如我在每本書扉頁所述，以「生長在台灣的中國人為榮」，以創作、鑽研「中國學」，貢獻所能和所學為自我實現的途徑，以宣揚中國春秋大義、中華文化和促進中國和平統一為今生志業，直到生命結束。我這樣的人生，似乎滿懷「文天祥、岳飛式的血性」。

抗戰時期，胡宗南將軍曾主持陸軍官校第七分校（在王曲），校中有兩幅對聯，一是「升官發財請走別路、貪生怕死莫入此門」，二是「鐵肩擔主義、血手寫文章」。前聯原在廣州黃埔，後聯乃胡將軍胸懷，「鐵肩擔主義」我沒機會，但「血手寫文章」的

「血性」俱在我各類著作詩文中。

人生無常，我到六十三歲之年，以對自己人生進行「總清算」的心態出版這套書。

回首前塵，我的人生大致分成兩個「生死」階段，第一個階段是「理想走向毀滅」，年齡從十五歲進軍校到四十三歲，離開野戰部隊前往台灣大學任職中校教官。第二個階段是「毀滅到救贖」，四十三歲以後的寫作人生。

「理想到毀滅」，我的人生全面瓦解、變質，險些遭到軍法審判，就算軍法不判我，我也幾乎要「自我毀滅」；而「毀滅到救贖」是到台大才得到的「新生命」，我積極寫作是從台大開始的，我常說「台大是我啟蒙的道場」有原因的。均可見《五十不惑》、《迷航記》等書。

我從年青立志要當一個「偉大的軍人」，為國家復興、統一做出貢獻，為中華民族的繁榮綿延盡個人最大之力，卻才起步就「死」在起跑點上，這是個人的悲劇和不智，正好也給讀者一個警示。人生絕不能在起跑點就走入「死巷」，切記！切記！讀者以我為鑒！在軍人以外的文學、史政有這套書的出版，也算是對國家民族社會有點貢獻，對自己的人生有了交待，這致少也算「起死回生」了！

順要一說的，我全部的著作都放棄個人著作權，成為兩岸中國人的共同文化財，而台北的文史哲出版有優先使用權和發行權。

這套書能順利出版，最大的功臣是我老友，文史哲出版社負責人彭正雄先生和他的夥伴們。彭先生對中華文化的傳播，對兩岸文化交流都有崇高的使命感，向他和夥伴致上最高謝意。

台北公館蟾蜍山萬盛草堂主人　陳福成　誌於二〇一四年
五月榮獲第五十五屆中國文藝獎章文學創作獎前夕

那些年，我們這樣談情說愛（出版動機並序）

這些情書，是我和愛妻潘玉鳳女士，保管了一輩子而不忍亦不能去丟棄的「寶物」。當我們都年過六十，經營了三十多年的家，儼然是一個「大庫房」，一屋子新舊東西，光是書籍就有幾萬本。我花了許多時間進行大清理，能送人的送人、能回收的回收，無用者只好當垃圾處理，僅是送圖書館的書最少兩萬本以上。

唯獨，這批情書不忍丟棄，也不能送人（誰要），但有圖書館和收藏家要，只是我暫時不能割愛，必待正式出版後，把書和原稿件贈送圖書館，因爲這批是我和妻的個人「寶物」。我們要使寶物有個典藏處，這或許是居於個人的感情因素。

除個人感情因素，最重要的出版意義，還在文化和社會價值的保存。第一是現代人（年青輩）已寫不出像我們這樣的情書，現在年青人傳情只是一個「簡訊」，沒有結構、邏輯，不成文章；第二我們是能用手提筆寫情書的「最後一代」，也就是「末代書寫者」，現在的孩子寫不出像本書這種「長文巨構」的情書。

居於這些理由，我決心把我和愛妻一輩子的情書，正式出版，書和原稿全部贈送圖書館，典藏一份感情和文化。（台北公館蟾蜍山萬盛草堂主人　陳福成　二〇一三年冬。）

那些年，我們是這樣談戀愛的

目次

第一部

那些年，我是這樣寫情書的

軍團

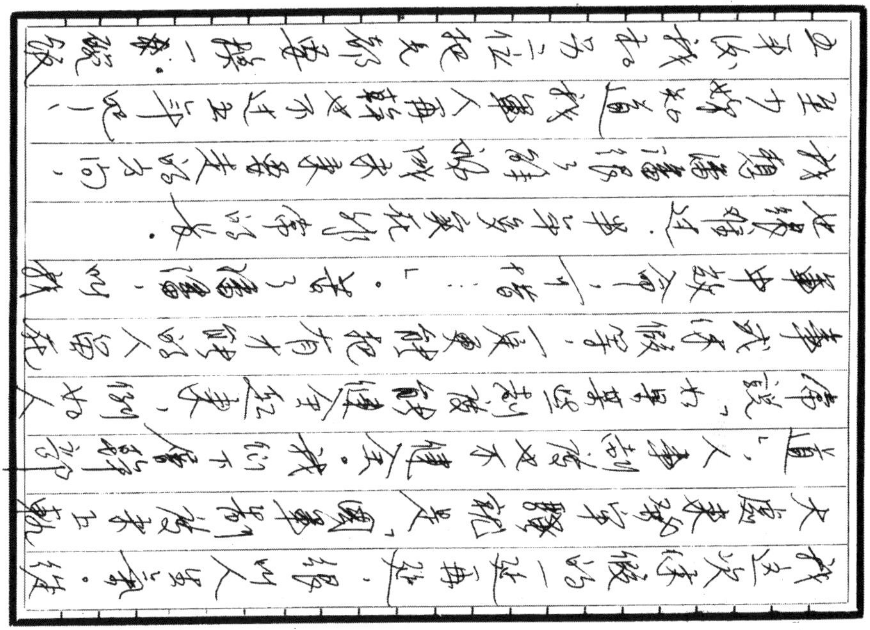

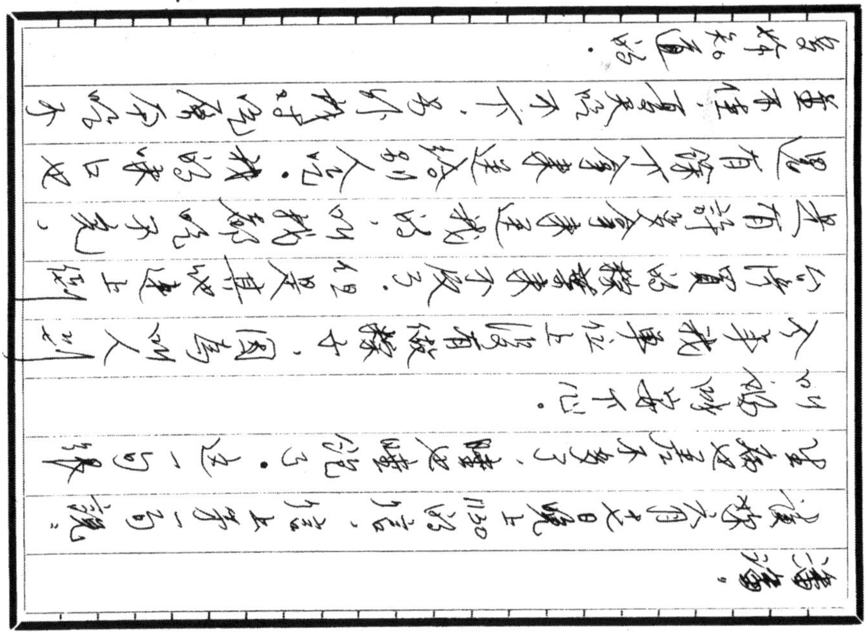

潘潘，

讀妳六月廿七日晚上11:30的信，信上第一句說：生病也差不多了，睡也睡飽了。這一句很叫我好安下心。

今年我單位上沒有做粽子，因為人到台灣買的粽葉來不及了。但是其他連上卻是有許多拿來送我的，叫我都吃不完，還有餘下拿來送給別人吃。我的味口也並不佳，夏天吃不下，另外我對吃廣東粽不多妳知道的。

我這次休假的一延再延，很叫人生氣。從大處來說，軍隊就是「國軍制度未上軌道」，人事制度也不健全。我們下層幹部常說「如果某些制度能健全起來，例如人事或休假等，一定更能把有才能的人留在軍中效命，可惜……」。苦了潘潘，叫我也很難過。半年多實在非常的長。

我想潘潘很了解我將來要走的方向，至少妳知道我軍人再幹也不過五年吧！五年後我和另二位把兄都要換一碗飯

好吧，這是最圓滿的思緒。

走過來路。今後人事到，我也記得的話一起

迎接美好的未來。希望你們每事順心，好

好的相遇有緣相見。

今天我想，自上了大學都沒有。不說，好好

大球頂在天上，連樹葉都不動了。家在樹

[illegible]

[illegible]

[illegible]

[illegible]

子風塵，只是我說的話呢，

[illegible]

[illegible]

但是只有自己才[illegible]

也要做好個人的。與人相處的人在生

不要太小氣，寧可主動去幫有錢的人，要是

能說出誠懇的心話，做個實在的人。中國也

說人生意要有原則：「正直、忠厚、誠實」。做人也

以誠待人，大家說，老好人，能做到了。我們也

要做個誠實不要自私自利[illegible]。

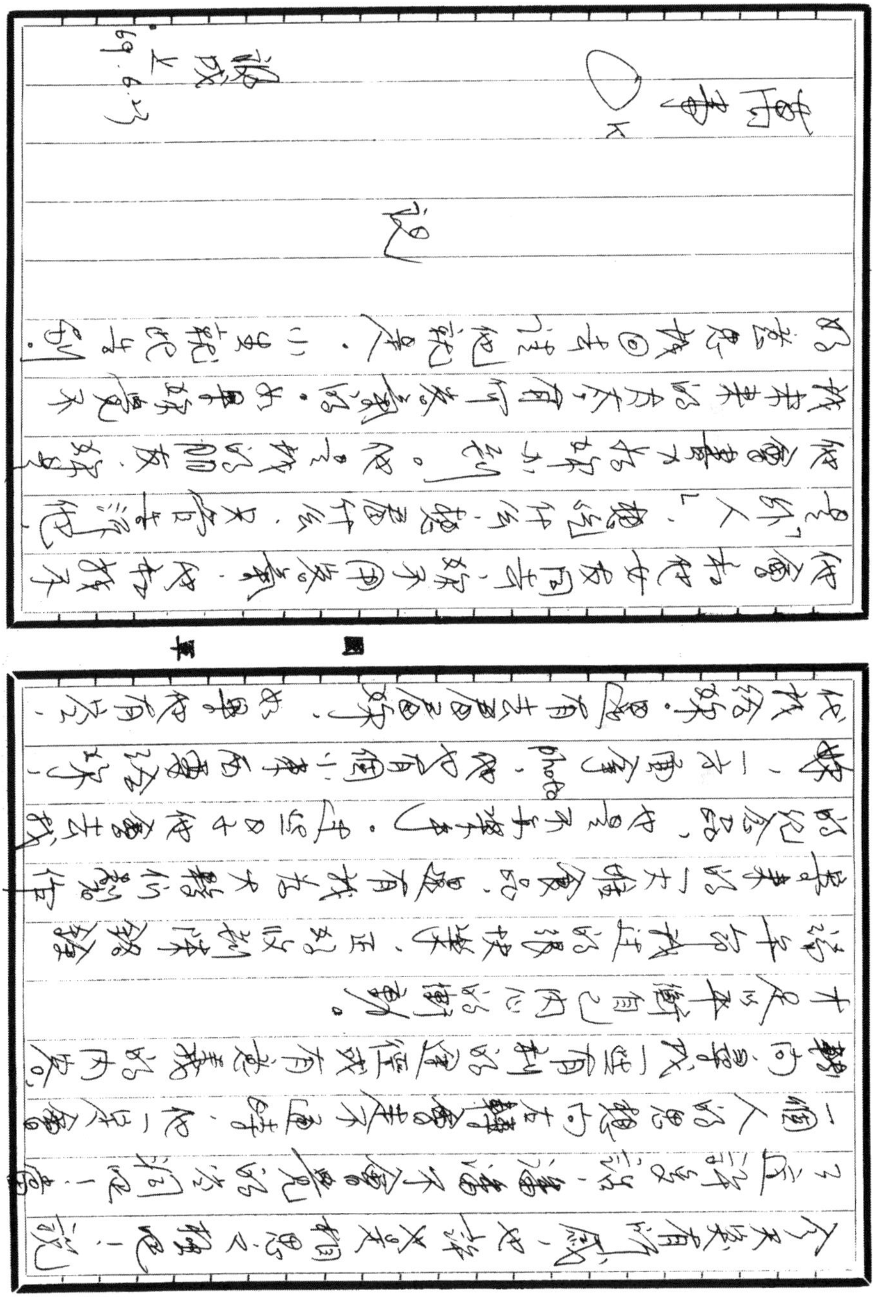

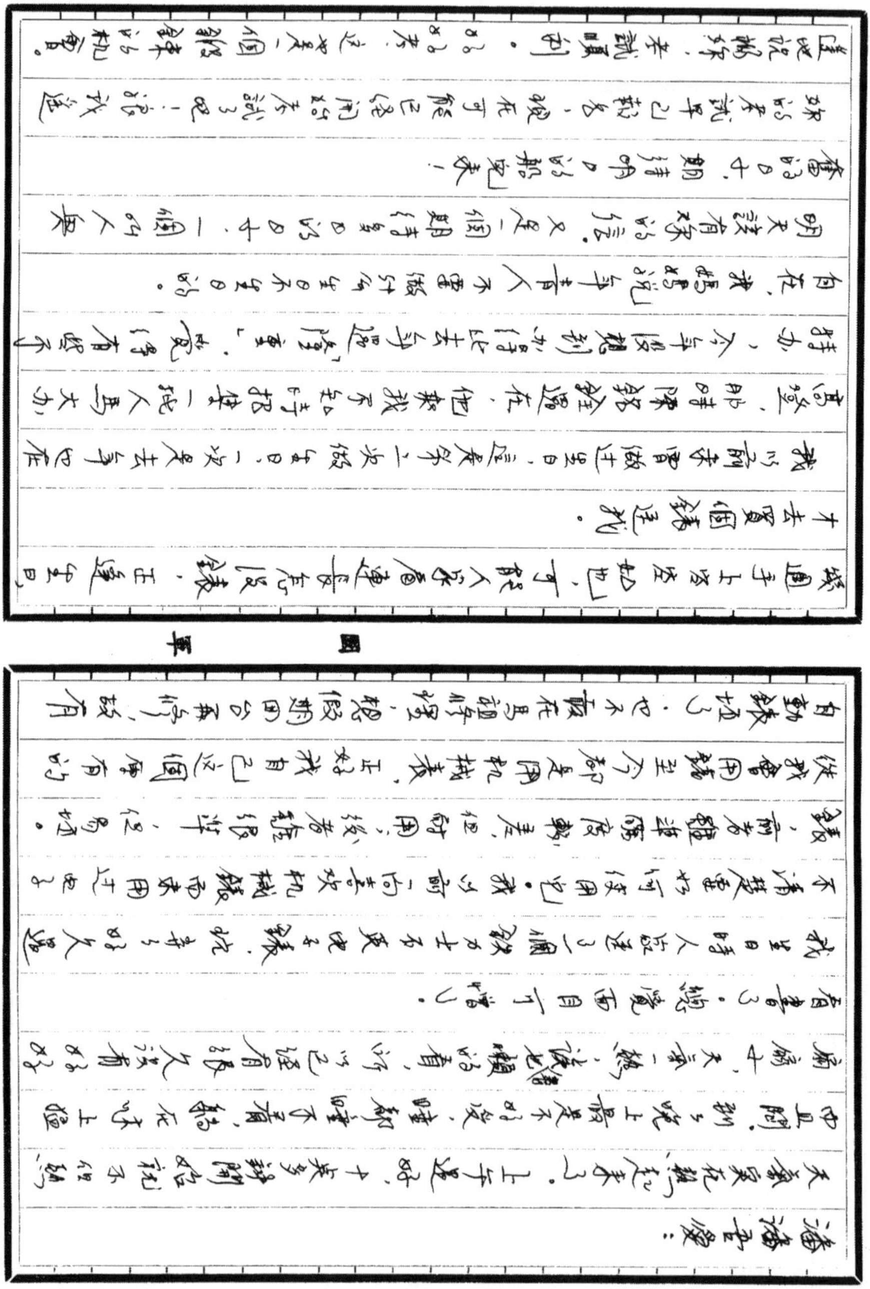

潘潘君愛：

天氣突然熱起來了。上午還好，下午多時開始就不很舒服。到了晚上簡直是不好受，睡都睡不著，躺在床上猛扇扇子。天氣一熱，[illegible]眼睛好看，[illegible]已經有很久沒有好好看書了。總覺兩目[illegible]了。

我生日時人家送了一個[illegible]，[illegible]人還不清楚要如何使用它。我以前一向喜歡[illegible]，[illegible]。[illegible]用，[illegible]。從我會用[illegible]，正好我自己這個[illegible]。[illegible]，故有[illegible]手上拿著[illegible]。[illegible]生日，才去買個錄音機。

我們兩個都過生日，記得第一次做生日，[illegible]。[illegible]

[illegible]

明天該有你的信，又是一個期待的日子，一個人[illegible]！

[illegible]

國軍

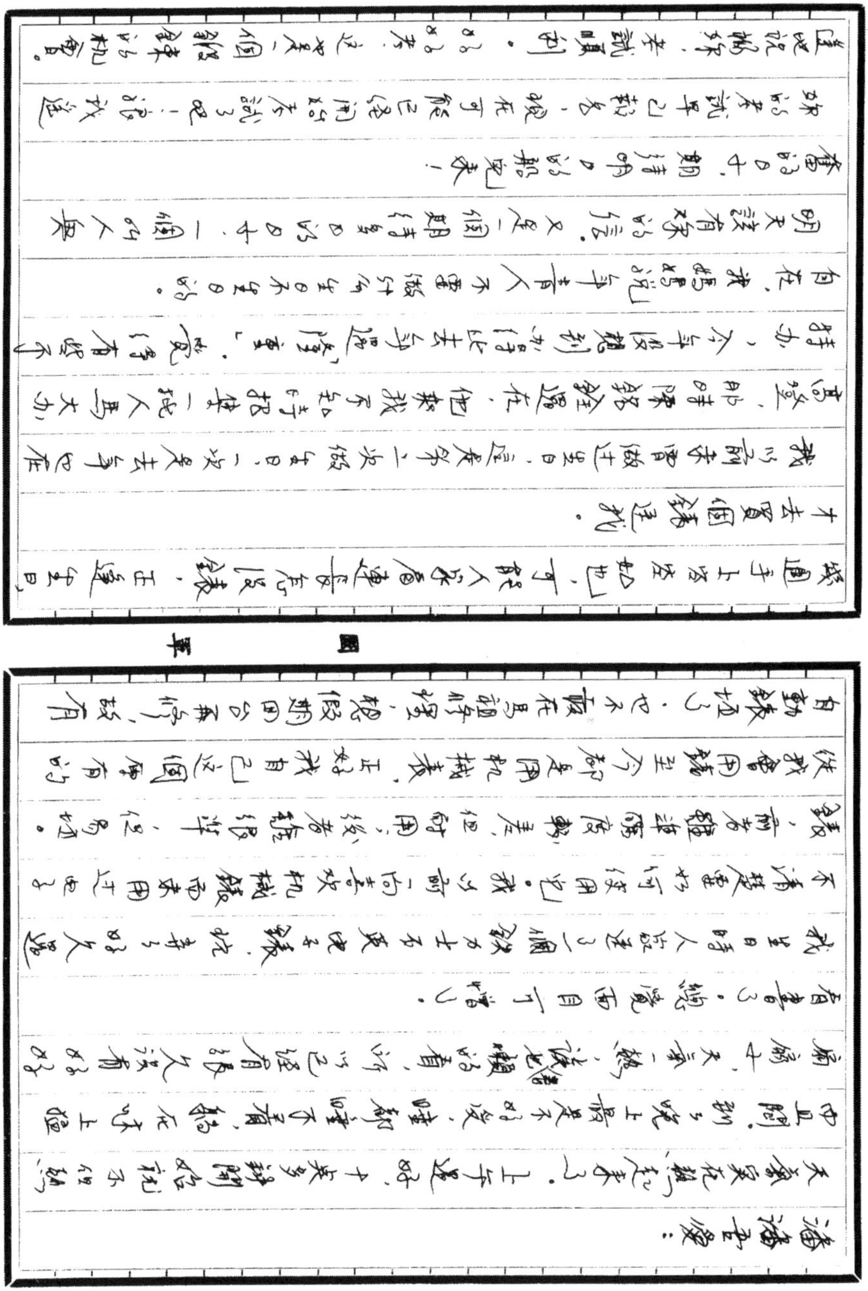
潘潘吾愛：

天氣突然熱起來了。上午還好，十點多鐘開始就不但熱而且悶。到了晚上最是不好受，睡都睡不着，躺在床上猛扇扇子，天氣一熱，讀書也懶的看，所以已經有很久沒有好好看書了。總覺面目可憎了。

我生日時人家送了一個鐵力士石英電子錶，玩弄了好久還不清楚要如何使用也。我以前一向喜歡機械錶而未用過電子錶，前者雖準確度較差，但耐用；後者雖很準，但易壞。從我會用錶至今都是用機械表，正好我自己這個原有的自動錶壞了，也不敢在馬祖修理，想假期回台再修，故有幾週手上空空如也，可能人家看見我連長怎沒錶，正逢生日，才去買個錶送我。

我以前未曾做過生日，這是第二次做生日，一次是去年也在高登，那時陳銘銓還在，他來我不知時招集一批人馬大小特辦，今年沒想到也得比去年還「隆重」。覺得有些不自在，我媽媽說年青人不要做什麼生日不生日的。

明天該有妳的信。又是一個期待多日的日子，一個令人興奮的日子，期待明日的船兒來！

妳的考試早已報名，現在可能已經開始考試了吧！讓我遠遠地祝福妳，考試順利。好好考，這也是一個鍛鍊的機會。

寄了兩本書給妳，妳應已收到！那本「我愛上一個女孩」，
會看的入迷，看的不想吃飯不想睡覺，它除文句優美、
情節動人，內容也很實際的人。許多觀點可為咱們及
時下青年參考，我以為是很有思想性、趣味性、社會性
現實和道德兼顧的一本可讀性很高的書。
台北熱嗎？要小心，不要感冒了。小小女孩感冒了有傷身
體，傷妳不，尤其是35歲以前的woman最是病不得，why？Do you know？
沒什麼美感，就此擱筆
祝
順利
[illegible]
69.6.1

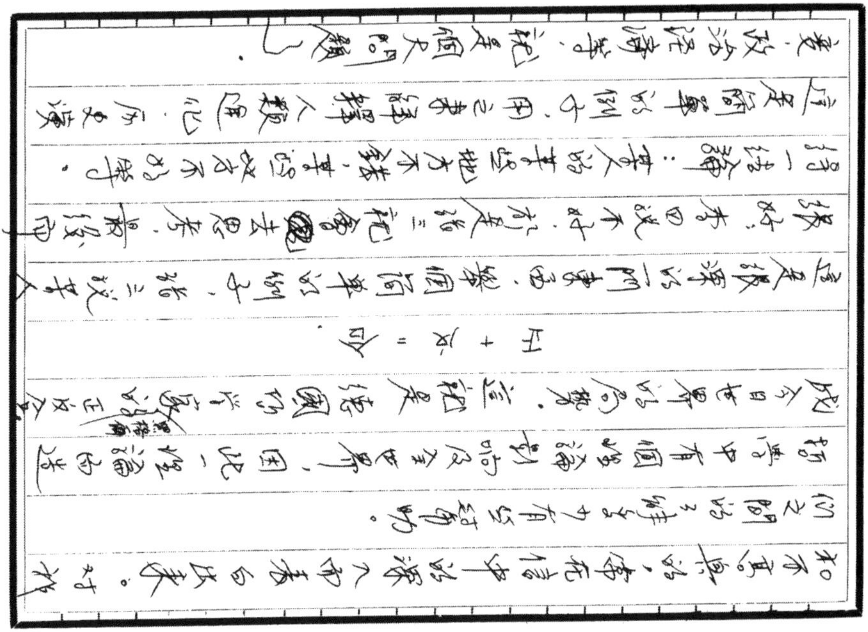
正 + 反 = 合

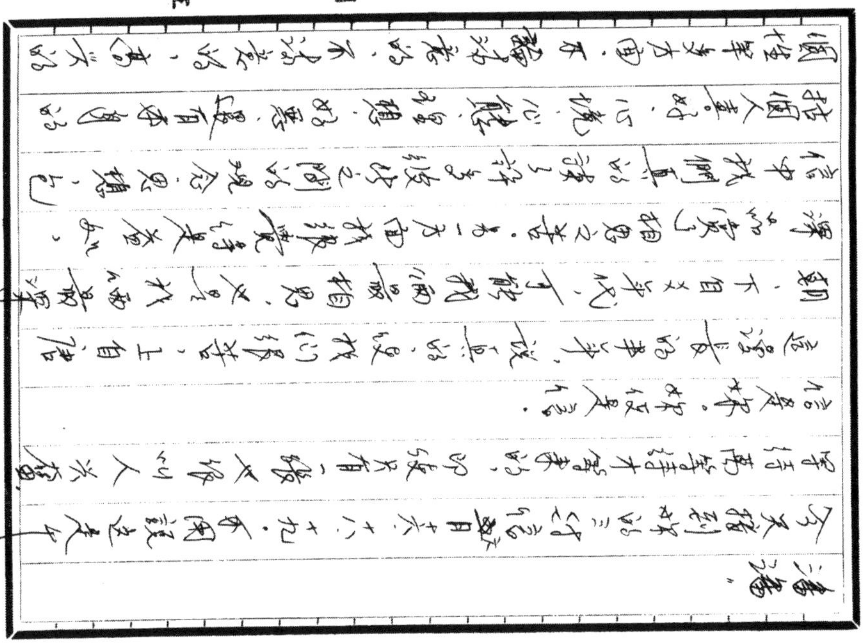

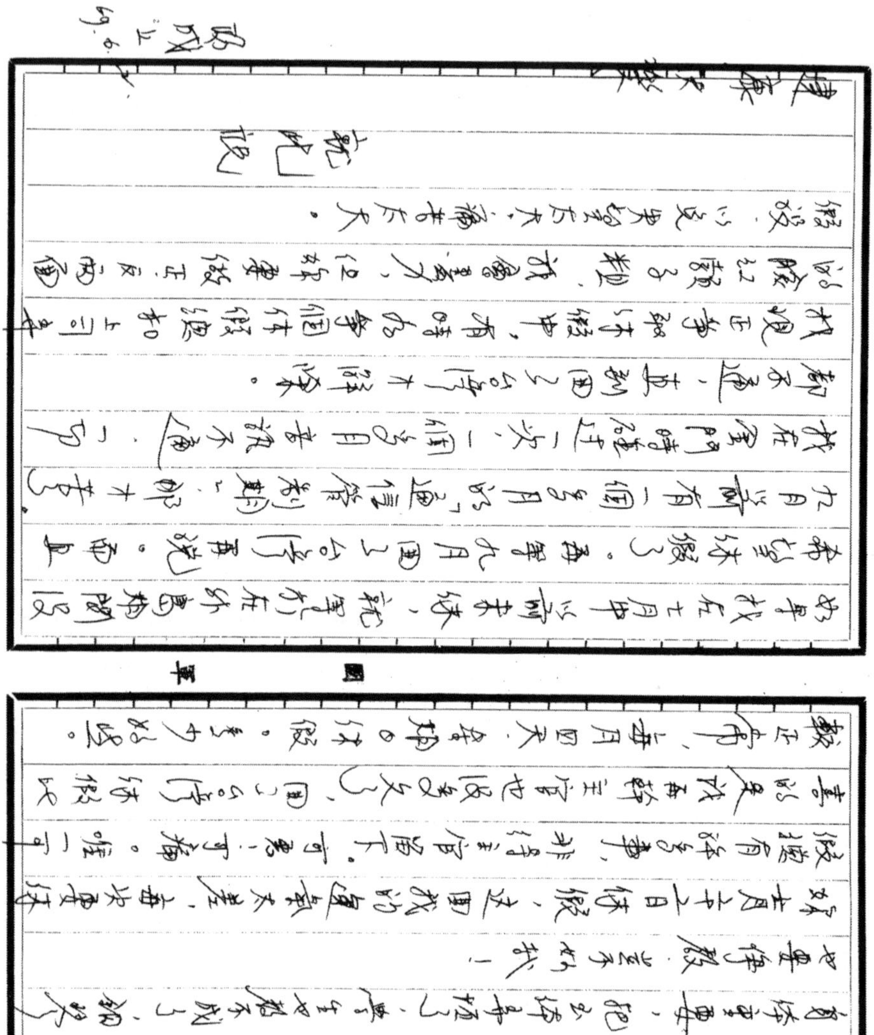
看妳六月十五的信，顯然身體不佳，感冒了。十五日
上午妳還去看妳的小朋友，妳真是最好的老師。
該生運氣好能投入妳的教籍。妳還是要注
意自己身體，必要時上課停止，教學生也停止。
身體重要，把身體弄壞了，學生也教不成了，錢賺了
也要停教，甚不好哉！
妳十月十二日休假，這回我的運氣太差，每次要休
假總有許多事，非得主官留下。可惡！可痛。唯一可
喜的是我再幹主官也沒多久了，回到台灣休假比
較正常，每月四天，每期四休假。多少好些。
好得我在七月中以前來休，就算於在外島炸開沒
希望休假了。再等九月回了台灣再說。而且
九月以前有一個多月的「通信管制期」，那才慘。
我在金門時碰過一次，一個多月音訊不通，一切
都不通，直到回了台灣才解除。
我現正爭取休假中，有時為爭個休假總和上司弄
的臉紅脖子粗，我會盡力，但妳要做正反兩面
假設，以免失望太大，痛苦太大。
就此祝
健康快樂
成上
69.6.2

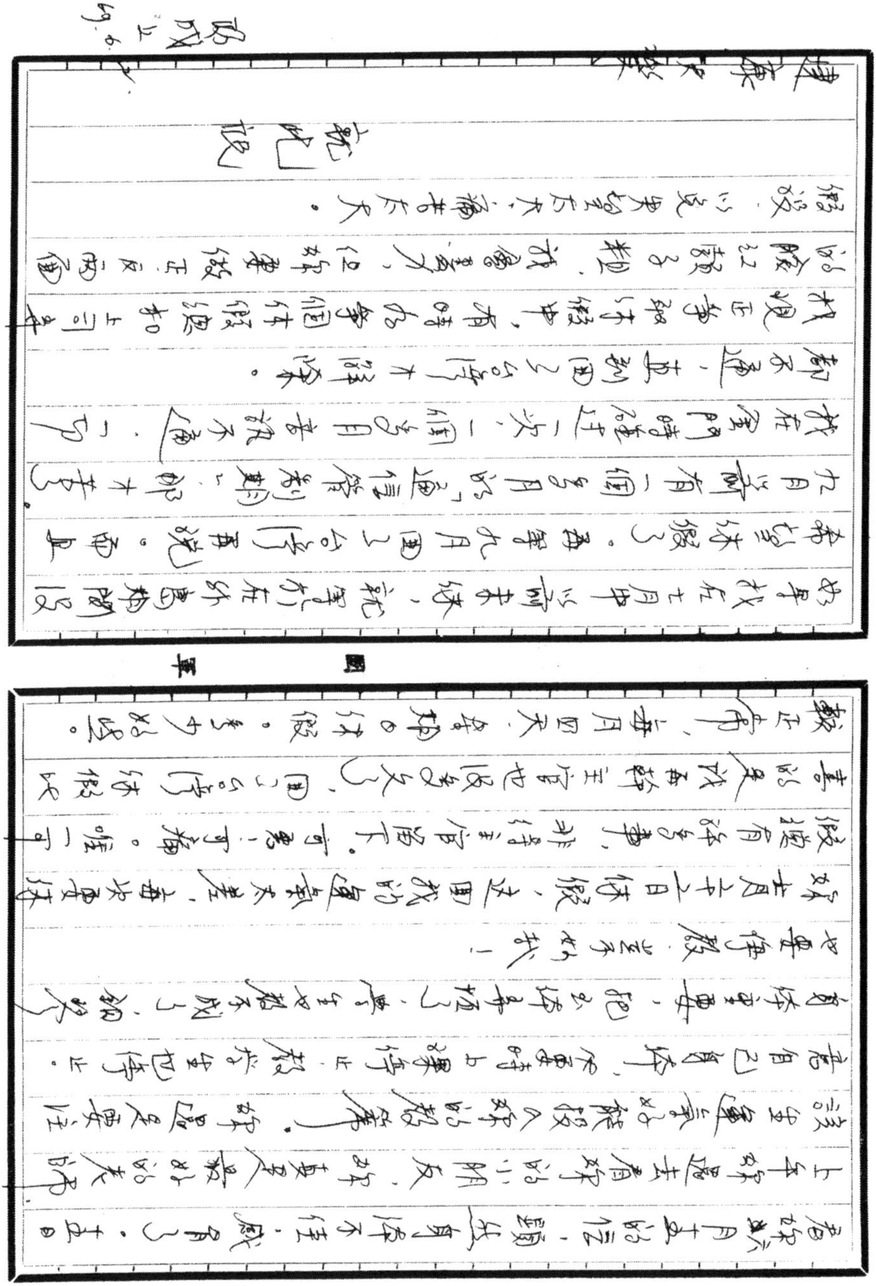

看妳六月十五的信，顯然身体不佳，感冒了。五日
上午妳還去看妳的小朋友，妳真是最好的老師
該生運氣好能投入妳的教導。妳還是要注
意自己身体，必要時上課停止，教学生也停止。
身体重要，把身体弄垮了，學生也教不成了，鋼琴
也要停教，並予好我！
妳七月十二日休假，這回我的運氣太差，每次要休
假總有許多事，非得主官留下。可惡！可痛。唯一可
喜的是我再幹主官也沒多久了，回台灣休假比
較正常，每月四天，基本休假。多少好些。

好等我在七月中以前來休，就等於在外島期間沒
希望休假了。再等九月回了台灣再說。而且
九月以前有一個多月的「通信管制期」，那才苦了。
我在金門時碰過一次，一個多月音訊不通。一切
都不通，直到回了台灣才解除。
我現正爭取休假中，有時為爭個休假總和上司爭
的臉紅脖子粗，我會努力，但妳要做正反兩面
假設，以免失望太大，痛苦太大。

就此　祝
健康快樂

盼成 上
69.6.

潘潘吾愛：

看你又生病了，大概是相思成疾。

我也有這種經驗，可以體諒你。有說有笑，還有人幸[illegible]

[illegible]。

潘潘，我走了，你的感冒了，會叫我心痛。潘潘，但[illegible]

[illegible]

[illegible]說是六月十五日，應該是好了吧！不知潘潘目前的[illegible]

[illegible]

[illegible]

間的[illegible]，注意飲食衛生，才有健康的身體。潘潘說來了[illegible]

來吧！我的身體練得[illegible]，小病常有，中病、大病沒有。

有時我也跑五個來回，[illegible]，不在乎了。

我說已經來了，[illegible]。但我不會再[illegible]

只能請你原諒。

[illegible]

[illegible]

[illegible]

[illegible]

[illegible]

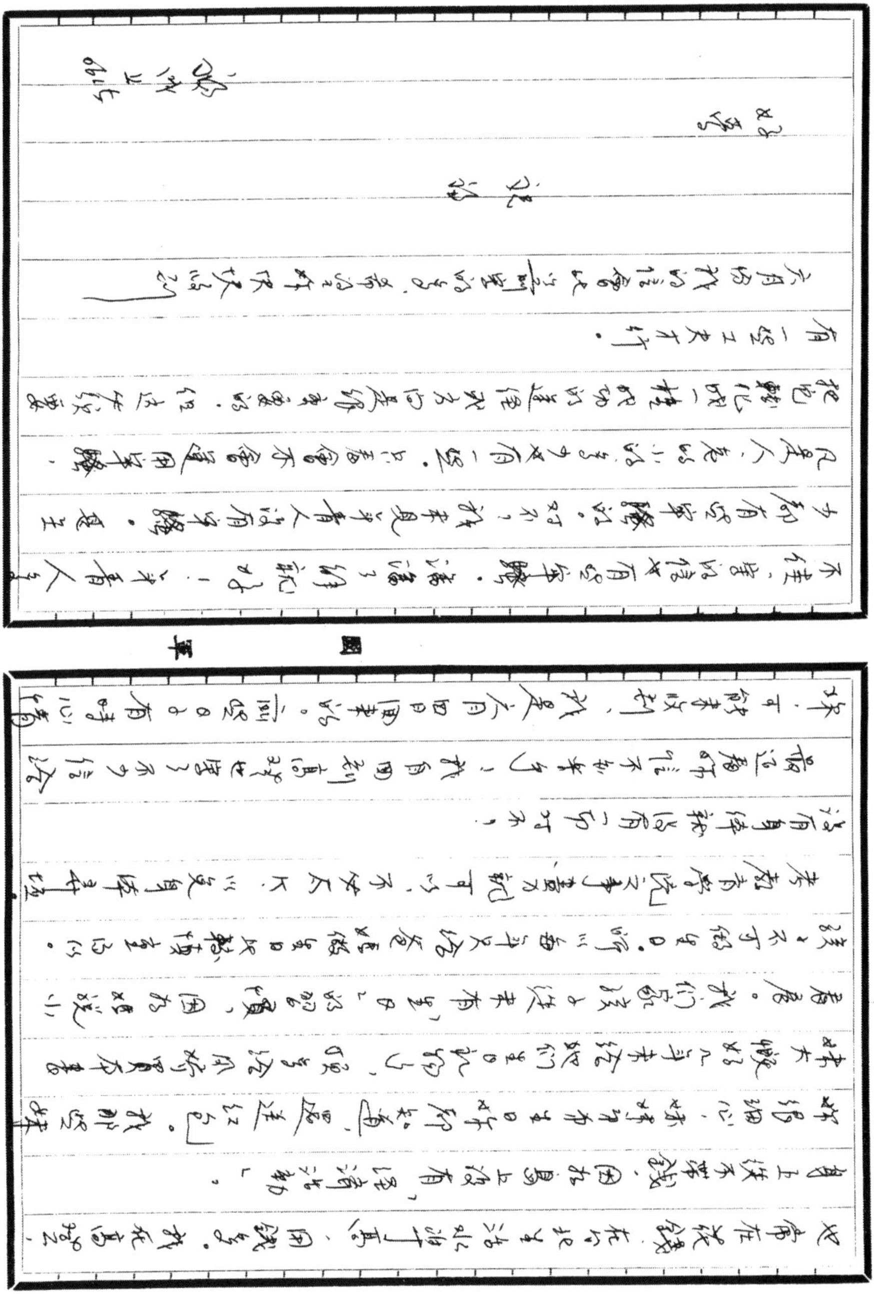

潘潘吾愛：

昨天一就收到妳的回信，實在不亦樂乎。妳說自己不夠
懂，有沒想到潘潘能配稱讚。其實自己從中學時就認識妳
起，就一直愛著妳的。潘潘說：「沒有？」但我不覺得。當我們相識以
後，我就不怎麼因為急感覺不出來的。

說真的我對潘潘的感情，很少有不想念妳的時機。
潘潘要我不抽煙，但其他好習慣還沒有時。我會永記在心。
在好念中，我決定不抽煙。我在潘潘身旁，不管潘潘在我身
旁時，我本來抽煙的慾望，因為我對煙沒有癮，三、四個月不抽
也不會想它。但是這三、兩個月的心情是很煩的，潘潘也

就在身邊，那一定不會抽。

一般抽煙人的心理是①緊張、心煩時②心情不佳時③無
法獨處時，以排遣寂寞、滿足掌上慾望。而國高中生大學都是習慣和好奇居多。
例如我就在高中有一段時間才抽煙：

①參加別單位的宴會時，不好意思拒抽一兩支。

②心情實在不佳時，抽一支，使自己稍稍平靜下自己。

③給潘潘寫信時抽半支以上煙。

其實抽煙有許多害處和好處。不過我會站在潘潘的立場
和健康立場，盡量少抽。但其他時候也不抽煙。妳看好嗎？
總之妳好。而且我一直是不管什麼時候完全不抽，這要好好的

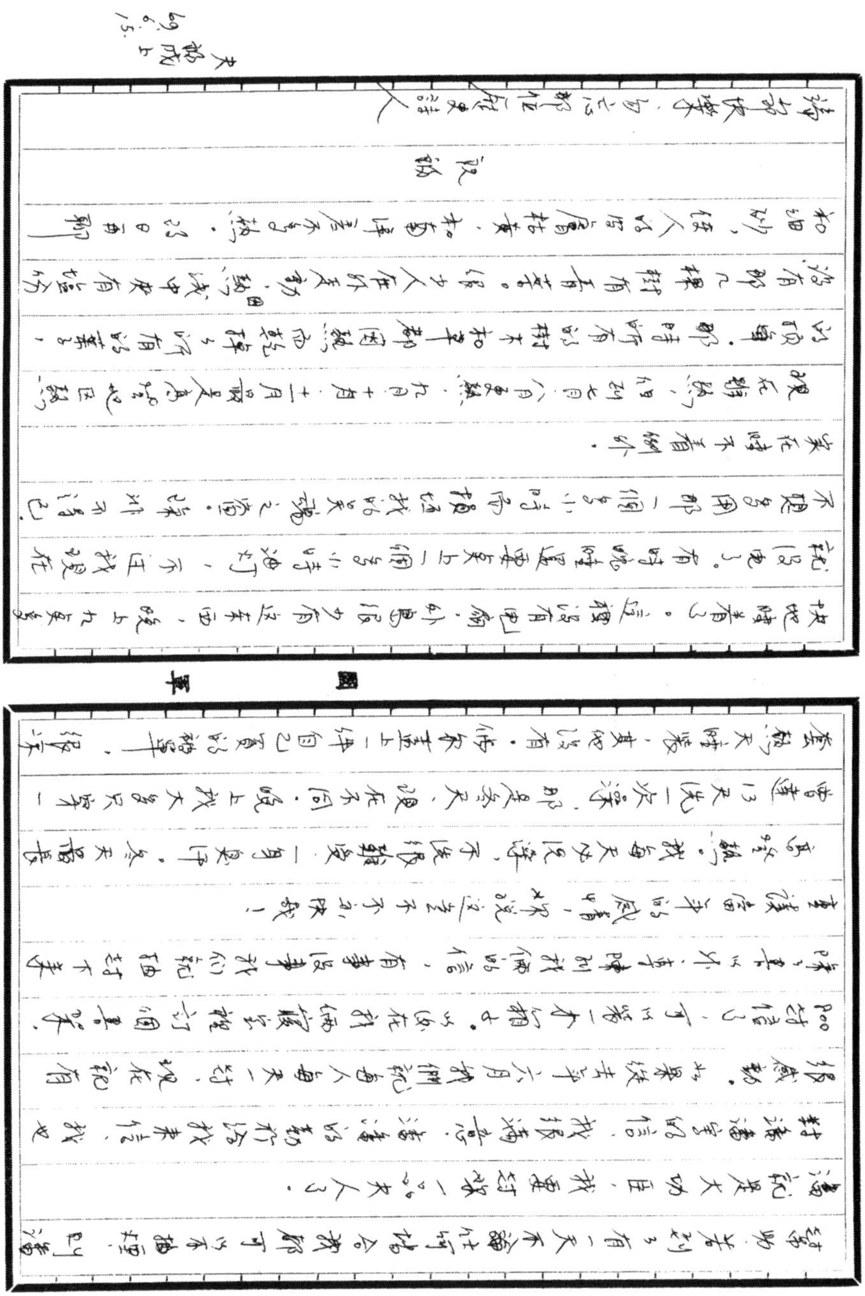

潘潘吾愛

我個人到北竿買東西，也買信紙。結果買錯了，買成這種信紙女孩子用的，我不太喜歡，只好姑且用之。

這航次的船相隔好久，等了又等，未見妥來音，好悶！

今天好熱，吹的風中帶有細砂，還熱熱的，像"狂風沙"中的沙。海風陣陣，也是熱熱的，夏天易使人沈悶，難怪人家說夏天不是讀書天，潘現在一定未在讀書，哈哈！！此時是午後三点，可能和周老伯伯聊天是也不是？

夏天易使人虛，飯吃不下，睡不著，精力透支，所以潘潘要利用時間多休息，不要把身体弄瘦了。不知妳目前几公斤？可否來信告知？我的体重夏天常在56左右，冬天常在58左右，而且全部扣除衣服的淨重。我看潘潘淨重可能只有40公斤。對不起，今天老是在談女孩子不愛的"体重"問題。

今天有人從島外給我帶了兩個桃子回來，很不錯，大約有半年不知水果為何物，更不知其味。比孔老先生可憐，他老人家不过三月不知肉味，就我有半年不知果子味！

端午節前，不能回家吃媽媽包的粽子，我媽包的很好吃。今年清明也沒回家，好多年來親自去看爸爸的墓，不知他老人家地下有知能否原諒。身在軍中，心不由己。六年來（用曆數）滄海桑田，人事浮沉，往事不堪回首，也曾西窗明月……不談也罷！

且談桃子，味道還不錯，惜潘潘遠在台北，否則妳一口，我一口，豈不妙哉！

近來晚上太熱，睡不著，体重會輕些，沒關係。

我已考完試，比較輕鬆些，現在輪到姊夫去考，夠他忙一陣。

前幾天說有本書叫「我愛上一個女孩」，結果被人先一步買走了，馬祖沒有貨，只好等回台灣再買給潘潘。放眼一觀，許多好的東西都想給潘潘買一份。奈何荷包裡有限（每薪五仟，存款兩仟，身邊本有一萬多休假要用，還想給妳買衣服、鞋子，結果沒假休而給陳錫銓拿去），萬一過些日子上級突然高興，叫我休假去，到了台北可能要走路回台中了！男人把錢給女人用是光榮，也是責任，但是從女人手中把錢拿回來卻是一種羞恥，尤其是太太。我很不習慣！

末了，祝福妳

如右下角的花那般美

妳的男人
福成上
69.6.10
高雄

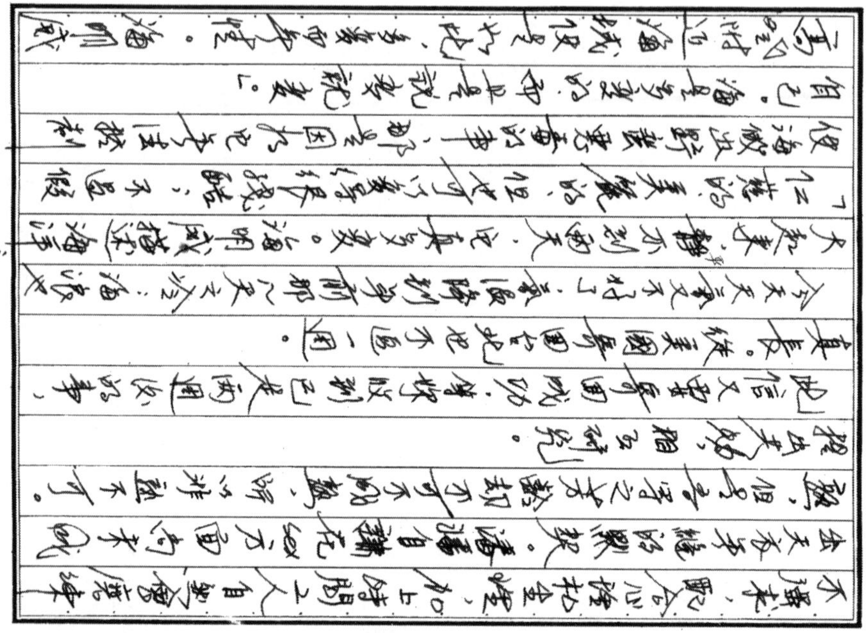

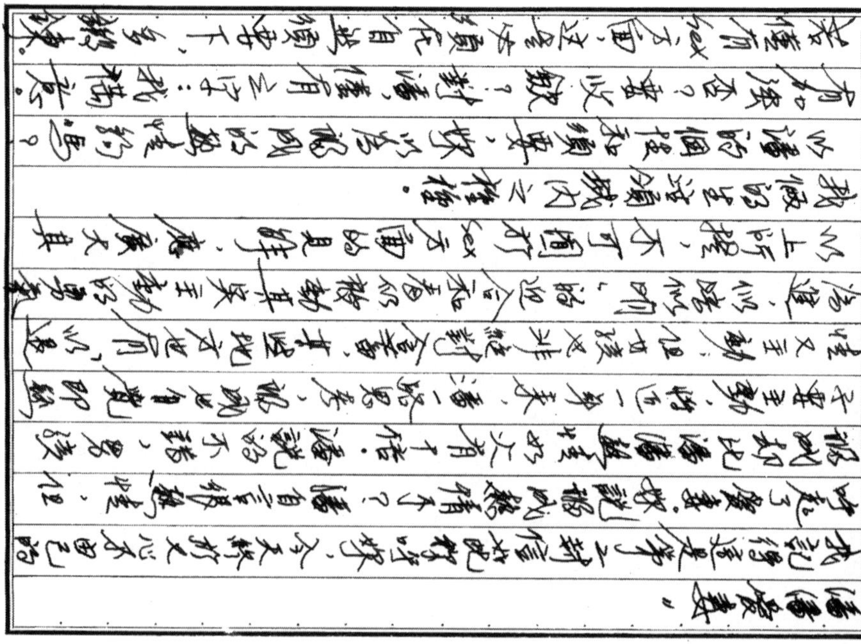

先生一定是個寬宏大量的人，恶人都能原諒。近月以來報導的假酒和多氯聯苯事件，這些傷天害理的恶人若我便不可原諒。最佳良方是：殺、殺、殺。否則愧對一千七百萬善良同胞，我想上帝也不會原諒他們的，不知"海"先生如何？

電來了。晚上有電視，但我只看新聞報導和音樂節目，其他不看。

潘，那本基礎統計學不知妳買了沒？教育的書已看完。因為看出味道，所以我又買了一些來寄到。

[illegible] 親親

妳愛的 [illegible]

69.2.24

潘潘：

晴空萬里，几朵白雲輕飄。海面平靜似鏡，山林如洗，有內心如空之感。

我住的較高些，偶尔鳥瞰底下，下面是個小村。但却是北竿第一大城，住有百姓數十人，叫做塘岐街，新舊建築雜然並陳，軍民共处。某个小角度看有點似台灣某城市的一部，已經有了"現代"的足跡，衣、看、少女、道路、食品……都有現代色彩。

妳常到海边看海嗎？常走名山大川嗎？前一陣子讀弘一大师傳，有句他的銘心刻骨的話，猶在心頭回響不止："年青人有時走路比讀書來的重要。"

深思之，洽似警世之言敲在年青人心扉上。"走路"是重要，古人叫我們要"行萬里路"。有的會走的，走出將相名利；有不會走的，平淡無奇。咱们走了將近二十個春秋，可走出什麼味道嗎？孔子先生道："三十而立。"不必自大，也不必自贬。至少是合乎了聖人的要求。可能是孔子在二十年前就知道現在台生人口爆炸。

洪玲妳的住址和阮好久就寄給妳了。如何？找她了嗎？好久未見那兩位寶兄弟，我們二人的友情很珍貴，至少世間不多也不易求。末了，拜拜。

一要妳健康的身體
二要妳快樂的身心
三願妳萬事如意

妳最好的 朋友
北竿

潘潘吾愛：

人已到了北竿，休息一天，明天報到。住在同學處，閒來無事，給潘潘寫封信。

北竿像就是平靜的天地，今天天氣很好，大太陽。海面如鏡如銀之亮，山中有幾條馬路，加上遠處傳來的汽車聲、槍聲，和高登有異樣的不同。昨晚有長官請吃飯，王鎮國的丈夫—我學長也在坐，就隨性的談了些，敬一杯酒，晚上七點多散會回房。

今早一覺起來已是七點多鐘了，過年的天氣少有如此之好。現在是最輕鬆的時刻，無官一身輕，這是受訓的好處，當主官一天24小時內心都有壓力，帶領百來大兵，任何人有三長兩短，都和自己有切身之責。自己除了長官，也身兼父母責，對國家的又負一切責任，這擔子真不小。除了休假是一等樂事，天掉下來也不須去望一望。受訓也不錯，就是不能那自己地運用時間。

信。昨天已經回到高登，而我卻正好出港了，所以也未收到，看要等明天才有人送出來給我。我昨天就在想著，潘潘今天會寄幾封信來，信中會說些什麼呢？

我不在高登，高登陳銘銓全權處理，他做事我一向很放心。他是成熟的26歲人。

很久沒接到潘的信，真是想念之極。也不知道潘現在工作可如意不？也不知道妳現English還補不？許多話要說，卻不知道如何說。昨夜足睡，一覺天亮。潘現在身體好吧？過年前收聽妳說感冒，而且勞累隻身在外，有時也惦念。盼能自我追尋生活調情，妳在大家心目中就是快樂的天使—本來就是。

祝福妳 快樂＋滿足

妳愛的
福成 69.3.9.
北竿

潘潘吾愛：

好久未接妳的來信，想念之切真是不可名狀。上航次只有妳一封信，使我不知妳的近況。不久之前每航次總有妳四、五封信，最近三、四次不是零便是one。忙嗎？煩嗎？潘潘，生為一個現代人，不論身處何方都要能調節自己的生活方式，使之平衡。

收到我前十封信嗎？生氣不？

今天有信。但願有妳信。現正上課中，很忙。

午收，有些睡不著。躺在床上給寫封簡書。

祝好

親潘潘

夫 敬 69.3.14 中午

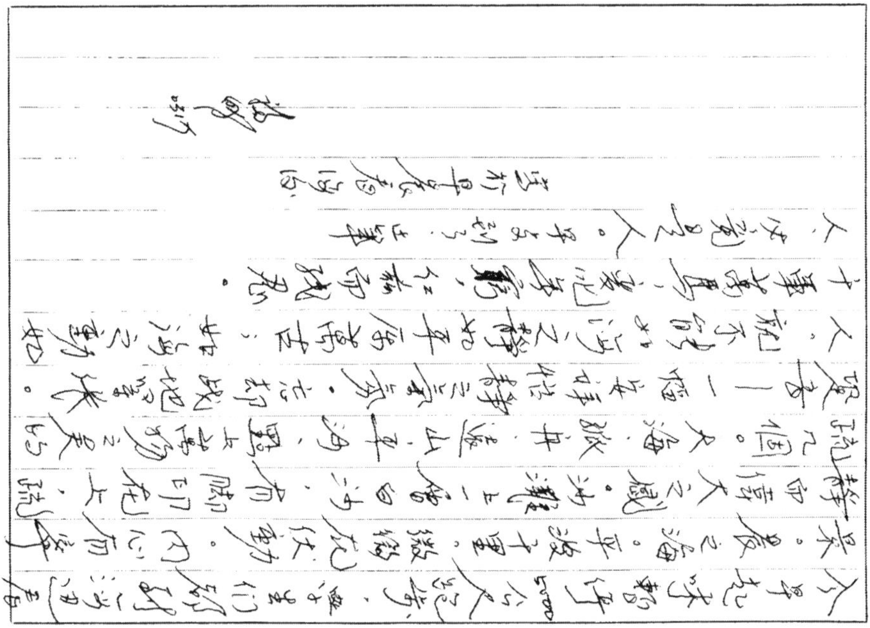

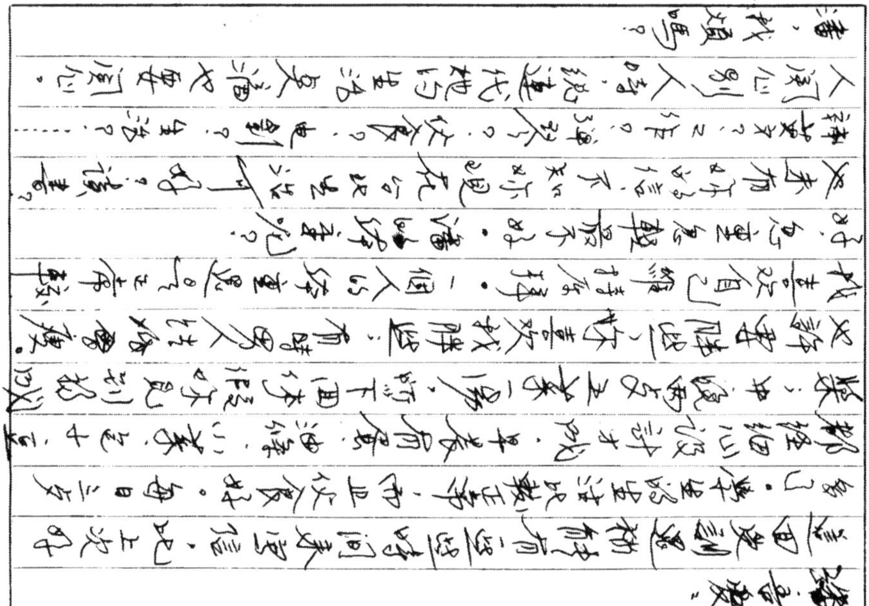

潘潘吾愛，

在高登住了一年多，对它也會發生感情。島上的一草一木，島上的風土人情，島四週的海，島上的天空……，都好像很親切，特別是不同的路調。島上有座廟－唯一的，每個重要的節日都是由主官率領各級幹部去拜拜，可以安定軍心。該神也是許多高登小天精神生活的寄託，我這一年多來也去參拜過不下四次。記得有時好夫率領，有時我率領。所謂生活文明、大概是如此代代累積所得。

我們都有精神信仰，如果要用個「学術名詞」來說明我自己的信仰，只有用「多神教」來形容較為恰當。只要是一種善意的，純真的，美化醜惡的，使人走向一個「善」的境界。我想咱們都要去信仕、支持。這種的講至少也是本身的一種安慰或看更高的生活目標。

多年的軍旅生涯，以人有些生厭，一直未能接受更完美的宗教生活。只用一些宗教上的訓練去美化這些厭煩的軍旅生活，但這是不夠的。

就像好了，一艘航行很久的船總想靠港，只是我們男孩的時才有時較強，而認識也較看的開些否則真是不知如何過了。據依然很快樂

祝

萬事如意

好愛的丈夫 曉暉

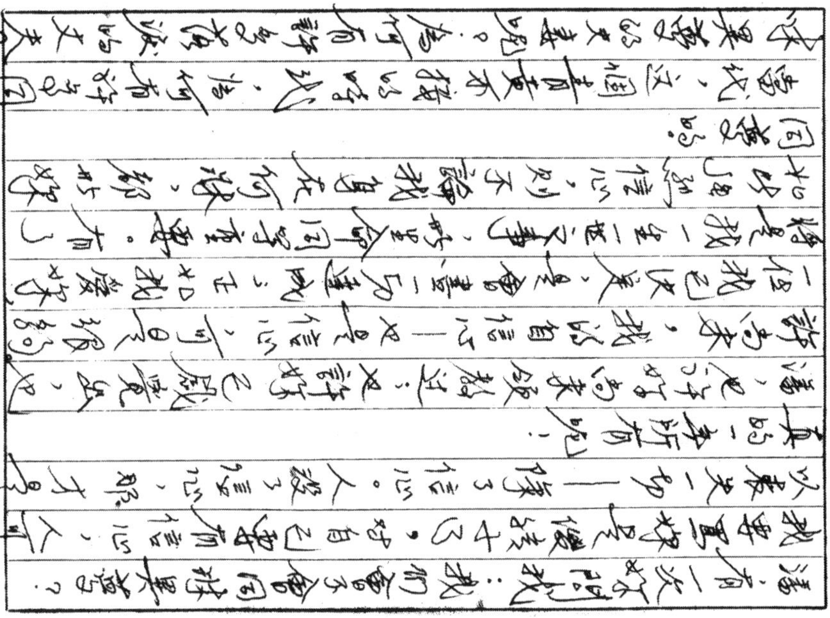

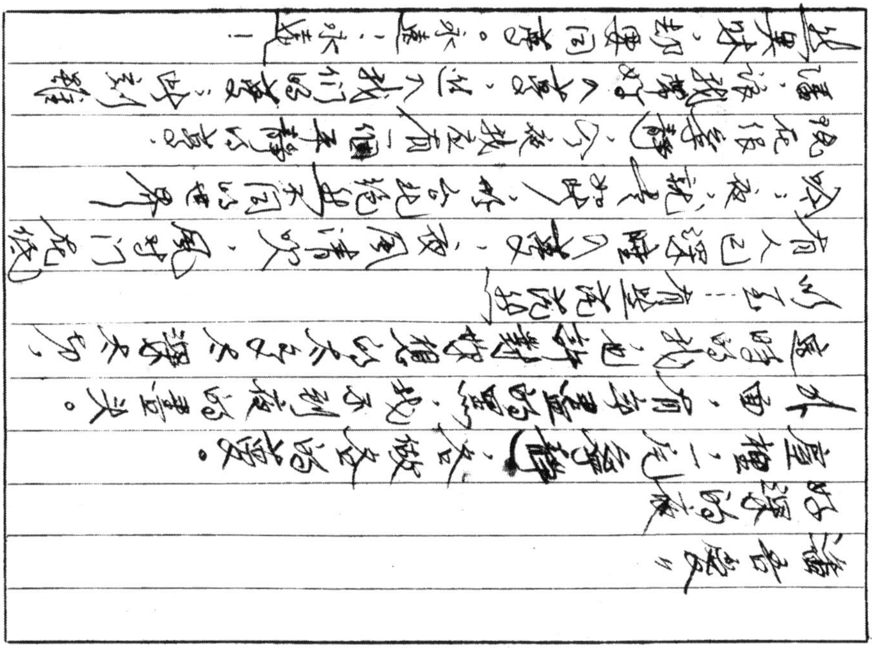

為何有許多得不到幸福的人妻呢？？？？……
他們沒有共渡一生的信心，自己沒有建立信心
他們都在計較著對方所發生的錯誤
從不去大事化小，小事化無
他們不認得互敬、互愛、互諒、互讓的內涵，還有
……。說之，人先自輕而後人輕之；人先自毀而
後人才毀之。
已經十一點多了。明日有課。我深有所感，
提筆急書，惟願心靈相通。為妳打氣。也為我
加油。

今夜常做好の夢

祝
PAN PAN
進步　快樂

妳的夫　郁成
69.3.16 夜思

潘潘吾愛：
妳現在一定也在當學生吧！如果學生可以不負一切
責任，是有許多人都想一輩子做學生。現在我
又是學生了，我的同學有和我同年同代的，也有
比我們大二十多歲的上一代老長官。看來人隨時
都可當學生，也隨時都可當老師。子曰三人行
必有我師也。換言之，其他人也是學生；故
人之生，當學生機會多也。潘潘有多少是
該成之師的。人本不必自誇，相互學習，每人能
知曉一切，也每人一事所知，對不？
這兩天都是整堂課，一坐便是八小時，晚上還
有兩小時，真忙。很久沒這樣忙了。

漫漫吾愛"

外面夜黑風高 細雨濛濛 淒淒冷冷

這就是今夜 是一個孤寂、想念而不入夢的夜

我揮筆給親愛的漫漫寫几個字吧！正如

在這孤寂的夜裡 向自己心上人表達一些

心声。我最愛看妳的信，在妳高興或不

如意時 妳不妨動筆寫信。寫完妳會

愉快些

今天下午考試 不太如意 沒關係 小事情。

像一粒麥那麼大的小事 真的 妳猜

昨天船來了，但是我的信卻回了高雄，我

人已不在高雄，明天有人送去給我。喫了好

多天。真是忘死人也！人須要物質做糧食

也須要精神做糧食。誠如妳言：愛情和麵包

同等重要，如此比較實際，而且只較於其中，偏的

觀念。自古以來若有情人偏向其中之一端，

就會走火入魔。

走向精神極端：太過遙遠而不可達，非凡人

所能為。走向物質極端則[illegible]，物

慾肉慾都足以使人喪心病狂，迷失本性。

我的信都收到沒？也許尚有信在妳離開屏

後才到家吧

祝

生活快樂

妳[illegible]的敬郎

69.3.15.

監察官老孫——王鎮國的丈夫——我長官。

故不可寫出來。其單職、姓名應保密

西語"It's a small world"。翻中文：人生何處不相逢。宇宙縮譯：世界太小了。交通發達，使世界愈來愈小。台灣大嗎？中國大嗎？世界大嗎？太陽系大嗎？宇宙大嗎？故大小在心境，觀念上之別而以。

潘潘想念穆城，謝謝，被Pan想念是我之光榮和安慰。每個夜裡，每個可以想念的時刻，所有腦海有空時，妳知否？穆城又多時多刻不在想念潘潘。如此使我們想念，使我們接近，使時間更短。

今夜草此　69年2月12日就寢前二十分鐘

妳愛的穆城上

親愛的蕃薯　可愛的蕃薯！

有一種老年人談之變色的動物妳可見過嗎？

尤其大多數女人——甚至，男人也有——

都想和牠賽跑，甚至要戰勝牠

結果呢？都失敗了——有的敗的好慘哦！

聰明的人，理智的人，却不和牠賽跑

跟牠跑，引導牠跑，慢跑，甚或不快之跑

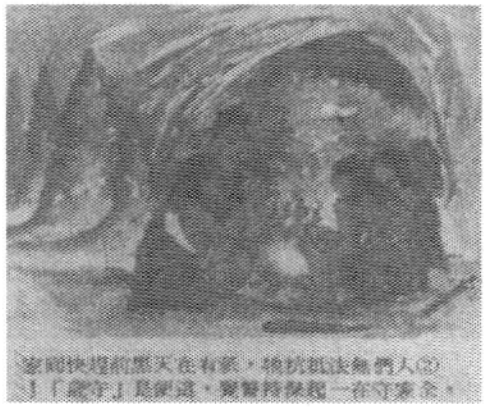

自個兒跑　自由自在的跑

每年牠總是騰雲駕霧地和大家共跑

我們是否懂得牠的個性？

我們是否知道如何與牠共跑？

我們是否知道自然界造「年」的意義？

遠古至今多少"年"？而今而後多少"年"？細思細量好

何止這一年？

豬的年二月廿四隨筆 高[illegible]

潘潘吾愛：

好忙的一天。

忙，談以人換時間忘記；所以人皆曰：時間是最佳解藥劑。忙，忙得人什麼都不想了。

有時一早起忙到晚，就像今天，人也不覺累；有時人閒了一天，卻覺得好累。人—這部機器好怪，好多人不知如何運用，甚至機器的主人也不知如何用！好！好！活，有過如此的感覺嗎？

現在手已逃了，該看的看了，該訓的訓了，該忙的也已忙完，此刻正是時潘最閒的時候。家居生活最是清閒，睡覺，直到日上三竿。看小說、散文、寫心得、做日記、飲茶，打乒乓球、羽毛球，晚上再選部好片子看，真是樂不思北上了。偶下廚幫媽做些家常菜，看見女兒的聰明和孝順，其樂融融也。

講我想想，此刻妳正看何書？對了！上回來信，正看京華煙雲，也許已經看完，現在正看「大氣」那會小說。

忙，忙完了，看身邊澎湃的大海，注視深藍的天空，再想，遠方的妳，何時能以我的的呼喚吶喊，何時以妳倚在我懷抱裡，總覺每件事都很遙遠，很須要耐力克服，總須要等待。要等且慢慢期待吧！該來的總要來。

今天下雨了。祝妳家居生活愉快，萬事如意。

妳摯愛的
翰明 上
六.二一 晚上

酒妳也代送了。謝小姐託妳也代送了。一串串的事卻是潘潘為我做了，讓我呈上萬分感謝，讓我奉上萬分祝福，讓我現在在此說一聲：謝謝妳！愛妻。

潘的迪斯可舞來跳的不錯，以致我不少請老師，呼教我dance，期盼妳play琴。妳說生活如此美不？生活的美化不全在舞上。也是「充實情操」，自己本身的追求才是「必要條件」；呀！好久未聽妳play鋼琴，音樂時我總是夏日荒草的雨水，總之我很喜歡。我們應知，大自然生活如果全部甚於sex的清足，則會「走火入魔」，更有很多值得我們去探索和追求的東西太多了。在我們已知和未知領域中，有太多太多純美的事情，只是自己未覺察而已。以咱們之人性、品質、追求。

最近几天喜歡一直下雨，更是細雨；本來細雨也很美但是太冷，Pan也不好，所以就不美了，也不喜歡了。待在屋裡看小說、讀書、寫信。吳感有了，便給Pan寫首新詩。所謂「新詩」，他是無律、無調的。只講就自然語句表達事物的自然而以，加上外在「形式」的表形，組成形式美。所以即是離之於心的流現，有時用些「對射」。我只是表感受到，寫到好玩。也算於寫信，讓自覺奇怪，不是指責。的成想妳，晚上注意，不要着涼。

潘潘吾愛：

　收到潘的一封信，這一航次唯一的；但是，有收到說叫我很高興。玉美那張信也收了，我向她寫了一封信。寄她收到信，妳已北上，年也要過去了。真是歲月如梭。

　知妳田家很痛快，前幾天都很累，幫忙做事。說呀！抹呀的，還把手洗粗了，真叫哥哥又敬又痛。敬的是妳的能幹，痛的是由疼妳；也由於是愛的深，希望妳不要把身體累到了。體力不佳，要常保持精神身體的健康。就是在常生活中，保持工作適度，休息適度，飲食起居適度。否則體力時常過份透支，容易生病。

聽到妳一連工作了六，我心裡真恨不得能飛到妳身邊為妳分擔，可惜那只是夢。

　我又看到潘潘過了幾天天要寫信給我，我看著高興。不過我想等收到一串八、九封信再高興也來得及。萬一我高興過度，而下航次又只有一封信，豈不好哉！也許潘要責怪了。哈哈！哈哈哈！消遣一下，妳勿當真，覺不嘘，三更半夜寫信，那可不得了。所以說容妳只管不要記掛。

　最近有六、七封信我都寫到成功，算之日子再過五天妳就要北上，時間寶貴。善自利用，看好喜愛的書。

　台中的家妳也去看了。要回去的還得多虧妳也代做了。

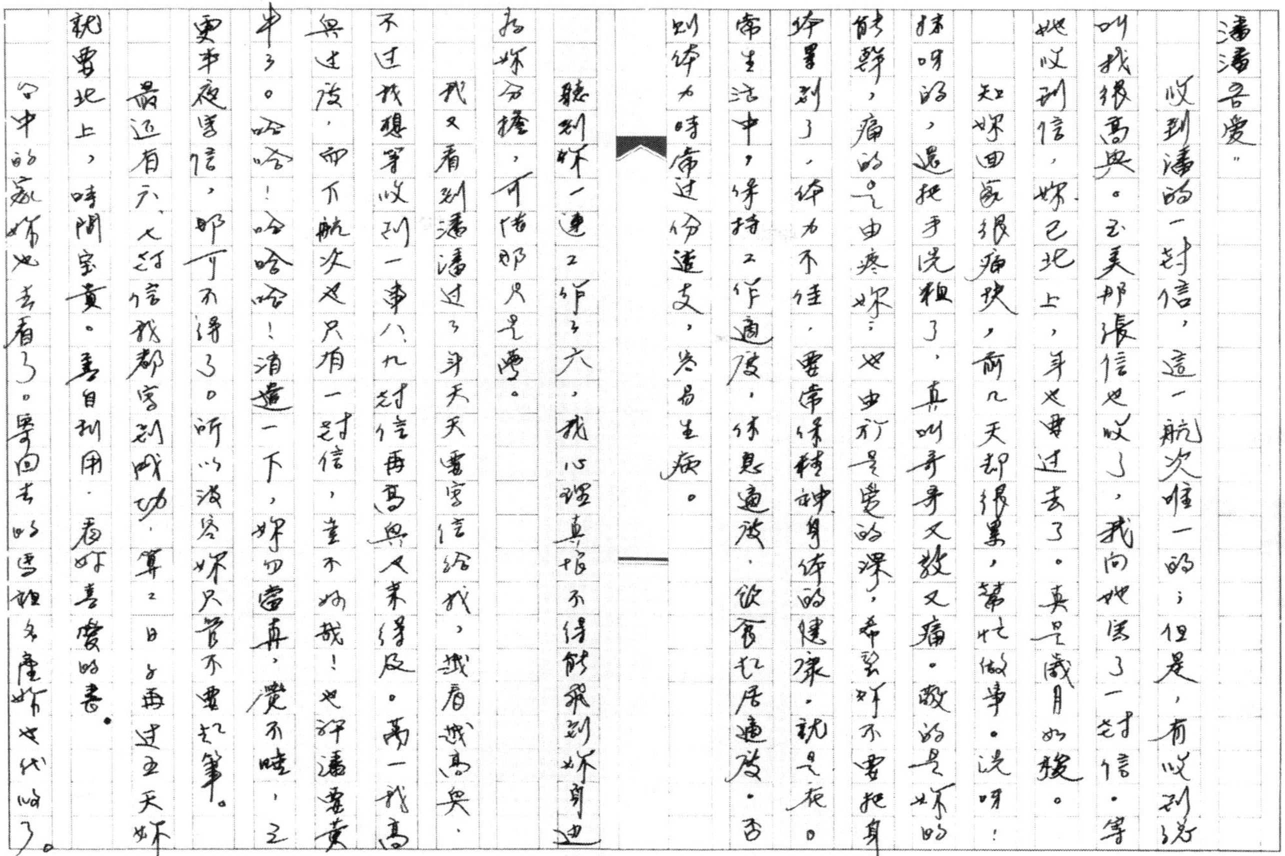
潘潘吾愛：

收到潘的一封信，這一航次唯一的；但是，有收到的叫我很高興。玉美那張信也收了，我向她寫了一封信。等她收到信，妳已北上，年也要過去了。真是歲月如梭。

知妳回家很痛快，而九天卻很累，幫忙做事。洗呀！抹呀的，還把手洗粗了，真叫哥哥又鼓又痛。鼓的是妳的能幹，痛的是由衷妳；也由於是愛的深，希望妳不要把身體累到了，體力不佳，要常保持身體的健康。就是在日常生活中，保持工作適度，休息適度，飲食起居適度。否則體力時常過分透支，容易生病。

聽到妳一連工作了六，我心裡真恨不得能飛到妳身邊為妳分擔，可惜那只是夢。

我又看到潘潘過了半天天要寫信給我，我看後高興，不過我想等收到一連八、九封信再高興又來得及。萬一我高興過度，而下航次又只有一封信，豈不好哉！也許潘要責中了。哈哈！哈哈哈！消遣一下，妳切當真，覺不睡，三更半夜寫信，那可不得了。所以沒答妳只管不要記筆。

最近有六、七封信我都寫到成功，算算日子再過五天妳就要北上，時間寶貴。善自利用，看好喜愛的書。

台中的家妳也去看了。寄回去的零錢多座妳也代收了。

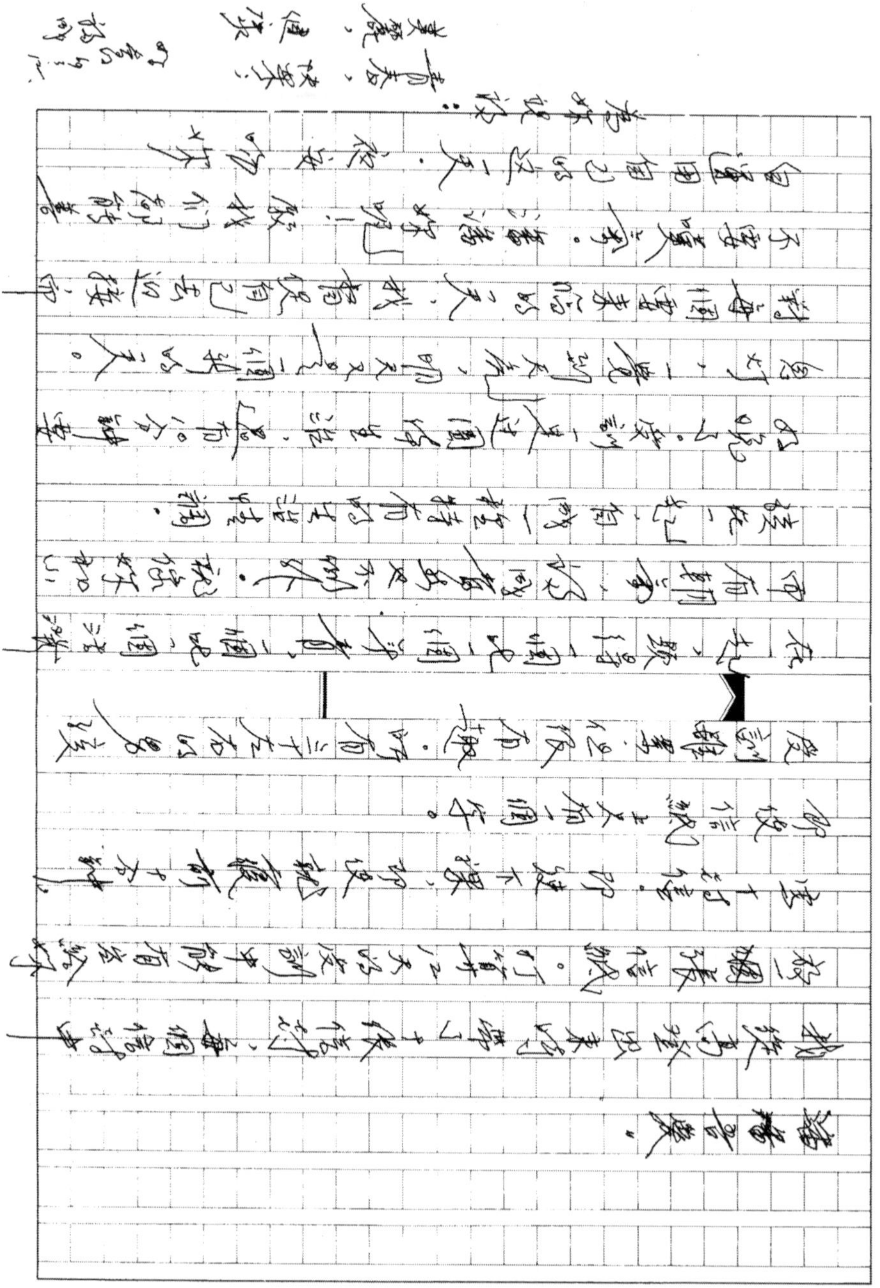
潘潘吾愛：
我從高雄出來時帶了十張信封，每個信封中放一張信紙。打算八天的受訓中能有空給妳寫十封信。即使下課，即使就寢前十分鐘，即使信紙上只有一個字。
受訓雖累，但很有趣。所有三十左右的男孩在一起，覺得一個比一個年青，一個比一個活潑而有朝氣，我感覺我也不例外。就像妳和小孩在一起，自成一種特有的生活情調。
好晚了。受訓一天過團體生活，還有10分鐘要熄燈，一覺到天亮，明天又是一個新的一天。對每個要來臨的一天，我督促自己去迎接，而不要嘆氣。潘潘妳呢！願我們都能善自運用自己的這一天。夜安　吻妳
為妳祝福：
青春，快樂；
美麗，健康
明會　69.3.12.

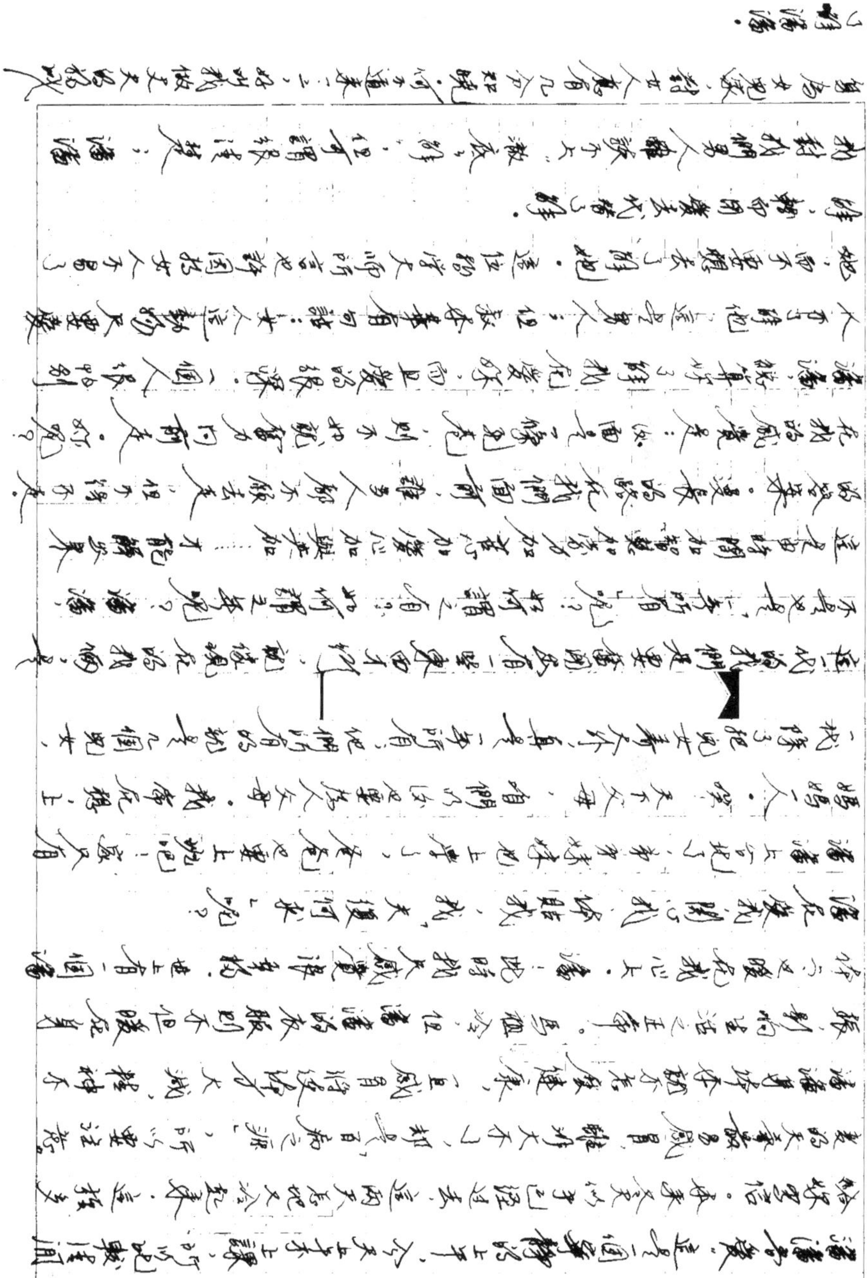

潘潘吾愛"這是一個寧靜的上午，今天上午不上課，所以比較清閒給妳寫信。本來冬天似乎已經過去，這兩天忽地又冷起來。這段多變的天氣最易感冒，雖非大不了，都是「百病之源」，所以要注意。潘潘身体本就不怎麼健康，一旦感冒將使体力大減，精神不振，影响生活之正常。馬祖冷，但潘潘的衣服則不但暖在身体，也暖在我心上。潘！此時我只感覺很幸福。世上有一個潘潘在愛我，關心我，体貼我，我"夫復何求"呢？

潘潘上台北了，弟弟妹妹也上學了，爸爸也要上班吧！家只有媽媽一人。唉，天下父母，咱們以後也要為人父母。我常在想，上一代除了把兒女養大外，自己一無所有；他們所有的就是幾個兒女，這一代的我們是要留些什麼東西才對，就像現在的我倆，是不是也是"一無所有"呢？如何謂之有呢？如何謂之無呢？潘潘，這是由時間加智慧加勞力加苦心加愛心加與其加……才能解出來的答案。漫長的路在我們面前，許多人都不願去走，但不得不走。在我的感覺是：後面是一條死巷，則不如就奮力向前走。妳呢？

潘潘，就算妳了解我在愛妳，而且愛的很深。一個人很怕別人不了解他，這是男人，但叔本華有句話：女人這動物只要愛她，而不要想去了解她。這位哲學大師所言也許因為女人不易了解，轉而用愛去代替了解。

我對我們男人雖談不上"徹底了解"，但可謂很清楚；潘潘身為女兒家，對女人應有幾分知曉。何不道來一二，好叫我做丈夫的有點兒了解潘潘。

潘潘吾愛，

歲月如梭之飛逝，我們到現在已經是三月八日了。元宵過的好嗎？台北的佳節一向熱鬧，而且有許多奇奇怪怪的節日出現。情侶潘一直希望住台北，要有什麼便有什麼，學東西又方便。明天已經是妳們的日子，婦女節，全世界的人都在歌頌母親，卻未歌頌男人和女人。到底女人和母親有何差別？有學家說：女人只有當她成為母親時才顯得偉大。

潘說得對：母親的恩情才最偉大，只有貢獻她的生命，從未想要收回。潘，說有一天妳也是母親，而我卻沒有妳那麼偉大。所以耶穌說：我做丈夫的要愛他的妻子。更所以，妳要愛潘潘一輩子。

潘，明天是偉大的女性的節日。我此一無所有，又沒有人回台灣，所以也沒辦法送妳這個東西。就以一封信的祝福，永恆不變的愛情，來奉送我內心之一切。

明天我又要去受訓了，受訓說是很忙的

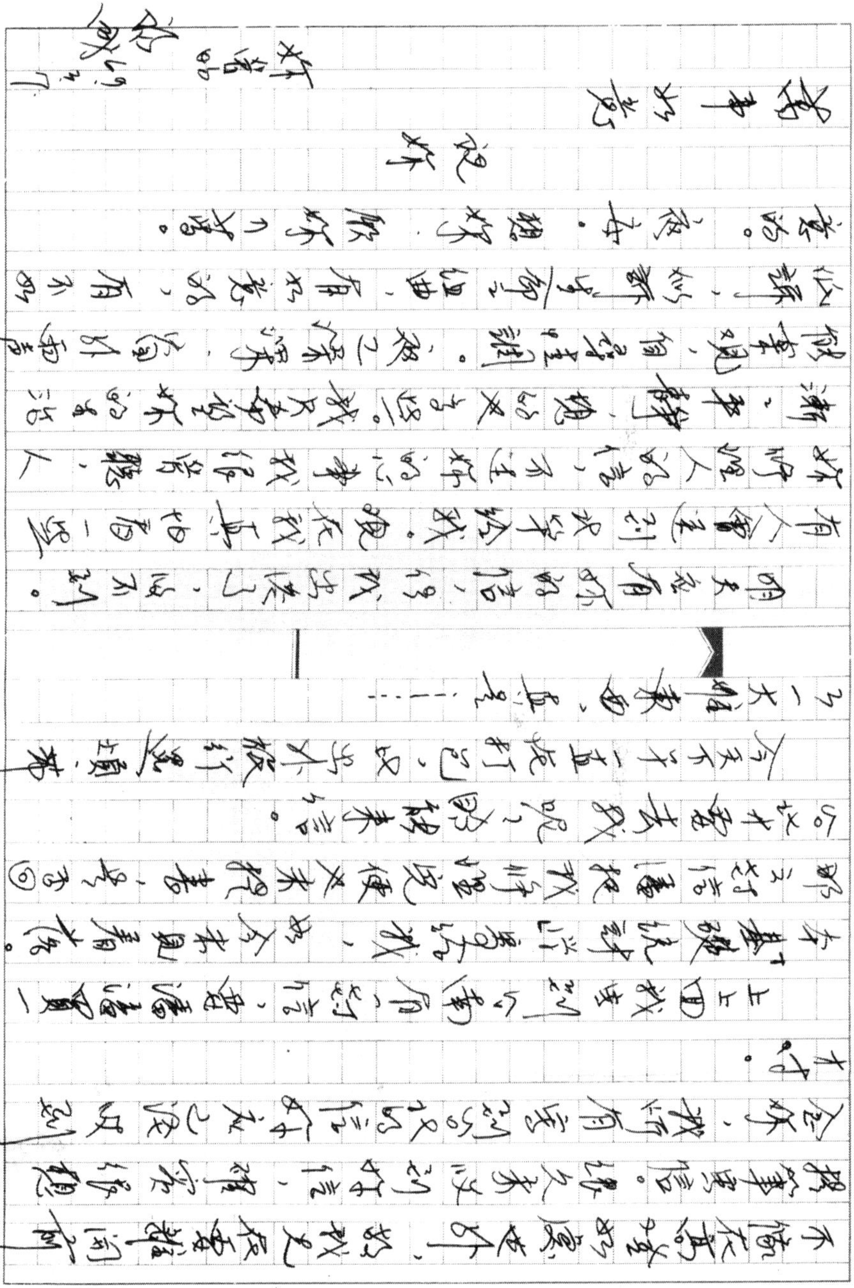

不論在高雄如處也好，或我又在要離開前
提筆寫信。很久未收到妳信，確實很想
念妳，我昨有寄到台北的信妳應已經收到
才對。

上上回我寄到台南有一封信，要還請買一
本基礎統計學寄給我，如今未見著落。是否
那一封信還把我們埋沒便又未找書，是否回
台北才要去找我呢？盼能來信。

今天下午一直忙打包，以出外旅行選擇，帶
了一大堆東西，真是……

明天應有妳的信，但我出發了，收不到。
有人會送到此寄給我。現在我真怕看一些
妳們理人的信，不過妳的心事我很當聽，人
漸漸平靜，總的又多些。我只希望妳的生活
能樂觀，自尋情調。夜已深深，窗外雨聲
似訴，似訴生命之曲曲，有如意的，有不如
意的。夜安。想妳，愛妳，盼妳入夢。

祝妳

萬事如意

妳的
敏 69.3.7

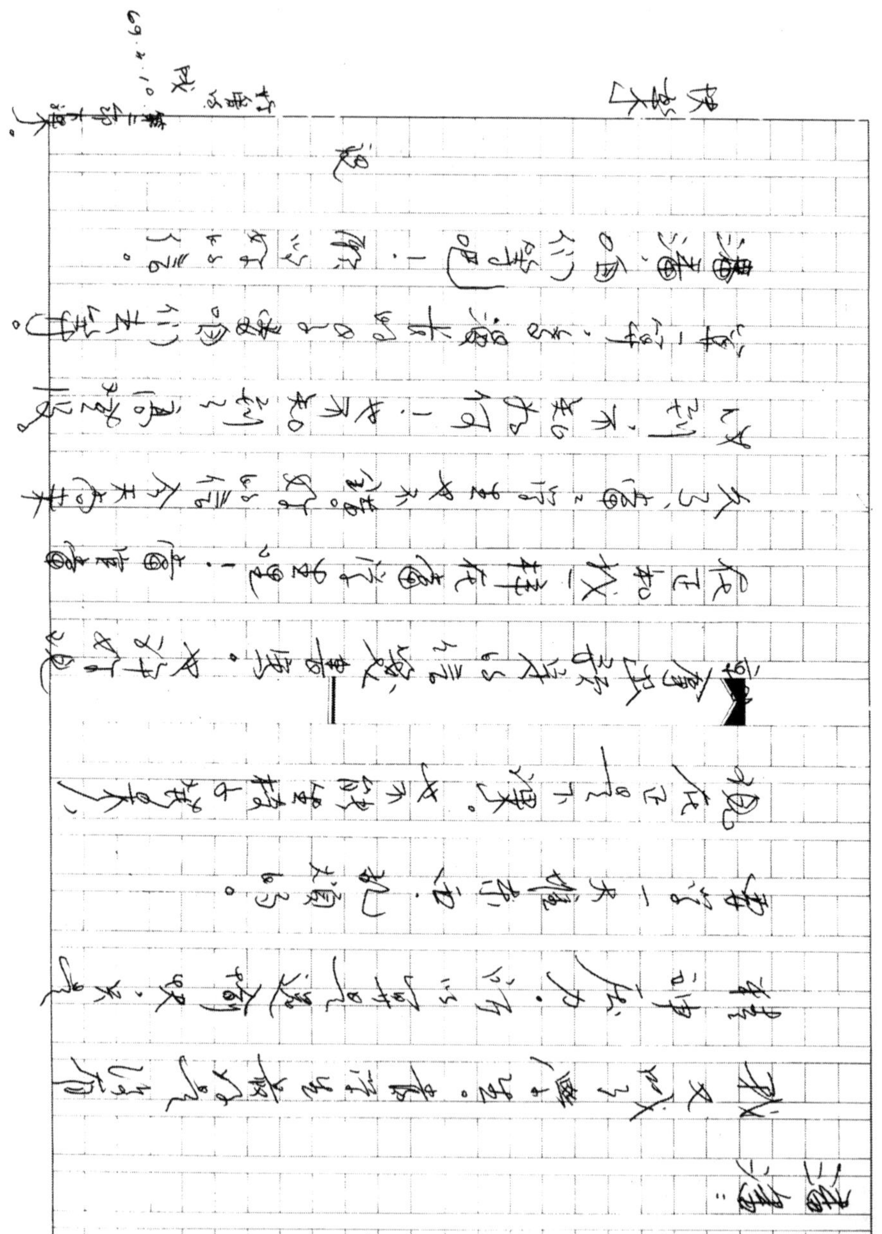

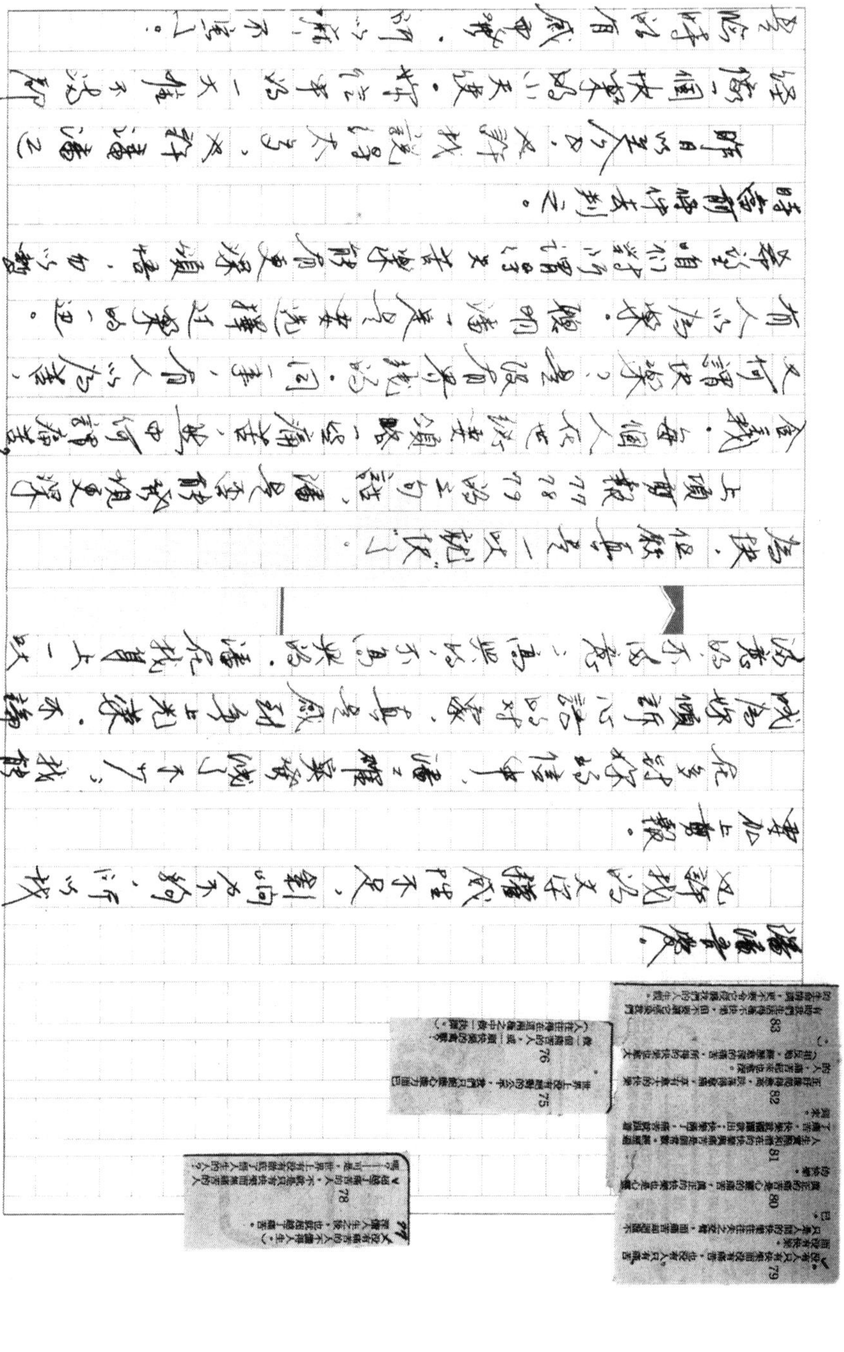

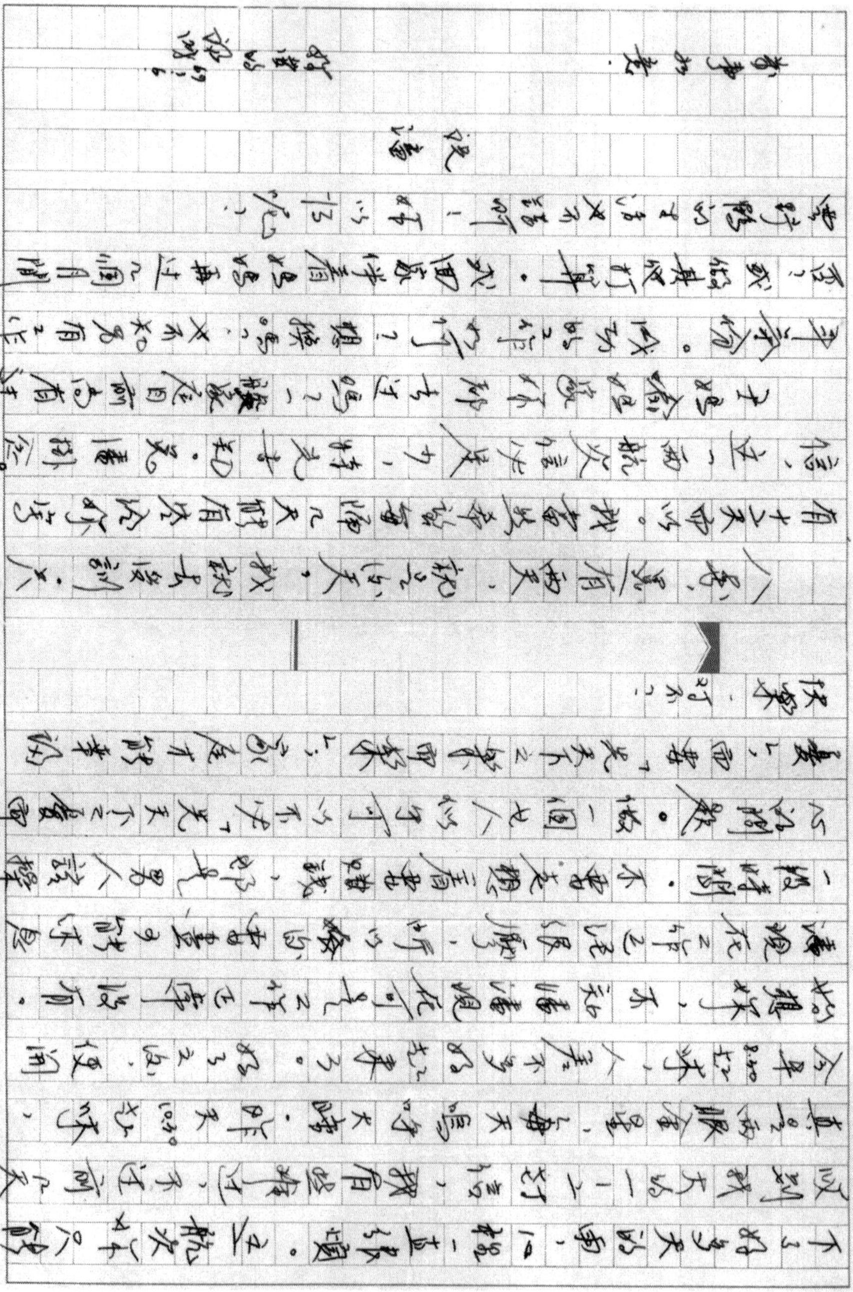

下了好多天的雨，心裡一直很煩。這一航次妳只能
收到我大約一、二封信，我有些難過，不過前幾天
真是兩眼金星，每天嗚呼大睡。昨天10:30起床，
今早8:30起床，人差不多好起來了。好了之後，便開
始想妳，不知湛湛現在可是工作正常沒有。
湛湛現在工作還很忙，所以妳的書畫可能休息
一段時間。不要老想著要賺錢，那是男人該操
心的問題。做一個女人妳可以不必「先天下之憂而
憂」，而要「先天下之樂而樂」，家庭才能幸福
快樂。一對不對？

八號還有兩天，就是八天，我就去受訓。只
有十二天而以。我當然希望每隔幾天能有空給妳寫
信，這一兩航次信少是少，特先告知。免湛掛念。
于媽媽家妳都去過嗎？一般家庭目前尚有達
手采份。成功的工作如何？想換嗎？又不知另有工作
否？或做其他打算。我回家伴著媽媽再過幾個月閒
要時時的寫信，又不錯呀！妳以為呢？

祝 湛
事事如意.

好愛妳的
[illegible] 69.1.6

潘潘"

殘冬已去，今天的北斗真是艷陽高照。顯得有些熱，人也有蠢蠢欲動的。也許寒冬太久突然轉暖，有些適應不過來。

早已聽說北斗的女孩已開始展露她們玲瓏而富有美感的身材。春夏天的女人服飾實在千變萬化，以男人自己不但花花世界引誘的感覺；秋冬女人服飾顯得高貴華麗，也是各出花招。唉！真是女人之世界。好像舞台上的舞者都是女人，而男人成了台下的觀眾。有時男人也因她們所帶給女人而驕傲。

我也逃不過，做為男人的本質，因為我又何嘗不好做為太太而驕傲。

這是一個中午。午睡自己很喜歡，但是每到午睡我總要找些事做，我的午睡成了習慣，所以非睡不可，豈不不妙。

算一算。明天該有妳的信了。這麼一想，人很安心。現在沒訓，學了一堆我不會讀的東西，所以空之無味。只有一頂計算機使用較實際。

親梅妹：入我夢來

春節的中午隨筆

潘潘吾愛，

我離開了台已數十天，高雄和北竿之比，我更喜愛高雄。不是因妳又在那裡，我喜愛那裡遠離塵世，花高雄那幅人人競爭的面孔，那幅世外桃園的氣息，那裡四海皆兄弟的場面。雖說環境因素也有，總以人很爽快。北竿。是個小鄉村，每日有台灣所沒有的布集；也有了臉上那層競爭、價值、忙煩、不耐煩的顏容。所以亞里斯多得早就說過：人之罪惡源於理性。洽似宗教所說：夏娃和亞當的禁果是人之原罪。從那時起人都有罪，潘潘！我們真的有罪嗎？

現在又是一個中午。很靜。大地入夢。還有五天結訓，我又希望畫快End，回到純樸自然的高雄。好快！現已經三月十八日。是我們訂婚一個月零兩天，歲月如梭。今晚大概有妳的信，將才高雄來Tel，信已送來。談有几封是潘潘的。我會分秒懷之等的。

祝福妳

以後生個我們重愛的BABY

來福成 於69.3.18中午陸軍

富強牌 20×25=500

一個女孩叫pam pam
夜了。讓我給她寫封信
隔著好遠，好大的海洋，水天另邊呢！
但我知此刻她在做啥！
也知她心裡正在想些什麼
若不知？？？？
何以我要寫信給她？何以我會每夜想起她
何以……
所以，此刻，未來，永遠
我總要寫信給她，總要想看她
夜了。讓我寫封信給她，寫封有100 page的信
內容都已印在她心中
正是和我寫的一樣；她也寫了一封
和我寫的一樣，印在我心中了
印在我心中的，正是pam pam這個女孩
夜了：我要睡了！她則睡在我心中
我們做的夢也一樣，
所以我也不必道晚安了
就讓咱們攜手入夢吧

鄉下人 於 69.2.23 寢前

播"無意翻報，見此淡雅脫俗的作品，很是
喜愛，再三欣賞，寄於妳共享。以前多次參
觀花展，未見有此手法者，真是"求新求變"
的創造，又經濟。妳想試試嗎？

十分欣賞唐伊忱

有關花藝，在林語堂"生活的藝術"一書中有談及。
我想那是pam所喜歡的，生活情調本來就深
植於人的心中，要把它發揮出來。

妳虔的 誠 68.2.23

具匠心

瓜果菜蔬皆成趣

圖文：吳振韜

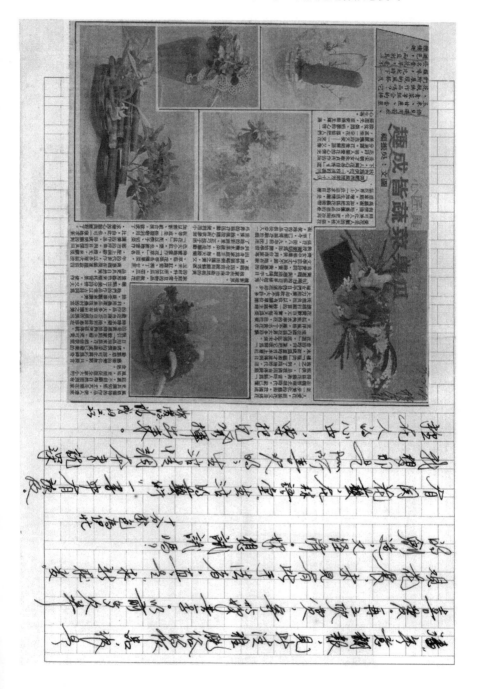

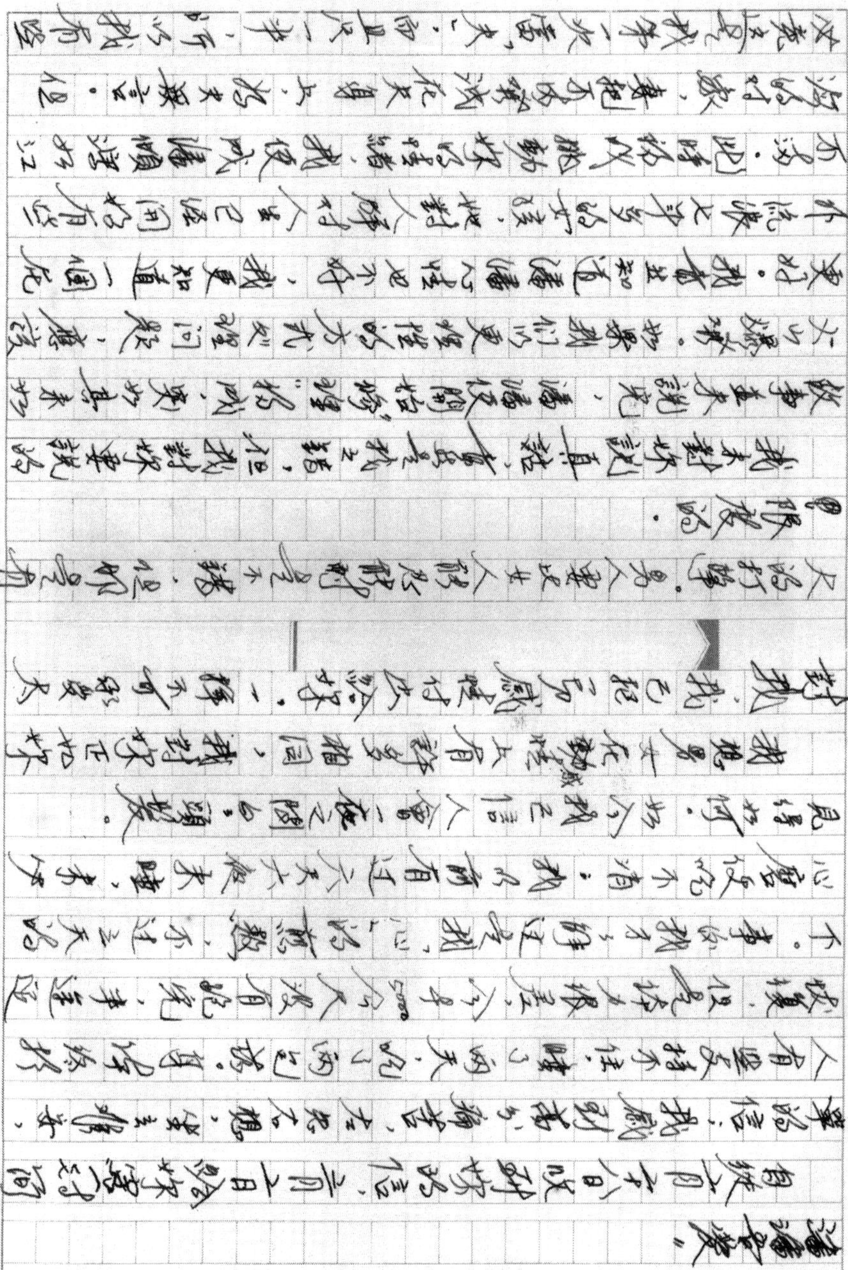

对人愛不了。

並，社會生活太久，使妳開始對人生厭倦，對男人不滿。我不知道要如何來啟發妳快樂的思想，但是我要說一句：人生雖是很苦，若我們不想些快樂的事，專想些苦差事，則苦中加苦，人生將如何過呢？

妳應該還記得咱們國父孫先生的名言，又是一句老生常談的話：人生不如意之事有十之八九。讓我再問個哲學家常提的問題：小孩為何出生便哭？、由於物理或生理學上看，又稱簡單，哲學上則更有一層含義，妳願意冷靜思之嗎？果如，妳一定想去追求一個快樂的人生旅程。

請，夫妻所爭者，非他以前女友如何？亦非她往日男友如何？更非雙方家勢如何？家境如何？身世如何等等？

請，夫妻要爭如何才能互愛互敬互諒。

要爭今日以至未來如何才能共創美滿的家庭生活？

要爭共同的事務，至少要爭這一代的事務。

否則，這是一部悲劇電影，是未定成的故事。

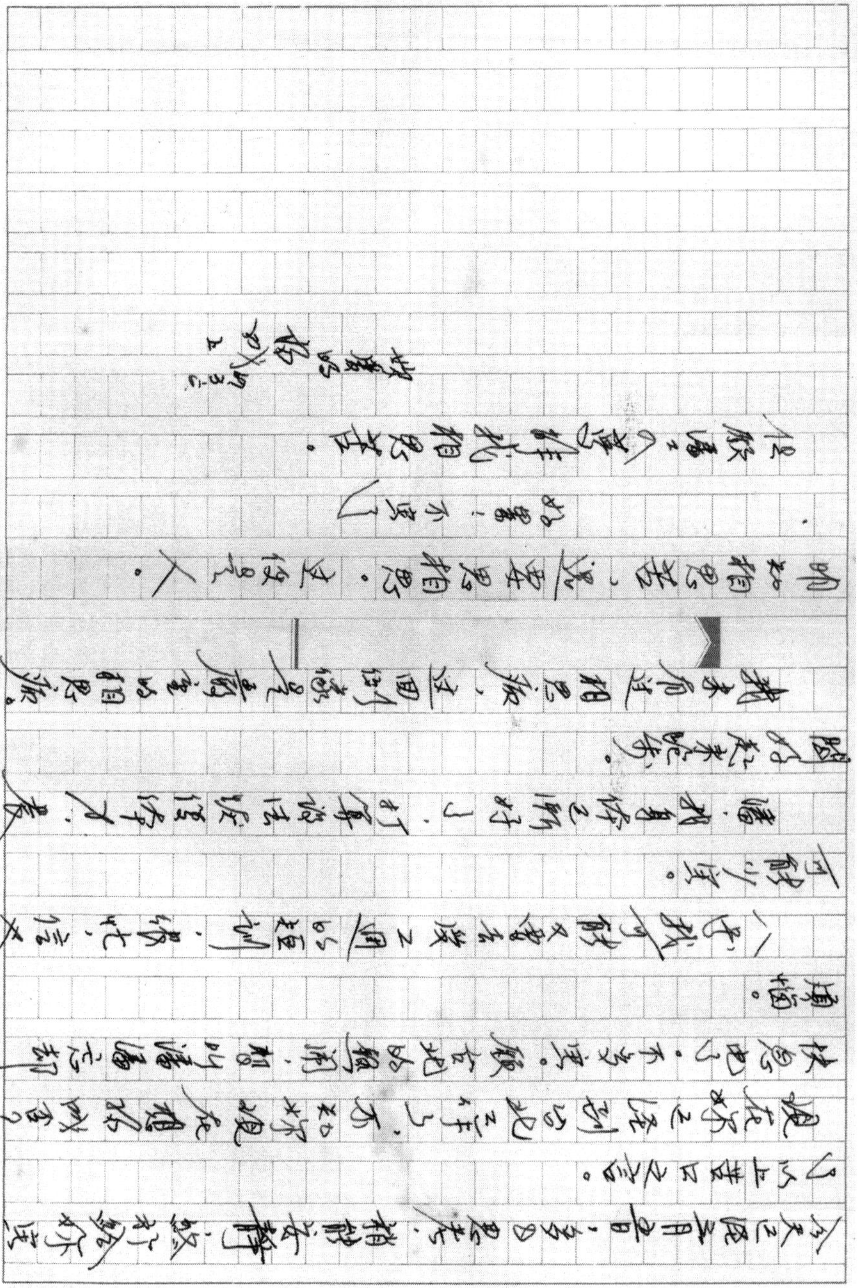

今天已經三月五日，多日思考，稍能安靜，終於給妳寫了以上昔日之言。

現在妳已經到台北工作了，不知妳現在想好我否？快息也了。不多寫。願台北的熱鬧，幫助潘潘忘卻煩惱。

下週我可能又要去受二週的短訓，很忙，信又可能少寫。

潘，我身體已漸好了，打算設法恢復體力，長期好起來跑步。

我未有過相思病，這回倒像是嚴重的相思病。明知相思苦，還要思相思。這便是人。

好累！不寫了。

但願潘潘的夢，許我相思苦。

妳最愛的
[illegible] 上
69.3.2

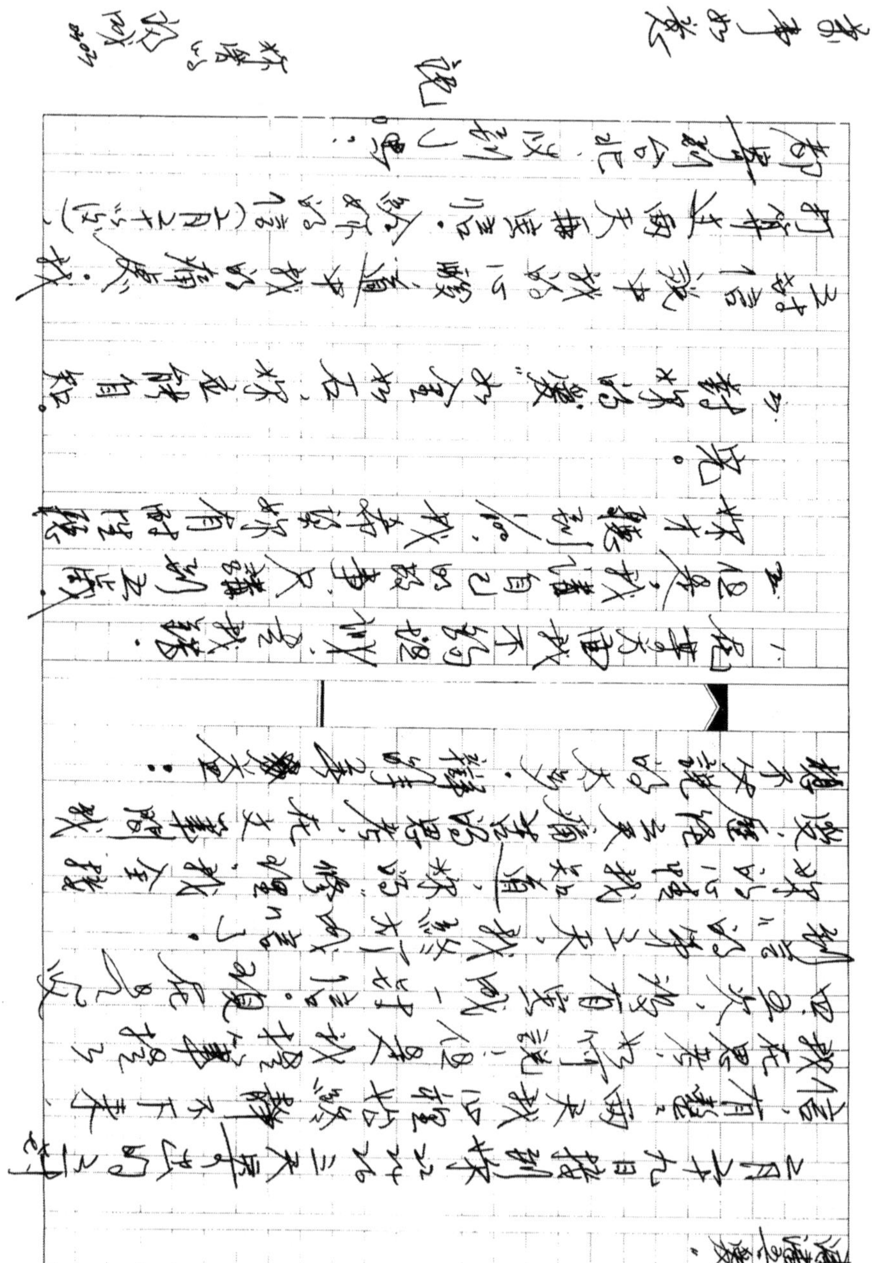

3 咱們童年的縮影；社會雖現實，使他們會意的微笑，我們也可肯定人間多少還有一份純潔的愛。懂得赤子之心」那麼可貴，潘潘久居兒童樂園」，可稱得上「孩子國王」。小孩一見Pam就喜歡，也是理所當然的。領咱們永

教妳做年菜(二)
大年初一 菜六道
製作・陳春香 攝影・謝震乾

教妳做年菜(三)
大年初二4道菜
製作・陳春香 攝影・謝震乾

保赤子之心。妳的身體現在正是健康多了！天氣不定，容易生病，妳多

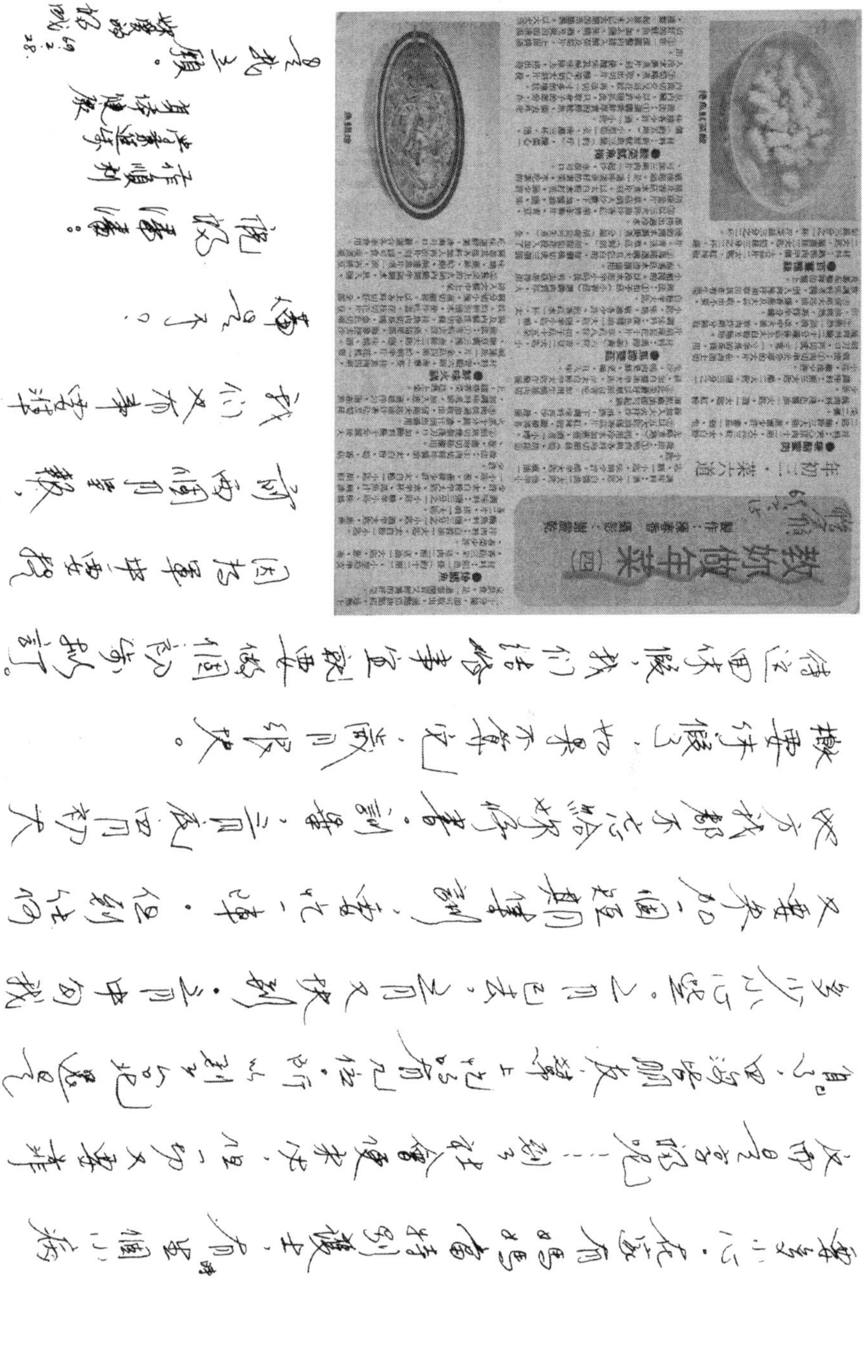

教妳做年菜(四)

製作：陳春香　攝影：謝震乾

年初三・菜六道

要多小心。在這有媽媽當特別護士，有時出個小病反而是享福呢……到了社會便求快，但一切又要靠自己，四海皆朋友，尊上也只有几位。所以到了台北還是多少小心些。二月已去，三月又快到。三月中旬我又要參加一個短期集訓，要忙一陣。但到任何地方我都不忘給妳寫書。訓畢，三月底四月初大概要休假了，如果不算完，歲月很快。

待這回休假，我們結婚事宜就要做個初步校訂。因為軍中要求前兩個月呈報，我們又有事要準備是不？

祝妳

儂儂：

工作順利

学業進步

身体健康

是我之願。

妳愛的

路城

69.2.28.

潘潘吾愛：

外面下着不大不小的雨，一片雨濛濛白茫茫。雨景，我一向很喜欢，總把它看成和李白一样脱俗的高人。下了一陣，樹木花草便也欣欣向榮，尤其現在天氣不太冷，山坡上已经有了春的氣息，綠油油加上雨水沐浴形成一片晶晶亮亮的視覺。是初春或晚冬吧！

台南的天氣一向不錯，該不會也下起雨，如果有雨豈不好哉：妳找家门口的衣服一定居好；閨中少女總愛在雨柔凝視窗外，凝視她所達不到的世界，把她的嚮往從視覺中收回。

現在少女該沒有所謂「閨中怨」了！女孩子不想到外面闯闯，是已無「閨」；家庭開化，是已無「怨」！有的是「鬼君怨」。

這雨下不知何時才停也！如果來個傾盆大

雨，豈不更爽快。再過二十天便是一片春的景象。年復一年，春復一春；想去年此時，大概才總到妳夫家「放風聲」，那知世上有個潘濤!!如此風聲越放越美妙，再過一個多月是兩個我們開始書信往返。如今一夢已成真。相見嘆晚，忽見把咱們一時弄忘，事隔數年，他是人家姨夫，又把咱們聯起，這也不怪他，怎人家較見忘。待數十年後，我倆回憶起當年兩地相思，苦寫信箋；再憶起那男女陵花台南車站相見如故，妳說這是何等樂呢！青春不再，人生不再。我即為妳夫，就是要做得最好、盡最大力來做；除父母有謝之潘更親呢？更可愛呢？

有覺了。電視也有，但到此我尚未看過電視，一方面無此雅興，畫面也不清，可謂「白花花的閃光」。

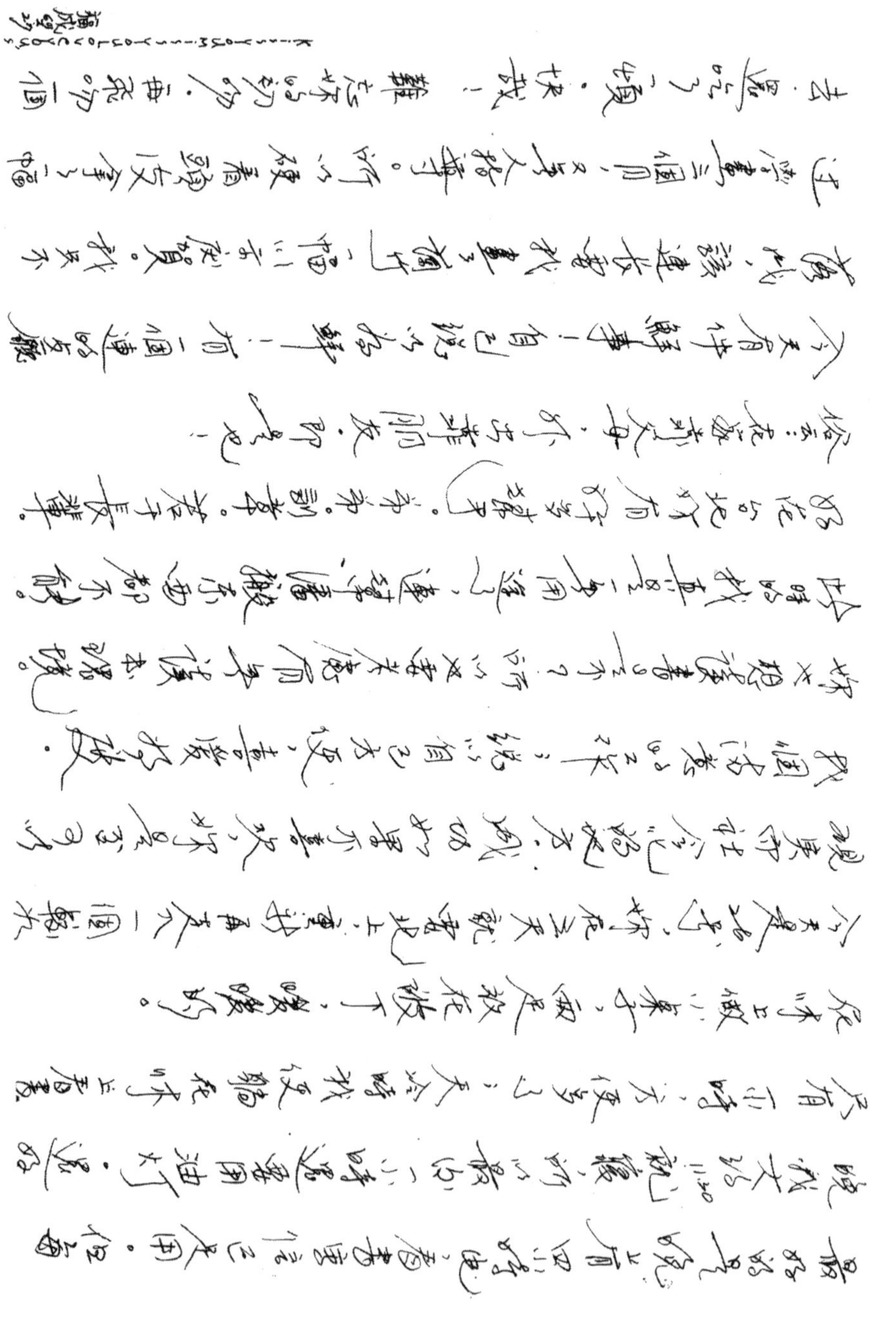

去．還記了一個．快找！韓也來的別．典禮那個
過[illegible]三個、以前人說事。所以後看還是交會了、個
來的、讓她知道我[illegible]個了，但三十歲。我又不
今天有件好事！自己說了好事——有一個連我在[illegible]
給你在這方面人中、你也是朋友．即是說．
好在以及有許多好事。來來。謝謝。我十五歲了事。
以時的我真的一個用途了、連想法[illegible]都不能。
好久想說都不了。所以又來表明我說不清楚。
我個人的喜好之外，說自己不知，喜歡我好多。
現在你在心的老，我的事不喜歡，你是還了了
今天晚上，你在這裡就是以上，要我再去一個地方
在床上被子裡，要是放在床下，就好了。
只有一時，不要了，今天我又躺在床上看書
晚我大約[illegible]就寢，所以最近一時還要用油燈。我的
最好的是晚上有月亮的時候，[illegible]但當

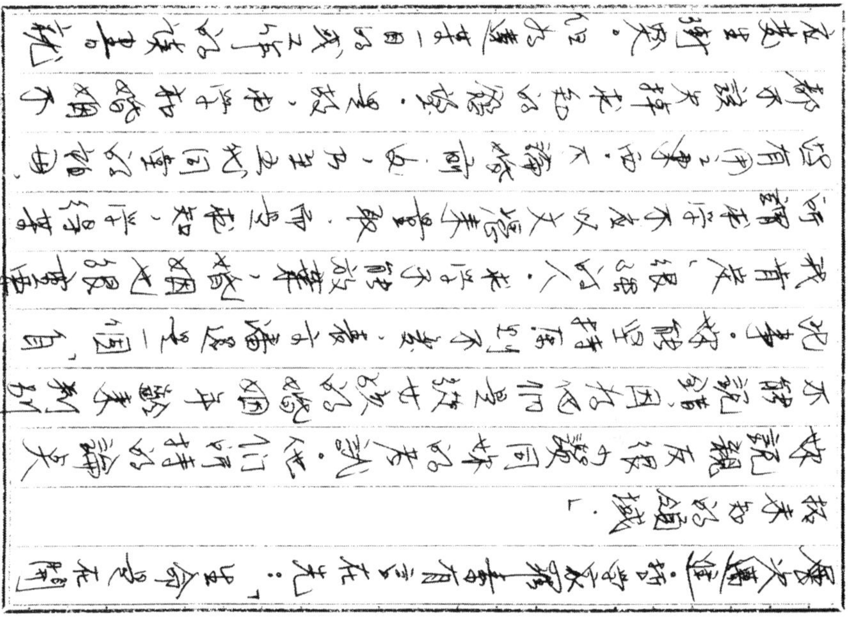

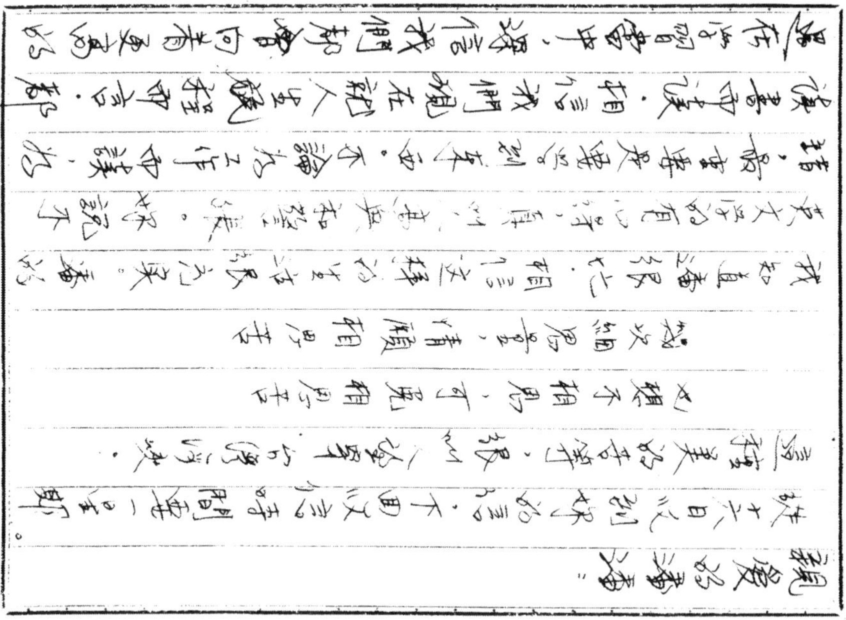

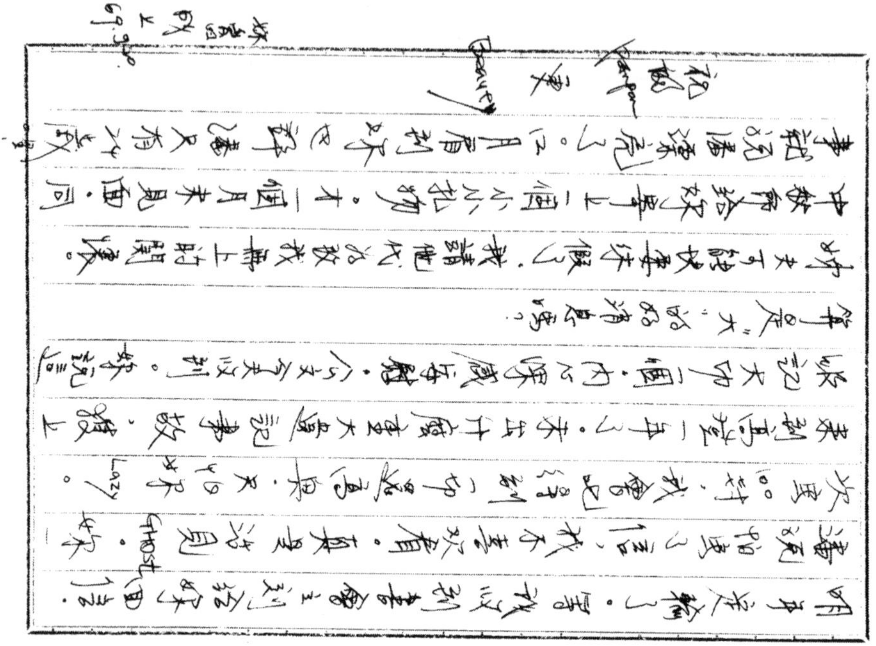

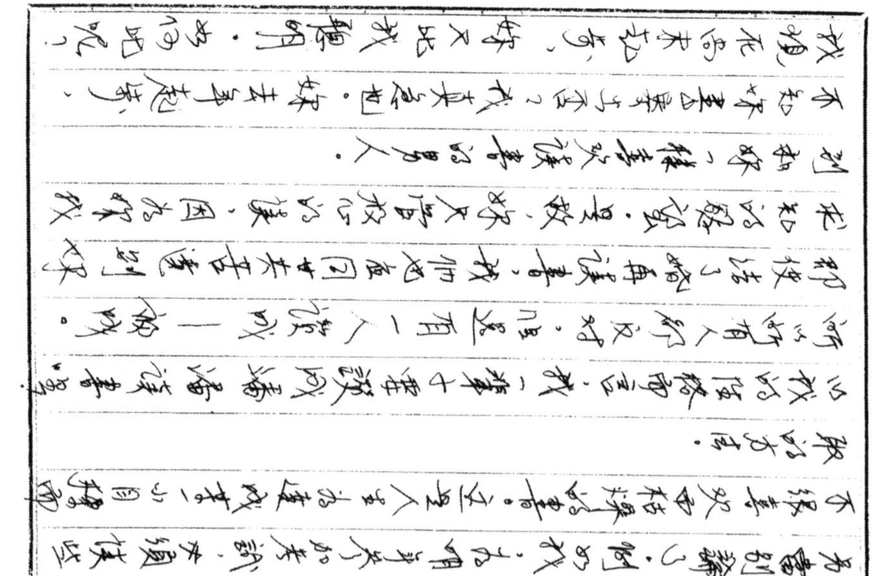

可愛的湘湘..

我很愛的"思憶"。小湘湘有沒有思憶。

醒來看書不久了。不知妳最近在幹些甚麼。

最近天氣又不太好，晚上下雨。白天太陽。今天例

外。下午下了一陣雨，我正在上課。記得妳跟我說過，

本以為會颳過一下。結果沒有。好可惜。上次有

一回颱風。好大被吹得我想再去找妳聊天好了。

真叫人感動。好，再不要上課。大家都心情有

些不好想睡。

好想上課睡。好嗎。我想回去，我沒有命

手的照顧。所以不要睡喔。如果想睡不了。動

不動?。愛聽的湘湘。妳現在是否已入睡了、63。

祝妳。注意妳是甜甜的美夢。再等我，我的本錢。

有時候不住。一切得從自己做起。

對記，我再說一次。只要每日 湘湘的手的信。我

都喜歡。

湘累了了。讀我愛湘湘的湖，還你聽得者來幫我

說說：「我還會是女人的權利。」不過我有我的見解。

這只是男人的說法。以後再去說湘湘好嗎? ..

YOU Are my ......

in my heart

[illegible] 69.9.20

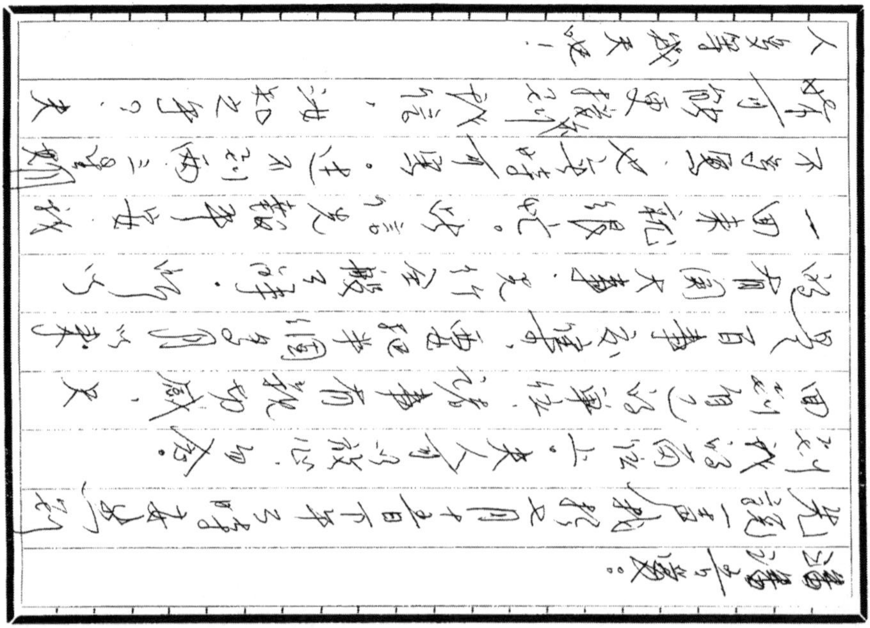
瑞瑞吾愛：
先說一聲我於七月十五日下午五時安然到
到我的崗位上。夫人可以放心，勿念。
回到自己的單位，諸事有親切感，只
是百事交集，要把半個多月以來
的有關大事，先作全般了解。所以
一回來就很忙。此信先報平安，我
不多寫，也無時可寫。述不到兩三星期
妳可能更接到我信，汝知之乎？夫
人多等幾天吧！

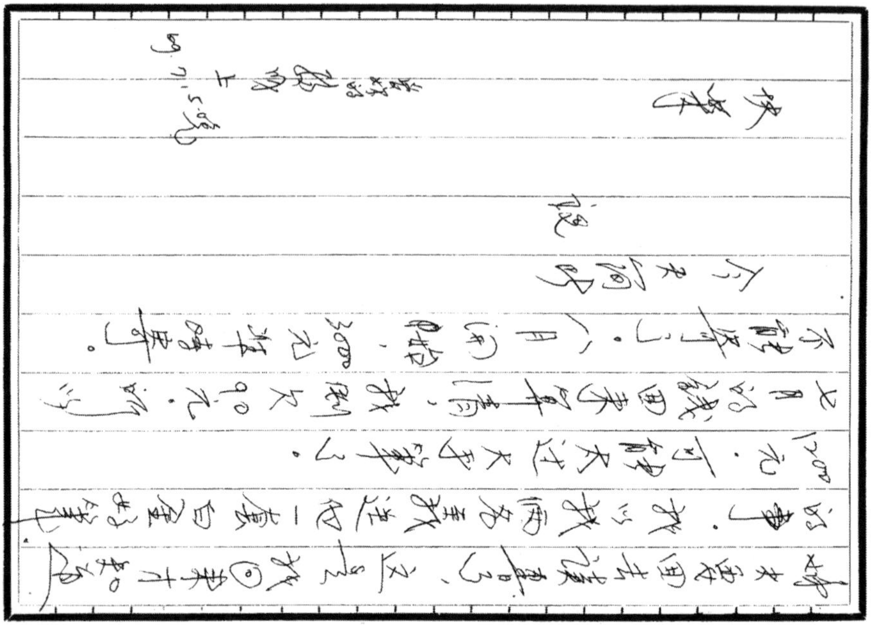
妳未要回去讀書了，這是我回來才知道
的事。所以我倆名義送他一套白金好筆。
12000元。可能太過大手筆了。
七月的錢回來算清，我倒欠90元。所以
不能寄了。八月開始，3000元準時寄。
今天向時
祝
快樂
愛妳的 [illegible] 上
69.7.15.晚

七月的颱風我因未能[illegible]之後，遲到了一天，你們兩人

但你也是一種颱風，是不？

的。早晚你已經到了，你會用心找來，但你卻已，女人

也的。人不要只想了。我說不要太多，總有些[illegible]

喜歡的事，那些有的沒的，我們說的同事看個

我的信，沒回你，拿起電話[illegible]了嗎？看看你

你們再見，更好。[illegible]

人一路上[illegible]

[illegible]

也許人一生[illegible]

也，有一種[illegible]

於十五日下午，我又回到住了[illegible]

[illegible]

那天[illegible]

[illegible]

月才能寄給妳了。下次回台灣要開始省用節流了，把大部份的錢存下來，以備用在重要地方。妳能督促我存錢買屋，相信我們會更快，婚後就要注意房子，早買早好。因為世界性的通貨膨漲不會停止，買了對我們有利。

今天是回來第二天，白天比真忙，到了晚上才有個時給妳寫封信，當主官太苦，所以想下來。可惜要等回台灣，天天忙的一些雜事，不大不小的事，自己想做些事都是很難，沒意思！

晚上九點半後電了，真麻煩要點油灯。住台灣這文明世界住了十五天，回來有些不適應的生活，只好再過些日子，再能恢復往日的正常。

人有些累了，昨晚一覺天亮，好舒服，明日再書。

祝

生活快樂

愛你的
永明 上　七．十七．

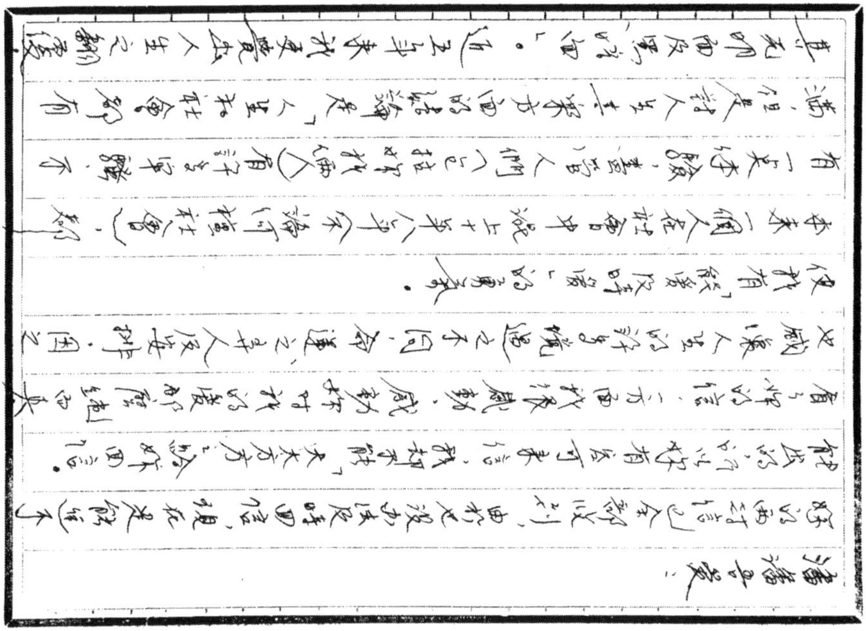
潘潘吾愛：
妳的兩封信已全部收到，由於也沒辦法及時回信，現在是能遲了
付出的，所以妳有空可來信，我卻不能「大大方方」給妳回信。
倉促的信，一方面我很感動，感動妳對我的愛都縝綿而真
也感懷人生的許多境遇之不同，命運之弄人及安排，因之
使我有「能愛及時愛」的勇氣。
本來一個人在社會中混上十年八年（不論何種社會），都
有一些經驗，尤其人們（包括妳我倆人）有許多牢騷，不
滿，但是討人生喜樂方面的結論是「人生和社會都有
其光明面及黑暗面」。近五年來我更覺出人生之翻覆

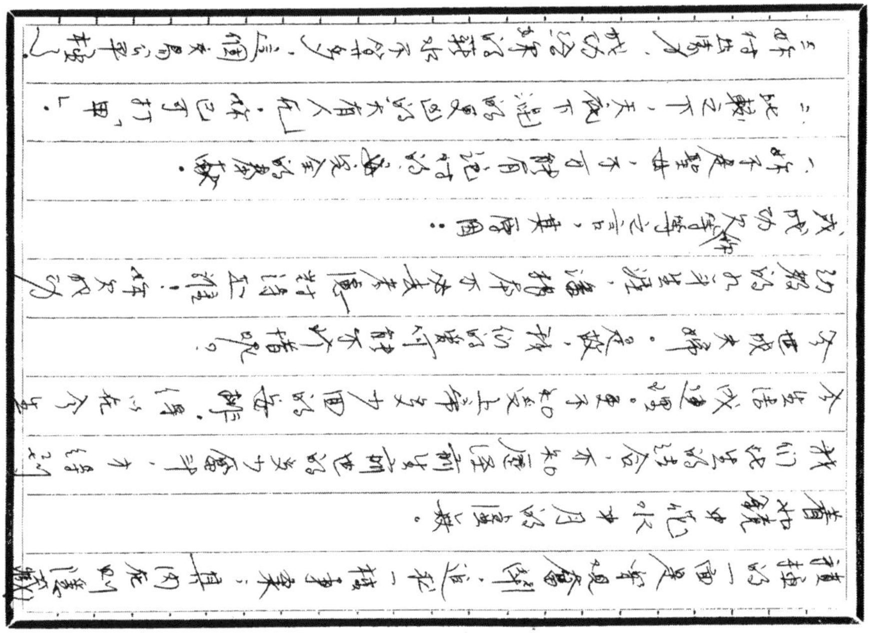
積極的一面是樂觀奮鬥，追求一種事業；其內在則隱藏
着如鏡中花水中月的虛無。
我們此生的結合，不知歷經前生前世的多少磨折，才修到
今生結成連理。更不知受上帝多少回的安排，得以在今生
今世成夫婦。是故，我們的愛何能不好好惜呢？
功般的九年生涯，潘潘本不必去考慮對誰虧誰！妳欠成功
成功欠妳等等之言，其原因：
一、妳不是聖母，不可能有絕對的、完全的奉獻。
二、比較之下，天底下混的更凶的大有人在，妳已可打「甲」。
三、妳付出情方，成功給妳的薪水不算多，這個交易公平極了。

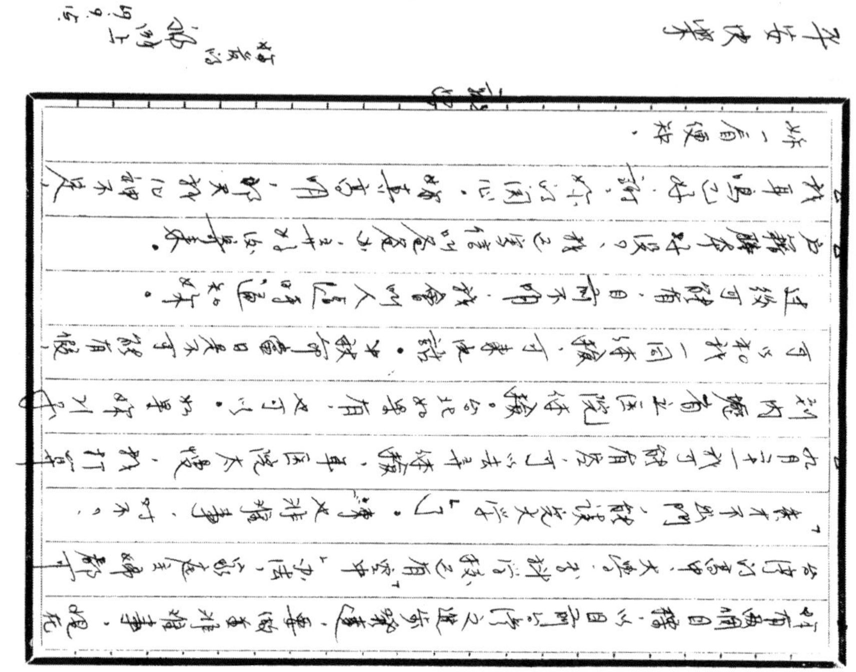

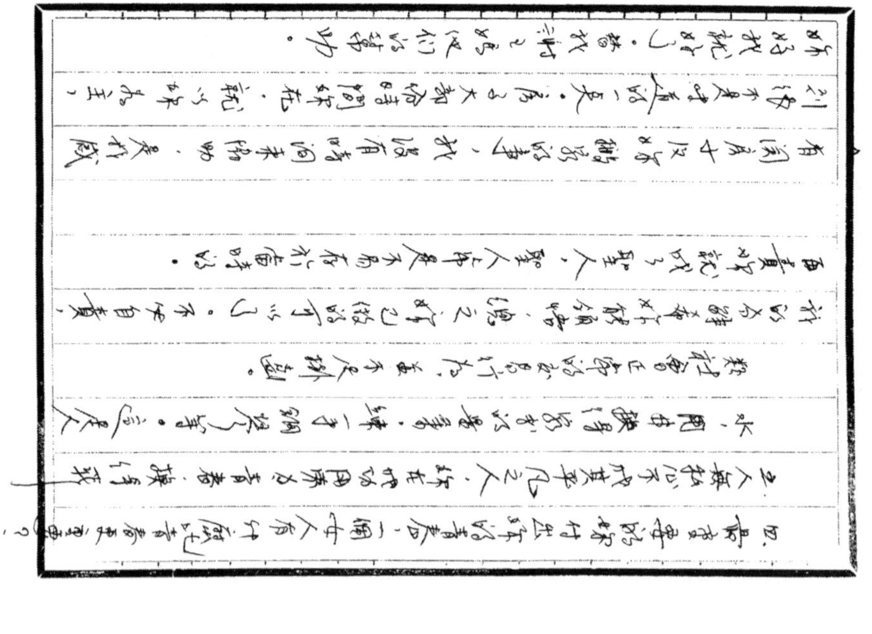

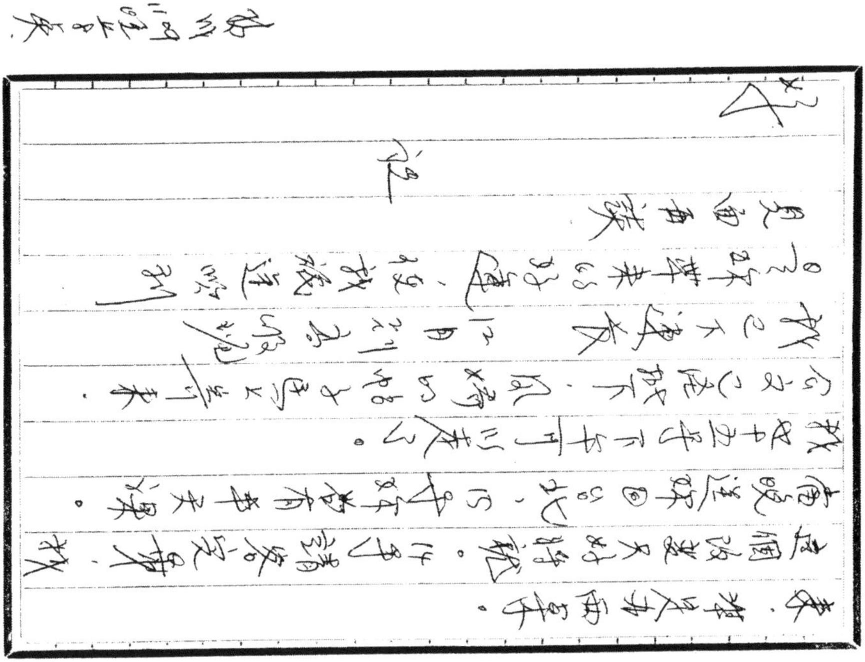

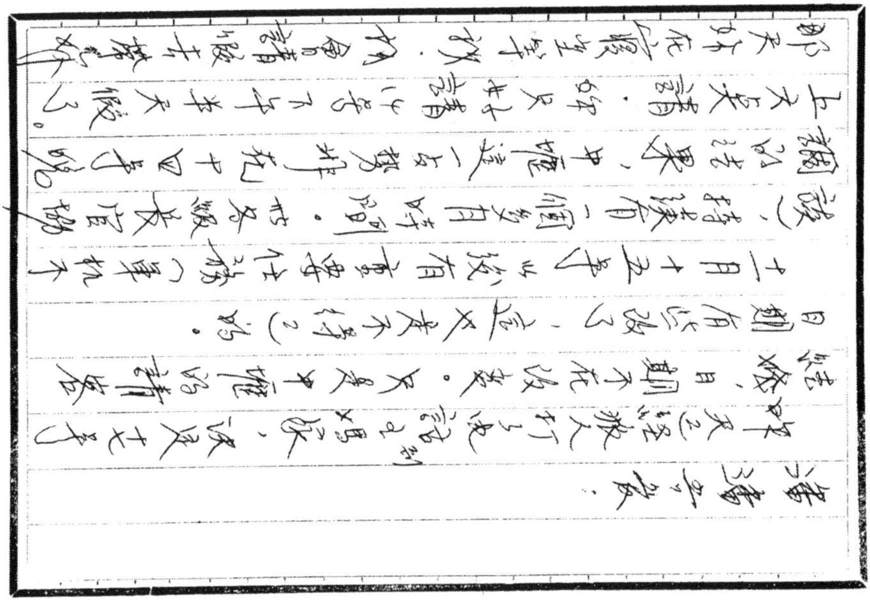

附件一： 不定代名詞 one 和 ones ：沒有指定代表某人某事某物的代名詞，叫做不定代名詞

先知道一些有關 one 和 one's 的公式：

單數 one	複數 ones	所有格 one's	複合形 oneself

1. 用以避免重複：one = a + 單數普通名詞

例：Have you a knife ?
Yes, I have one (= a knife).
Yes, I have some sharp ones (= knives).

提示：one 不能代替不可數名詞

例：(誤)：If you want coffee, I can give you one.
(對)：If you want coffee, I can give you that.

2. one 可用作"人"，"任何人"（不定用法）

例 (正)：One should keep one's word.
(錯)：one should keep his word. （人應守信）

(正)：one must know oneself.
(錯)：one must know himself. （人必須知道自己）

提示：one 如用以指「任何人」，並且表示人的義務或該做的事時，後面通常接 one's 或 oneself。

如果用做數詞以表示「～之一」，或前面有 each、every、some、any、no 等字修飾時，則後面要接 his 或 himself.

例：one must do one's best. (正).
one must do his best (錯). 人須盡其力.

(正)：Each one has his work to do.
(錯)：Each one has one's work to do.

One of the boys dropped his handkerchief.

Everyone must know himself.

抄妳原文來說明：

one, one's 的用法，

(1), He sold an old TV set and bought a new one.

(2), Are the green apples good to eat? No, bout the red ones are.

（bout）此字好筆誤，应 but 才对。

說明：(1) 填 one，代表一部新的 TV set。和前面不發生衝突重複。是單數，故用 one

(2). 填 ones，而非 one's。(此地注意，一个複數一个所有格)
代表紅色的 apples (複數)。正好接後面的複數動詞 are。

簡單的說：one 表單數名詞
ones 表複數名詞

※ 前後的長方格內要記清楚。
以下都是參考。

參考 柯旗化 新英文法，
高雄第一出版社
69.9、增補改訂 第28版。

Page 63 ~ 。

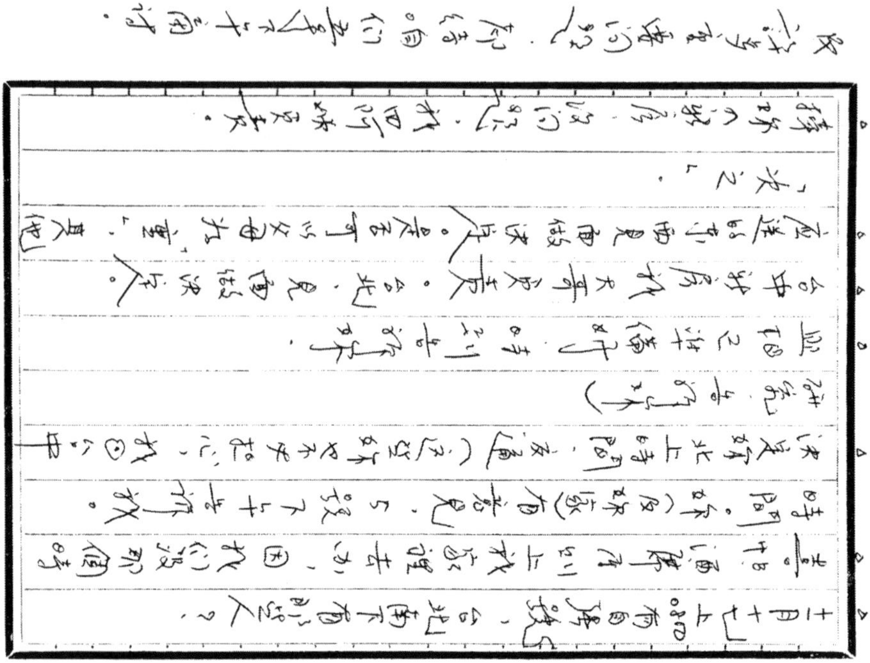

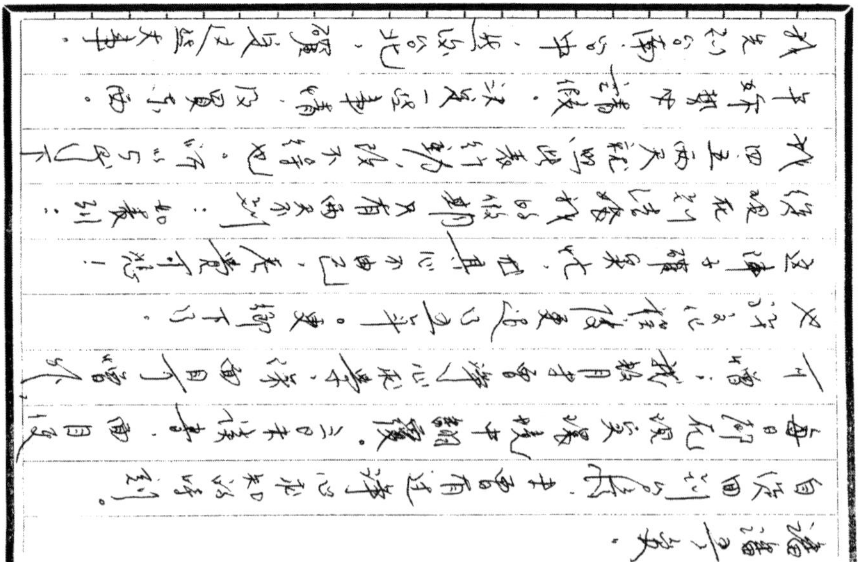

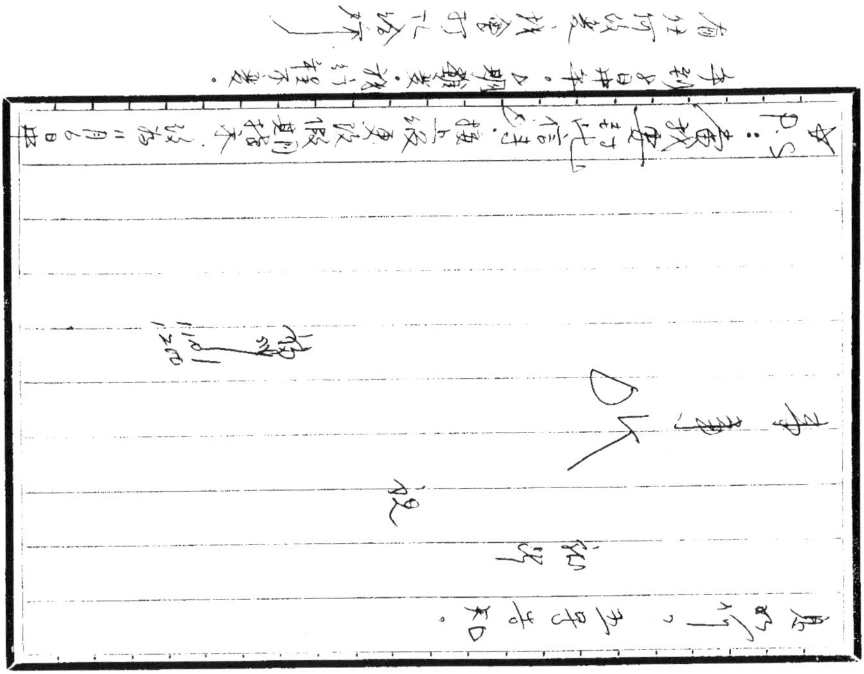

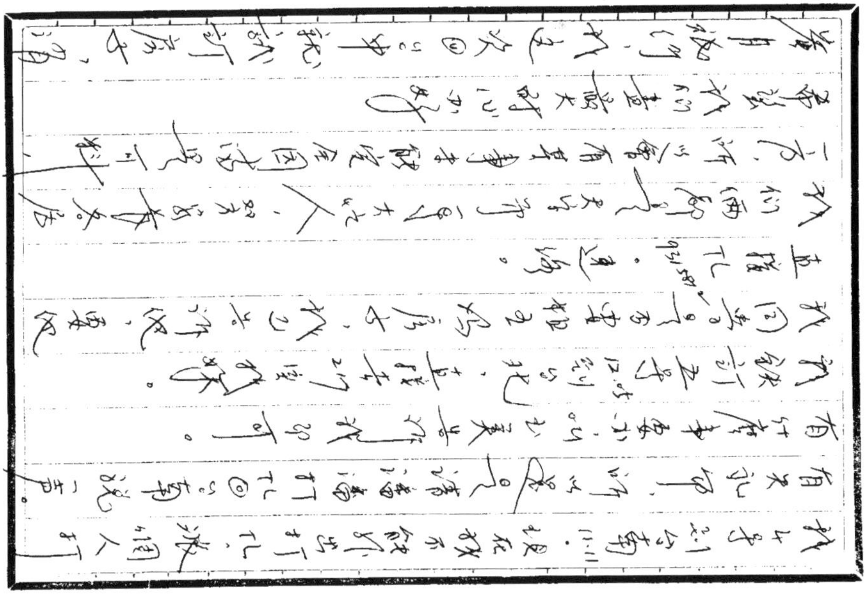

潘潘：

我的信你已收到，寄的包也[illegible]。要訂時又接到通知時間改了。當主官也就如此，一切任務第一。還好，再一個多月，可望下來。

現在我的假可以確定如下，但更短了半天：

11月6號（週四）下午五點半才能休假，也才走得了，我計劃是這樣，妳參考一下。

六點又分當先乘[illegible]回台中，到家約九點（晚上）。

11月7日，乘11.54到台南已是下午13.52，到妳家約14.20

下午15.46對號回台北，已是19.58，到妳那21[illegible]可能晚上8.30。之後和妳共商一些事情，或買些東西。第二天星期六（11月8日）上午9.00以前要離開台北，12.00以前到部隊。下午有會要開。

△我行程如此，妳做參考。有意見或改正來札。

△如妳同意台南時不去，則我把大部時間用在台北。

△如果妳未來札，我就照此行程。

△七號晚上勢必在台北過夜，妳看何如？

△11月10中午到11月15中午，我完全沒有假。

[illegible]

平安

敬頌

1103晚上

我這十月份的4天慰勞假，不知妳有何計劃。其中一天是星期日，可以配合妳的時間。另外也要回台中唐厝House，如要妳喜歡可以再一同回去，反正不遠。

今天是星期日，本來要去一趟宜蘭的，臨行前通知要開會，一開整個上午泡湯也，唉！當主官不好幹，運氣好的話再二個半月就可以下來了，希望快些。

各種報表已經呈上去，部隊裡我會找人催急一点。但是我們部隊會去公函給妳們家那裡的警察局，做家庭調查，這段時間比較費時。最好我們能到警局打個招呼，或這便有人去說一聲就會很快。這一週

潘潘吾愛：

台中之行還滿意嗎？雖我不能陪妳同行，但願妳愉快有加。要做的衣服已經加了嗎？希望她能為妳裁几件漂亮的衣裳，女孩的美有五分表現在外，衣裳是「外在美」這一部份重要的一環。

唐厝的房子，我會請大哥爸爸再做調查。調查的土地所有權、營照廠的申請日期號碼對否等等。希望能很順利。我在十月5至8號休慰勞假，有四天，4日用過晚夕就可以走（如果有特別任務也會有改變）。我會在4號那天就派個人打电話給妳。

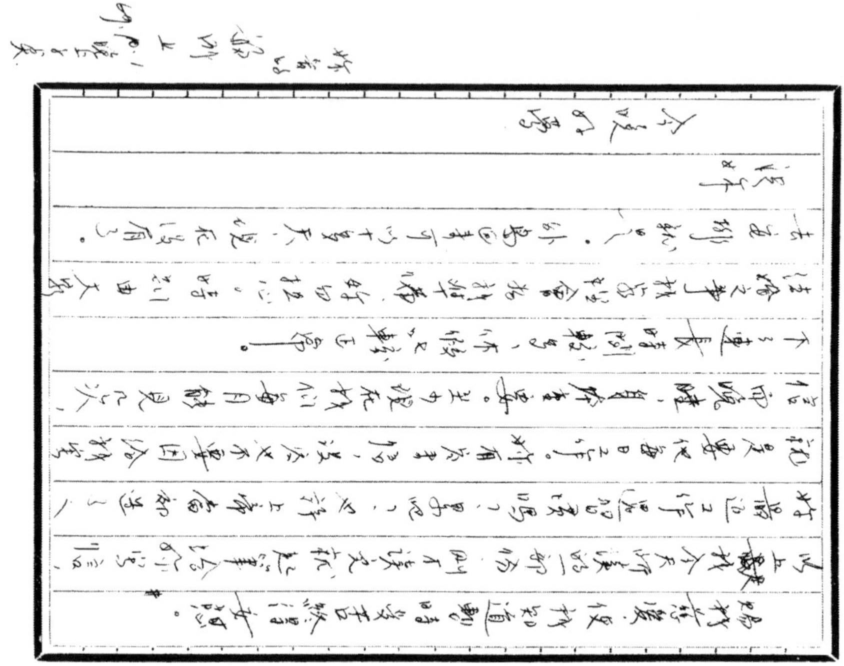

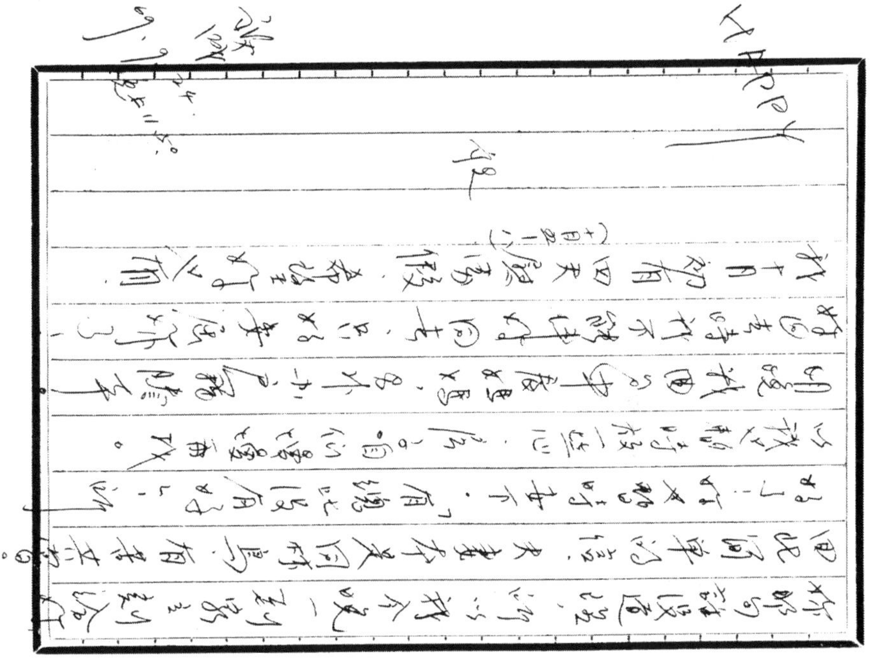

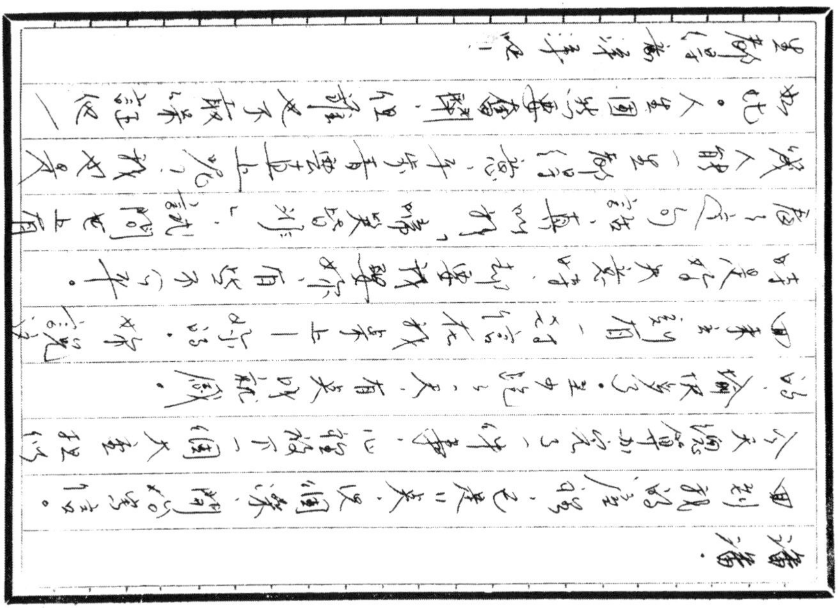

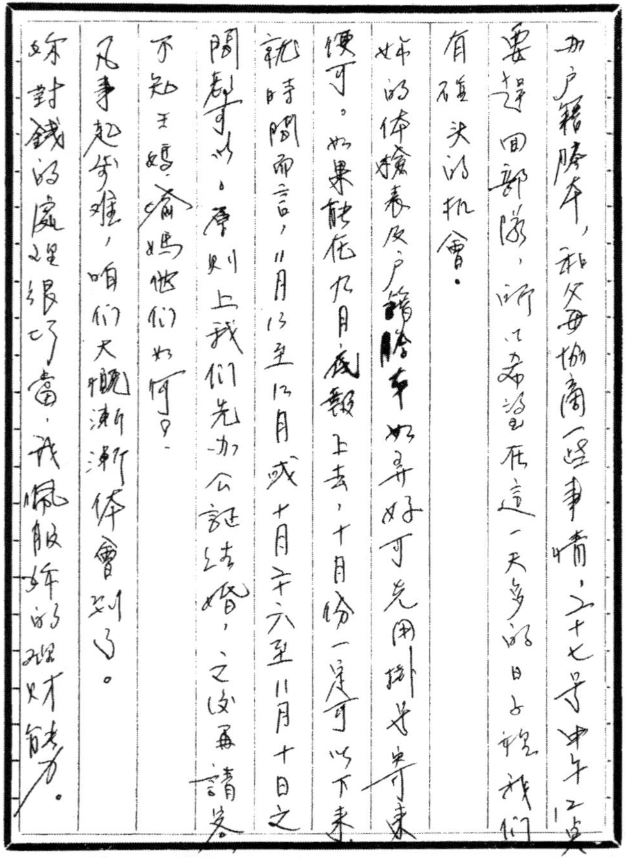
加戶籍謄本，和父母協商一些事情，二十七号中午12点
要趕回部隊，所以希望在這一天多的日子裡，我們
有個詳談的機會。
妳的体檢表及戶籍謄本如寄好了先用掛号寄來
便可。如果能在九月底報上去，十月份一定可以下來
就時間而言，11月13至12月或十月二十六至11月十日之
間都可以。原則上我們先加公証結婚，之後再請客
不知王媽、俞媽媽他們如何？
凡事起步難，咱們大概漸漸体會到了。
妳對錢的處理很得當，我佩服妳的理財能力。

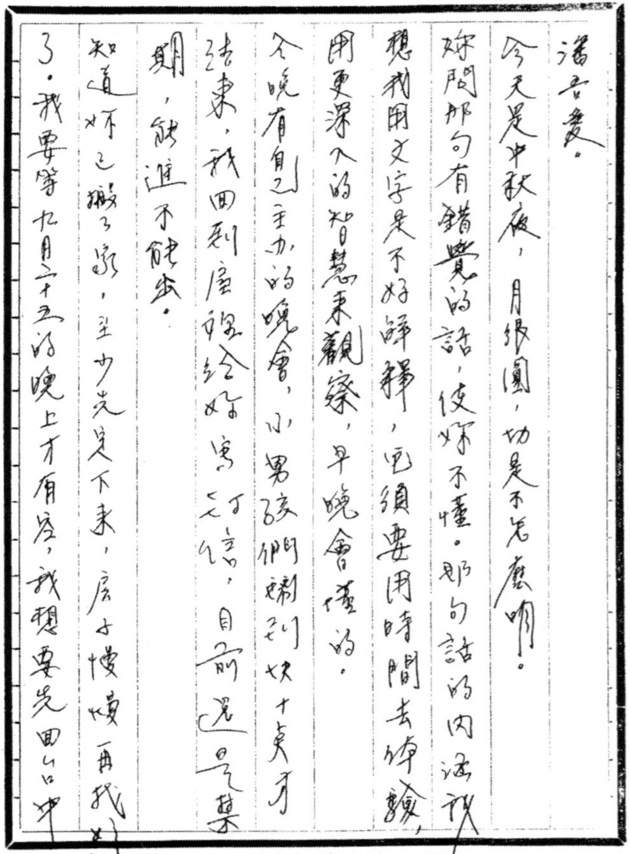
諾言處。
今天是中秋夜，月很圓，切是不怎麼明。
妳問那句有錯覺的話，使妳不懂。那句話的內涵說
想我用文字是不好解釋，必須要用時間去体驗，
用更深入的智慧來觀察，早晚會懂的。
今晚有自己主办的晚會，小男孩們瞞到快十点才
結束，我回到屋裡給妳寫了信。目前還是集
期，能進不能出。
知道妳已搬了家，至少先定下來，底下慢慢再找
了。我要等九月二十五的晚上才有空，我想要先回台中

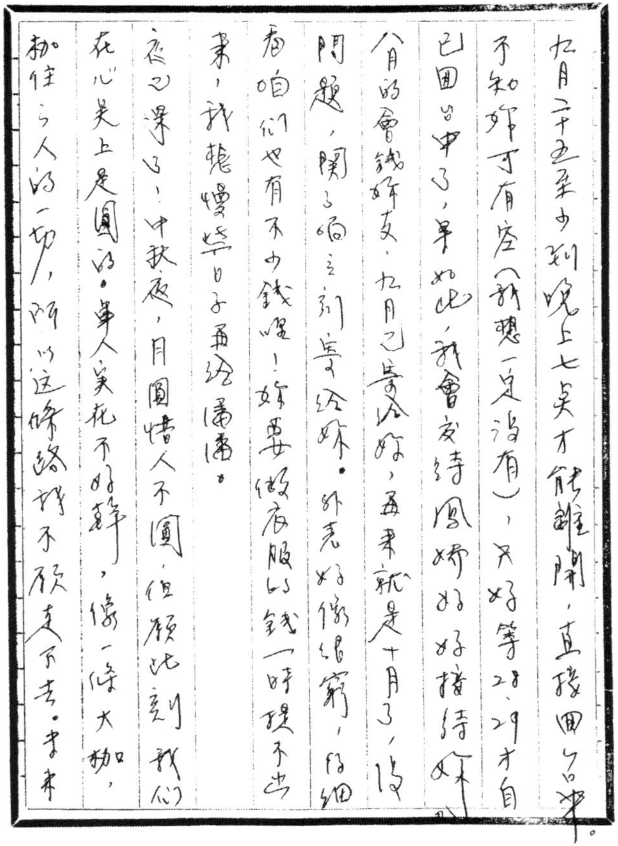
九月二十五至廿到晚上七点才能離開，直接回台中。
不知妳可有空（我想一定沒有），只好等28、29才自
己回台中了，果如此，我會安待風婦好好接待妳
八月的會錢好友，九月已寄給妳，再來就是十月了，像
問題，關了咱之前寄給妳。外表好像很窮，但細
看咱們也有不少錢喔！妳要做衣服的錢一時提不出
來，我能慢些日子再給潘潘。
夜已深了！中秋夜，月圓情人不圓，但願此刻我們
在心裏上是圓的。單人賞花不好辭，像一條大枷，
枷住了人的一切，所以這條路我不願走下去。未來

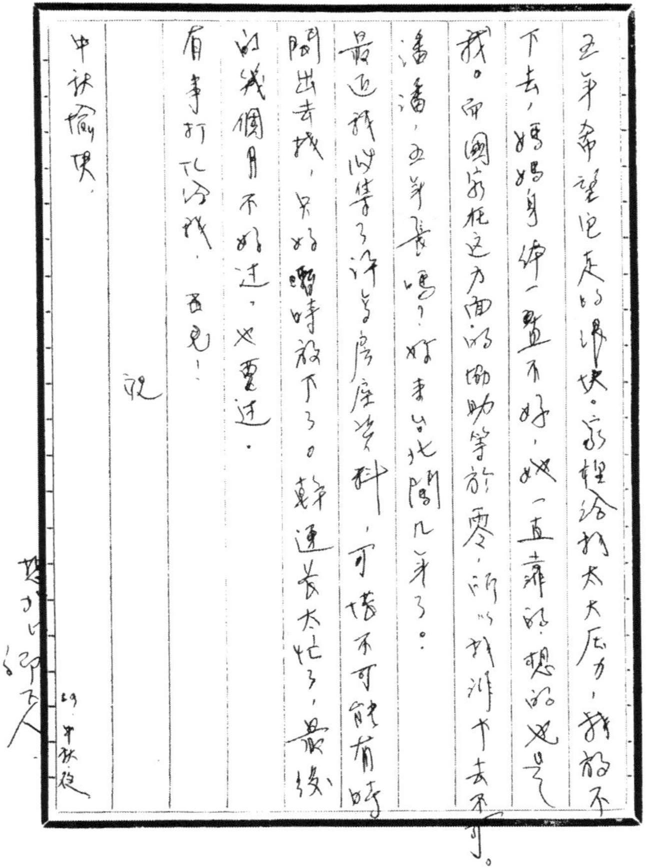
五年希望也是過的很快。家裡給我太大壓力，我能不
下去，媽媽身体一直不好，她一直非常的想的也是
我。而國家在這方面的協助等於零，所以我非下去不可。
潘潘，五年長嗎？妳來台北聞几年了。
最近我收集了許多房屋資料，可惜不可能有時
間出去找，只好暫時放下了。轉運着太忙了，最後
的幾個月不好述，也要述。
有事打几給我。 再見！
祝
中秋愉快。
想你的人
59 中秋夜

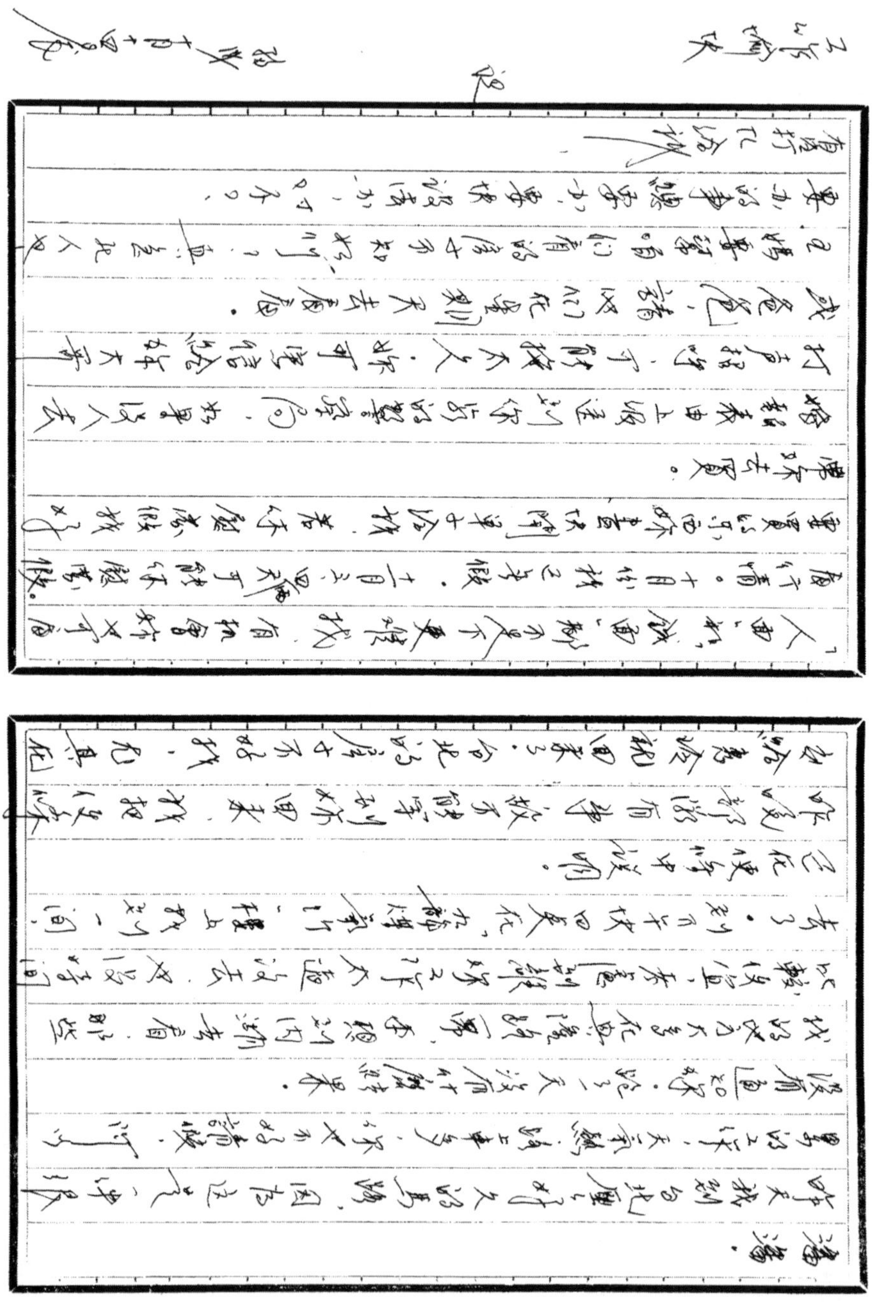

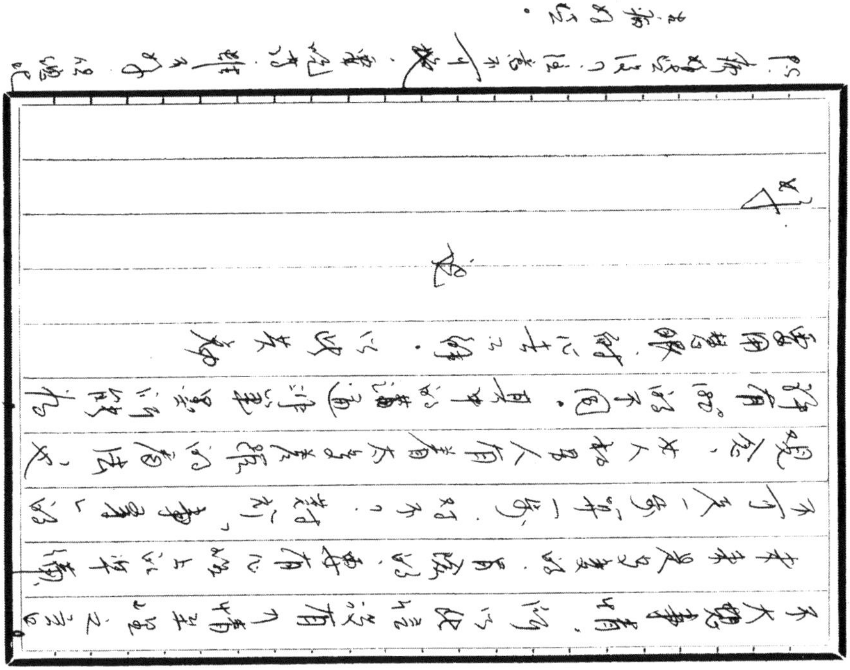

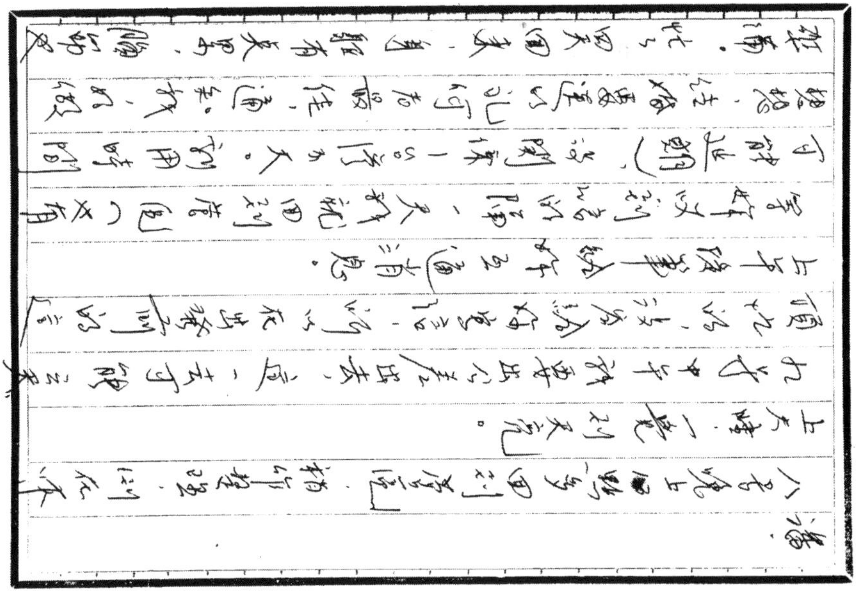

如果休假一定是早晨六點才能走，第二天晚上九點二十要回來報到，算算時間，我回到台中，再轉台南，再折回中部可能來不及。果如是，我只好拿了錢隔日回部隊，台南如不能去，希妳能諒解。

11月初我一個休假的晚上帶妳買東西，因為此後的幾個星期日我沒有假，要去我姊的前一天我還可能派個人打電話給王媽。不知王媽媽他們何時搬家，因為我們也要佈置一番。對不？蜜月旅行完畢，也

邊，

算算日子，妳應該已回到台北，是嗎？、好好睡一夜，明晚可以接到妳的信。

我休假的時間現在還不確定，也許28、29兩天，也許下月4、5兩天，也許7、8兩天。此次休假的排定由於人多，任務多，所以難排出來。

原訂的11月15結婚可能不易變動，軍隊的休假往往很難排定，不然就是「動一毛而推翻全部」。也只好將就。

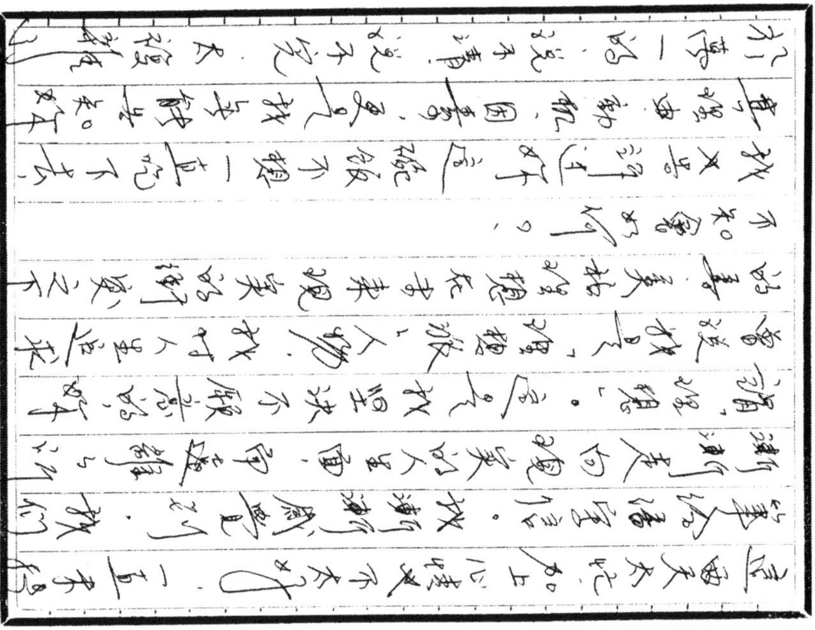

這兩天太忙，加上心情也不太好，一直未提
筆給結寫信。我漸漸感覺到，我們
漸漸走向現實的人生面，而遠離了所
謂「理想」。這是我堅決不願意的，妳
曾說我是「理想派」人物，我對人生追求
的事，美好理想在未來現實的衝突之下，
不知會如何？。
我又若許過這碗飯不想一直吃下去，
其理由、動機、因素，更是我無能告知妳
於萬一的，說不清，說不完。太複雜了。

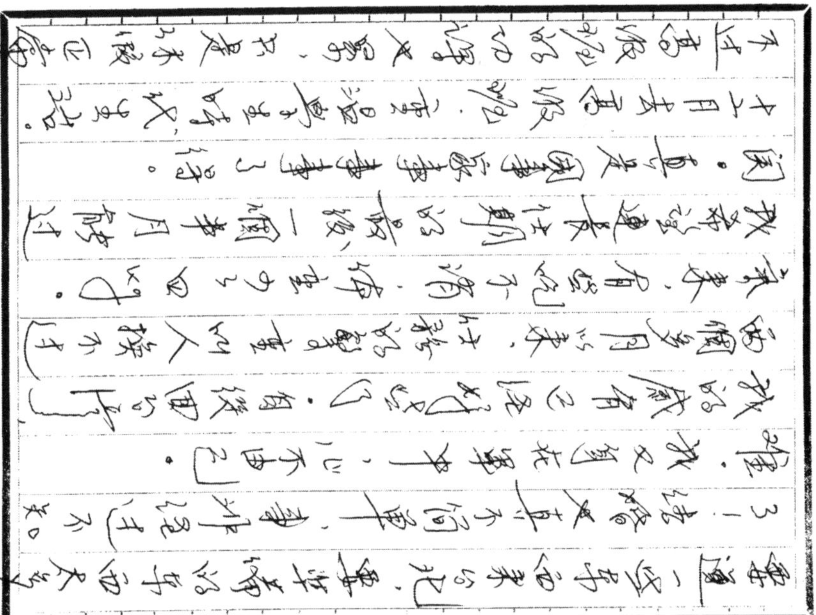

要這一些東西來紀，要準備的東西太多
了！結婚也真不簡單，事非經過不知
難。我又身在軍中，心不由己。
我的感情已經好些了。自從西貢
兩個多月以來，任務的繁重以人換不過
氣來，有些吃不消，体重少了四公斤。
我希望連長任期的最後一個半月能過
閑。真是國事家事事事了得。
十二月去高雄，要過學生時代生活。
不過高級班的功課也累，只是未做正常。

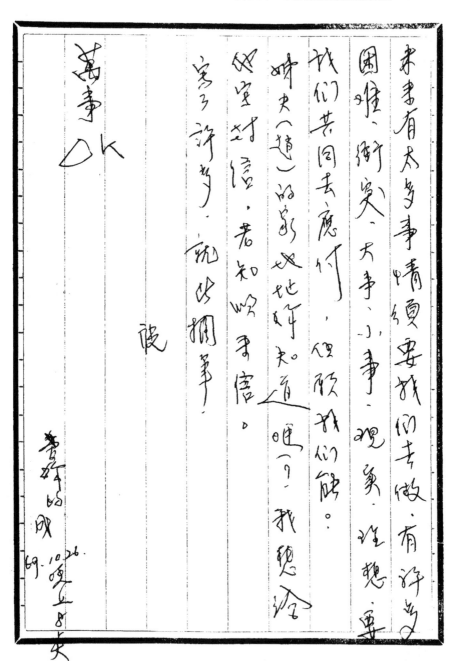

來事有太多事情須要我們去做，有許多困難、衝突、大事、小事、現實、理想，要我們共同去應付，但願我們能。妹夫（趙）的家~~也~~也挺好知道嗎（？）我想給他寫封信，君知略書信。寫了許多，就此擱筆。

晚

萬事OK

愛妳的成
69.10.26.晚上8點

陸軍砲兵學校學員生（乙種）作業紙

課目　第　習題　班隊　學號　姓名

太太：

昨晚妳睡得好甜，我未加打擾，獨自走了。

我昨晚上車也睡的好甜，一覺醒來，已到新營。所以

今天上課精神不錯。

本週六我會早些回去，至少下午以前可到台北。

妳身体不佳，應多休息。休息時間希妳要自己控制。

身体好的條件要由下列着手：

一、懂得養生之道→道家思想。

二、注意基本美容体操→瑜加術思想。

三、注意營養觀念→西方的科学觀念。

四、懂得偷閒之道→繁忙工業生活的觀點。

五、要規劃出工作時間之外的休息時間。

勿以為我只說不做，應知我已實行此項生活規律多年了。

給妳參考。

好

（身体不適時，隨時請假回家休息，不必勉強）

夫
翰明上
70.3.23

太太：

剛看沒事。給太太的筆所書已訂。今日天氣不錯。大太陽又溫暖。人又覺舒服爽快。

我計於本月十三日前下受訓（如果部隊無特別狀況）。正好元旦後也在台南，可以去車站接妳。真的太好了。

不知道房子能不能在我去台南之前弄好。我們也好就緒。如果房子在這之前要整理，可來電話，或信。我設法回去助一臂之力。

敬祝

孕婦健康

夫 福明 上

79.12.3.

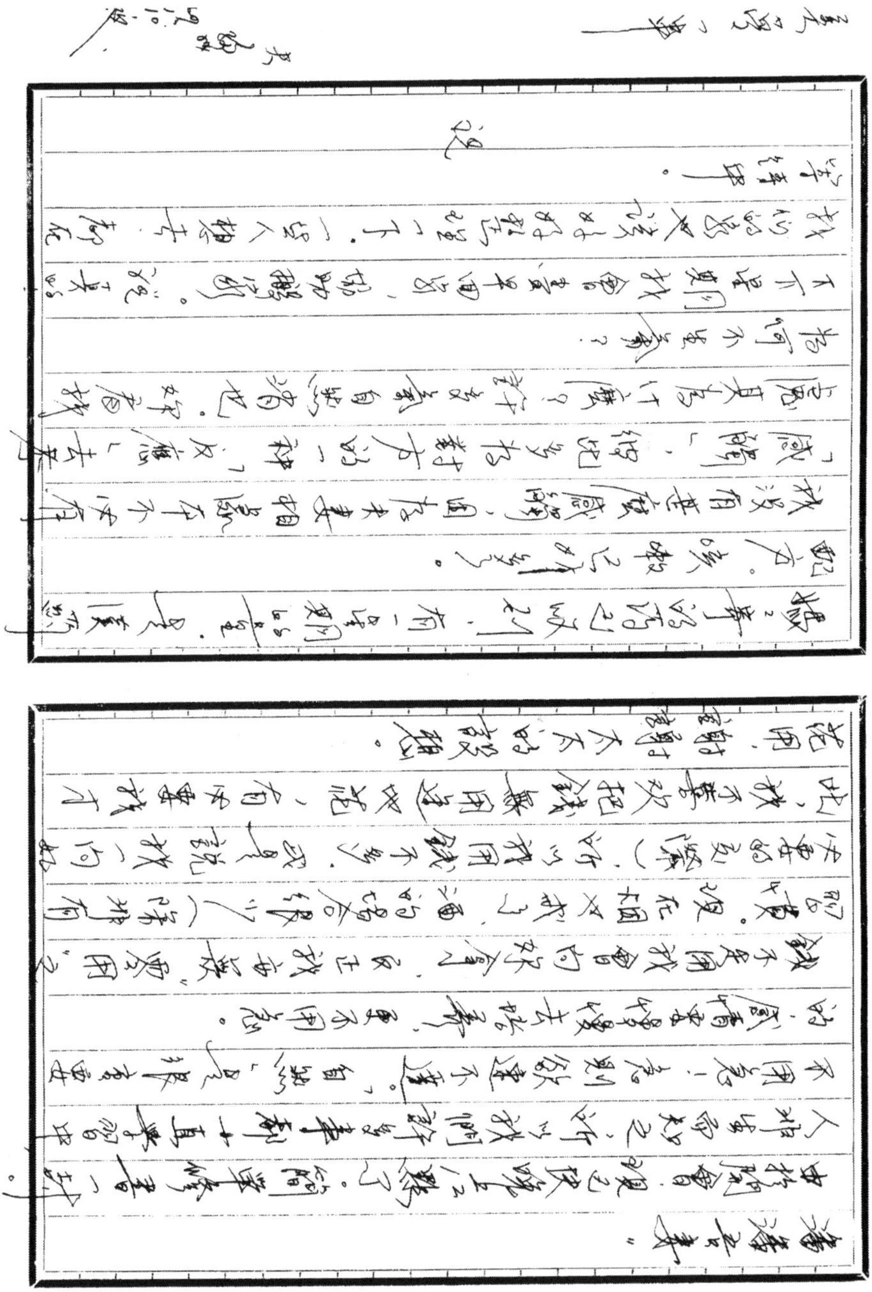

瑞瑞：

已經報到就結完畢了。從身上拿下一個特大號的重擔，輕鬆多了。這幾餐每餐都吃兩碗飯，是長久以來所沒有的現象。真是不錯耶！

生活正常，相信身體也會逐漸正常了。對了！[illegible]

來書曾在紙上叫一個女人做「太太」，現在讓我叫妳一聲「太太」！辛苦啦！我星期六晚上可以回家，星期日下午了要回部隊，因爲特殊原因之故。

岳媽的房子未弄好，只好等等吧！

從此以後的不久，經濟上也許較緊，但咱們一樣很愉快。

我們現由於機會也許不多，兩個人必須忙的，但是我們要能利用這些「寂寞的空閒時間」去做一些事情。不論讀書、練琴、學語文、工作……總比坐着空想要來的實際。

家庭已組成，有其重擔在身，也有其樂趣在心。不論何事咱們要漸漸步入一個屬於咱們的計劃。

現在精神好多了，以前當連長，體力、精力無限制長期透支損傷身體，數日以來我有此感覺。希望利用一些時間來調養，使其恢復。

苦和忙並不會叫人虐待，唯「精神上的壓力」使人有那

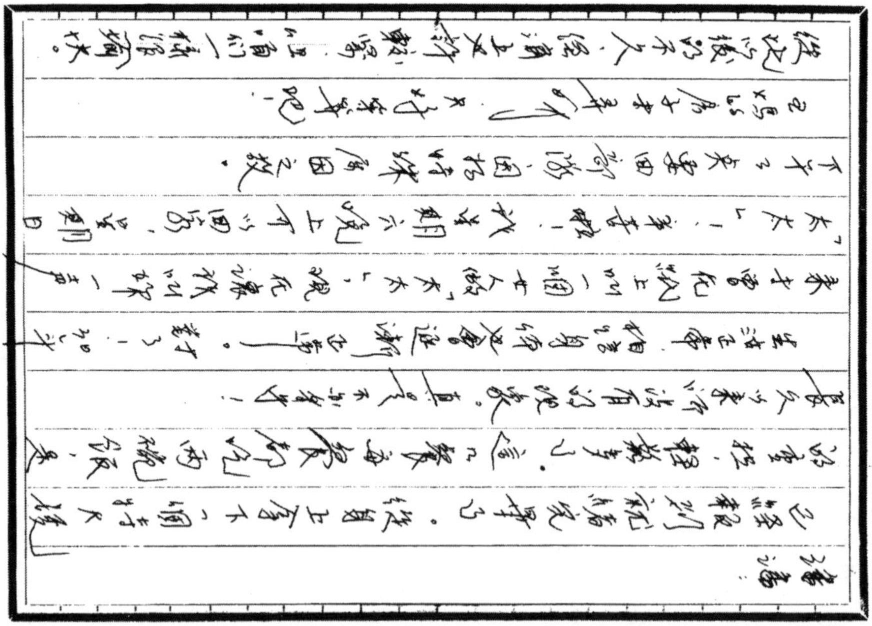

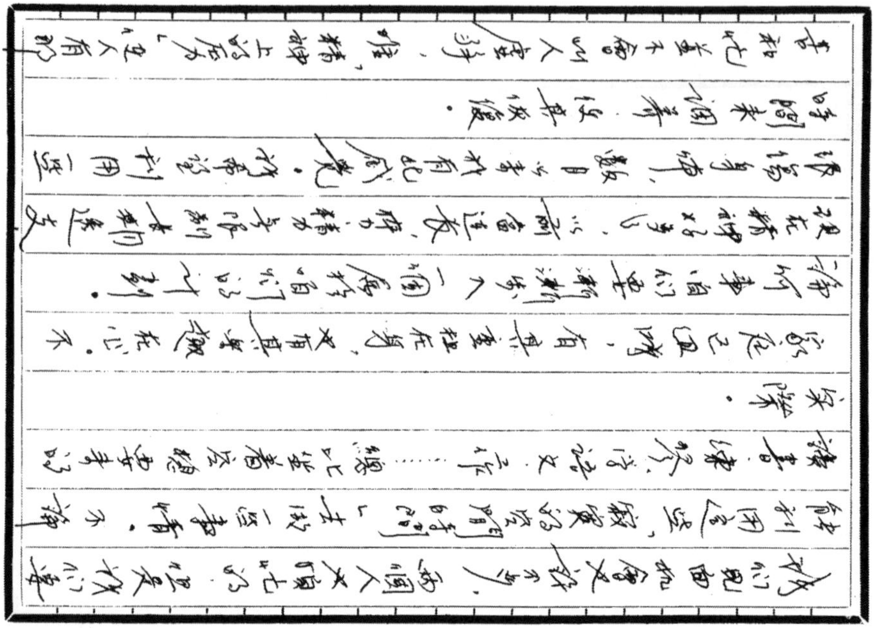

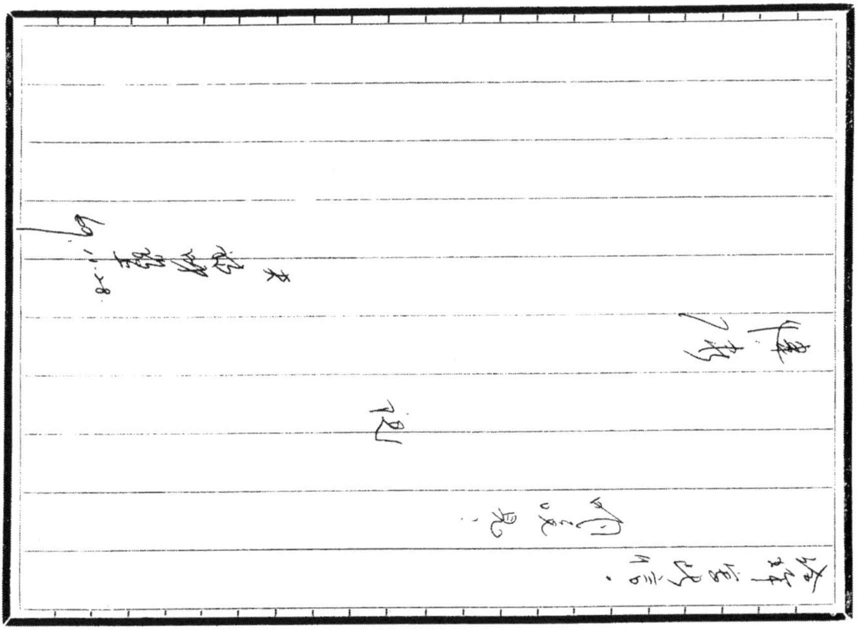

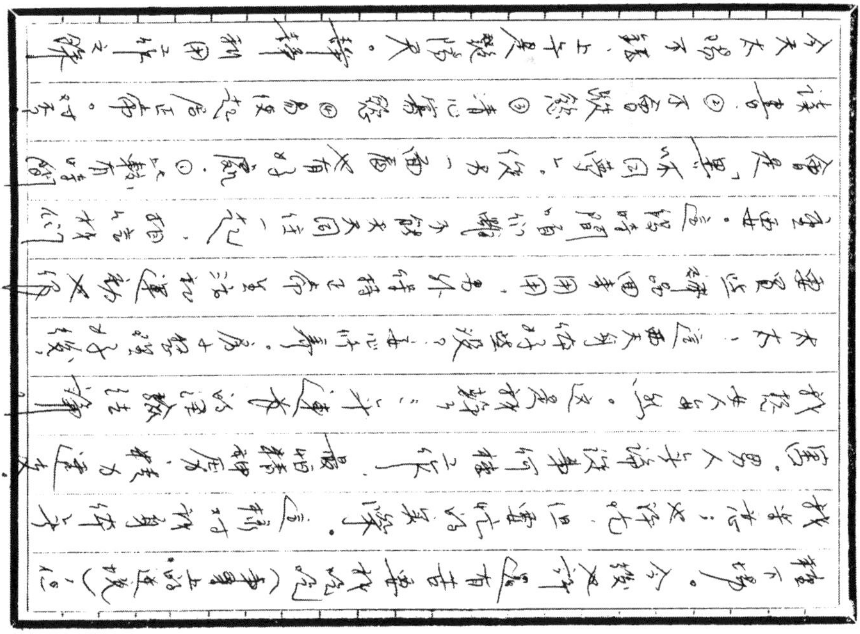

潘潘：

快一個星期沒見妳了。現在功課多作業也重。信也少寫。今晚沒事是看电視課、邊看邊練字給妳修書一封。近日吃的飽睡的着嗎？今日週三、明日週四、我週六乘中午一時對號快回去、六点到台北、七点以前到家。時間往後看總是很快。雖對目前未滿意、比下還餘呢！簡單

週六見。祝

好

夫上

[illegible]

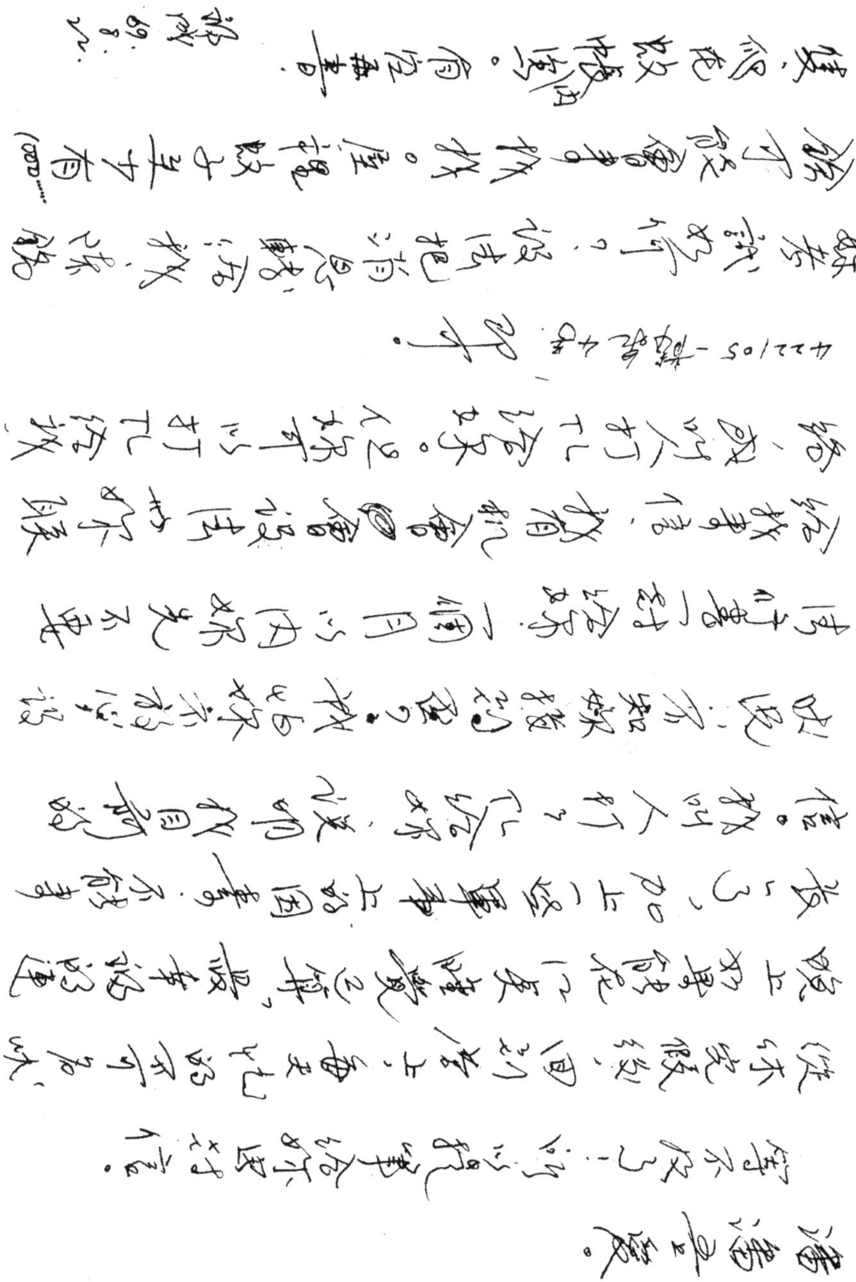

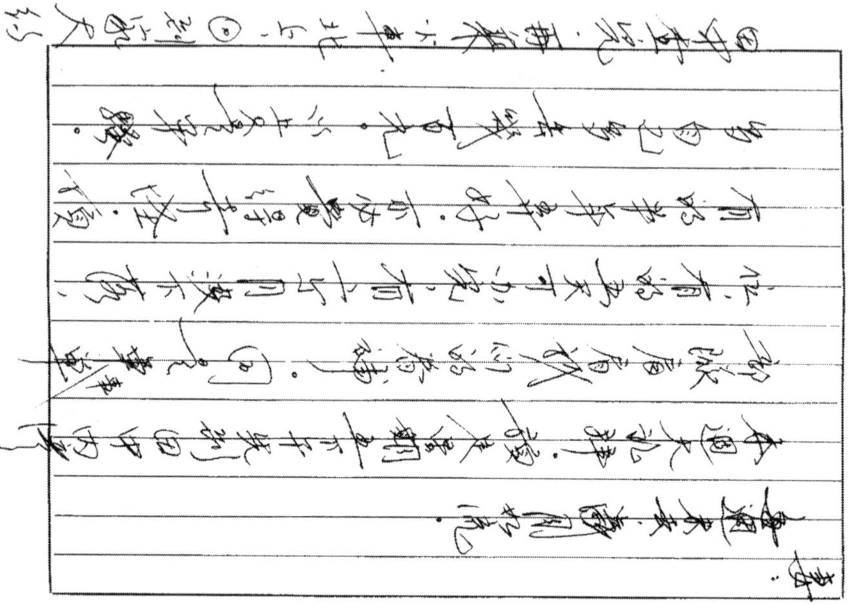

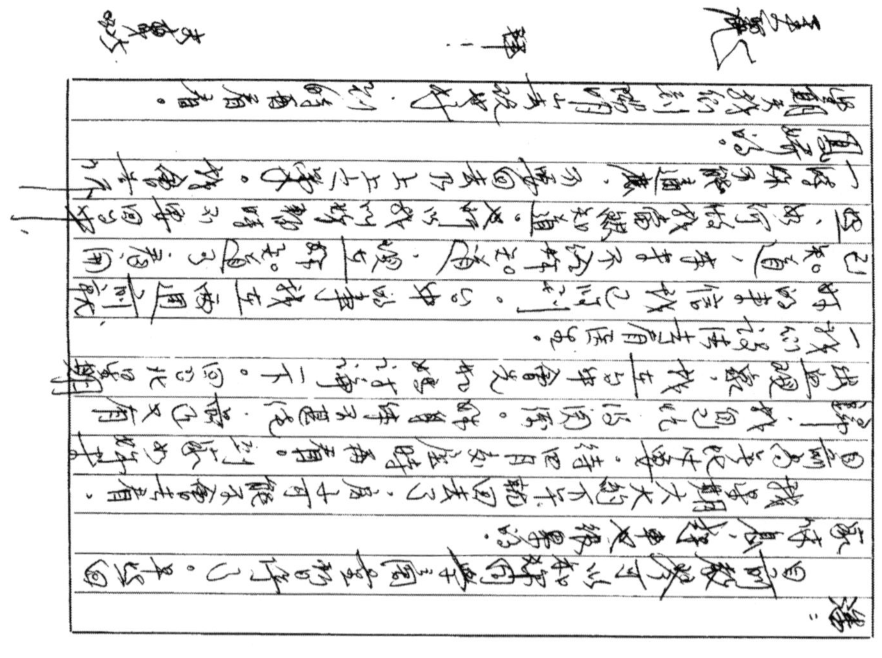

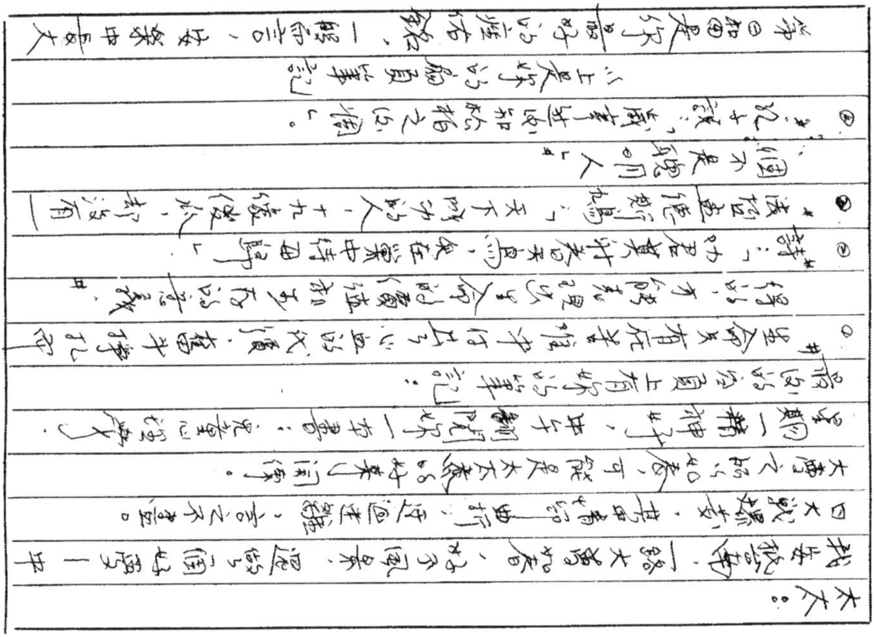

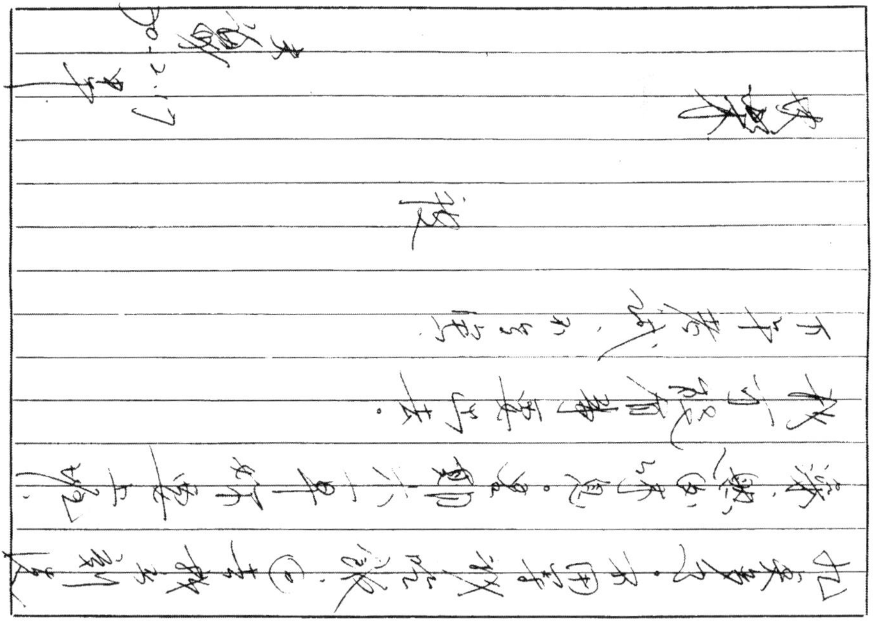

的孩子，比較不易同情人世的艱難。你從小到大一直受呵護慣了，順順利利，故對於別人的苦難、人性的困頓與黑暗面的認識不夠。從今以後，你又做個「家庭主婦」的妻子，對這方面可能更少接觸……太好了，好好的享受你自己的生活吧，而我，我的時間屬於事業和國家的，屬於你的就是我們心與心的交談，以及我的時間中真正屬於你的，那是何等少數。

說來可悲又可憐——但也同是許多偉大和成功者：因為從此以後，你所擁有的不是一個普通的人，而是屬於國家的人生的命運和事業。只有如此，你才能真正了解自己的人生價值，對人、對上、對下的事業何在？

婚姻，我們的幸福是建立在[illegible]。不論我們是「知識份子」，在你的年齡的一封信中（他給妳父母）說：「知識份子本身就是一種責任，我們社會風氣的改進是知識份子。」

婚姻的幸福一直非常不容易，對周圍的事物有太多的不滿，尤其對今日的國人。就[illegible]而言，是可以理解的。如果你願意以一個知識份子的態度，用「欣賞」的心情，對周圍不滿意的人、事、物去發現其中的好處並且加以注意，我敢保証你會比任何人快樂，也會是個幸福的妻子。

孔子的倫理思想到目前為止仍被當代的中國人尊崇，而且有更積極的意義：「中庸」的精神，甚至能維持中國人的家庭倫理（只能說明一部分）。

[illegible]

[illegible]

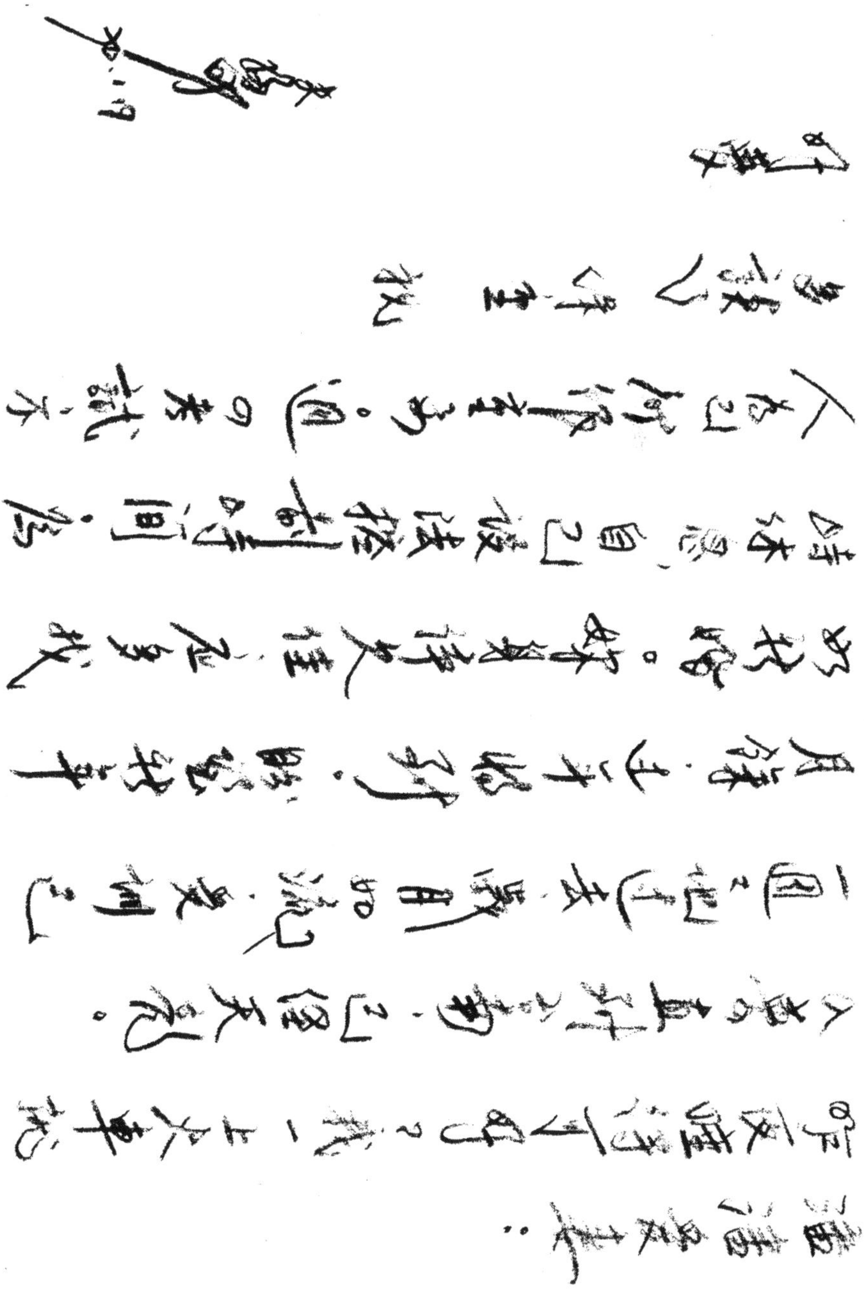
潘潘愛妻：
昨夜睡得可好？我一上火車就
入夢，直到台南，已經天亮。
一週又一週地過去，歲月如流，愛侶已
月餘，過年將到。盼望新年
好於昨。妳身體欠佳，應多找
時休息，自己設法撥出時間，為
人為己何須辛苦。週の考試，不
多談了 保重 祝
好夢

太太：

半年的歲月已接近尾聲，一個多月之後，就回台北了。本週日我除了到妳家一趟外，也打算回台中一下，以免老人家說話——有了老婆，不要娘了。

此次妳和大家的衝突，我希望能逐漸消解。夫妻，人與人之間都因不了解而相互衝突，因忍讓和關心而愈融洽。人老而孤寂是世間最可憐的事——不管因何而造成，上帝造人本身便充滿了缺失和錯誤。是故，本週六晚在妳家過夜後，我次日回台中看媽媽，並給媽帶些她喜歡吃的——是妳，媳婦送的。這樣我也許累些，但是數十年來，我們每日都挑著許多責任和擔負。很少說身上沒有負荷。天意吧！今天我也給風婷一封信，和她談了一些感慨。

对妳，我所能做的，只有愛妳。同時也希望妳能
面对現實——愛情是想像的，然而，婚姻生活是現實的。
我在高登時常提此話，而且變成卡尼嘮叨。
人世間的苦惟和不如意我品嚐了好些，都一笑置之了，都
成了一種經驗和知識，我希望妳也能從我這裡得到一
些些（对太太而言，並不誇大）。環境磨練我成：
看事情能較客觀一点点
對別人能有多一点的忍讓和包容
意志力比較堅強一点点
對社會不幸的人，多一点点的同情。
我也有不少缺点，但我以上的優点是我一些朋友想學而得的，我不知
道能否影响及妳？

夜晚小筆

Kiss you
晚安

[illegible]

唔！我一夜睡到天亮。星期一沒
有什麼讀書情緒，給妳和台雄各
寫一封信。現在好些沒？好在嘉蘭
她們可以幫妳許多忙，我放心些。
我打T.L前思考了一下，還是沒有告訴
兩方的家裡。只提回台中，問一下媽的
病況，未做多談。我怕大家一驚之下
都衝向台北。好好好靜養，不想
睡了就到客廳散散步。想開些，
人生隨時都要迎接各樣衝擊，請
任何人可以預料一生的；失敗的教訓
最可貴，也最是造成功之因素。
多吃一些，吃完了叫嘉蘭再買。

平安

4.20

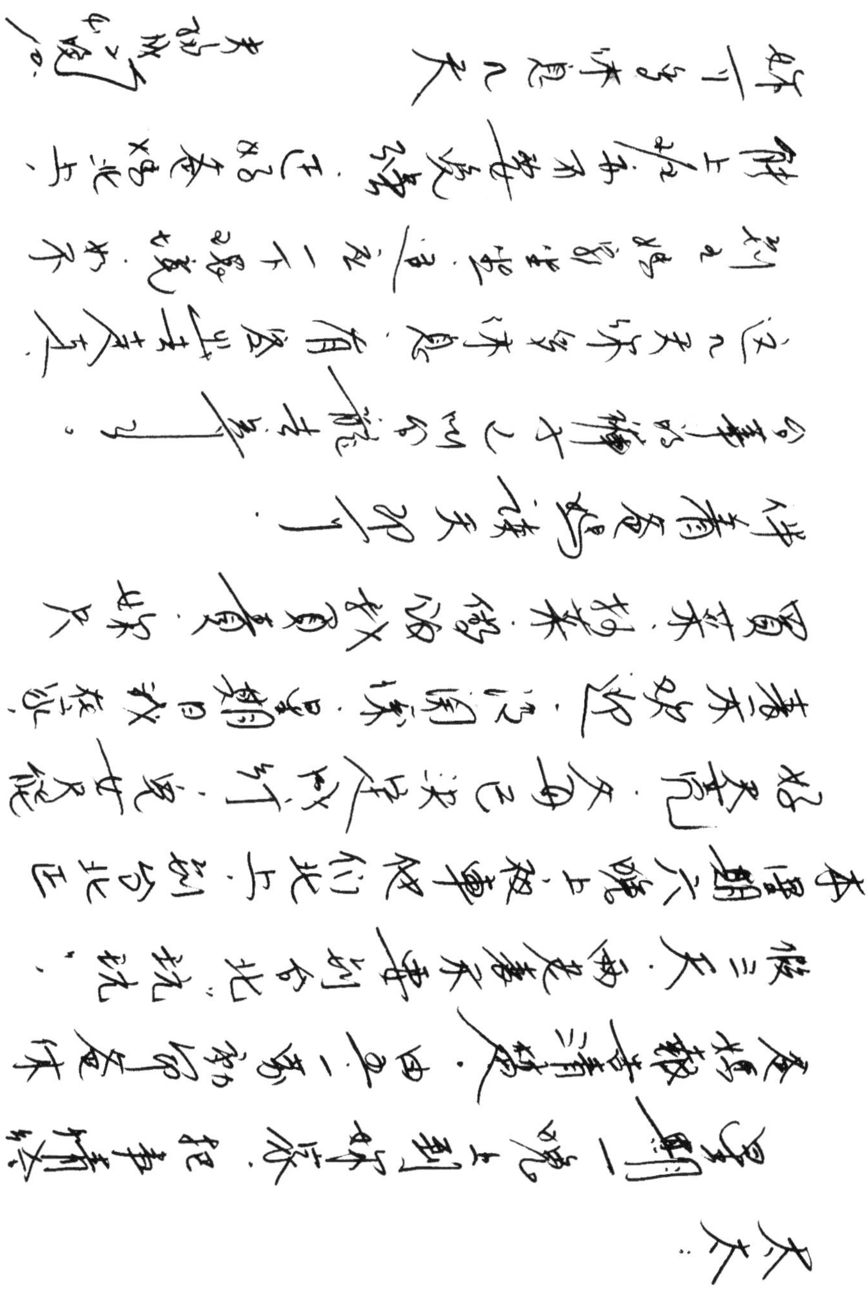
太太：
星期一晚上到妳家，把事情給爸媽報告清楚。由于一秀動仰爸休假三天，兩老表示要到台北"玩玩"，本星期六晚上，夜車他們北上，到台北正好天亮。父母已決定成行，兒女只能表示欢迎。沒關係，星期日我在家，買菜、燒菜、做飯我負責，妳只伴着爸媽談天即可。分華的褲子已叫台龍去羞了。
這几天妳多休息，有空出去走走，到丈媽家坐坐，適應一下環境。如不能上班不要勉强，還好爸媽北上，妳可多休息几天。
夫 孫城之 晚上

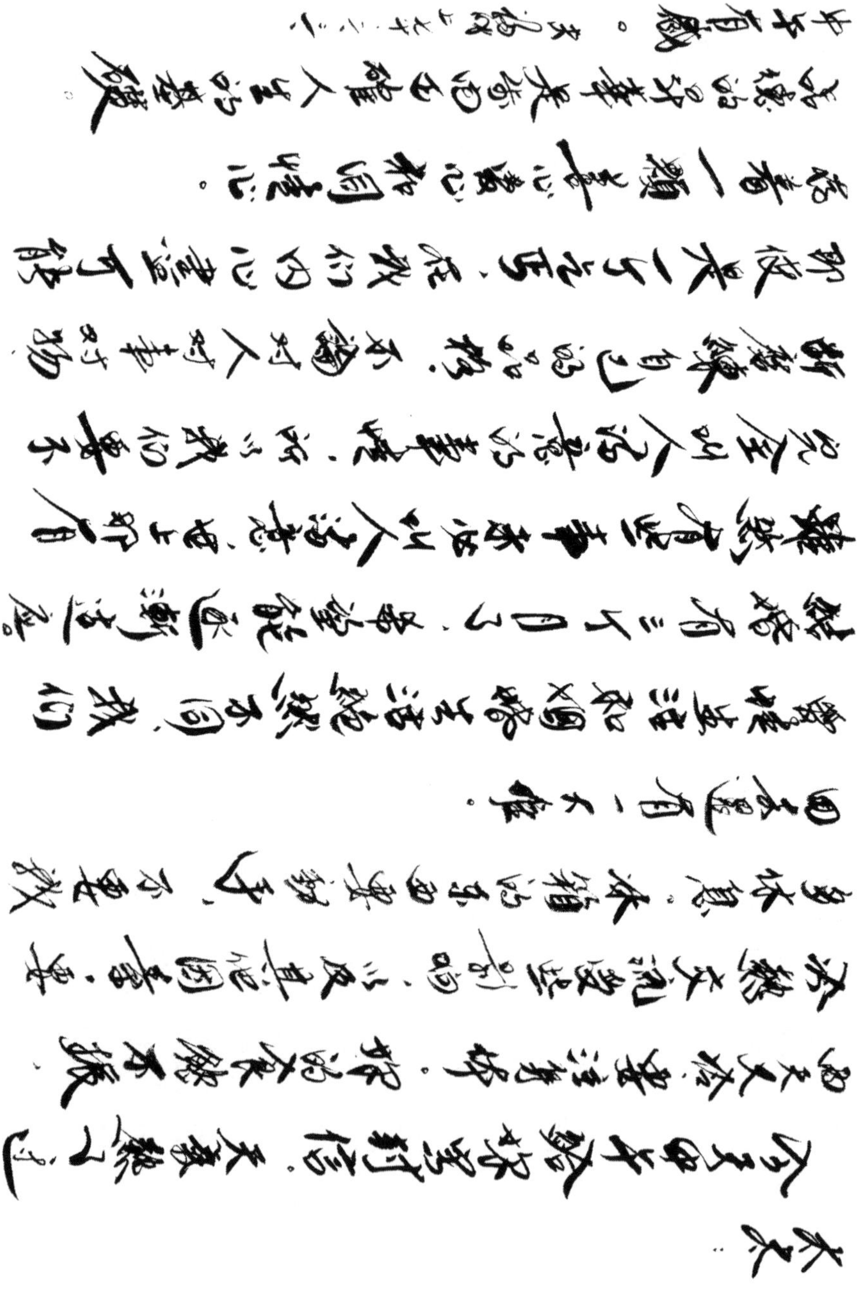

太太：

今天中午給妳寫封信。天氣熱了，這兩天又冷，要注身體。妳的食欲不振，冷熱交流受些影响，以及其他因素，要多休息。冰箱的东西要動手，不要我回來還有一大堆。

戀愛生活和婚姻生活絕然不同，我們結婚有三个月了，希望能逐漸適應。雖然有些事未必叫人满意，世上那有完全叫人满意的事情，所以我們要不斷磨練自己的品格，不論对人对事对物，那便是一个忍字，在我们内心盡可能存着一顆善心、愛心和同情心。品德的昇華是奠定正確人生的基礎。

中午有感。 夫 [illegible] 上 七十、二、二、

太太：

看妳來信，知妳在家很好了，叫我安心。心情要放開，應知人生一生順風的。沒法鍛鍊自己有開濶的心胸，憑愛人的情懷，才有比較快樂而高遠的人生。反正，生活的領域是多方面的，有屬精神，也有屬物質的。

今天是週二了，大后天就回去了，時間很快。吃的東西沒了，要請嘉蘭再買。

今天收妳來信，要我盡速把錢寄回去，我因此時信告訴妳，妳馬上請嘉蘭告訴王媽媽，我於週六回去就向王媽媽說，妳是會回去可，星期一早就寄了。

祝

快樂

夫 [illegible]
4.22

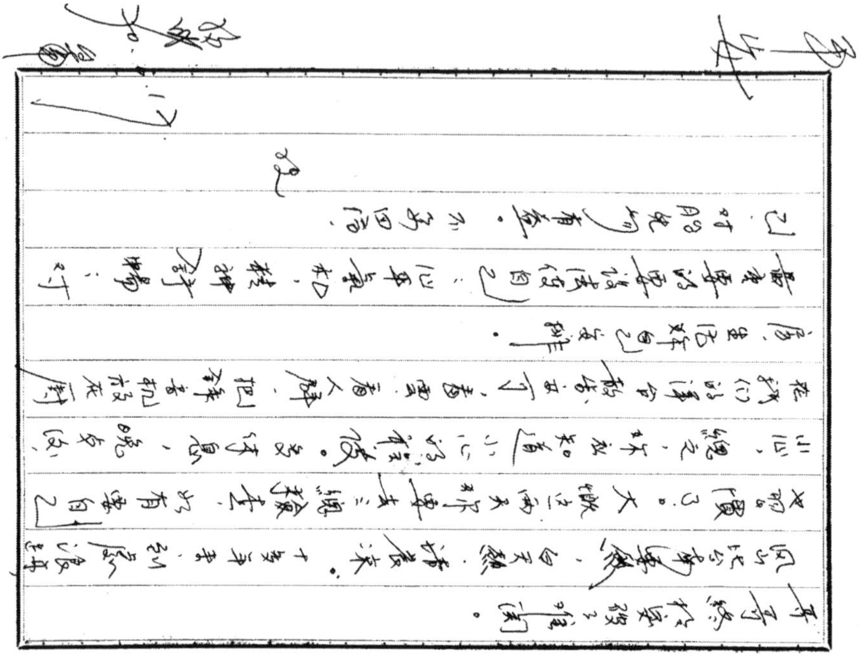

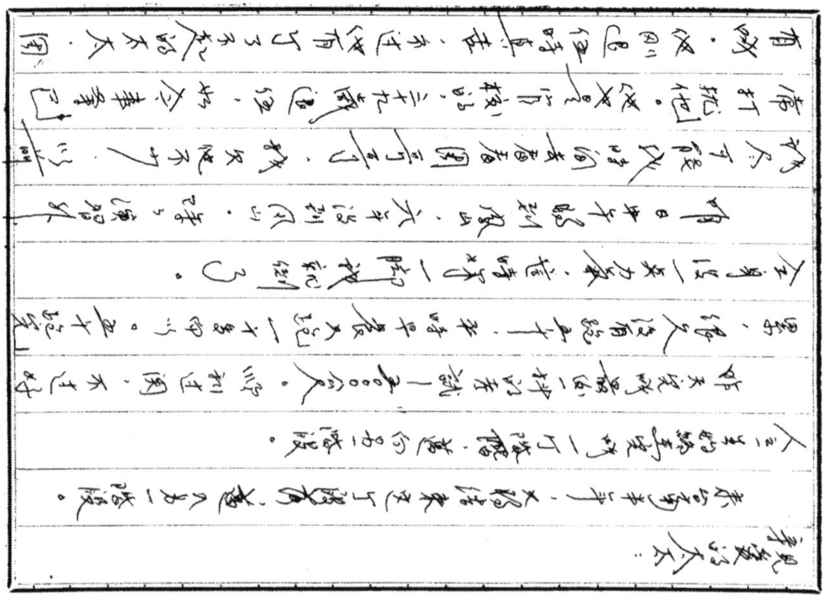

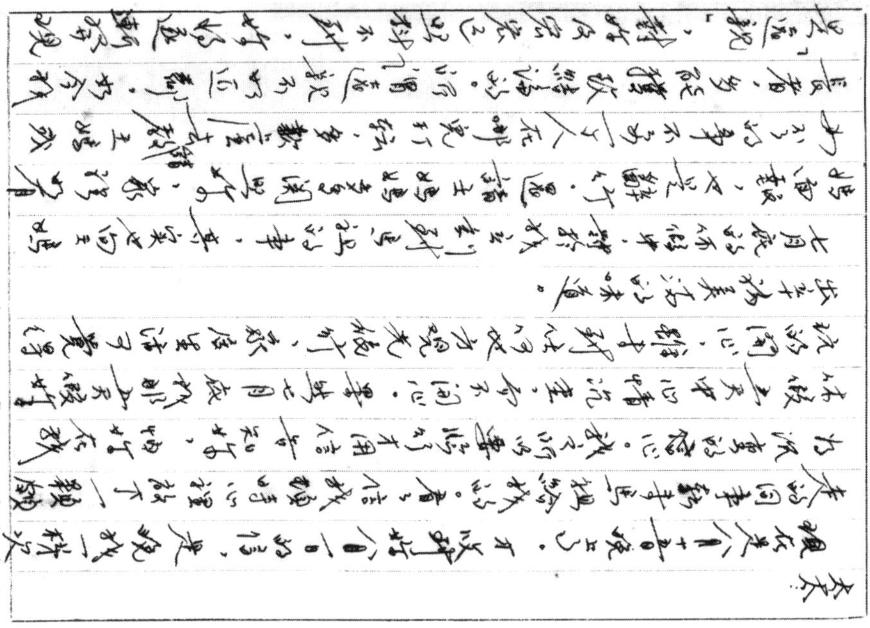

太太：
現在是八月十五日晚上了。才收到妳八月一日的信，是晚我一梯次
來的同事黃聿馬祖給我的。看了信我頓時心裡放下一顆頗
為沉重的懸心。我之所以要臨行才用信告知妳，怕妳在我
休假十天中心情沉重，更不開心。果然七月底我那十天假妳
玩的開心，雖未到什麼地方觀光旅行，家庭生活可覺得
出幸福美滿的味道。
七月底的休假中，對於我去到馬祖的事，其實也向王媽
媽面談，也是辭行。還請王媽媽多多關照妳，家裡如有
妳不了的事不必一個人在那兒打轉，多請教王媽或
長者，多能獲致結論的。所謂遠親不如近鄰，如今我
「是遠親」，對妳及宏宏已照料不到，妳好好運用現

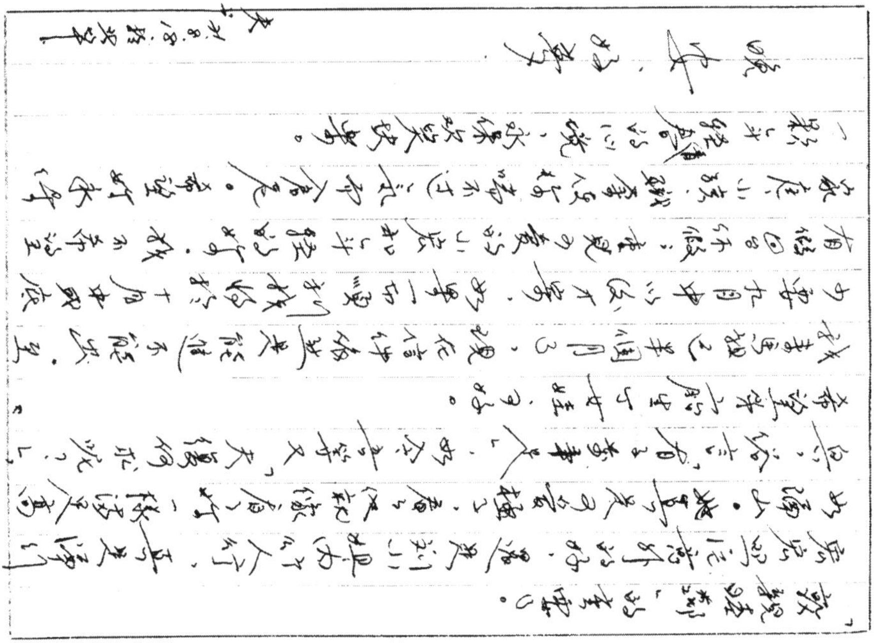

「敦親睦鄰」的重要了。
宏宏照得意外的好，還是劉小姐內行人行，真是佛
如佛山。她真是可愛極了，看了很就像看了妳一樣活潑是高
興，俗言「有了第一是女」，如今真算又「夫復何求呢？」，
希望第二胎生個女娃，多好。
我來馬祖已半個月了，現在信件依然是能進不能出，至
少要九月中以後才寄，如果一切順利我將於十月中或底
有假回台休假，要見可愛的小宏和辛苦經營的妳。我不希望
家庭、小孩、職業使妳喘不過氣而倉卒。希望妳永保
一顆年輕的心境，永保歡笑快樂。
晚安、好夢。
夫 91.8.18.於北竿

我流浪了十四年，如今還未能歇腳；妳也流浪了四十年，現在芳蹤還飄泊着，家在那裡？

妳在台北闖了十年，如今家、先生、小孩、琴都有了，而安定，算來妳最辛苦。我在一篇文章中說：

命運是一粒骰子，把人玩弄的神魂顛倒。

人生有許多是不可思議的事，不能以常理思之，不能以人力左右之，這是「信心」和「人定勝天」的外一章了。

很久沒看到小宏，爸爸真想念他的快要成相思病了，不知道那小子知不知道？他最近好嗎？注意打預防針，電視報導小兒麻痺在台灣又出現，要求所有父母帶小孩去打針，不知妳知道否？其他預防針也要按時去打才行。

現在還不能通信，我只要想到，動手寫在筆記本上，能通信時馬上寄給妳。

祝妳如意

小宏平安

宋[illegible] 71.8.6 于[illegible]

太太：

和妳不告而別已經一個多星期了，這是我們婚後第一次最久的分離，心裡實在有些難过。也只好如此了，那天臨走時，本想告訴妳我们的近况，奈何也未說出，只得把預先寫好的信丟入我们信箱中。

說得太多，想的太多反而难过感傷。

我會暫逝四個月左右才能回台北，不要亂想。

工作半天之外，好好帶小宏，閒時看看書，也是很清靜，妳原就喜愛清靜，晚上也沒人吵了！

妳可以好好讀書、唱歌、聽音樂、練練琴。

八月薪水已經給妳寄回，相信已收到了，九月和十月可能一要一併寄回，而收每個月留薪12000元，好好計劃妳的生活，時间會过得很快，當我再來時，梅花已開，是另一季節了。

我走時在台中只有母親知道，八月二日以後她才告訴媽媽，我真不感想像媽媽會多傷心难过，但我無能為力，更無能减輕她的悲傷，只好如此。

媽媽很願意帶我们小宏，她說过「這麼可愛的孩子，怎忍心給人帶，别人是不會用心的。」

這是她心中話，我才告訴妳；又是她实在太缺錢用，子女所供給又是有限，所以七月底她回台中時就表示如果妳暫時沒有工作，她會到永和一个親戚家中煮飯，也好暫時減少子女負担。

我當时也不知該如何表示，不知現如何？

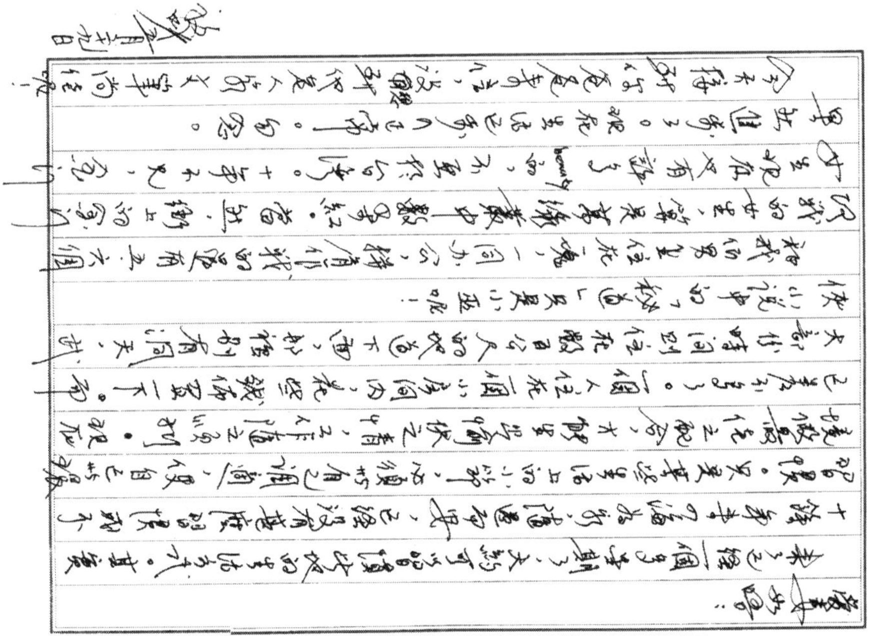

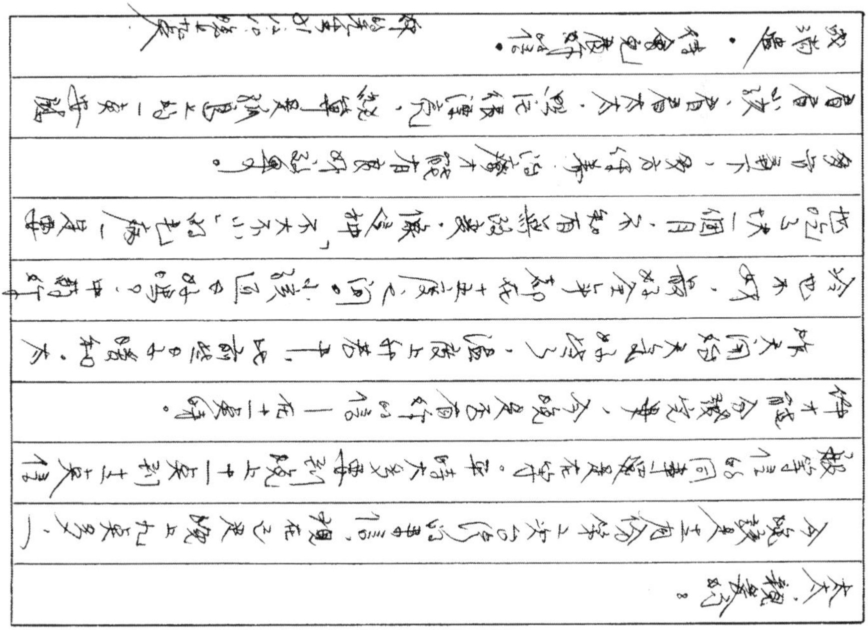

請儘快來信。

最近鐵路經常不通，有時十來天，有時五六天。想來天氣太不很好。天又漸漸冷了，要注意身體。

我看我的信中比以前有進步的感覺。在寫信時，不要太緊張，自由地寫出自己想說的話，寫信的人反映出真實的內心，什麼事全可以作主。單純得多了，單純又好對待，內心也純。各方面的事對你的都是一種實際的鍛鍊。現在，是內心深處的……所以非常感謝你的信帶給我的溫暖。

我已經有三個月沒有見到你了，但一直很想念，想起來就高興。

的力，等到要會見時，身不好就不能好好工作了。

我十月初可以來你處，不要自己回去。只要領導批准，走了就來了。到這裡以後，我們好好計劃好了。要有她們的生父母兄弟，久了就要會思念。我想這一些的情況，你要三十元，就有個準備。

一天天，轉眼十年都不用愁了。我在好好地談信，這一個我們過日子。要家庭都會為我們高興。她又懷不知道，要回家把他，我和家人。都會有不同程度的心情。我覺得人都有父母，內心的感覺，是在這個人生觀都會說我們不知有多少高興感覺，人生中的意義。

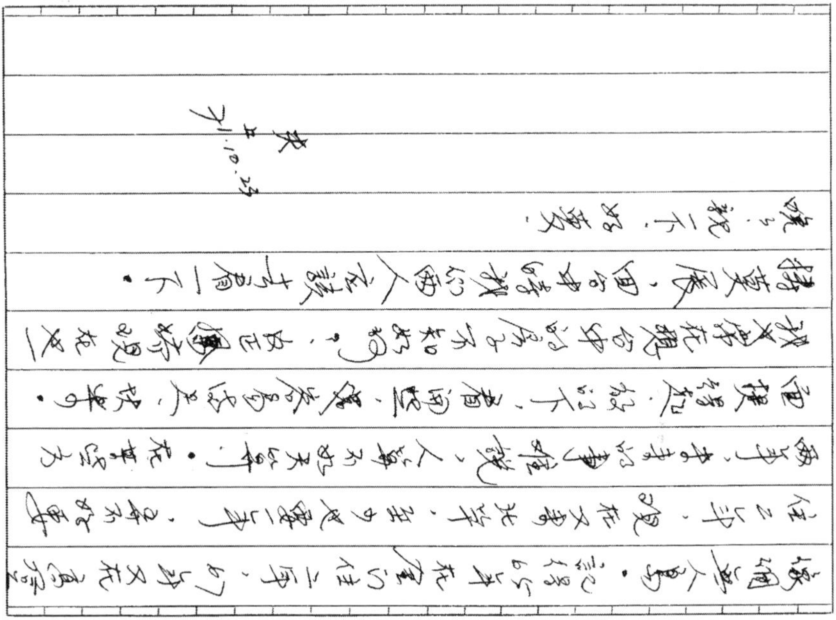
像個無人島。記得65年在金門住二年，67年又在馬祖
住二年，現在又來北竿，至少也要一年，弄不好要
兩年，未來的事難說，人算不如天算。花蓮地方
要提得起，放得下，看開些，容易滿足，快樂些。
我常常在想台中的房子不知如何了，反正[illegible]嬌妮現在也一
籌莫展，回台中時我們兩人應該去看一下。
晚晚親一下，好夢。
夫
71.10.23

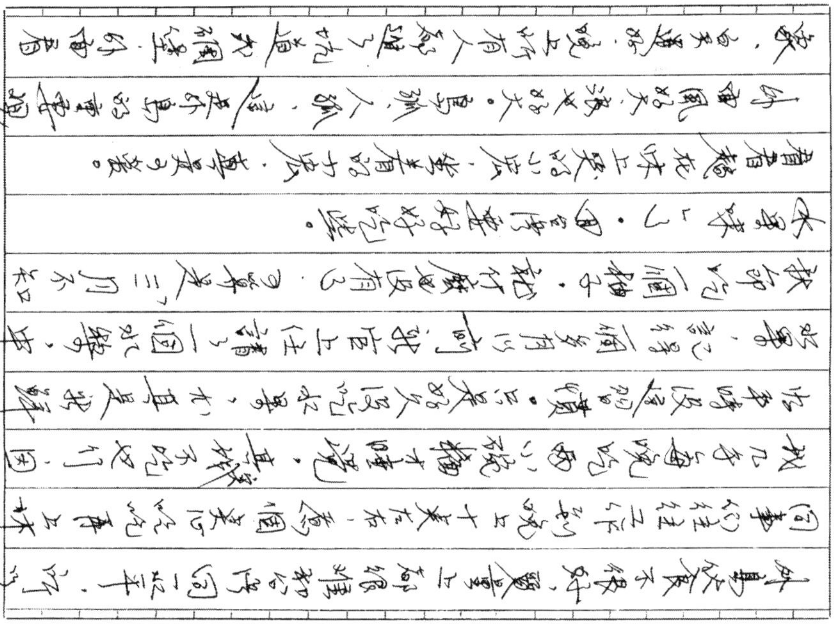
外島伙食不很好，質量上都很難和台灣同一水平，所以
同事們往往工作到晚上十点左右，煮個宵夜吃吃再上床。
我几乎每晚吃兩小碗麵才睡覺，其實我不吃也行，因
此平時沒這習慣。只是好久沒吃水果，尤其是新鮮
水果，記得一個多月以前，我官上任請了一個水梨，中
秋節吃一個柚子，就什麼也沒有了。可算是三月不知
水果味了。回台灣要好好吃些。
看看趴在床上哭的小宏，坐着的大宏，真是可愛。
外面風好大，浪也好大。島孤、人孤，這是外島的重要現
象，白天還好，晚上所有人都進了坑道、碉堡，外面看

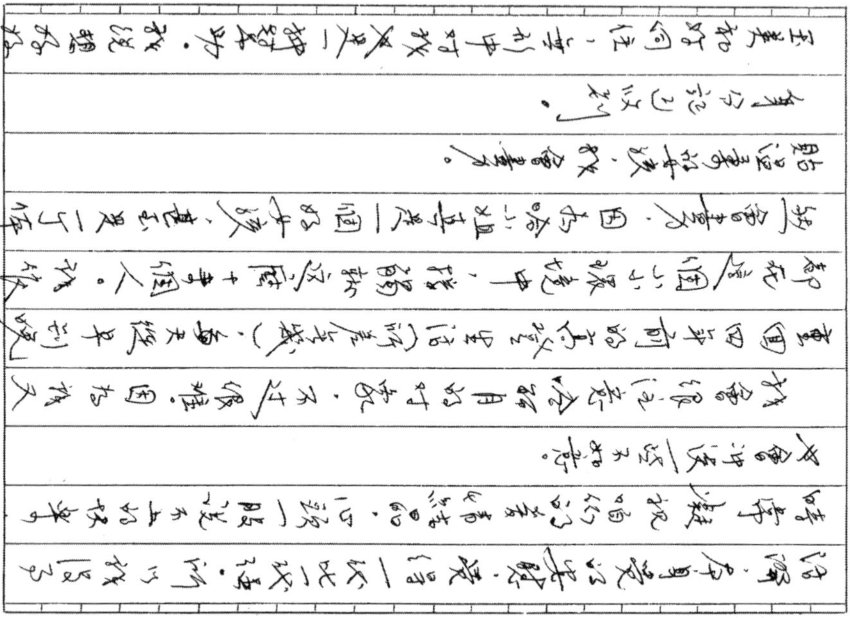

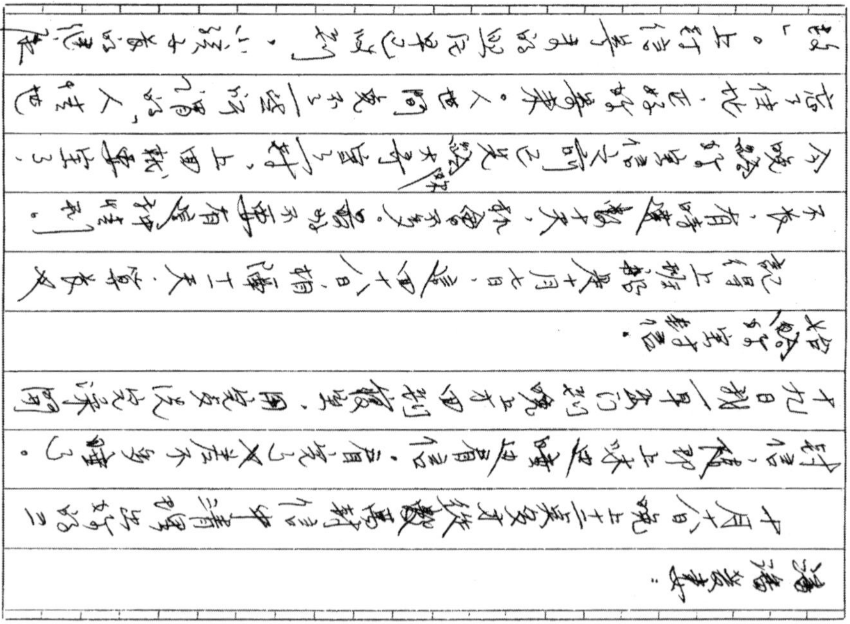

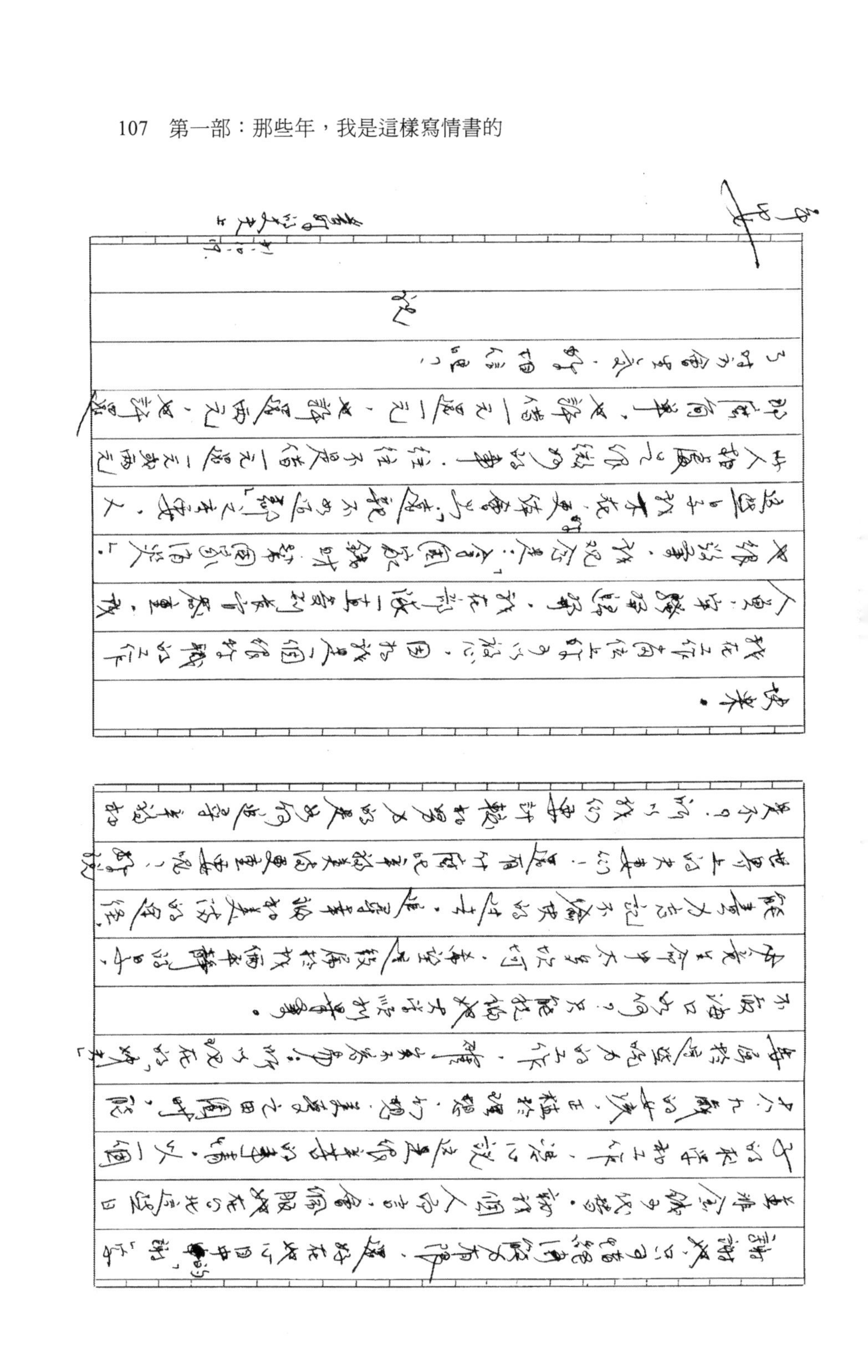

[illegible]

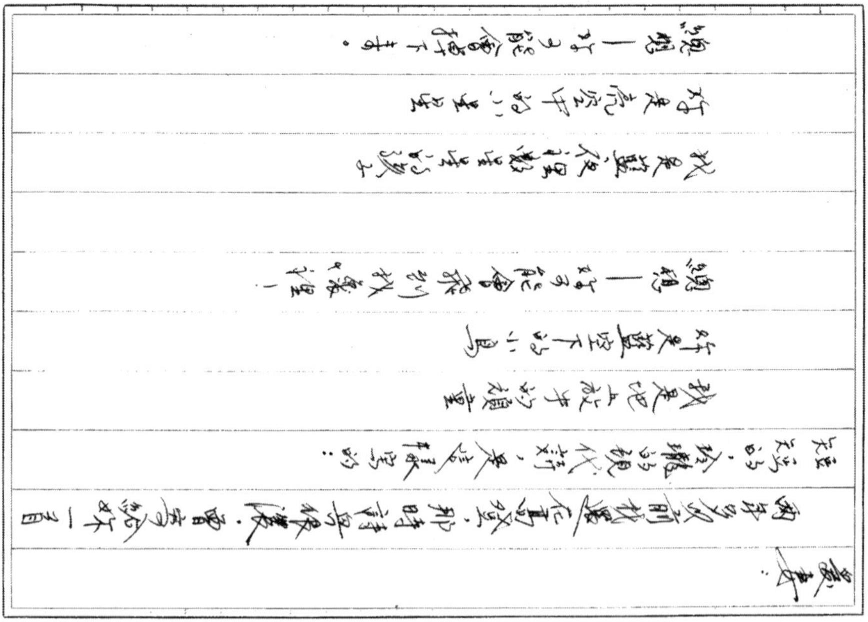
親愛：
兩年多以前我還在當兵，那時寫過很多詩，曾寄給妳一首
短短的、稚嫩的現代詩，是這樣寫的：
我是地上放牛的孩童
妳是藍空下的小鳥
總想—妳可能會飛到我窗裡。

我是孩童，很想數清天上的星子
妳是夜空中的小星星
總想—妳可能會掉下來。

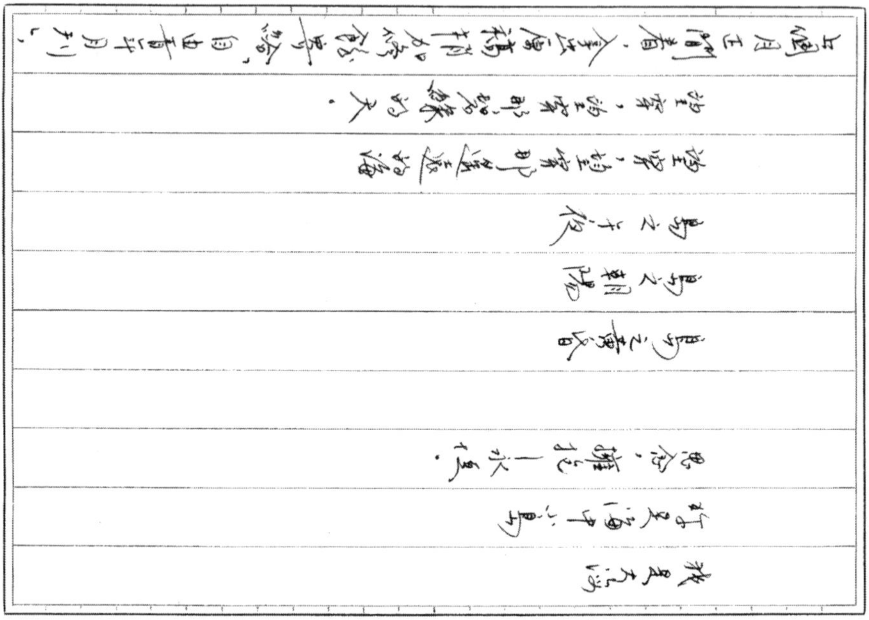
我是大海
妳是海中小魚
思念，擁起一波浪。

鳥之靈魂
鳥之翅膀
鳥之千仞
海之深，海之寬即無邊的海
海之寬，海之深即無際的天。
上個月王師看，今昔圖稿有如詩般的美麗，回來寫下日記，

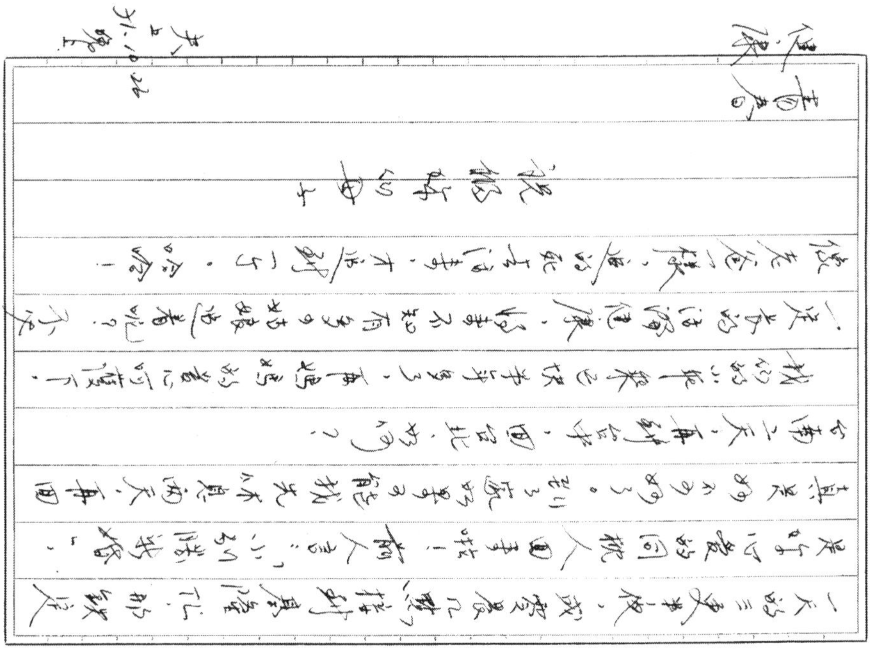

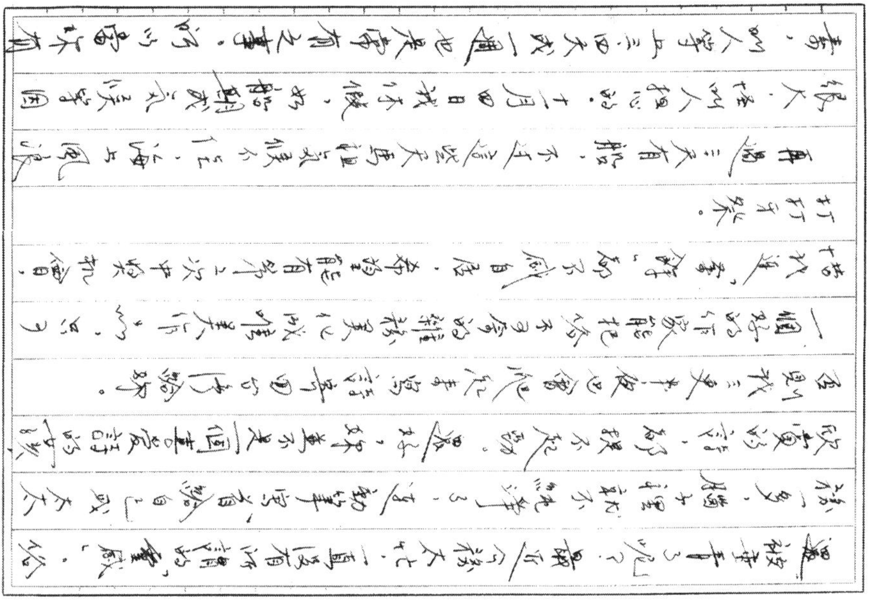

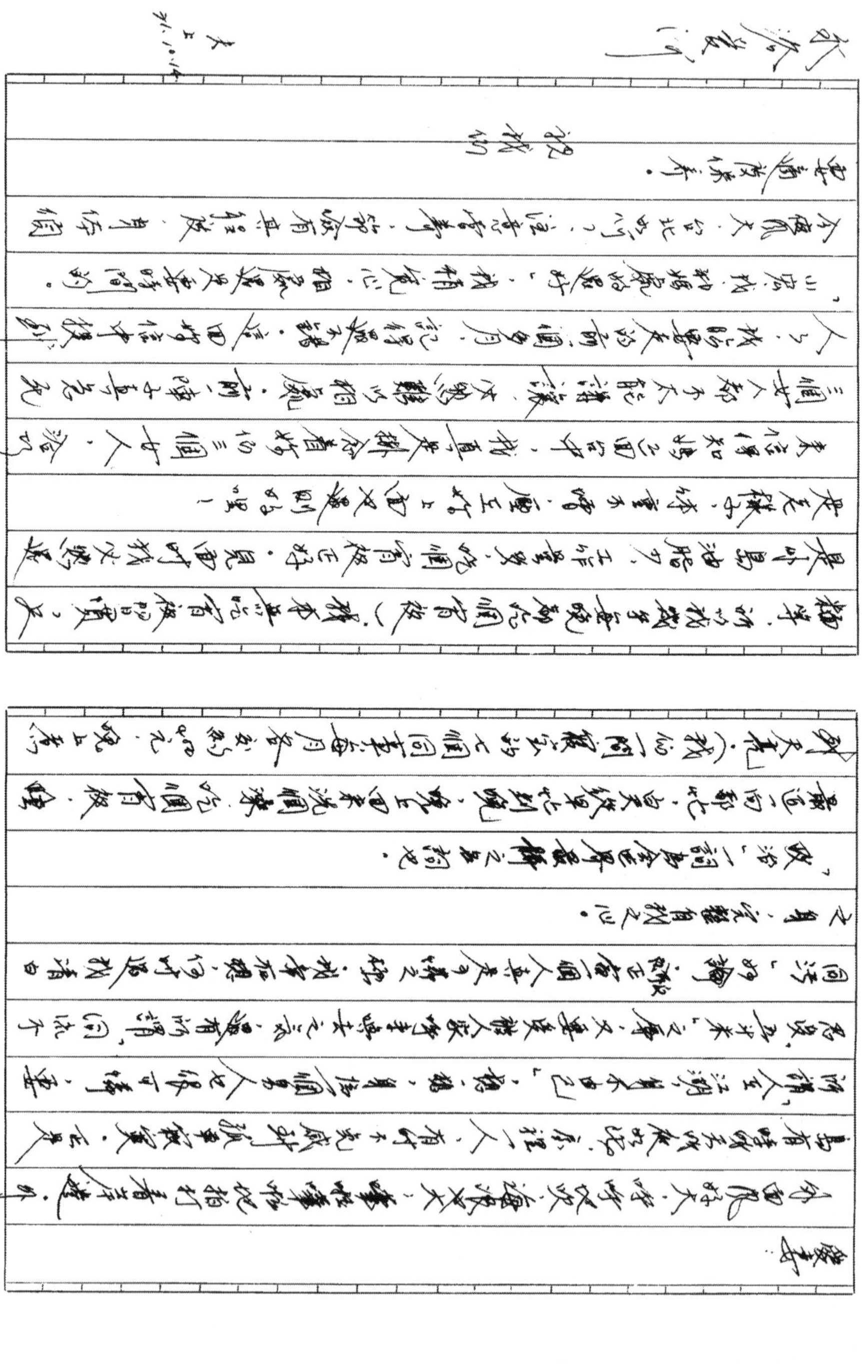

愛妻：
外面風好大，呼呼地吹，海浪也大，嘩啦嘩啦地拍打著岸邊。外
島有時或天晚夜的吧，原裡一人，有时不免感到孤单寂寞。正是人
所謂「人在江湖，身不由己」，想一想，身為一個男人也很可憐，要
忍受「五斗米」之辱，又要受別人家呼來喚去之氣，還有所謂「同流不
同污」的論調。反正當一個人真是可憐之極。我常在想，何時還我清白
之身，完整自我之心。
「政治」一詞為全世界最髒之名詞也。
最近一向都忙，白天從早忙到晚，晚上回來洗個澡、吃個宵夜、睡
到天亮。（我們一間寢室的七個同事，每月各交納400元，晚上煮
麵等，所以我幾乎每晚都吃個宵夜），雖本無吃宵夜的習慣，只
是外島油脂少，工作量多，吃個宵夜正好。見面时我必然還
是老樣子，体重不增，屋子好上面又還剛好哩！
來信得知媽已回台中，我真是掛念著妳們三個女人，恰巧
三個女人都不太能講讓，必然難以相處，前一陣子真急死
人了。我臨要走的前一個多月，記得還不錯。這回妳信中提到
「小宏、我、和媽處的還好」，我稍寬心，相處還是要時間的。
今夜風大，台北的小們，注意當寄，節食有其限度，身体偏
要適度保重。
祝
我們
夫 上 71.10.14
[illegible]

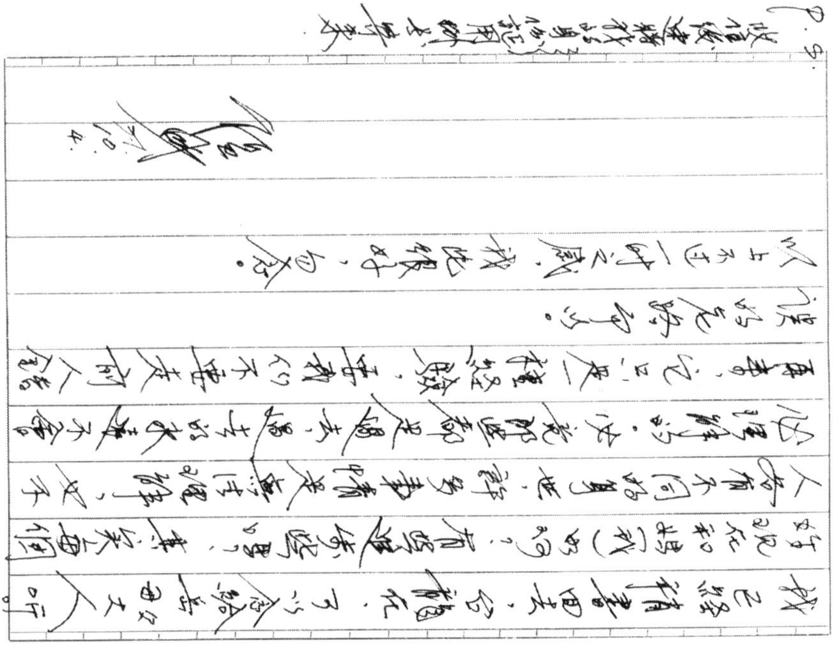

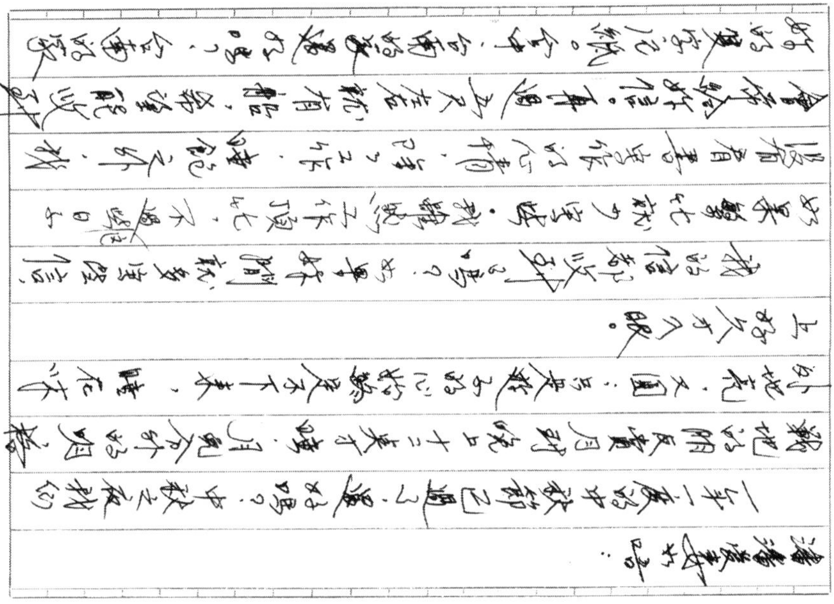

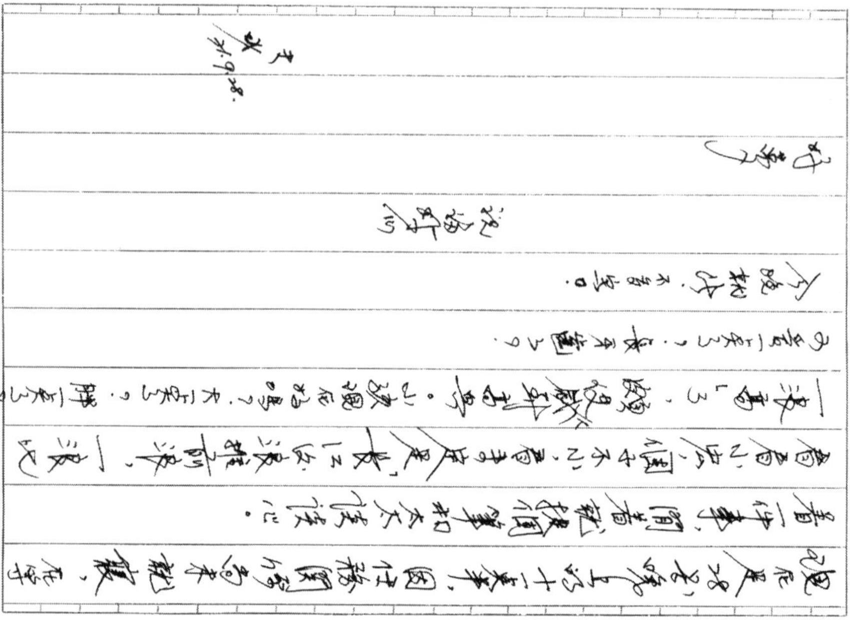

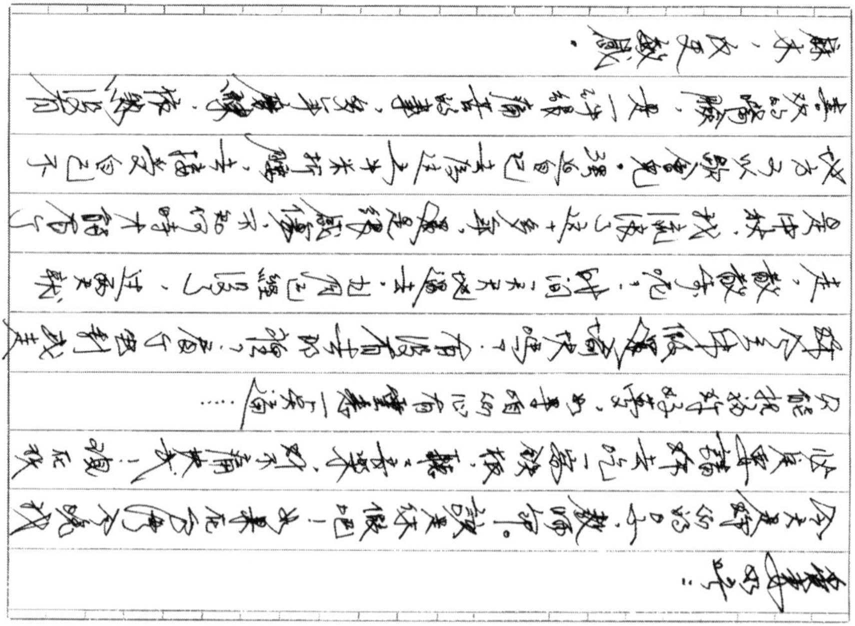

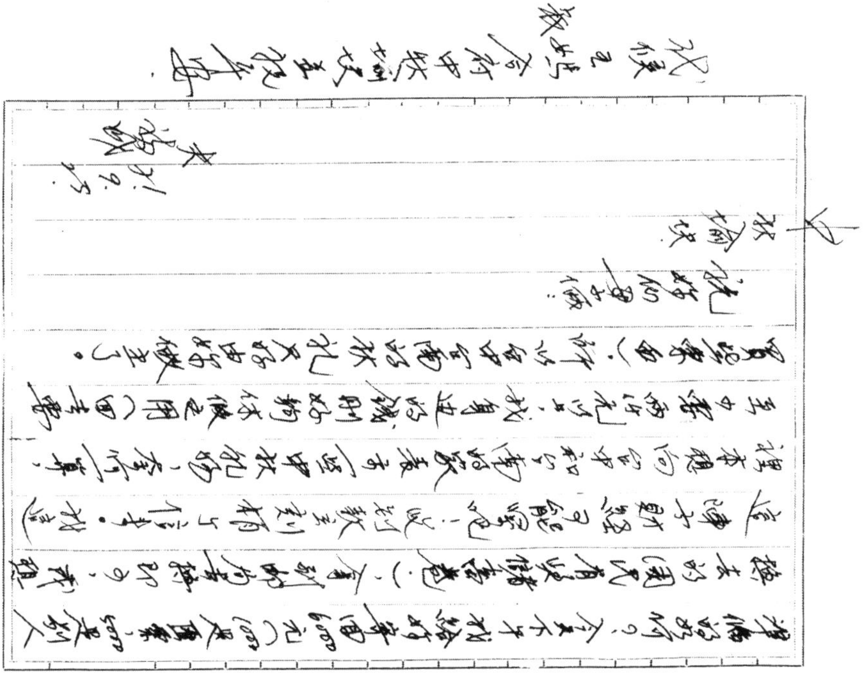

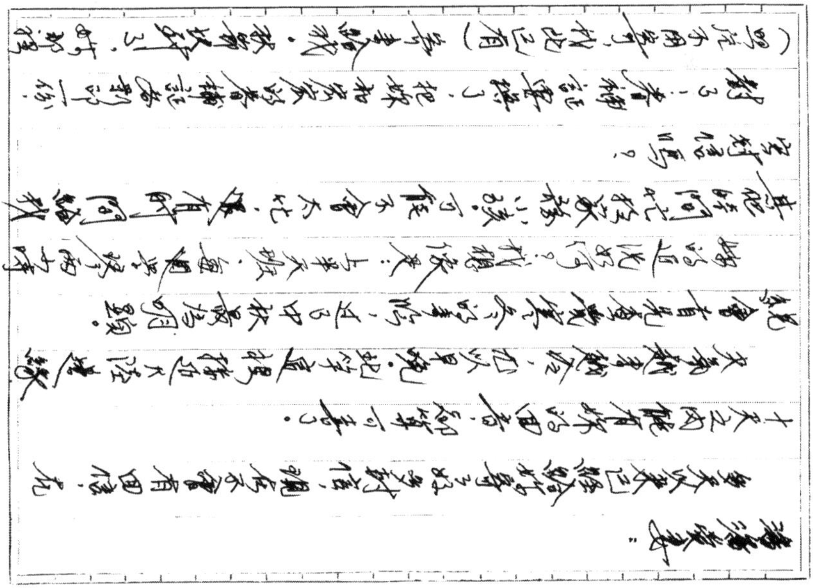

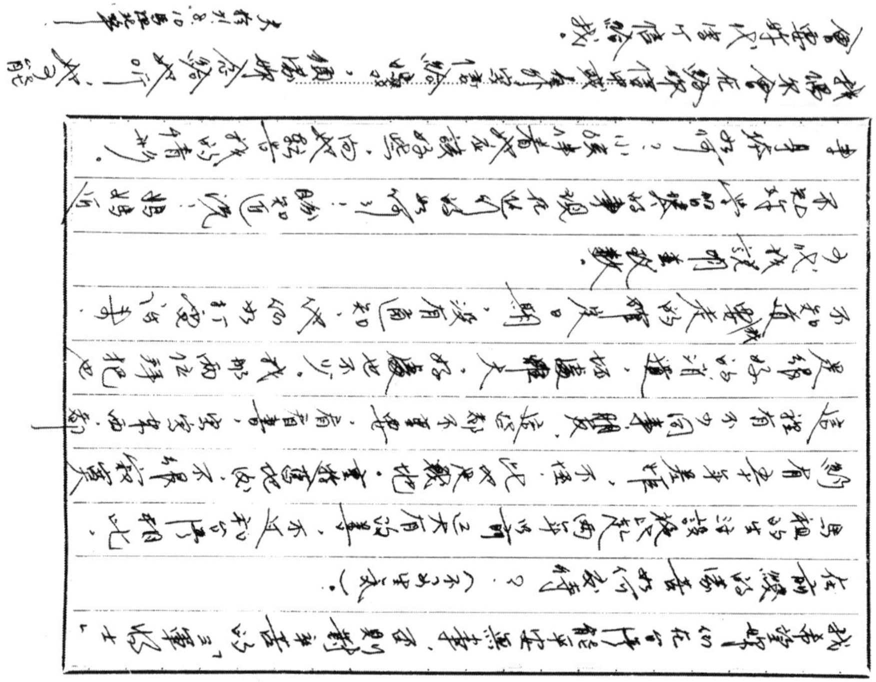

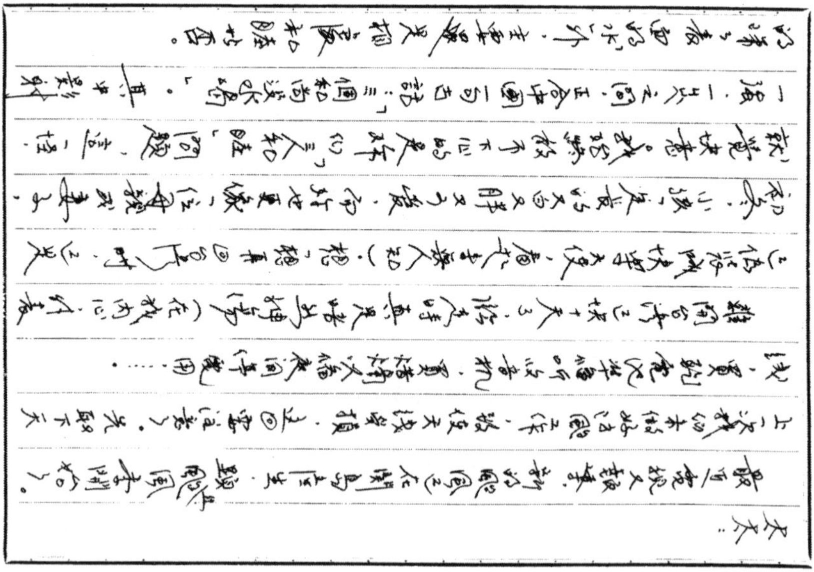

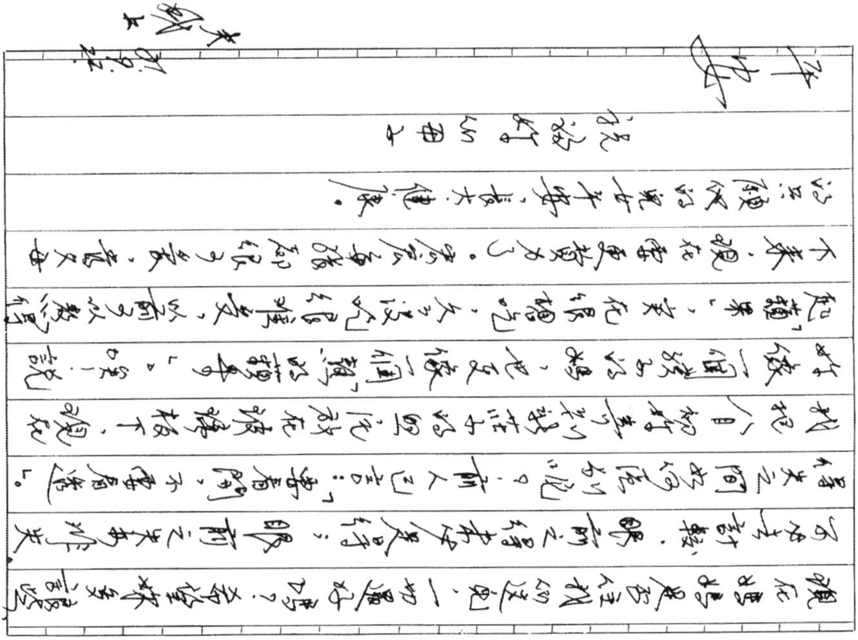

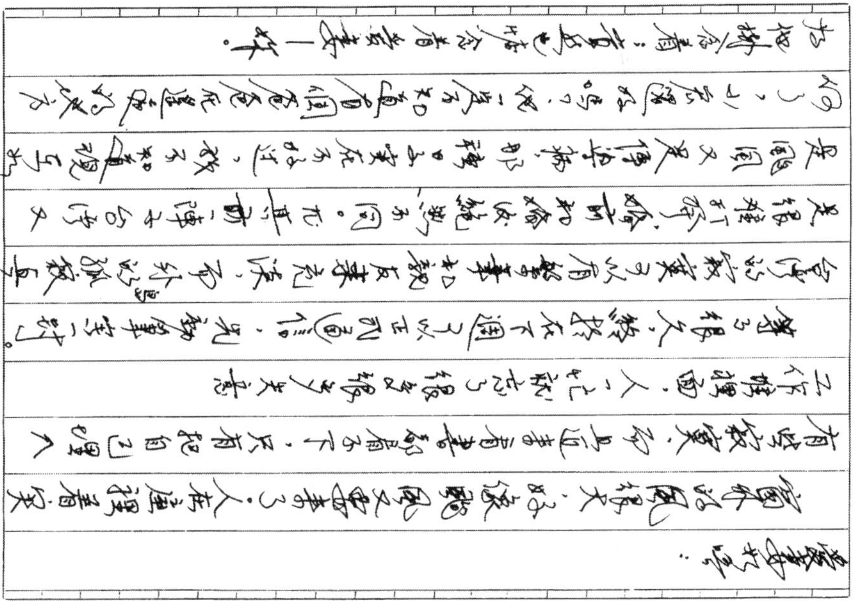

愛妻：

總算收到你的來信。老師和我們同事都站在山頂上盼望遠方的車輛，像個小黑點，大約四個小時後才回來，再過不久也[illegible]個小時都不收到，時收到了信是真不易的。[illegible]三十分鐘[illegible]寫好的信是一樣的。

「[illegible]」說，只要有的話，以後就可寫一些個的小段，[illegible]的不穩定，[illegible]不完，但就[illegible]了。[illegible]要了。這兩天工作一切很忙，今天早上十點多，上午先看了一個電影，打算中午、下午好好寫點信，但是又有點事。[illegible]加上[illegible]把它看了一部分，以後就不用[illegible]了，[illegible]不太好意思。回信告訴你本[illegible]以後寫了，[illegible]信也[illegible]，把我的「[illegible]記」用掉半本多，不知要多少？

有件事上回本[illegible]信中[illegible]的，忘了。[illegible]的公[illegible]要[illegible][illegible]不久又了，[illegible][illegible]，[illegible]不能工作，[illegible]但[illegible]只是很[illegible]，我們回去大概[illegible]，[illegible]的[illegible]。

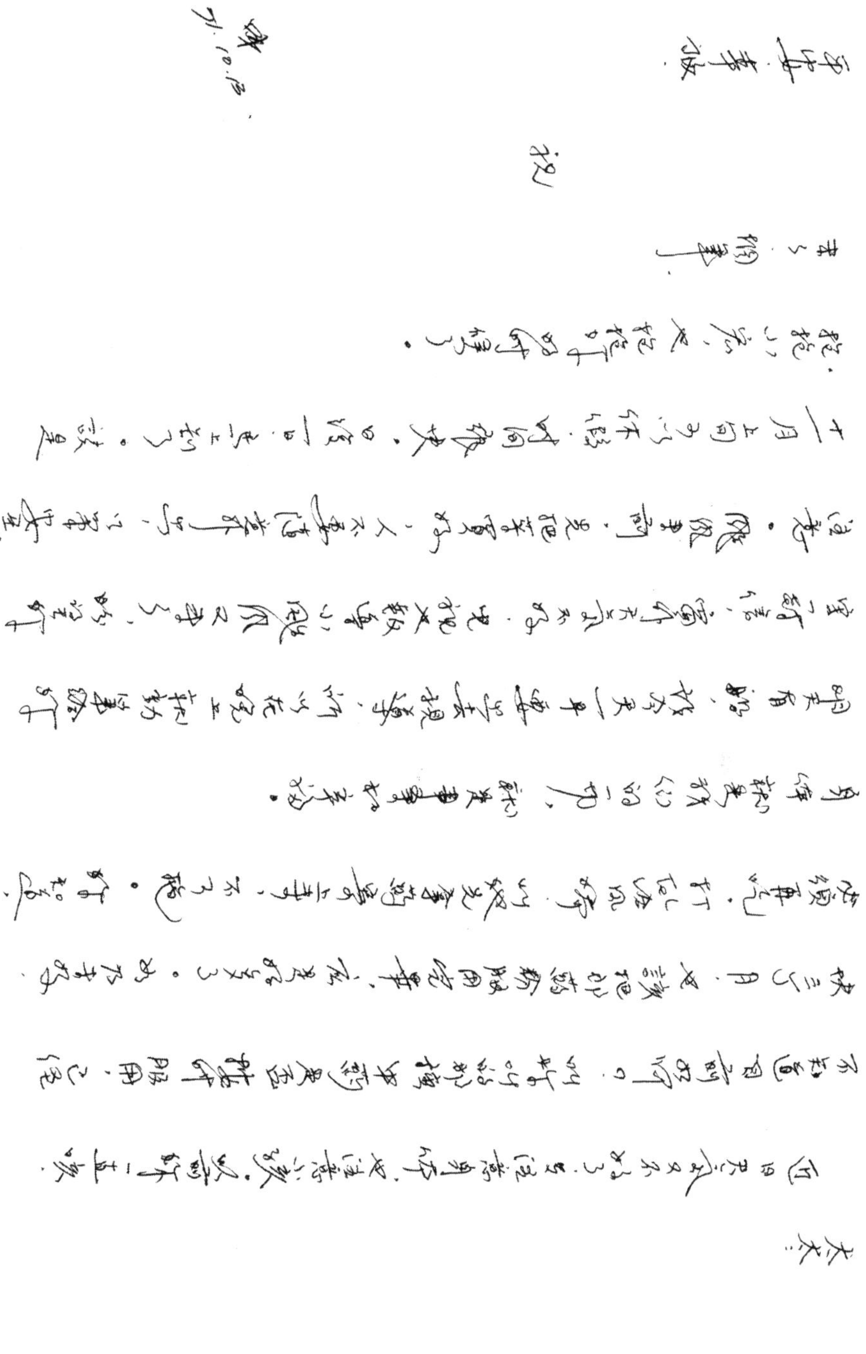

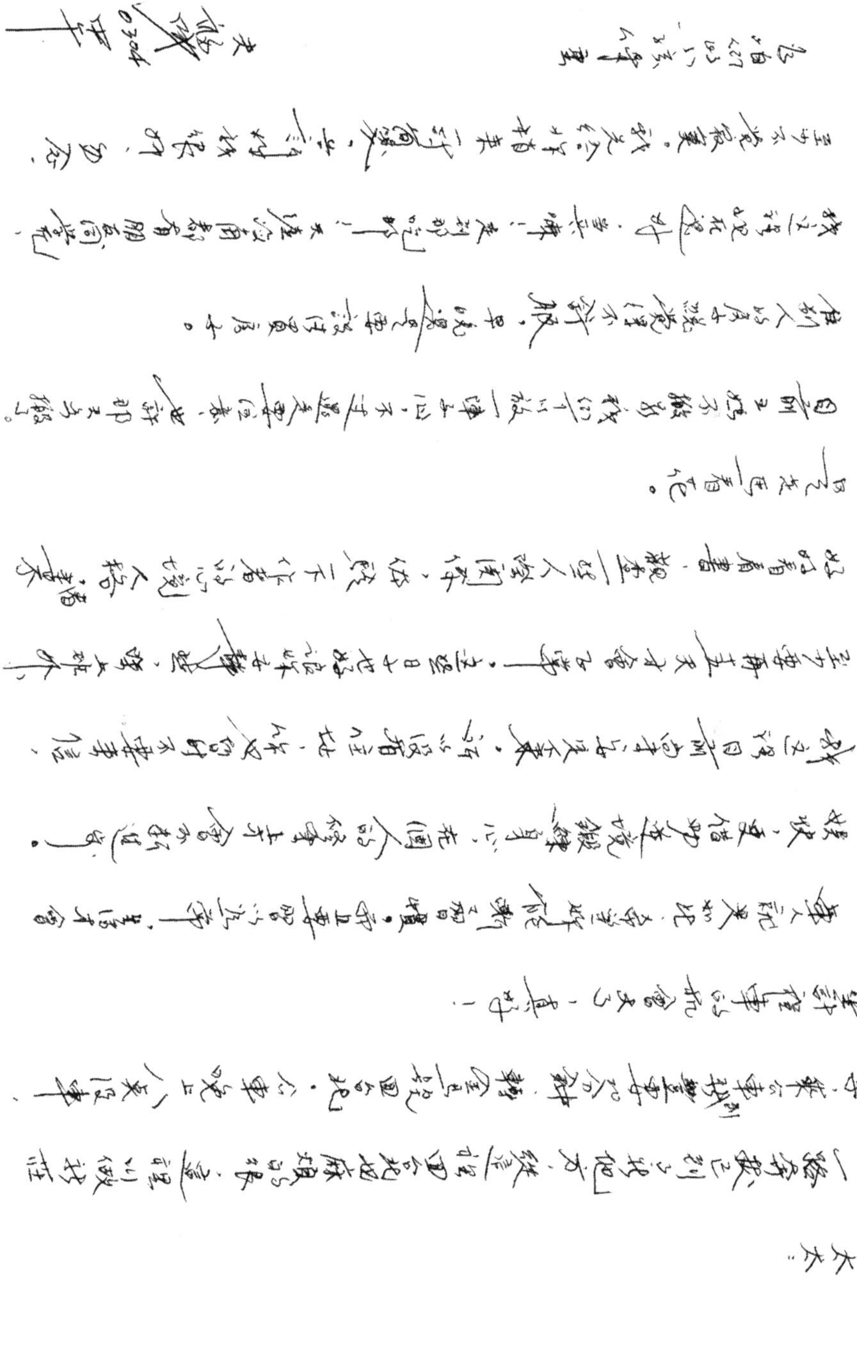

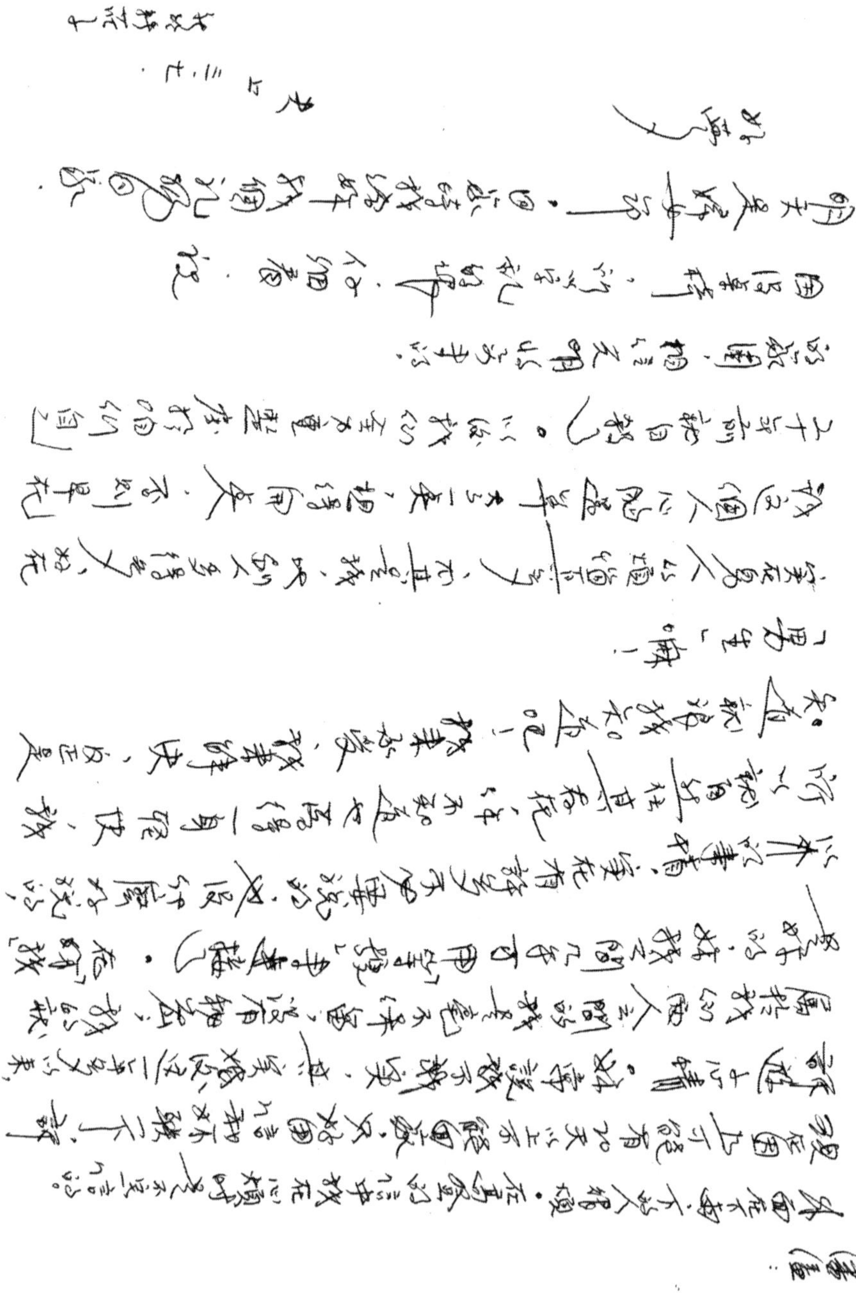

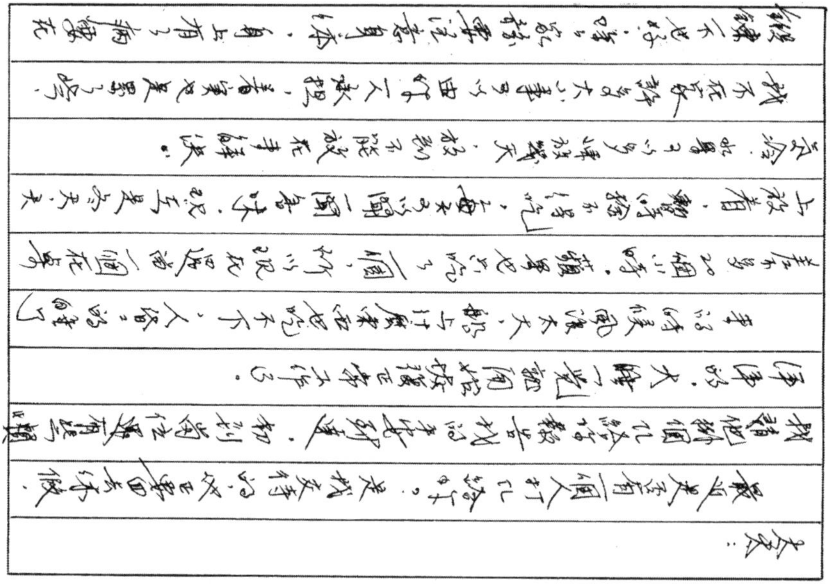

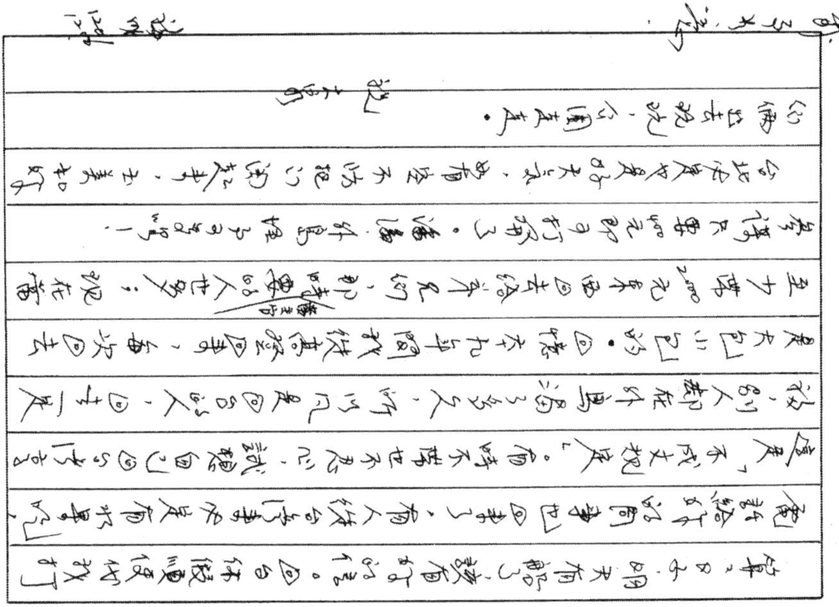

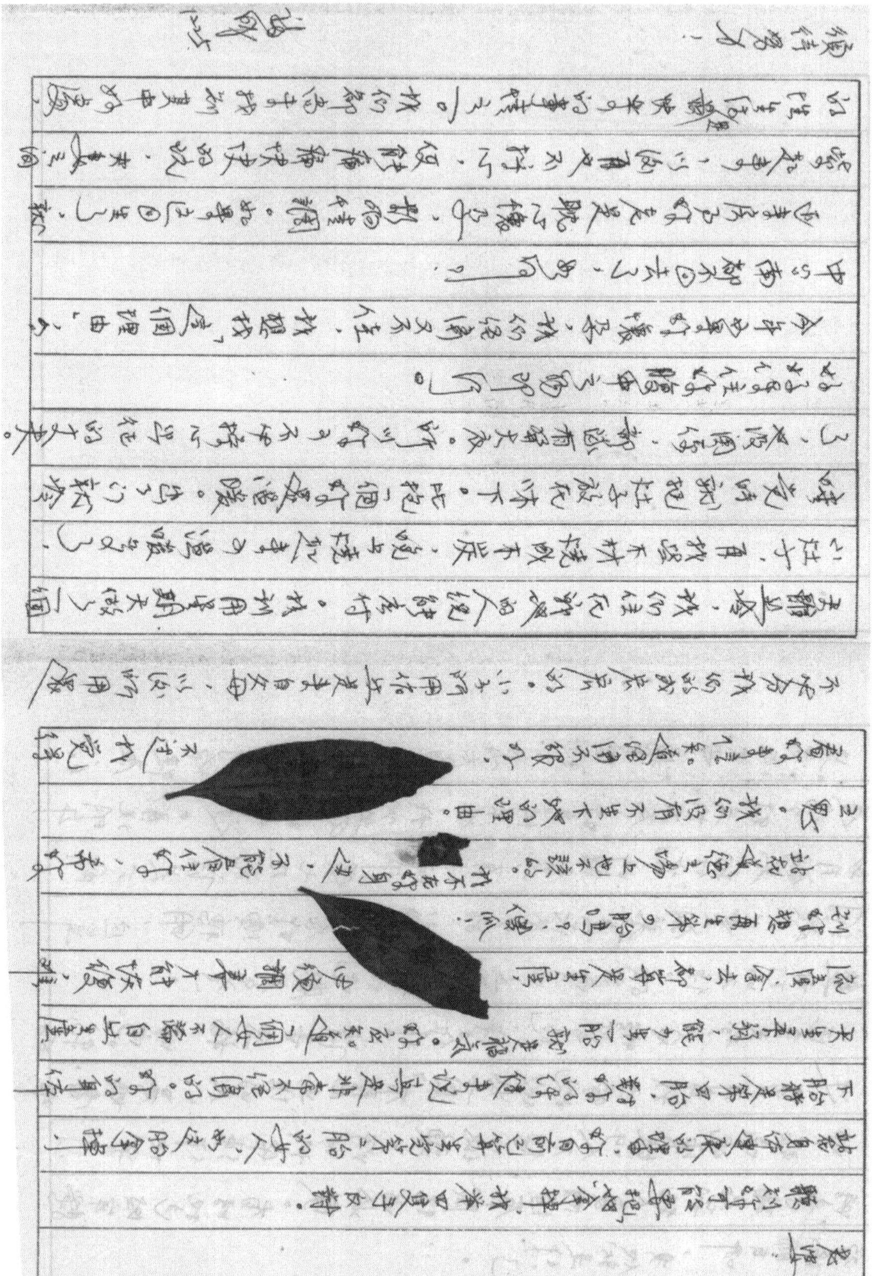

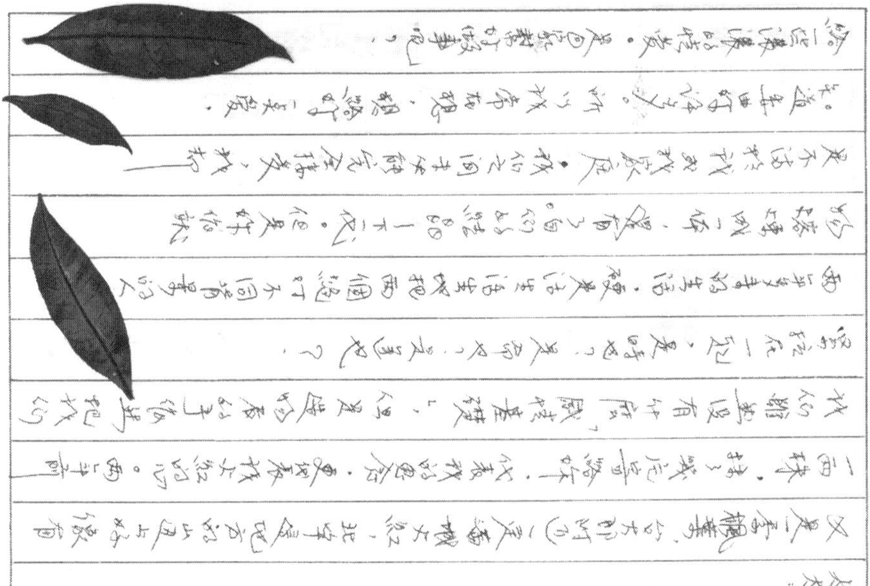

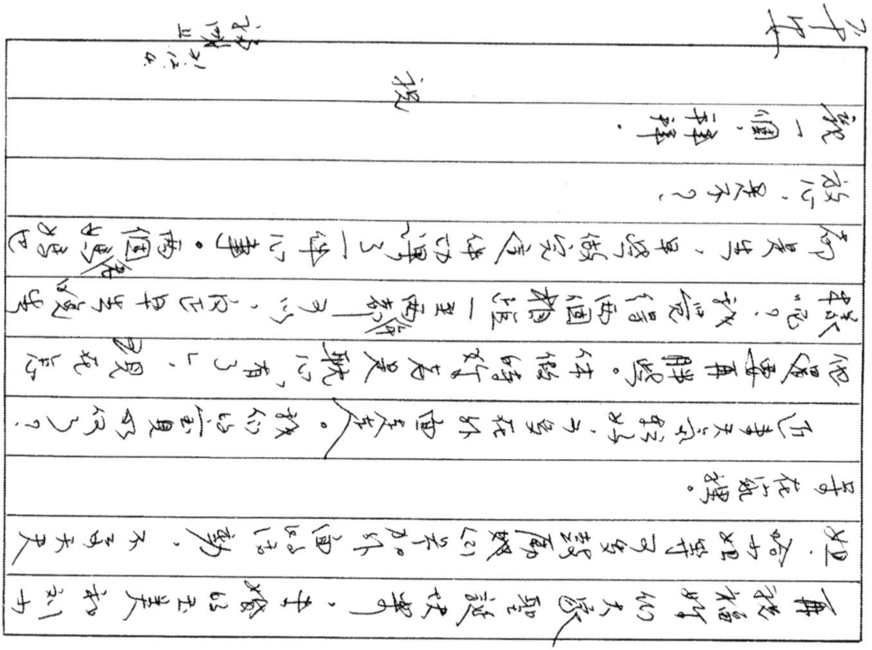

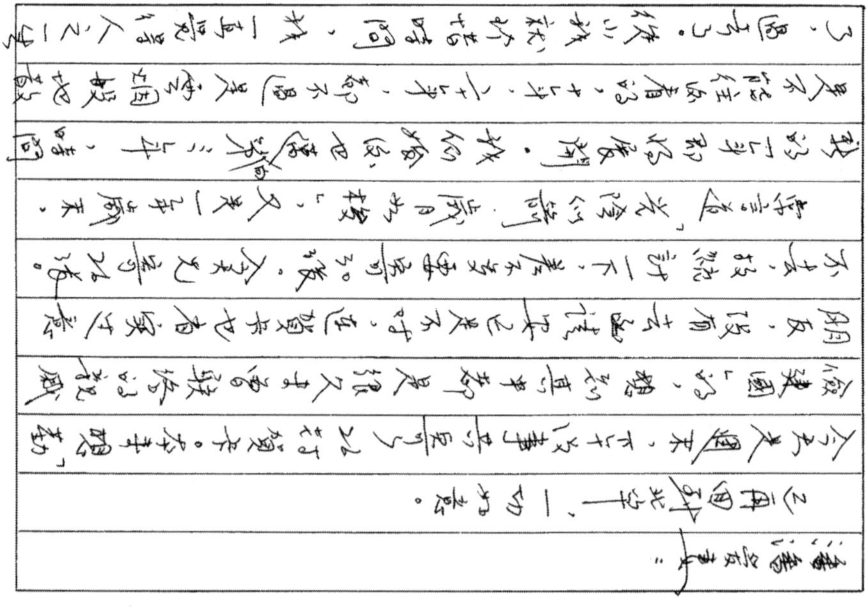

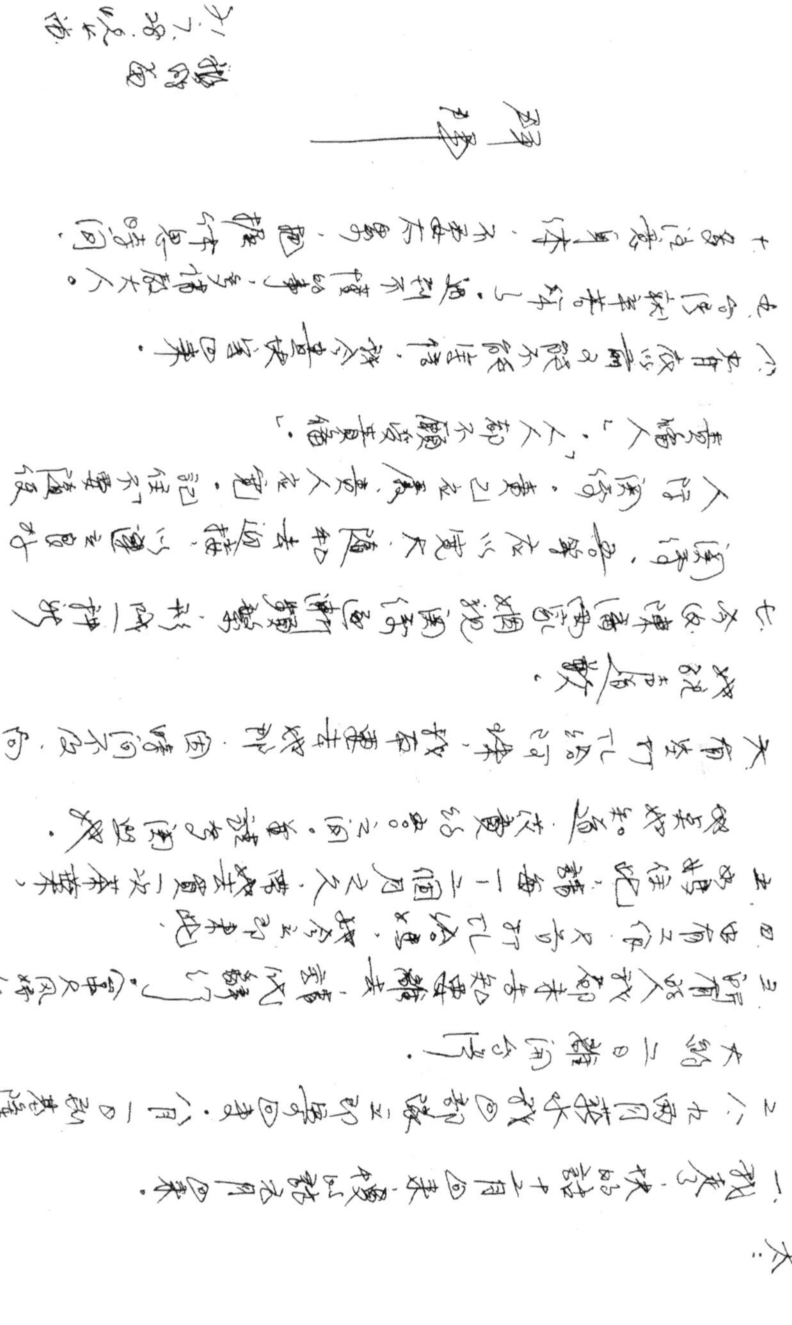

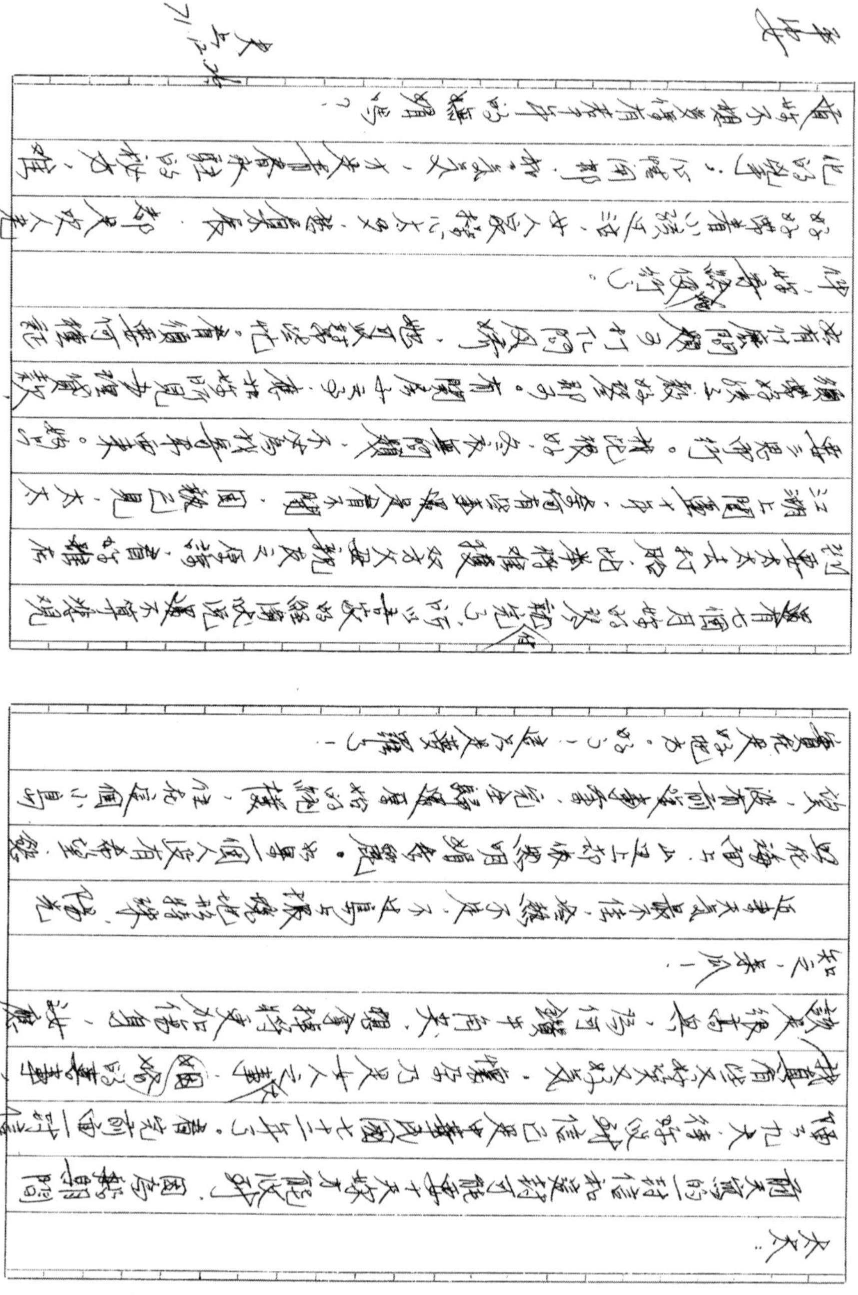

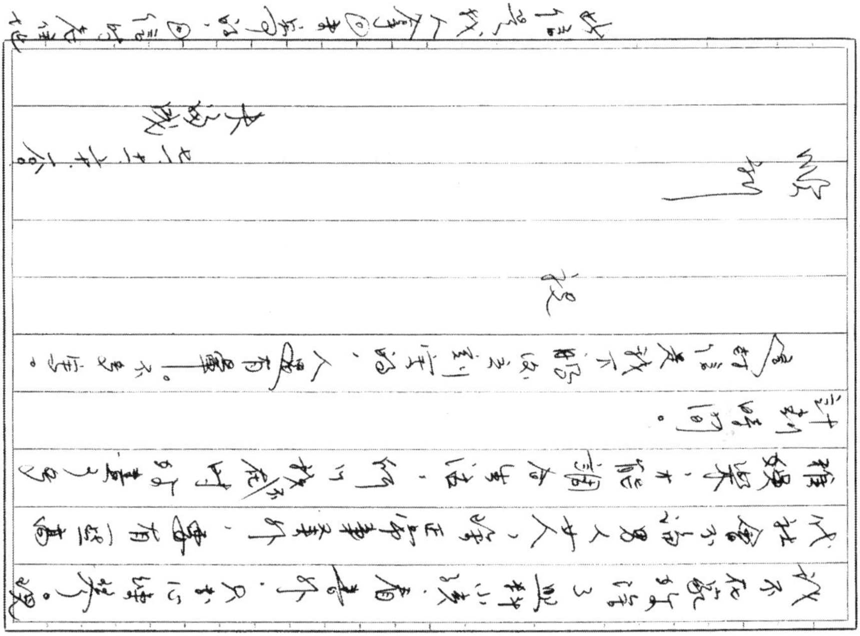

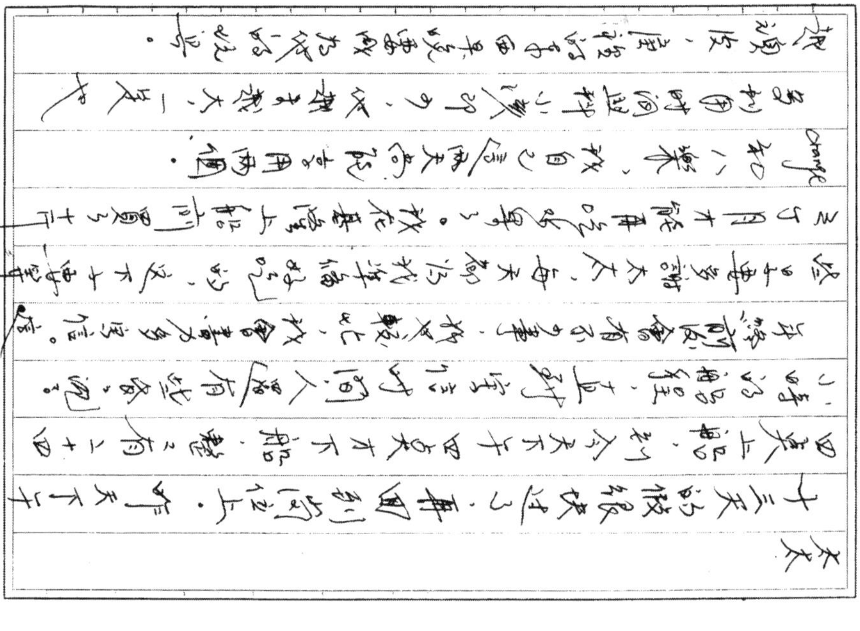

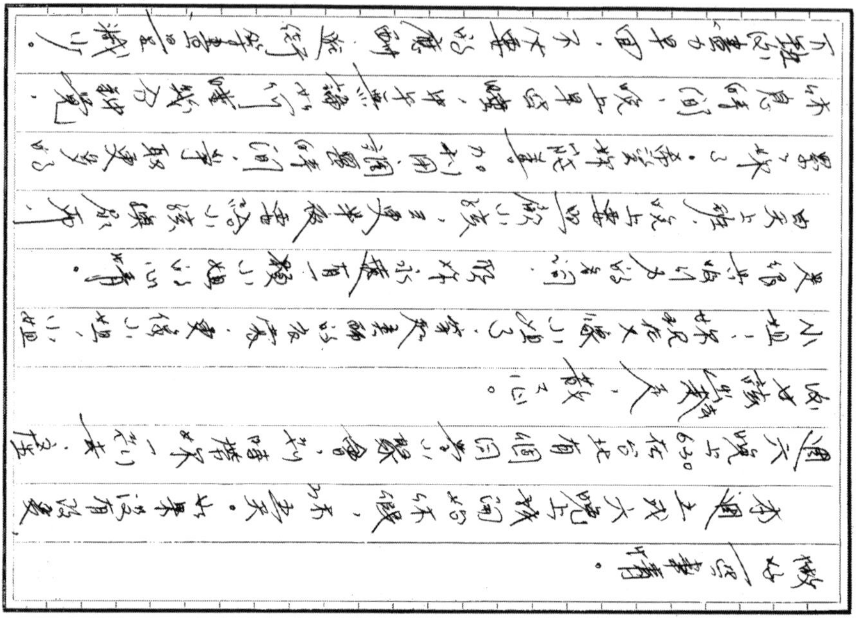
做好一些事情。
本週五或六晚上我開始休假，休五天。如果沒有改變，
週六晚上630在台北有個同學小聚會，到時帶妳一起去，座
收女孩出來走走，散散心。
小姐！妳現在大概小姐了，穿起美麗的衣裳，更像小姐，小姐
是很好做的名詞。 願妳永遠有一顆小姐的心情。
白天上班，晚上要照顧小孩，三更半夜要給小孩換尿布，
累了妳了。希望妳能善加利用調整時間，爭取更多的
休息時間，晚上早些睡，中午無論如何睡幾分鐘覺，
不致仍盡力早回。不必要的應酬、旅行等盡量減少。

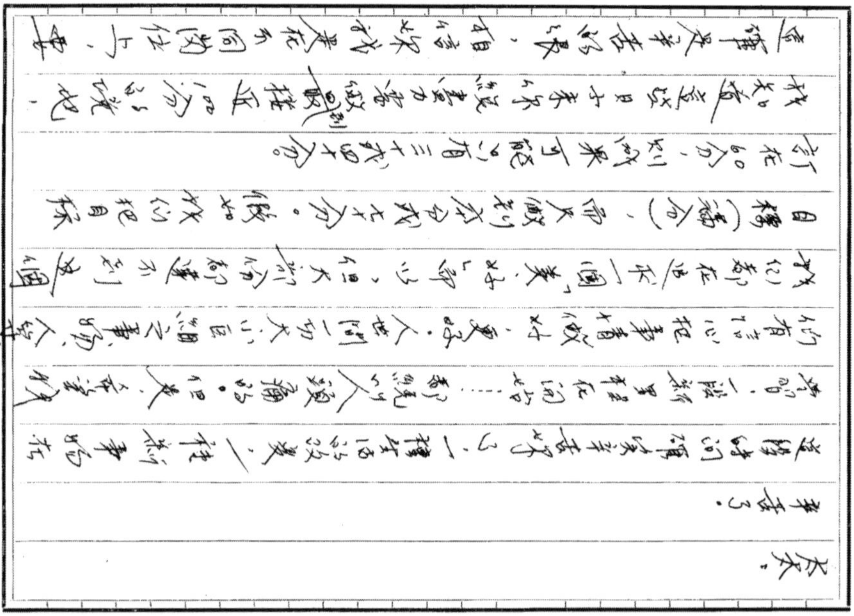
太太。
辛苦了。
這段時間確實辛苦妳了，一種生活的改變，一種新事物在
學習，一段新里程在開始……都能叫人頭痛的。但是，希望我
們有信心把事情做好，更好。人世間一切大小巨細之事物，人等，
我們都在追求一個「美、好」所以，但大部份都達不到這個
目標(滿分)，而只做到六十或七十分。假如我們把目標
訂在60分，則成果可能只有三十或四十分。
我知道這些日子來妳既盡力要做到最接近100分的境地，
這確是辛苦的很，相信妳我是在不同崗位上，要

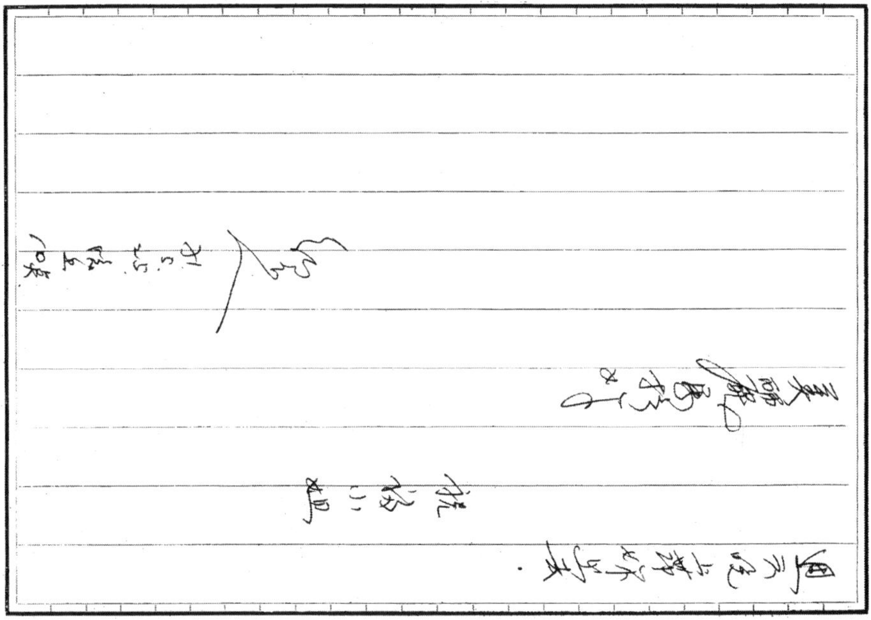

週六晚上帶妳出去。

張[illegible]小姐

美麗的馬[illegible]子好

紹文

71.5.15 晚上10時

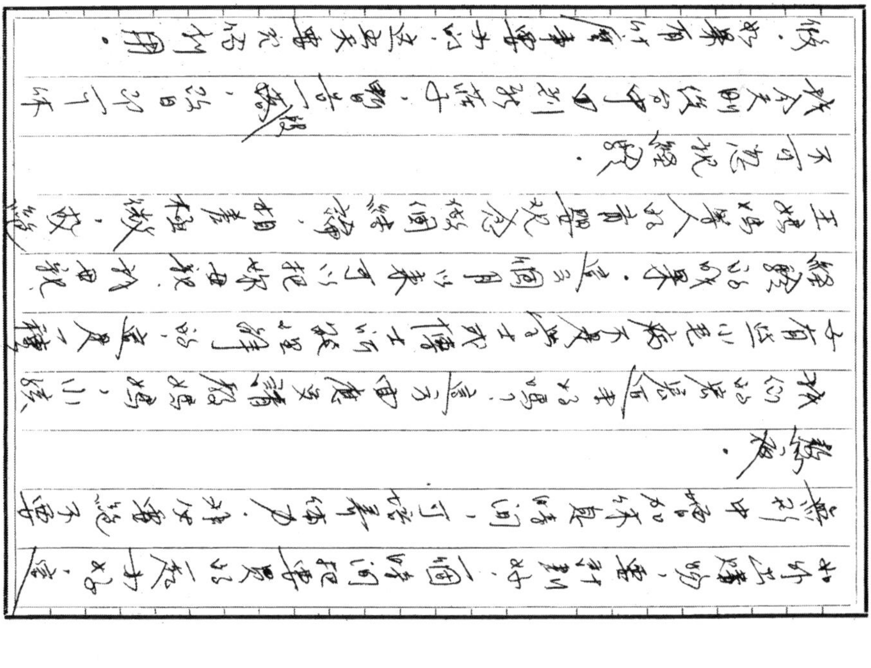

如外出購物，要計劃好，一個時间把要買的一起办好，這

無形中增加休息時间，可培養体力。妳必要絕不要

熬夜。

我们的客房近来好嗎？這方面應多請教媽媽，小孩

子有些小毛病不是学士或博士所能理解的，這是一種

經驗的成果。這三個月以来可以把妳母親、我母親、

王媽媽等人的育嬰觀念做個結論，相差極微，故絕

不可忽視經驗。

我今天則從台中回到新莊了，暫告一段落，改日即可休

假。如果有什麼事要办的，這五天要充份利用。

太太：

這兩天氣候又變得很冷，都只有三、四度左右。這次來馬似乎比前次來時還冷，不過妳放心，流浪多年的我總能自我陶醉。

自十二月二十四日收到妳的信，妳說可能有了要拿掉，我立刻寫回信要妳三思。妳要我的信妳得看看，大概是已經拿了，要真如此豈不悲哀極了。妳自己要保重身體，多買點補品和酒回來，女人不比男人能受得起煎熬。不必為我來籌錢，我在前一封信已經告訴妳，向別人借了大約四萬元左右，二月份回去把鋼琴款一次還清，免得每月要交三千多元，四萬元小數目，以後有錢才還無所謂。反正青山尚在，何必為十多萬元拿掉一個小孩子。

今年過年我可能要年後才能回去，約二十號左右。所以再可能範圍內我今年不準備回中、南部（未定），加以妳身體不好，南來北往的跑，回去再研究好了。

台南的爸爸身體不好，只可惜我人在外地。如果我人在台灣必定會去看看，現在只靠妳了，多打電話回去了解狀況，並且要聯絡妳弟弟他們多回家探視老父親，少在外面跑。另外寄一千元給爸爸補身體（不是送一千，前馬上回去）。

平安快樂

吻

犬
於1.9.

慶隆製

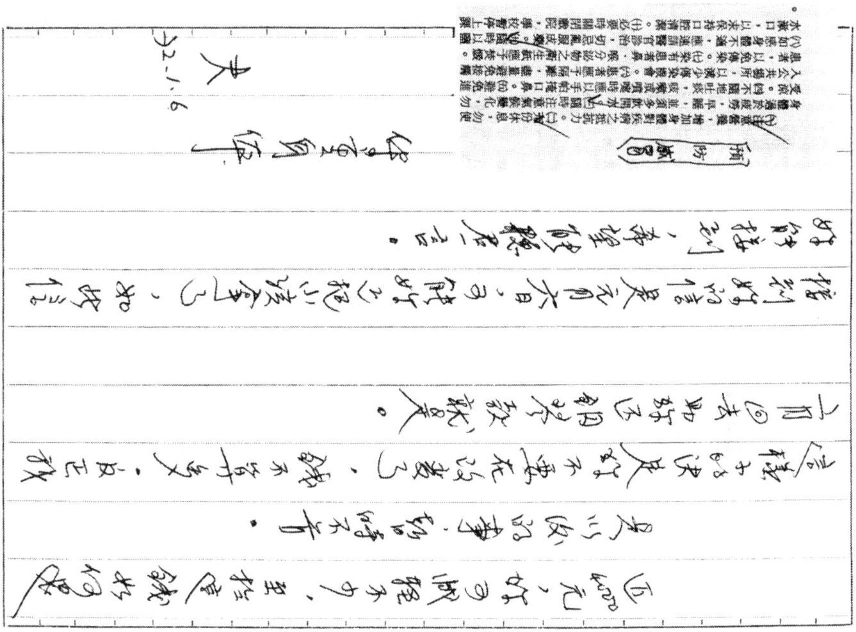

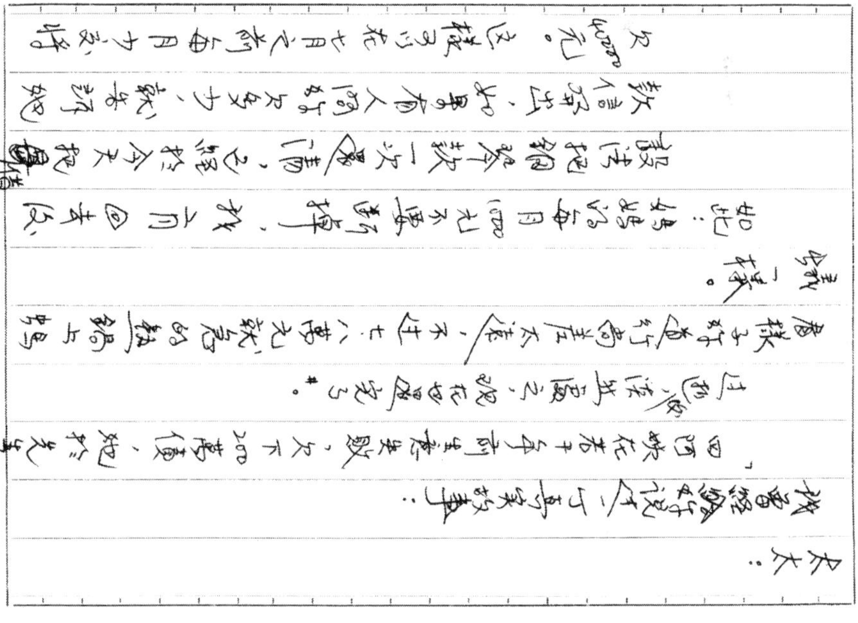

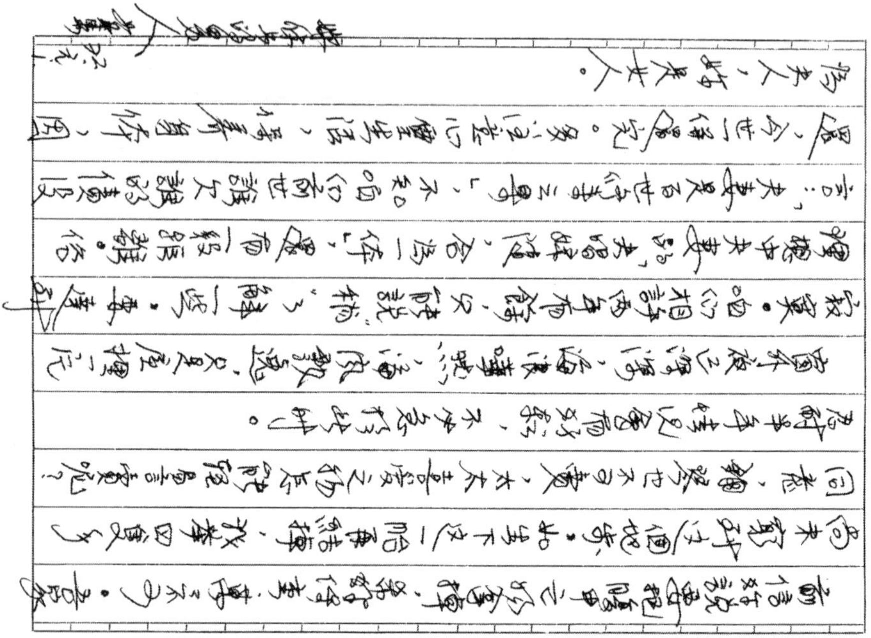

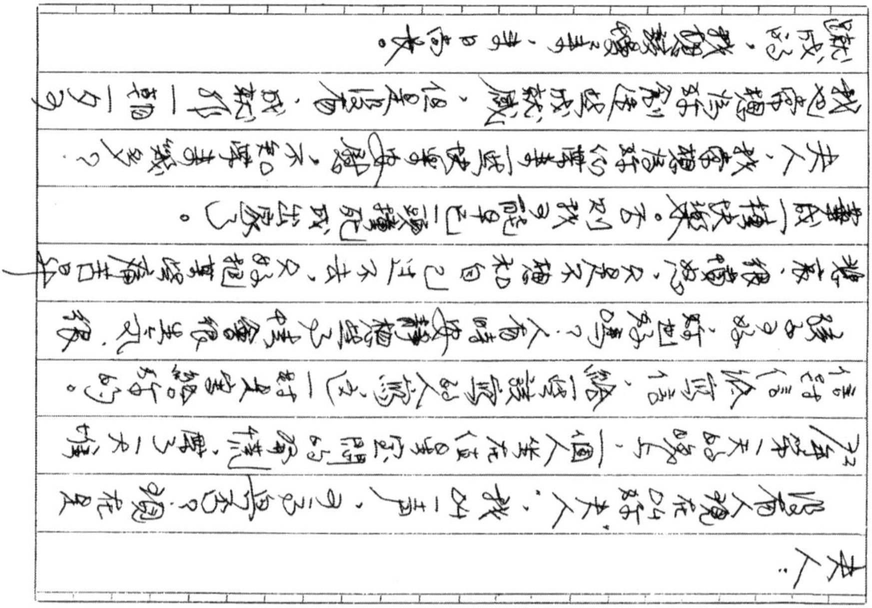

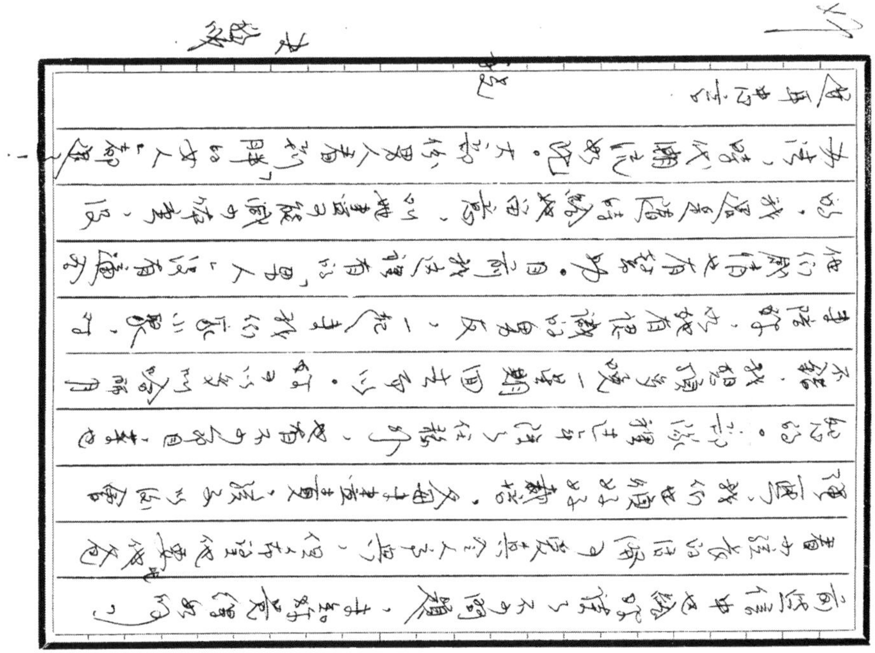

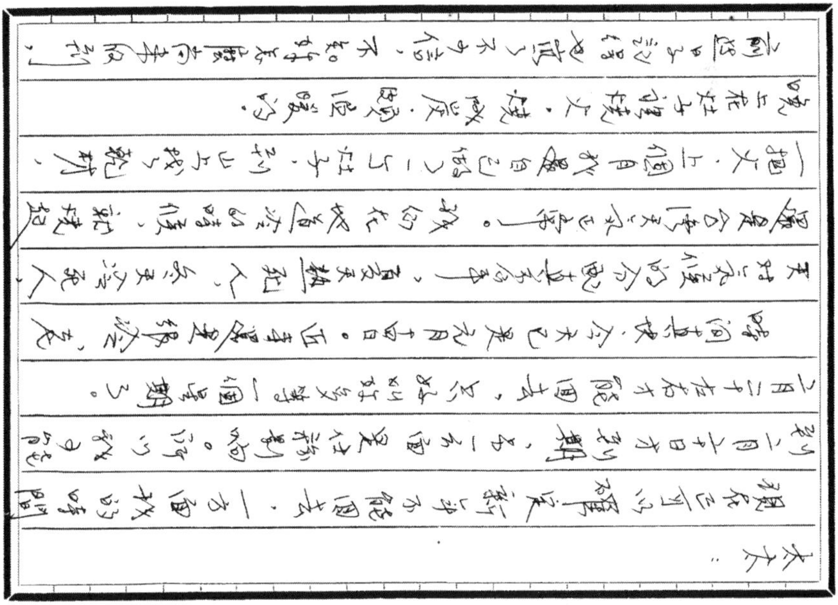

太太：

現在已可以確定新年不能回去。一方面我的時間到二月[illegible]日才到期，另一方面要在[illegible]前。所以我[illegible]二月二十左右才能回去，只好請你諒解一個寒假了。

[illegible]

[illegible]

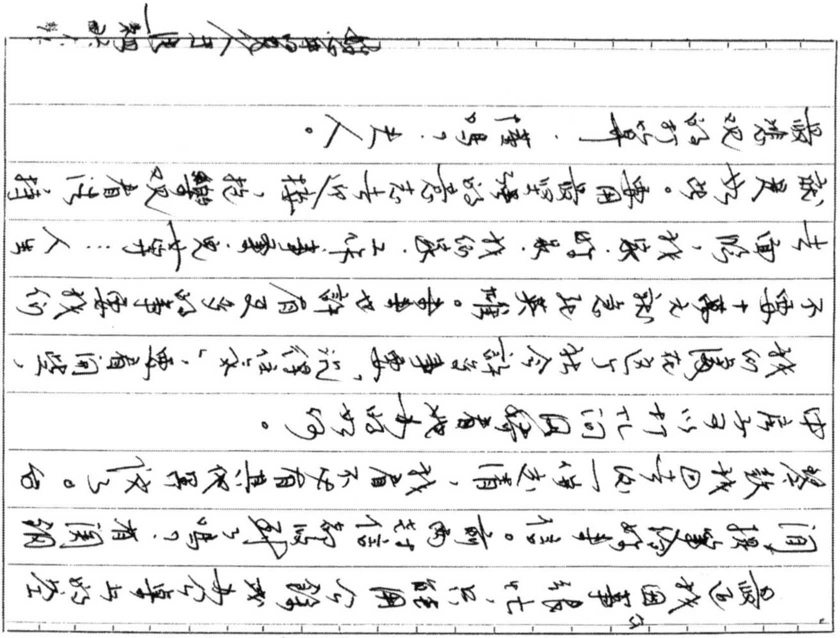

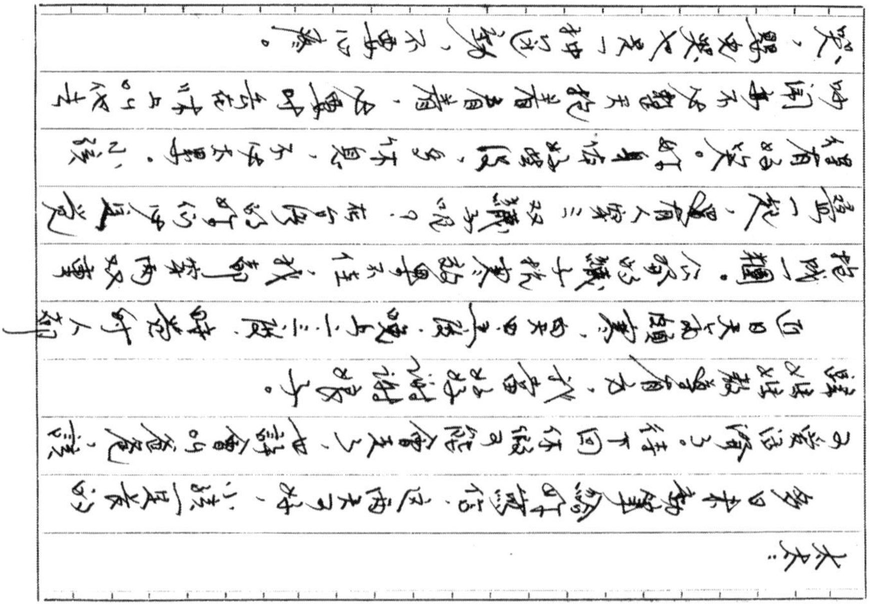

[illegible]

[illegible]

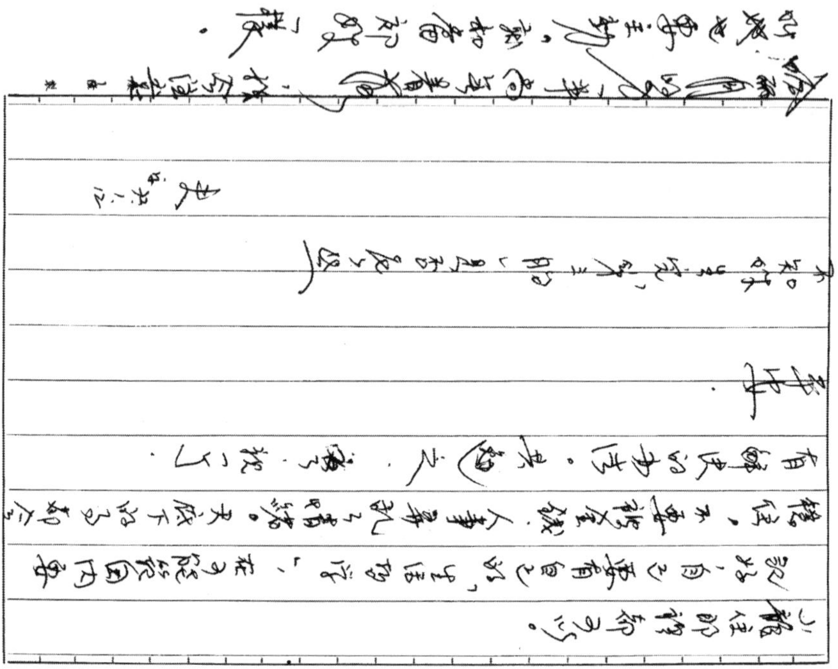

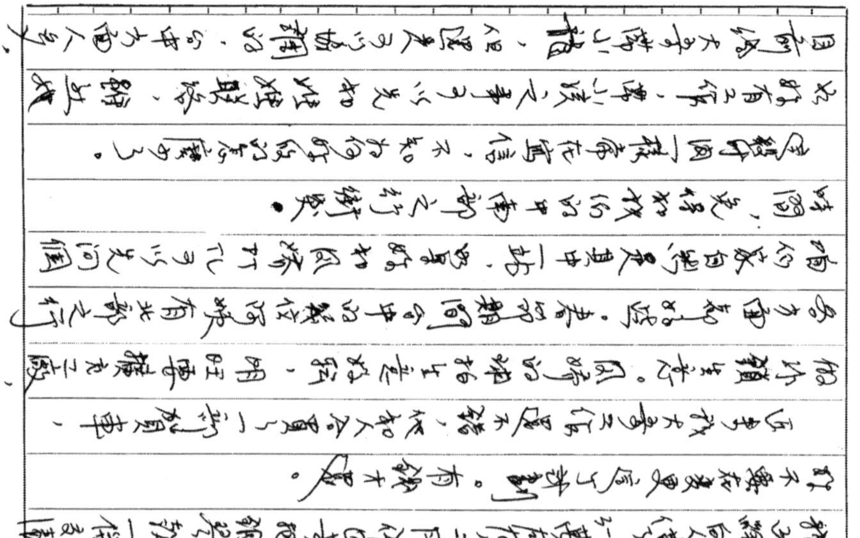

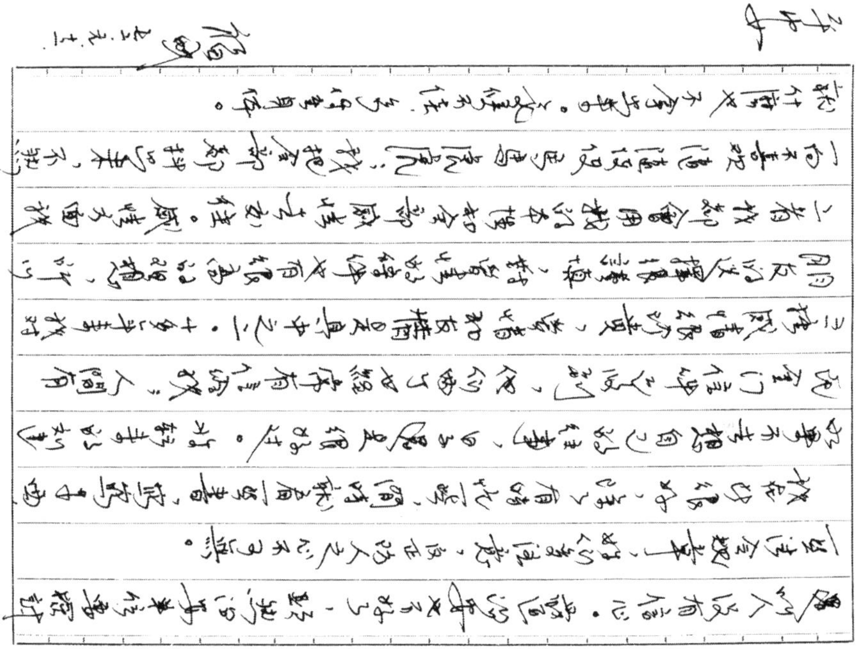

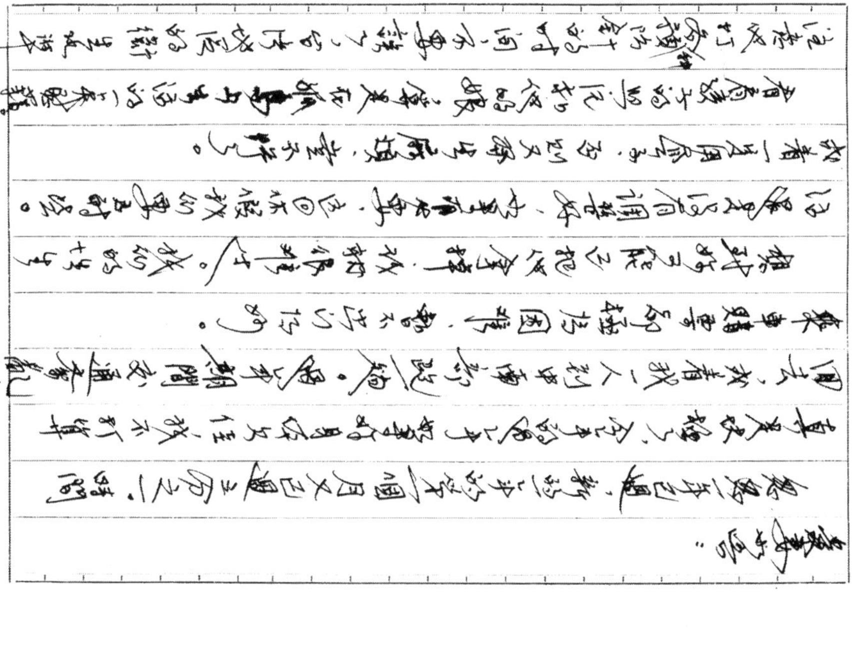

太太：

記得是很久沒給妳寫信了，大約十天了吧！上一週是因為忙於一件公務，況在是正準備考試。我預定參加「政戰研究班」考試，所以現在每天真忙。早晨六點起來看書，上午八～十二點辦公事，中午要看書，晚上到十二點。每天大約只有六小時可睡。真是忙！這是一個很難得的機會，希望能錄取。我可以在台北當一年學生，好爽！妳也爽。

前天接到妳寫的信三封，還有妳託人帶來的牛肉乾，心裡無比溫暖。太太燒的開水是比別人沖的咖啡香醇。

這回考試初試在馬祖，複試在台灣。

想起寫信，太太仔細看，不笑我心不在焉。令尊的爸爸不知妳得何了。由我寫信給妳要妳寄1000元給令尊的爸爸又不知寄了沒。不知出嫁的女兒不要太酸，以免……。我不想有什麼不好的印象。婚禮時爸爸寫了不少，現在妳生病了，我們就得有所表示。懂不，人情世故就是如此。少了一些表示，沒錢我們暫時借一下。好嗎？現在距離我們夫妻「重合在一起」，已不到一個月了。高興嗎？嗚好一下。

好

親

夫 上

72.1.24

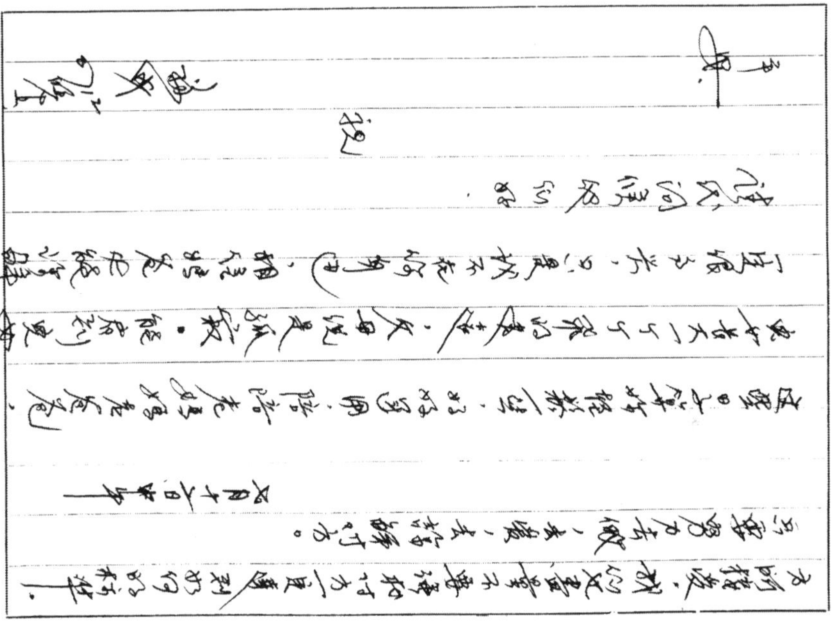

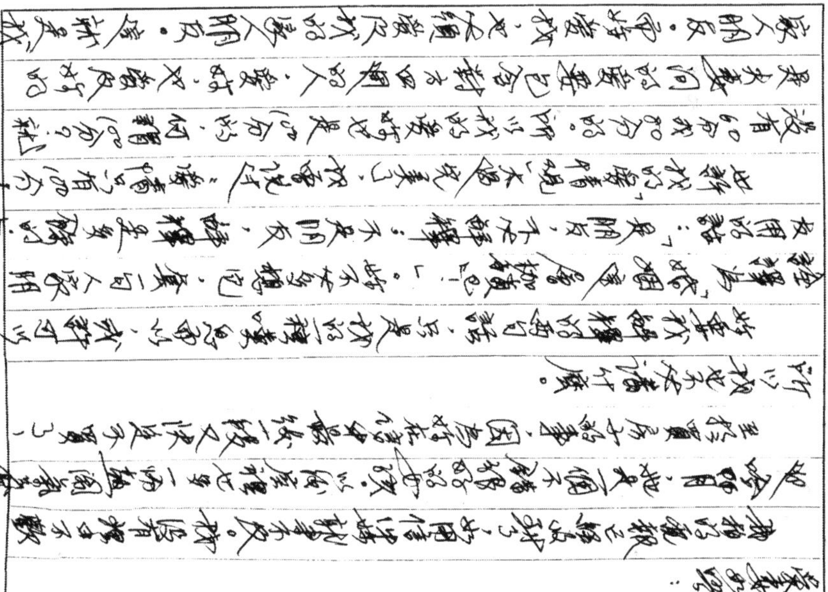

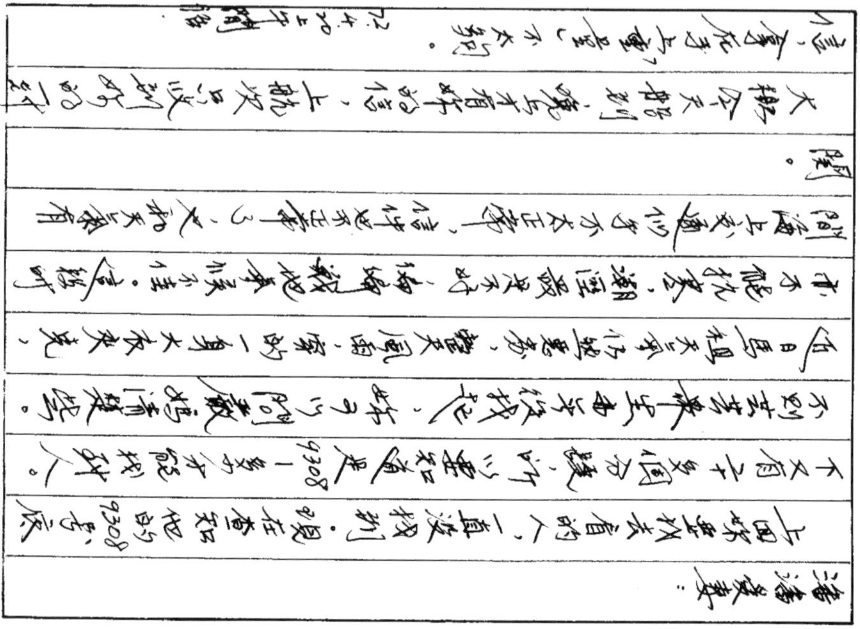

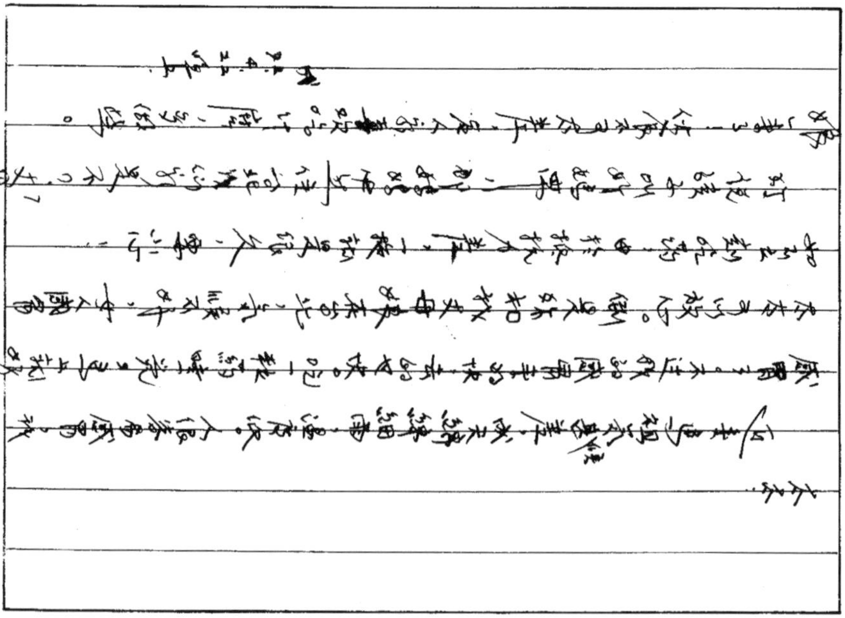

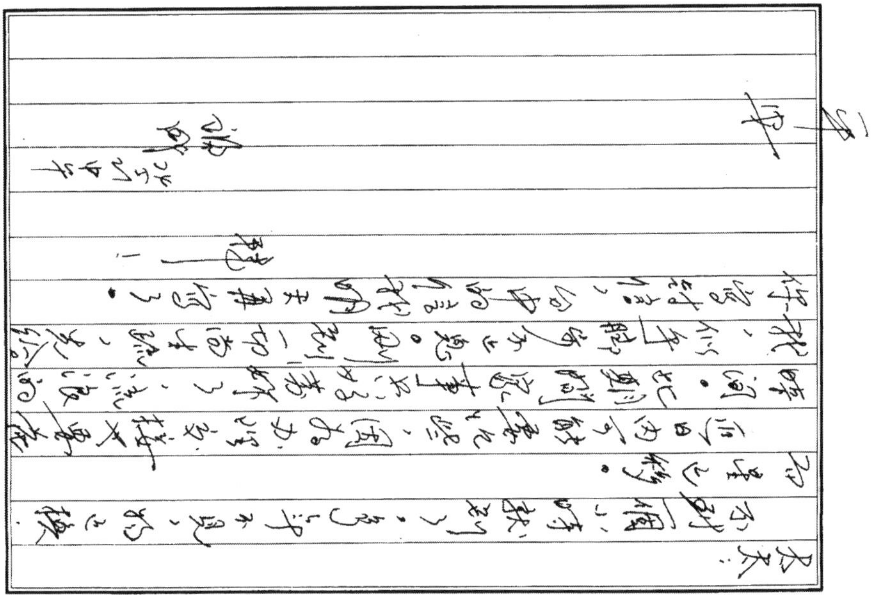

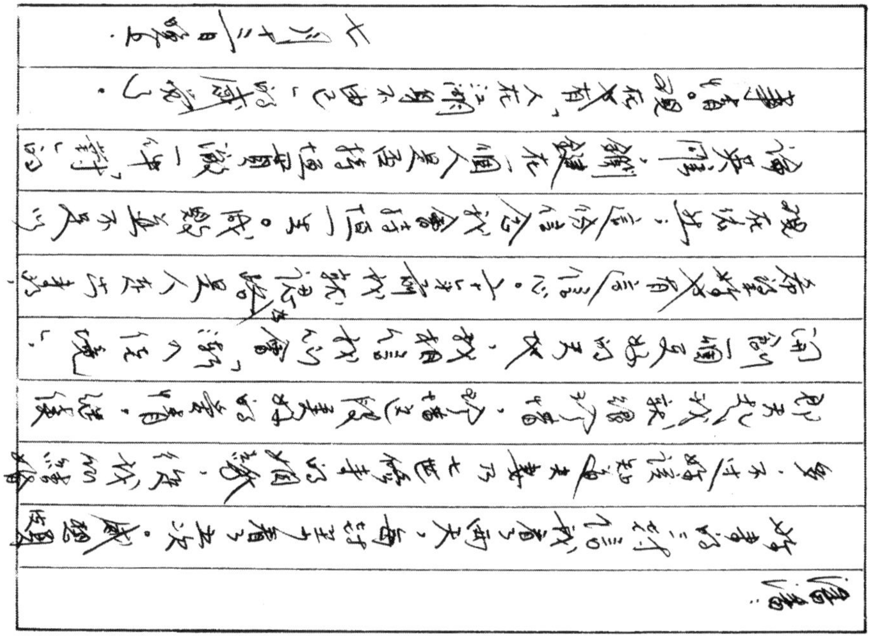

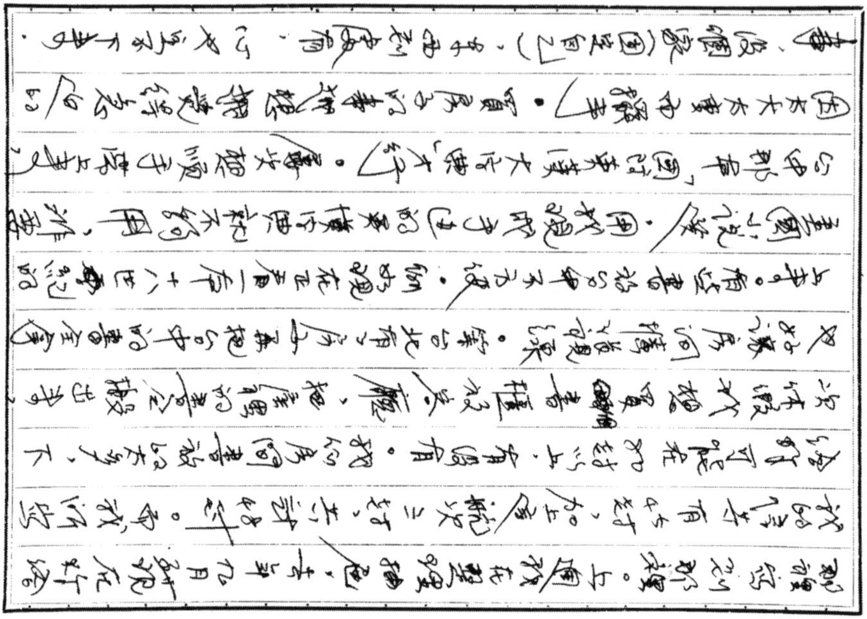

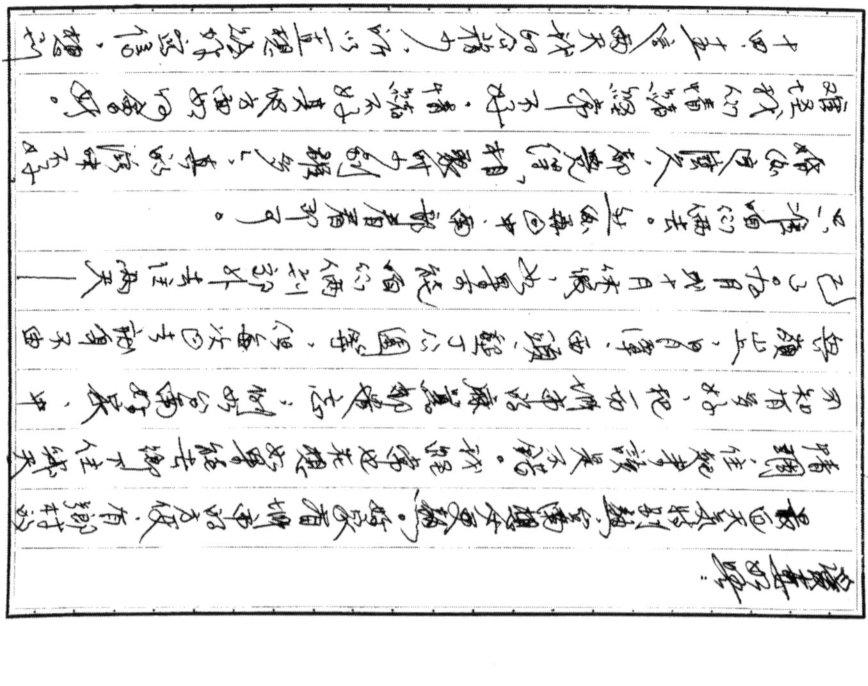

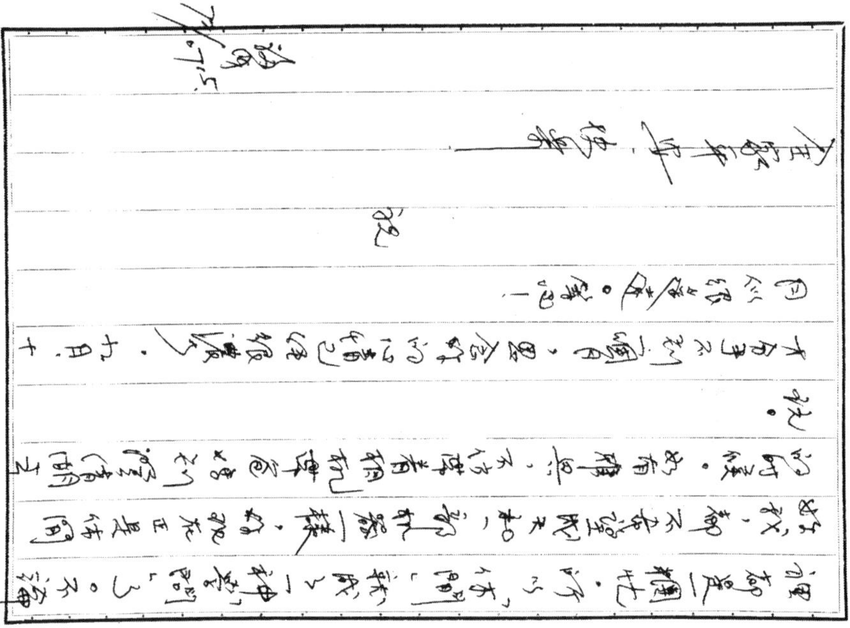

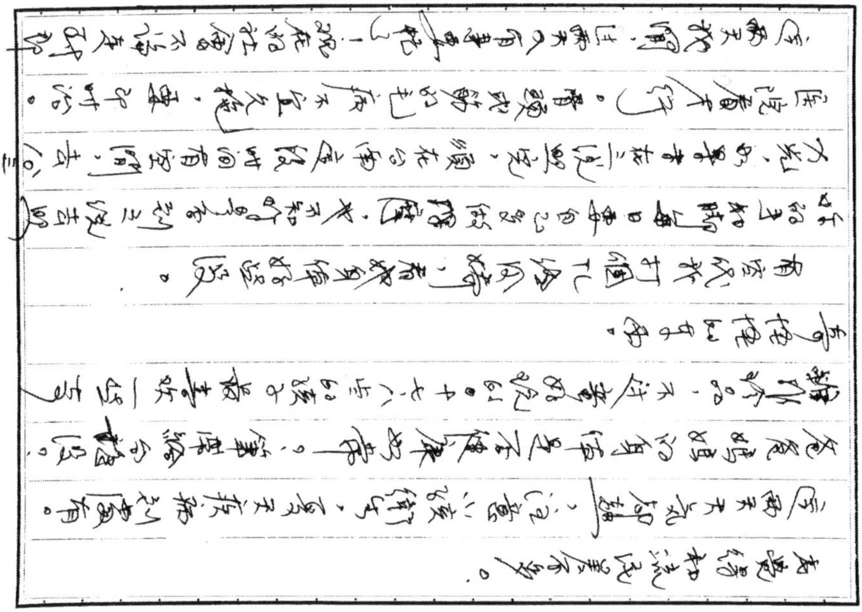

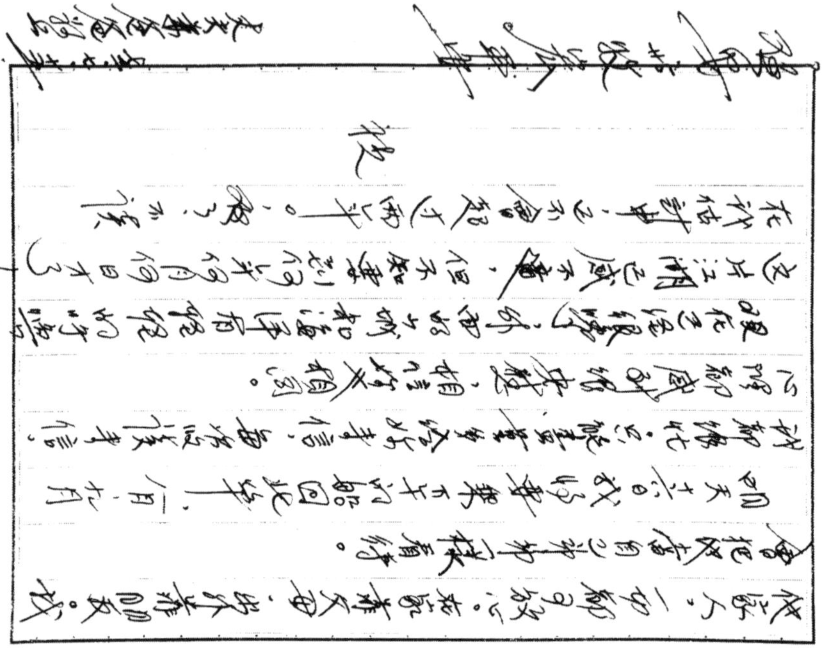

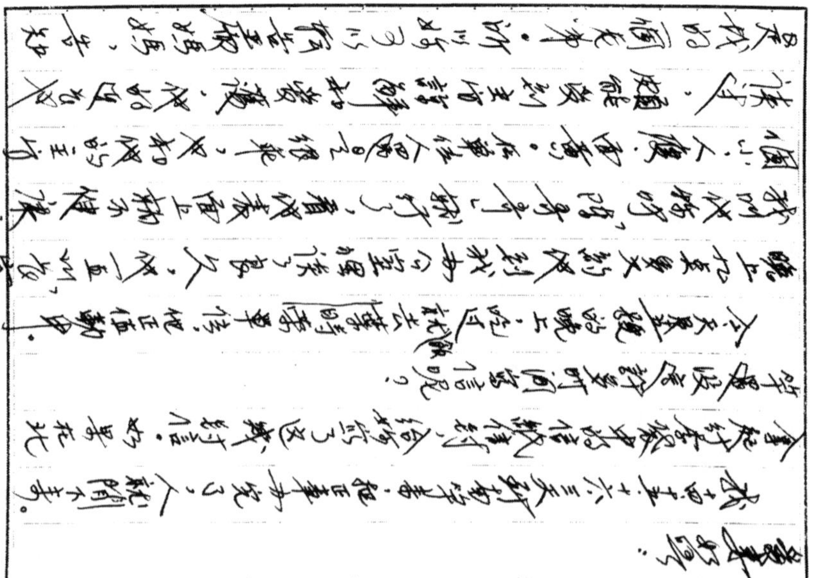

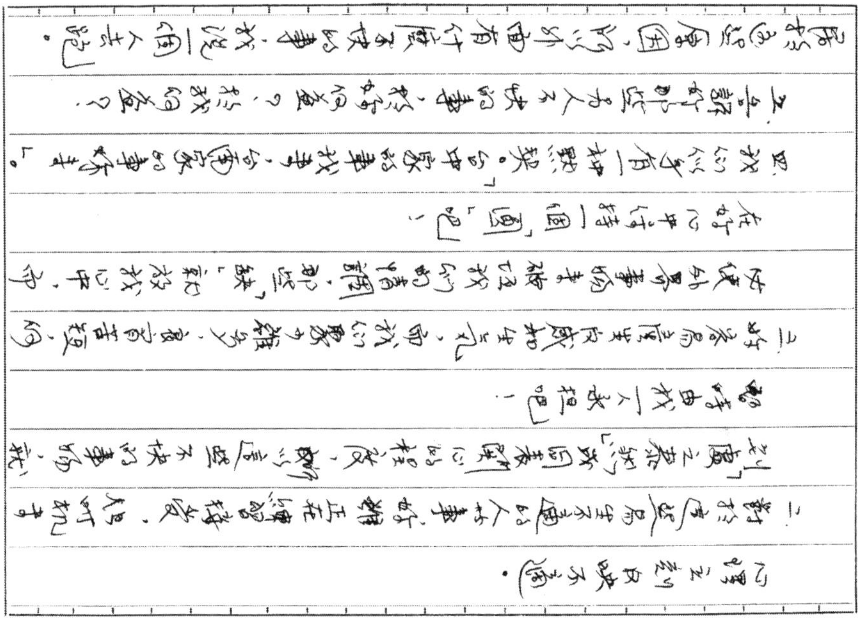

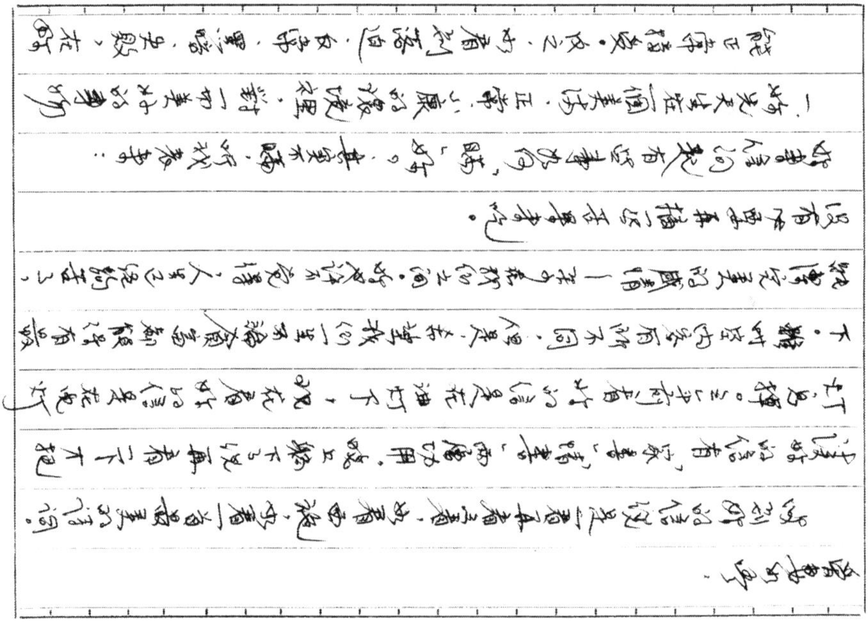

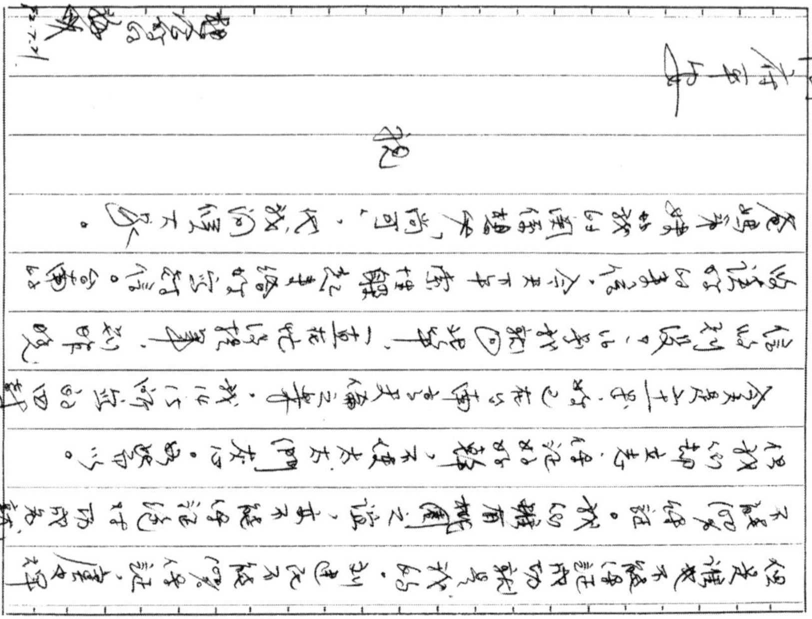

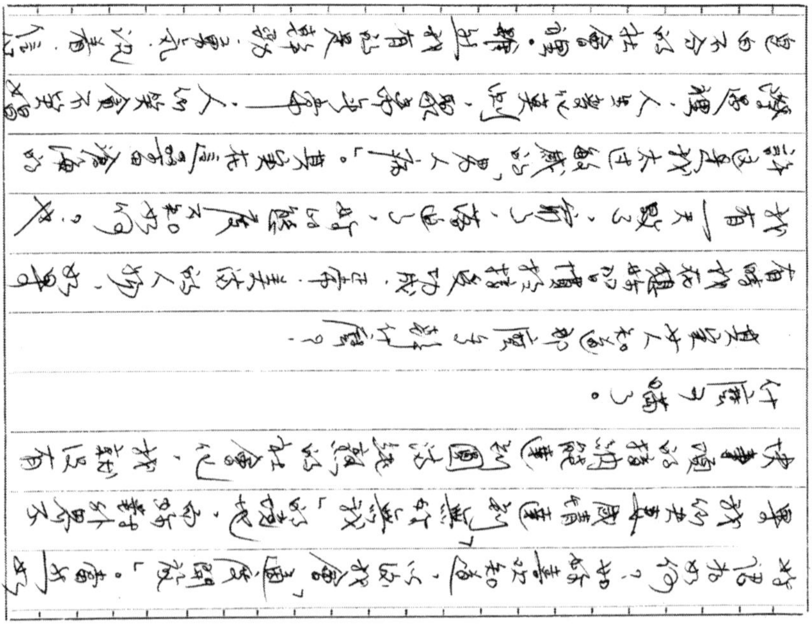

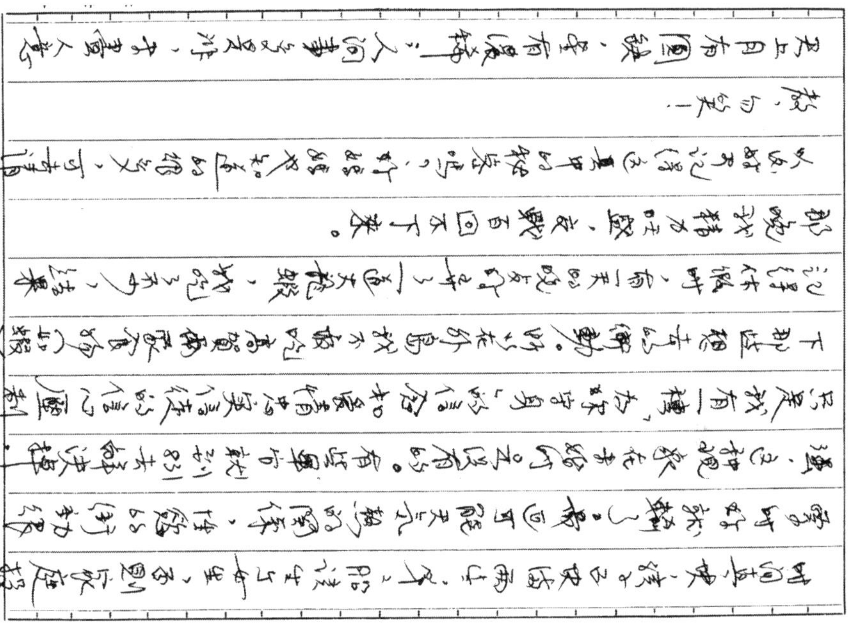

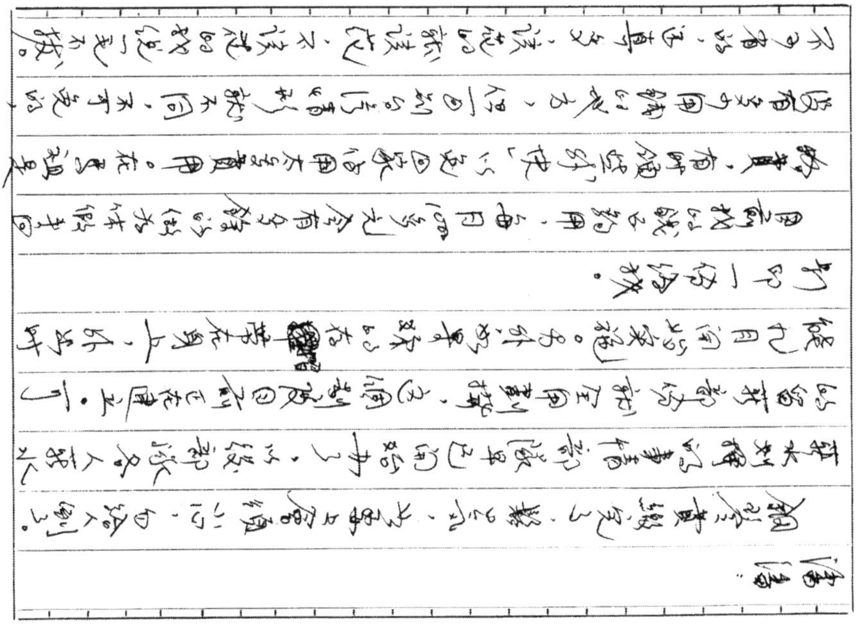

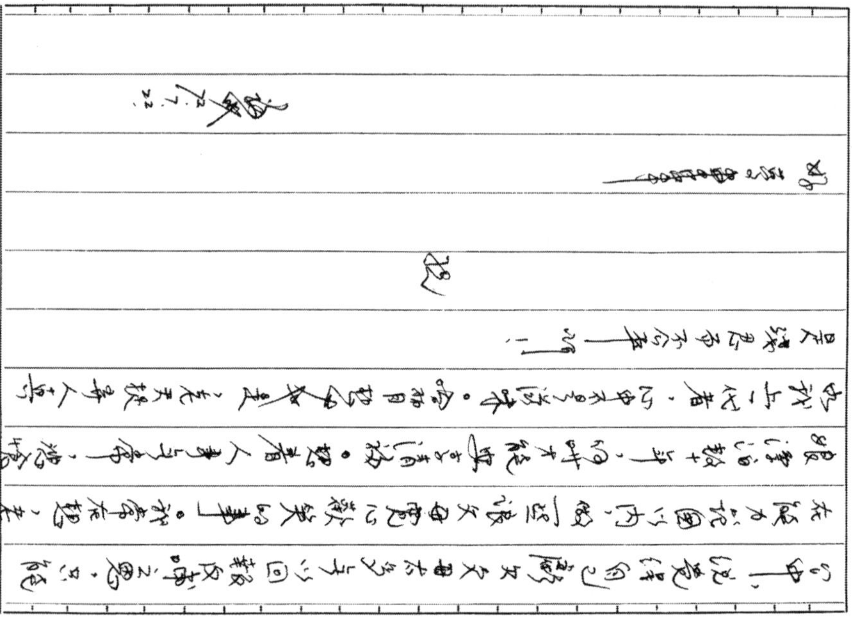
[illegible]

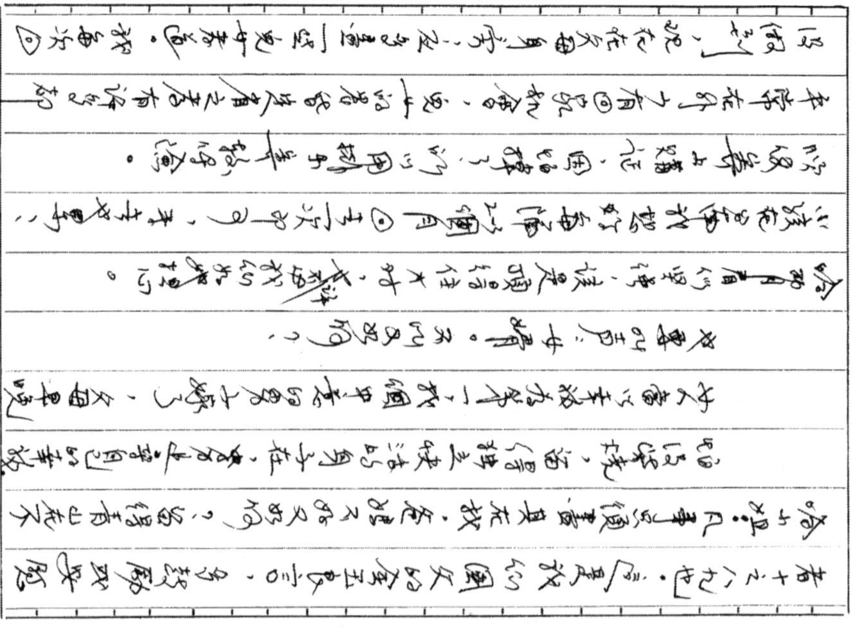
[illegible]

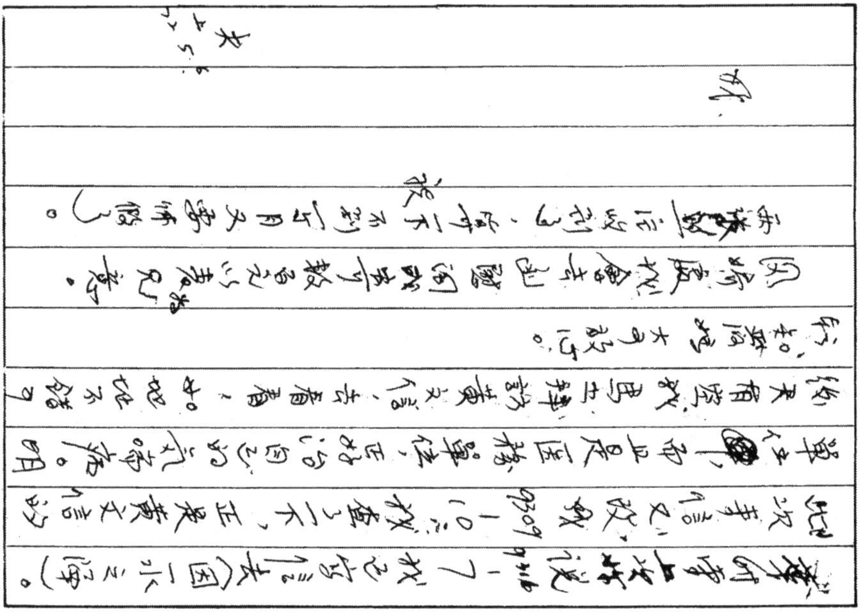

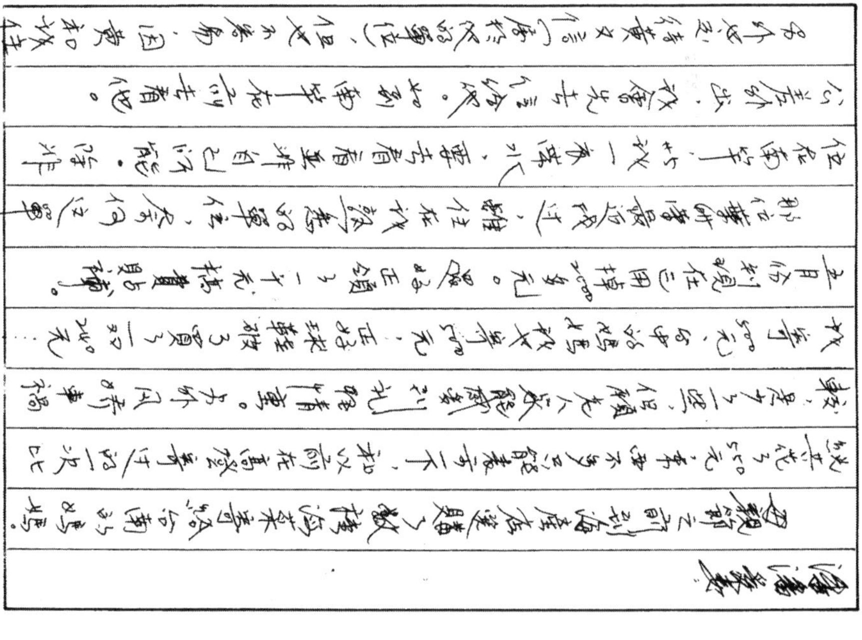

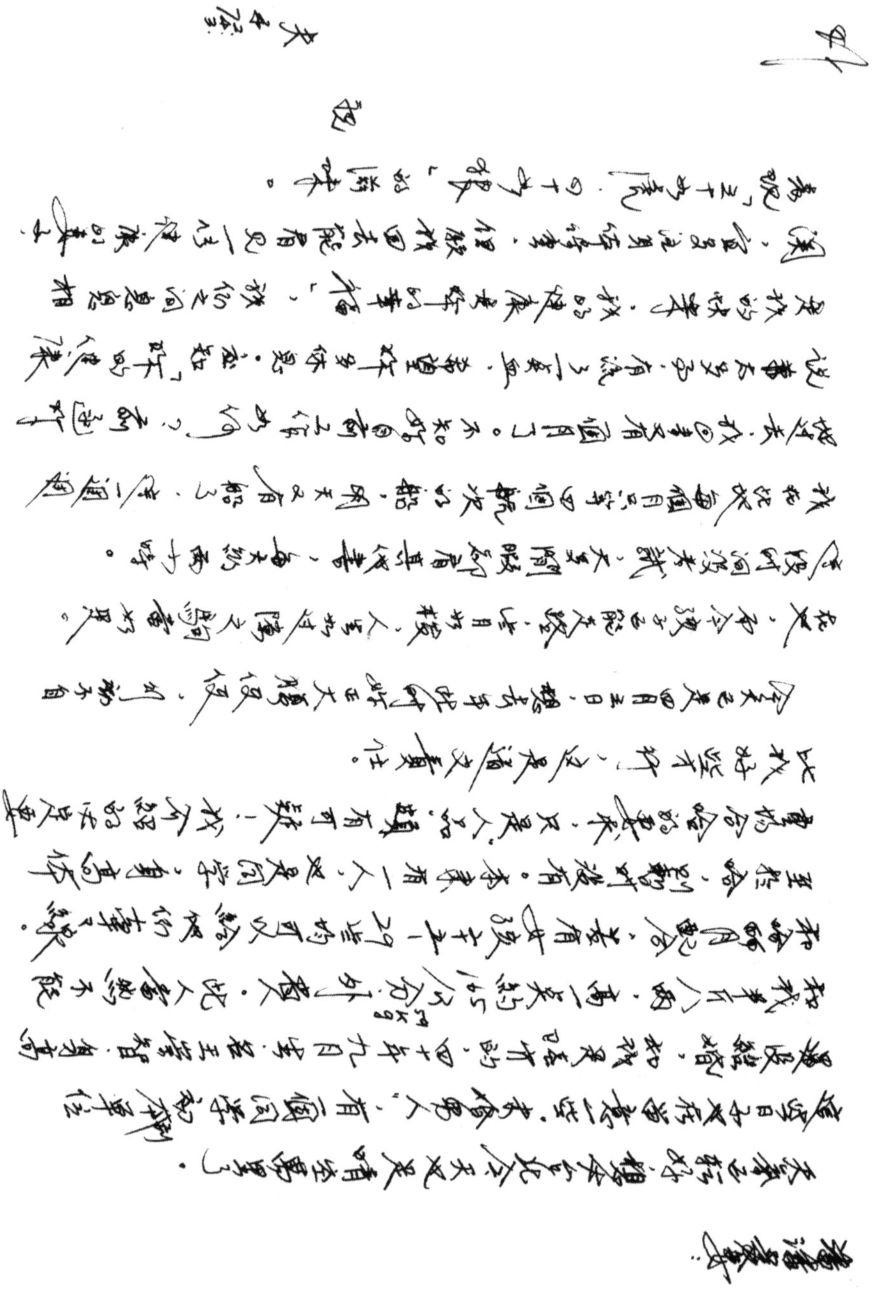

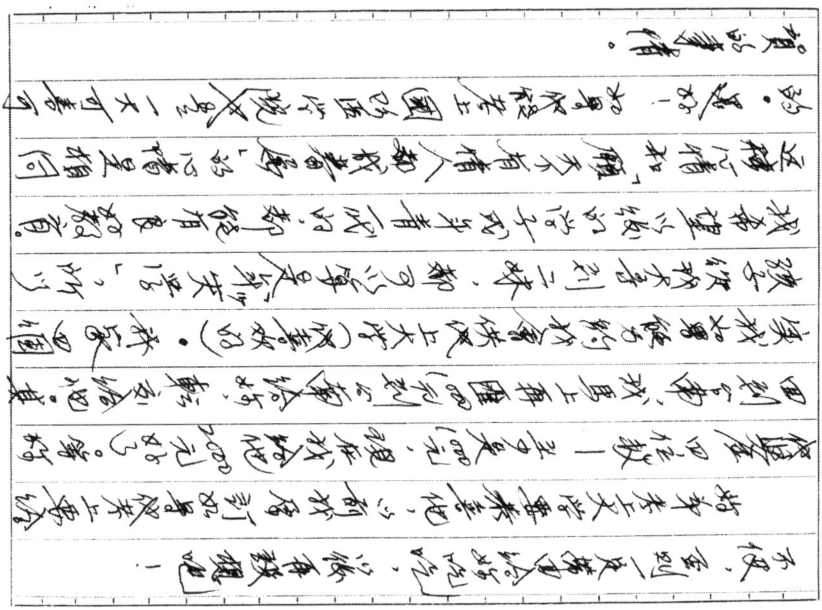

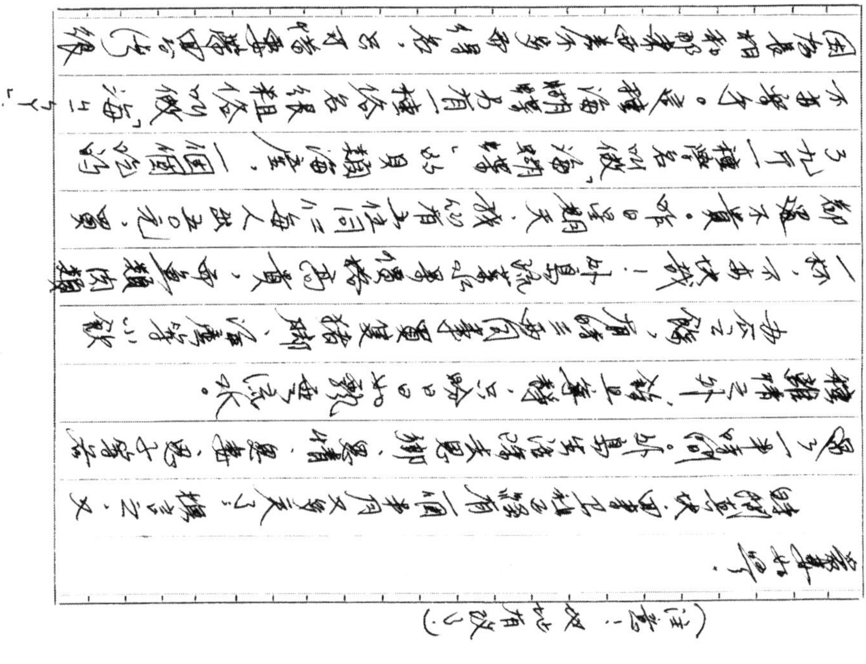

今天正是八月八日，整個夜裡都沒有[illegible]

回去，因為[illegible]不大好動，好像有一件事未做。希望

[illegible]。

[illegible]

[illegible]

[illegible]。

[illegible]

[illegible]

[illegible]

[illegible]

[illegible]。

看信封上的[illegible]，[illegible]一個[illegible]

[illegible]

[illegible]

[illegible]

[illegible]

[illegible]

祝

[illegible]

[illegible] 八.八

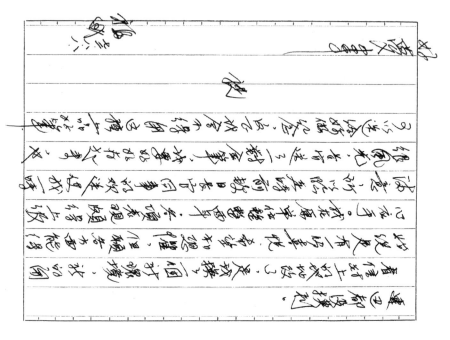

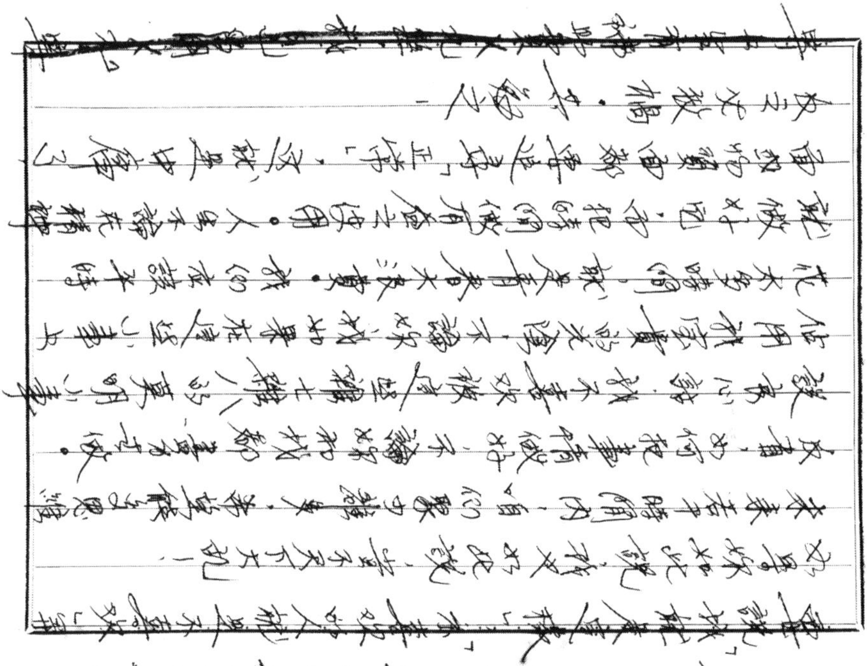

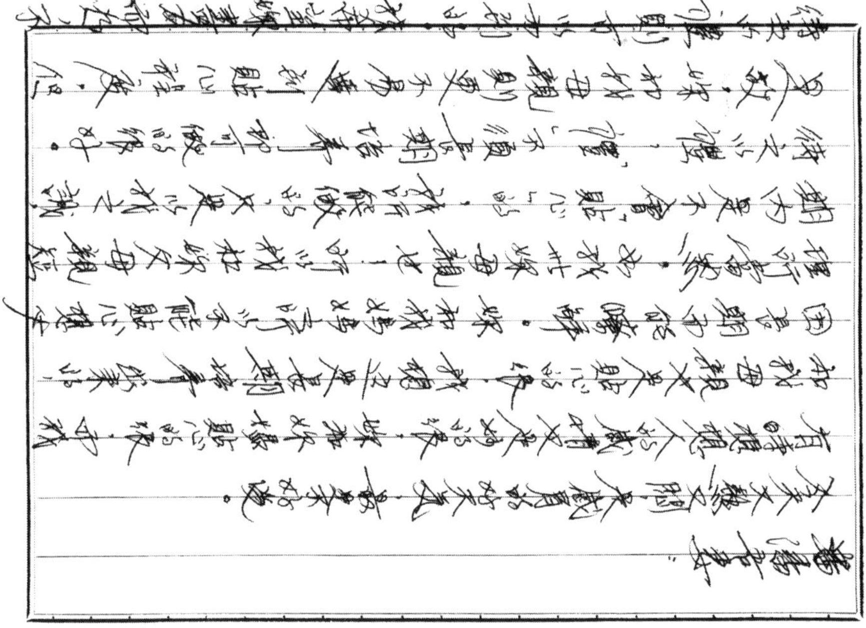

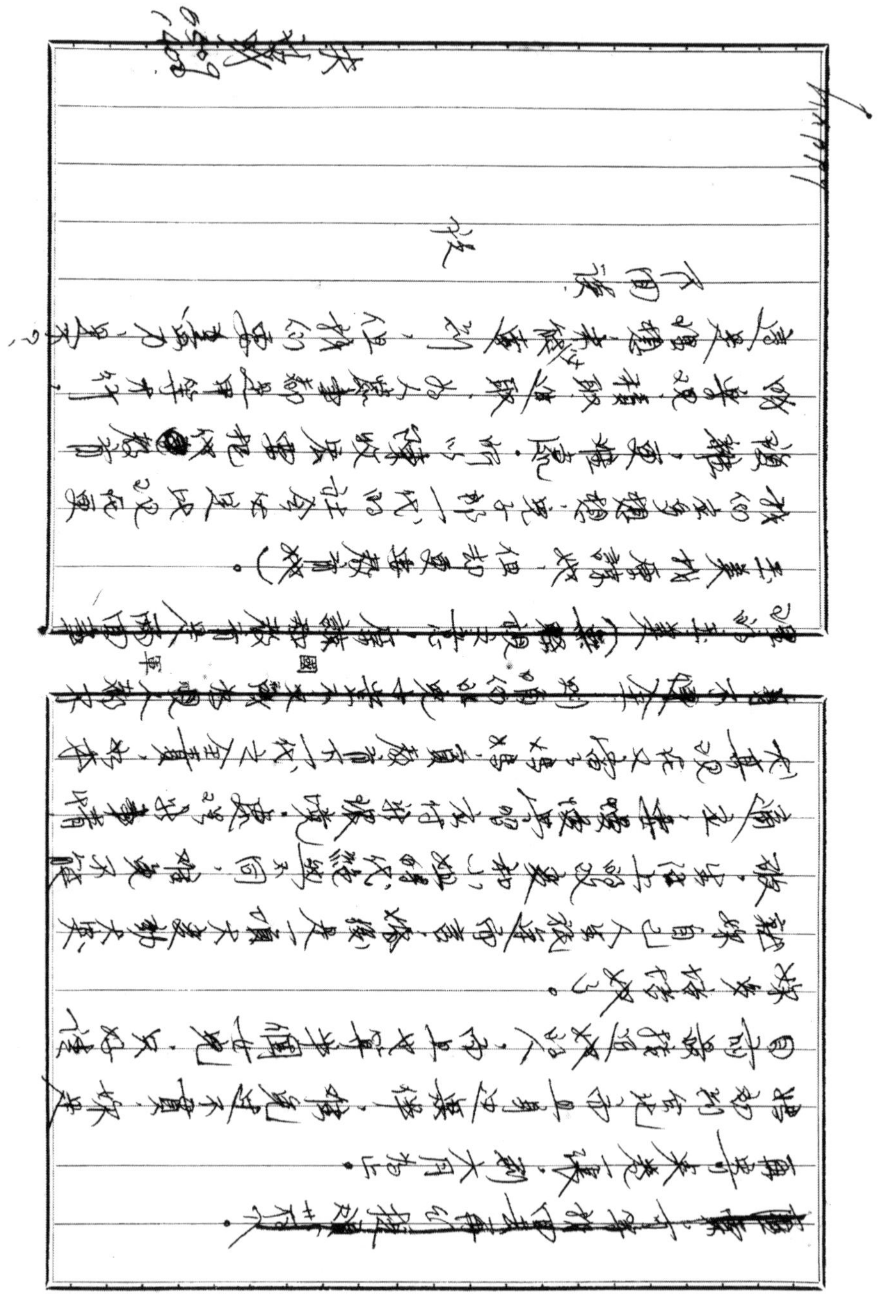

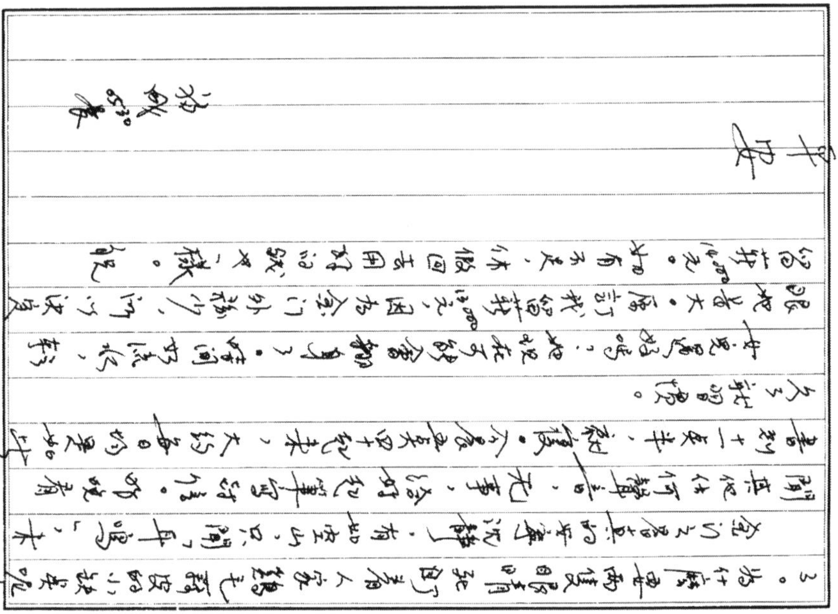

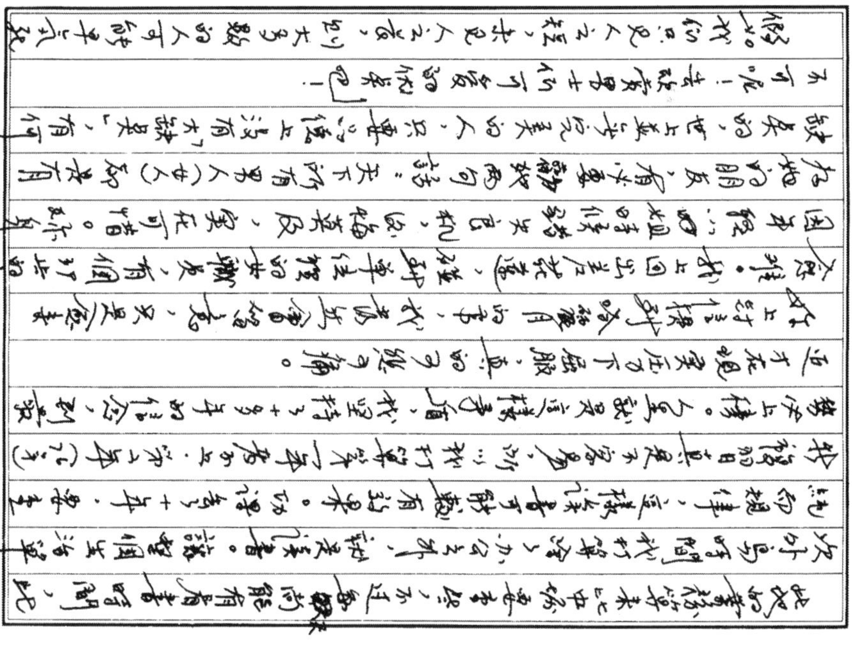

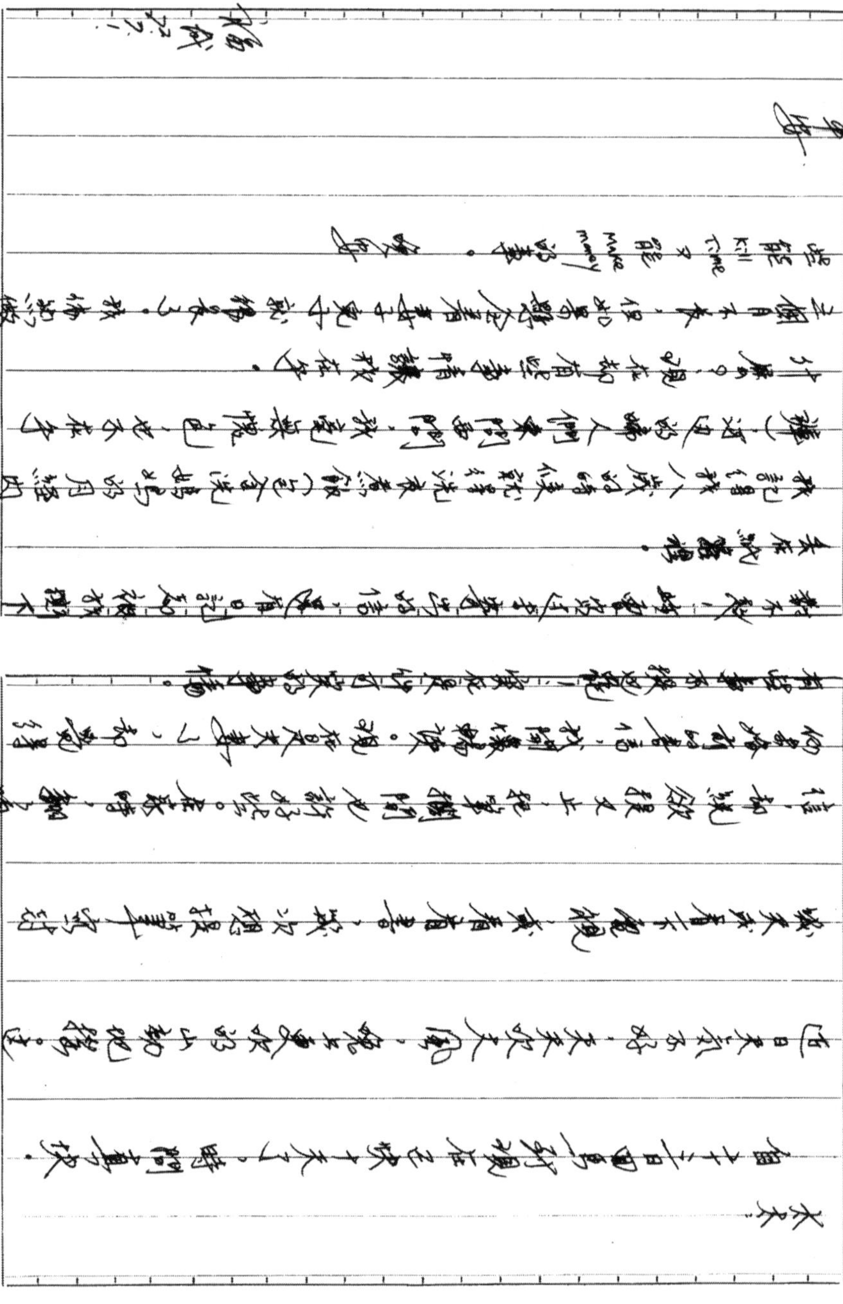
太太：
自十二日回馬到現在已快十天了，時間真快。
近日天氣不好，天天吹大風，晚上更吹的山動地搖。這
幾天我看下電視，或看看書，幾次想提筆寫封
信，卻總欲提又止，拖拖擱擱也許好些。在家時，翻翻
你我婚前的書信，我們懷念婚後。現在是夫妻了，卻覺得
有些事不提也罷！實在是件可笑的事情。
對不起！妳曾寫過一封寫出的信，還有日記本被我撕下
丟在紙簍裡。
我記得我八歲的時候就得洗衣煮飯（包含洗媽媽的月經內
褲），河邊的婦人們東問西問，我毫無愧色，也不在乎
什麼。現在卻有些事情讓我在乎。
三個月不長，但如果懸念著妻子兒子就覺得長了。我倆都做
些能kill time又能make money的事。　晚安
平安
福成 23/7!

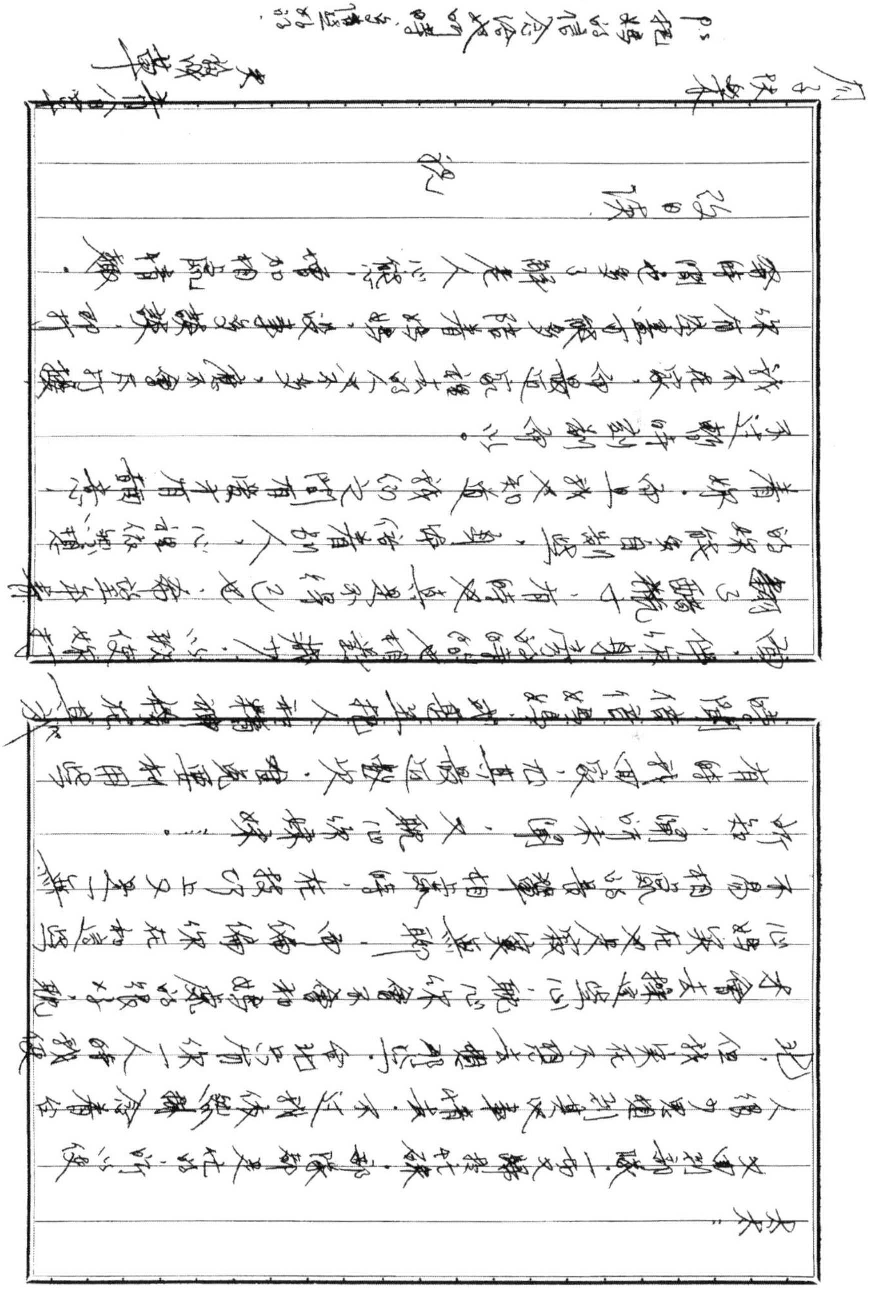

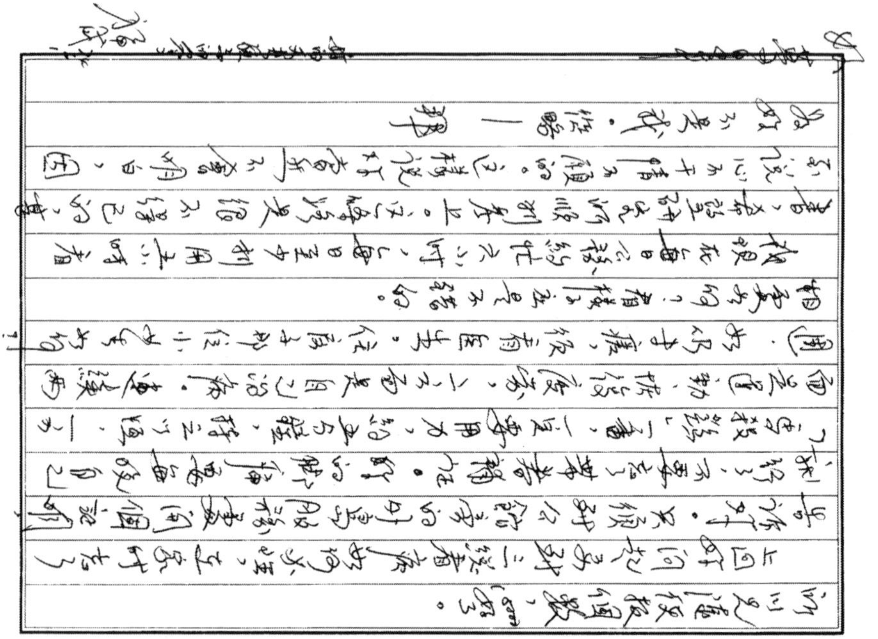

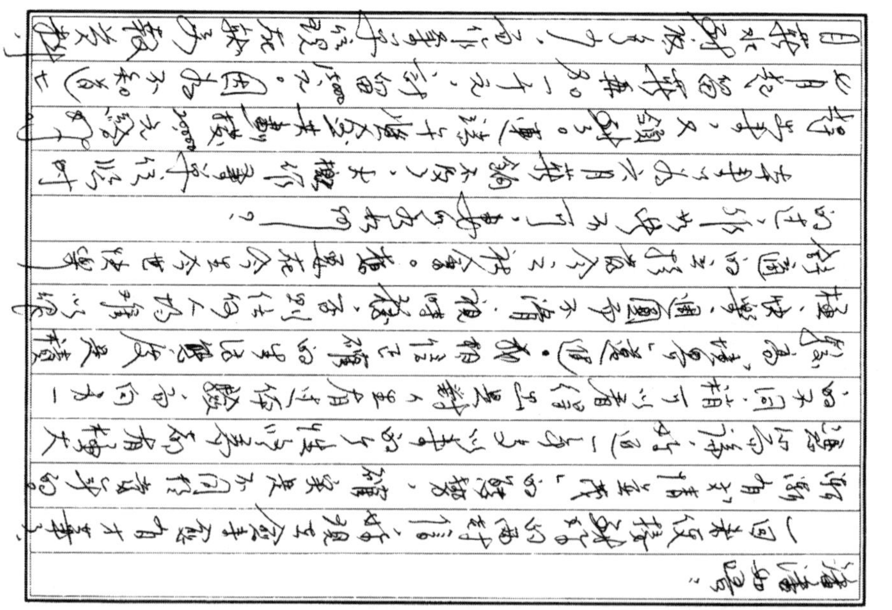

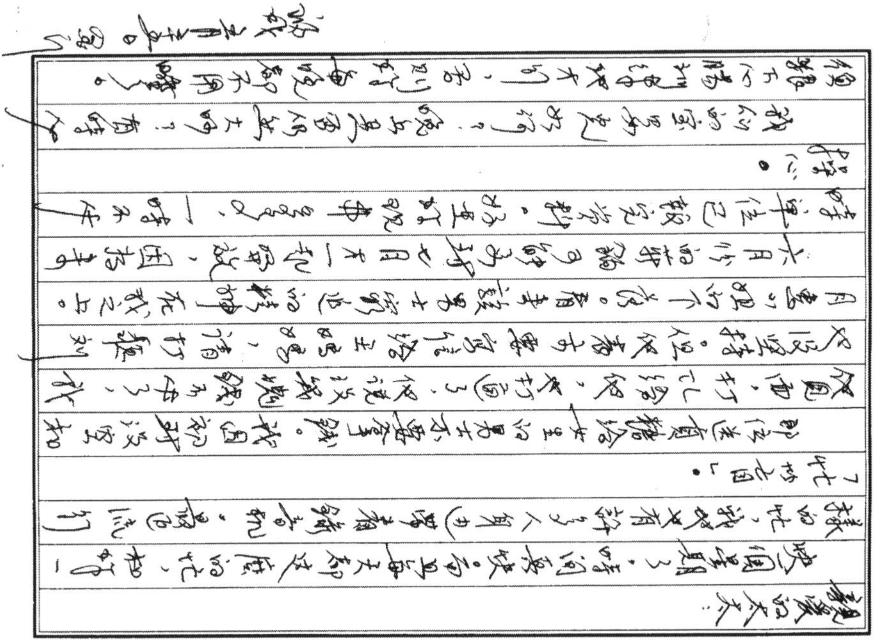

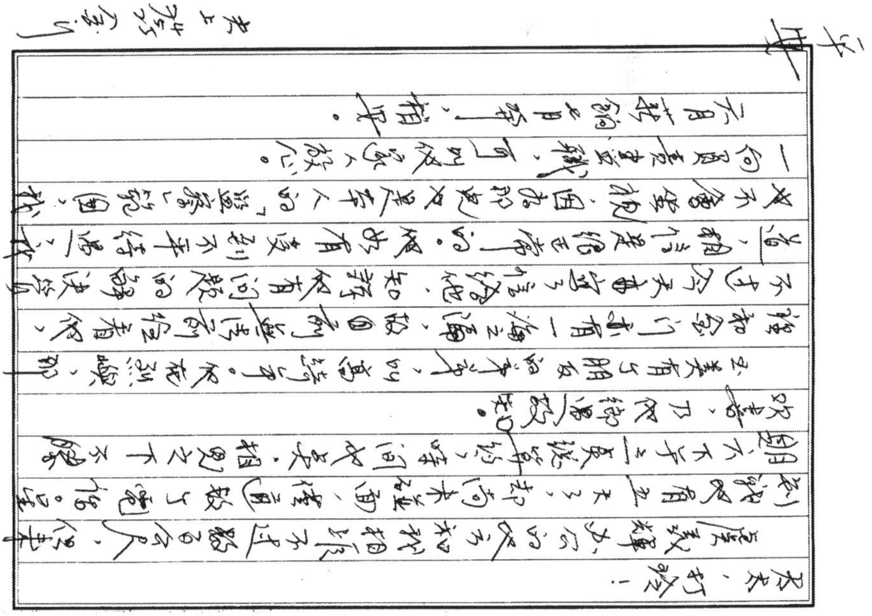

愛妻：

現在緊鑼密鼓加油準備中，也發現不少"敵手"，打算六月上旬與它們一決高下。我想了好久，如果今年考不上，打算下海，去幹營長，來年再考。此一決定說算可進可退，當營長是軍人發展中很重要的經歷（若循軍事發展途徑）。

在現代社會裡要活得上「正常休閒」，確實不易，不論如何，似乎每日都有固定的事要做。雖說有休假回家，也好像忙的團團轉，不知什麼也不出了差！我們常念着，要到那裡去玩玩，去二度蜜月。去了光說不做，總有其他因素耽誤。我們成了名實其符的大陸人。希望好好珍惜兩地，各自在百忙中能注意休閒或休息，保持身心愉快與平衡」，凡事開朗、少計較，想必日子會輕鬆些。我也發現一個問題，好比我兩人都偏重於工作，神經太緊了，而好比我更嚴重。是好我有必要檢討的地方。

好久沒有回台灣了，不知那些人都好不好。我好想他們，我岳父母大人啦！大哥弟妹們都可好！

上次回來記得房間才相出去，現在好嗎！

最近我喚上愛時，常在想一個很妙的事：甚麼是「愛」，怎樣才叫愛，如何表示！如何溝通！為什麼甲給乙十個愛，乙有時只收到七個或更少，是不是郵局卡了油。有空再聊。

平安

[illegible]

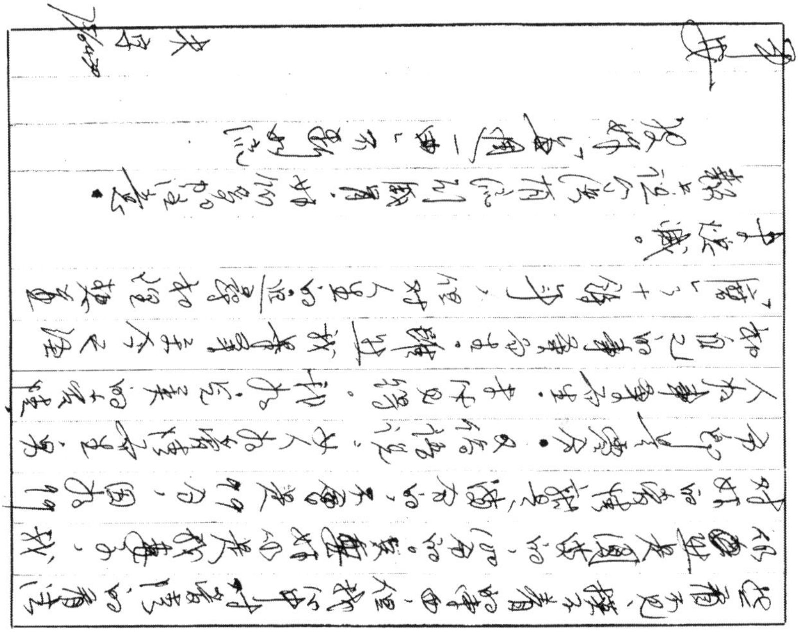

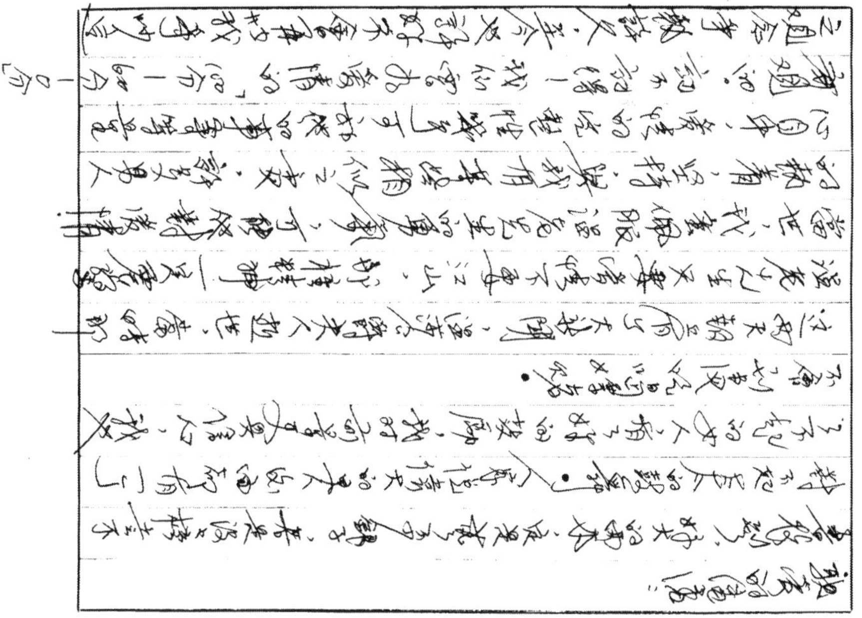

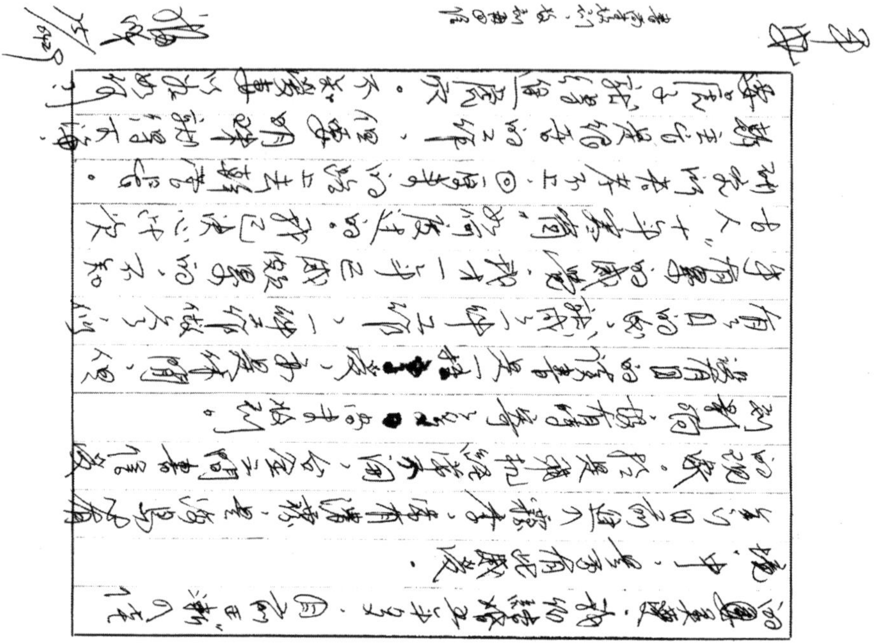

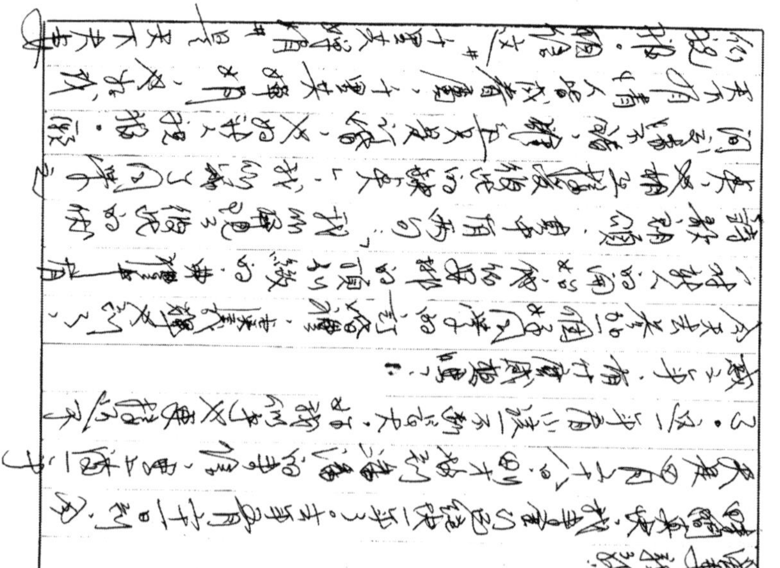

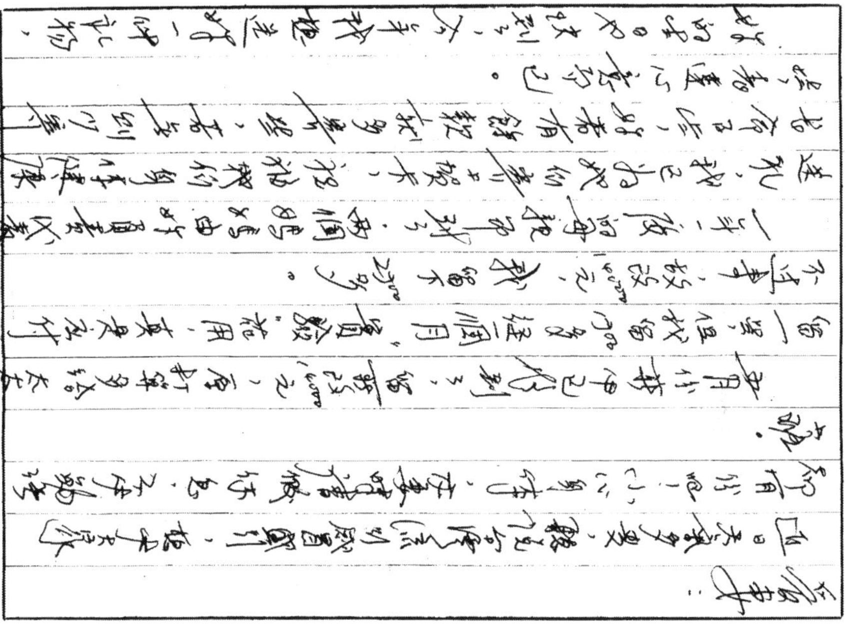

愛事」。

等一等，不到二十天就要通宵熬夜了。

近日天氣轉好，想小孩和你的身體都好些吧！底們感冒也快過了。今後天氣尚可（看今晨的報導），但金門正好多霧季節，整天都是白白一片，茫茫的，所以飛機已有幾天不開了，本來算好我下要在當日讓她們收到，這下子人算不如天算，要節後她們才收到，意義稍差

人難免會想起往事，我常想，我們結婚快六年了，結婚前（在結婚時）男女雙方倒無太大阻力，算事也很順利，好我適合兩字——結婚，沒有經過大風大浪。可是婚後，卻有不少驚濤駭浪，一波未平又一波，好在我們終於熬過了，總算堅的我們竟然還「好好的」——沒有離婚，是很意外的。現在想起往事，在每一次「大節目」上演時，我們兩人都好像電影上的家庭倫理劇場，男女主角都使出渾身解數，精彩。

不知此種驚濤駭浪的大節目以後是否還有，當然婚姻上，還有其他，如事業等，因為人生當中很少有事事都青雲的，通常有些逆境。如果有一天，我突然變成一文不值，突然變成一個小工人，突然流落街頭，……那時我還會好丈夫嗎？若是，我們又如何面對？這些呢？我在這一篇空洞的小品文準備接觸吧！

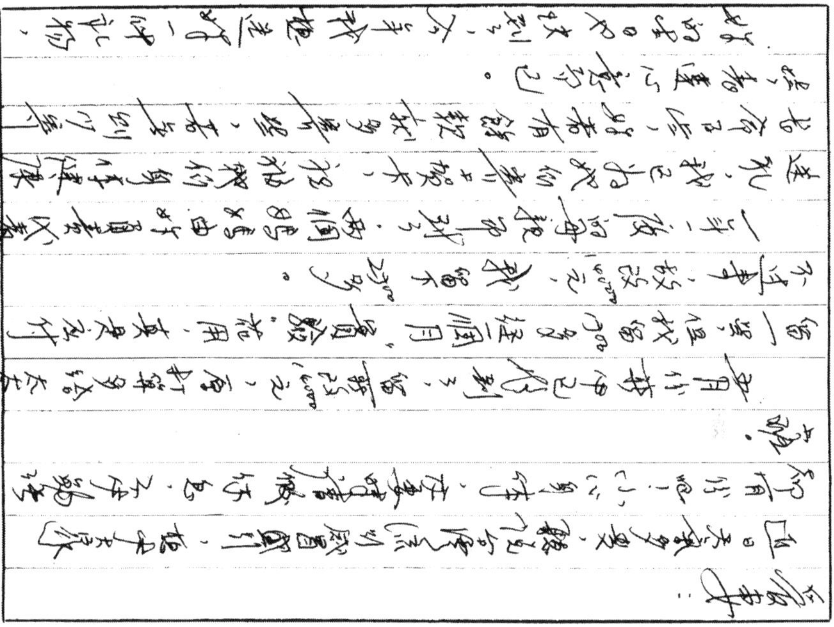

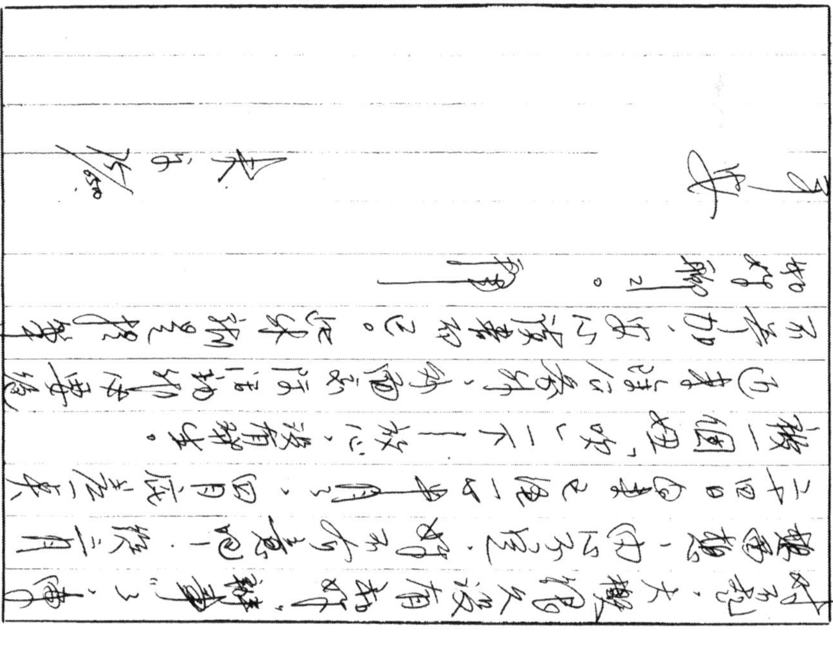

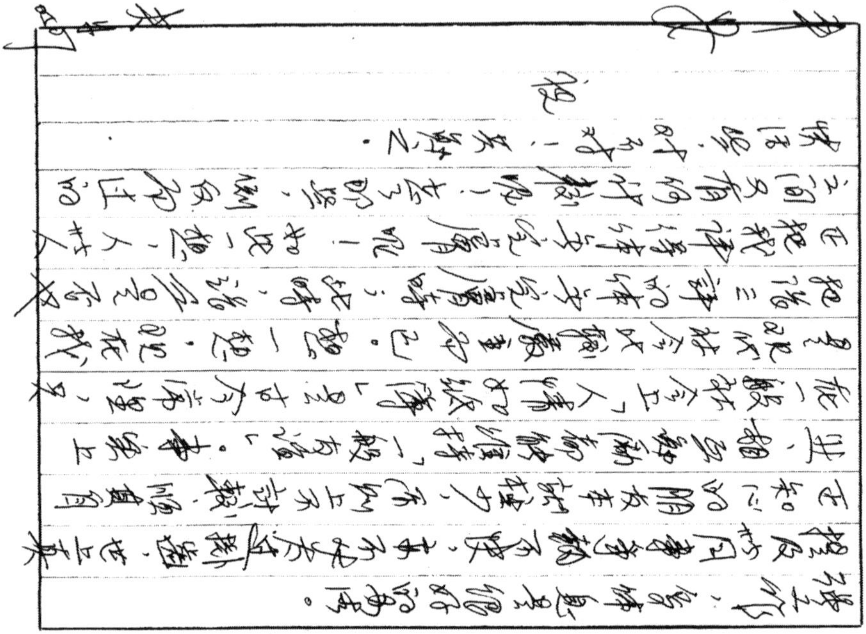

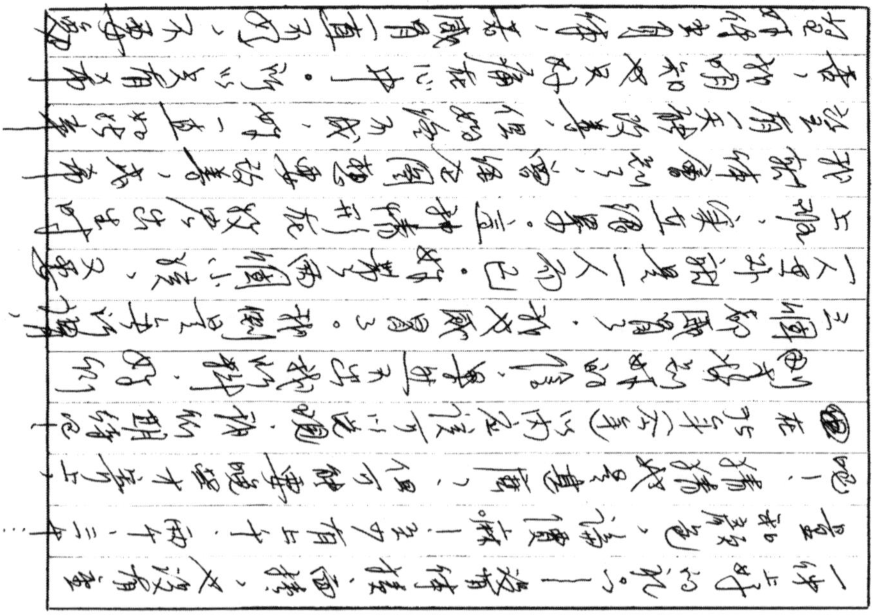

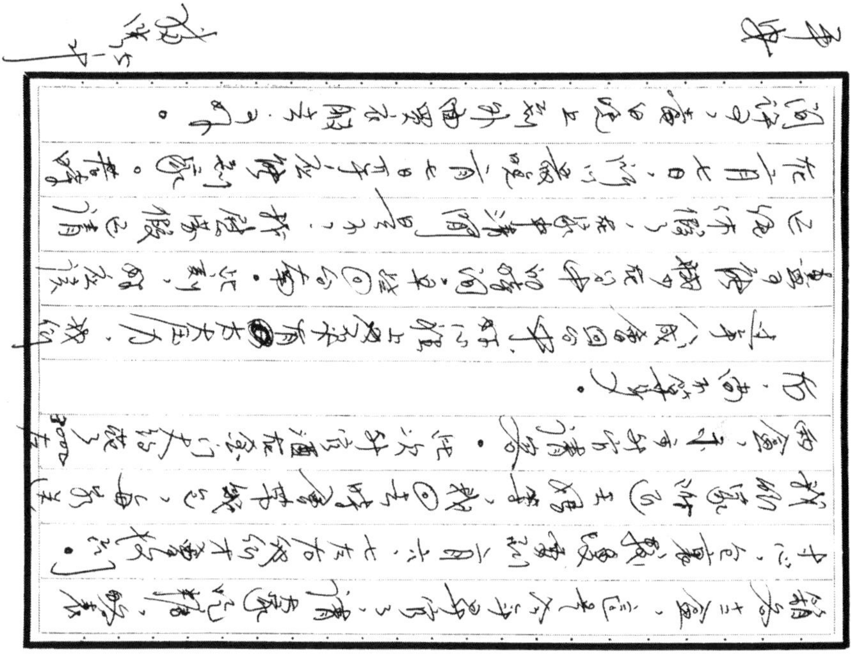

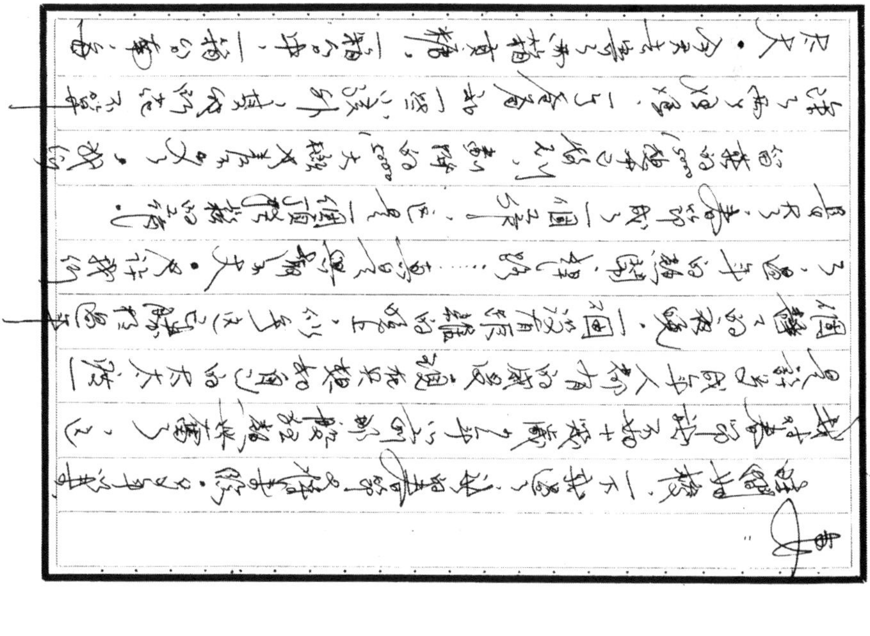

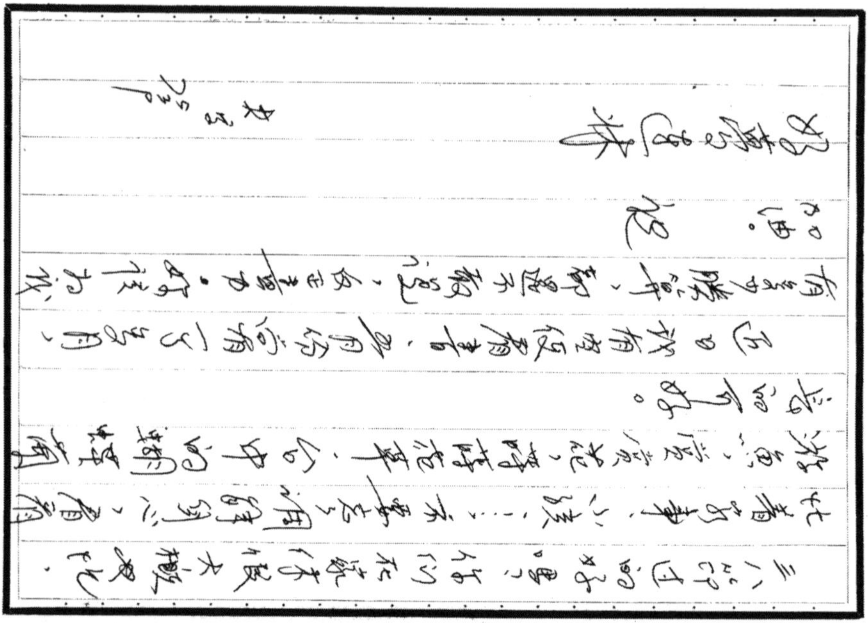

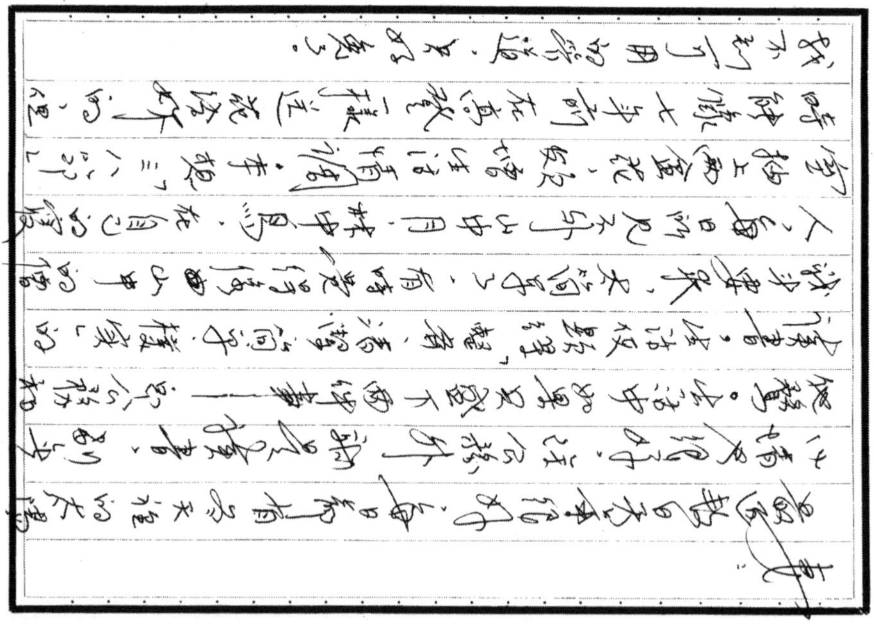

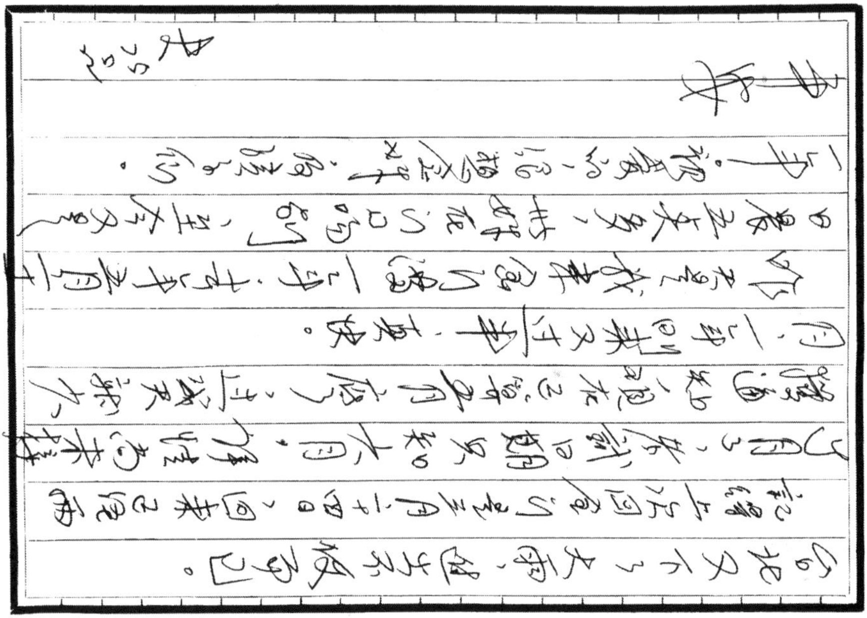

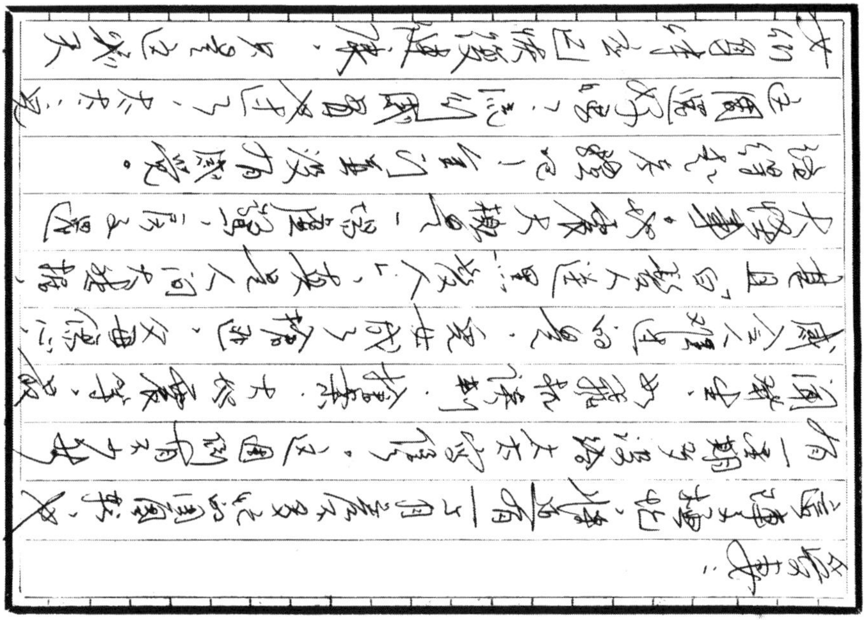

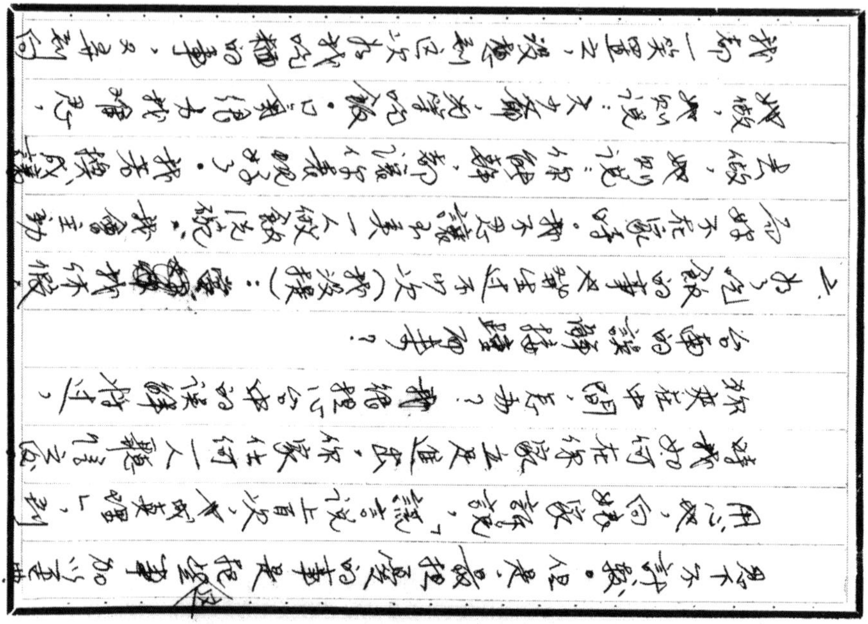

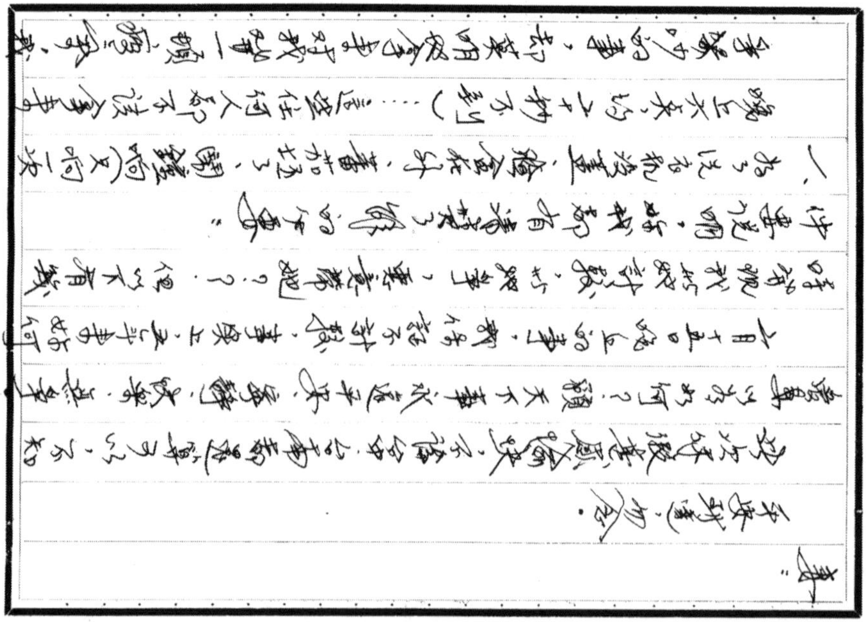

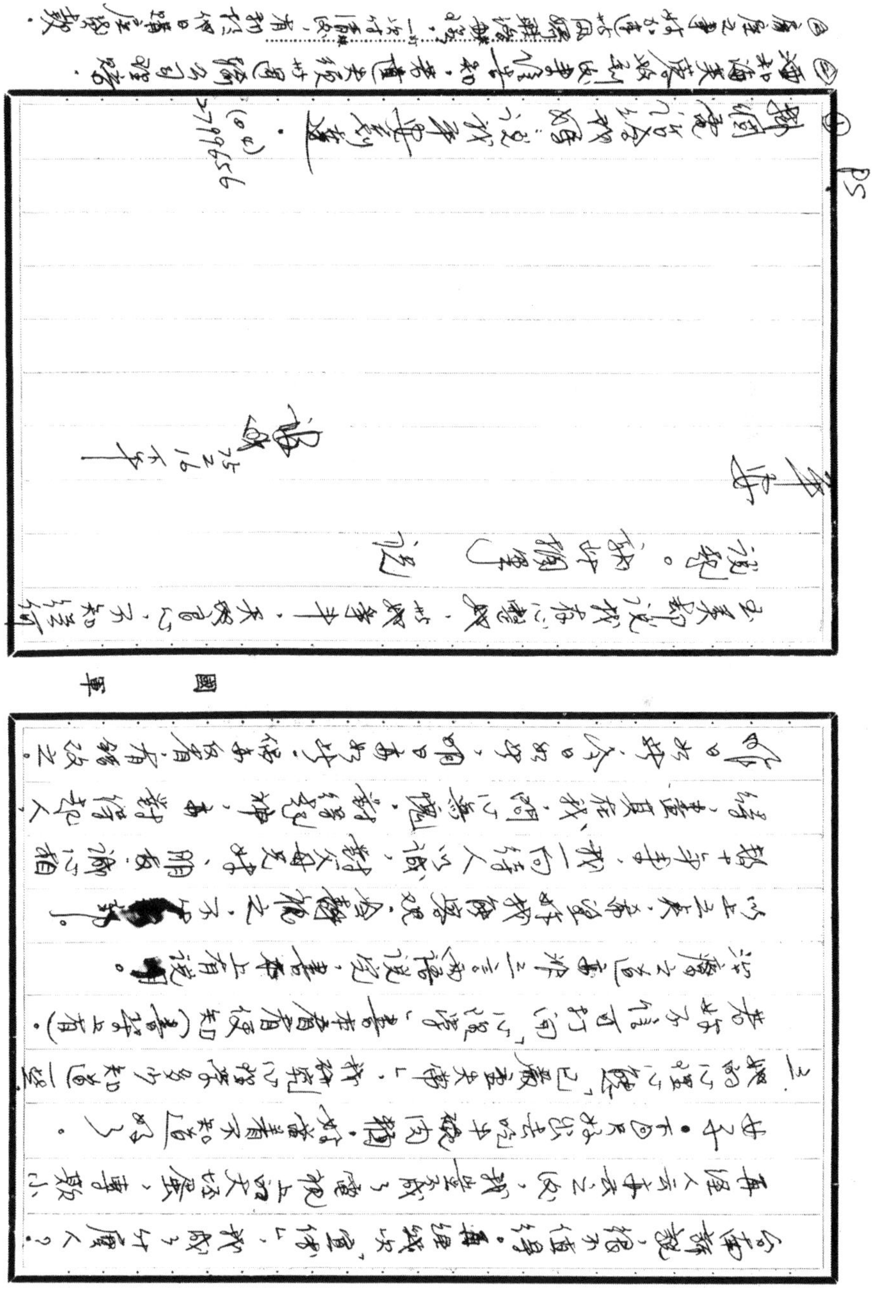

台南訴說，很不值得。再經幾次「宣傳」，我成了什麼人？
再經人云亦云之後，我豈不成了電視上的大壞蛋，專欺小
女子。下回只好出去吃牛肉麵，好當著不知道好了。
三、她的心理心態「已嚴重失常」，我研究心理學多少知道一些。
若妳不信可打開「心理學」書本看看便知（書架上有）。
治療之道，並非三言兩語說完，書本上有說明。
以上三點，希望妳我能客觀、冷靜視之，不[illegible]鬧。
近十年來，我一向待人以誠，對父母兄妹、朋友，都以心相
待，盡其在我，問心無愧，對得起神，亦對得起人。
昨日如此，今日如此，明日亦如此。偶有反省，有錯改之。

玉美卻說我存心整她，折她壽半，天地良心，不知從何
說起。敬此擱筆　祝
平安
海城 75.2.16 下午

PS
① 掛個電話給令妹婿，說我平安到達。(04)2799656
② 酒和海英蘆收到收妥請告知，若遺失須找郵局理賠。
③ 房屋之事好於康復後因婚[illegible]，一次付清後，有利於她日後[illegible]。

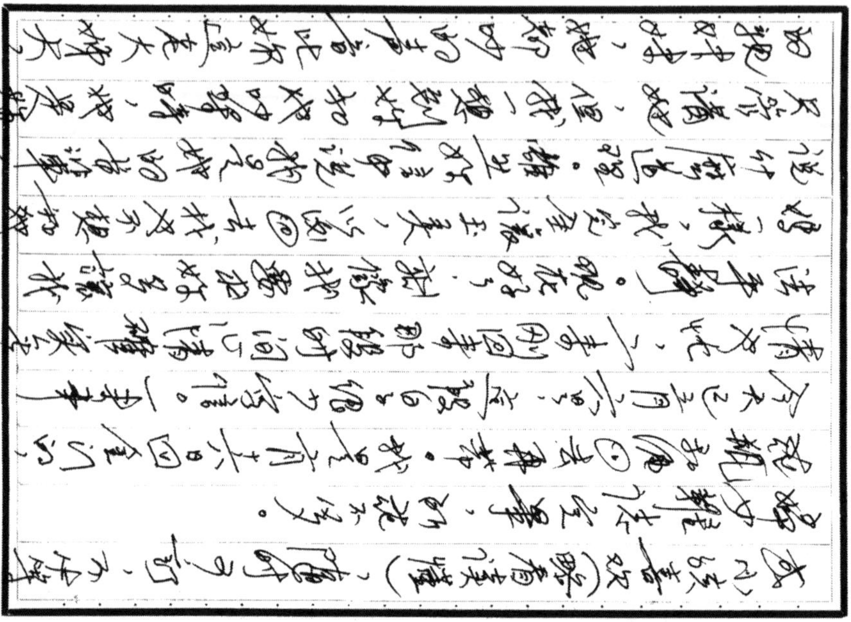

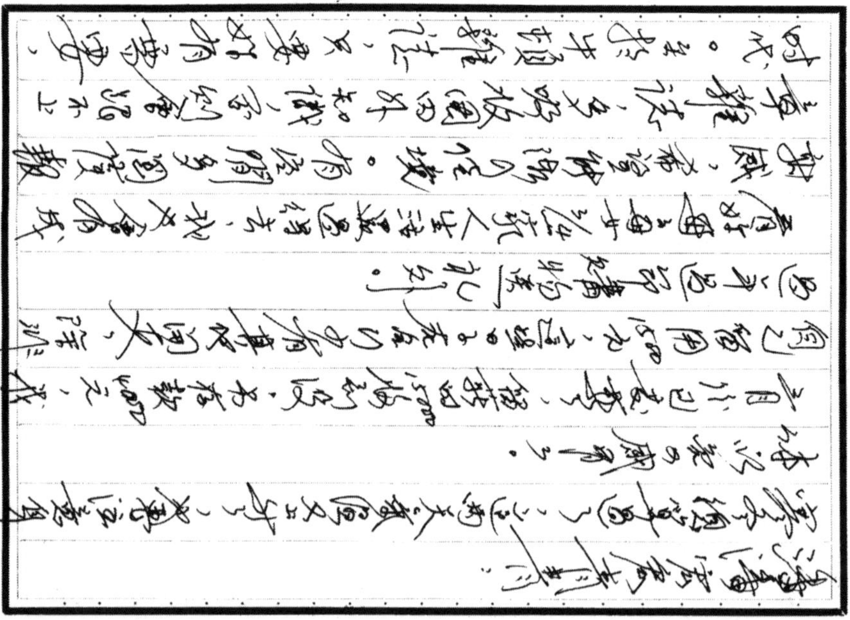

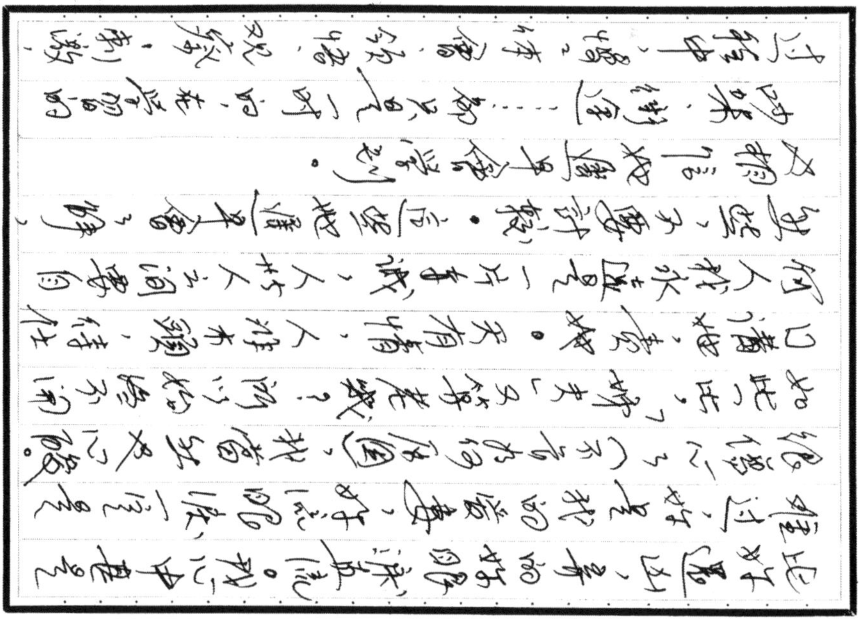

比好還出，奔的好眼淚直流。我心中甚是
難过，好是我的愛妻，好流眼淚一定是
很傷心了（不管为何原因），我當然也心酸。
如此，「姊夫」又算老幾？所以好好不開
口講她，责她。天有情，人非木頭，待任
何人我永遠是一片真诚，人與人之间要自
然些，不要計較。這些她遲早會了解，
我相信她遲早會學到。
吵架、衝突……都只是一时的，在学習的
过程中，增加体會、領悟、观察，刺激，

都會使人進步，使人相互了解，对不对
好說丈夫說的可有道理。
祝
好
張明

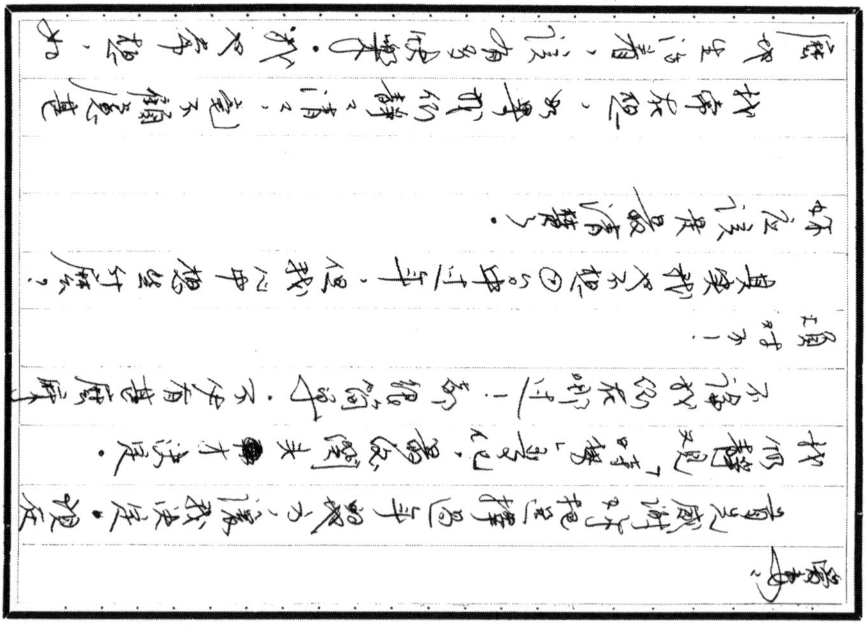

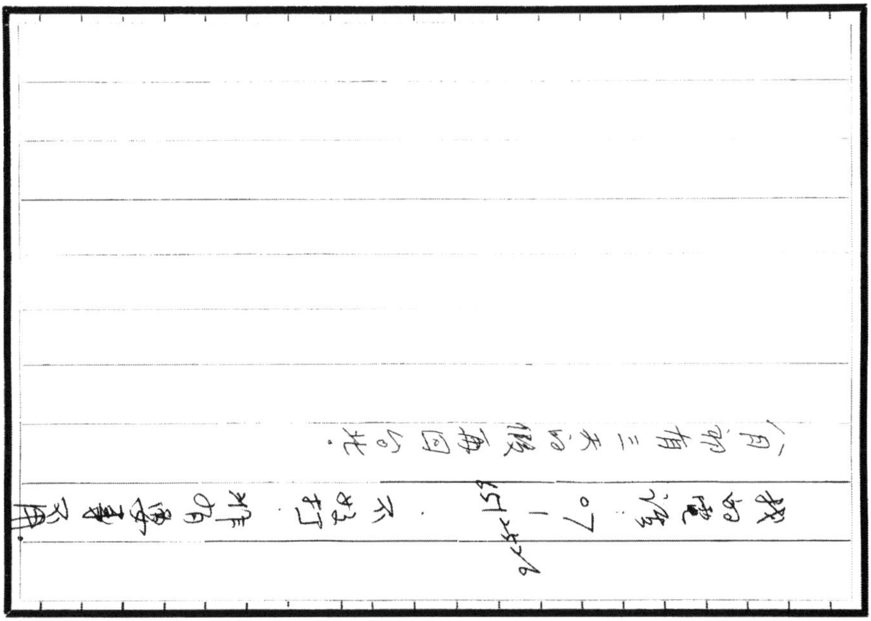
我的電話：07－6512526（?）不好打。非有要事不用。
八月初有三天的假再回台北。

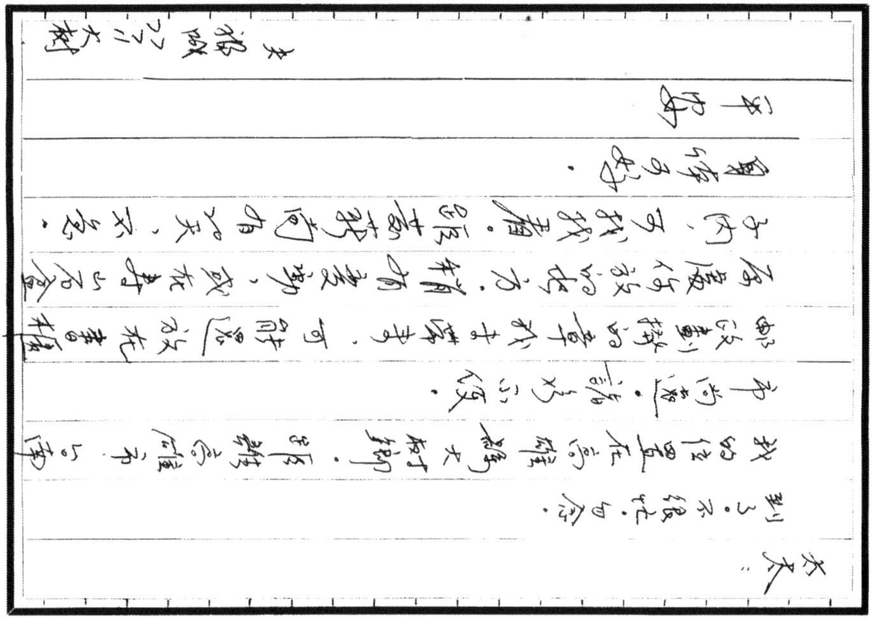
太太：
到了。不很忙。勿念。
我的位置在高雄縣大樹鄉。距離高雄市、台南市尚遠。諸多不便。
郵政劃撥的章我未帶來，可能還放在書櫃原處你放的地方。稍有變動，或在壽山石盒子內，可找找看。距截（?）期尚有20天，不急。
身體可好。
平安
夫 [illegible] 77/11 大樹

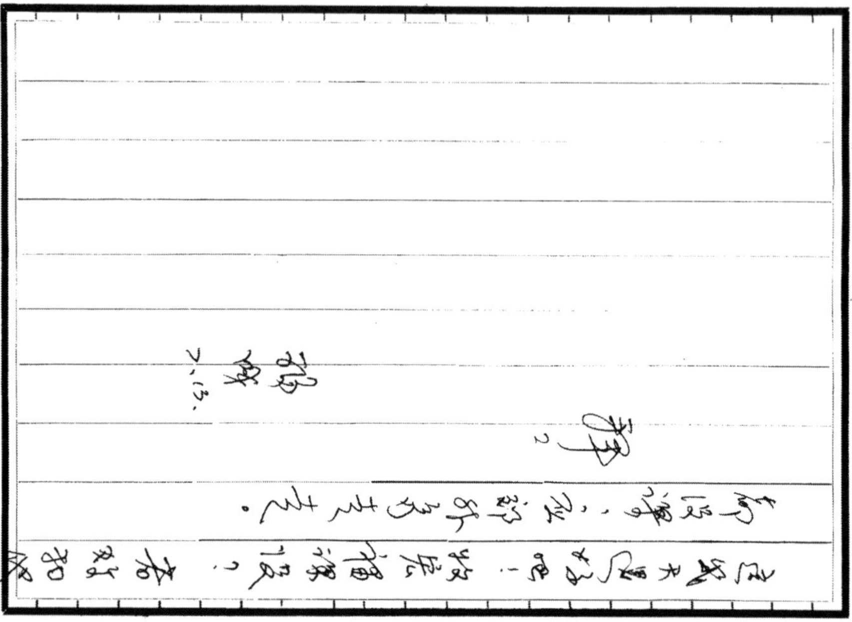

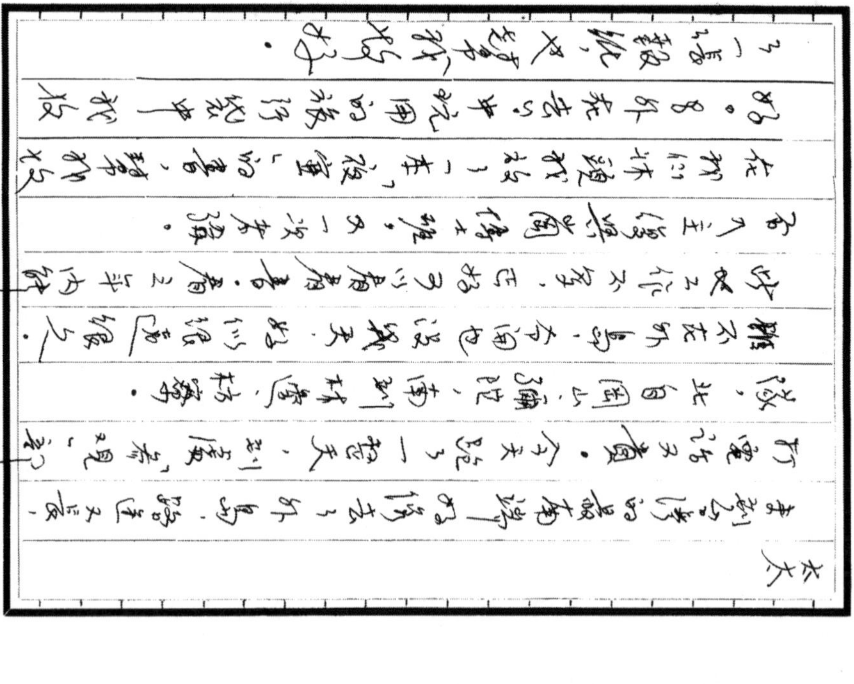

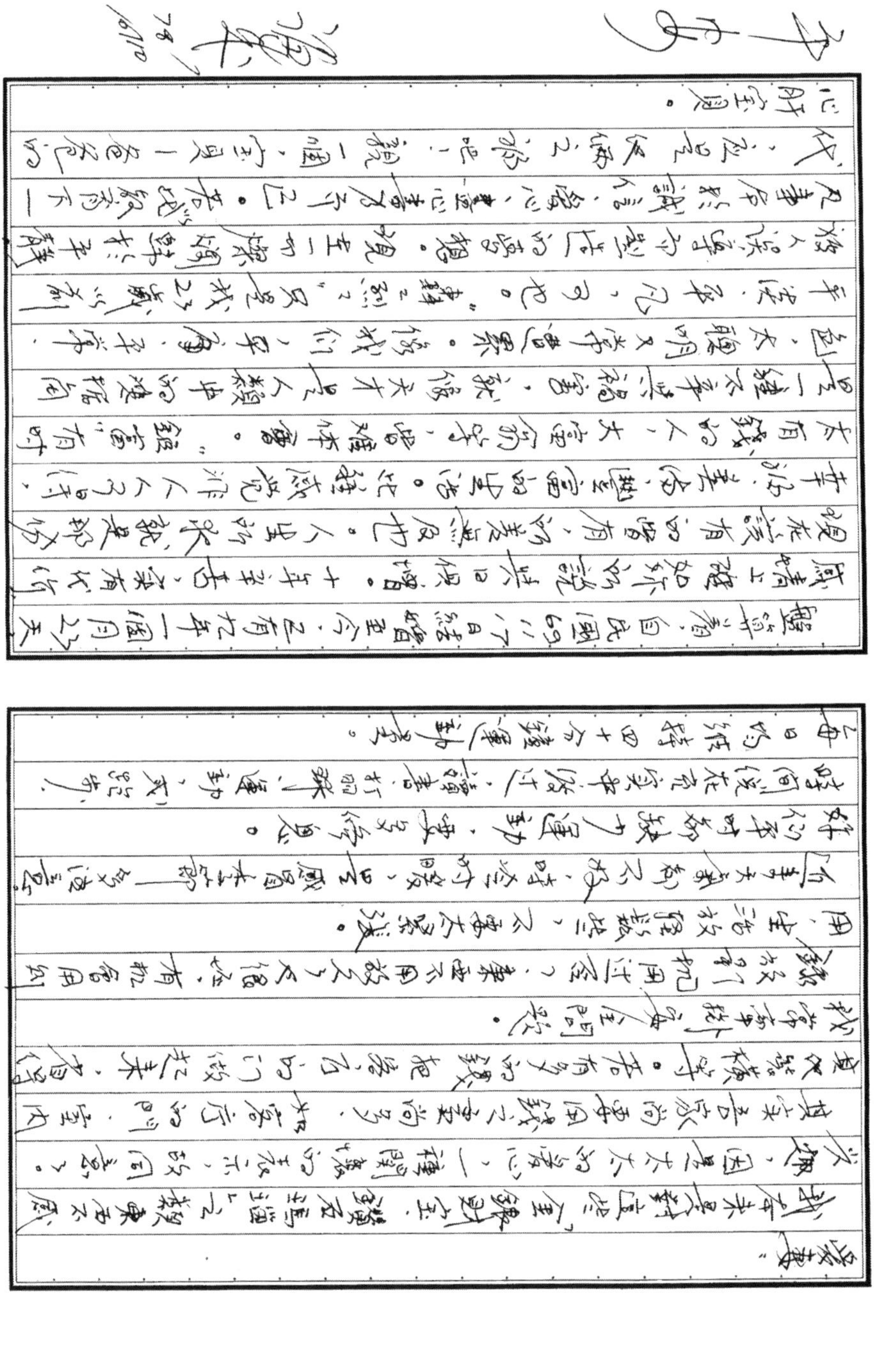

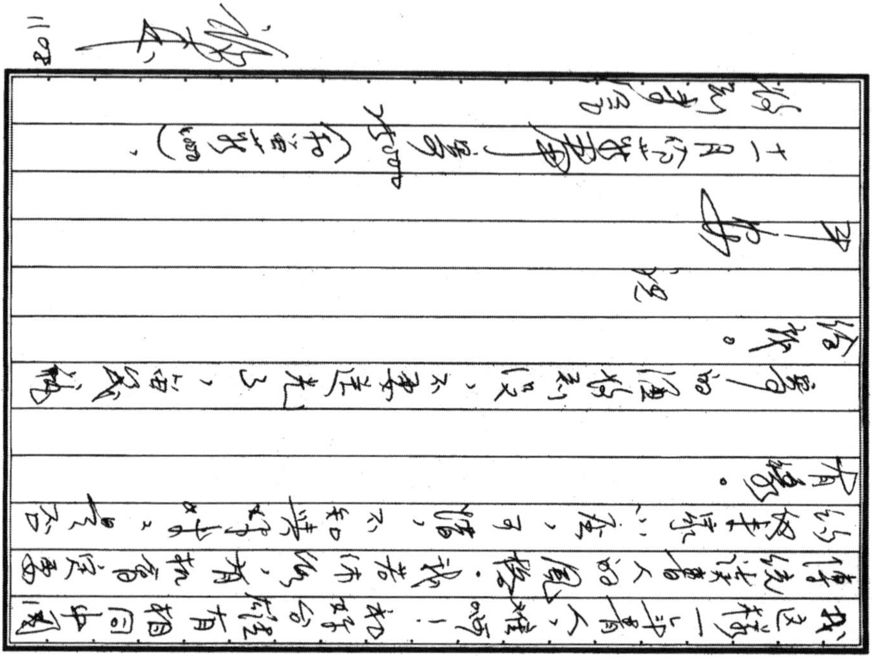

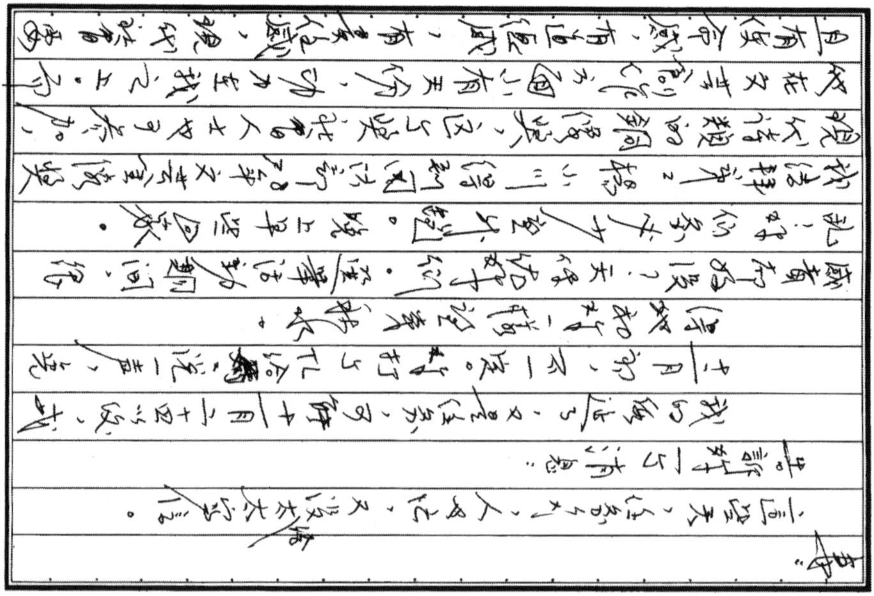

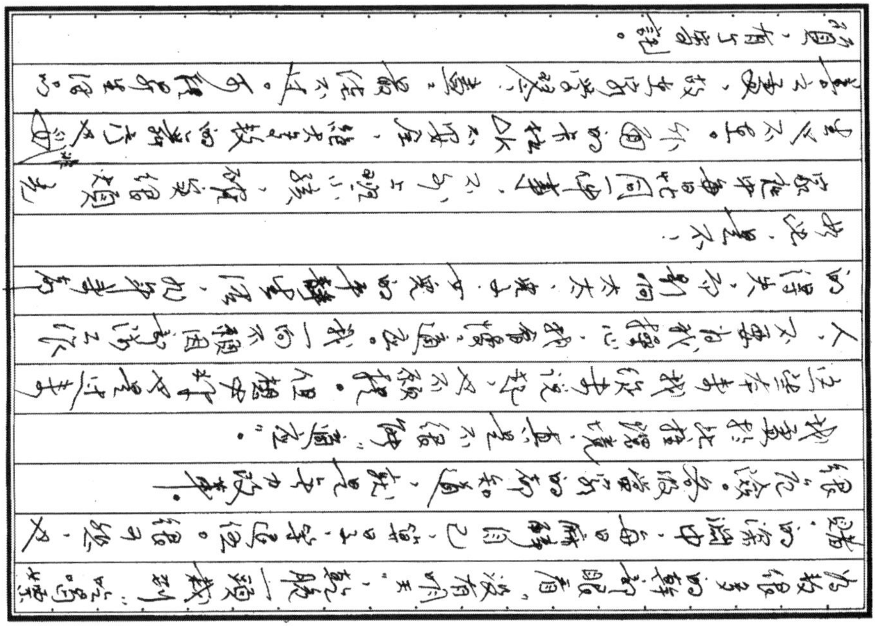

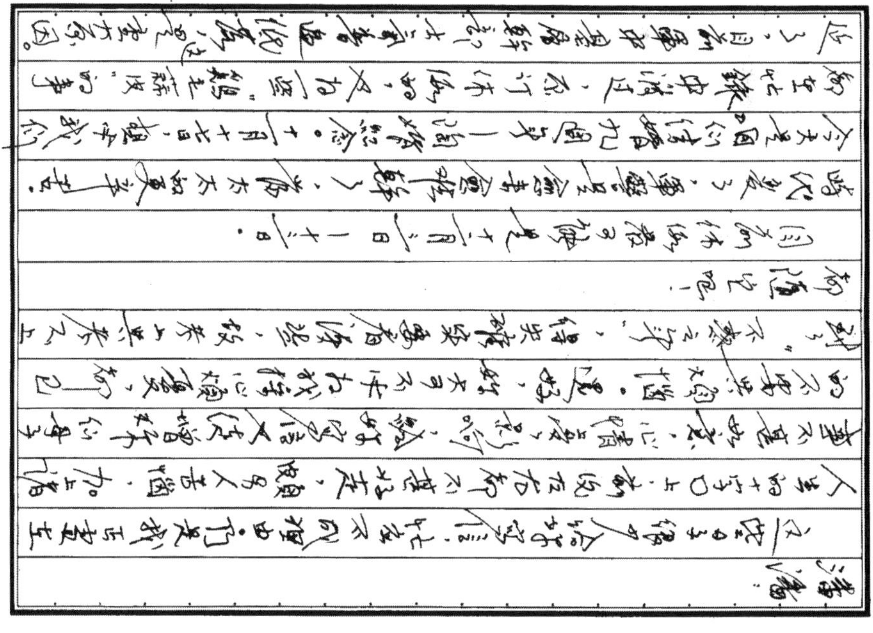

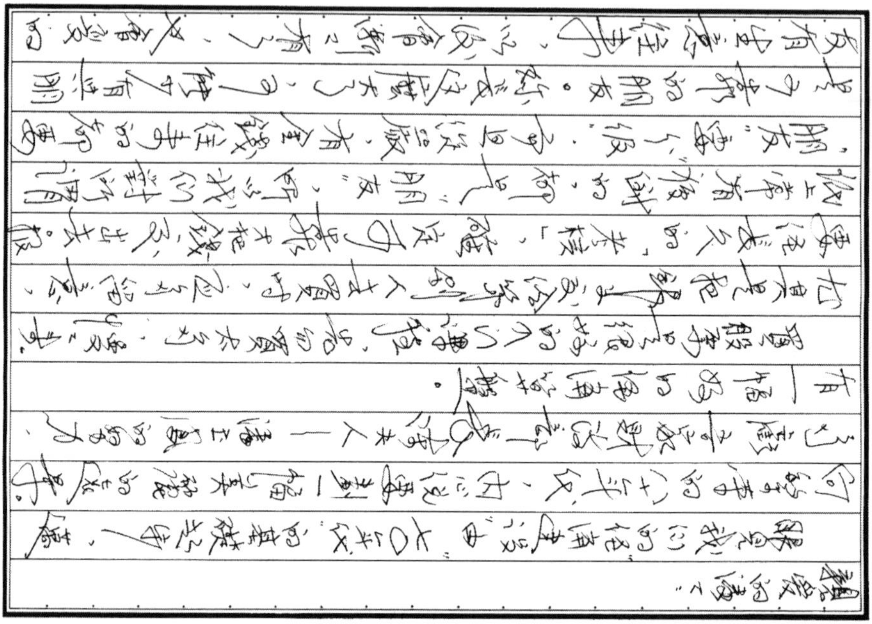

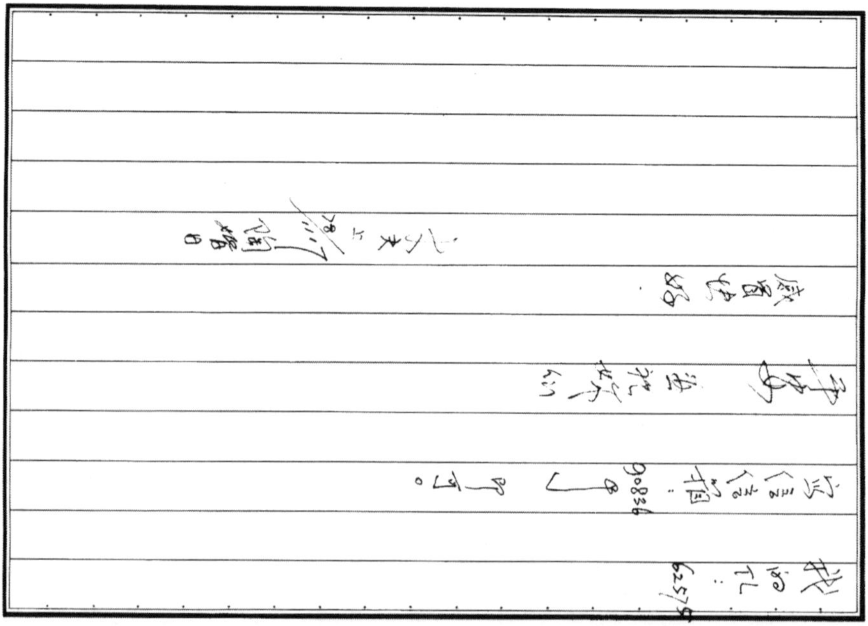

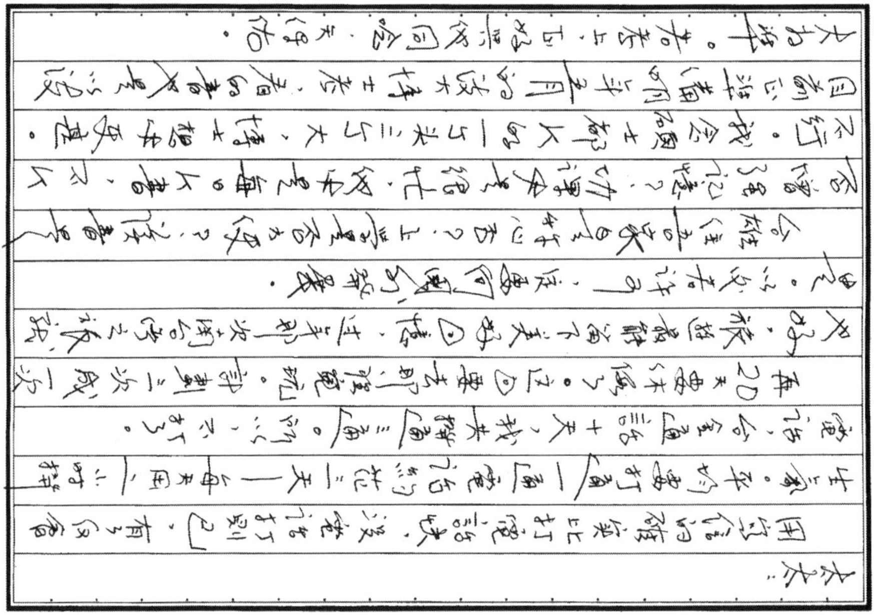

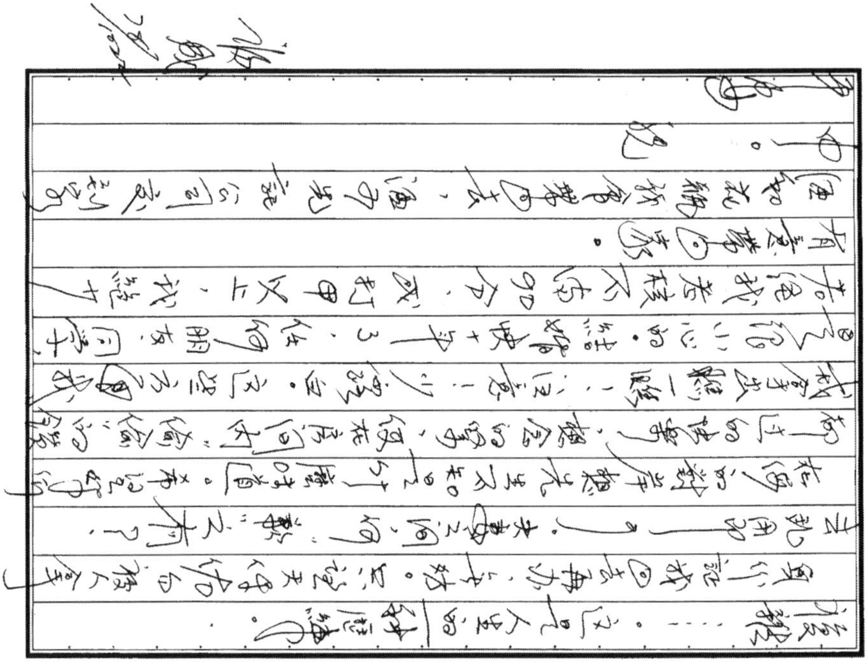

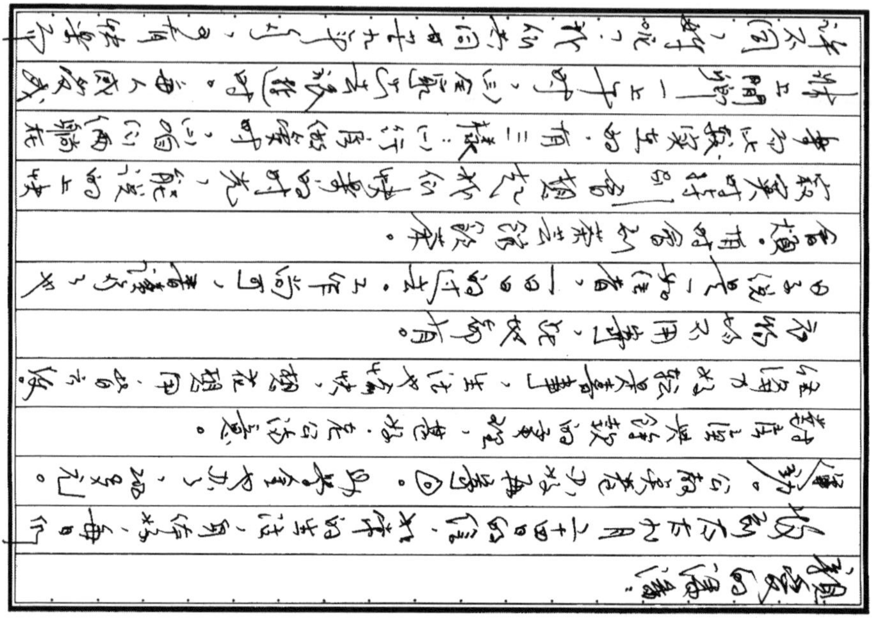

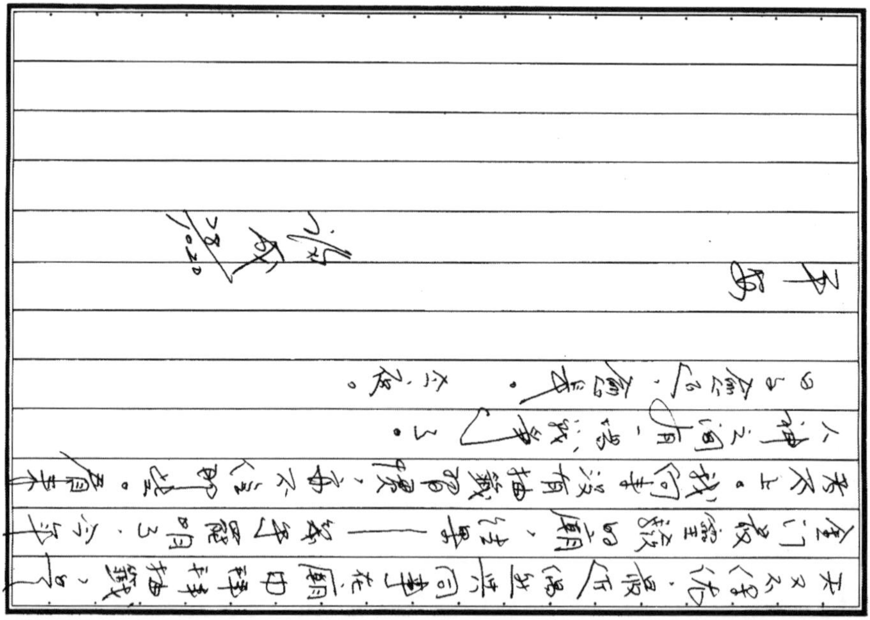

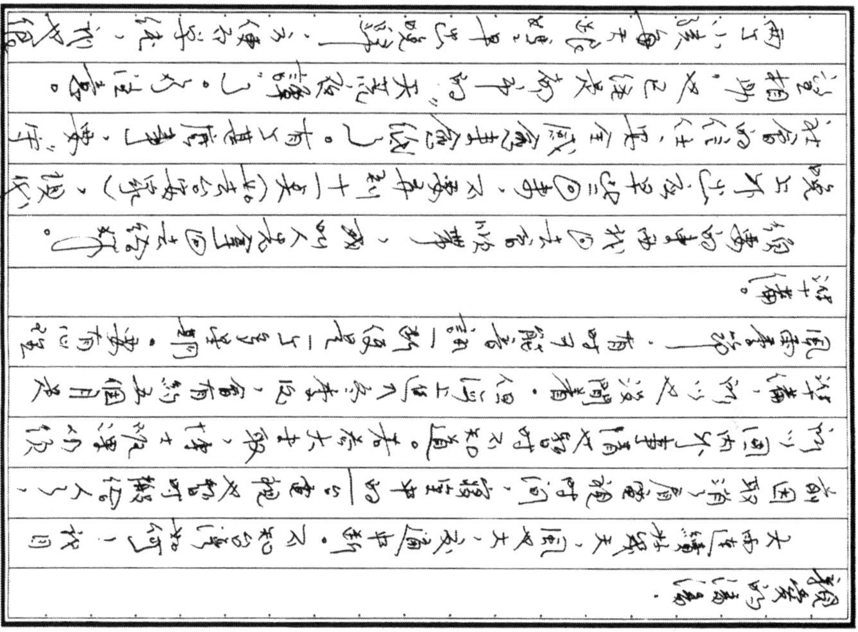

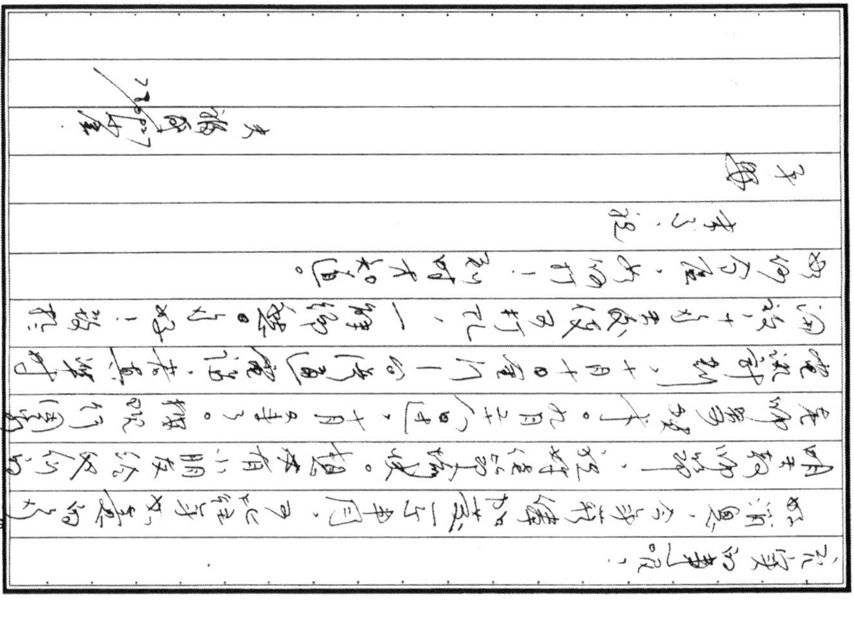

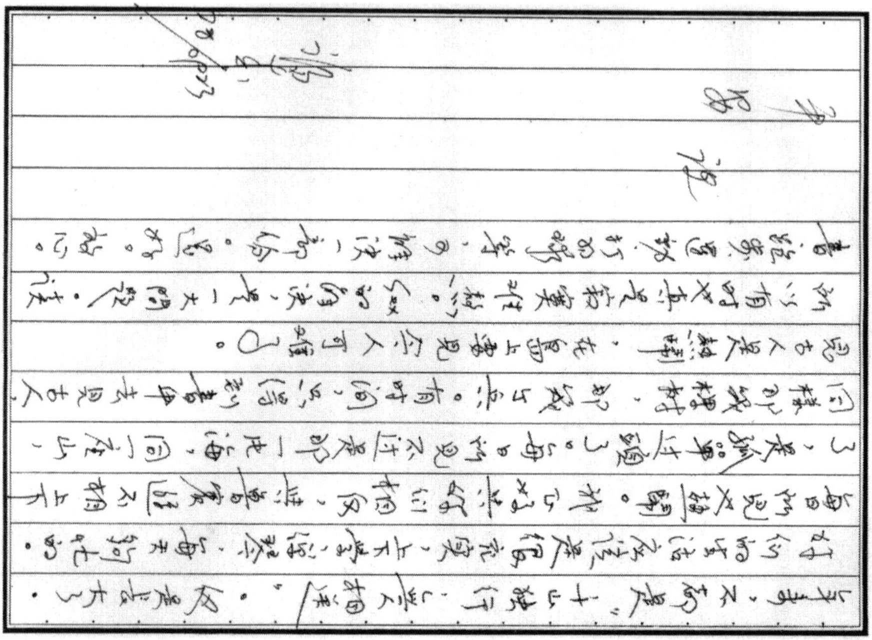

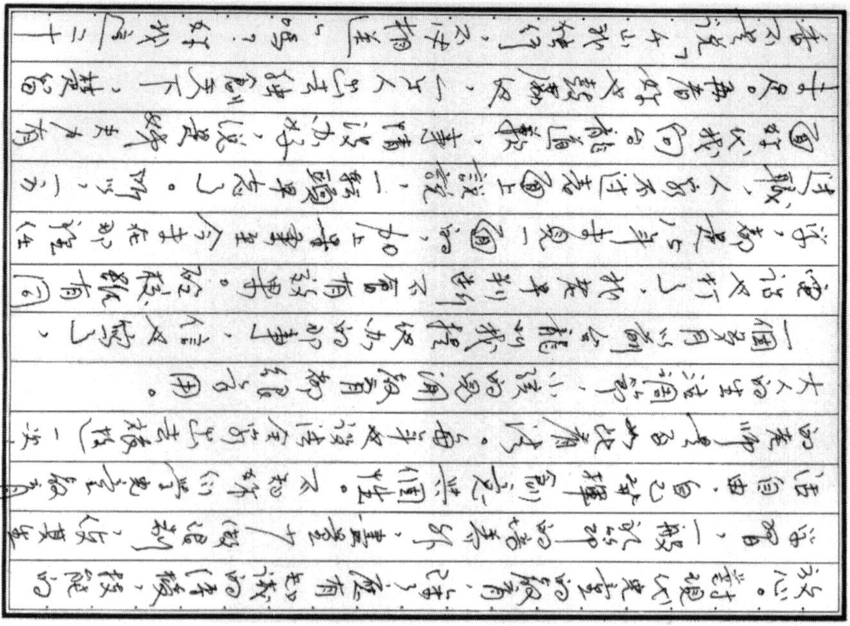

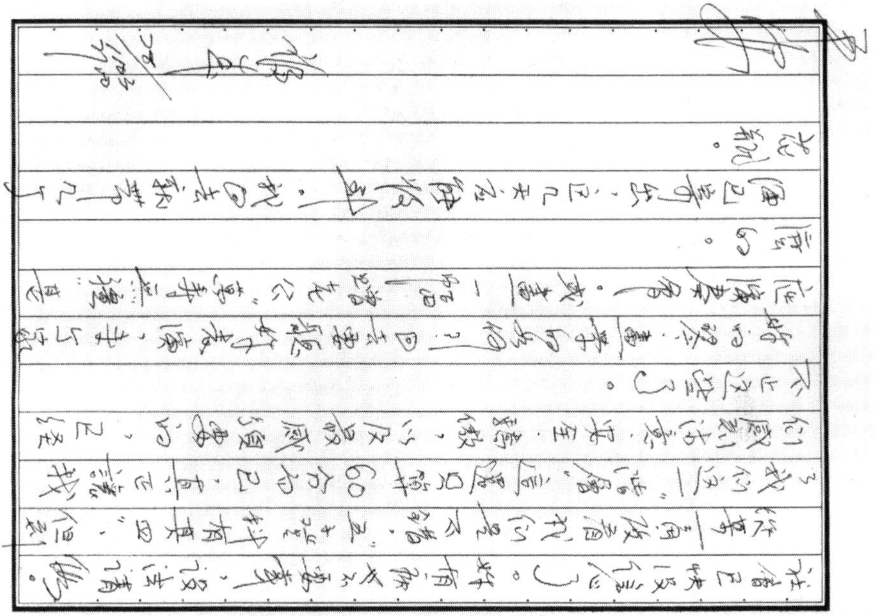

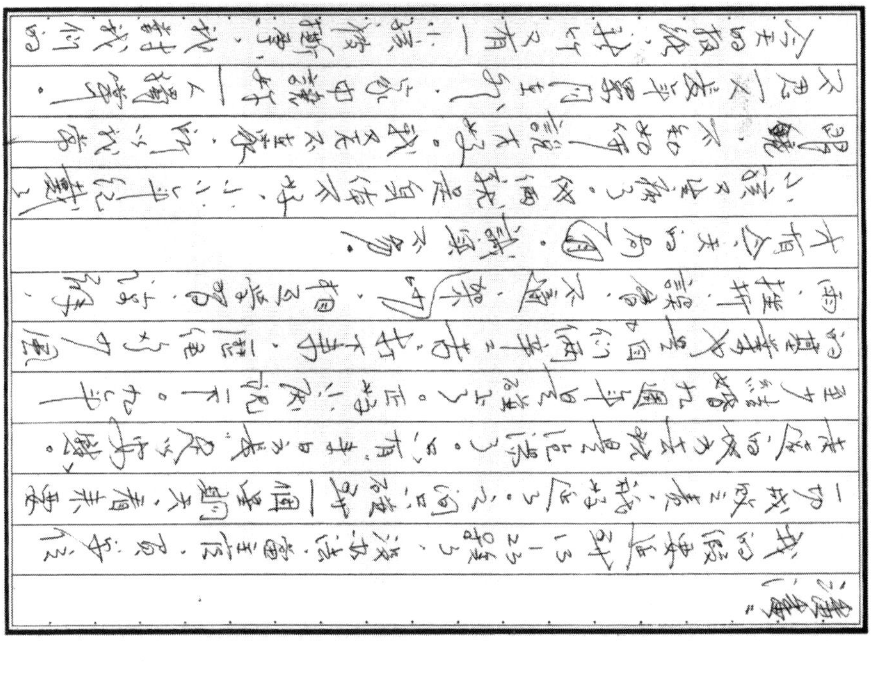

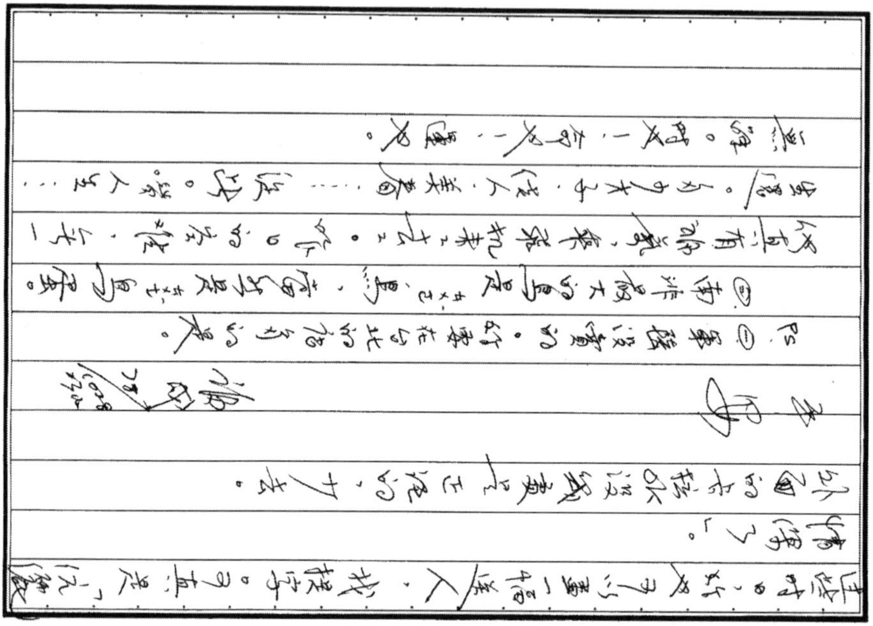

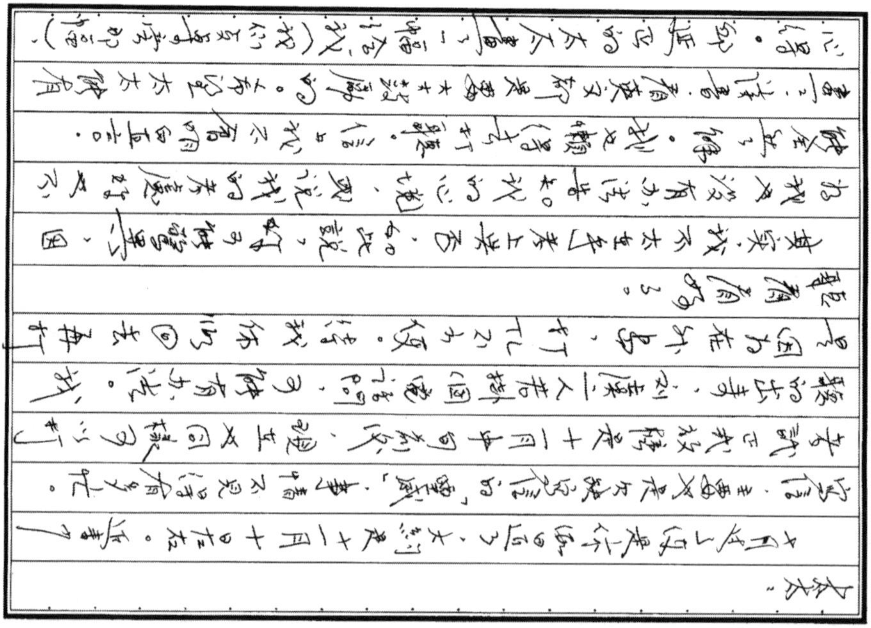

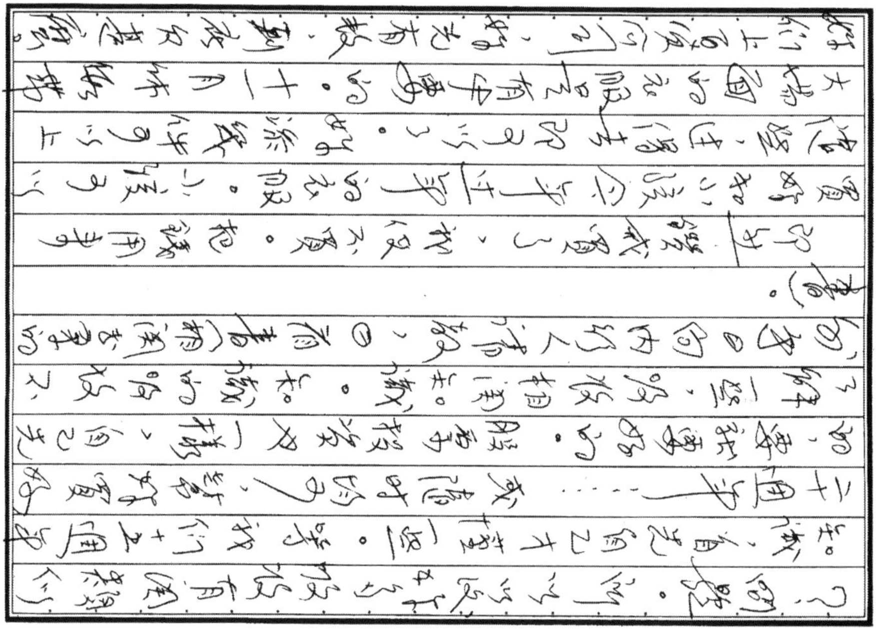

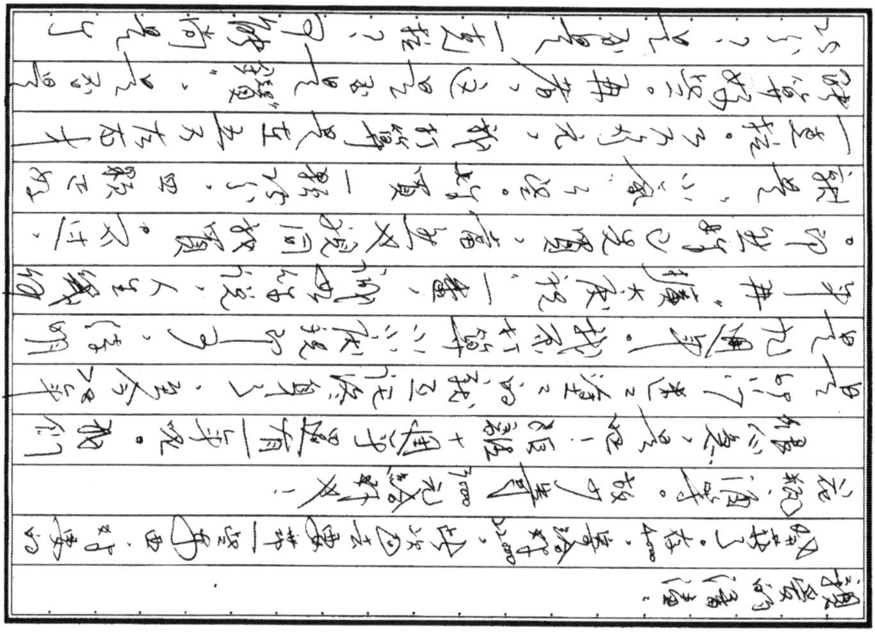

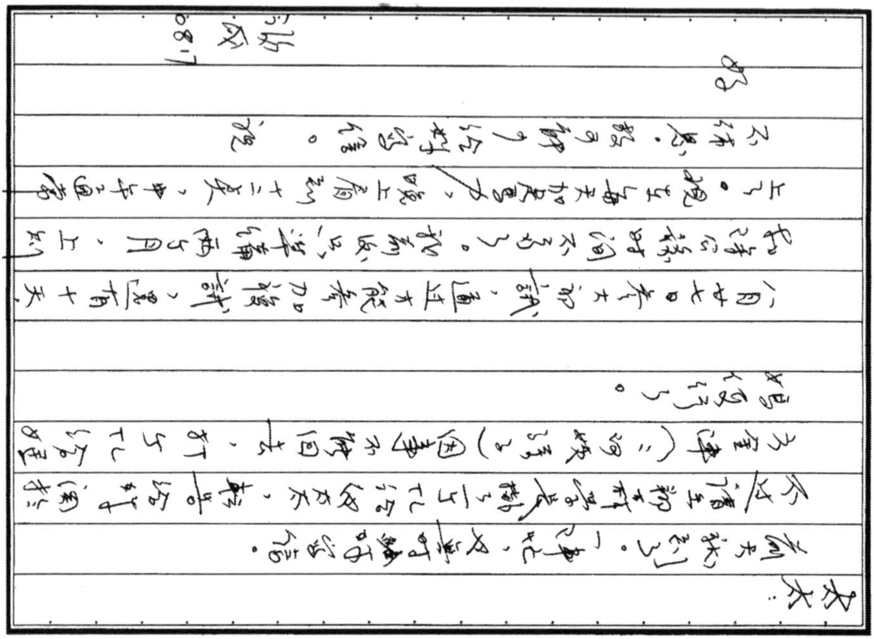

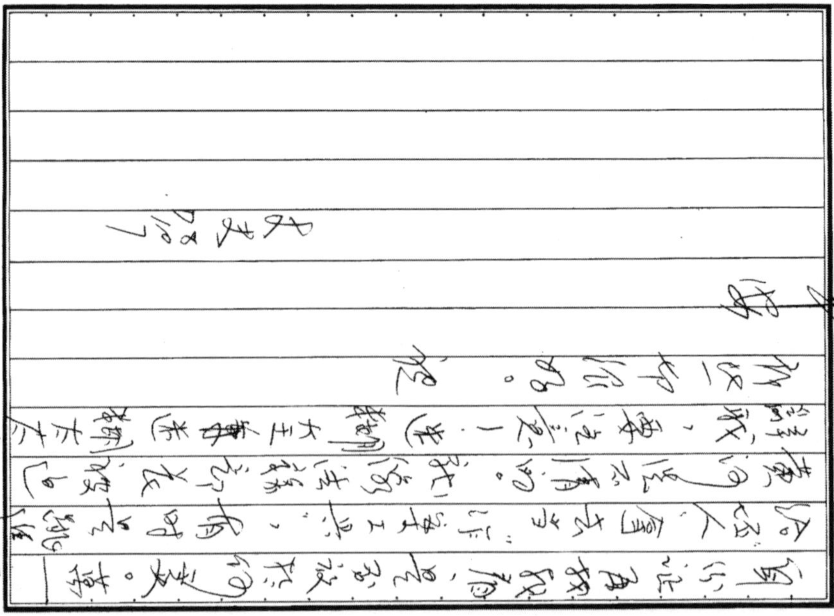

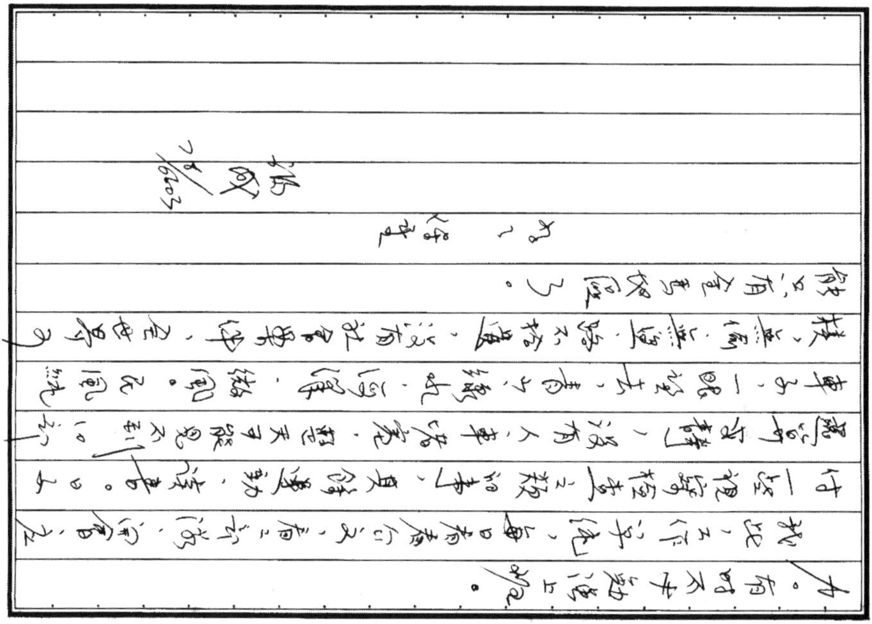

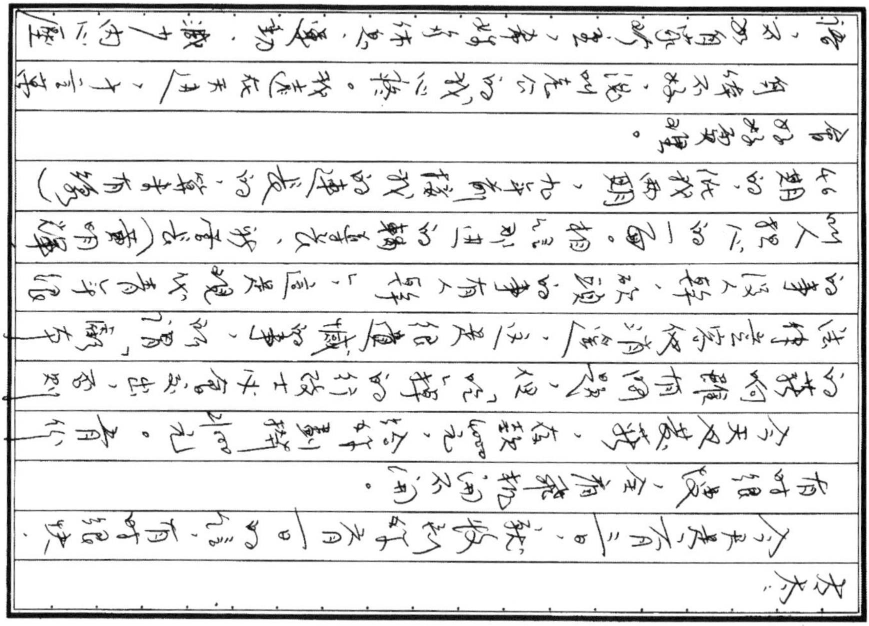

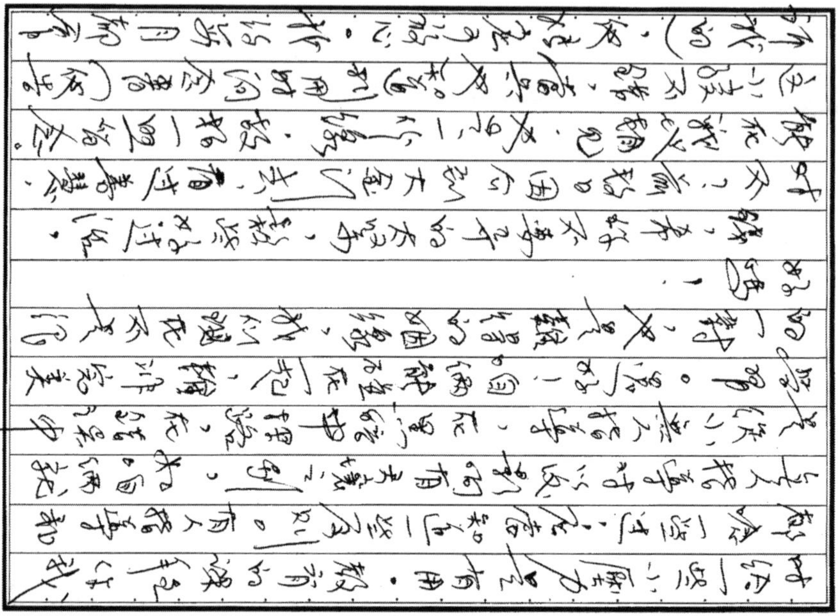

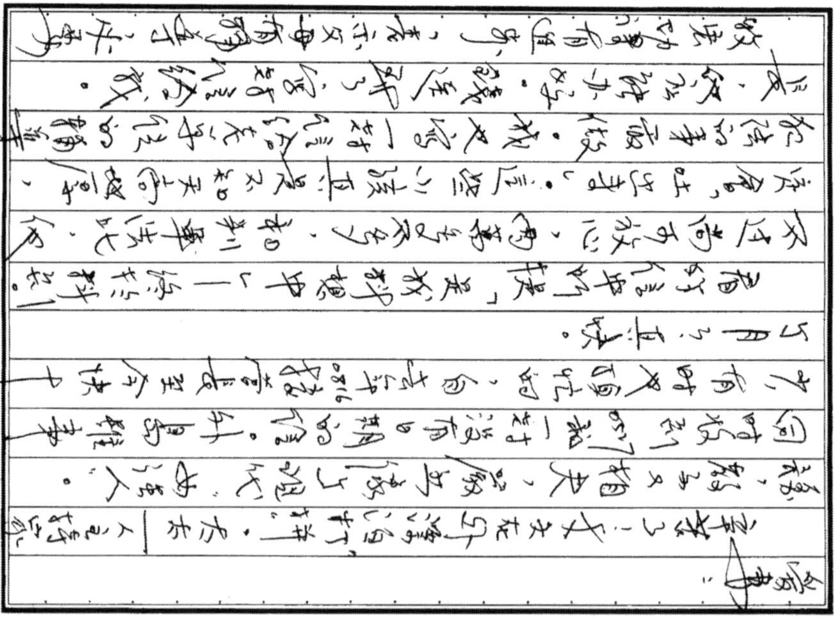

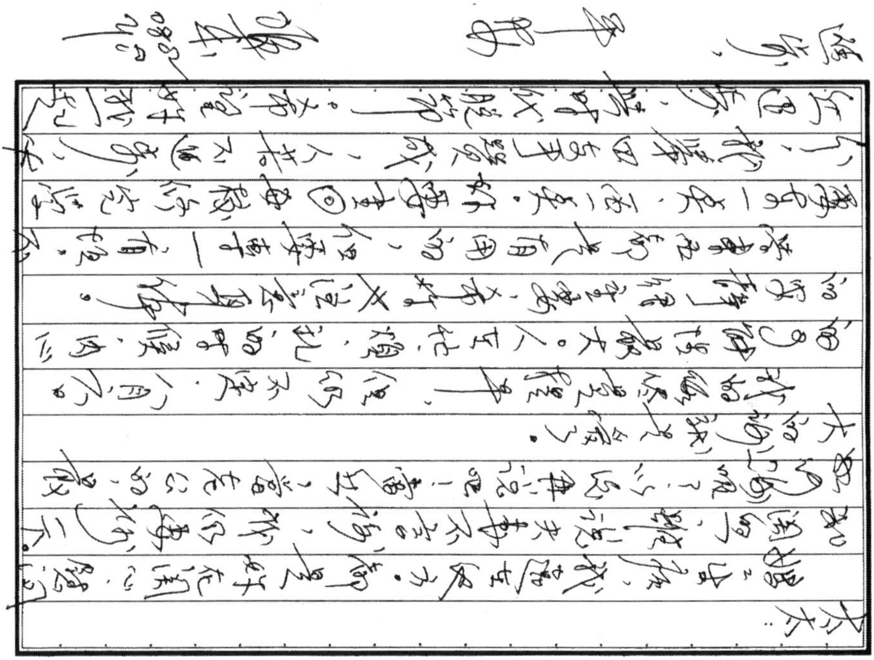

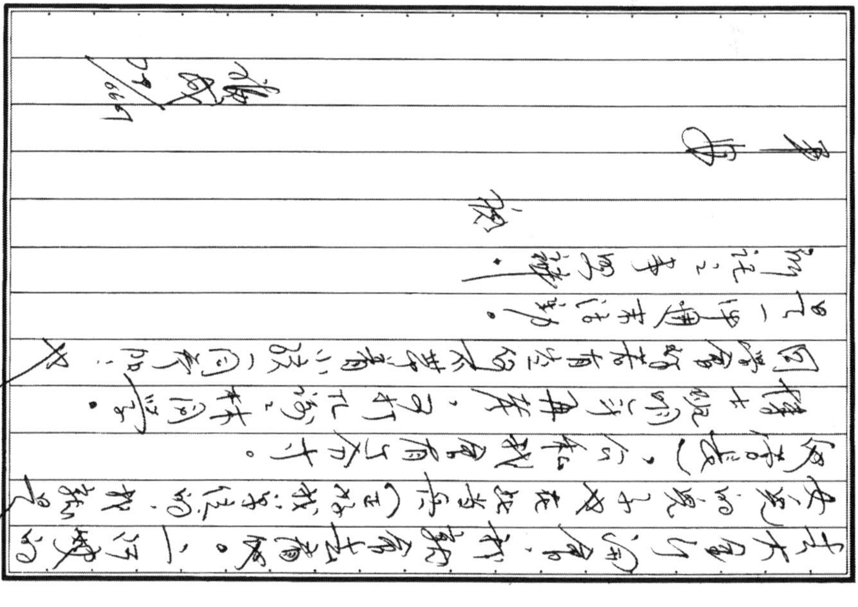

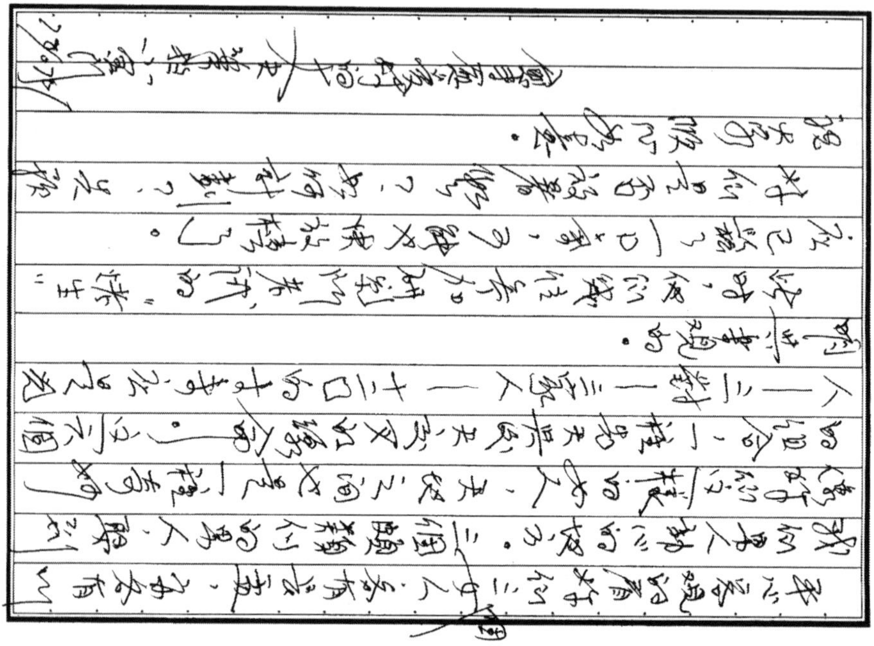

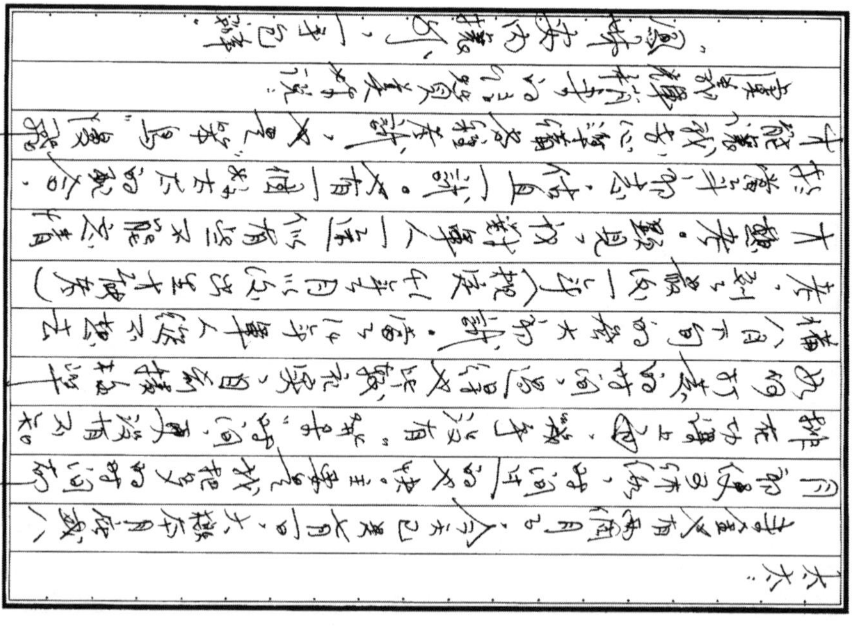

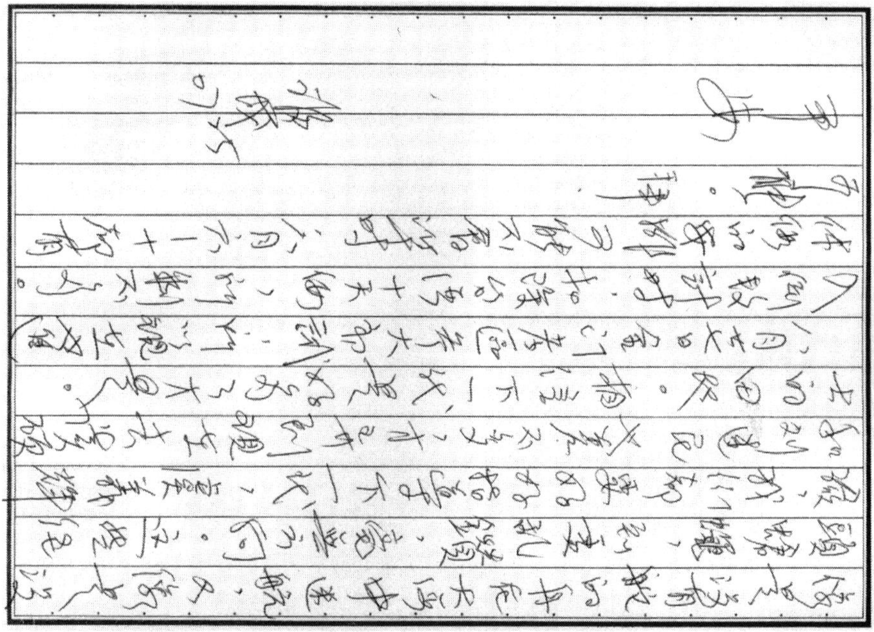

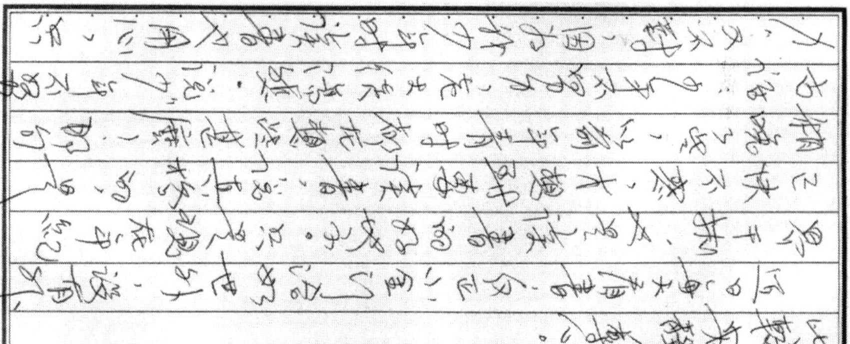

[illegible]

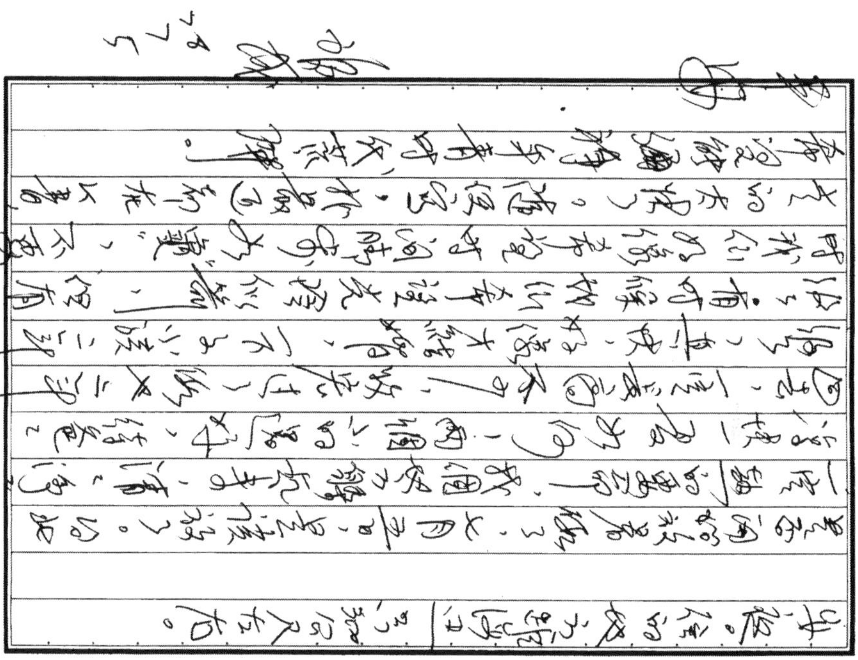

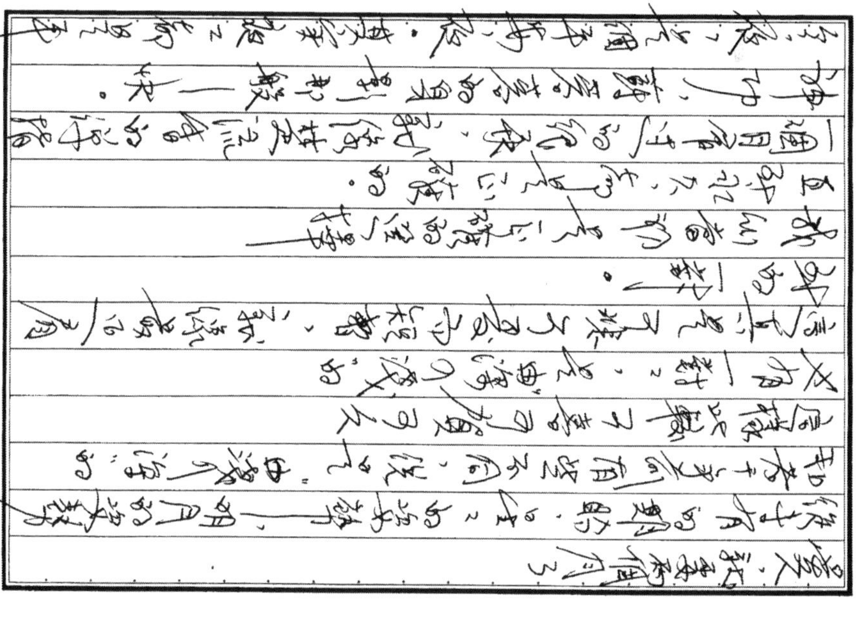

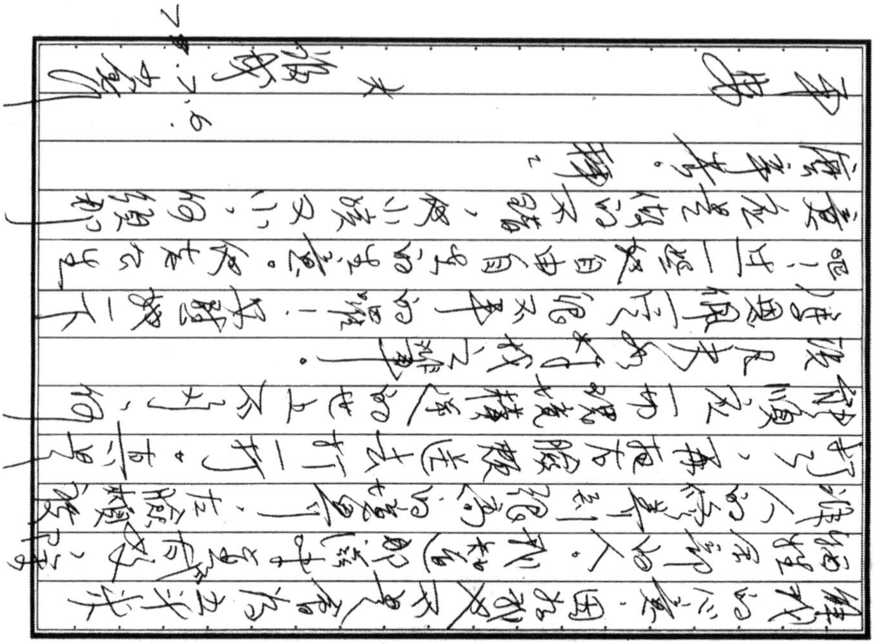

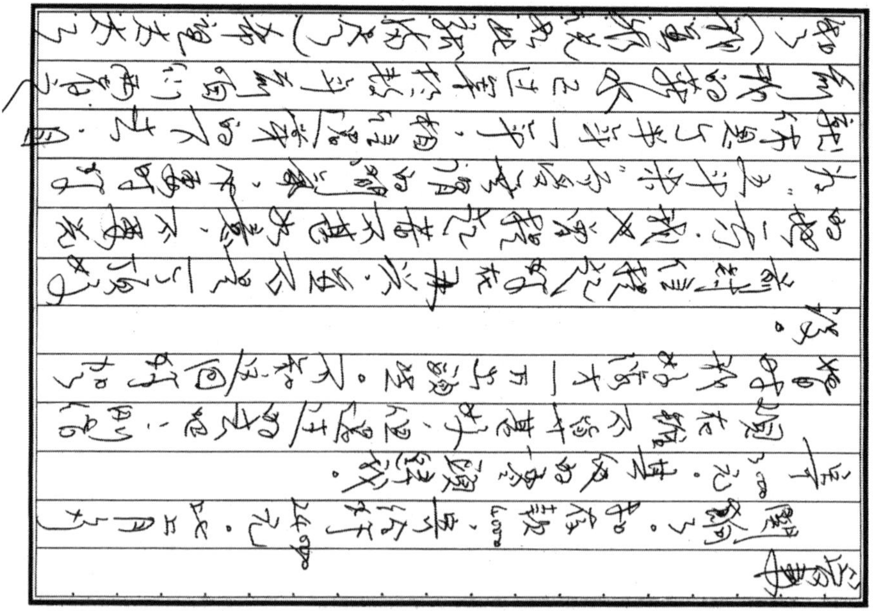

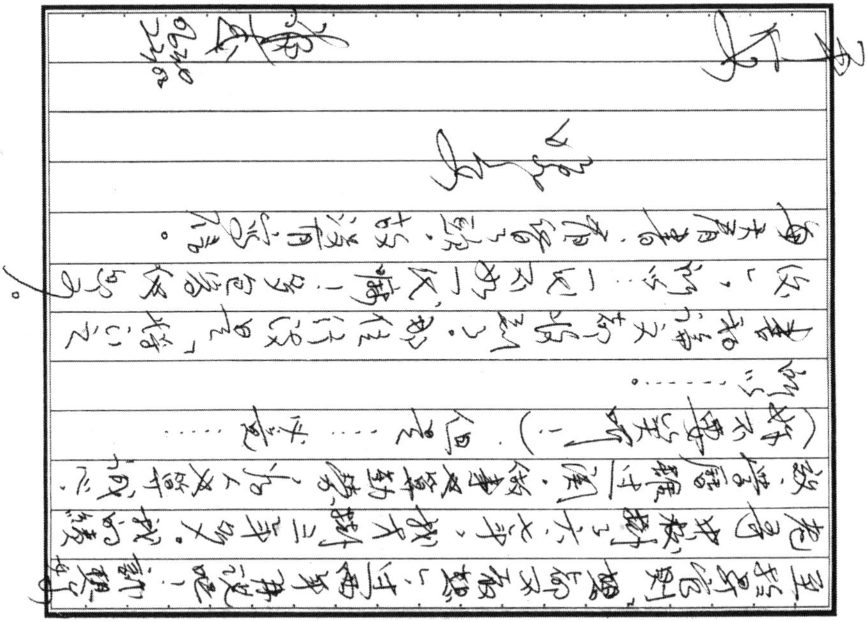

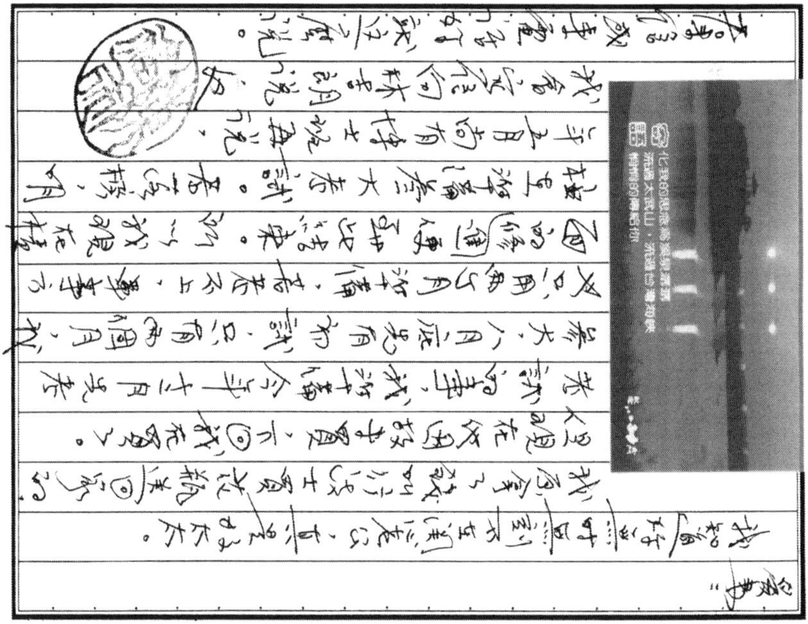

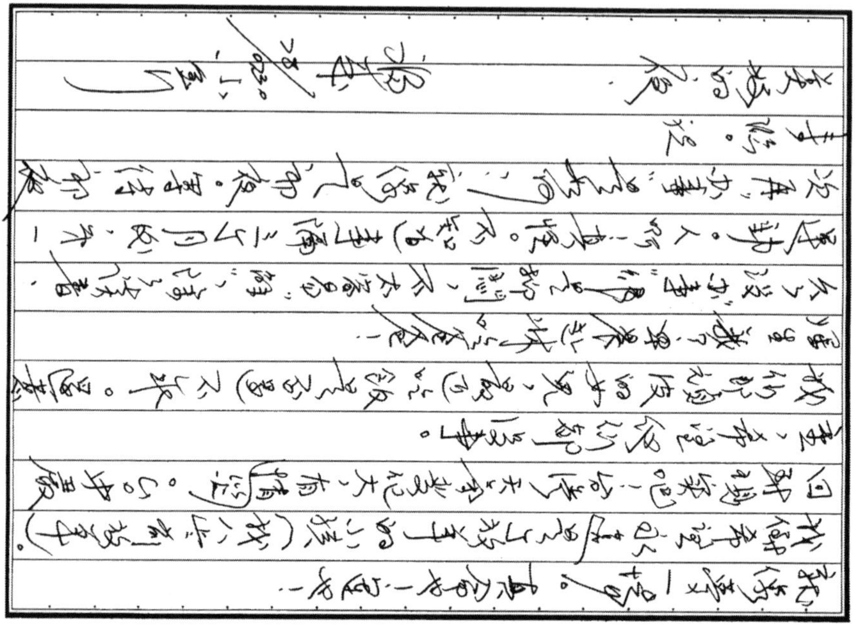

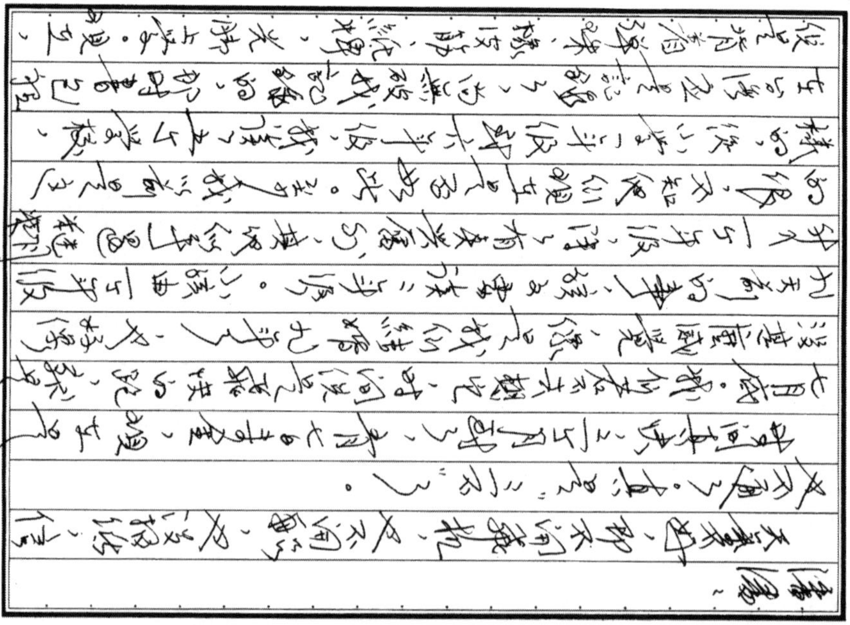

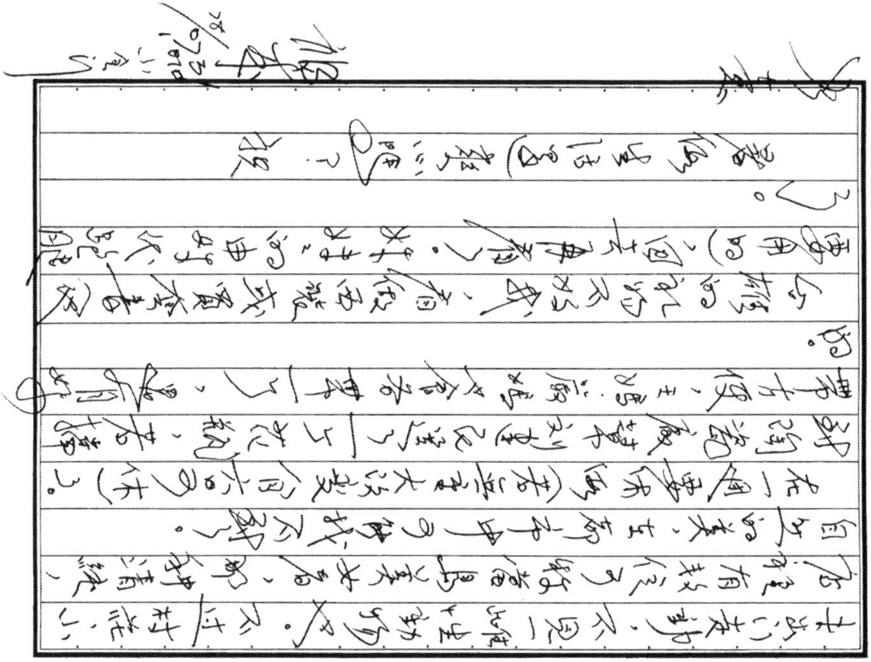

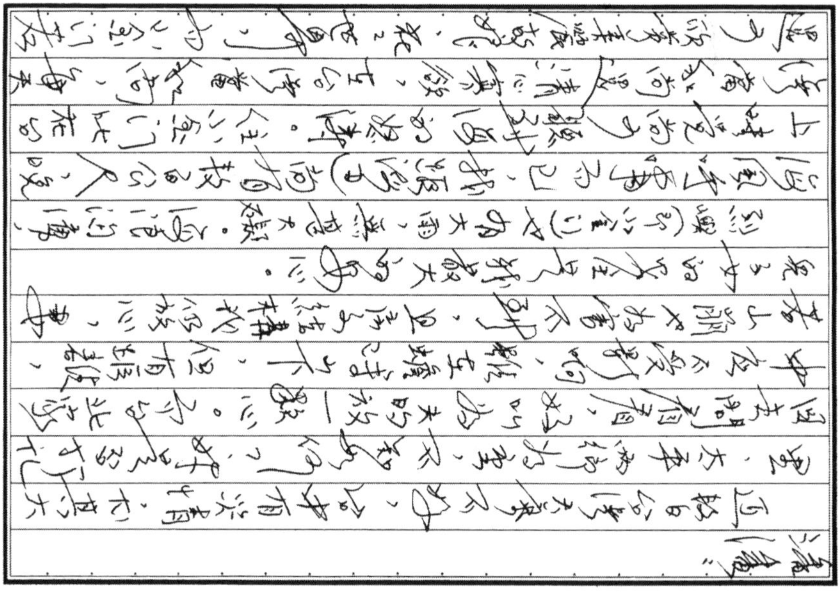

親愛的濤：

你們的日子好嗎？娘家住住，婆家住住，或業朋友上課，你們是否還要學游泳呢？家對面就有師大分部在招生，可去泡泡。

該說我會帶回去，或有人休假就叫他先寄回去，以免我自己扛的太多了。不知妳要送給誰的書？不然我只好以不敢燒字在上面，意義深遠。

一個是做不到，不過有好的經義，好像整個是假卻有事，真是辛苦，若能有整二年月是好好，設法到台北學校去，現在我之已經吃不開了。十年前我在學校是黃金時代，現已冷掉了。

隆

妻：

大前天已經劃撥24000大概收到了。略表太太的辛苦，一月的代價，當然太太的辛苦非區區24000可以等量齊觀的。所以說略表寸心而已。

近來台北很熱，我雖未身歷其境，但可以想像，外島也熱，但熱在青山綠水之間，我在外島過了不知多少夏天，和台北城市之悶熱完全不同。

回了一天就回來了，現在已經五月十日了，想來有應也快到了。不知道訊現在家適時，好是否在家，我在台南，我去說，後做了，是否想好，是做要去那裡。

祝

平安

隆

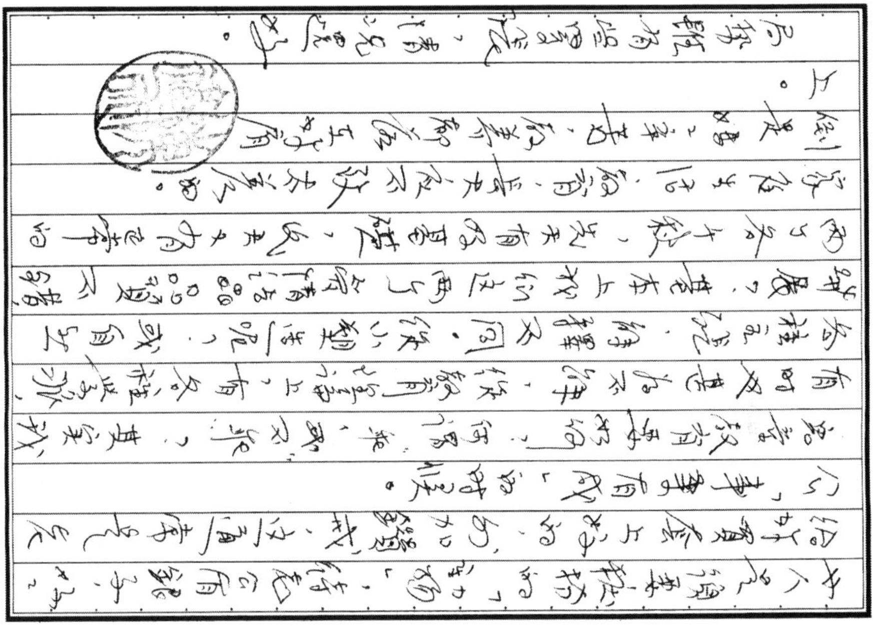

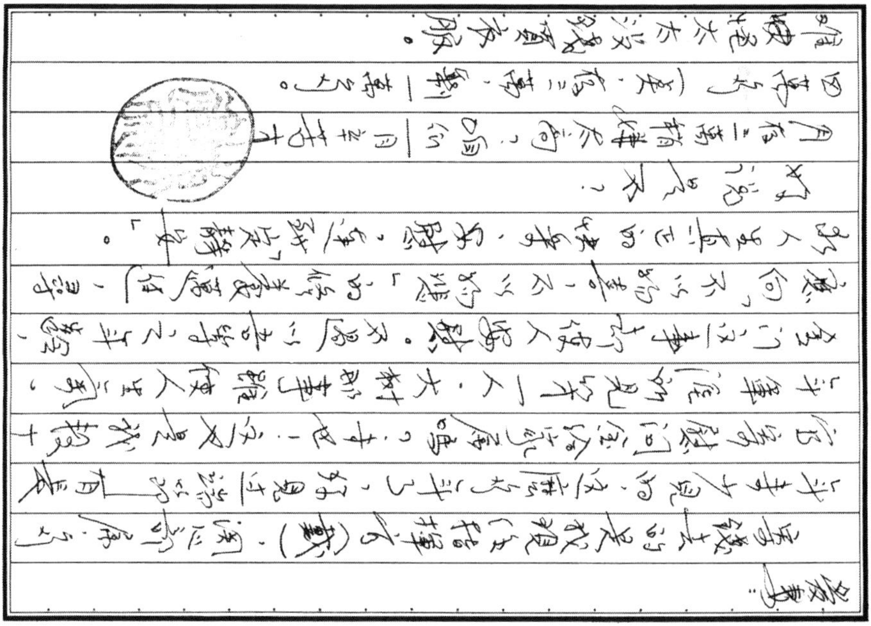

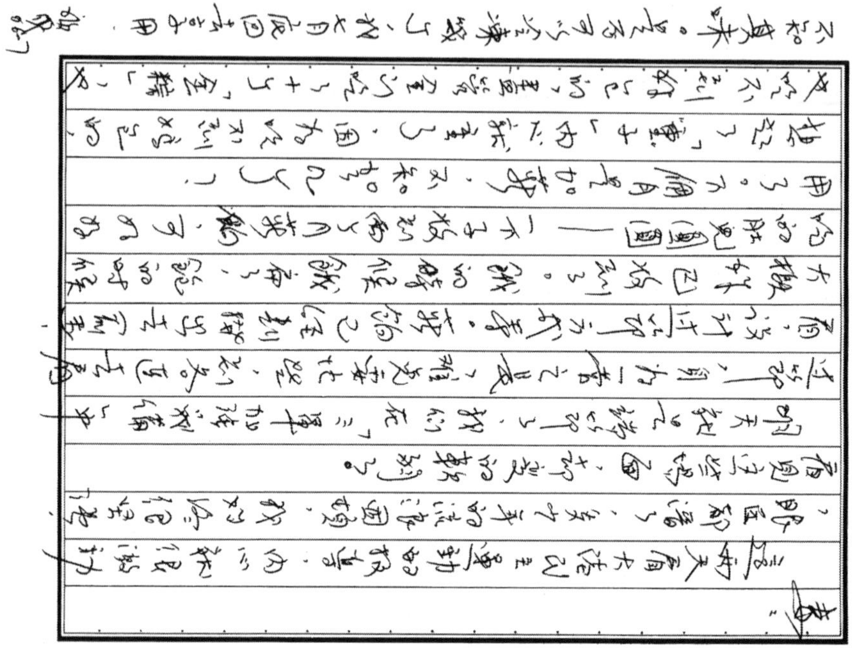

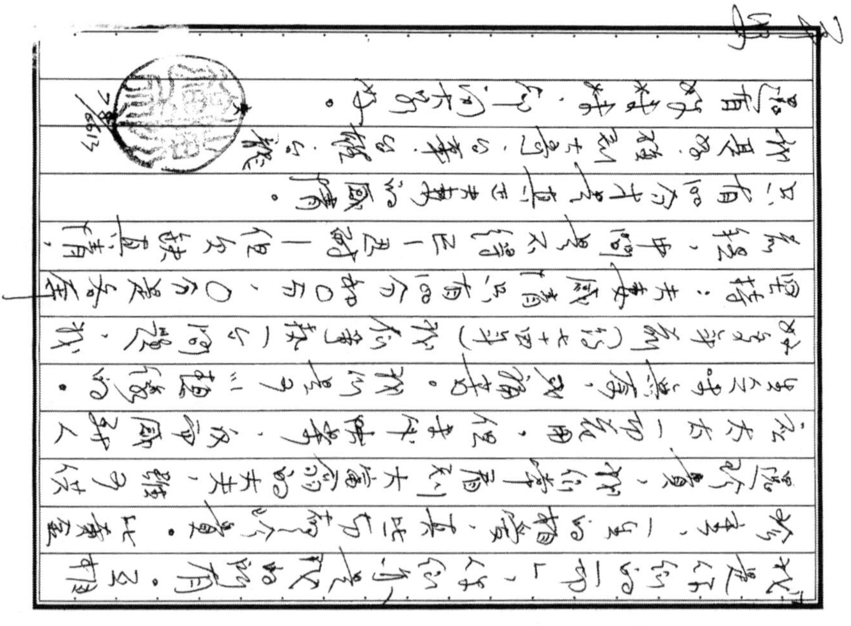

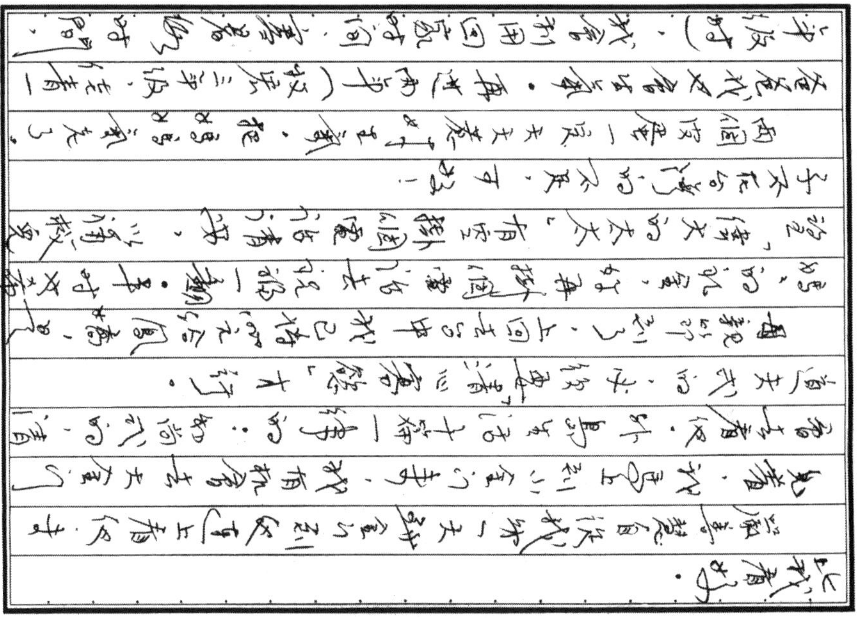

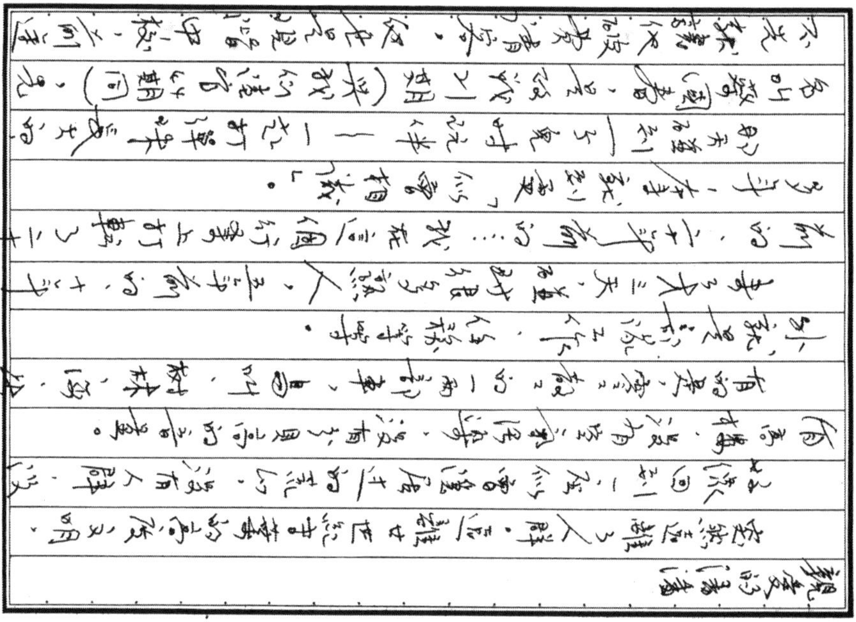

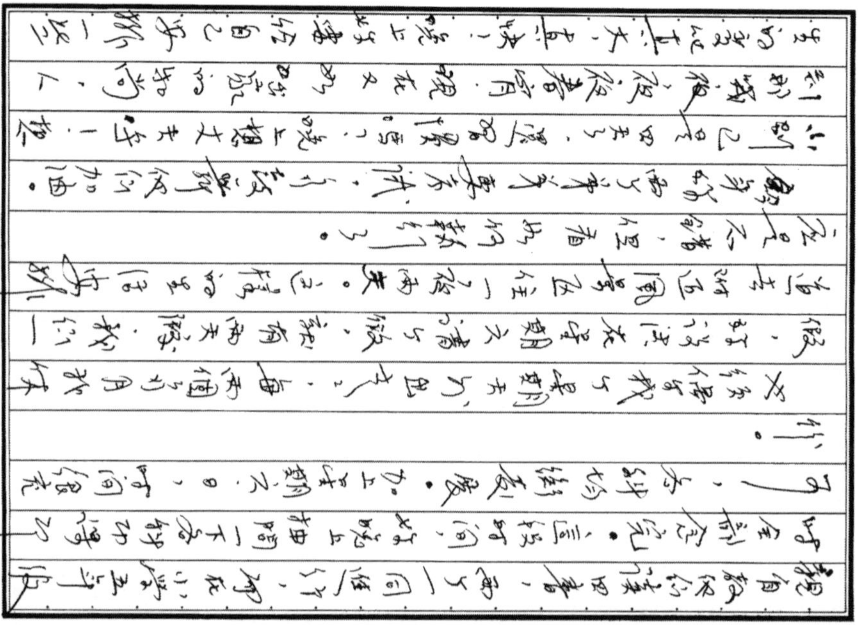
親自教他們讀四書，兩个一同進行，郁在小學五年級
時全部念完。這段時間，好晚上抽問一下各科功課即
可，各科均衡發展。加上星期六，日，時間很充
裕。
必須保留我們星期天的出去，每兩個月我休
假，好說法在星期六請个假，就有兩天假。我們一
道去附近風景區住一夜兩天。這樣的生活安排
應是不錯，但看如何執行了。
鍛身的兩个弟弟要考試，个段要求他們加油。
小別已是四天了，還習慣嗎？晚上想丈夫嗎！想
到那每夜夜春宵，現在又如此寂寞的知尚，人
生的變化真大，真快！晚上好好安排自己安排一些

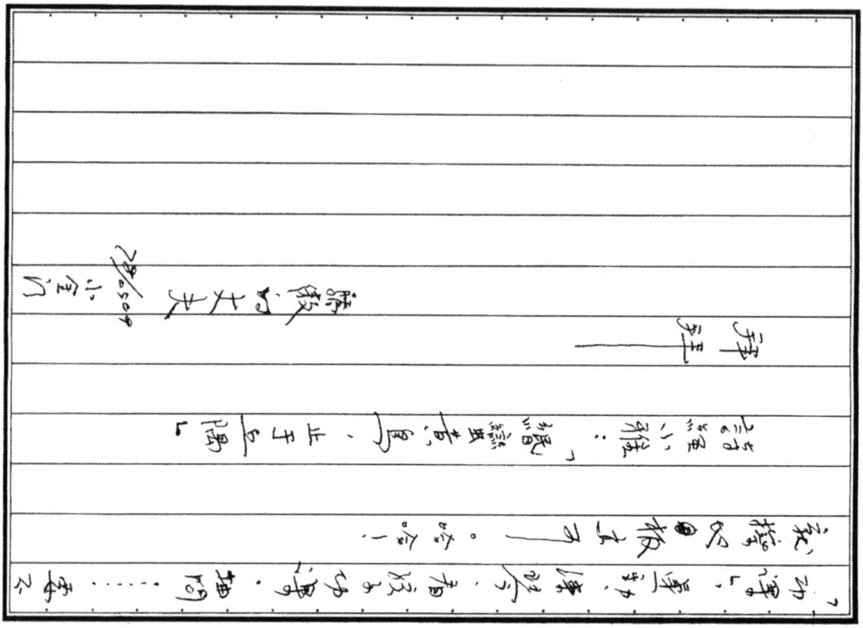
「功課」，運動，練琴，看孩子功課，抽問……要不
就擺出板起了。哈哈！
詩經小雅：「緡蠻黃鳥，止于丘隅」
拜拜
驕傲的丈夫
78/0509
小金門

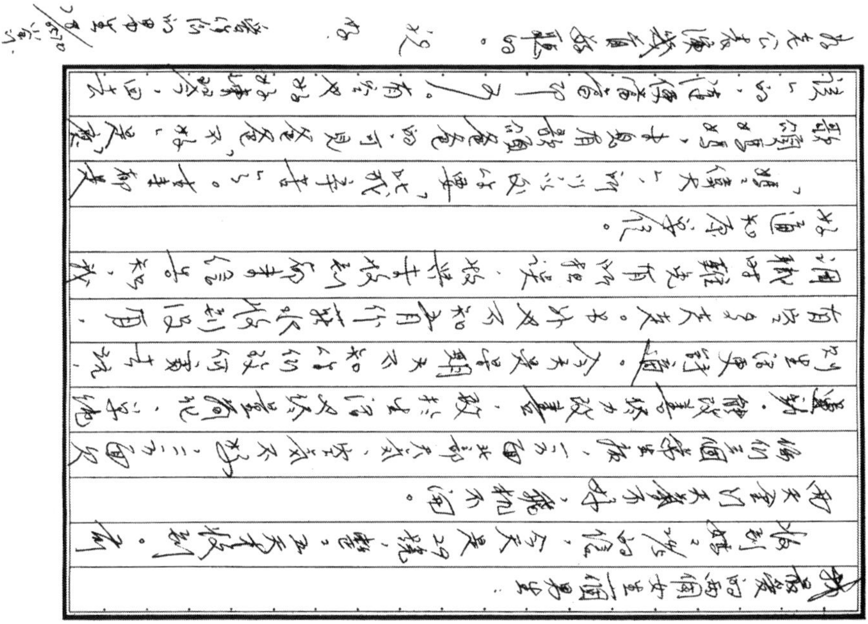

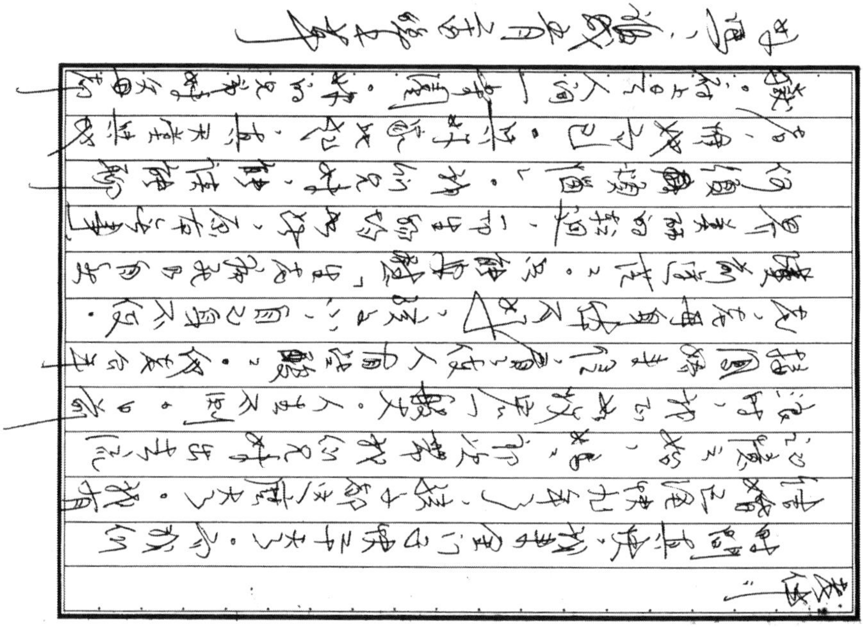

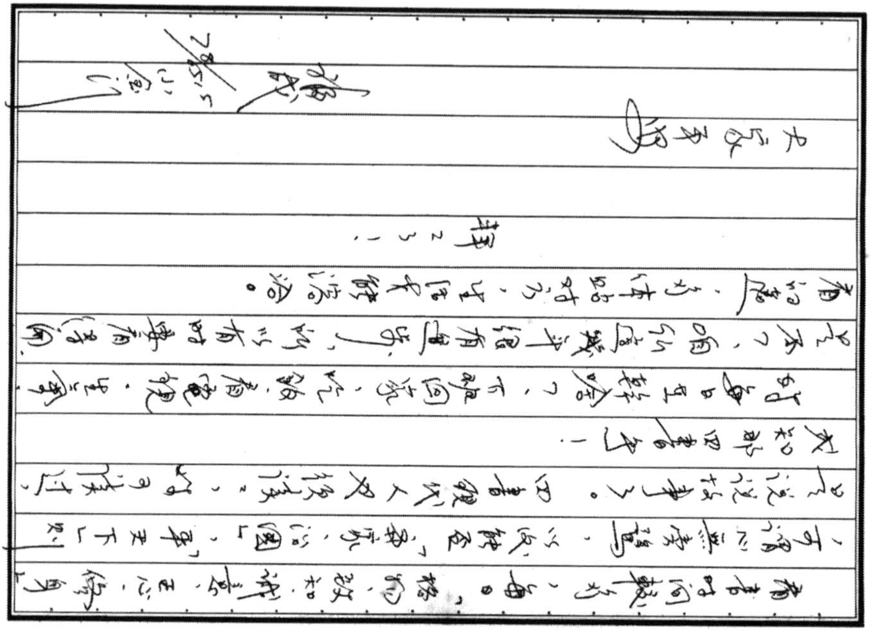

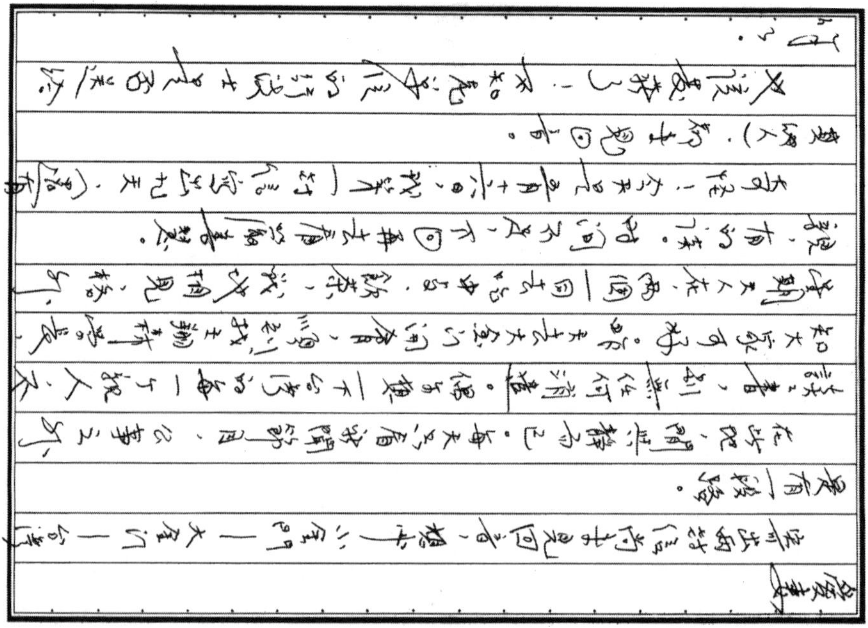

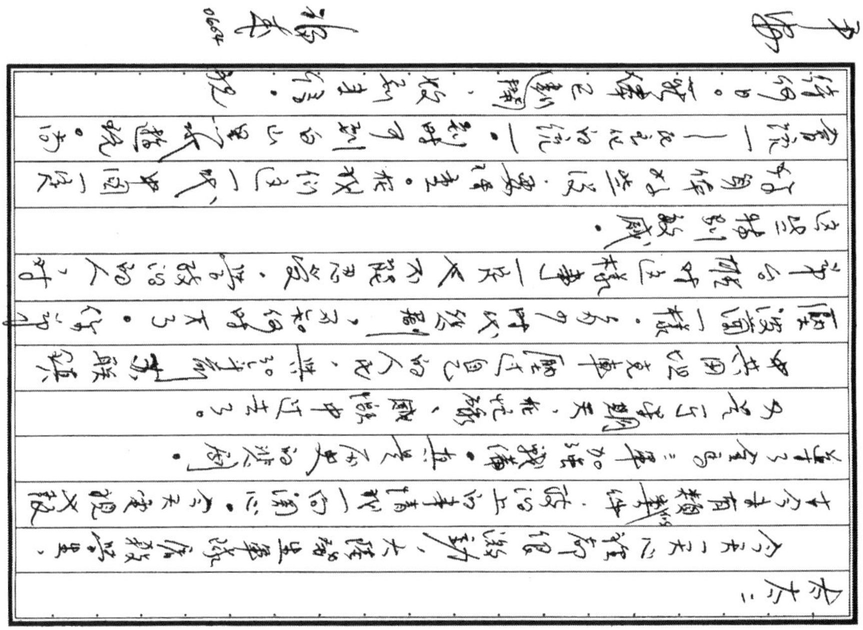

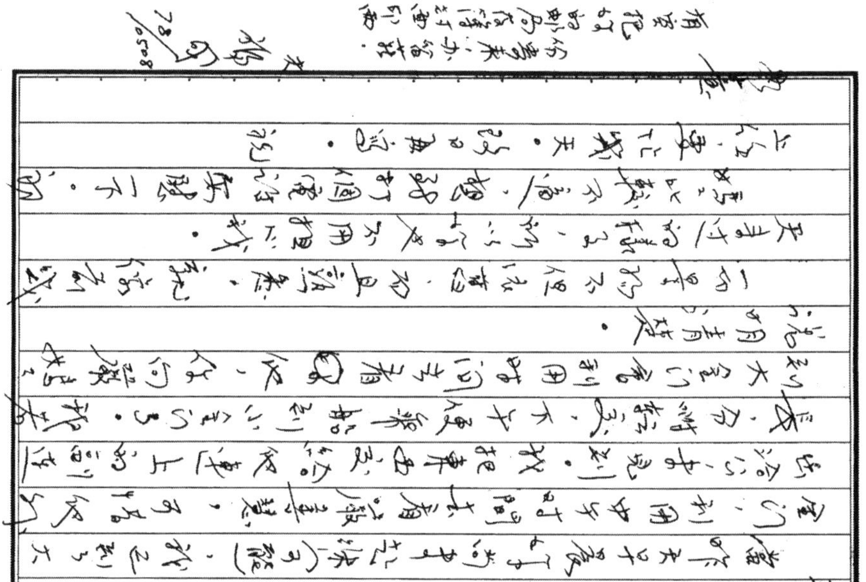

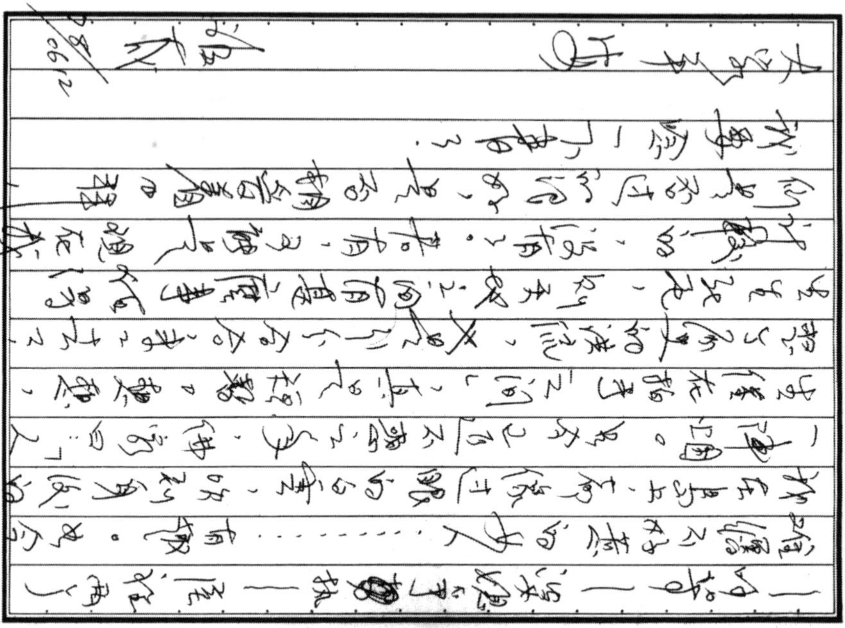

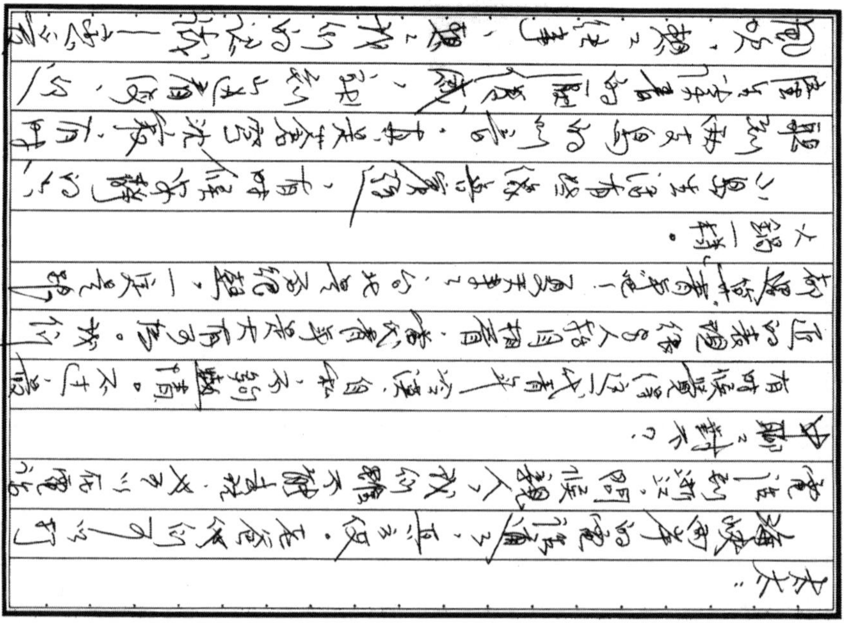

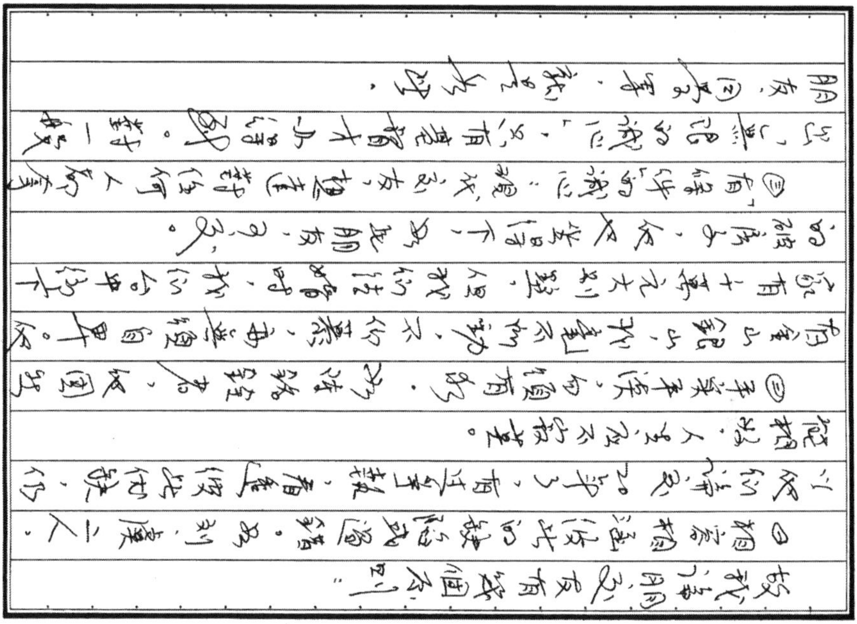

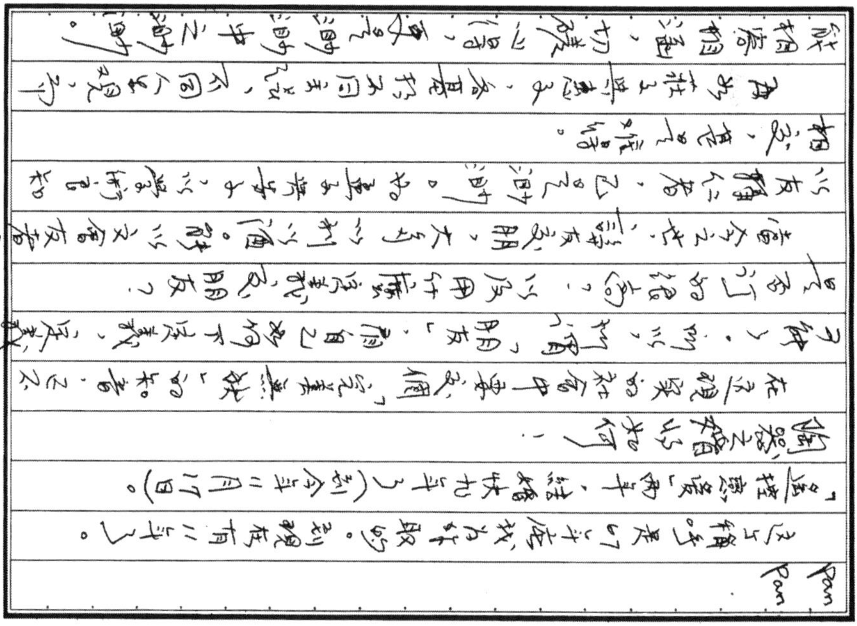

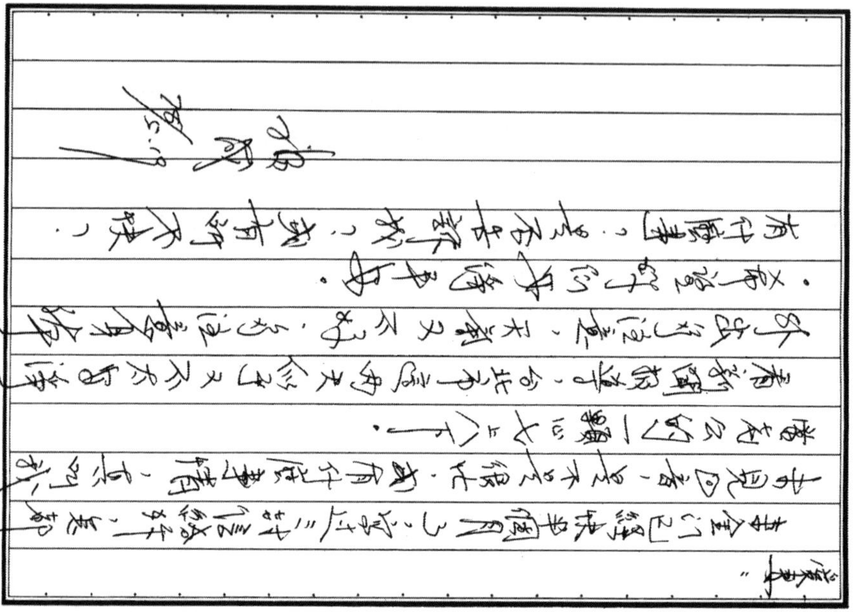

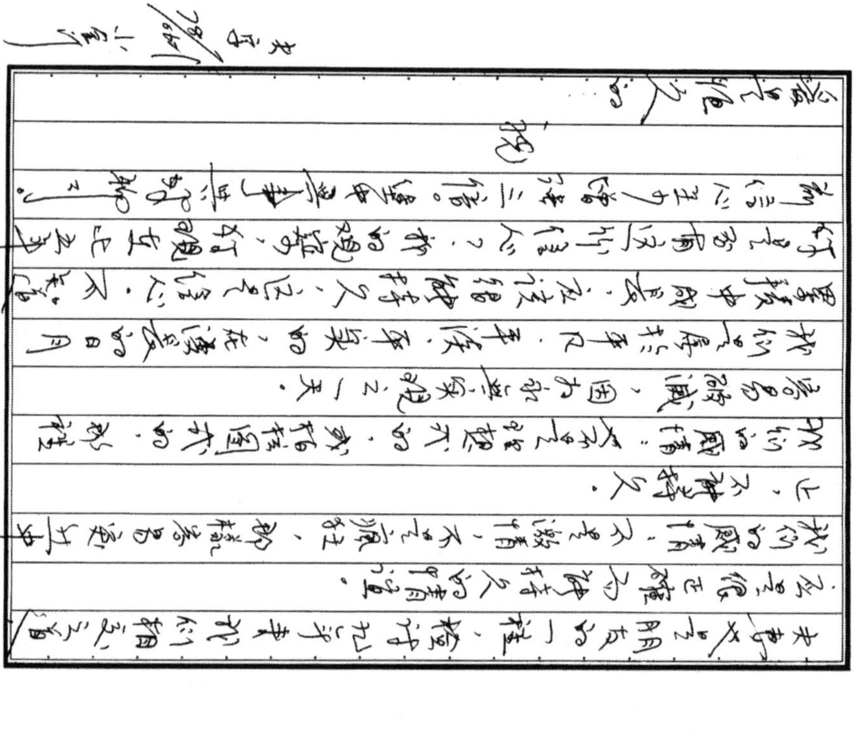

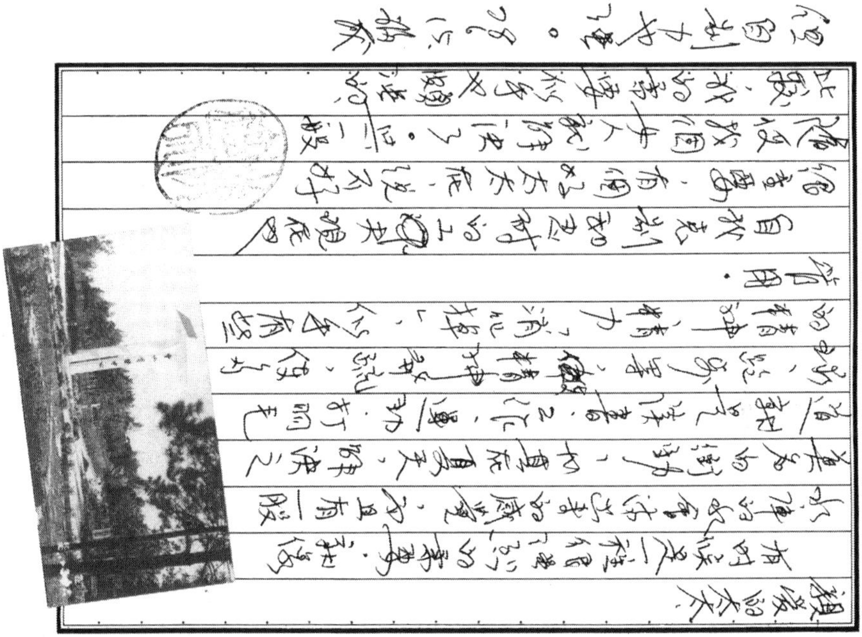

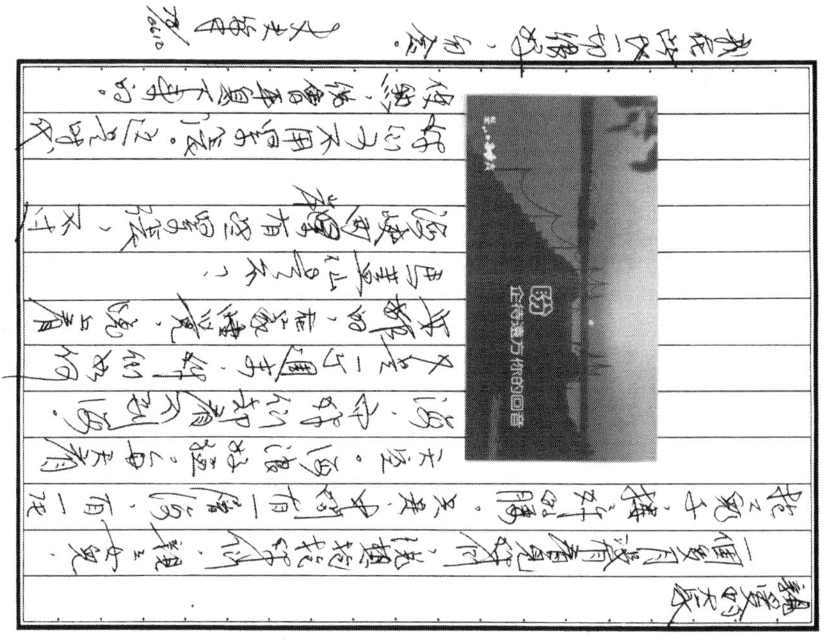
企待遠方你的回音

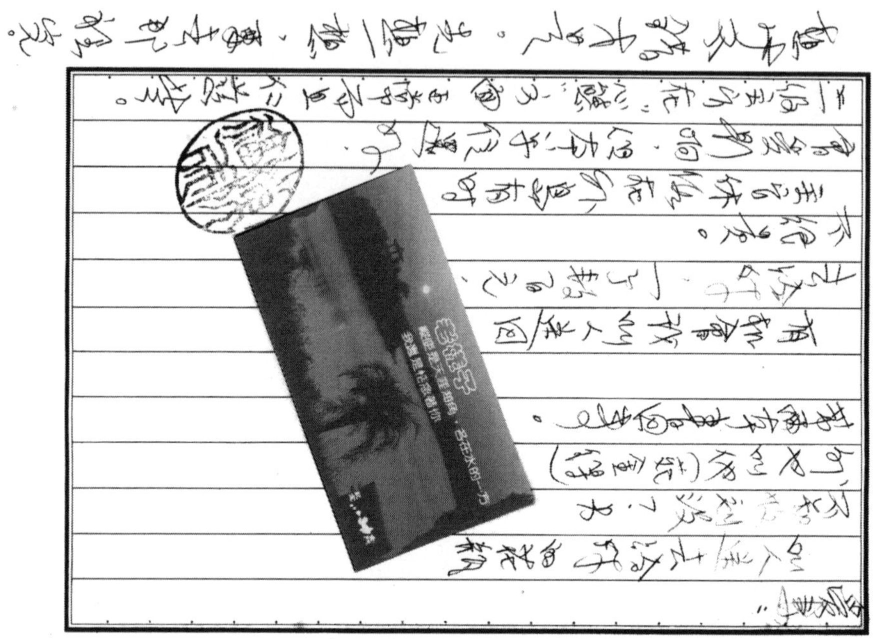

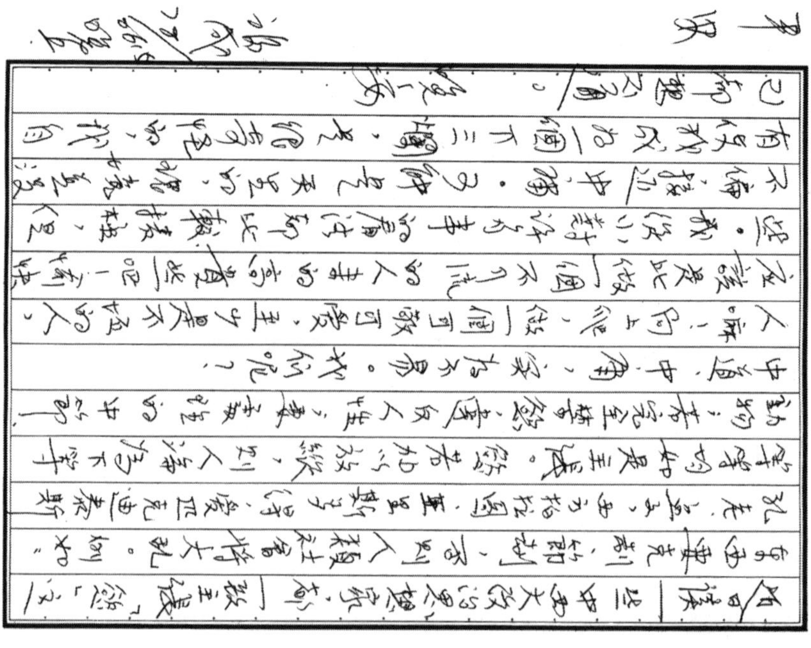

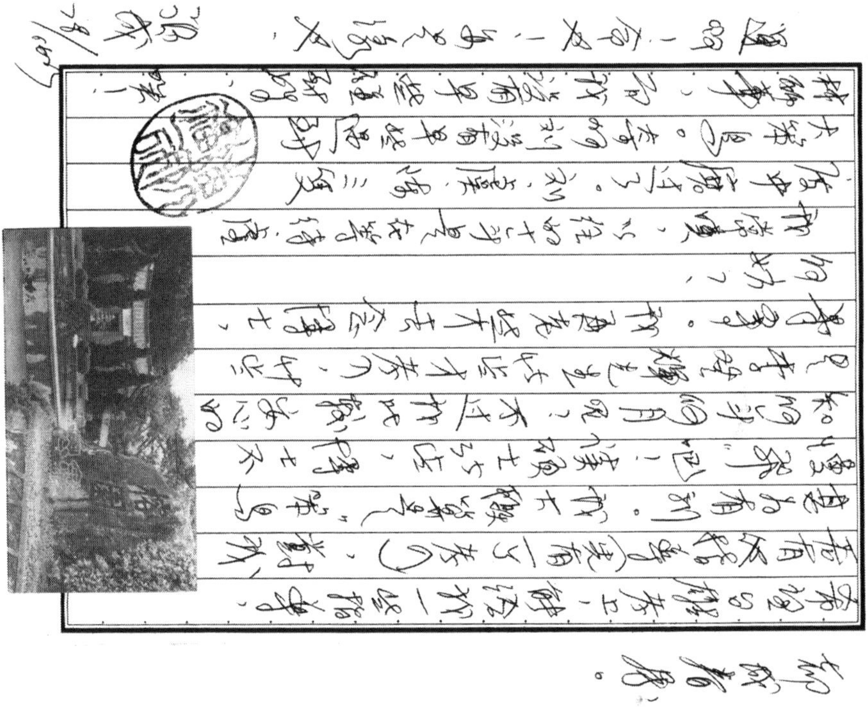

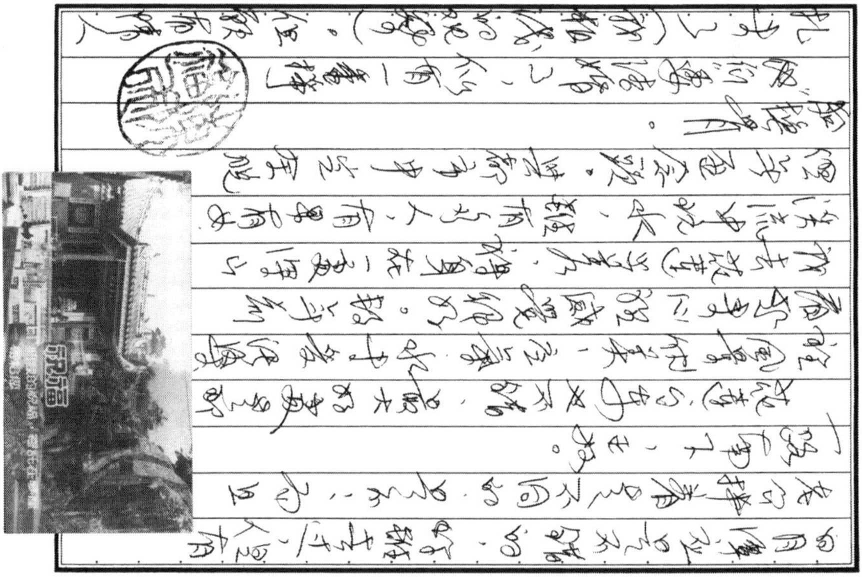

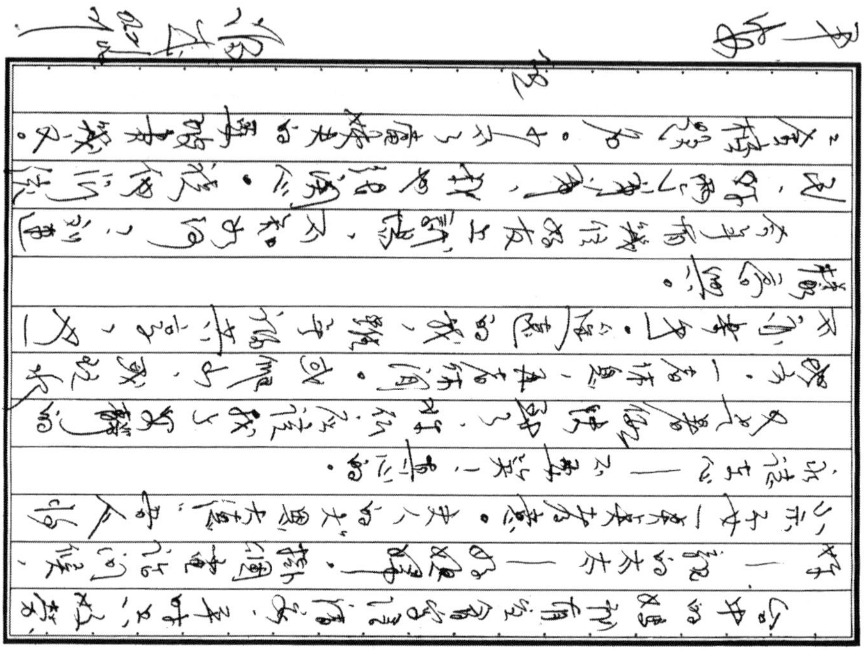

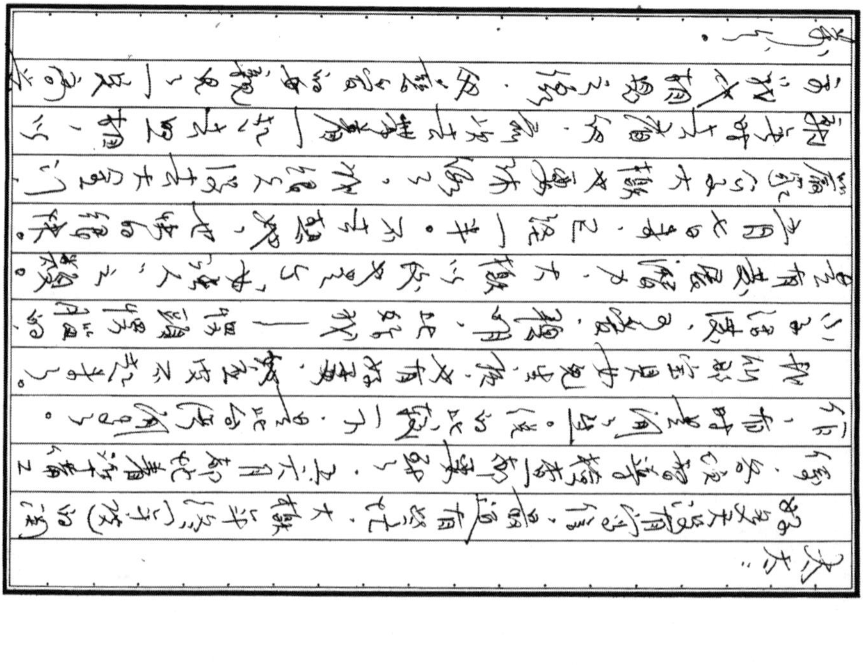

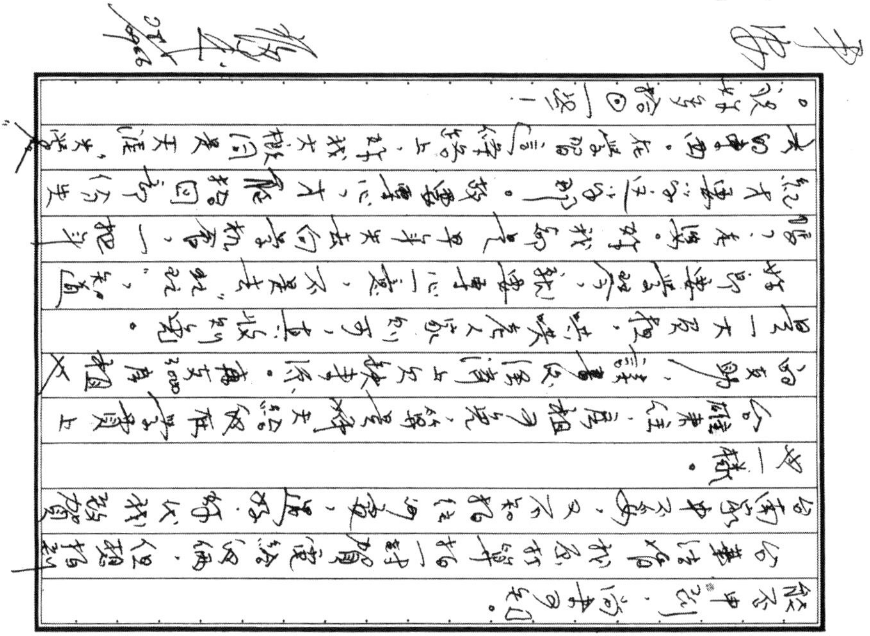

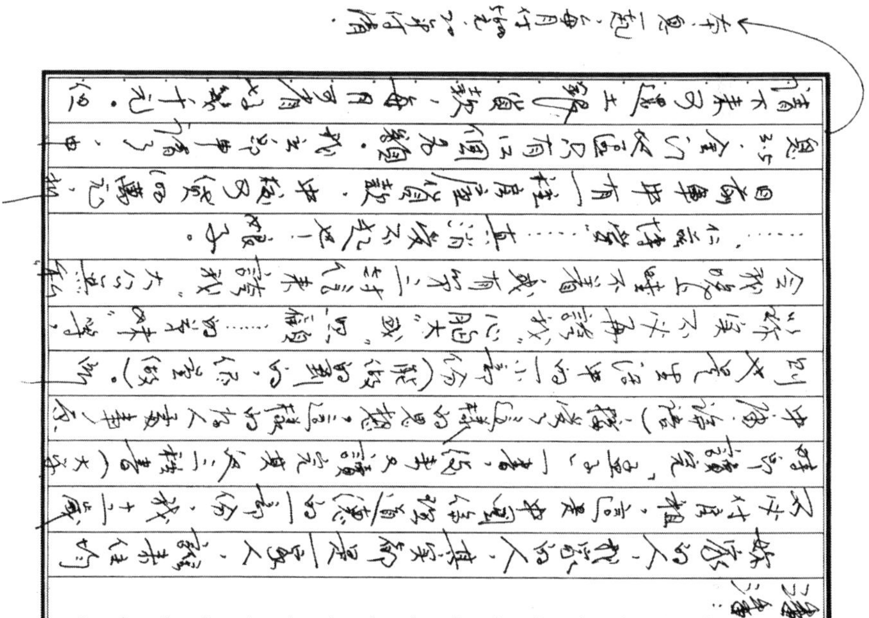

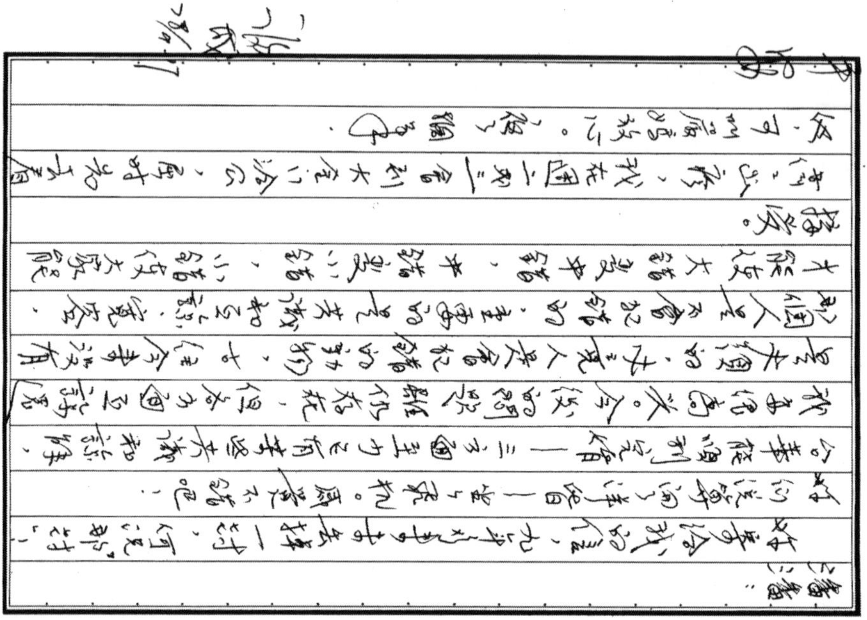

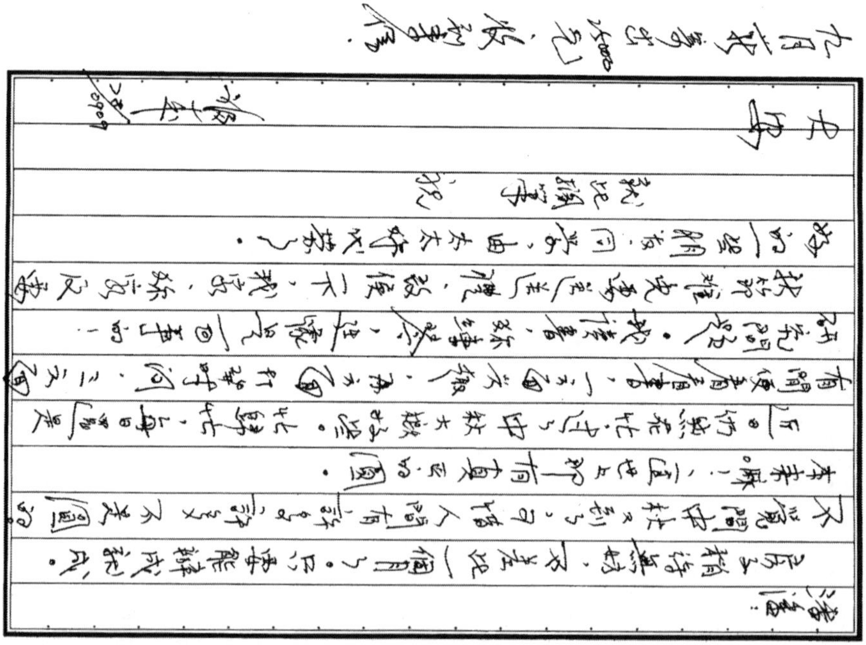

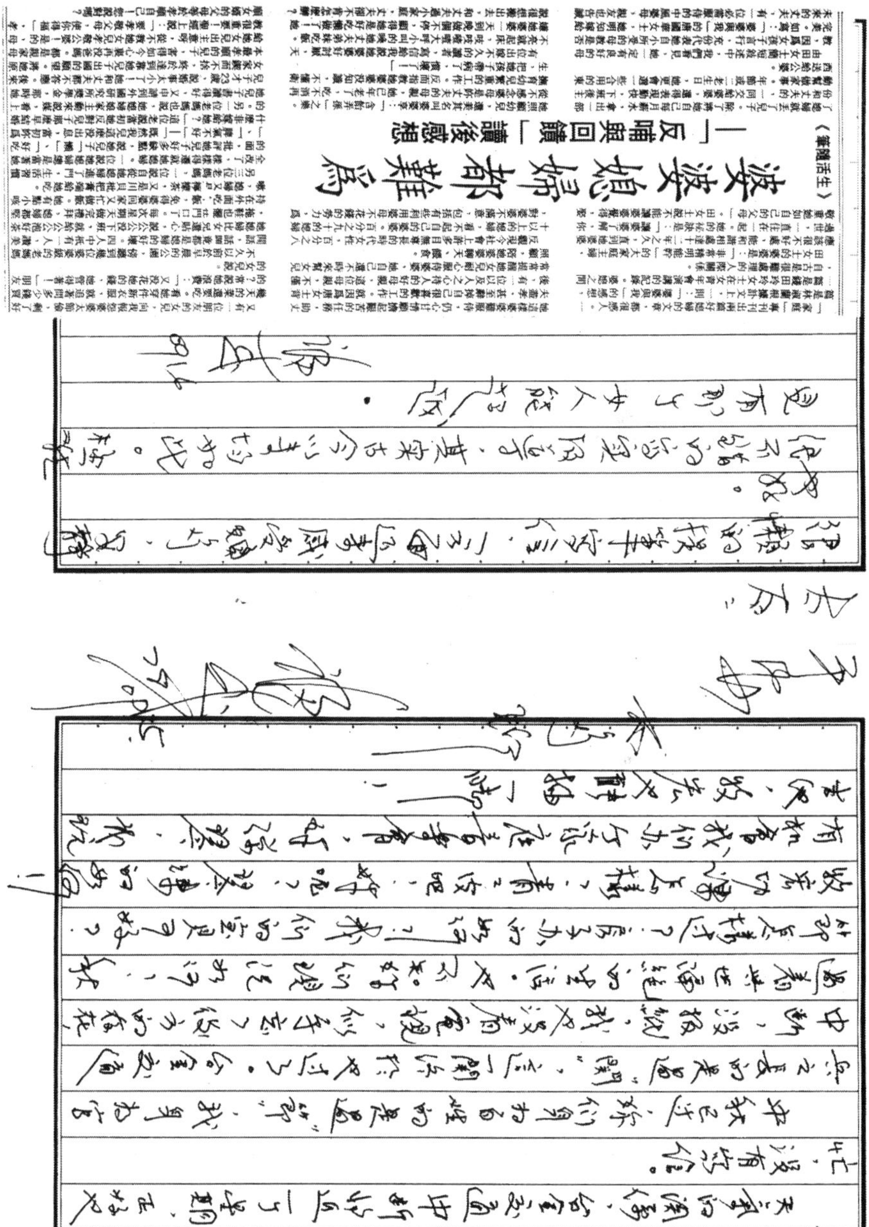
《華聯生活》[illegible]
婆媳都難為
—「反哺與回饋」讀後感想

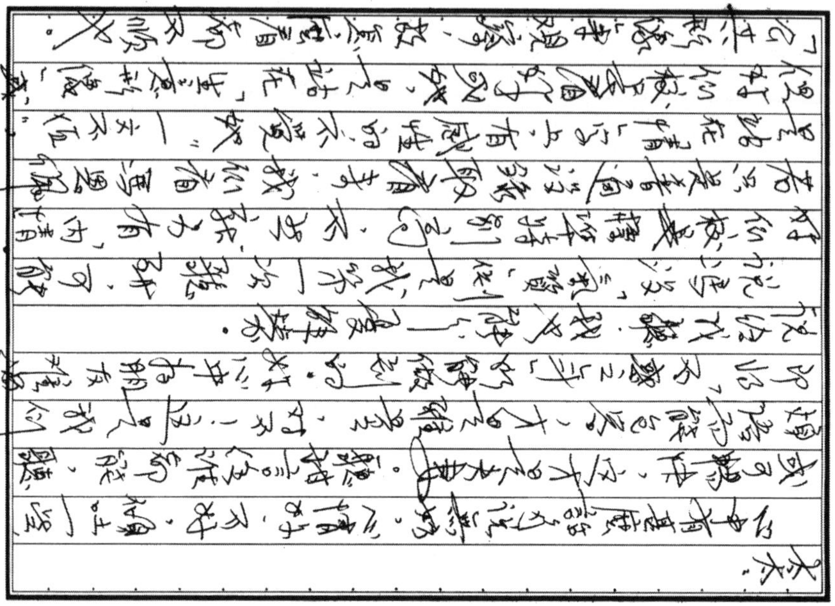

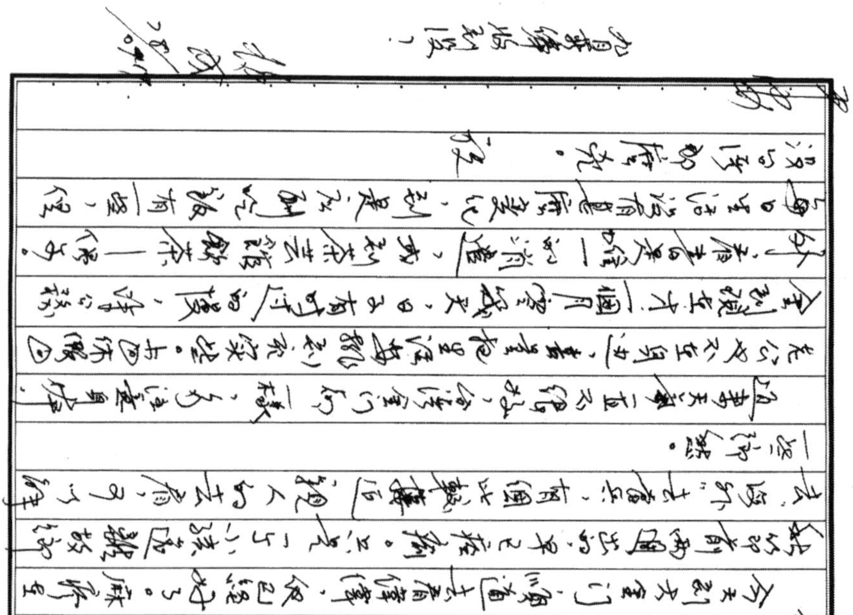

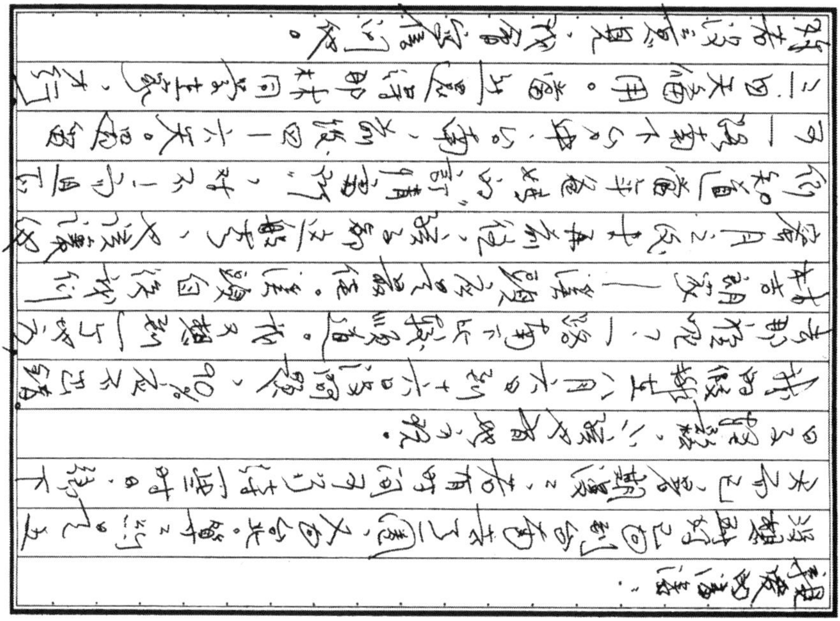

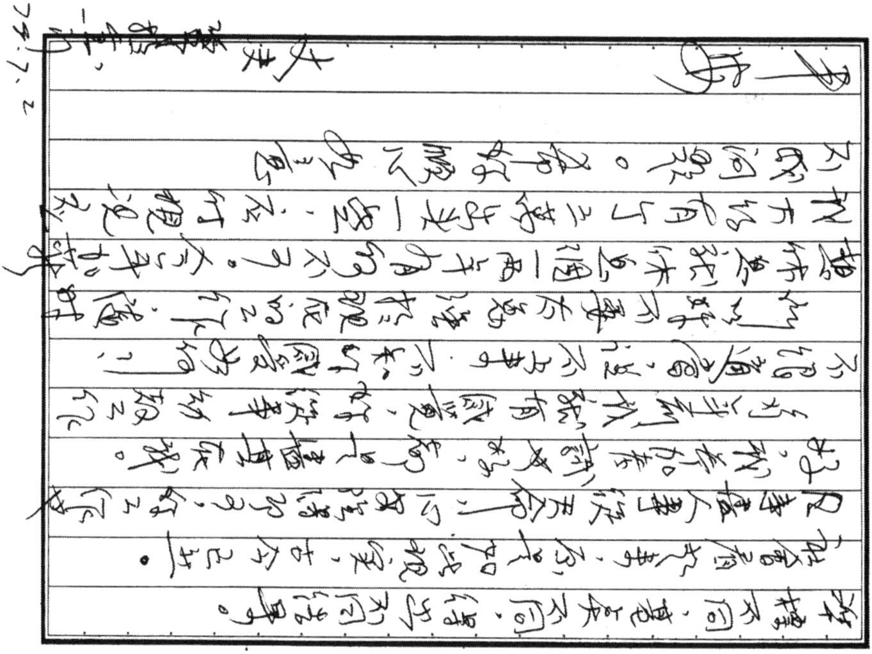

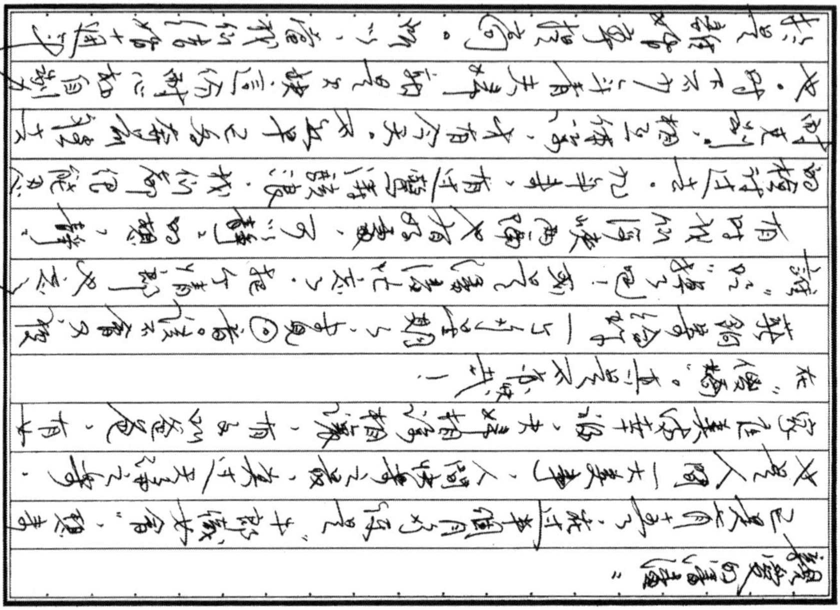

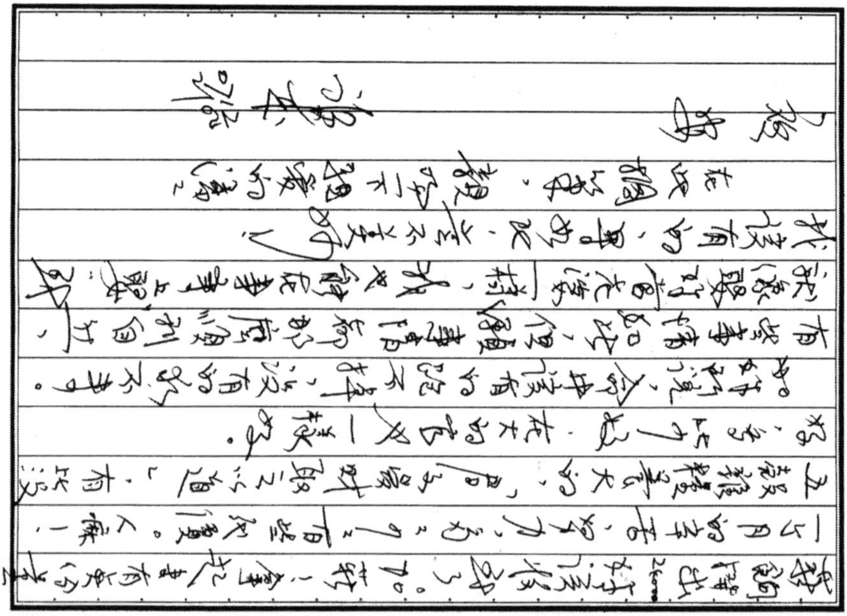

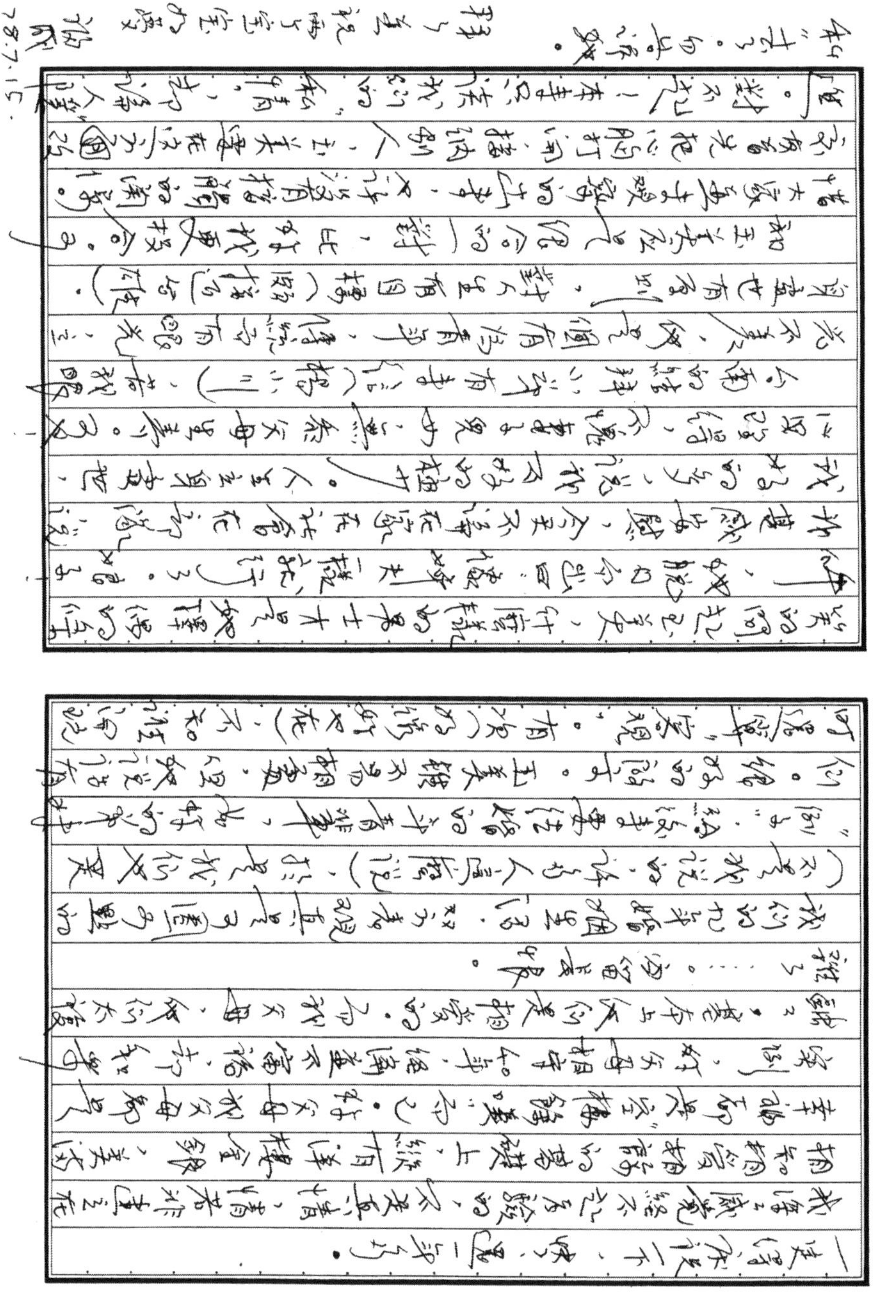

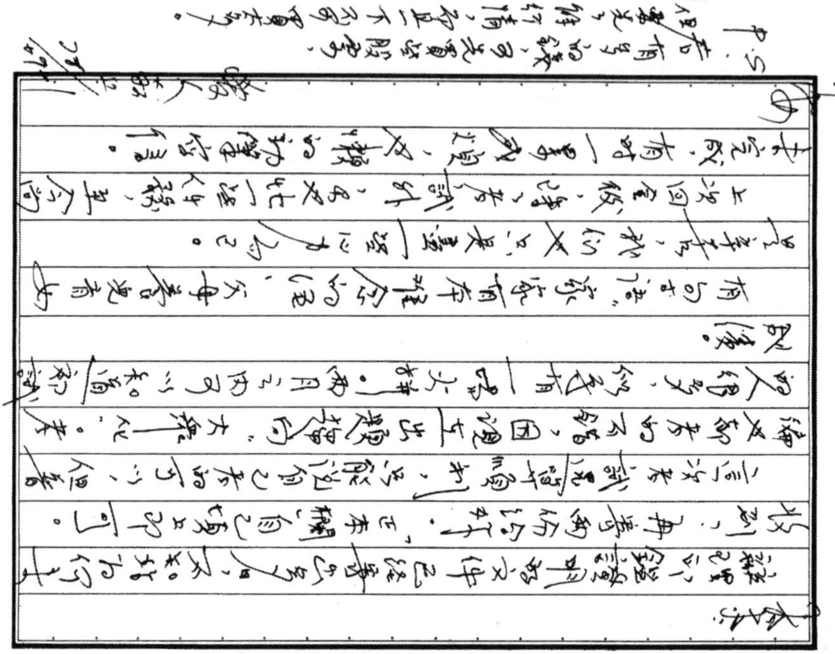

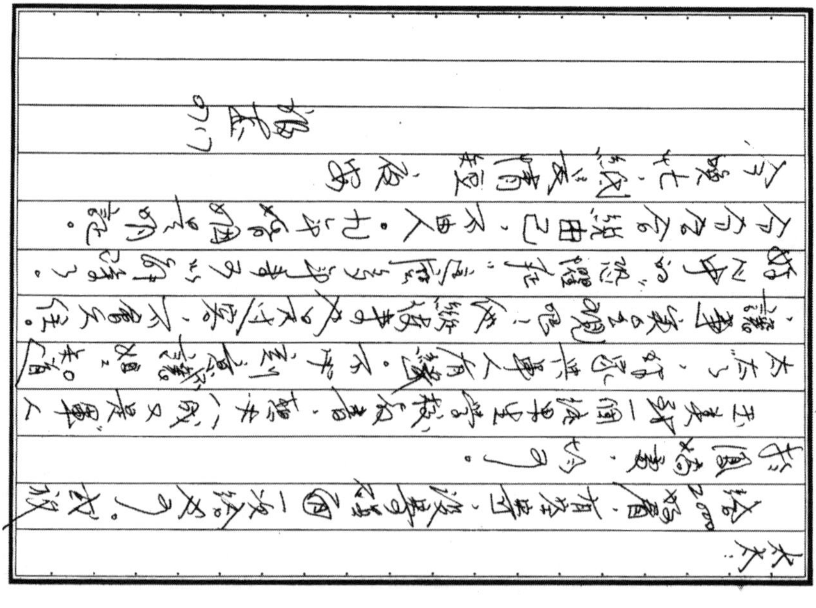

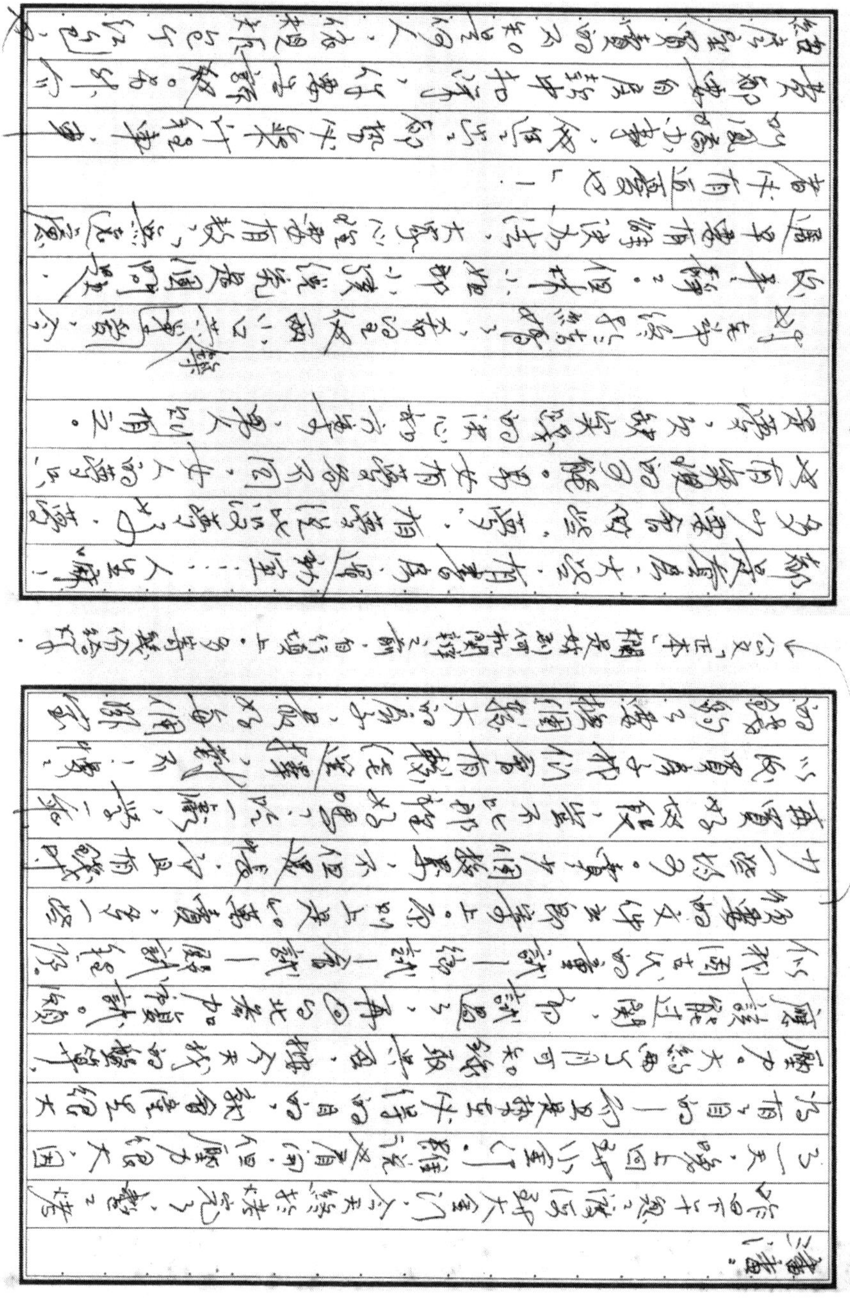

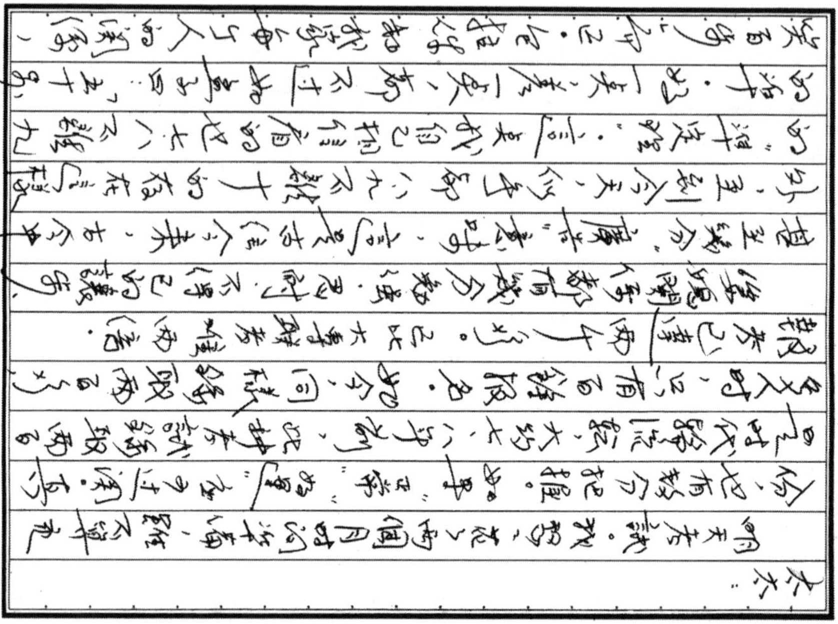

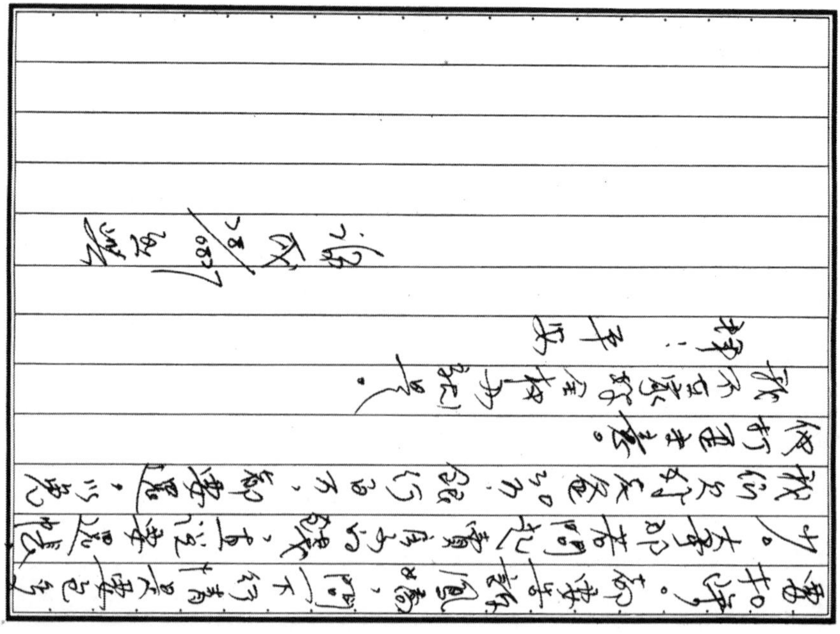

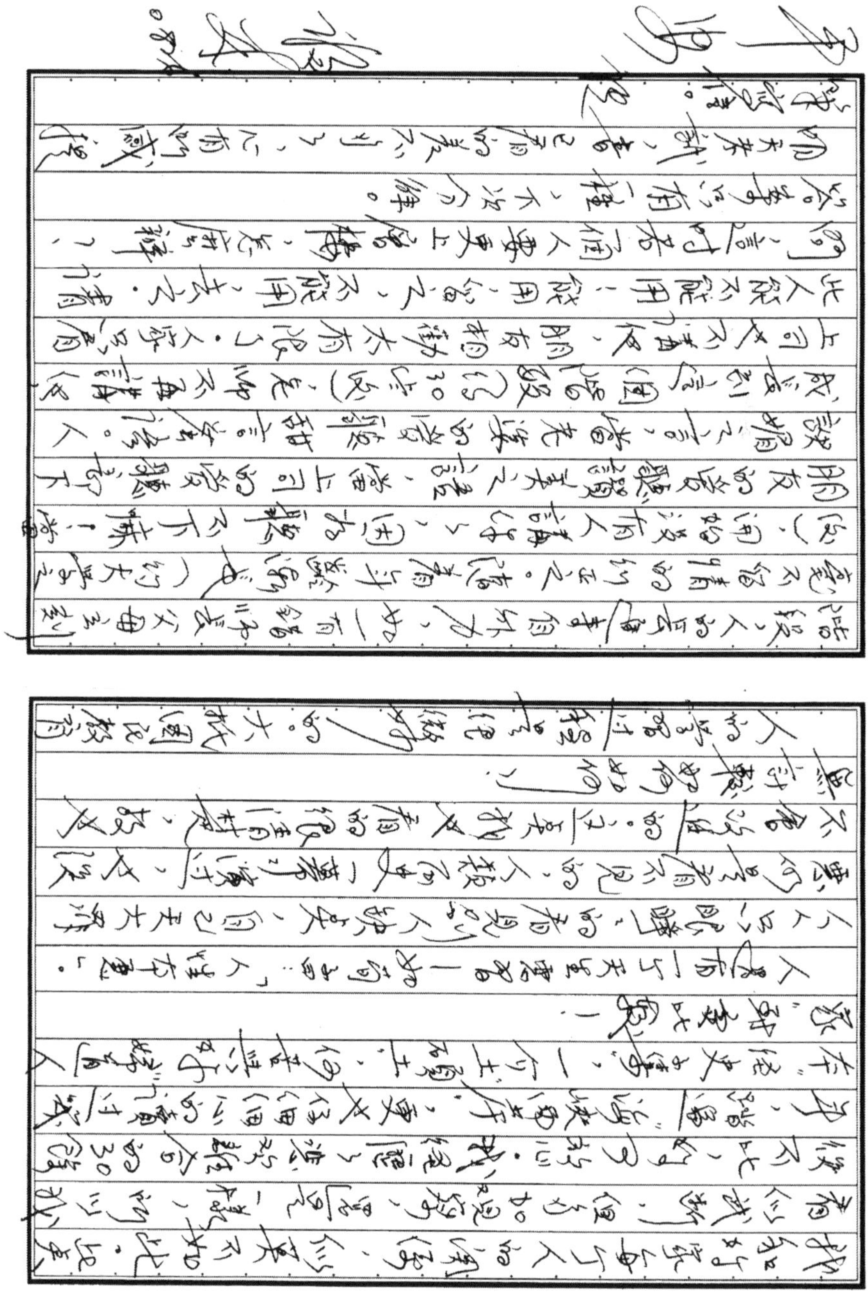

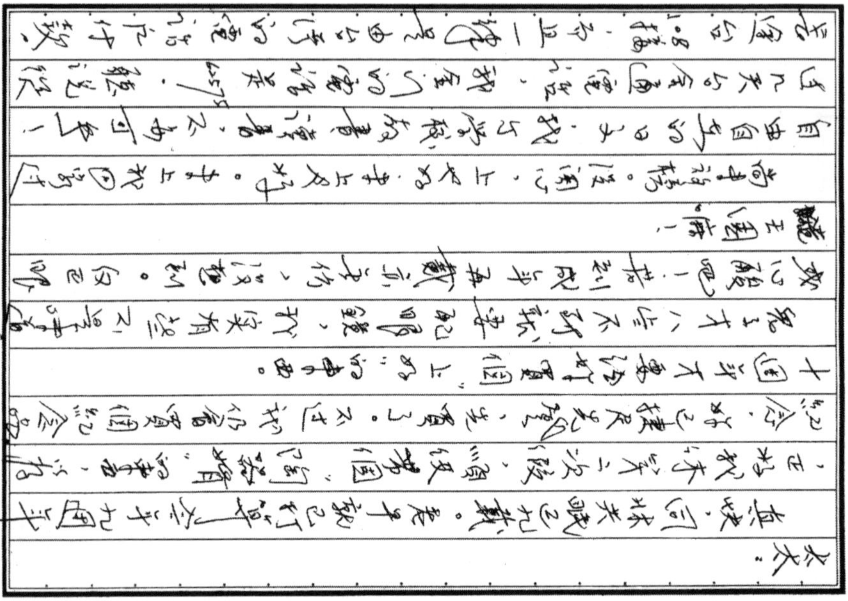

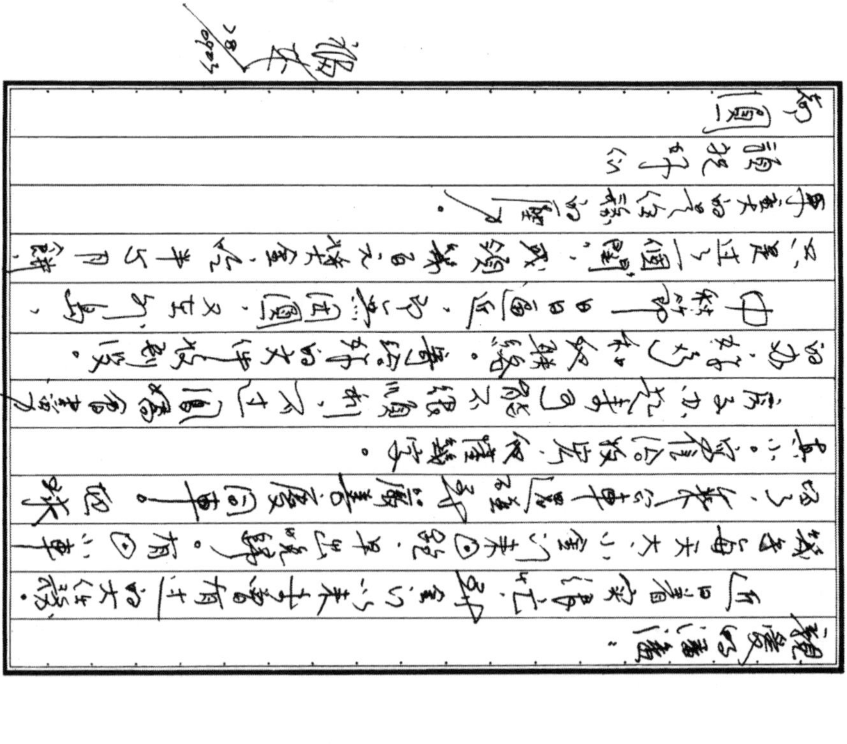

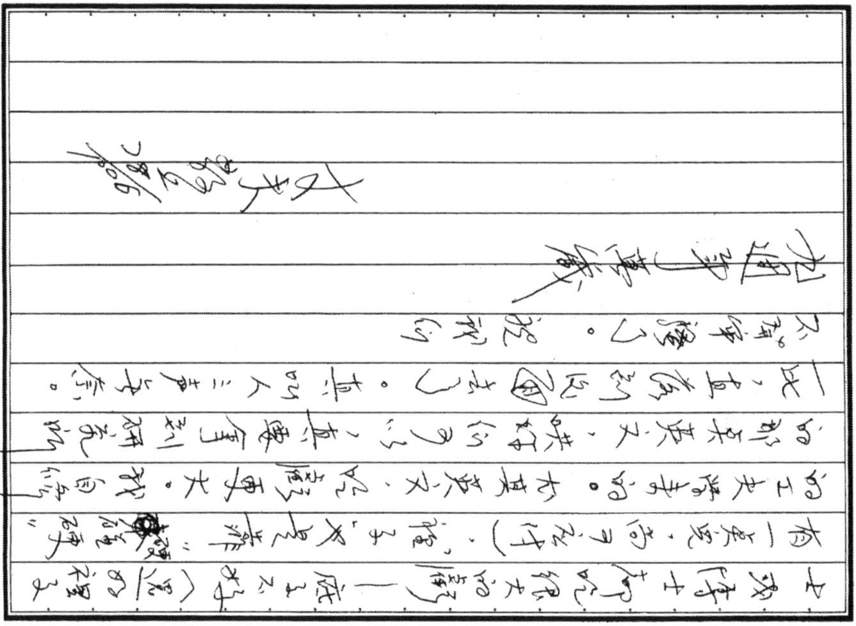

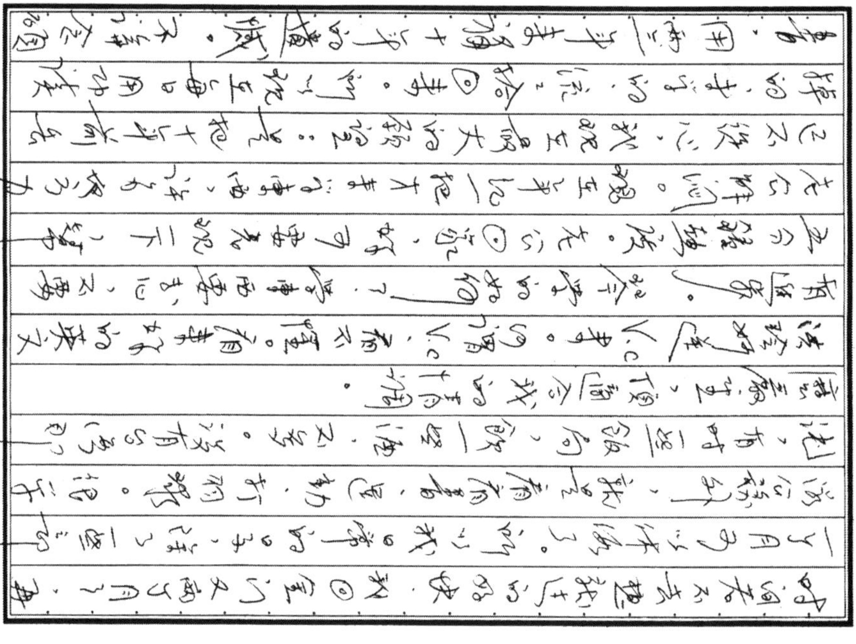

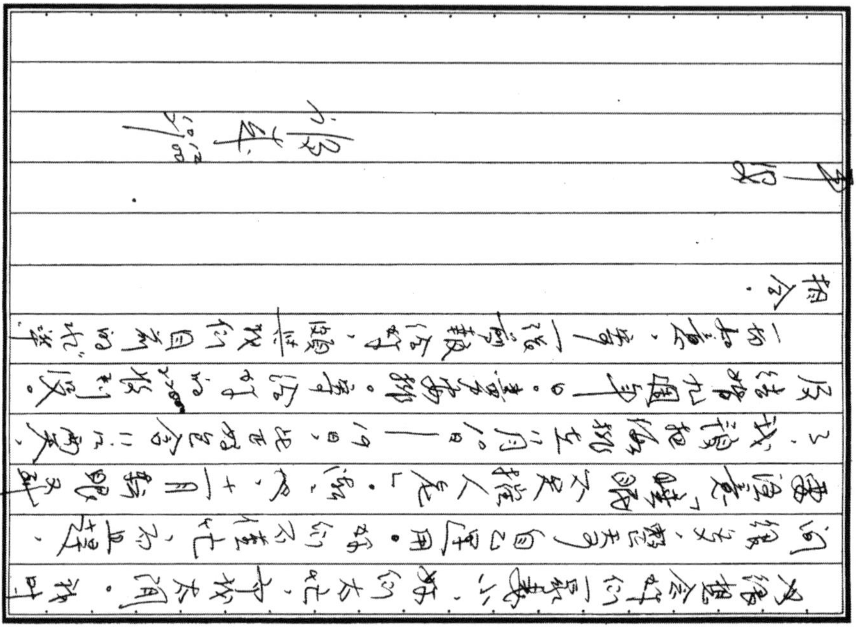

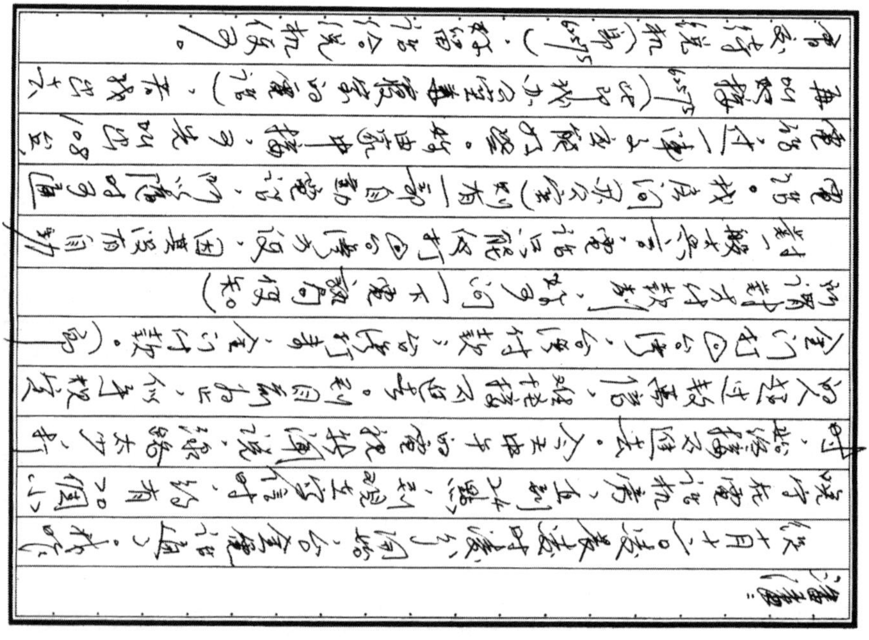

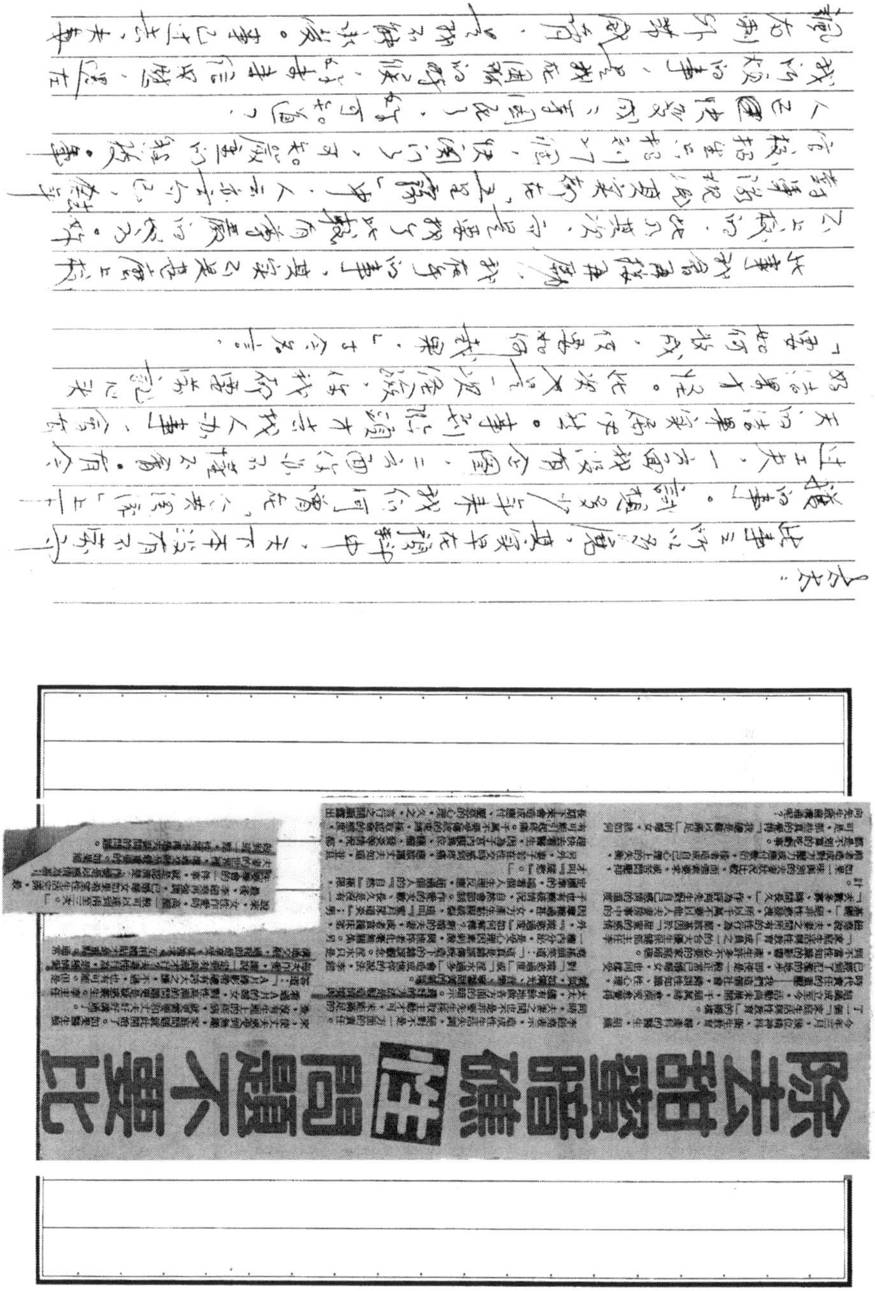

親愛的麗書：

等待的日子說不出來滋味，我總無法將情緒平靜下來。

我，只記得你說過有的話語，給了我一個努力，有時[illegible]

[illegible]一個[illegible]，只好在現有的環境上已經很累了，

也不想了——好在結束了。不要不行。真的，我只能的回[illegible]

[illegible]

[illegible]

[illegible]

[illegible]

[illegible]

我從的日記簿了，以時空回。

愛，

張[illegible]

[illegible]

替忙，我們的愛都認在心，好好記著且有所回報。

[illegible]

[illegible]

[illegible]

今晚是這個月[illegible]。謝

月二十日。

也請原諒了。

[illegible]

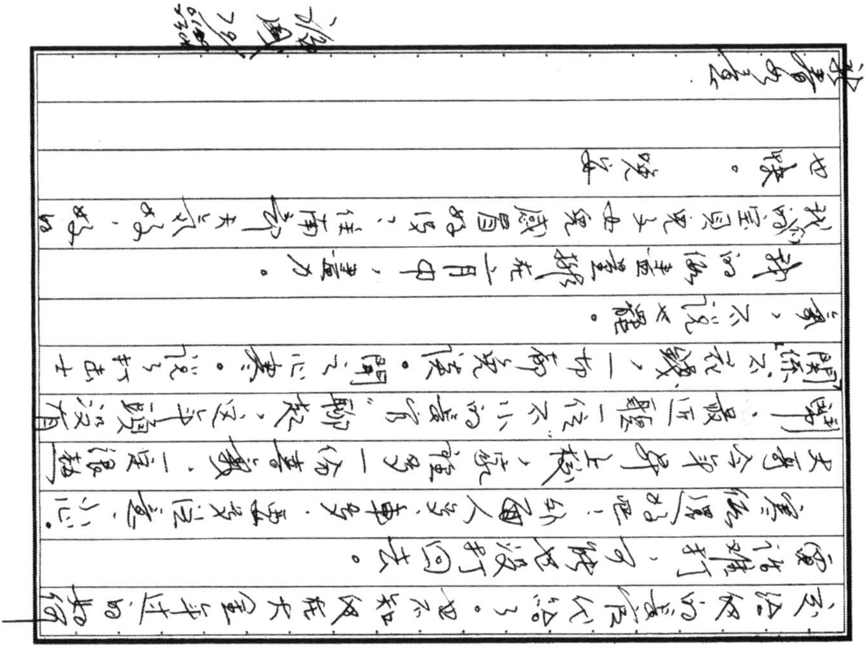

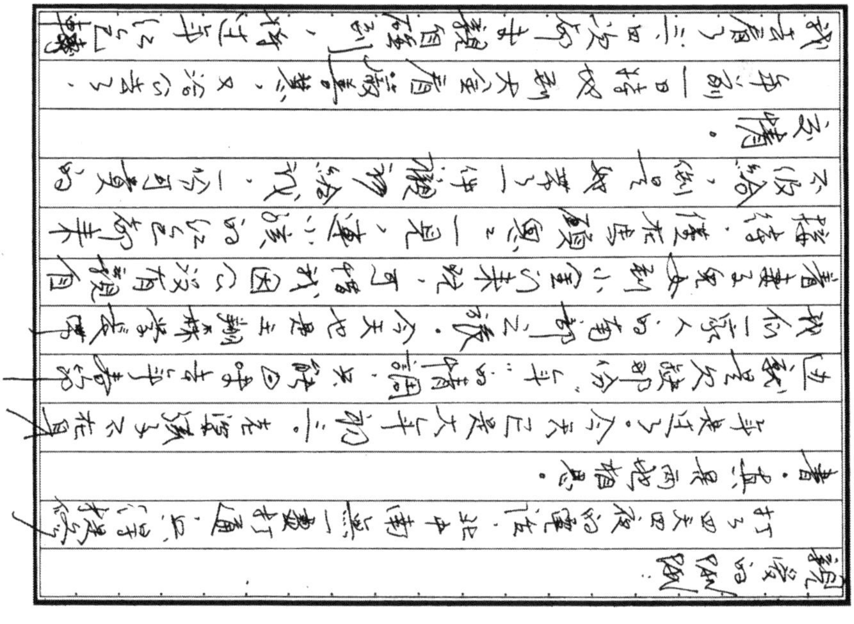

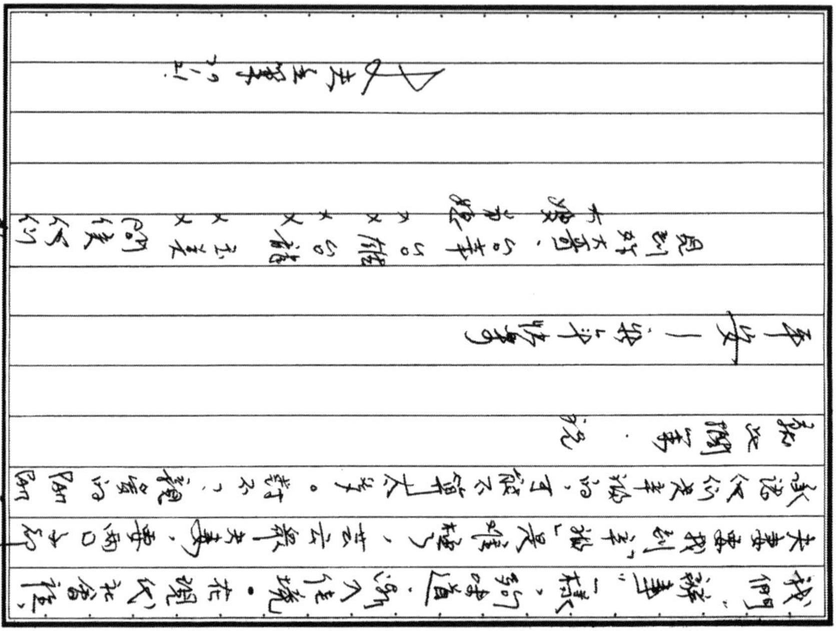

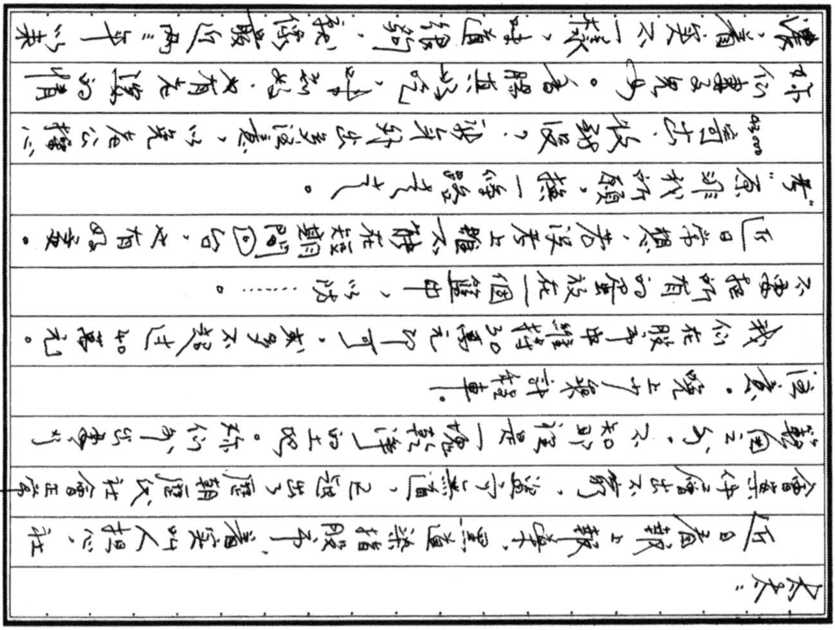

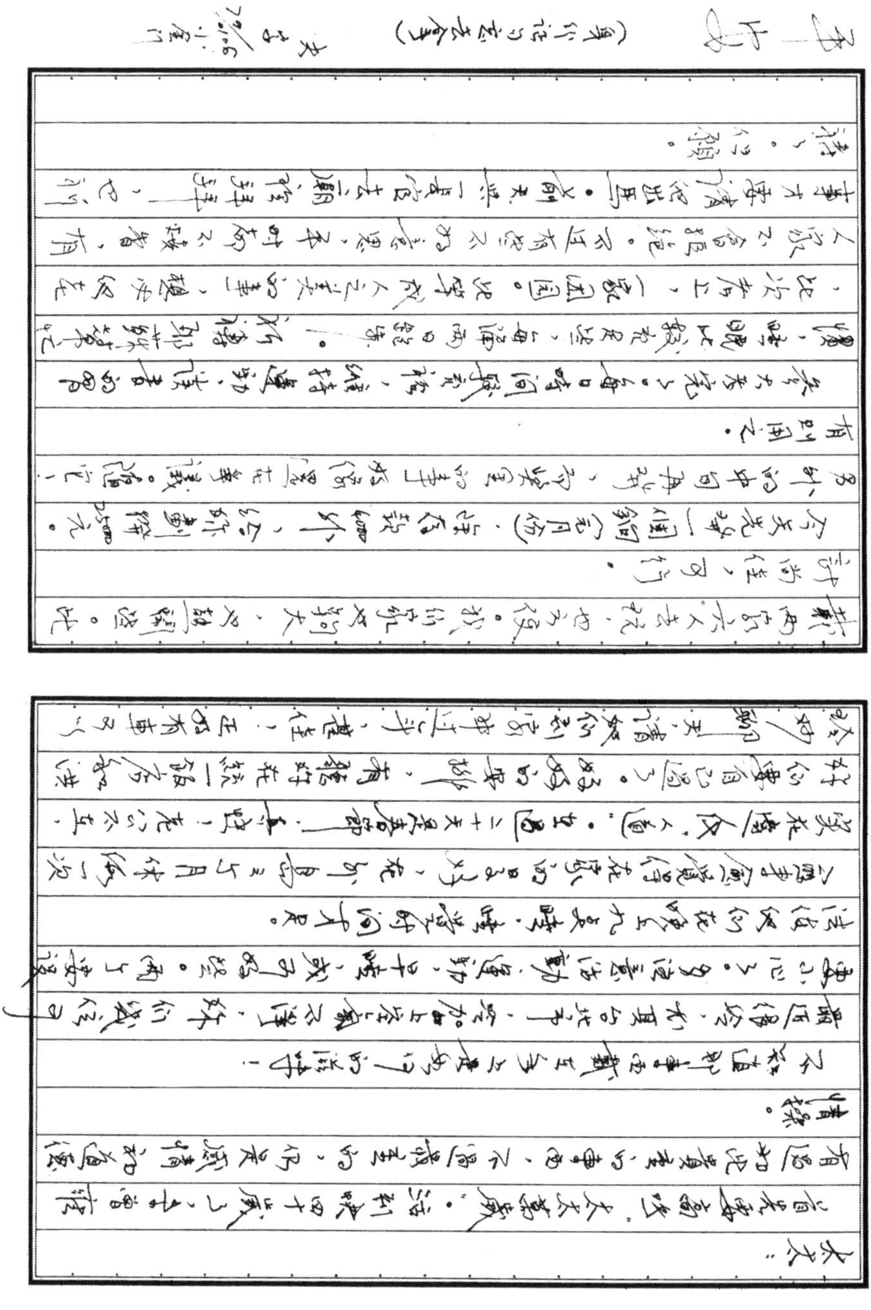

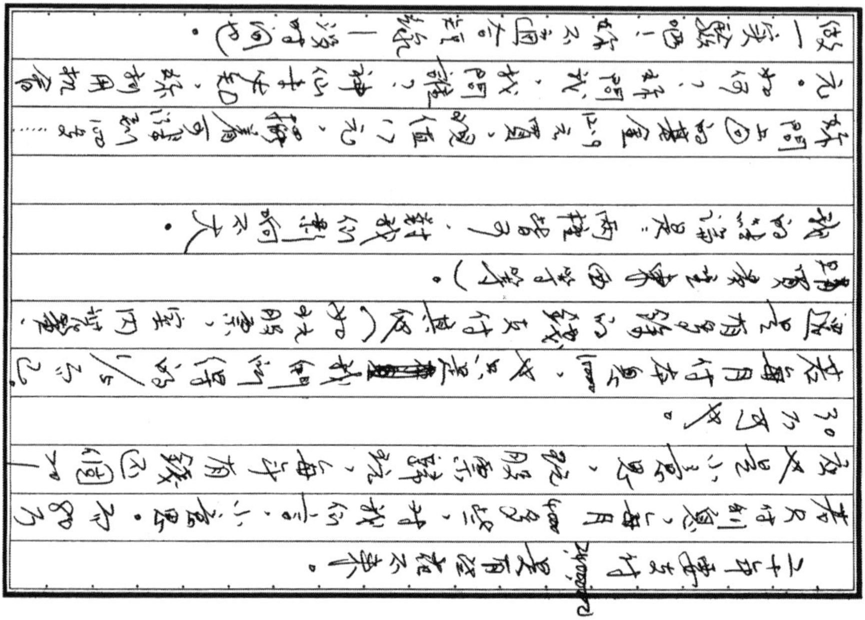

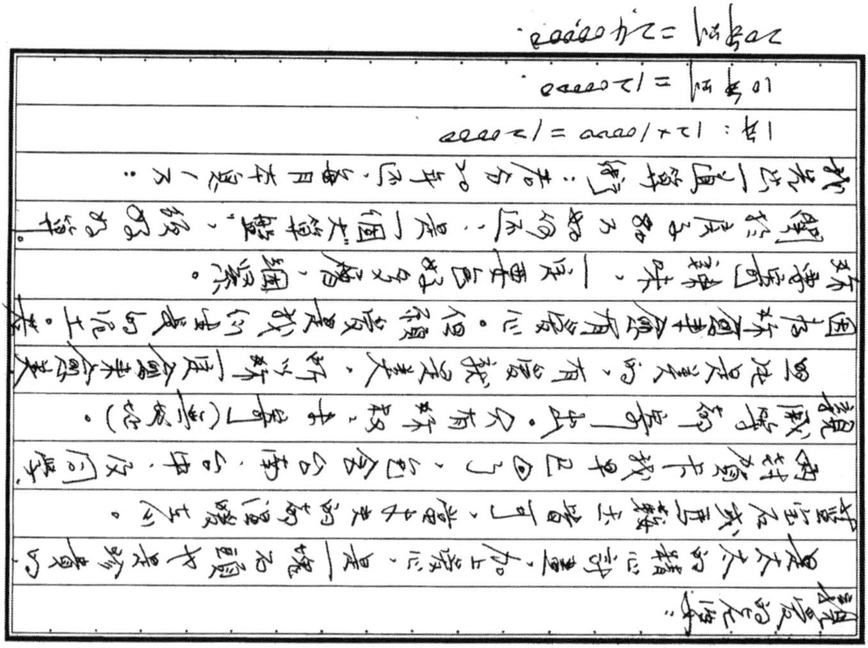
1年：12×10000=120000
10年則=1200000.
20年則=2400000.

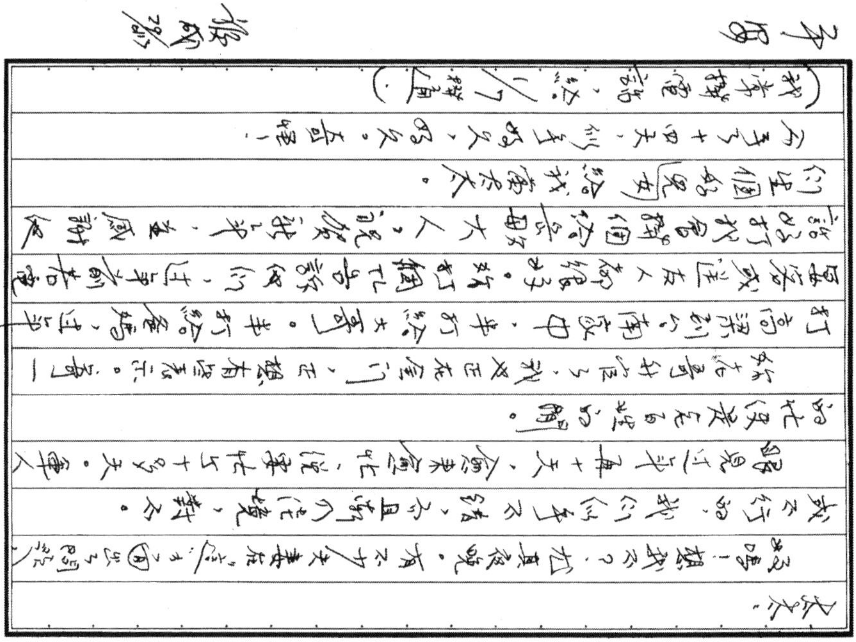

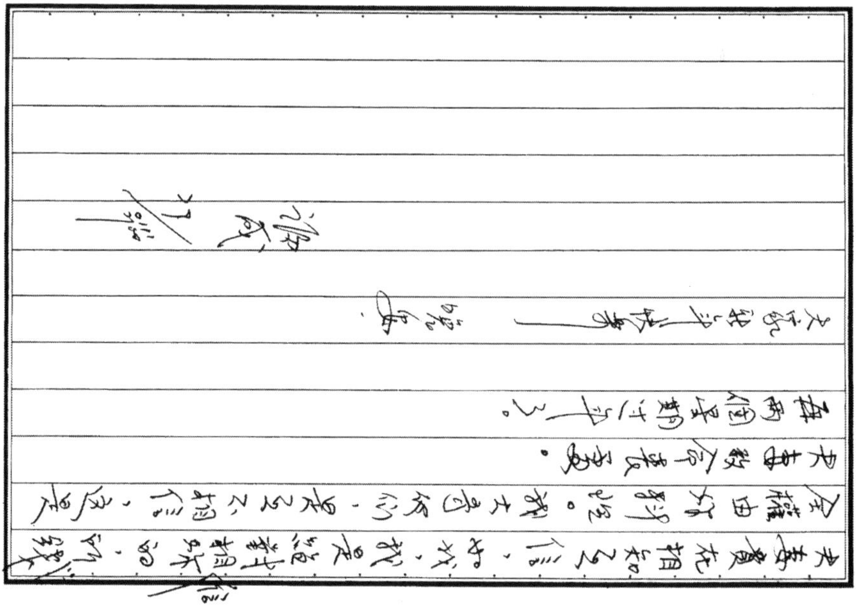

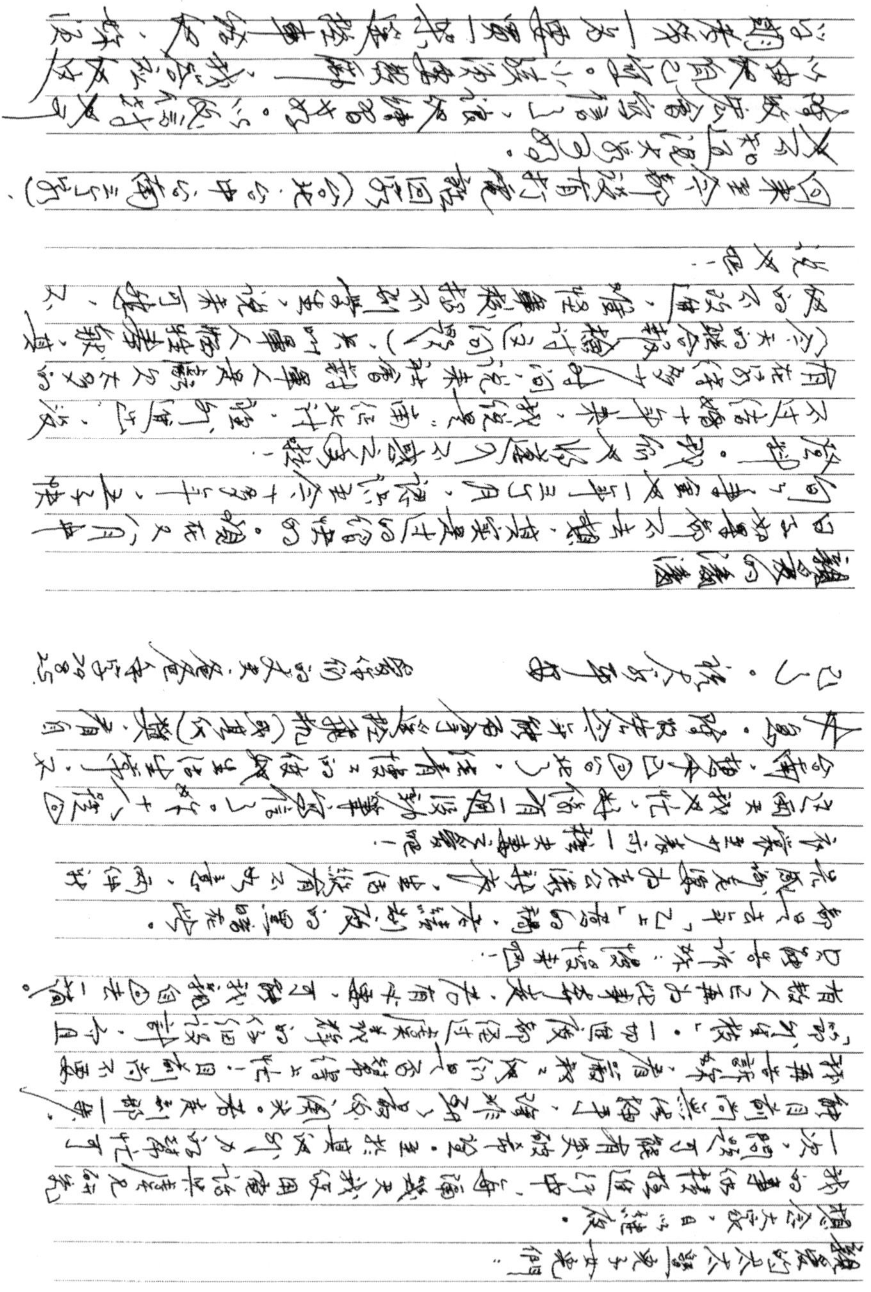

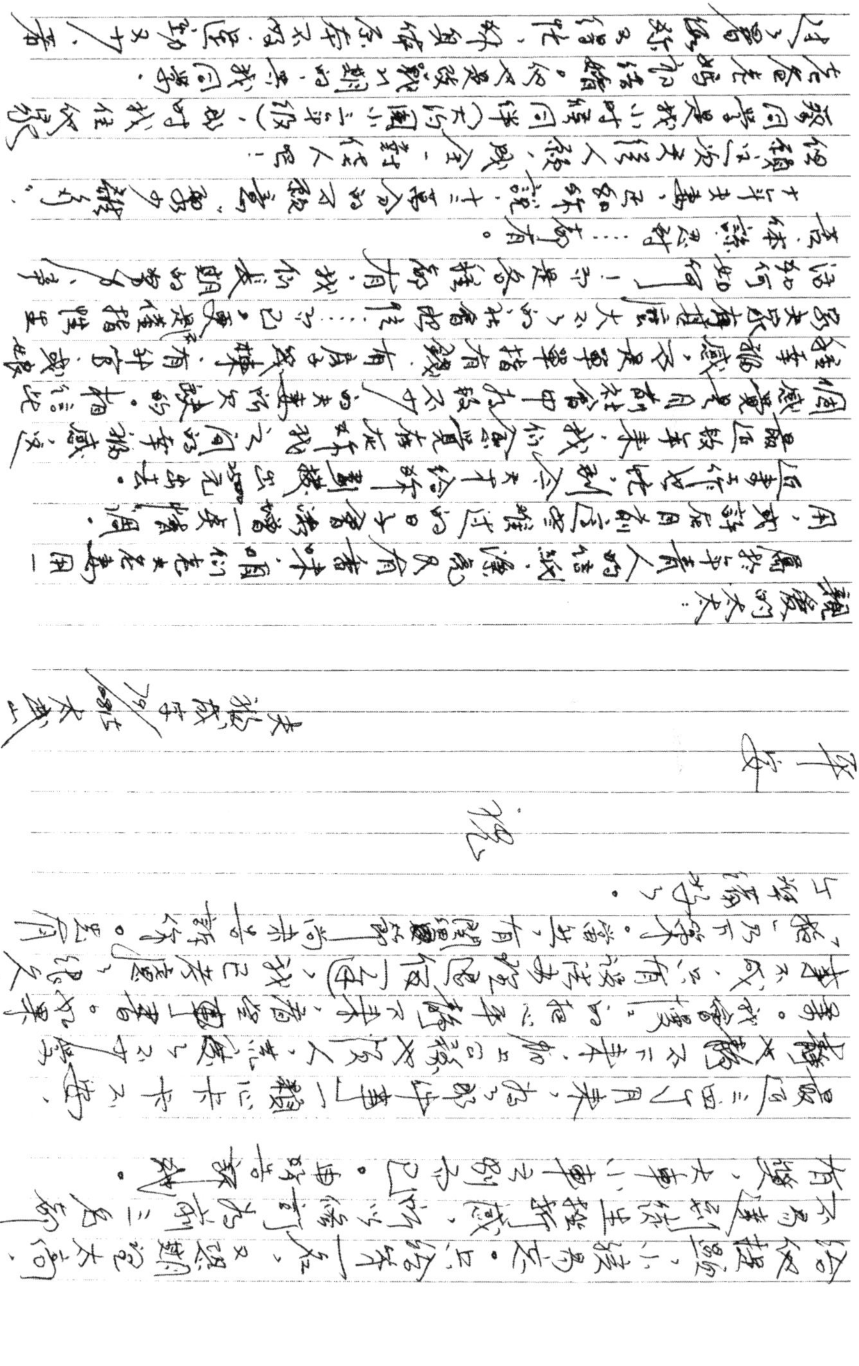

[illegible]，[illegible]。[illegible]，[illegible]，

[illegible]

有機會，大事小事都靠自己。由此[illegible]。

[illegible]

祝

平安

[illegible]

親愛的太太：

關於年青人的結婚，還記得有年春節，[illegible]團一圓，或許是因為[illegible]過的日子[illegible]一年情感。

但事已如此，到今天才[illegible]。

[illegible]，我們[illegible]之間的幸福感，這個感覺是[illegible]社會中[illegible]說不出的[illegible]。相信這份幸福感，不是單單指有錢、有房子、好車、有高官，或很多[illegible]……而已，更[illegible]生活如何如何！[illegible]……都有。

十幾年來，[illegible]說，十二年來的[illegible]。

但[illegible]人吧！

[illegible]同學[illegible]（[illegible]），那時我住在你家，[illegible]。[illegible]，是我同學。

[illegible]

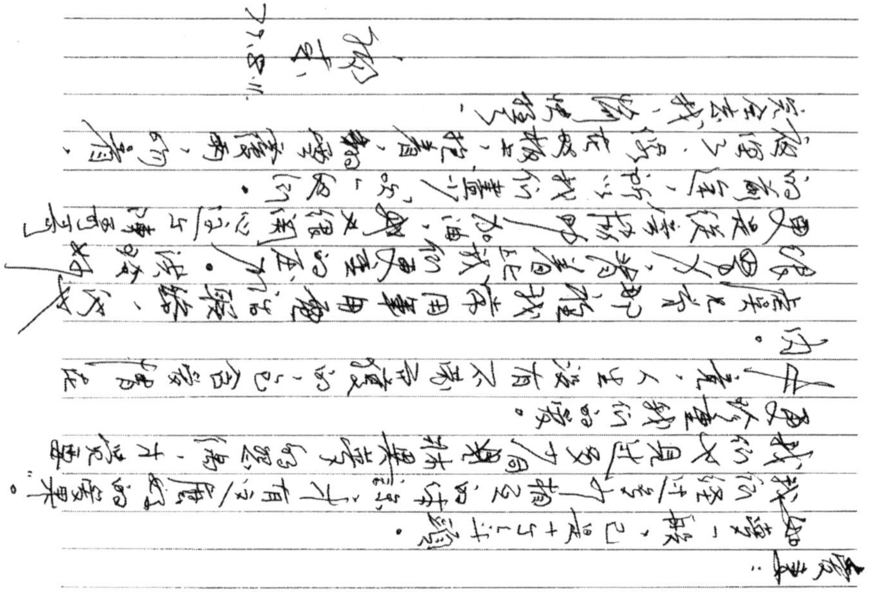

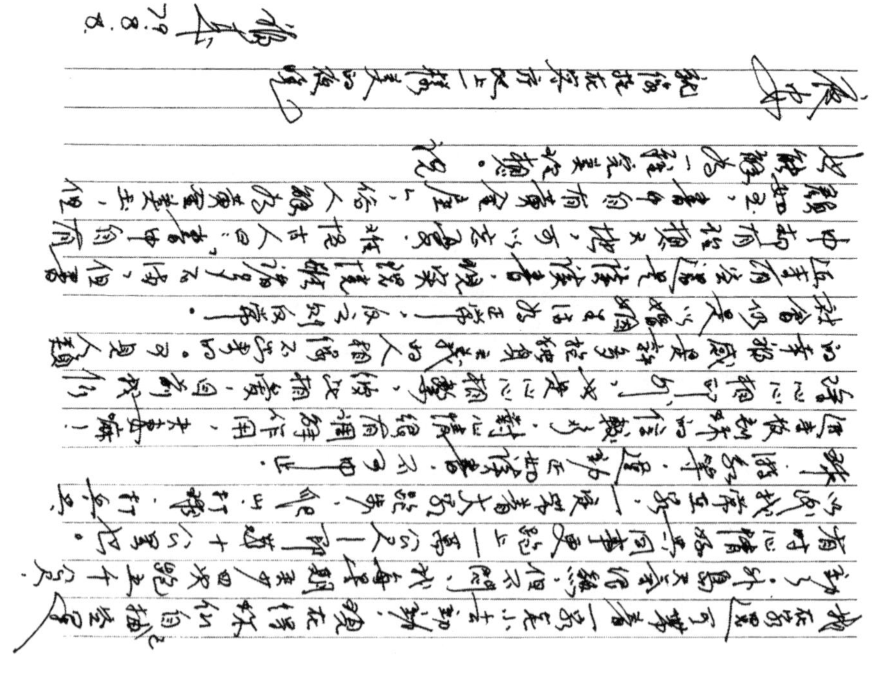

瀟瀟：

我四天以前離開小金門，到大金門的單位報到。上週又被颱風蹂躪了一個禮拜，所有交通、電訊都中斷。你來到了大金，才叫廣義輝通知你，他與我聯絡方便，一分鐘不到就可打通，你要找我可叫他來找。

「爸爸的心肝寶貝」近來可好，不知「老三」是否去檢查沒，若要拿掉最好請假休養數天，看後正好休養。千萬不可客氣，妳身體原本不好，太操勞又要生病。

不當主官了真好，但主官加給（4000元）沒了。還好七月調薪13%，也和原來差不多。

「我的事」尚在努力中，近一個月來各種事情順利些，親自拜訪多位負責的人，難怪廣義輝說他花了半年才弄成。其中關係微妙，因此又唯有「吃飯喝酒」，看來這月餉能寄給妳要方便許多了。

自動電話很難打，只好寫信給妳。妳向媽媽報告一下，我也有兩星期多沒有打TC給他們，老人身體不好，兩三天打一通電話安慰安慰，對老人家言便是最大精神糧食，不必花費一定如何！兩句好聽的話便足以使人很高興。知道不！「爸爸的心肝寶貝」。

泰國之行是否照常，若要去，特別注意交通安全，飲食生活衛生，須知泰國的衛生已比台灣糟差，而AIDS這年又成長了二十倍，泰國的經濟水準又比台灣低了很多。所以去那裡千萬注意衛生與安全，最好隨團，不要私自亂跑。

把家安頓好，很好好去玩。我大約八月初（1—15日之間）休假。祝

旅途愉快平安

老公 [illegible]

79/07/05

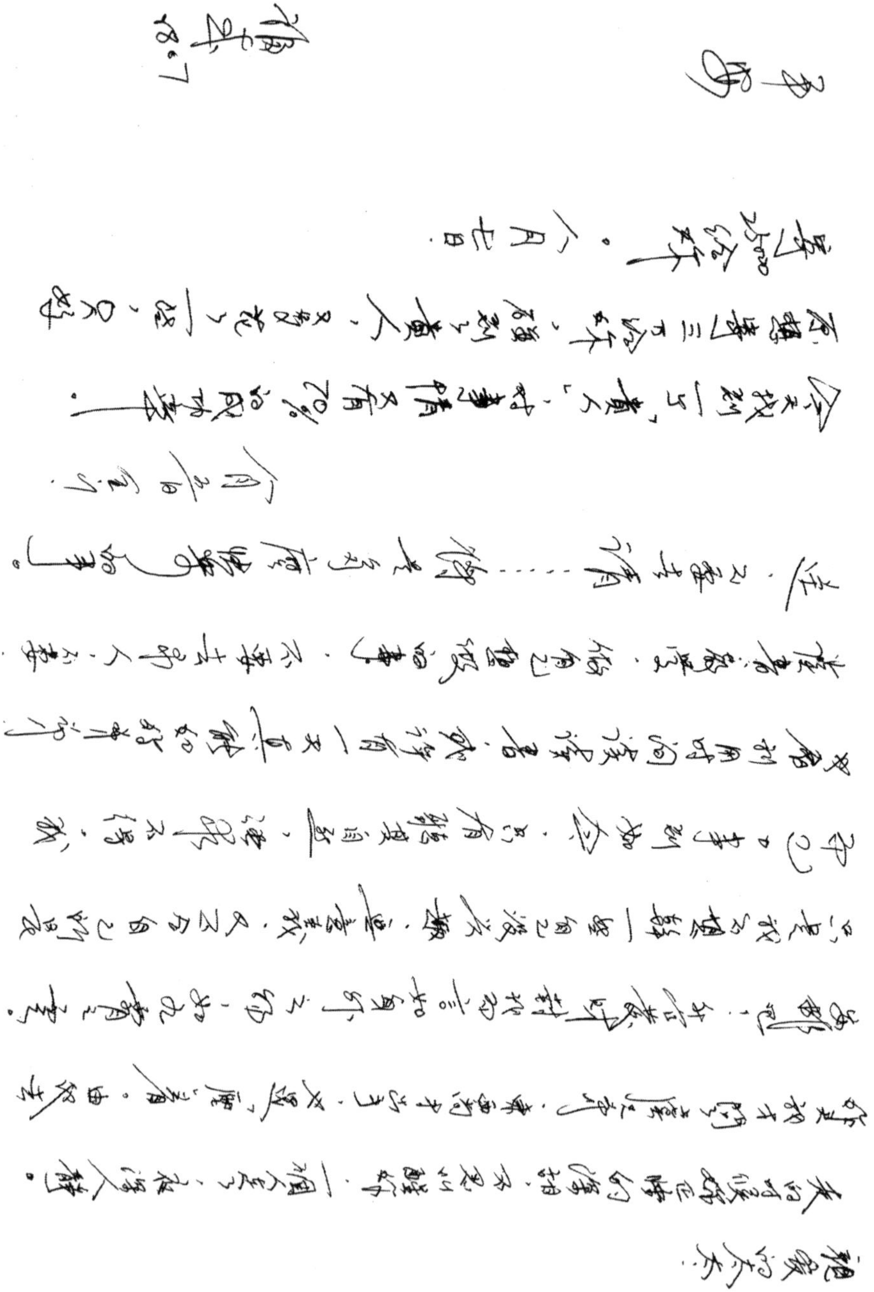

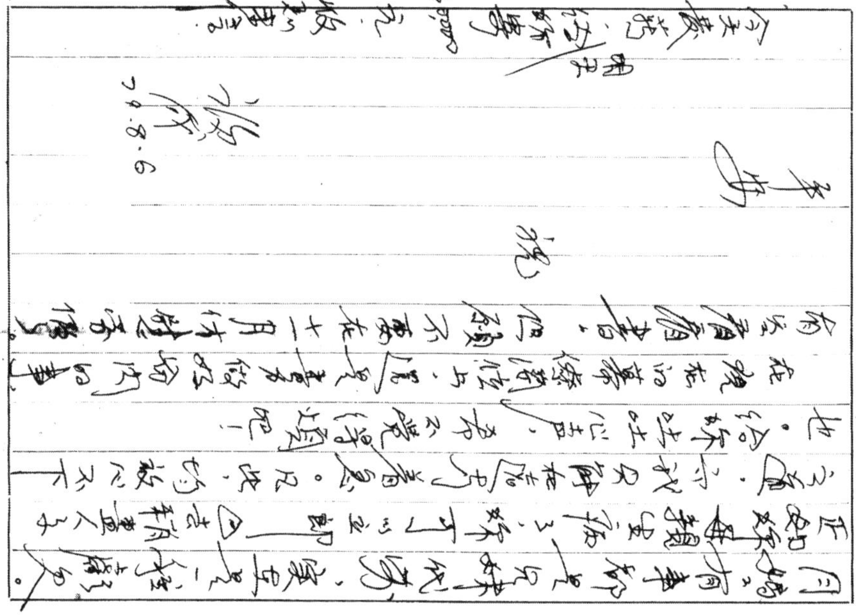

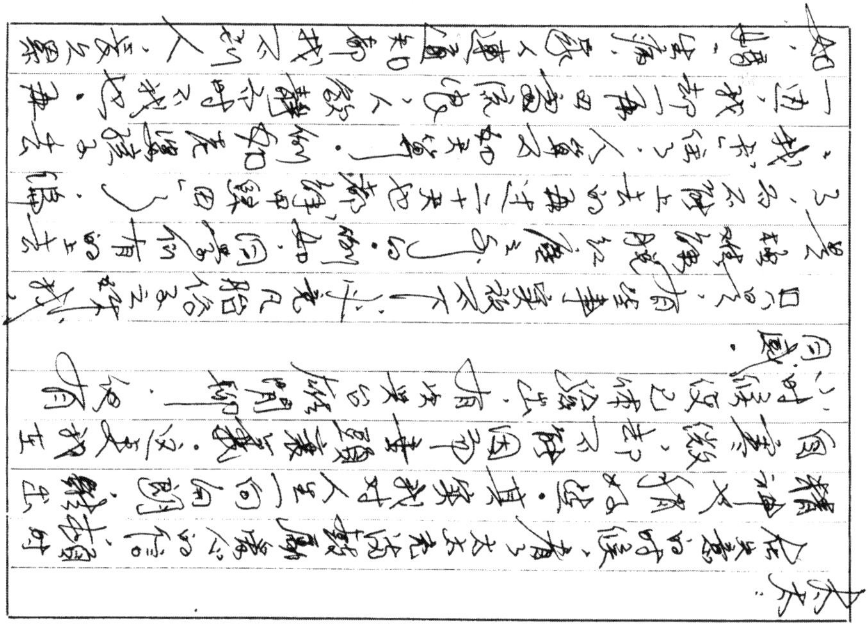

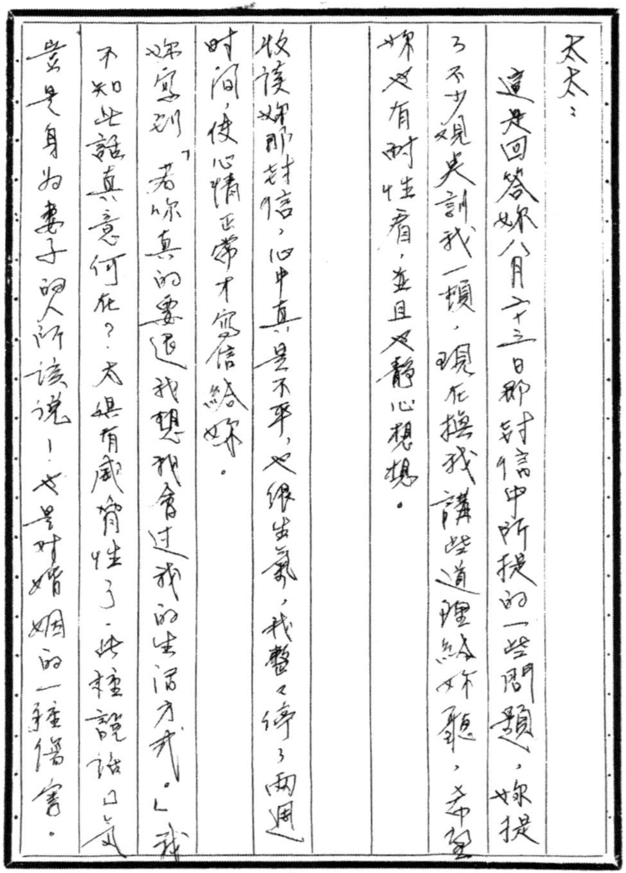

太太：

這是回答妳八月二十三日那封信中所提的一些問題，妳提了不少規矩訓我一頓，現在換我講些道理給妳聽，希望妳也有时性看，並且也靜心想想。

收讀妳那封信，心中真是不平，也很生氣，我整々停了兩週时間，使心情正常才寫信給妳。

妳寫到「君你真的要退我想我會过我的生活方式。」我不知此話真意何在？太過有感覺性了。此種說话口氣豈是身為妻子的人所該說！也是对婚姻的一種傷害。

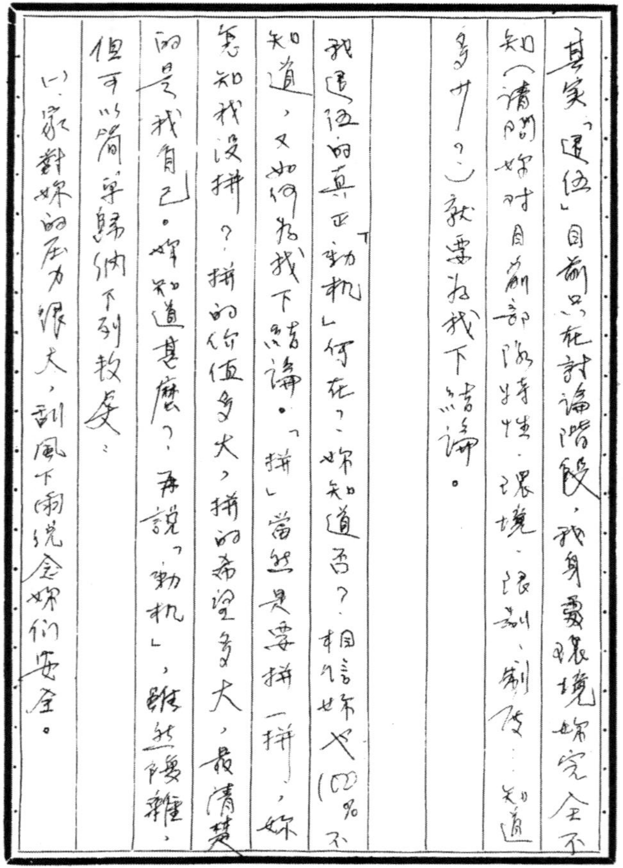

其实「退伍」目前只在討論階段，我身處環境妳完全不知（請問妳对目前部隊特性、環境、訓練、制度……知道多少？）就要為我下結論。

我退伍的真正「動机」何在？妳知道否？相信妳也100%不知道，又如何為我下結論。「拼」當然是要拼一拼，妳怎知我沒拼？拼的价值多大，拼的希望多大，最清楚的是我自己。妳知道甚麼？再說「動机」，雖然隱藏但可以簡單歸納下列敘受：

(一)家對妳的压力很大，刮風下雨就念妳們安全。

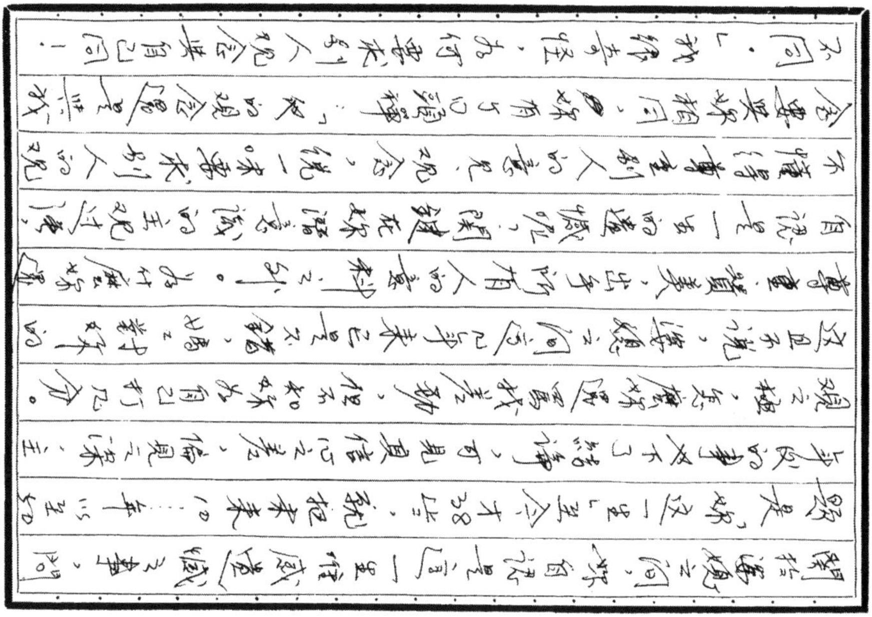

關於婆媳之間，妳自認是這一生極感遺憾之事，問
題是「妳這一生」至今才38歲，就把未來10……年以至50
年以的事也下了結論，可見自信心之差，偏見之深，主
觀之極，怎麼妳還罵我差勁，但不知妳為自己打几分。
这且不說，婆媳之間這几年來已是不錯，媽媽對妳的
尊重、讚美，出乎所有人的意料之外。為什麼妳還
自認是一生的遺憾呢？關鍵在妳潛意識的主观过強，
不懂得尊重別人的意見、观念，總一味要求別人的观
念要與妳相同，妳有个口頭禪：「你的观念還是與我
不同。」我很奇怪，為何要求別人观念與自己同！

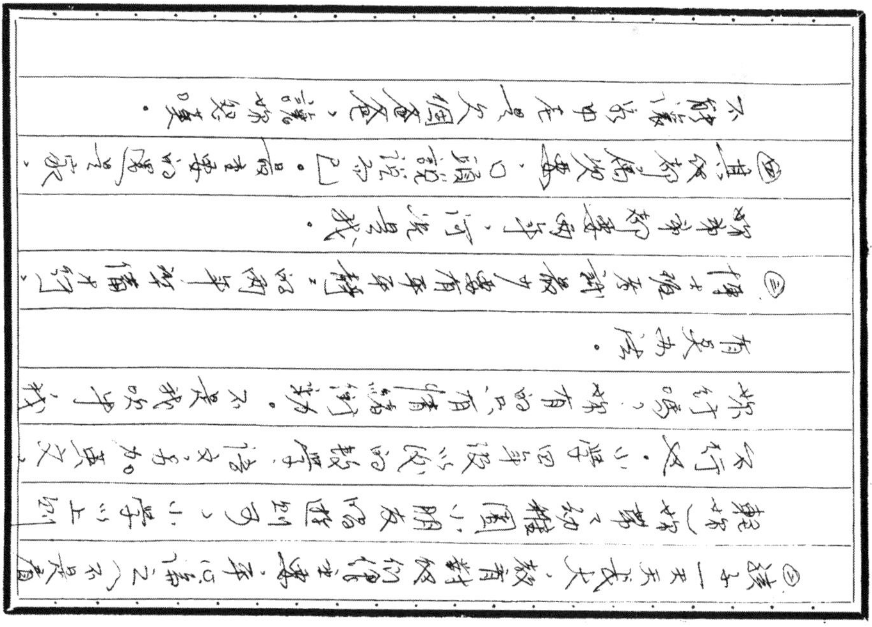

③孩子一天天長大，教育對他們很重要，平心論之（不是看
輕妳）妳帶幼稚園小朋友唱遊則可，小學以上則
不行了。小學四年級以後的數學、語文，另加英文，
妳行嗎？妳有的只有情緒衝動。不是我吹牛，我
有其办法。
③博士班考試最少要有平平靜靜的兩年準備才行，
妳弟弟都要兩年，何況是我。
④其他都屬次要，口頭說說而已。最重要的還是家，
不能讓家中老是欠個爸爸，讓妳怨嘆。

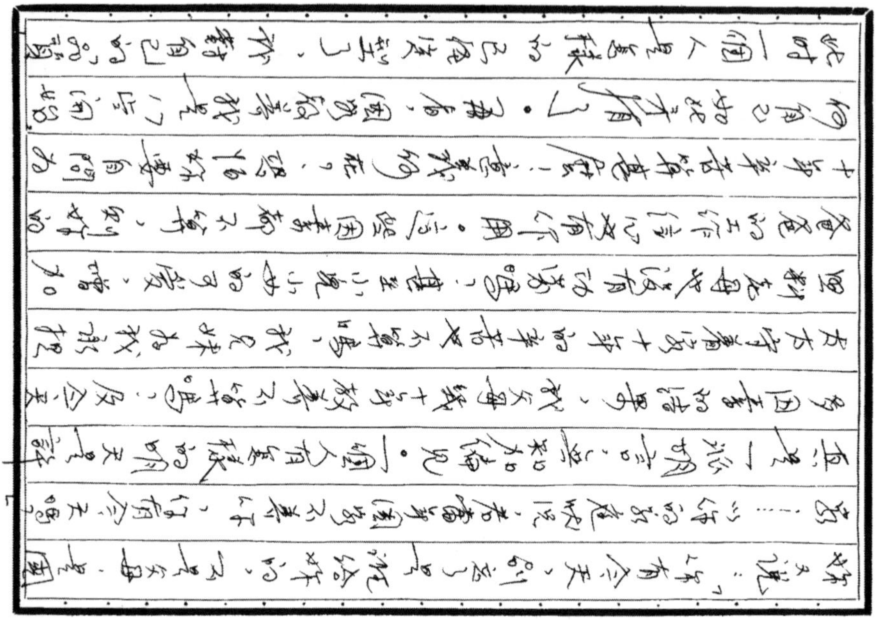
妳又說：「你有今天，別忘了是誰給妳的，不是父母，是國
家……」以你的家庭狀況，若當年國家不善待你，你有今天嗎？
真是一派胡言，無知加偏見。一個人有怎樣的明天是許
多因素的結果，我父母幾十年教養不算嗎？反之，夫
太太守著家十年的辛苦也不算嗎？我兄妹為我犧牲
照料老母也沒有功勞嗎？甚至小兒小女的可愛，增加
爸爸的工作信心也有作用。這些因素都不算，則妳的
十年辛苦算甚麼！意義何在？恐怕妳要自問為
何自己如此矛盾了。再者，國家教養我是17歲開始，
此時一個人是怎樣的已經定型了，你對自己的品質

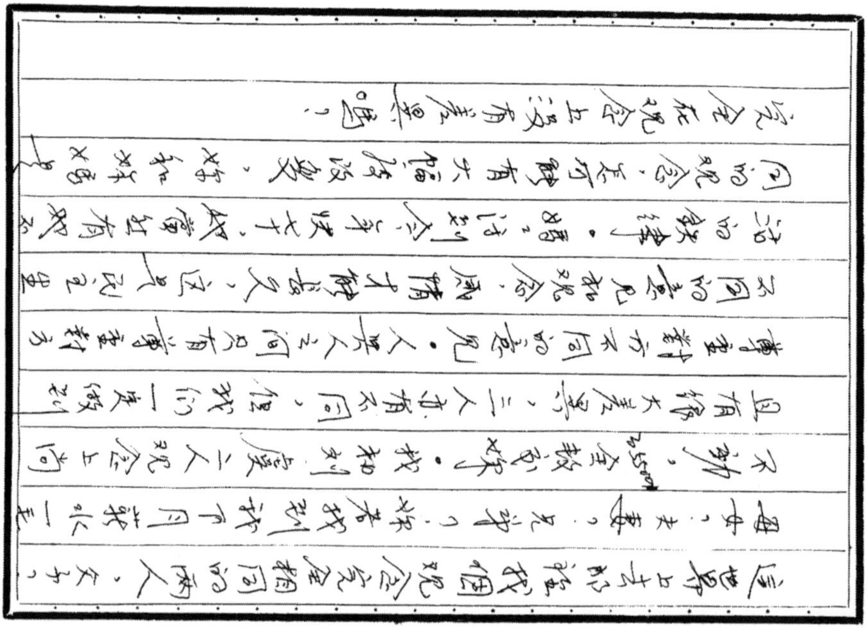
這世界上去那裡找個觀念完全相同的兩人，父子，
母女，夫妻，兄弟？妳若找到我下月薪水一毛
不動，全數給妳。我相信處二人觀念上尚
且有很大差異，二人亦有不同，但我們一定做到
尊重對方不同的意見。人與人之間只有尊重對方
不同的意見和觀念，感情才能長久，這是民主生
活的鐵律。婚姻到今年快七十，她當然有她不
同的觀念，怎可能有大幅度改變，妳和妳媽是
完全在觀念上沒有差異嗎？

很有信心，初中時全校有一半太保太妹，我卻能獨善其身，不受污染。沒有、部隊待我如何？我很清楚，妳未曾當過一天兵，住過幾天營房？，知道甚麼？，卻為我下了些雜結論。妳罵我忘本，妳呢？，父母教養之恩一筆推翻。我媽雖不識字，人品也不怎樣，但她帶的三个小孩都勤勞、節儉、老實做人，努力工作，妳能否認嗎？

末了，要說幾件事：

㈠退不退，我會很理智，慎重研究，不是很單純的。

㈡希望妳成熟些，說話要合乎情理。禍從

㈢、妳信中所說的任何意見，我都尊重，但也希望妳尊重其他人不同的意見。

四書何去了！

㈣廣西餅已經無法突破那個困境了，現在我選用自己的関係試試看。

生氣的丈夫

79/0904.

第 二 部

那些年，她是這樣寫情書的

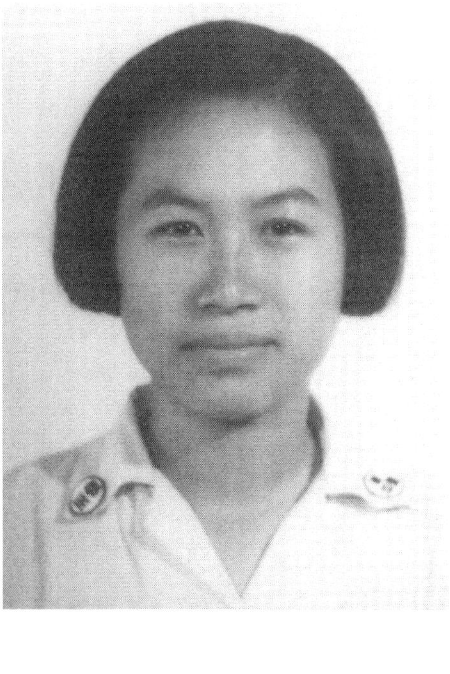

福成：

自己的情緒一直是處於低潮的。一個心結常常打不開，牛角尖是越鑽越尖。我的確害怕自己。

幼稚園今年暑假很可能因改建而停辦。心中雖有一些惆悵，6年來的感情實有難捨之情，但心中卻也很盼望它能停辦，給一些遣散費，正好自己也很厭倦幼稚園的生活，想休息一陣子，10年的工作動盪，我有些煩。幼稚園的工作很容易找，但這一年來更讓我不喜歡，因為我已不習慣在孩子們面前又是可愛的又唱又跳，自己感覺自己像舞台上的小丑另孩子們發笑，我的個性是比較刻板嚴肅，教跳舞、幼稚園以遊戲為目的的教學，裝出的造作的表情，看了很不習慣，還有一項招生訪問，很懶得和人嘻嘻哈哈的客套。所以我覺得該停止如此生活。這些事情你並不能幫助我，也無能為力。有些事情在婚前了結這些，以免將來的痛苦。我在我工作有一日混一日的感覺。上學期去找師大教授談幼教教學，正巧遇到我同學，她也和我有同感。年青人不太適合在這種環境呆太久，自己又不是那麼適合停留在幼稚期之階段。所以也需有個努力往上爬吧。但大多數的同事都是家庭主婦，她們的目標是先生、孩子，她們過得比較快樂些。

我每天的生活都很規律，早上6:00起床看書至7:40分，晚上太晚睡早上就起晚了。早上沒課在辦公室改完本子就看文化基本教材，這種比較不合胃口，別人吵不到我。6冊中已看完四冊，英文才2冊。心理學自己本就很有興趣，教育學卻是讓我頭痛的科目，尤其在讀國父思想的教材，很多詞句都是白話，又有一些術語名詞，讀得令我生煩。其它都還好，英文我很喜歡它，去年的英文，是否還有？人都還看不懂，心血總是沒白費。一分耕耘一分收穫。你曾告訴我：急事慢來，從我畢業來二年我比較有時間去真正的看書，因為我選擇是為了文化而讀書，只要Pass即可。很多事沒有實際我的學業，但願有一天能達成我的願望和理想。

訂了婚還如自己一個人，不過很孤寂的不知為何時，有人可以讓我想一想。但我們的決定可能是「你」不然是有些原因是「我」不怪你。

在訂婚後讓我去接受兩項事情，一項是由你告訴我的，一項是鳳嬌妹告訴的，但卻讓我痛苦很多時日。並不是想和故意要挑你，從沒有此想法，我的脾氣很壞，但是對你們好些，放在心中自己一個人越想越糟。請你也想讓自己大量些，你不能一直對你跟著福成不順我吧！我的生活很好，自己會去尋找人生的樂趣，勿念。附上6張旅行之照片，給了文傳兄欣賞你。祝好之！這回玩得很開心，大專時代常要如此的開放自我。

福成出門在外，多保重，今天收到你三封信，也失望，也安下心，不過信要時一直想看你回來的，看你的情緒也不穩，太久沒回台了家還是溫暖的。我很想念你。請你原諒我把你的生日忘了，實在迷糊，謝謝你還提醒我明天的生日，已28年多了，差些忘記了。我的腦筋現最集中的就是考試，但每天也不禁想你片刻。睡前都會。

上封信曾寫了一句祝你快樂無比，和你有共同的想法。

福成你再想一想，你娶了清清真會一生幸福嗎！我賺的錢少，也很可能以後很不想做事，自己也在想，我自己該往哪裡：以前的朋友也幫我找了的那個工作今年暑假，但自己是真想不做，這就是被金錢綁的壓迫，也聽了同學們的婚姻，金錢在家庭中的地位不小。我不很拜金，但怕被金錢控制我。

不是對村佳有怨言，實在女孩子在家中每天就要看計劃，尤其是收入不很多的家，在我本身的家就是一個例子，爸不停辛苦地用勞力去賺它，我們做兒女的負擔重且有些也很痛苦（年老的爸媽該是可以享福的時候）但我們家卻不行，人口眾多。福成，真的我很怕我的家又是如此。不嫁了，老是替未來擔憂，真煩人。結了婚你又不在家，就有我一個人，還不是和沒結婚一樣。

我的字大部是潦草，多謝你的來信，你很整齊一直保持著清清的端正字。因我很粗心。

我跟你煩惱的事也真不少，都是你看從也不放心上，一下想完也就沒事了，並不是因你在外面而不能接我的煩惱。你有煩惱我也接受。當然盡是快樂的事較好。我們就這樣子寫下家信還是很不適當，有時看了這封信就會錯意，這一次的假期不知又延至何時，很討厭。

明天下午去教琴，今天心情特別煩躁不安。後信筆寫寫書我是睡大覺。

你多保重，安心你的工作，媽媽很關心我們。别老是想清清的話。字字的你都被吃的清清所看累了。祝你永遠幸福快樂。

清清
5.2 8:10晚

P.S. 台南家很好，我也寫旅遊卡給媽媽看，
媽很就心哦，自己一直認為最煩心的
一位，福成，自己哭，但你說不能哭。（因她）
有多寫家信回家（台中），也記很想念你。我的身體安康。

辛勞事業可苦，你說的金屋那我說如此多。
但我不下不例。你不煩我都快爆炸。
看了相片你該放心我很好。
相片都給你了，代我收藏，這幾張都是
我最喜歡的。
我不會失去你，你已是我生活中的目標。彼此互愛，
互助。但並不是我好不工作才如此說，日夜累積的，對你實在不少，最實在太多，還想到互信，

福成：多保重。

讚頌
玫瑰的美麗
燭火的溫暖
讓整個心靈充滿喜悅，
鼓舞著向上的希望。

此時的Pan Pan就如詞句的景像，不過我是科学進步些 玫瑰的美丽，燭火的温暖。謝謝你，能做你的妻子 生活很有情趣。拙筆寫不出我心裏的暖意，我想您能 体會出Pan Pan的。

Pan Pan的確很迷糊，根本忘了今天是生日，自己從高雄一直在外工作，也忘了生日，你送的兩次礼物我都很爱，花是Pan最爱的，生命在它的裏面。

我的寢室曾在四年以插花課時有花，現在花具都带回去，插花帶花费很多，幸好成功学校么巡美。正可節省下来。家中有花很舒服，心情也相当好。

今天自己很累些，帶我帶来礼物的是一位年青的boy。自己正好洗完頭在太阳下晒晒，照照鏡子，穿得比較隨便些，又因還未理寝室，有些不好看（我觉的），我一起头就看见一位boy進来，想躲已来不及，祇好问他？事 他说要找潘小姐，没聽过人如此称我，到聽过我們的園長被人稱潘小姐（我不喜欢她）所以有些爱理不理的说她不在，但这位男士還比我要坚決，不在也要收下，看到如此美的花实在爱，就把它收下，连忙放入盒中後，有一件很像完的卡，寫了Pan Pan，也聽那个男孩講了一句Pan Pan的生日礼物，我還沒想到就是我，进到寢室一因说一句是跟陳敏輝講我们潘園長是老来俏，有人都它這樣，因她有一位國外的朋友常寄信来。更沒想到是我，到是陳敏輝自言快，叫我把那束花拿给她看，她骂我迷糊蛋，Pan Pan是暱称，怎麼会有Pan Pan兩个字 再仔细的看到福成贺潘潘生日快乐，我很幸福，你如此的疼爱我。我忘了我的生日，直觉上对園长潘的那件性持别大。有如此的錯覺。不過我親手接到此束玫瑰，那時我有种親切感，很喜欢它。第一些我就要打电话给園長潘叫她来拿花，因為是明一花就沒如此美麗了。陳敏輝笑我才是老来俏。今天下午很兴奋，由於你的爱心。從上午走到[illegible]回寢室洗澡寫信，整个人還是很累，今沒[illegible]睡午覺。

但今天是快樂的一天，卻也使你不在我身邊。今早您打了霍亂預防針。台北今天氣相當暖，我已穿短袖在寫信。從旅行(11/20)回來台北一直是雨天。討厭雨，如你說的，真煩。

我送媽媽1000元，因媽媽每次回都塞錢給我。衣料、東西我平時都買給她。所以希望這些錢讓她能夠拿去用它。台中的母親，我買了一塊布料，一條大綿被(上回回家發覺媽媽冬天的棉被不夠好且快用完了)，段偉會帶回去，我想心意不在於錢多少。你在外祖不方便就不要寄很麻煩，等待回台時回家再買一些媽媽喜歡的東西。大姨姨，嗡姨姨，去年送他們錢了，今年就送一條毛巾和絲襪，每人約200元左右。我的存摺又是空的，不過我很喜歡，年青就是本錢。今年是過很節省，爸爸他又存2000元，很奇怪手足之情我真佩服。我的存款簿都是弟弟的錢了。他的MKK我多他還要家教。

福成你安心在高登，雖然我們捨得這但心連心都是更重要的，也想如潘潘可以多多看些書，準備赴戰場。預計今年我姐姐有11月我要寄過去，別亂想，時間很快就過去的。

我的工作，你不用操心，年也是8、9月的事，所以不用煩惱，我自己和你父母負擔，只是先提早跟你說，本是預備當面和你說，等春，Vacation

在此很好，除了讀書，吃飯，睡覺，琴很少練，星期六彈一下自己，魚與熊掌不可兼得。我選擇了Reading book。看了你的信，你們多討我等可奈何！但潘潘並不是像玫瑰有刺；又是說得了，Pan Pan 該我寫情書，很花時間，這也是我少寫信的原因之一，但對你的感情，是不很薄的。晚安，親親吻在你的唇上，潘潘剛睡去，蓋著你和Pan Pan。　祝我們

幸福快樂

P.S. 昨天看了3/14我們的結婚照，不知你喜歡，希望Pan Pan我拿起來看看。生日卡放在我的床前，喜愛它。(他)
這一些小東西由你設計存之疑問，同事送我很多，
你的生日我忘了，昨下午在同學家買了甜點蛋糕，做為
送給你的禮物。是不是2月16日，書寫還是問題？請更正。我缺少情趣

Pan Pan
11:00夜

福成：　想念你

我老說自己的壓力很多，所以常常頭痛，就是身体不好。最近自己吃的好，氣色也好，唯精神上的一些苦悶，那是很多因素所構成的。台北的生活水準高，自己就會很机械化的努力跟上時代，在自己能力有限時，常出現心餘力不足。所以只好一一從想办法如何穩定情緒，專心一致的工作着。

下課後去買了一些公務員考試簡章，也填好明年去王媽媽家，星期一王叔叔說朋友。不論成敗，有机會就嘗試。私立幼稚園自己不太喜欢了，因為這份的商業化。成功算是很难考的学校。這是成功後我可走的一條路。另一條路繼續考教育學院。今天上班心中一直盤旋此问題，考或不考。有一则故事在前天講給孩子們聽的「守株待兔」，你還記得吧。有一位農夫本是很勤劳的耕種着，有一天卻因獲得一隻野兔，就荒蕪了他的田地，天天等待着再來的野兔。這个故事讓我有所啟示，所以在還沒有肯定的工作，我是不能放棄机會考試，以免遺憾。做事也是不能三心二意的，自己會有此种七分毛病的。因此為了~~克服~~勝力自己，所以還是盡能力去參加考試。但我一定得把得失看淡些，不然我會很洩氣，更有些再怕失敗。去年考試成績距離標準分數有一些距離，但卻沒打消這念頭。王姐姐分析我倆的情形之後，想到你和我們的家，所以毅然的放棄。這次考試也是在為自己將來能找一个固定的工作共同努力家。我的個性太好強。王姐姐也分析給我聽，他也鼓勵我要有始有終。福成你說是嗎。你幫我想想看。願意接受你的想法。

中午睡醒起來，突然有种什麼都沒有的感覺。很可怕的空虛。此時心情好像中的成子切斷，不知所措。讀書為着考試給我的壓力很大。這是濬心中的真心話。應該讓你去讀更多的書，更好的前程，濬有些吃力了。書看累了我會去彈彈琴消遣一下。

在這裡很好，吃的用的，同事們也都好，很單純。你安心的在那工作，保重自己。多寫信給我，不能因我操心你也偷懶，男生都該積極些，同事有位先生是你們陸官畢業的，又去唸淡江，自己在國外讀特殊教育。~~每天~~一星期有七封信，似乎更勤快，他太太也以我勤快。我倆都該積極些，多提筆。陸官的水準已慢慢提高。就如你說不能再用武力來服人了。文武雙全才是教育的目標。

福成：

晚上自己坐在琴椅上，突然有種感慨，二年的荒廢原因，其一是為了讀書，其二是自己沒琴，所以放棄了。最後都集中心的就是練琴，和唸英文時。英文小時就喜歡，祇因那時根基沒打好，幸好還及時了。現在可以在課文中去了解形式、結構，不過在關係代名詞、形容詞子句、副詞子句、名詞子句不太了解。有機會你可以當我的老師。

很多人對結婚的定論都是進入了終站，我希望自己婚後的腳還如婚前一樣，能做一些喜歡的事、琴、書。我想這就要善用時間。今晚練完琴就看了皇冠，有篇三毛的拾荒夢，感覺有意思的，小時的志願，三毛寫說要做個拾破爛的，結果被她父親和作文的老師，都狠狠的痛罵一頓，一而再寫了三回。我小時志願，將來要做一位老師。沒想到實現了些。

最近電影院又上演了一些重播的電影，戰爭與和平、齊瓦哥醫生。這些都還未看過的電影，明天可能去看齊瓦哥醫生，自己在猶疑。

自己發現讀書不能只為了要應用。所以並不反對你畫畫，有興趣不妨提筆大致。但這樣是調劑生活。所以正經的書還是不可缺。心中目前有了概念，慢慢地要重溫念中外史地，自己大部份都還給老師。

在中央副刊看到國文活教學活動。其中就以剪貼為實驗，讓兒童去收集資料，自然的科學的……等。綜合的教文學。它這們都喜歡。這是一所中學所做的實驗，你看了否。又是11:10眼睛也睏了的。晚安，明天見。5.21。

今天收到了三封信，五月份我收的信很少，今已22號只收8封信，心情頗煩燥。得知你去測驗，平安，心才放下。好好的接受考試的挑戰，別胡思亂想，既使延假期，不是也剩下短短的日子就可回來，安心的工作。晚上同事們又跟上次那一群男生去看電影，他們程度都不錯，人也可以，不過我沒參加，訂了婚，心中就較踏實些，不太需要再認識男孩子。普通朋友可以。其實男女的交往並不一定就是好事的，未婚。讀書時生活較單純，會跟男生都認識，這一年接觸的是未跟男生同學（在大學裏）。有一些有時沒意思。

中央日報今刊載教育學院已開始受取簡章，報名表，我已請女師的同事幫我各買一份。不過自己還是準備上戰場，不論失敗，想都重我進步了否。在目前考試制度還是唯一的方法。不過程度高還是高分。7月20、21考試，（星期日、一）報名是用郵寄往教育學院，還很方便。就是考試要住旅舍，我一個人不敢。（這一次讓我憂愁）。月底以前去照三寸相片，報名日期是6月9－14日，辦理時間還充分。這二个月的時間要拚一下。

王叔叔已把我保建兒送往中山科技院辦的幼稚園，薪水很好。祇要有空缺一定（但交通不便）會成，我怕沒空缺。我並不是不喜歡它，它的環境很美，很靜，唯我的上司是位很「革」到極點的人，在論語中說這种人沒有羞恥之心；……等一大堆的臭名。不是我覺得，大家都如此，祇會拿錢，學校像一盤散沙。目前我不會離開，要離開也是70年的第一學期。你可能把我信看錯了。成功嶺建也是在暑假以後的事。所以你不用擔心了。吉人自有天相。

你點好哩，看你這三封信，沒情調可言。但喜歡卻很嚇了一跳，我們為什麼事，有情人終成眷屬的那種人值得祝賀。說起來你那兩位同學的妻子程度都相當好。而我呢，會自嘆不如論工作、學位等，你是否需要詳加考慮。

學校幾位男士伯伯最近都生病，年紀大了。他們去榮總看病，工作互相幫忙，心中很感慨，人不能獨处社會，所以是必互助的吧。

十年的工作經驗，尤其在成功，更覺得人情味的道義。那是我的上司所培養出來的。在台北容易造成冷漠。我多年的獨立生活，祇有自己保護自己，所以更加小心，那時有些是自掃門前，不管他人瓦上霜了。與同事我還是和諧的個性。同事就很能諒我到爱的。

你出門那時候，想念你時，祇有腦中想之甜蜜的我們，你的眼神……等。其它想多些都「無法受」，兩地相思真苦。潘潘祝你幸福的健康，平安。有時間多提筆報平安。我很好。祇是會週期性想你而生的煩惱，寫信時就煩躁，再四天我們就整整5个月沒見了。好長的日子，別盼望和等待，希望大失望大，欲奇蹟出現，能接到你的我到家的T.L.。第2日期你3天才來一封，太偷懶了。我那麼忙都寫，你比我輕鬆。

祝你考試理想。統計學書本我已沒錢買。這个月祇剩700元至15日薪。還要報名費照相等。訂婚錢是自己的，所以郵局本錢已是空了。真不好意思，不是不關心你。你現在在看些何書，很關心，來信說說。畫還在畫嗎，新詩，散文，英文翻譯，你的水可更不少，那樣是你最喜愛的。今天很有靈感跟你寫信，窗外又是一陣雨聲，這就是台北的典型氣候。

潘潘很感謝上帝把你安排在我的身旁，若是還是我一个人真不知想想。你給我很多的智慧和勇氣，我喜歡你，但不知怎樣說[illegible]，全部說一些。你知道嗎，我也會多給你的[illegible]我[illegible]，努力連一小時，給我親愛的鄉下人 也都OK，該看之書準備一下。good-by

祝我倆

永遠快樂幸福

P.S 你要15天以後才能看到我的信吧，
因你的考試。真累。人本來就要2天2
夜才能上班。
我喜歡PanPan這兩个字。又親密又可愛。
有感覺上比你年青。我喜歡比我成熟
的男人。我忘記了那件很漫的婚约，你讀清看。

給親愛的鄉下人
PanPan
5.22. 下3:35.

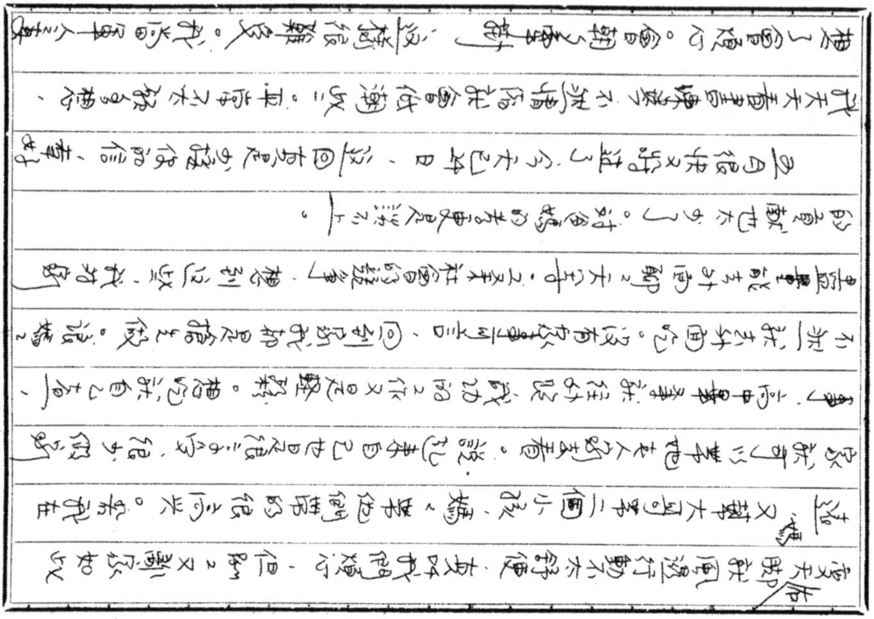

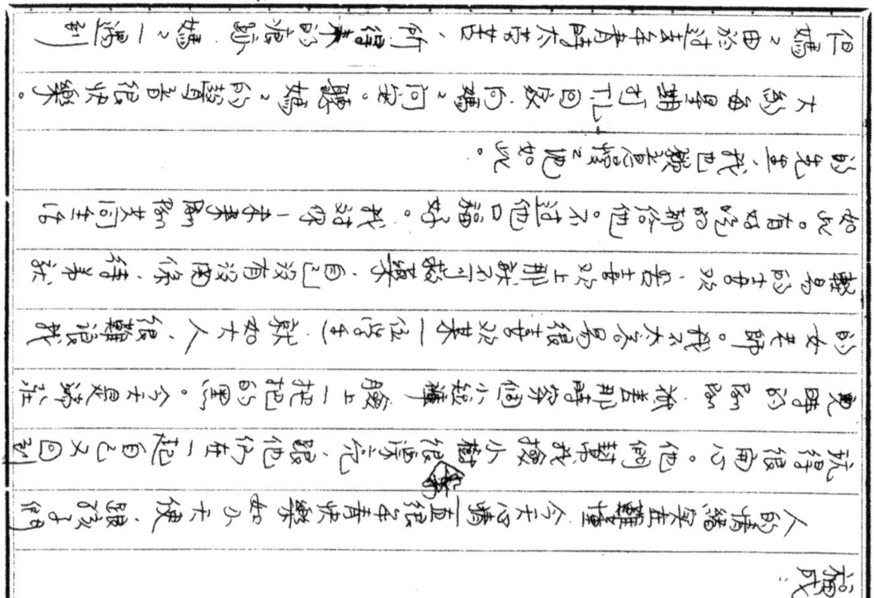

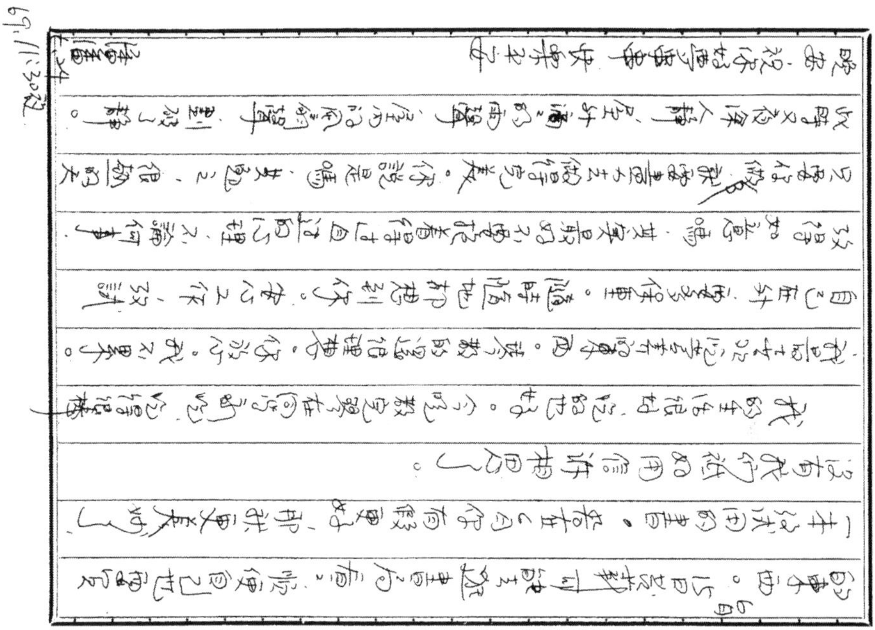

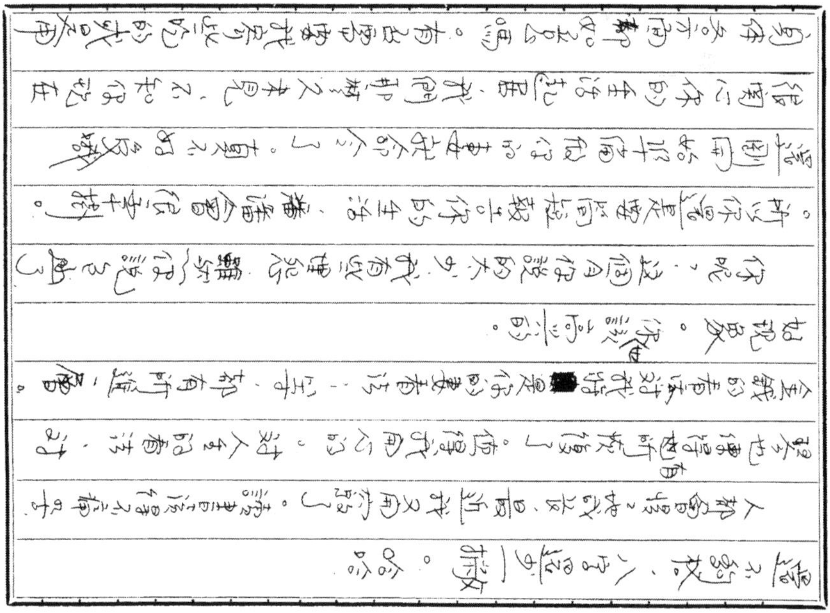

福成：

「過渡時期」我也弄不清楚是什麼。從訂婚至今情緒一直不好，經常鬧頭痛，書本更是不用說，對於很多事也是懶散，便許也沒有情趣，一日復一日，很沒意思，對於感情，也一直未好。也許氣候也有關係，總之是無精打彩。

年紀似乎真是不饒人，今年中的潘，前途不佳，有一種被遺(棄)之感。看得自己都很心酸。一切都還是一事無成。很想要學彈鋼琴，都做不到。身體的不適，影响了情緒。潘潘的身體不算好，容易疲倦，抵抗力弱，一受寒就不容易好。自己是很保重的。你放心。

腦中常縈繞着一些事，就如蜘蛛網。

明早要去買煤爐，要北上了。希望潘潘能像以前早起用功。自己很不喜歡睡懶覺。因一天的精神就不好。18日的假期很快的渡過。每回到家中就不想回去。家太舒適了。不愁吃，又安全。

祝你平安快樂。

海邊中的紫菜湯，我喜歡。很好吃。也一定讓你破費很多。酒叔叔已拿了，他很高興。爸也高興。我這樣做，[illegible]，且叔叔又是滴酒不沾的。

你假日回來，若沒錢也就不用帶酒回來。若有剩餘的錢，買的時候不要把這用瓷器裝的，用瓶子裝就行。畢竟那很麻煩，能省的就省，不要買得如此多。多保重。潘潘會擔憂。自己[illegible]，男人的要求如常。有些不妥當。你也一定覺得潘潘 祝 好，不如以前信中的潘。我不知說什麼。就是煩事這麼多。我很痛苦。對你，潘潘抱歉。

在大湖過年那只是偶爾的，都是[illegible]，農田，很靜。能安心讀書，這實是好地方。我們二人，一人一間房子，很舒服。

潘潘　上 1月[illegible]日 [illegible]

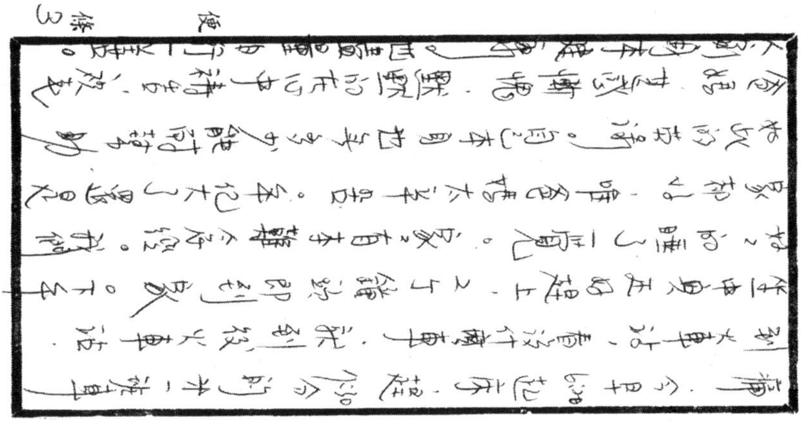

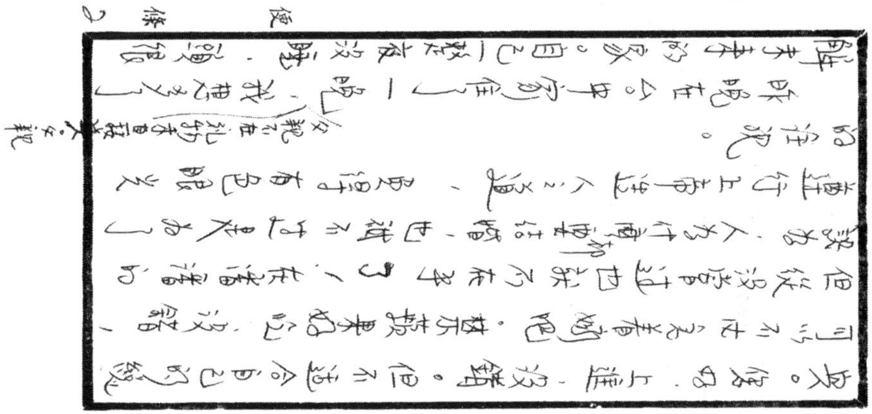

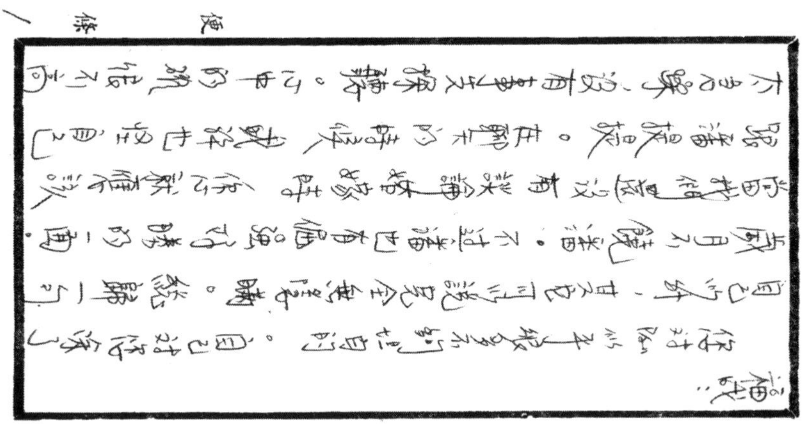

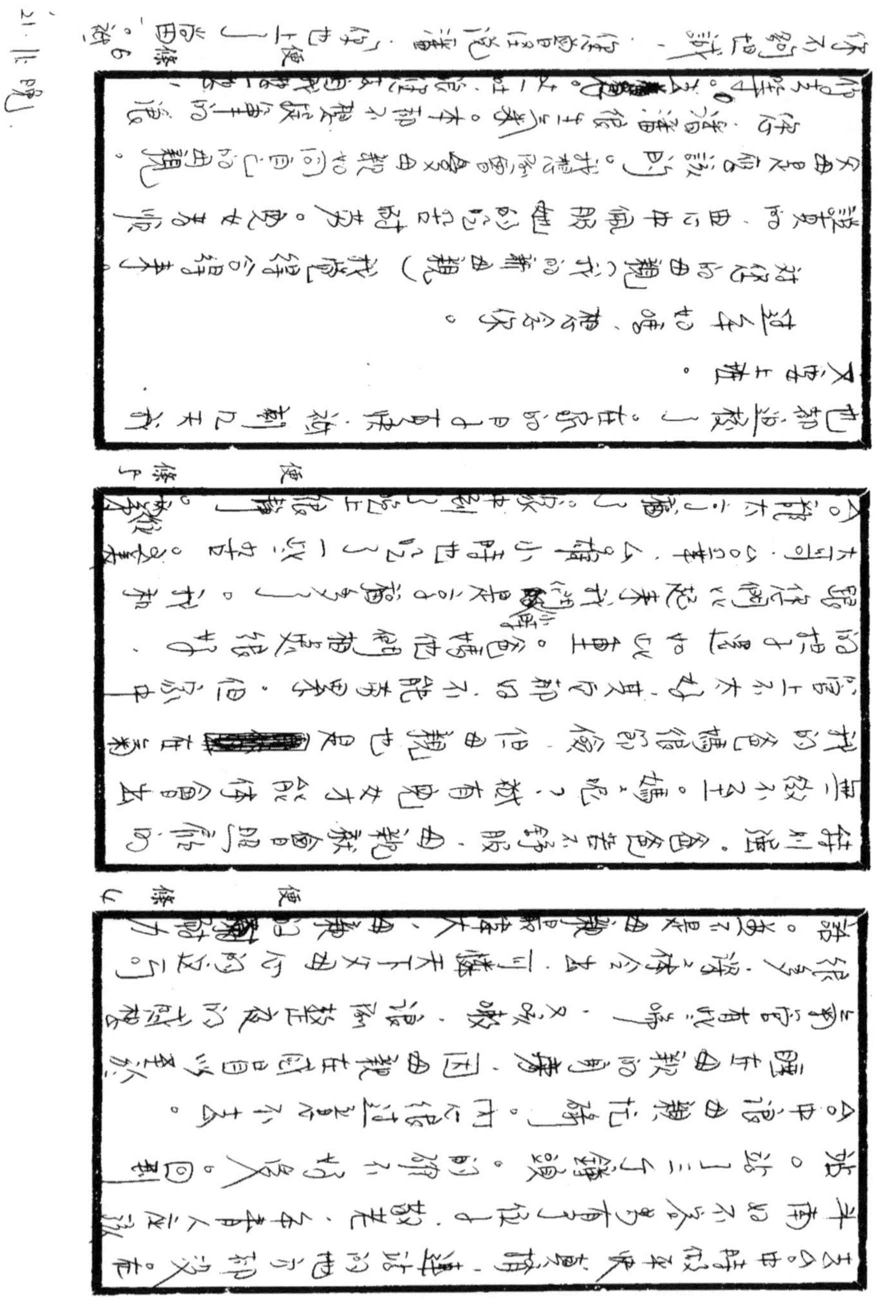

總算在回北前看到雨了，似乎大雨，坐3:46分的火車，下午該停吧！你喜歡淋雨，潘潘則怕淋雨，會生病，男生就是身體好，不過也不要故意去淋，雖然是詩意。坐在窗前凝視著院中的景緻，是有些捨不得離開家了。

爸工作忙，晚上也都加班，你的信由我們代回信，不會怪吧，放心，爸媽都喜歡你，因你是好孩子，將來又是潘的好丈夫，羞！羞！羞！

媽給潘潘帶了一盒的滷菜，真好吃，這回回家都媽媽給我錢，車票也是，真不好意思，自己手頭緊了些，結婚有時真累，沒錢似乎真的不能結婚。你覺得呢？你說潘不要被物質所蒙蔽，不過你不要認為處處都要用錢吧！在我目前的看法，麵包，愛情都同等重要。但那分分財，是不要的。該收拾準備吃飯，北上了，看到雨停了，真開心，18日的假期很滿意，稍盡一些女兒之責。

臘味真好吃嗎！衣服真暖喔！牛肉乾真有味喔！你比潘還舒服！嫉妒！嫉妒！

快樂平安永遠與我們同在，

台北見！

女人真是晴時多雲偶陣雨，真難侍候！唉！男人真可憐啊！

你珍愛的

玉鳳　2.17. 11:45早

基礎統計學（信）在回家前一天（晚）才收到無法幫你買，潘又懶得出門再買，不然就等你回來，一起去逛書局。

說：

今天禮拜都沒課，真糟，浪費了一天，我也不知做了

些什麼事，這已是[illegible]一[illegible]，早上[illegible]不到十點，[illegible]

[illegible]，明天早起看書報，[illegible]早起比較好，[illegible]

運動，給[illegible]自己不太有[illegible]。

晚上去逛夜市，買了一雙日本製的皮鞋，這回總算

有[illegible]，以前的皮鞋都要[illegible]的，[illegible]設計了一下，很

好看，也很久沒[illegible]自己。一下[illegible]上[illegible]，

好[illegible]，好快樂。

今年有了你，感覺不一樣，[illegible]，每天

都好[illegible]，[illegible]，工作累了，就想一想你，[illegible]，讓我

有十足的信心……你要聽話喔。

最近[illegible]中國時報一[illegible]，[illegible]自己對[illegible]

[illegible]，可能[illegible]的[illegible]，[illegible]自己[illegible]，[illegible]

想你，每天[illegible]，[illegible]。我們[illegible]

[illegible]，[illegible]。[illegible]

[illegible]。

自己對有些[illegible]不要跟你說，我會[illegible]，我們

[illegible]，也希望我們的[illegible]，更希望我們未來的[illegible]

在自己的手中[illegible]，努力的去實現，[illegible]也不能

[illegible]了，也不能[illegible]，因為[illegible]的

心。

我們的[illegible]，[illegible]，[illegible]。讓我們

回憶的過程，說不出的甜美。

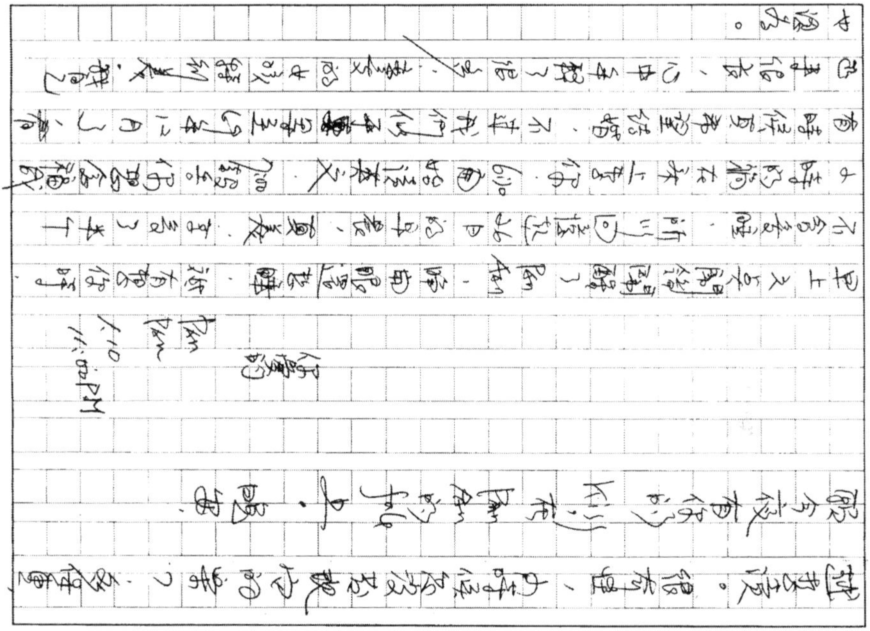

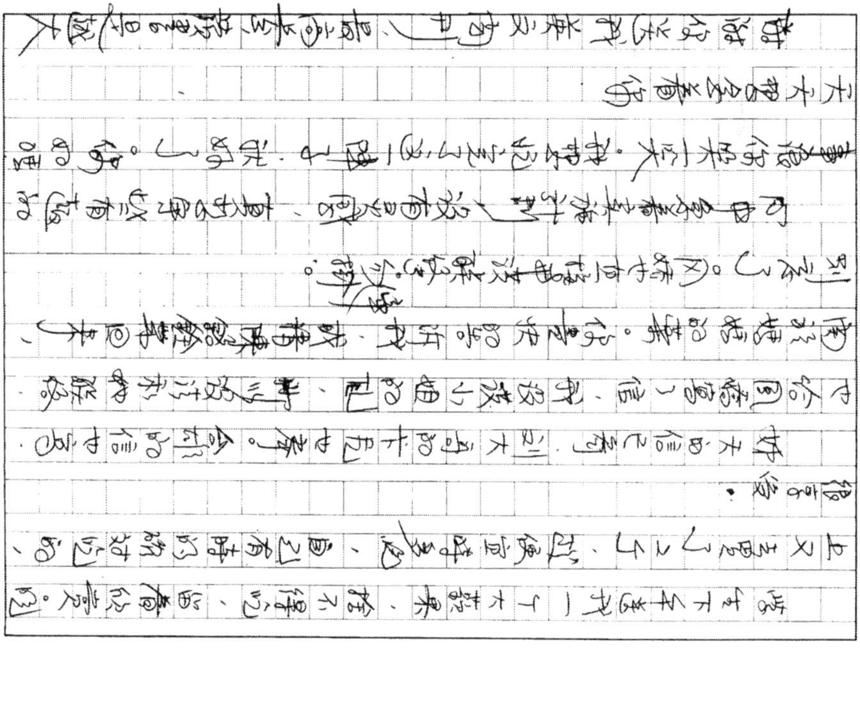

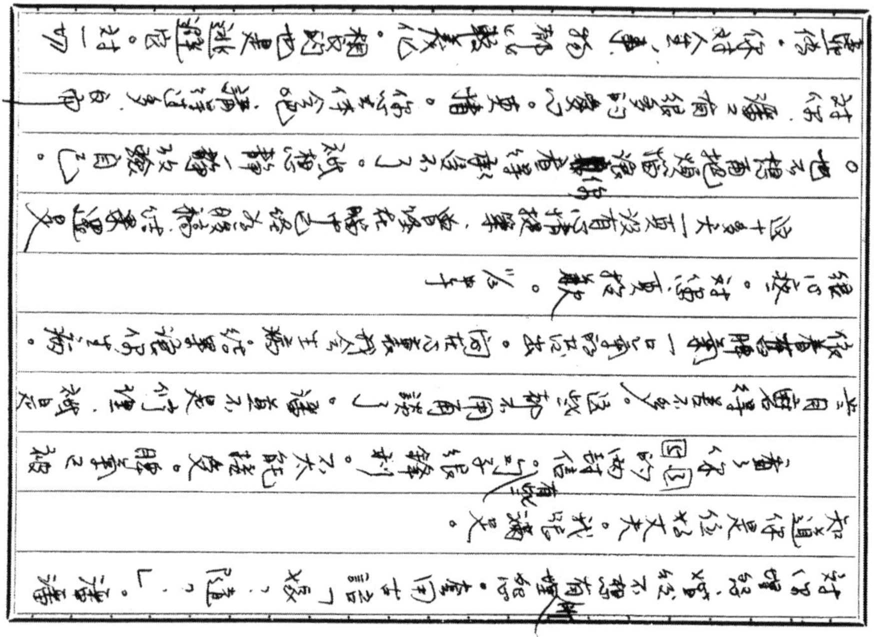

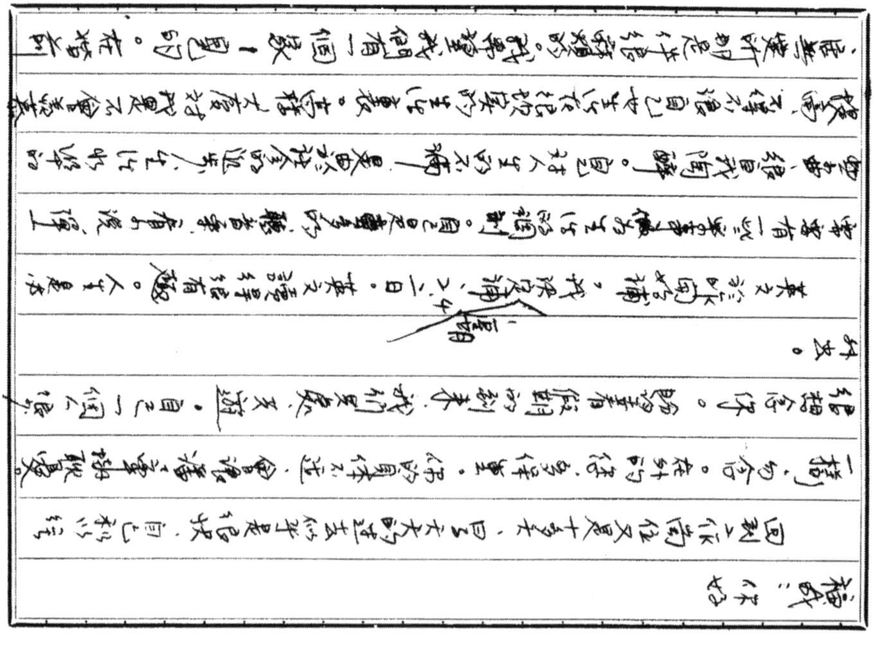

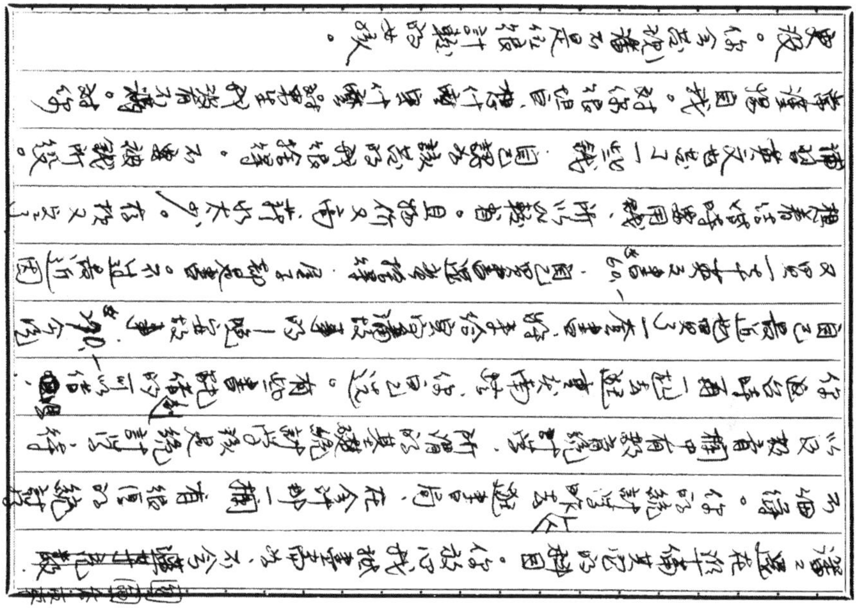

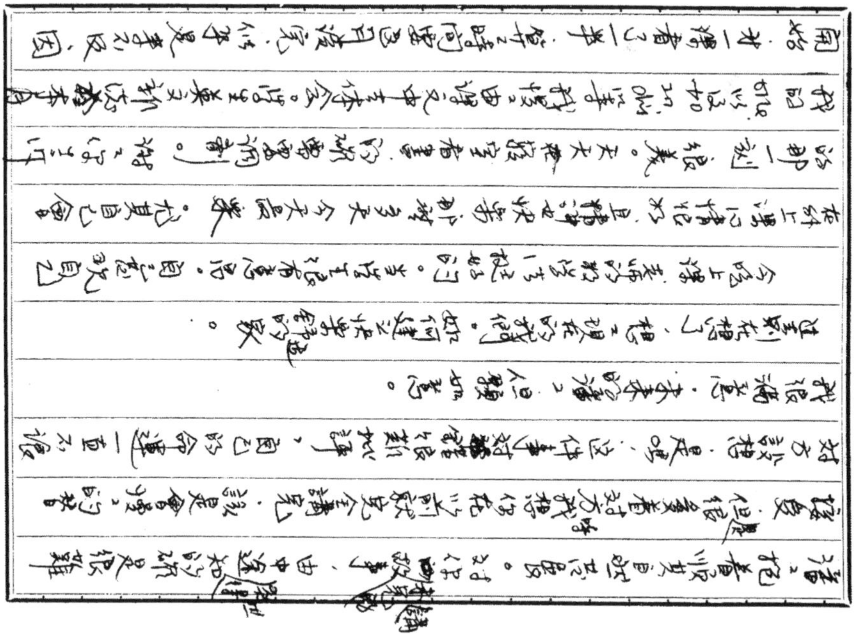

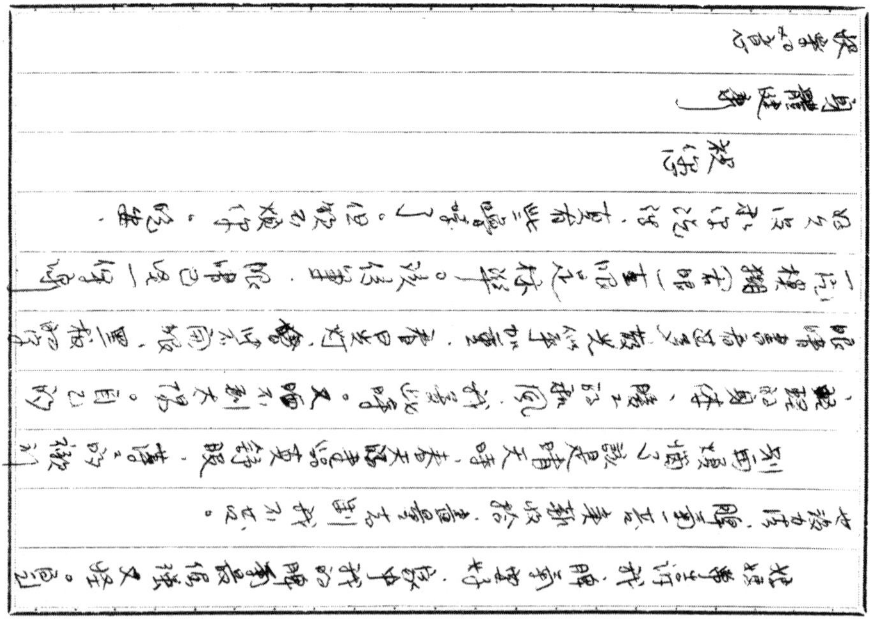

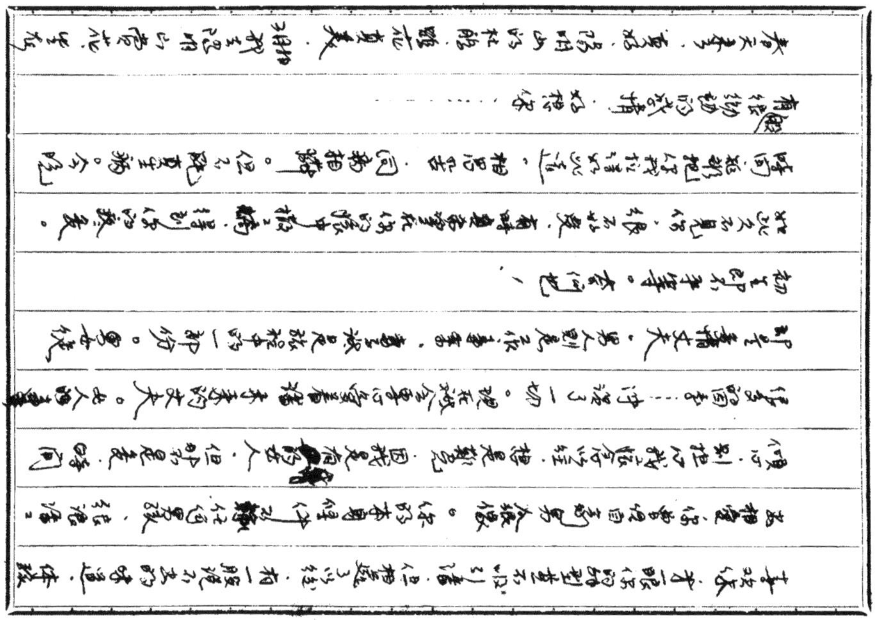

喜歡你，看一眼你的外型並不吸引潘，但相處了以後，有一股說不出的味道，体貼
而相愛，你曾像自高男人很像。你的本身條件不輸任何男孩，很很潘潘
傾心，別担心我懷念以往，想是難免，因我是有[illegible]的女人，但那都是無，時間
使過的回事……沖淡了一切。現在潘今生只愛著潘未來的丈夫。女人的事業
即是愛情丈夫，男人則是很事業，事業就是旅程中的一部份。男女總
初生即不平等。奈何也！
如此久不見你，很不好受，有時真希望在你的懷中撒撒嬌，得到你的疼愛。
時間能夠把你我拉得好此遠，相思之苦，同病相憐。但不能真生病。今晚
有很激動的感情，好想你……
春天來了，真好，陽明山的杜鵑，雖花真美，相約我去陽明山賞花，生在

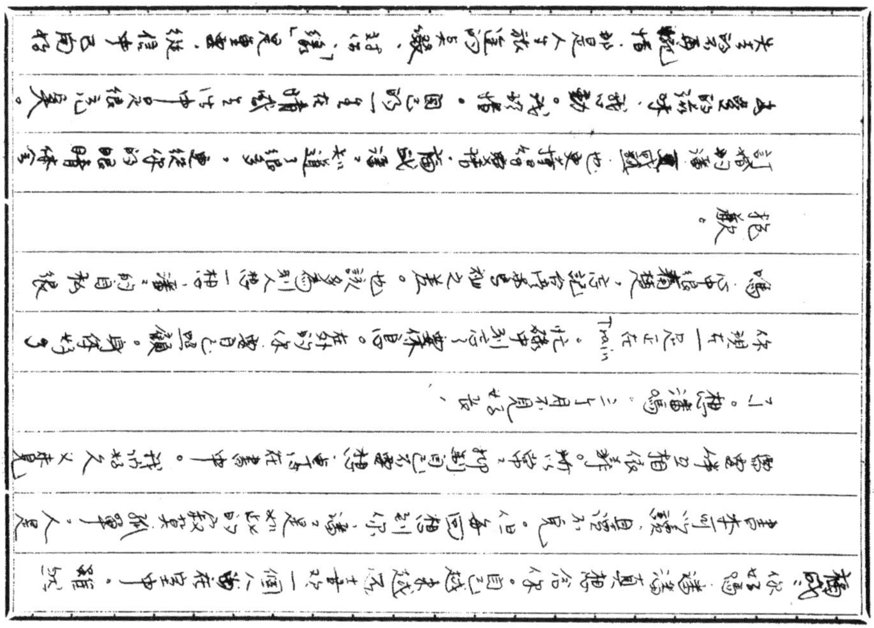

福成：你好嗎，潘潘真想念你。自己越來越不喜歡一個人留在空中。雖然
書本可以讀，是還不免。但每回想到你，潘潘是如此的寂寞、孤單，人是
需要伴且相依靠的。所以常常抑制自己不要想，專心在書中。我們好久又未見
了。想潘嗎？二个月不見好長！
你現在一定正在Train。忙碌中別忘了要休息。在外的你，要自己照顧。身体好了
嗎？心中很痛楚，忘記台灣男女之差。也該多為別人想一想，潘潘的自私很
抱歉。
訂婚的潘更感動，也更懂得愛情，福成讓潘潘知道了很多，更從你的眼睛體會
出愛的滋味、感動。我珍惜。自己的一生在情感生活中是很完美。
失去的不再挽回情，那是人生旅途的點綴，對你，「緣」是重要，從信中已向好

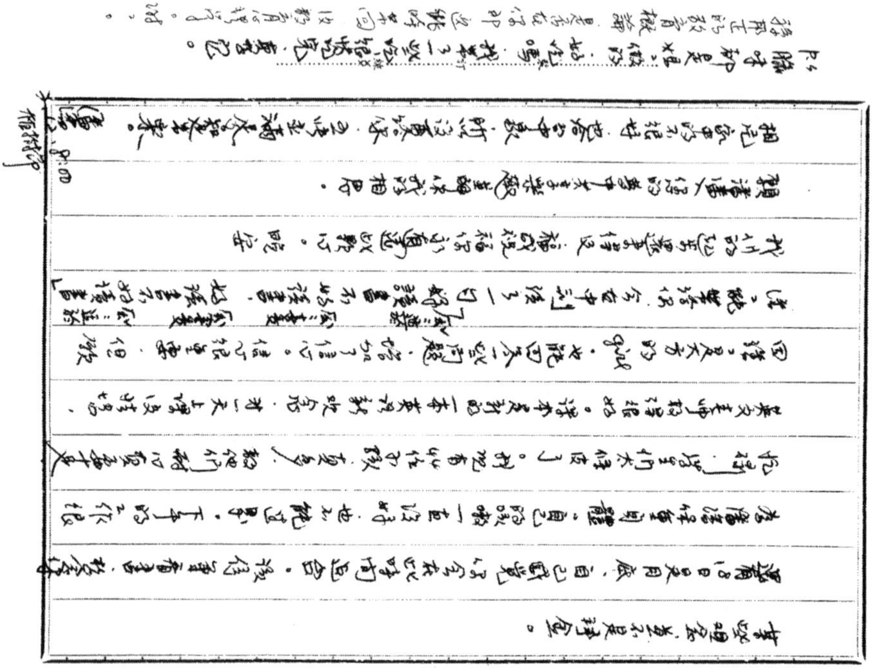

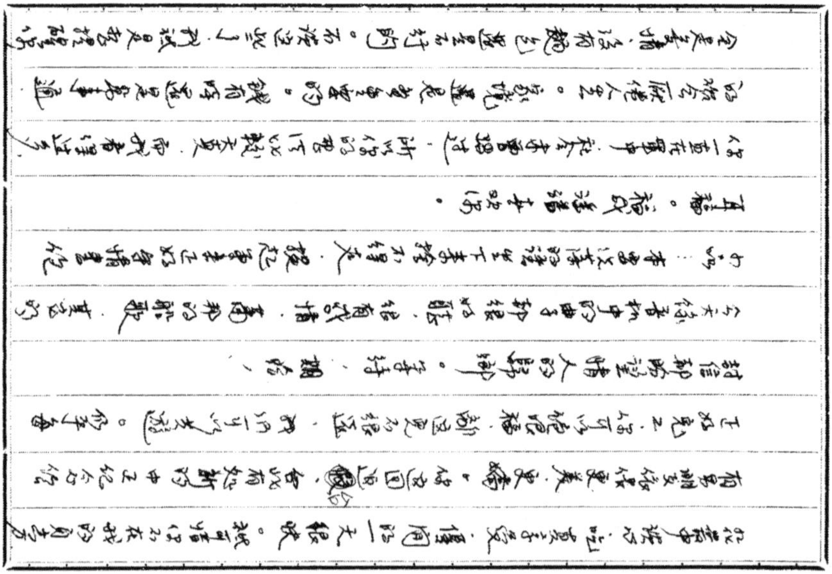

福成：

今早收到3月份的5封信，你的信真多，潘潘這方面實在比不上你。很慚愧。每回說勤快些，結果又藉口，心中很不好意思。

每回看到你的信，心中快樂無比。真正享受到愛的滋味。這一生也值得了。我很好，別擔憂，自己的個性，想什麼就什麼的，事過了也就忘了。甚至懶得去想它。自己讀大學時，就是無所謂，總以為我功課很好，結果在入研究所考試都是名落孫山，誰知道那年畢業出來，那時才曉得讀書，但程度卻差了一大截了，但讀書卻一直怕了，講我一向指責我的自己，又重新鼓起勇氣再改，自己覺得大了讀書的錯誤，心不夠專。再到你這中。

很感謝你的人生觀，學識廣博，每回看到你的信，潘潘也體會出很多自己所未曾看到的和見識的。

自己是很多熱情，不過我也不會隨隨便便的多情，你說是嗎。但跟你在一起時，對自己不也坦然，敞開自我，要愛就愛，想熱情就熱情，且也是主動的，我看在前幾年自己是從沒如此的開放，但那時的我沉醉在那一個的世不怕害羞，似懂非懂，我很珍惜你我的這份情，不自私，關心體貼人。其實老古語的話都很有道理味的，要先愛人。

在你寫家書時，代潘潘向母親致謝她老人家的招待，及大哥的六個紅蘋果，很甜又大，今年韓中蘋果特別多，我買，叔叔送，你們送。大家吃得很過癮，不過卻還沒膩了，那一天真希望嘗到不想吃的滋味。

鳳嬌妹妹的很能幹，我倒希望她能輕鬆些。因自己也覺得潘潘有時分好強，任事非當到這分的能，就如你說的，女孩子先天下之憂而憂，丈夫才會快樂。但的確有一股想休息一段時間的念頭，我多麼的想每天天天呆在家中，我還是不喜歡，但的確有一股想休息一段時間的念頭。最近早上都不能起來，真希望當學生。但潘潘有恆心，毅力達到自己的目標。也很得運動，5000公尺可真把潘潘累倒了。在這裡自己生活得很好，勿念。婚後自己不希望每出社會，所以在此時寫書是想讓你了解潘潘和我懂得你。祝

好

潘潘 3.16 下午3:00

福成：你好

每到星期六就特別想你，工作、學業都拋在一邊，讓自己沉浸在你我在一起的甜美時刻。有時候也真盼望你在我的身旁。如此久未見，實在太長了些，常常有時真耐不住一個人寂寞的無依。

弟對妹很好，學校加菜的雞腿都給我吃。晚上他來這兒，他現還兼家教，所以現在要讓他養成存錢習慣，叫他每個月存1000放我這兒，從此月開始，會比較比較生活享受。不過想到父母的辛勞，自己就會省。這回結婚我想做兩套比較好去正式場合穿的 一件式西裝、一件洋裝（長、短）平常要做一件好衣服都捨不得，就想存些錢買些書。有時看到新衣服真想買，女孩子的確常要衣裝。我想福成這回也可以添一些衣服 襯衫和西褲 秋冬天做厚，春、夏薄一些，出去玩時外表還是滿看重的，你說是嗎。

昨晚跑去看亂世佳人，你看過否、自己這是第二次的記得，讓自己回味無窮，體會出一些以前未感覺的感情，誰說戀愛不是件樂事，能懂得愛人及被人愛那才是可貴的，以免遺憾。28歲的自己有時真不能，做事不夠沉着，想如何就如何，有時還常會幻想着愛情，像一些翻譯小說也是屬於愛情的、神秘的，如蝴蝶夫人，傲慢與偏見，飄 etc，這些可以讓我享受愛的滋味。不看書時就是想你，但有時真不去想，因越想越想，不知如何解。你在信中曾有一首詩，是要我解釋思的。但你們手無數，是很有意思。

最近國內發生了一些憤恨的事，真希望盡快抓到凶手。剛從收音機中聽到一部遊覽車墜入100尺的懸崖，8人死亡、15人重傷、其它不知，這些都是台北工業技術教育系的學生，真難過，人的生死、禍福真難測。前幾天有3位清大登山的也死了，都是大四的學生，真可惜！

馬祖最近天氣還冷嗎，很久沒聽你說起你的生活狀況，有空時別忘了多寫信，而我這方面輸你。台北比較安定，你可以放心，而你倒比較令我擔心。在外好自己多保重，訓練結束了嗎，待你回來，真想念。晚安。

祝

身心愉快、萬事如意

3.15.11:20

P.S 我四月四、五、六、七、八號春假時你能回來，我要回家去。

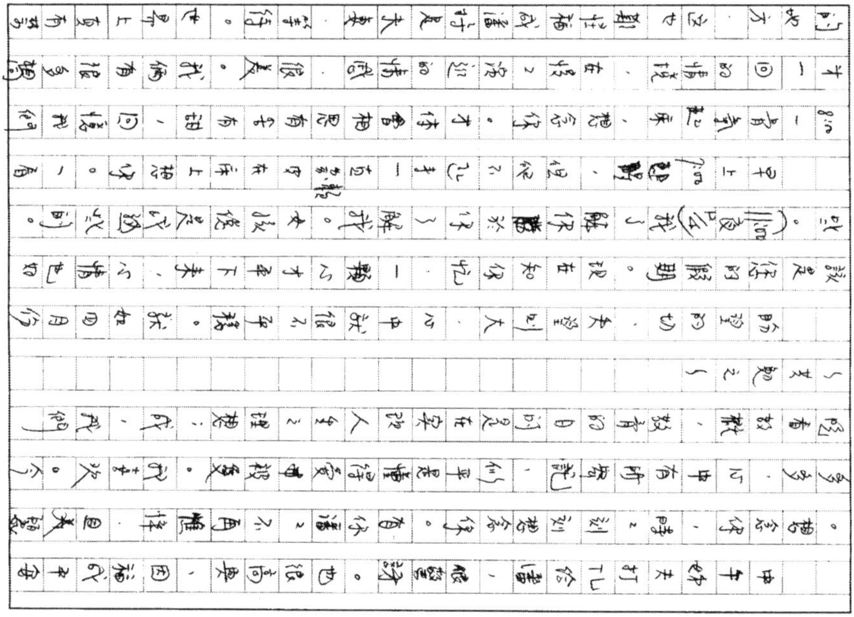

中午妳去打TL給儒，很驚訝。也很高興、因福成平安
。想念你，時時刻刻想念你。有你濃濃不再憔悴．但是愛戀
多多，心中有所寄託，似乎是懂得愛和被愛。我喜歡。今
晚看教概，教育的目的是在實現人生之理想；我，我們
～共勉之～
盼望的切、失望則大．心中就很不平穩。就如四月份
該是您的假期。現在知你忙．一顆心才平下來，心情也如
此。（11:00夜半）我了解你，於你了解我。女孩總是成熟些的。
早上7:00醒醒，但爬不起身一直賴床在床上想你。一看
8:10一骨氣起床，想念你。才体會相思有苦有甜，回憶我們
卅一回的情境，在悄悄流逝的情感．很美。我倆有很多憶
的地方．這也難怪福成濃得是夫妻．等待。世界上更有夢

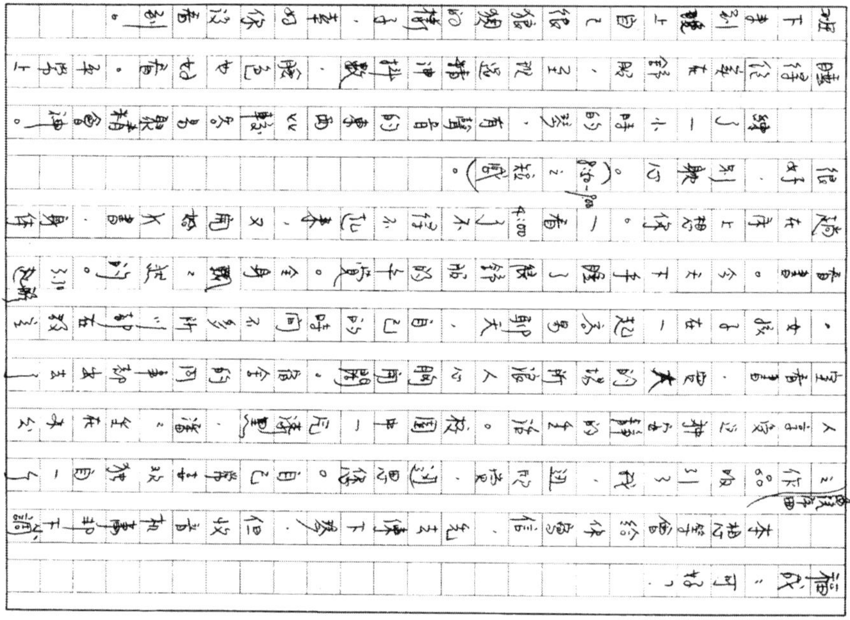

福成：可好？
本想等會給你寫信，先去練下琴．但收音机專邦下調（蕭邦序曲）之作品吸引了我，迴盼賞，迴思您。自己常喜欢獨自一个
人享受這种安靜的生活。校園中一片漆黑，濃濃生在本公
室看書．安大的場所讓人心胸開闊．宿舍的同事都出去了
．女孩子在一起容易聊天，自己的時間不多所以都在辦公
看書。今天下午睡了很舒服的午覺。全身飄飄然的。3:10起床
適在床上想你。一看4:00了不得不起來，又開始K書．身体
很好，別耽心。（8:50-9:00之短感）。
練了一小時的琴，有聲音的東西比較容易聚精會神。
睡得很舒服，至現在精神抖擻，臉色也好看。平常上
班下來到晚上自己很狼狽的樣子，幸好你沒看到。

果喔！可不能騙小孩，這回休假我們真當釣釣手，互不停犯。潘潘也有些理智薄弱，又很久沒想這些，看到你的信又引起了潘潘對你的渴望。不知對否。自己從沒如此過。

早7:50-8:00

以致頭昏眼花，剛在心理學讀到糖尿病，由於消化器官吸收的葡萄糖不能存於肝臟中以肌肉中，大量入血液，而血液中有過多醣分不能吸收時便從尿中排出。如何保養是要請醫生詳細指導。我請教淑齡好了。你不在身旁也很少娛樂活動，每天都一樣，似乎很枯燥，精神上有時耐不住手。真佩服那些好讀的學者。寢室的小姐們向好做筆友，其中有一位很讓我欣賞，文筆很有思想。我們在猜他到底幾歲？age 其中有一句話有些反對他筆觸的書看得少，所以請教你中國較拙於歌舞嗎！潘潘記得在皇帝時代宮女們都是好嫵多姿的歌舞。台北的天氣難得一見陽光，台南恰恰相反。

今天想到一個問題你希望婚後我們住那兒。待你休假有些事想和你商量。最近此地有兩部可看的電影可看，「真拉拉對莎拉娜」，我代表不錯。我沒伴。但欲你回來時還再演。

下午4:30

二天寄一封信，每天以日記的方式和你訴說。對你萬千潘潘心中很難受。也該學學你隨身攜帶紙筆。別再寄書給我搬起家來不得了。星期日又再夜吃布結束了。來沒有誤沒你的我此刻不知是何情懷，自己又成長了不少。是書「是書」，書看得越多，自己愈是渺小，但信心都不可滅之。願潘潘是位賢內助。想念你……朝朝入夢中……吻我

祝您

平安快樂

孔雀牌

P.S. 不要喝酒吃菜餃，吃得酩酊大醉會傷身体，可以用別的方式來擋之。自己（他）不習慣在喜宴中的交際敬酒。雖然是禮貌。多保重身体。潘潘不想做很嘮叨的妻子。你回來，可能也得回台南爸媽也想念你。我祈禱天天日日。

你愛的妻 潘潘

4.13 8:00

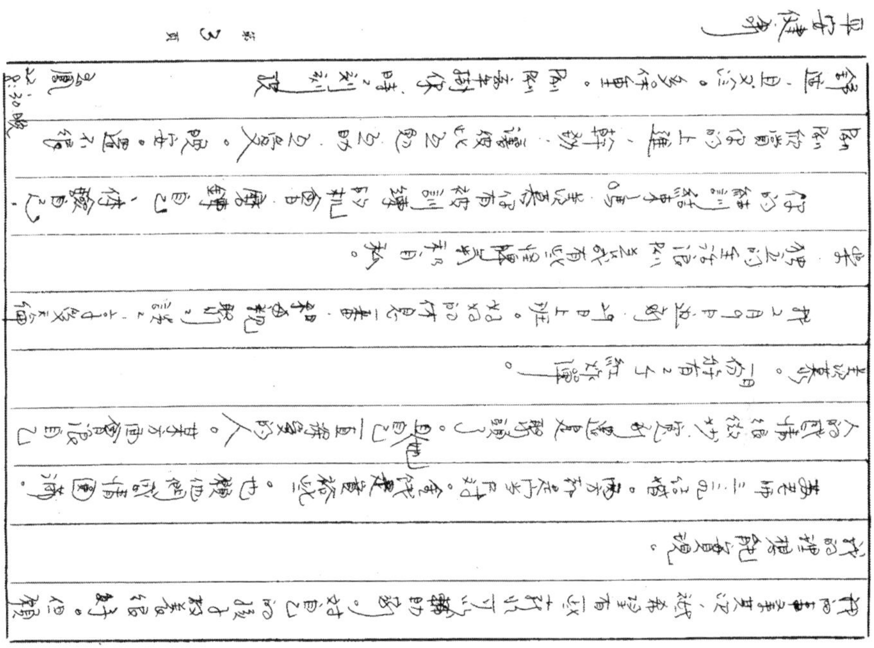

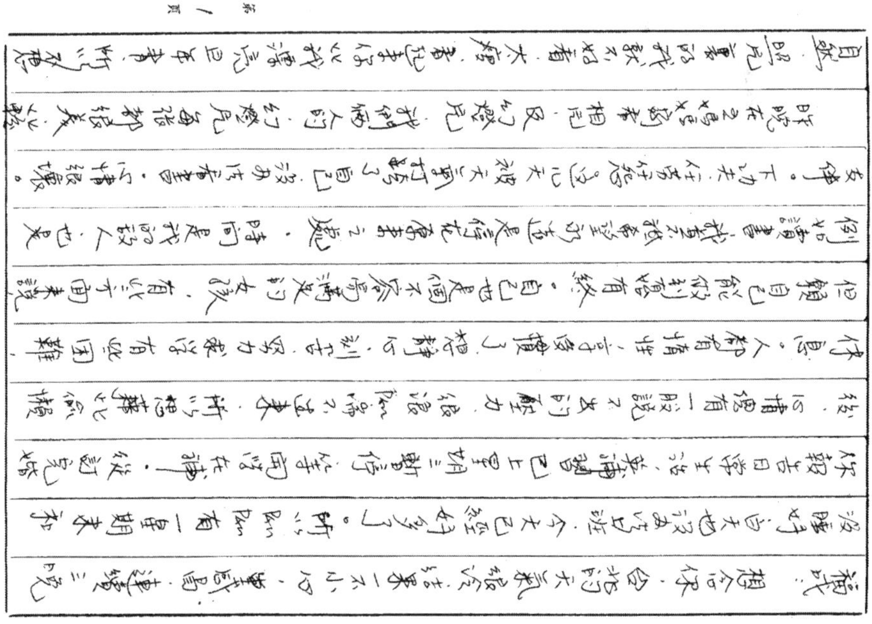

成：

想你……　　時一直跟Pan數着，盼望着相會的日早早到。等得有些心焦。有一封信你寫的讓我辛酸，因她也是很久未收到Pan的信，接着又是她大、輔導長都還未歸來。而你的假期又要延了。你說天算不如人算（Pan曾說的話）有時真怕看到這些話，但還是勇敢的面對它。勇氣、信心是不可缺的。深深体會出。我們都別說洩氣的話好嗎。對你，我是很在乎。不會很輕易的付出感情，一旦付出時如流水收不回來。不結婚更是不可能，自己期望有個溫暖的家，疼Pan的先生，Pan愛他的還有可愛的baby。不要[illegible]，平淡快樂的生活。有時會担心你，到底我們祇有短短的相處。女人永遠追求幸福，幸福都是由他的丈夫、孩子給他的，而男人我想就不是了，事業[illegible]、家，那麼多要他做。現在是如此，將來又如何呢？自己的家庭教育很保守，母親告訴她要擁有一生的貞節，做位賢妻良母。但自己已夠開放了。認識你很短，卻和你有了一段很濃的情，禁不住讓我常常想起。很感嘆！結婚還是不宜太晚，你不會。

剛看了，把自己沉醉在書中，福成的熱吻、擁抱、躺在你的懷中；我喜歡。說不上來，為何短短的日子卻讓Pan愛上了福成。也跟別的男孩出去卻無動於衷。「緣」信嗎，成會覺得Pan Pan臉皮厚嗎，不說出來心中積着悶氣，說出為快。曾有的感情並不[illegible]於你，[illegible]。你的假日在快到，不然再寫信，我想你一定不敢看。成看Pan該休了。我很小氣，更希望自己能擁有成的全部love。OK！不是甜言蜜語。

在外要多保重，有一回在夢中想你，日有所思、夜有所夢。昨晚好友媛英特送紅蛋給我吃，把你的照片給他看。上課回來也一直想你和她講了很多你。不知什麼時候開始love你的，現更是很滿足快樂的女孩，也更希望早早做你的小新娘，天天和你在一起。哈哈、羞、羞、羞、女生愛男生，真不害臊。沒辦法

「愛」是不可抗拒的。是吧。盼望，等待

P.S 成別忘了照顧自己，PanPan會擔憂的。晚安，早些睡。
昨晚陳媛英來跟Pan安益的卻睡不著，和好友相聚，真棒。

鳳 12.4.10:30 P.M.

福成：天氣經常變換，不能太大意，衣服還是帶多些。

看你寫信是件樂事，而自己有時候因心中的積壓（我覺得太少）反而覺得是件苦差事。這就是偶更的想法，你知道懶人是位懶人。

人都有情緒低落時，有時也是不知所以然。不過自己的身体一直對自己是个壓迫，不能很盡心盡力的讀書做事。所以很累時想睡時就睡，昨晚8:30－6點起床開始讀一些英文，幸好今早工作不忙，大都在看書，早上起床早還是好，尤其對讀的背念。所以下決心早起早睡，今以後的生活習慣是早睡早起。不很好。今天已是第一天的開始。好的開始是成功的一半。

今天看了一篇文章，人活在世上，不僅是要努力生存，最重要是「人生」這兩字，它解釋得很有意思，人要活生生的活在世界上，即是有「生氣」做個活人。

補英文，我都注重在講，自己還沒有此能力，倒是可以分解文章一些句子的structure，也讀廣博很自然的了解一些以前所不知的，很多都在求進中。如你說的慢慢來。11/3 夜11:00

自己的頭有時積壓太多不如意事就很糟糕，今早就如此，還好中午睡了一个很舒服的午睡精神全恢復。在這兒工作，精神壓力蠻重的，因幼稚園裏的園長自己都不太喜歡，祇曉得如何賺錢，而我們的園長他和我一樣聰明，但他卻貪得無厭，心毒如蛇蠍，有時看不順眼會弄她沒理，不論他搞些什麼，我還是要講，世界上雖然是不能完全公平，但應朝向它走。自己的口才是很不饒人的。星期一早和園長辯論近一小時，我沒輸。但心中卻更厭煩。莫名其妙的，或許看壞人看膩了。成功一个園長就很難，見識了很多社會的醜陋，因而感觸頗多。

知足常樂是的，但過分的知足也是保持現狀不就有前進之覺。自己一直認為自己已是很知足的女孩，並不很羨慕別人的富，我只想盡力去賺錢。有時甚至想賺少就好用。自己不喜欢被錢所左迴。所以你也別刻意的去賺很多M。讓它順其自然，人身体健康，平安快樂那才是更可貴的。

潘2对你的感情应該多付出些，多年的独立生活讓阿有些自私、孤僻，一个人的生活过得很習慣。自己在想若要做你的妻子，此刻想起似乎有些胆却自我的能力。

不知為啥，心中一直不平衡和愉快，或許你在阿身旁就不會如此。常想大聲喊叫，將心中的烦惱，痛苦喊出。但就能体會出快樂的涵義。在此一切都安好，祇有你能讓阿吐訴，别會嫌怪、烦，自己也不願說。吐一吐好些，也在想是該結束独立的生活。我不喜欢自己一個如男人，很痛苦。

你对阿的認識也不夠深。我们相处的時间又是如此的短。也真難你接受不了我的直言。

我不懂愛，更不懂愛的條件。在信中你寫說阿的那些你喜欢。因我有一些條件我真不懂，書看太少，又太主觀了。我的喜欢勝於客观。該想些笑話輕鬆一下，想到家心中會會心的一笑。想到我的学生是反義又好笑」我喜欢他們。想到音乐的情境我會陶醉。想到你在潘身旁我會如小鳥依人，女性的真面目，温柔可愛。和你在一起時潘2很快樂，因你富幽默的且也体贴，有年青人的蓬勃朝氣，我喜歡。我很好，别担心。自己多保重身心健康。阿2想念福成，吃晚饭後，還常好2的看些書。文艺大系看了数篇，很喜欢看，那是陶冶的時刻。

祝

萬事如意

玉鳳 3.19.6:00

福成：你好，

時間在這一天中過得相當快，每天的課程都安排得緊湊。台北的天氣天天是雨，已連續一個星期，今天總放晴，但氣候卻悶得難耐，中午睡醒後昏沉沉的，由於天氣，上課都很疲乏，過了好一陣子才從夢中回來。在這裏很好，別耽心。

今天已28日，心中一直等待你的歸來，很切。想想可以不用寫信了。但卻很想念你，所以還是提筆和你說說！

這回的旅行照很多，也花了不少相片費用。但卻是將來的回憶；較其中有你喜歡的幾張。

星期六同學嘗試教小孩（5歲）的彈琴，很累，自己似乎缺乏此種耐心。不過還是想接受一段的考驗和體驗。晚上住在同學家，因中和離我們有段距離，有兩位同學住此，所以晨留在自己高中時很好的同學家。睡得很好，中午才回來。下午又去阿姨家，拿會錢給他。跟她靜談了一會。回到家已是10.00點，星期就如此過了。28/4

突然很想給你寫信還記得否初中的課本有朱自清的春，盼望着，盼望着！春的腳步近了，那時候好喜歡的一課老師令我們背它，現在回憶起來卻很美，背起來還是對的。盼望你的心情就如盼着春的來到。很想念你。

自己有時會生悶氣，沒有得到你很完全的愛。由此可見潘潘對你的愛，真也相當多，祇是age的成長，冷淡的累積，不太敢意在你面前表示出。自己也不希望完全的依賴着男人，所以心中一直對自己說，保留些。潘潘的個性實在顯得過份。很不好。

很久未接到你的信，又在盼望等待着，情緒上容易變。不要擔心。你好嗎，很關心你的平安健康。我很好，祇是想你會想得生氣。人真是不易了解的高等動物。

書看得很好，潘潘在養成讀書的好習慣。的確也從書中獲取了不少，也摸索一些融會貫通之理。還記得潘潘和你的打賭嗎，不論誰輸和贏，都是鼓勵我倆的好方法。

明天就5月1日，不去等待、盼望，時間快得會讓人心急。書還讀不通。英文自己在讀高中6冊，才已讀第三冊。還有升段書在等輔導。唯一有進步的是自己記單字的能力變好，課文看熟了，單字就不忘。有時很感嘆：小時的潘潘，why？何為說讀書好，但能及時！睹在是智福音中有這一句！要及時。

5月的第二星期日是母親節，偉大的媽媽們。我的媽媽我都寄錢給她。因上回回家也幫她買了一些小東西，很高興有些錢可以存存。台中的媽媽我不知要買什麼東西最適合，有時送東西很難選。我今年有四位媽媽要送的。人必須先要愛人，人恆愛之。

你在信中說媽媽喜歡什麼，回來時我們一起選。你也得告訴潘潘，台中的媽喜歡什麼。媽媽也很想念你和你的家人。

寄上一張小卡代表潘潘的話。就此擱筆，祝你

快樂無比

P.S. 為潘潘多保重。

我非常的好。勿念。

上回母親來台北看病，曾和媽媽、大哥們去中正紀念堂，他們玩得很開心的。那天請假是了吳，因不放心我的學生們。人要去接受另一個環境，剛開始難，但總要去克服，還是在適應環境的，對嗎！

對於我們的往事，很同都不需告訴對方，比較好我們感想。

結婚也不需過份鋪張，神聖隆重莊就好。

最重要是我們彼此是真誠的相愛嗎？

想念你的
潘潘
4.30

福成：想念你，多保重。

這星期仍很忙，但不知忙些啥。很快就過完了。

上星期六和數位和哦相仿的男生去玩，很久沒和他們在一起樂，是蠻有意思的。外型上在外認識的男孩有些會比我看起來年青些，自己也如此感覺，但有些猜我41年次的，跟他開玩笑可以請他吃糖。偶而的娛樂，開放自己很需要，尤其和年青的男孩們，由男生請客，玩了一個很愉快的週末。聊天，說說笑話，耍耍寶，也讓自己覺得並沒老。最怕心老化。還約了，下回想和他們這一群去爬黃帝殿，需要男性保護，那兒比較危險。

星期天母親節，王媽媽給我的幫助很多，非常感謝她。她的為人處事很值得我去學習，嚴己寬人。很難得的好母親。在台北做事，讀書也受了她很多的鼓勵，幫助。早上10:00多去王媽媽處表示敬意。她說了很多，也談及我想考教育學院的事，王媽媽堅持反對我去報考，並分析了很多的事情給我聽。讀書可以，但並一定現在此時，因我的年紀不小了，既然已訂婚就要該有別的想法。為什麼一定要讀如此大的輔導和特教。他告訴我自己該好好的做賢妻，讓先生去進修賺錢，自己回來考慮了一天，決定目前不再考試，除非是聯考的考試，由於能力有限，種種因素，假如現在我是單身，就非常積極進取，現在怕不能至畢業後再有小孩那就太晚了。我堅持的很肯定，但經一個下午的長談，想想也是還是讓你讀書吧，一個家庭總有一個人要在家庭下所奉獻的要多些。但願我有所收穫。母親節還給王媽媽煩心，真抱歉，王媽媽已開始託人，幫我進向和進中山研究院附設的幼稚園。那兒環境好，就是離台北遠了些，自己實在不想在私立的幼稚園太生意化了。若能進取中山，實在好，因薪水高。

在台北住久了聽了很多不幸的婚姻的破裂結局，對你我有時這感還陌生，有時在一個人走黑路時，想想那麼多年相比，也一樣啊。對你我某些還不能接受。祇能慢慢的訓練改善自己。檢討自己。

昨見實踐的同學，來這兒，我們這一小群要屬你實在難了，出國的出國，嫁人的嫁人，現在有兩位最美的班花都已走禮堂。
(內外)

一位是虔誠的基督徒，竟辭職去教會多了一年。另一位是虔誠佛教徒，從不沾肉，吃素得很嚴重，人生的際遇而感慨，他們的工作等等卻是相當優越的，個人的想法觀念也都不同。這一群同學都是合得來的，我們也比較純樸些，和同學在一起很快樂，所以昨本來想拿的，但送同學上車，時間又晚了。補習又近，白天比較沒時間寫給你。只能利用晚上。

好嗎！除了工作盡責外，對自己要求近乎完美，你說對嗎，常滿足於現狀，很快就落伍，在南部的感受和北部的感受不同，北部因刺激得高，比較容易激自己上進。盼自己有一天還有心來考會讀書。

今天天氣很熱，我已穿短袖，那邊還好嗎，下午收到兩封信5、10號寫的，很快的郵件。從你信自己得知了不少的東西。

人做了某件事，就會生出一些怨惱的話。

陳錦銓還自了，你又少了得力助手，你也很幸運在這段期間有他輔助你。剩下的時間並不算多，盼你再遇到一位賢又誠的好助手。我很好，勿念。媽媽曾在母親節那打T.L回去和她聊了很久，知她也很好，大哥大嫂都上班了，大哥每天兼課，所以媽又開始忙著帶小孩，是蠻辛苦的。媽很耽心我的任性，的確自己實在不是好個性，好強，樣樣都爭大。美妹也由媽媽的告訴，寫信給我，要去關心你的家。但自己對你可能相識時間太短，所以自己關心做得並不夠好。又是深夜，該擱筆就寢，晚安

敬祝

健康快樂

福成也別太將就我，和寵我，會慣壞的。若有不是之處，也請包涵。好嗎，心中的感受向你吐訴，對以後的婚姻比較有幫助。自己常常不能穩定我的想法。我會記得一句話祇怕有心人。來勉勵自己。

玉鳳

5.13.[illegible]夜

12:00

福成：

不為着考試而讀書，心中輕鬆很多。早上6:00起床，寄信順便運動一下，接着看文選，把每一課的背起來，因可以運用句型。王媽拿了十卷錄音帶借我聽。英文讀得很有趣。

自己已有兩年未好好的練鋼琴，今晚練得很有心得。以前曾為着不可兼得而放棄鋼琴，心中是有些捨不得。現在又失而復得更加勤練。記得以前讀高校時練琴，上課前溜一小時，星期天一天都在練琴，還好我的興趣十足。本來看書還會打瞌睡，練琴不會。

是有些不想再考的時間，讀書三年一定會用不少的M，除了外最主要是女兒身，又將要踏入婚姻旅程，更不容許我如此的自私。自己很可惜，少時不知努力，目前雖很用功，但真有些吃力。曾讀到晚上睡不着。一吃飽就吐下來，有些胃不舒服，現在真輕鬆。晚上也讀英文1 hour，練琴小時，看看國文方面的書，在成功真好的有充分的時間自修。除了下午3小時的工作外，一切都很輕鬆。最近因訓練舞蹈較累些。

你是位有思想較高的男生，這方面很讓人佩服不少。該向你學習的東西太多，說起看書，我看得太少，還在反省以前的程度。不過我也很滿足畢業後直接放棄學業，因不知道該向何處着手。在高中畢業那年還不知如何從那些看。

台北天氣熱得不能睡，這幾天涼下來。你那邊呢，和你分得如此之遠，有時想去看看你的形影，越想越遙遠。我們又很久未見面了。兩地相思是件苦差事。所以每天只要為自己安排生活。在台北的我可能比你熱鬧些，忙些，你那是人少，安靜，樸實，時間多，在我們也比較多些時候。

看完書會有一些心得，例如讀書，有些書可能程度還不夠，甚不能完全領會。希望在將來你能培養我一些。台華弟曾說我是頭腦簡單的孩子(開玩笑說的)，對了，最近自己在金錢上有些透支，所以弄得沒錢拿買書，因最近學校需了一件制服，我請人做需了錢，和又多買一塊衣料，都花了，所以真是開空城，看曲記你也用了1000元左右，可能要看了六月份了。去和你說一聲，免得手。

做一行怨一行，這是人常見的毛病。自己是覺得真好從事教育，不能也祇待在那小桌上，該學了教育知識。因這兩天老師對幼兒的上課，讀得不能適合孩子們，他們不懂，所以就很少說給自己。在幾年以前及目前幼稚園中老師的教學都還不夠上水準。但願我能在這一行有所突破貢獻。自勉9年的經驗。

算起來是苦的，孩子的心理已能抓得很穩，班上目前有一位特殊兒童。既是有耐心，愛心待他們。咱不喜歡交的不坦展。

媽爸身体都好，勿念。玉美知道用功些，台龍今年考高中，不很喜歡讀書，喜看TV，媽年紀大，也不如以前的精神會教了。弟一直很已沒希望。台華今年開實習，他抽去三總医院，他有些不舒服未抽到榮總。做妹之的被能了稍加安慰，榮总是地方大看得多。不能去动手，三总看得少，可以多动手一些。焉知非福。祝福他。对弟々他们我非常関心。

有時想々理想要有，但總不能超過自我能力。

对你的未来，你一定有想过，你自己看着办吧，需要Pan々的，很願意効勞。一定不干涉，但我将有意见也会提出参考，而在你是否願接受，你对我也同樣，這樣的家才会有幸福可言。你々比較嚮往一下浪，一朵花中补造浪漫，我的你々比較會實實派。衣服不貴只要一號即可。

這几天營養好，吃是我最大的享受，衣服很少買它，有些是別人送所以有時也穿不完它，但真正要穿会的倒是少了些。你喜歡件款式款色都美，我倒是沒有什么一套的準望，我喜欢年青的打扮。太lady的衣服我穿不來，穿著准机会多。前两天穿裙子，学生說老师好漂亮。你喜欢我那一种装束。讀書疲々，祝好得了，請你們休息錄音機去播放著美妙悅耳之音樂，令人陶醉。晚安

祝我倆

快樂幸福

P.S. 在外的您，自己多保重，Pan々一切安好，勿念。

潘潘 5.14 11:30夜

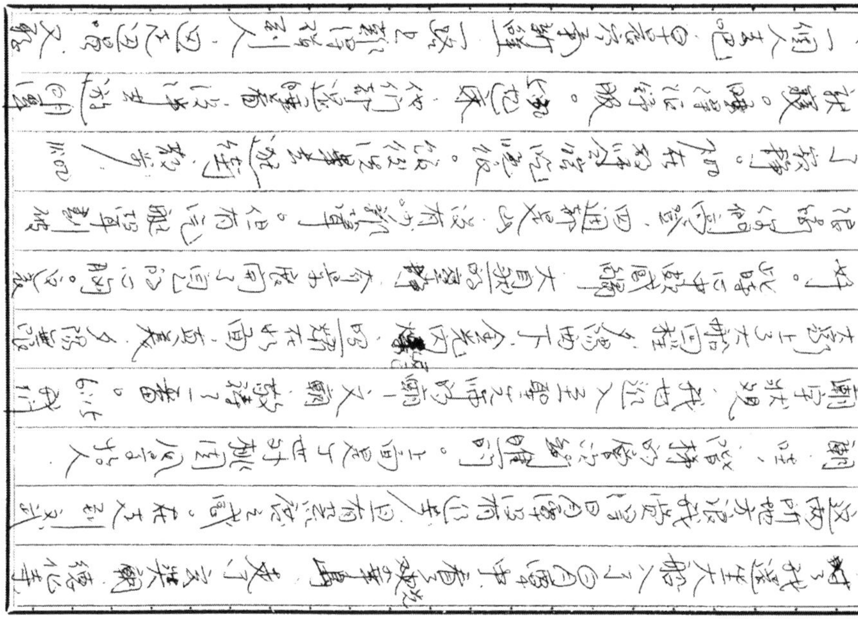

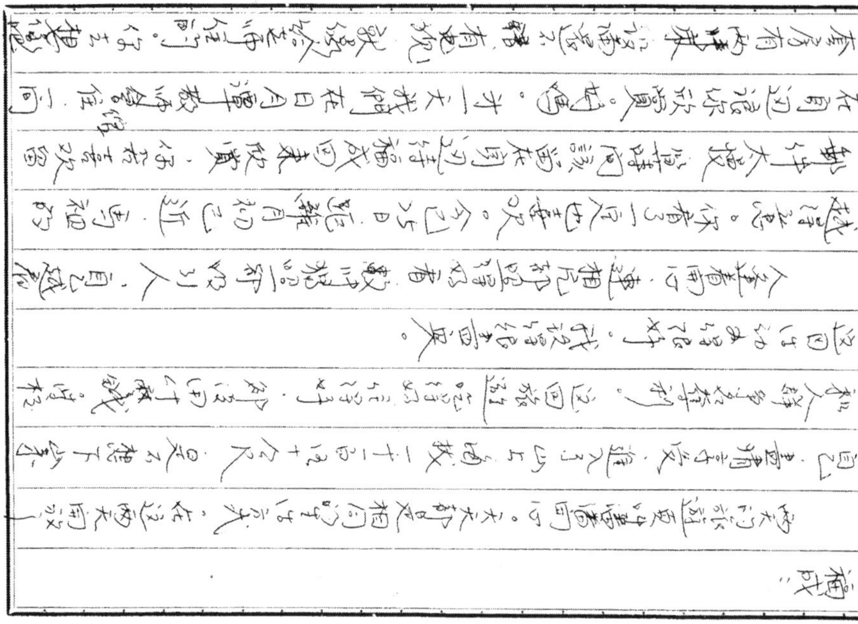

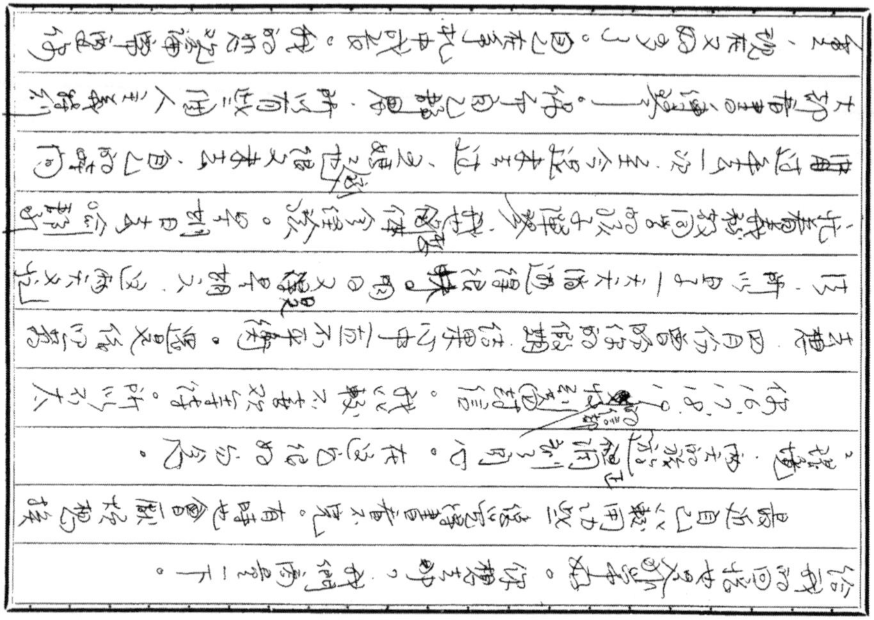

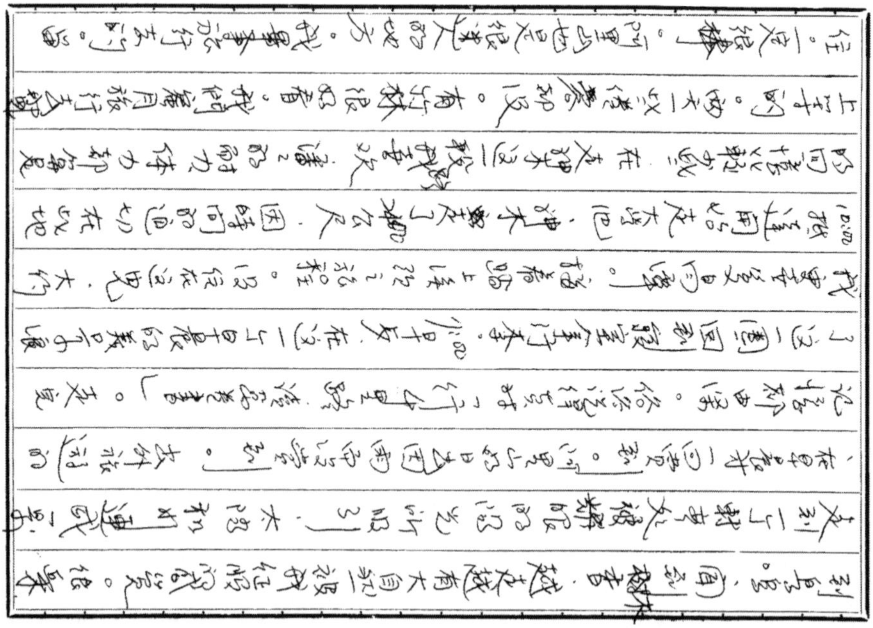

安寧。

你好嗎，是很想念你。

淡齡姊，的確是位相當好的女性。廣義律很幸福。

隨之就此擱筆，看你的書，練一小時的琴，又是夜了。

我現在是早睡早起的作息。勿念。

祝你

平安快樂

三鳳

4.25 夜

附：凤姊妹打了下來，母親好多，勿牽掛。

福成吾愛：

我想此稱呼你一定很開心，你的Pan Pan真是熱情如火，但不可羞ㄋ.ㄋ哦，到底Pan Pan是girl，且又是老古董。

好想你，昨天下午和你說再見，今天就覺得好長……好久，這月不知如何去撕牆上的日曆了，真希望，日曆、日曆掛在牆壁，一日撕去二頁……須……一百二十頁，你說是嗎！

屋外是濃濃綿綿的雨點，敲在屋頂上，像一曲未成譜的交響樂，室友們都已就寢，Pan Pan獨與愛人訴相思，想Pan Pan嗎！Pan Pan愛福成，會用自己全部的愛去愛你和你的家人。（現在該說是Pan Pan的家人了）。

晚上到西門町日新大戲院看魔鬼特攻隊，不很有內容，在這兩片票是學生給我和另外同事的票。下回你休假或返台，Pan可以做個導帶你去逛，很久未到此，真有些丈二摸不着腦了。今天記了一下。劇中有一段很纏綿的男女主角，讓Pan動情了，真美，我想蜜月旅行我倆將是甜如蜜。

今天和同學們打電話，也有接的電話，糖以牙不送不行，所以Pan Pan又訂了15盒，免得被挨罵，這几天還很忙，星期天忙着送喜餅給他們。

星期日 中午在高中同學家吃中飯，我已經點好菜，牛肉，涼拌菜，她的菜燒得很好吃，高中時班上的烹調能手。她現在很好命，千萬富婆，她從小沒有父母，現在婚姻是最好的，美滿，先生很疼愛她。自己還和你訂婚時很羨慕她，現在Pan Pan祇會陶醉在[illegible]下人的懷裏。遲來的春天會使Pan Pan年青可愛，謝謝你。

Pan Pan覺得我們這天都在幫助，二十天的晴天，今天開始下着密大的雨，感謝上帝讓我做你的好助手一未婚妻。每天將祈禱感謝。

出門在外多留心保重，時時刻刻在你的身旁陪愛你，我會寫信給Pan Pan的新爸媽請他們放心。看到你母親的淚水，讓Pan心疼，天下父母心，真是偉大，你有空也寫寫信和爸媽們說說。讀書別忘了工作，好好的愛你的弟弟們。也別註冊的節省，保重身体。Pan Pan有時候更煩人，別介意好嗎，盡量的約束自己，將有一顆安定的心補洞，祝你，我都能達到理想，step by step。

祝
New years Happy

你愛的未婚妻
鳳 12.27.11:45晚

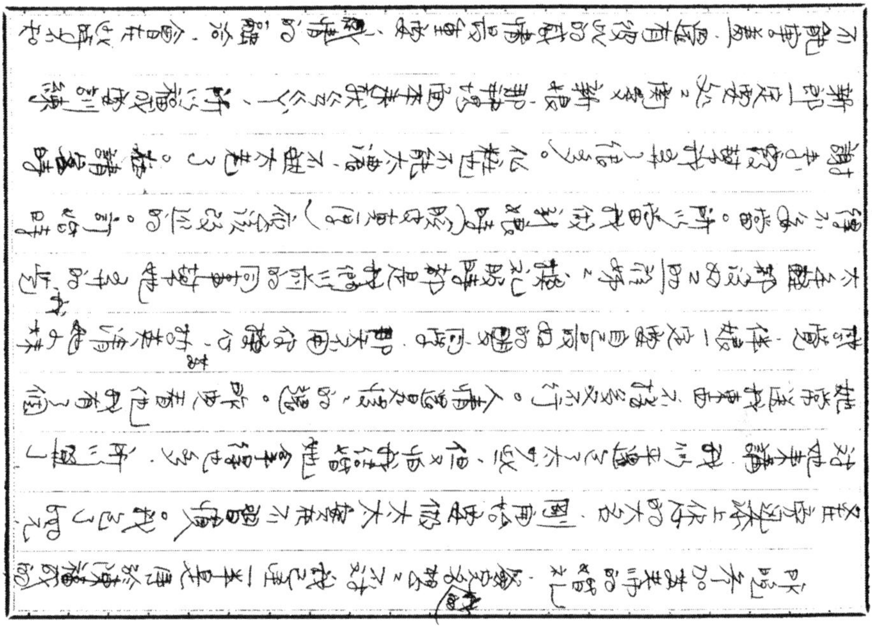

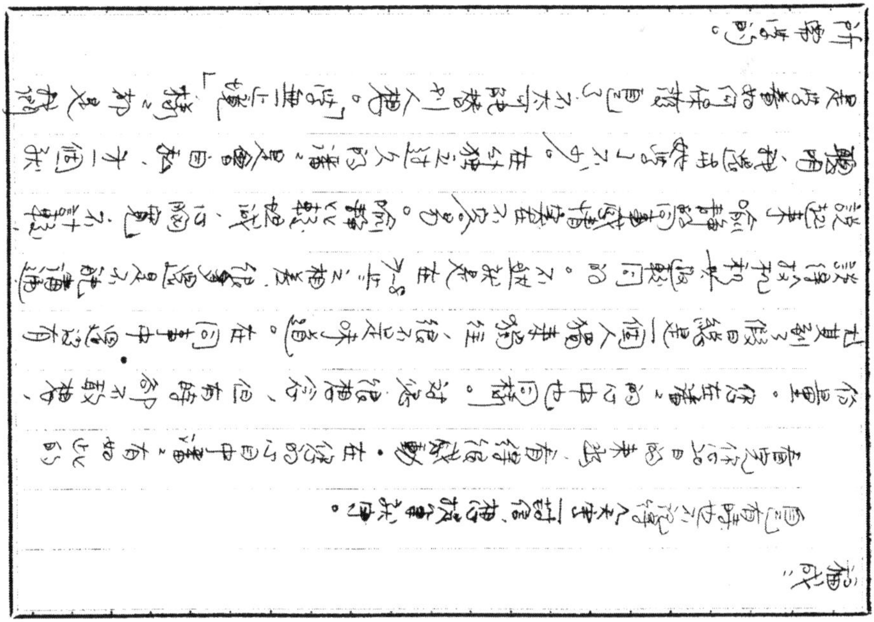

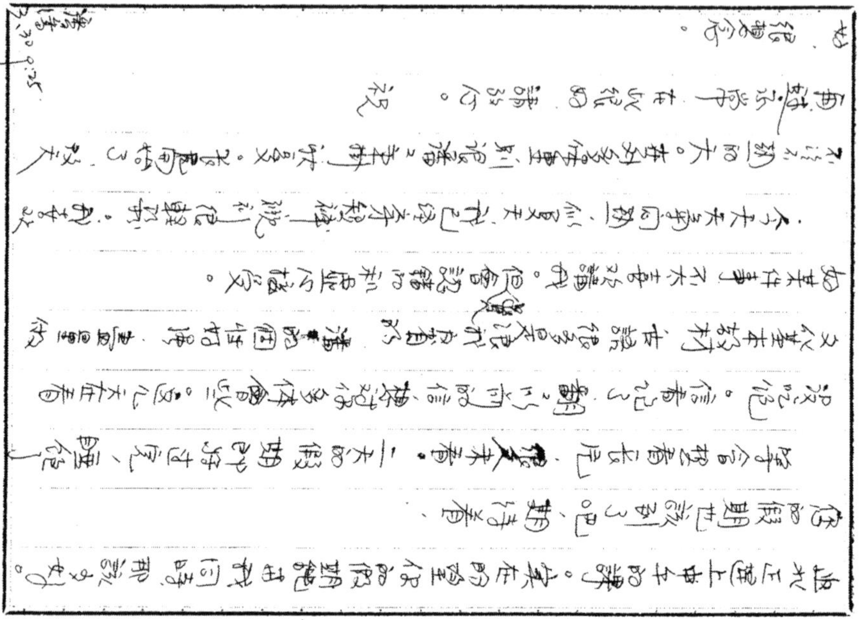

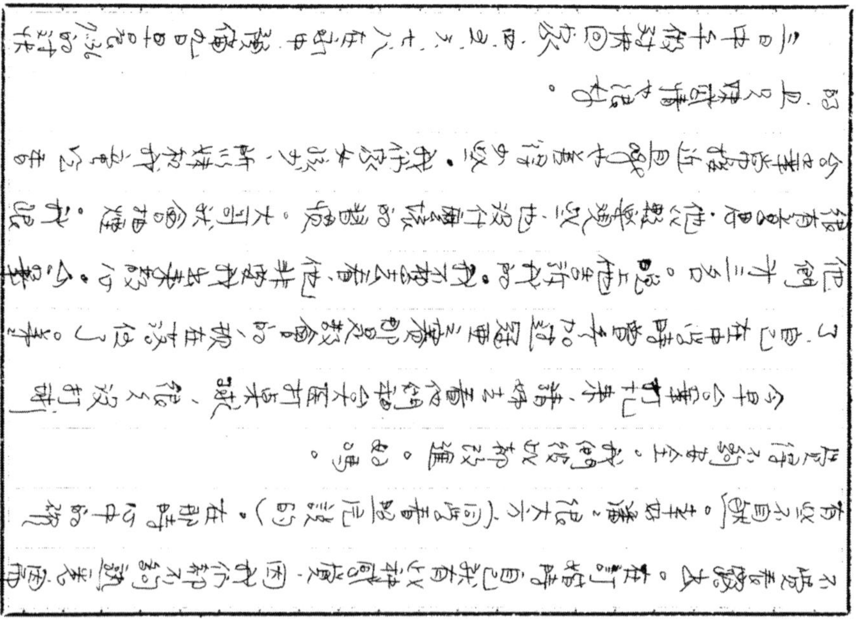

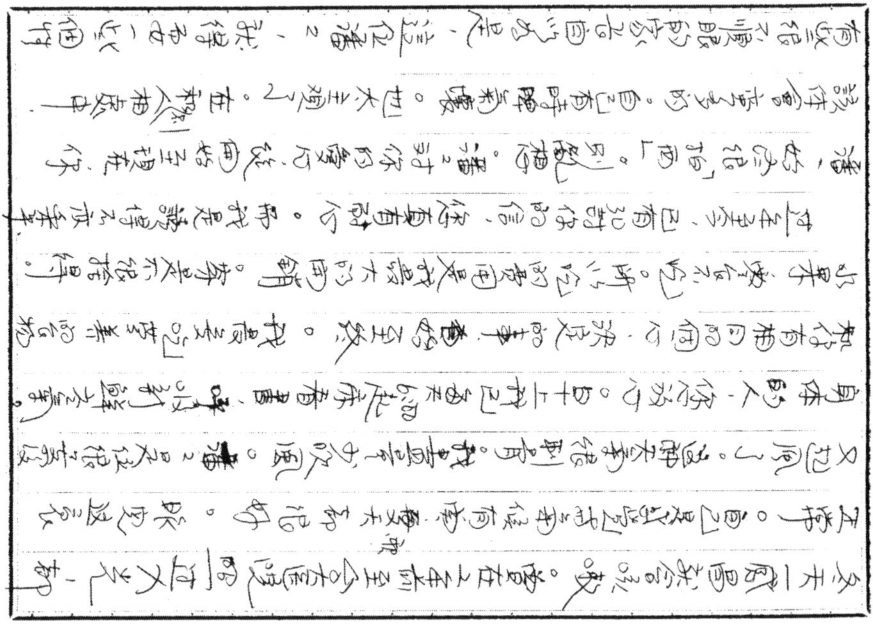

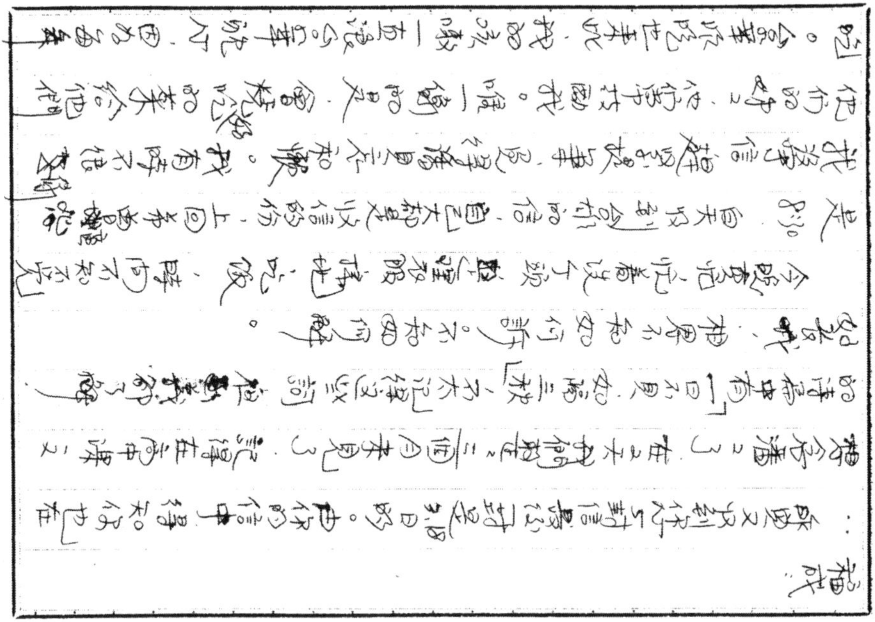

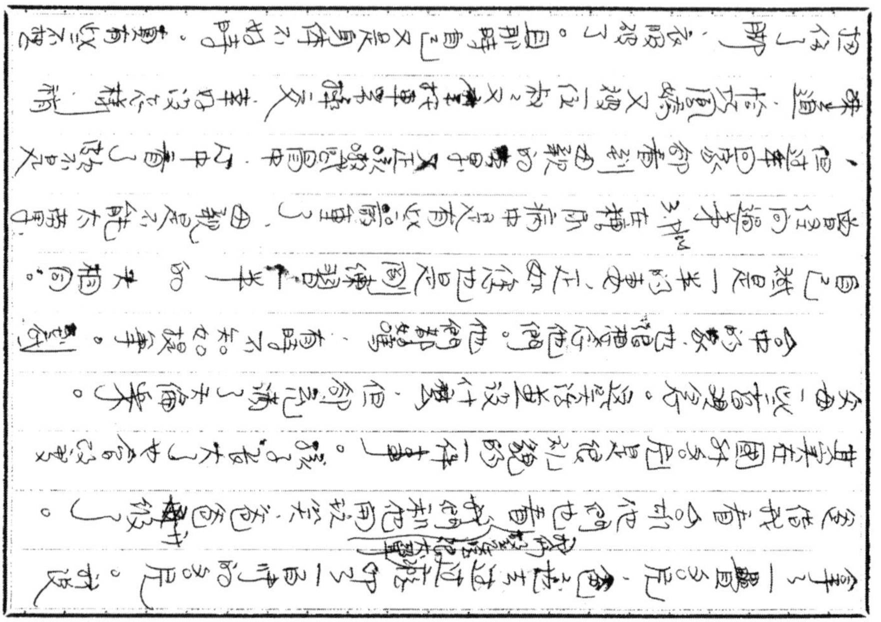

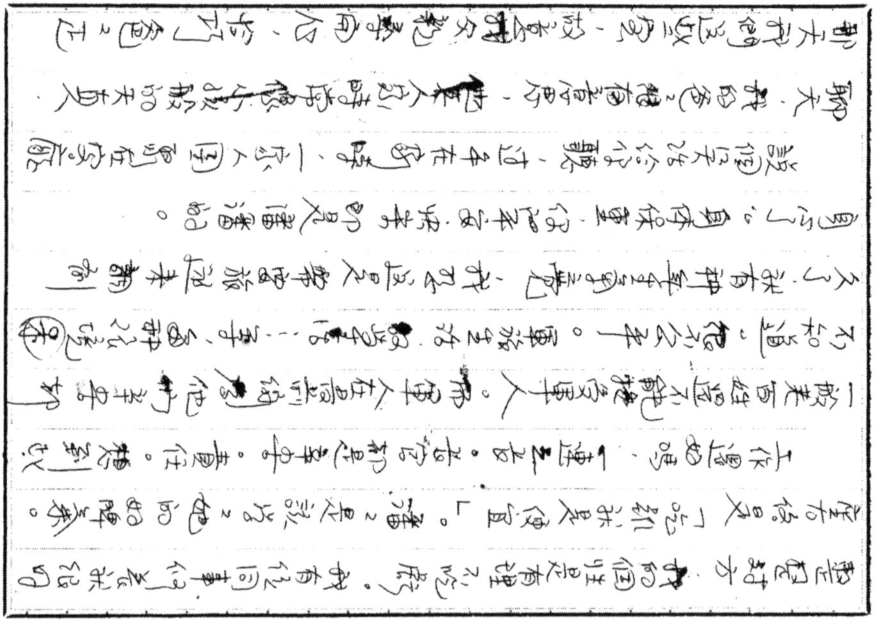

自己成家立業，付出手着。对你的真言，不是什理，是從心中的肯而出。曾消沉了幾天沒睡，連話都不敢。

在你的信中有很多都有暗示一些，我懂。不过潘々卻很確信自己。我不是見錢眼開的女孩。祇是該得的就得，想的就吃。也從沒有隨便过。再你比起來，潘々是現實多，就如啦，我們是同啦，但你还是聰起来比我年青，不可否認的吧。要已後是同等的。我們結論。再補這：希望你們合曲。

在這兒一切好，合格了，飲食，衣，住，行勿就心。我已決定在，四，五，六，七八回家，若你回來打九回家，別忘了

375412

盼望這時也是你的假期，可以回台南又可以回台中。平常我不行了。又是深夜，今晚早些睡明兒值日，今又未睡午覺。

祝
晚安

事々可樂

潘潘
2.24.(P.M.10)夜

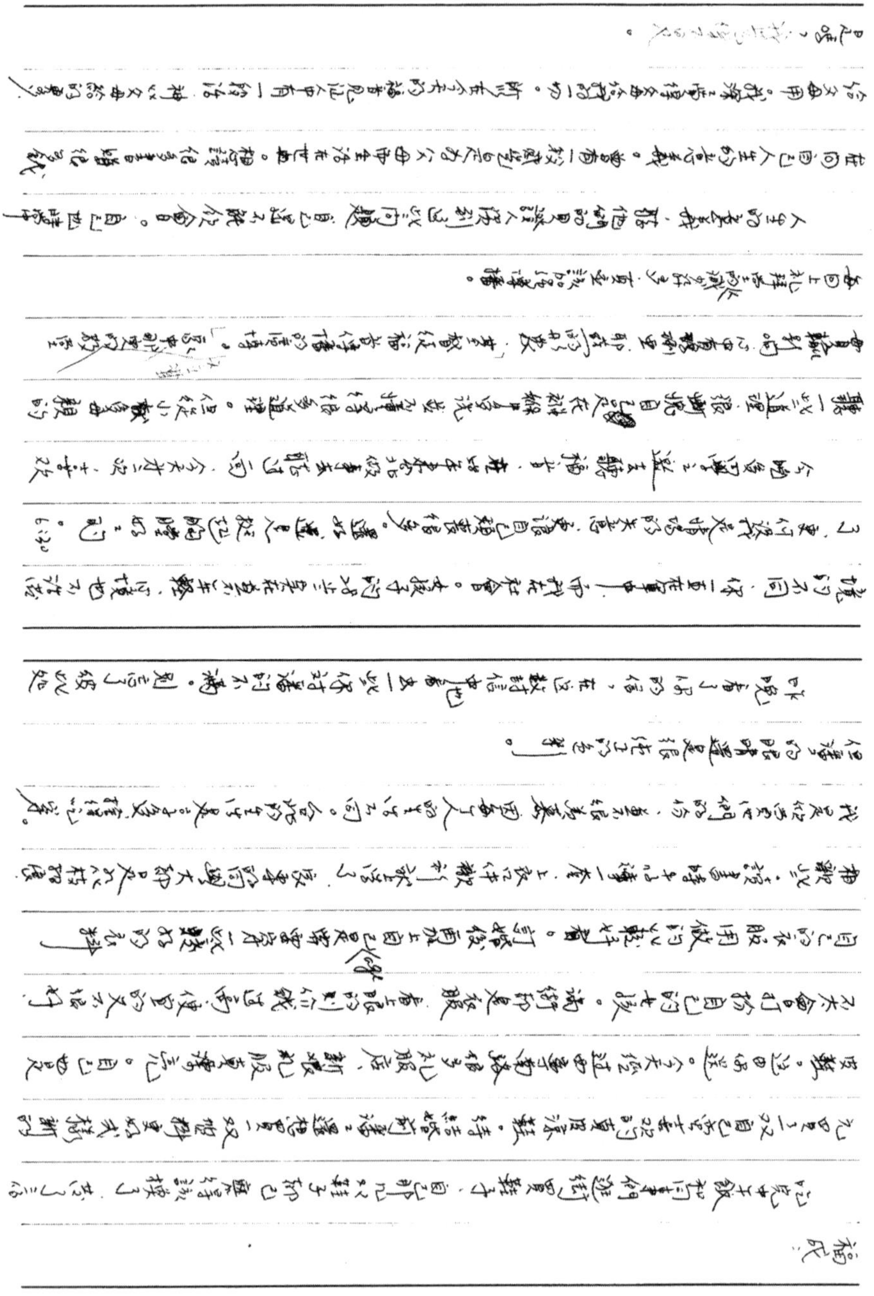

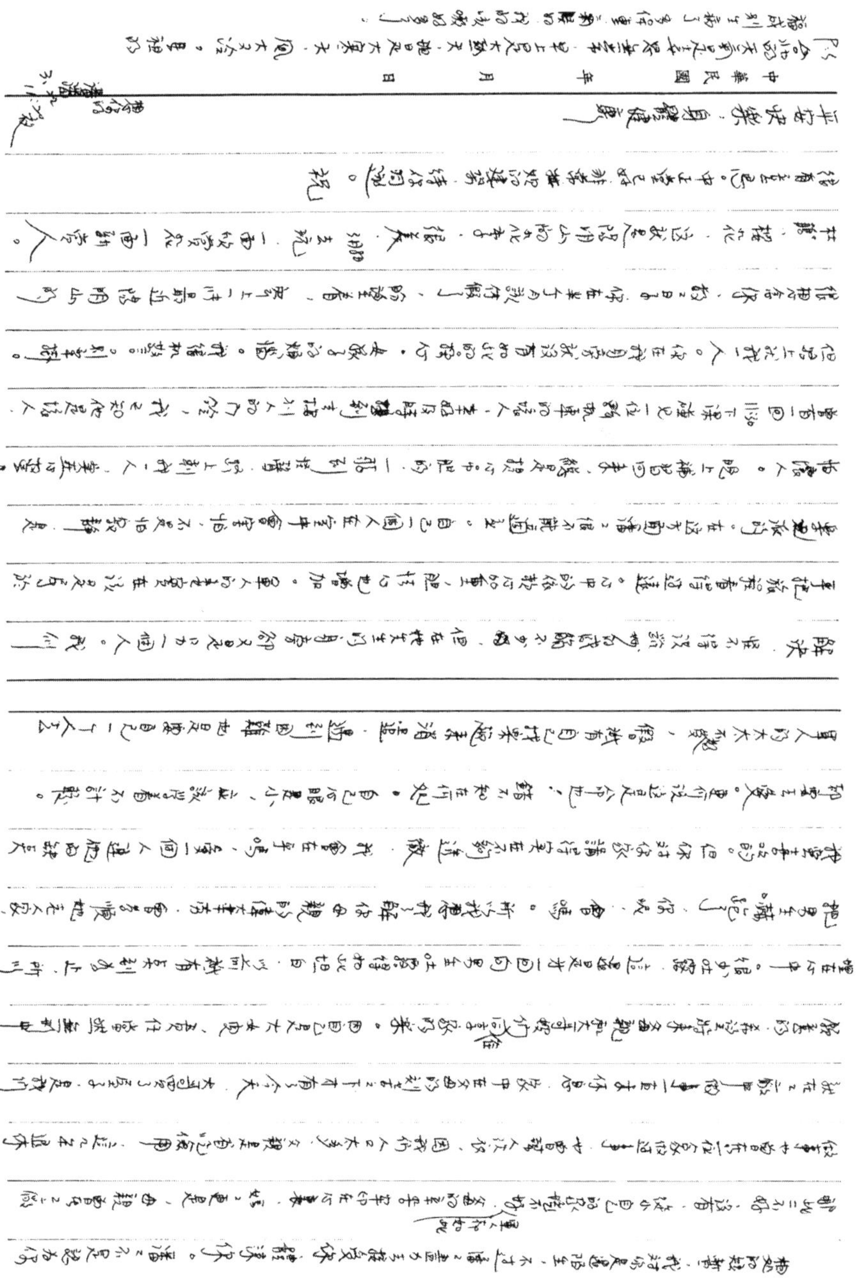

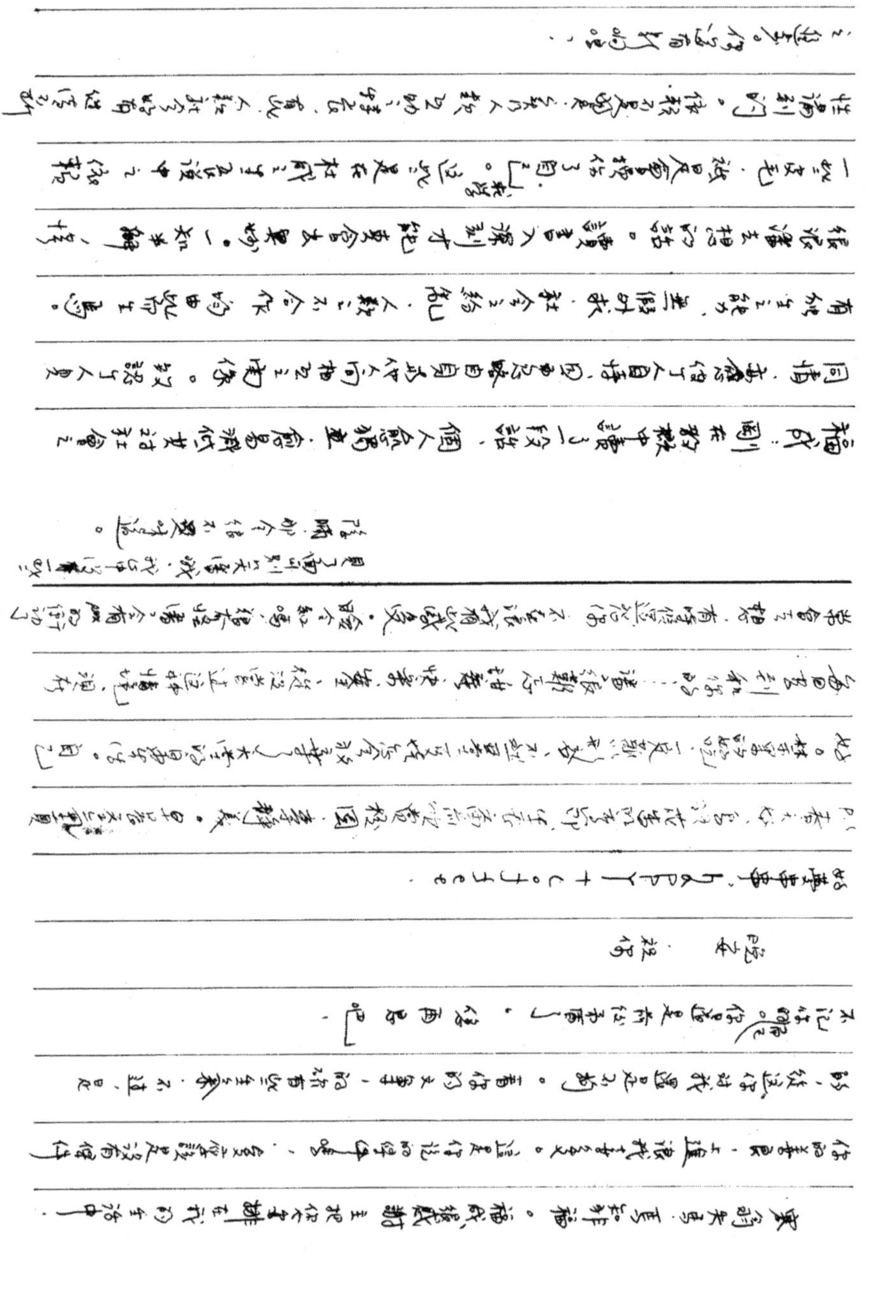

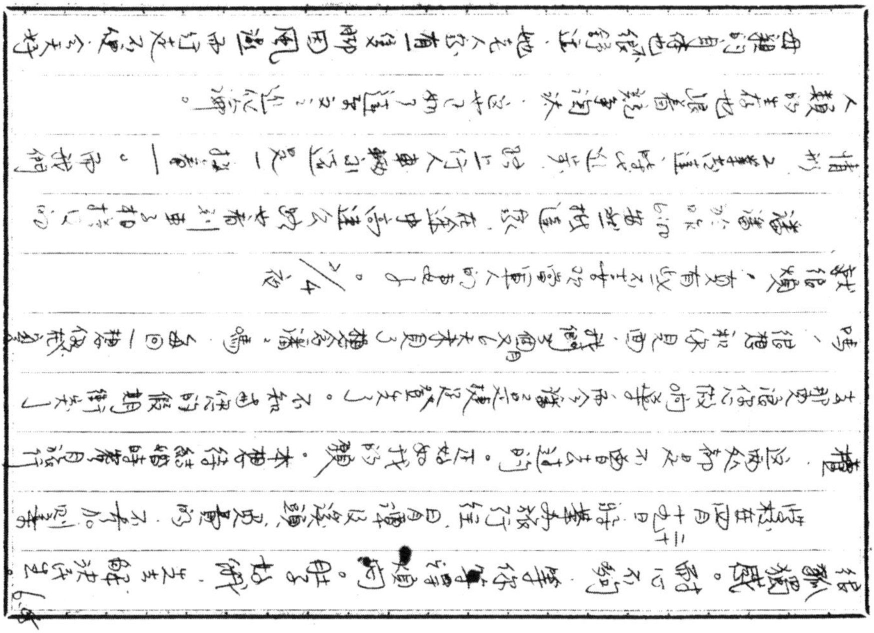

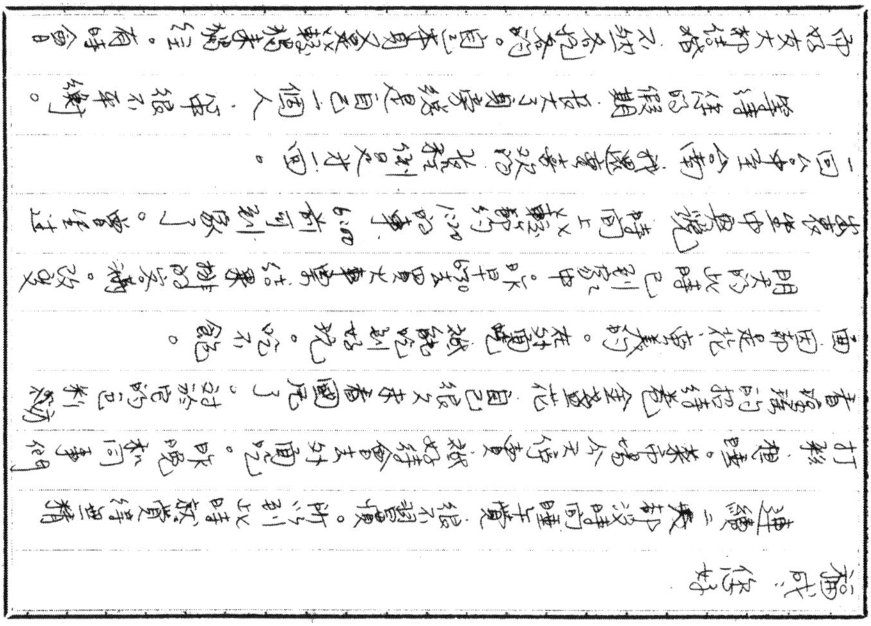

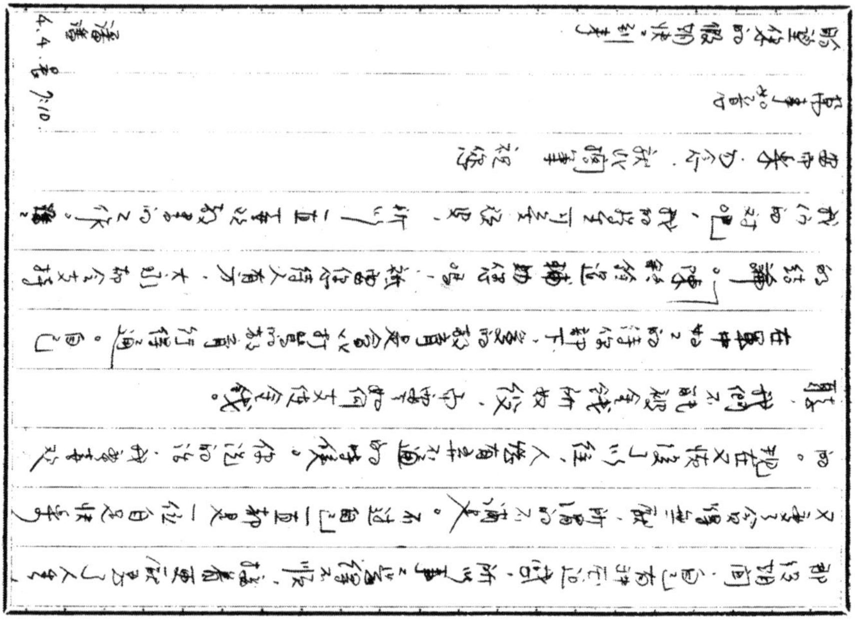

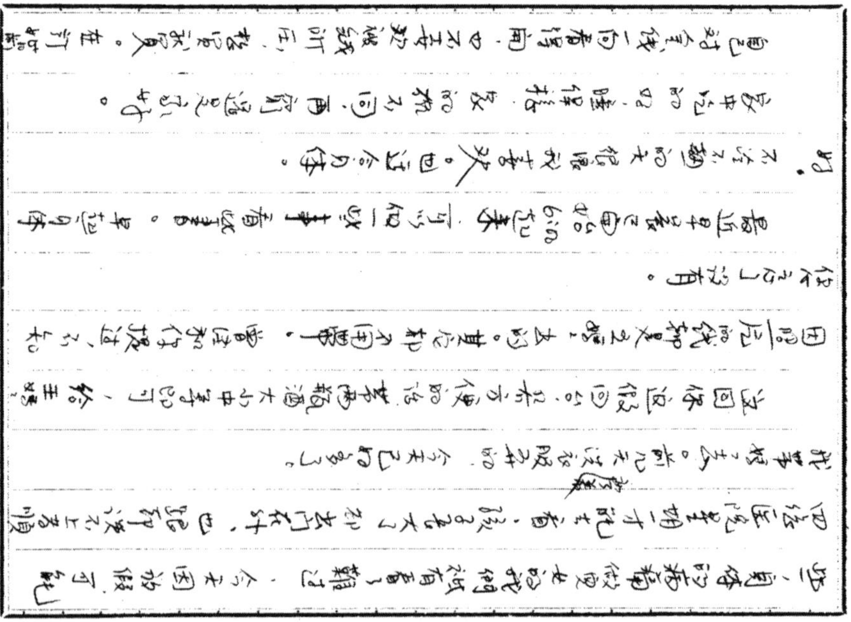

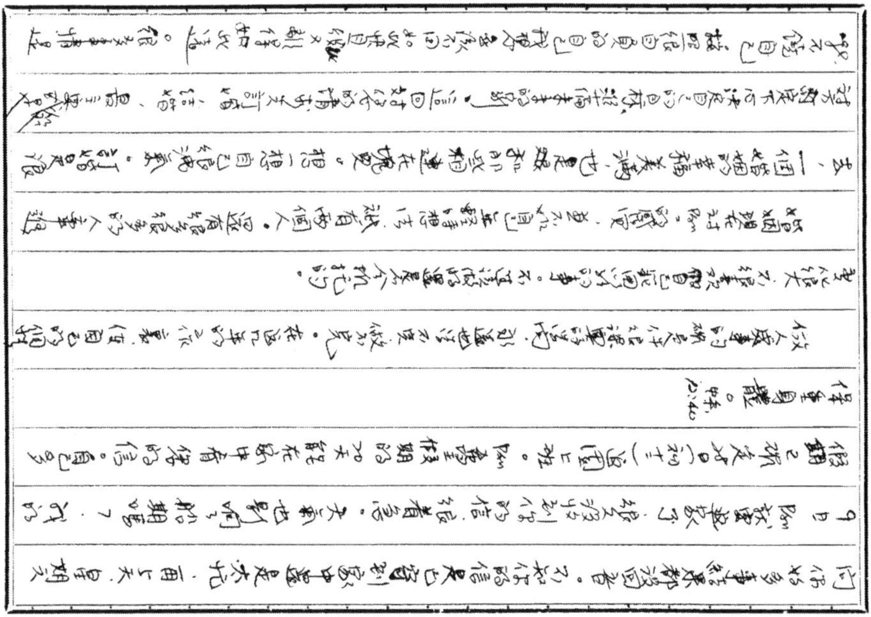

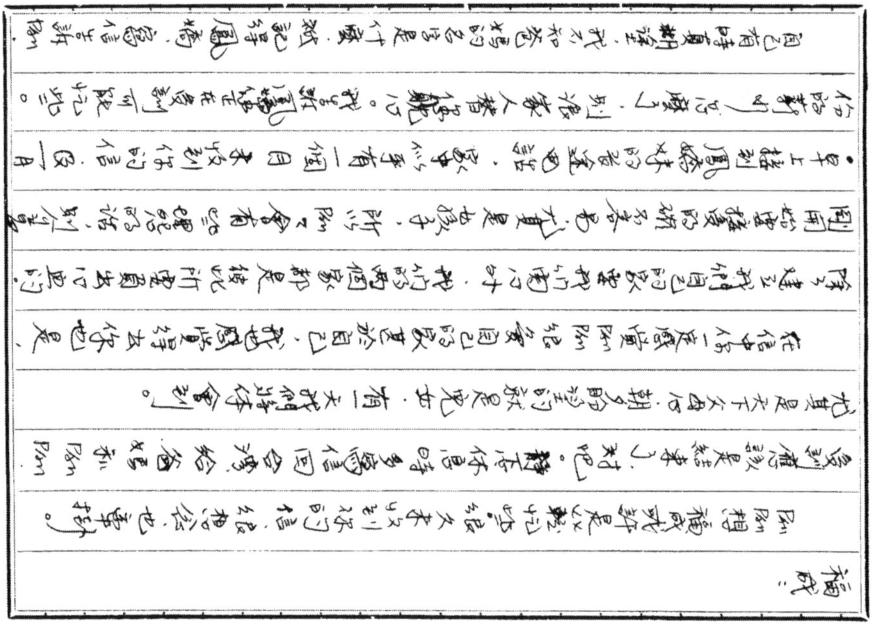

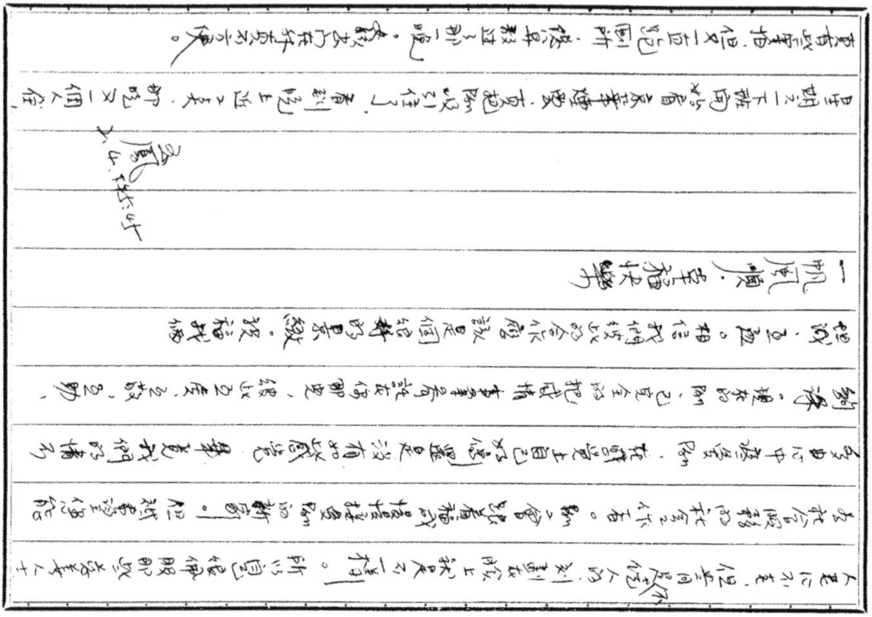

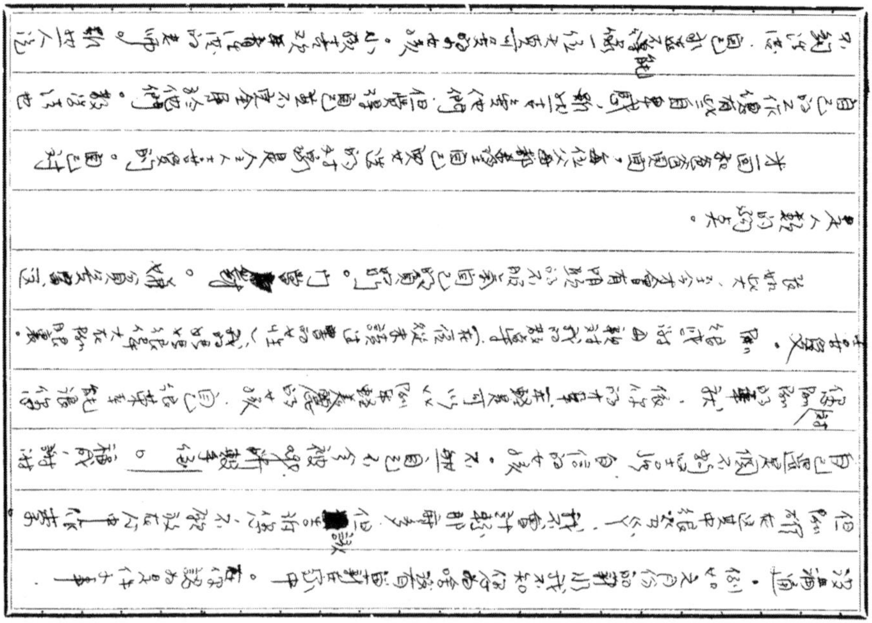

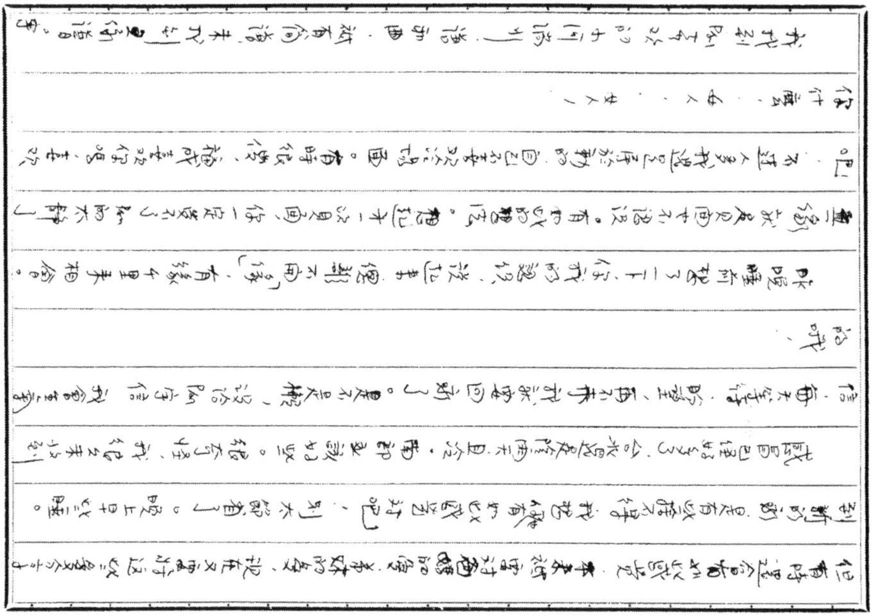

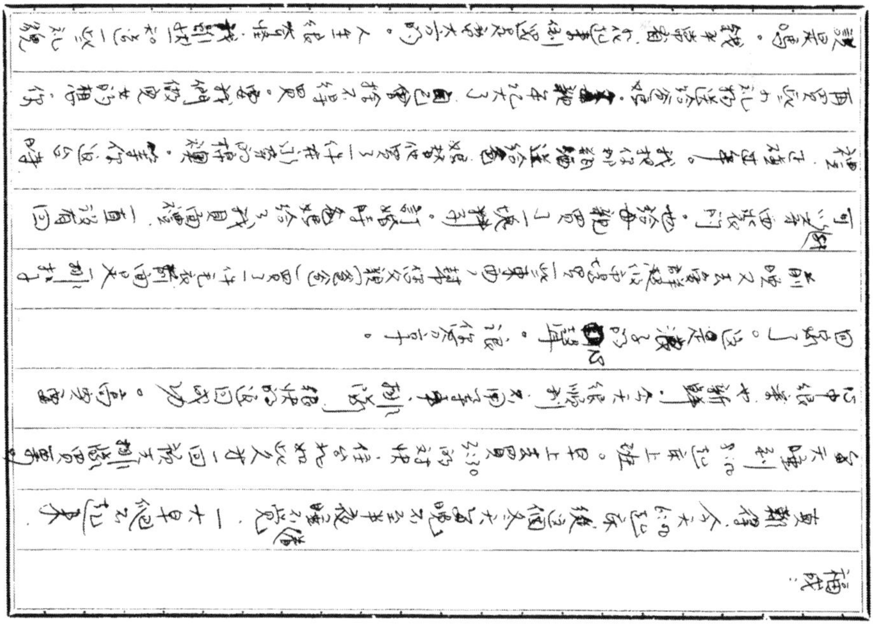

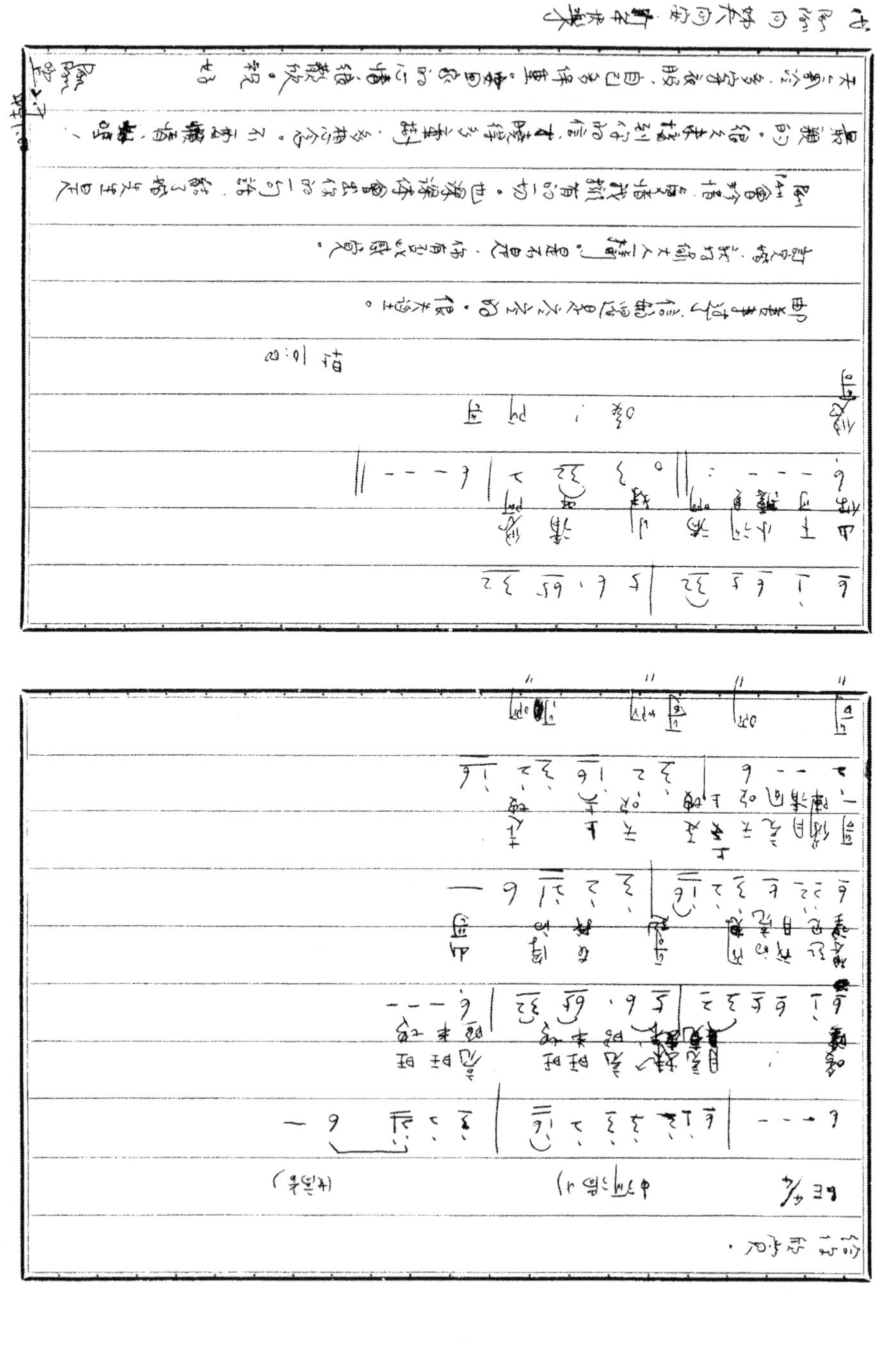

福氣：書已看完了、謝謝你。

曾有人這麼說：「黃頭髮的人愛生氣」自己頭髮不很黑，想必它是真的。Pan Pan 遇到不樂之事，盡量不語，深藏在肚中。不然會火山爆發，對別人對自己都是不好的。這几天聽到同事說某些話總覺得刺耳，也体會出開玩笑不能太隨便。

福氣對你，我想保持最原始的本性，不想隱瞞自己，也唯有你才是能聽自己傾訴的，和可信賴的。劉大哥是Pan Pan 五年前認識的朋友，因他我認識了很多人，喻媽媽，大姊夫，喻靜。我們並沒有深交，但他會像兄長需心對方。所以我對他很感謝。我們多年的友誼是不需你的交待吧，自負的福氣。自負應該是很好的。Pan Pan 也是位很自以為是的girl。但過分的自負會使人覺得光芒太露。所以自己有時也像個大傻瓜。對方摸不透我。我和國良的相處即是。自己星期六和他交談很久，我想對同事們有利的，不管對方肯接納否，我想說的，也該說的，會講出來，但又不傷到一團之長。自己真是長大了，會以兩方的立場來處理一些事，以前常和國良吵架，看不順眼，從現在開始我應該不會，既使他很惹人厭。我還是永遠站在自己正的一方。

國良分配了我一個單元「國旗」，要Pan Pan找材料編教材，頭腦空空的，幫我想一想吧。

age 對 Pan Pan，雖說不在乎，還是在乎的。在過完12月自己又將「年老」一歲，真可怕。而你們男生，卻是事業的開始也正是更年青的時候。自己多年的盼望是希望我的先生年長自己很多歲。一般女孩都是如此的。女孩容易操成熟而老化。現在的女性似乎好一些，因為都是工業化。我自己体重似乎減輕了一些，所以不太敢太K。輕鬆自己的生活、多睡、不要亂想。人和天爭，難道一定是我們都輸嗎？很疑惑。

「Life is short dearie, don't drag your feet」親愛的，人生本如，莘莘莫蹉時。我很喜歡一些格言，俚語。你的寄，我看不懂，說明一下。

天氣已晴朗，Pam Pam的心情似乎也跟着天氣晴朗了。已有2个星期日都是陰暗的天。今天很舒服，吃過之作待不多。英語的作業，雖然還沒弄完全懂，規定的課業還沒看，早上一起床，心中似乎有結，書那一直看不進，提筆寫信，也寫了很久，總算雨过天晴，Pam Pam要開始K書了。福成想念你，祝福你，盼望假期早早到，可以完成彼此的心願。謝謝福成的設想周到，

祝我們的假期

HAPPY加es七加C。ffee

可愛的
Pam Pam
12.7. AM. 11:00

23日　總親會　24日補假一日，25日又行憲紀念日放假一日，若你能在此時回來，我們的假期似乎多些。但願。

今晚偶然抬頭，看見一輪明月，又圓又大，該是我們團圓

的日子了。晚上讀了一些書，就開始亂想，把華福成買的一件夾克（暗紅色）和一件衣服拿出來自己穿看看，不知該買多大，很冒險的生意。我想大你就得大穿，小你也得小著穿。你錢還算公道，我喜歡它，願你也喜歡穿。衣着還是挺重要的，出門辦事等需要一些比較得体的衣服，平常家居服整潔順眼即好，上回至你那看你的衣櫥都是黑色，不是不好看，在暗色的系統會使瘦的人更瘦，但褲子是黑的，上衣別的色彩那就沒關係，夏天暗色會傳熱，淺色較適合。我想你的長褲做直統的西裝褲會很好看，有嗎，自己一直不喜歡穿喇叭褲，會很Pan Pan更小，所以大部份穿直統或A字褲，可也比較年青。還記得你穿藍色的長褲就很好看。對你，Pan Pan實在很坦率。而我也希望你的提供。自己停了自

13

我欣賞的，還需別人的欣賞（我祇在乎你）。

諾態一個下午總算弄清了。好累的。很奇怪，越接近見面的日子，思念也就愈深，你會嗎，最近很少和弟弟們一起，大家忙，但弟弟總有电話向Pan Pan請安。女孩子總是被人愛護的。雖然自己喜歡的，音樂正播着一首很熟悉的華爾滋，想起第一次被教的時候，很好玩，不懂得節拍，現在不會如此了。據力巴也是很差，弟弟教的，很久沒有加。同學邀我去，現在是沒有這种心情參加。聽聽音樂也就很過癮了。holiday又將渡完，寂寞還依然空的，靜還是自己所嚮往的。現10:00我想早些睡，因中午未睡。晚安

甜甜入睡中。

Pan Pan
12.2. PM10:02

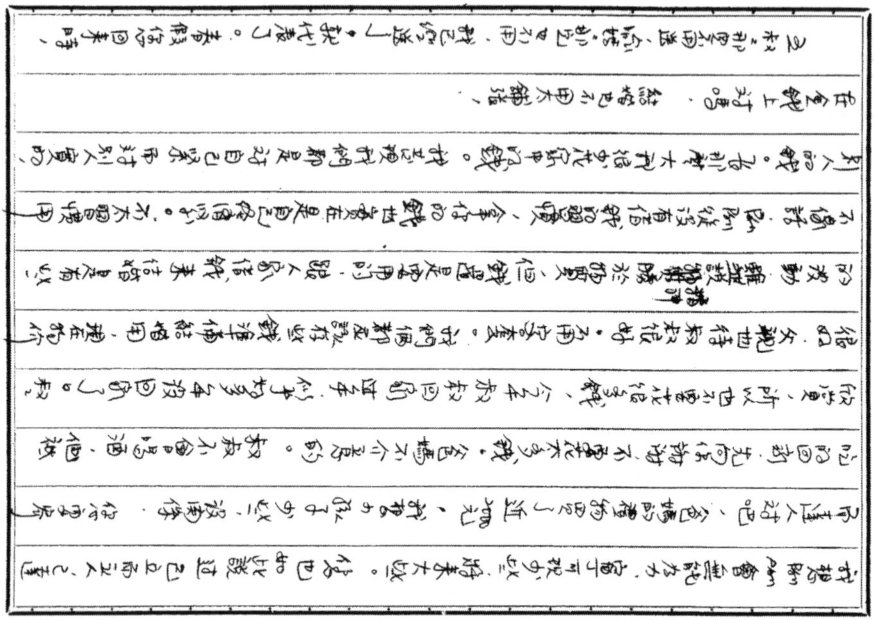

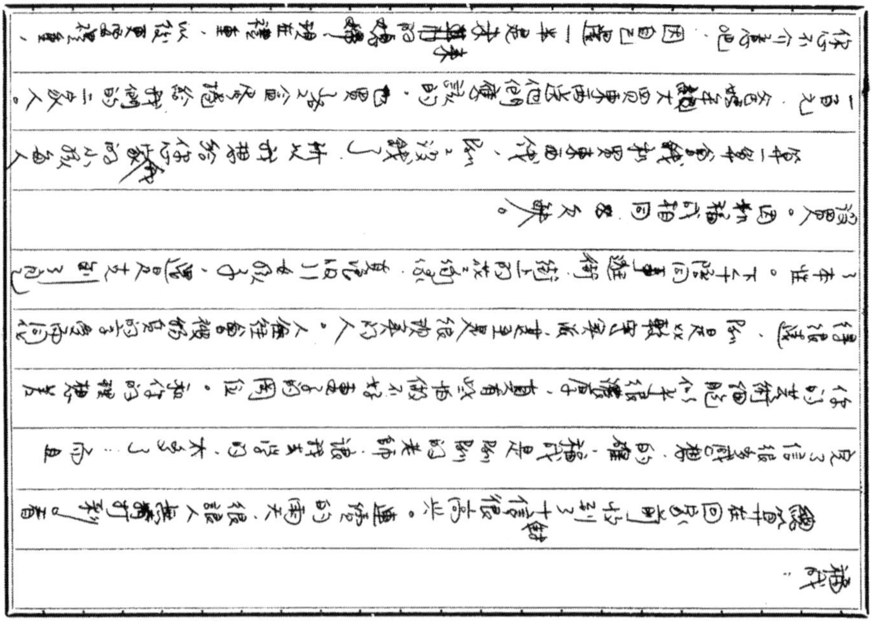

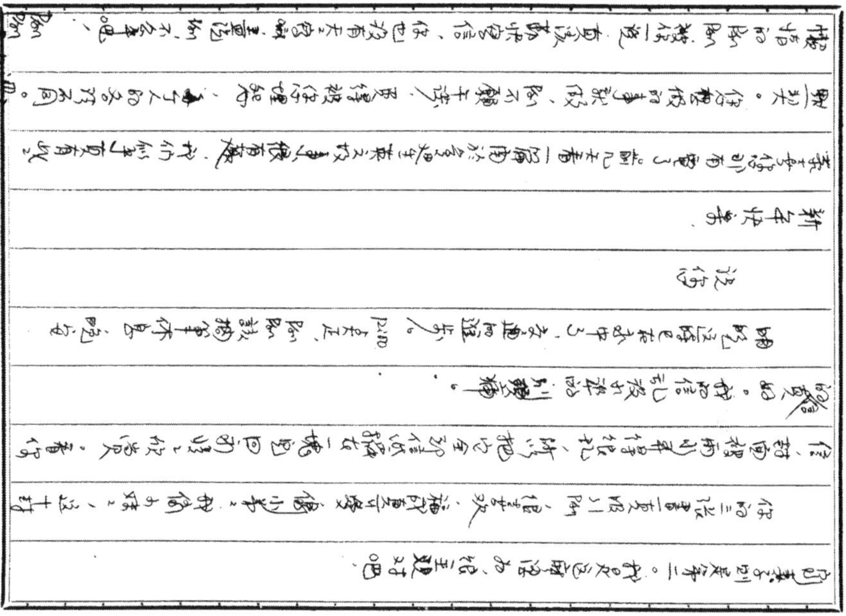

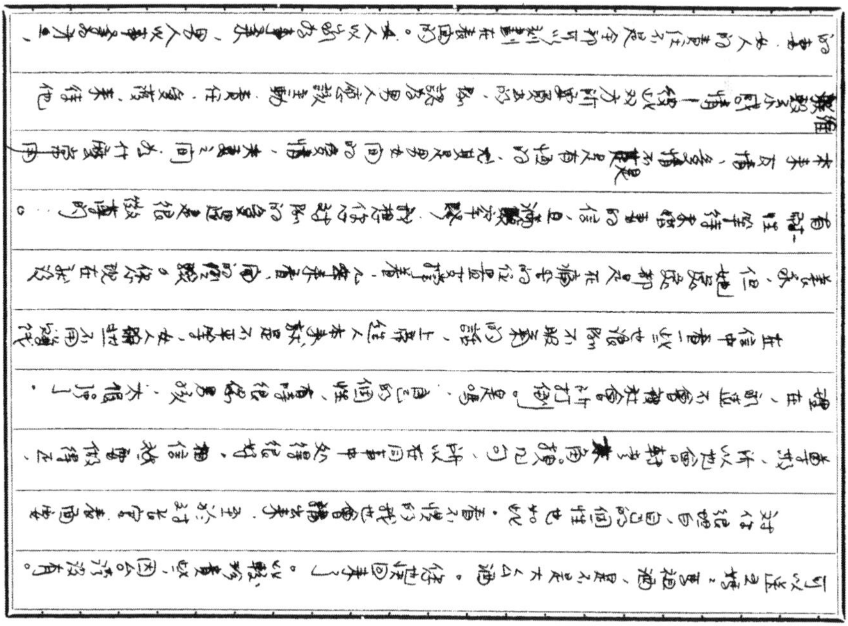

福成：過年會更想家，咪咪可以做一些娛樂的事，不要背書本，打打乒乓球，彈彈吉他，畫畫圖，寫寫毛筆字，再想想我們在一起的日子，在我中咪咪會很想你的，剩下一个人時，獨自躺在床上想著，很美，很難忘，您是和咪最親密的男友。我喜歡。您喜歡嗎，咪不夠……鍾[illegible]鍾情的。我現在不太想研究那兩本書，你聽過女人30如狼40如虎，我覺得看了那些會很咪……，我想咪還不成熟，所以暫停了。跟你在一起很舒服。安全。感覺是甜的。永遠倚靠在你的懷裏……
咪夏幸福。多寫信給咪。

福成：

潘潘現躺在床上給你寫信。明日即將開學。心中頗不情願。這學期會很累。每班的學生都是70、80位左右。自己從未教過如此多的學生。自己內心非常不稱職如此的作風。離開成功一學期，書本看得[illegible]是。心中很感嘆。

這幾天的胃口不佳，吃飯反而不如以往吃不下去。很容易疲倦，所以潘潘盡量早睡。

星期六晚上即回到家。潘潘盼望着。本來星期日值星，和同事交換了（兩周值）。所以我們可利用假日去玩玩走走。你想想看。今年過年都沒放到。今年的感觸特別深，一下要接受很多，心中非常不平衡。難免排斥心就更大。潘潘是要和你學學樂觀派，不然真不知如何控制自己。不想了，潘潘該睡了。晚安。

萬事如意

吻

愛妻潘潘

2.17 8:40晚

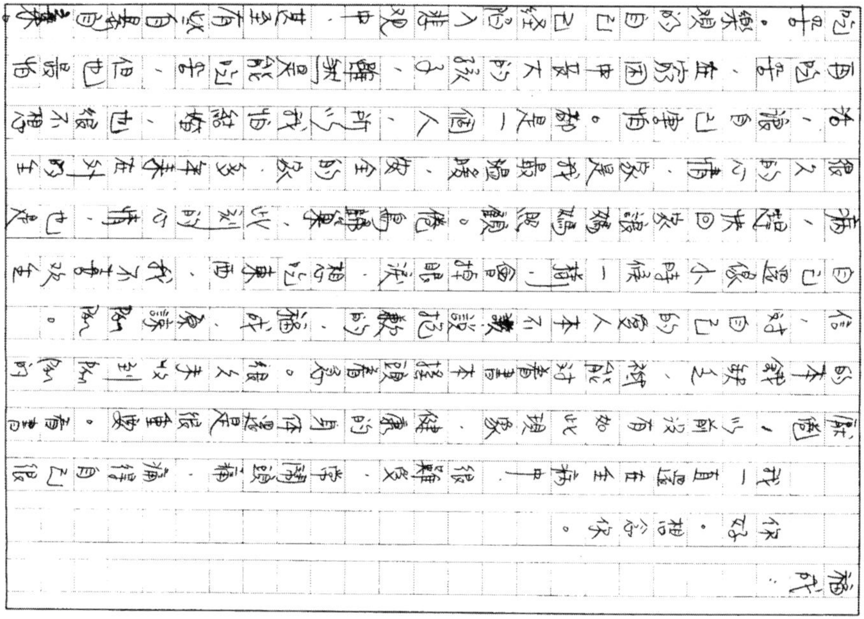
福成：
你好。想念你。
我一直還在生病中，很難受，呼吸道痛，痛得自己很
厭倦，以前沒有如此現象，健康的身體是很重要。看書
的本錢缺乏，我能讀看書本跟看多。很久未收到你們的
信，對自己的愛人本不[illegible]說起數的，福成，原諒你們。
自己還像小時候一樣，會掉眼淚，想以東西，我不喜歡生
病，想快回家讓媽媽照顧。[illegible]以前的心情，也是
很久的心情，家是我最溫暖，安全的家，多年來在外的生
活，讓自己[illegible]。都是一個人，所以我怕結婚，也很不想
再吃苦，在家園中最大的孩子，雖然是能吃苦，但也害怕
吃苦。樂觀的自己已經陷入悲觀中，甚至有些自暴自棄。

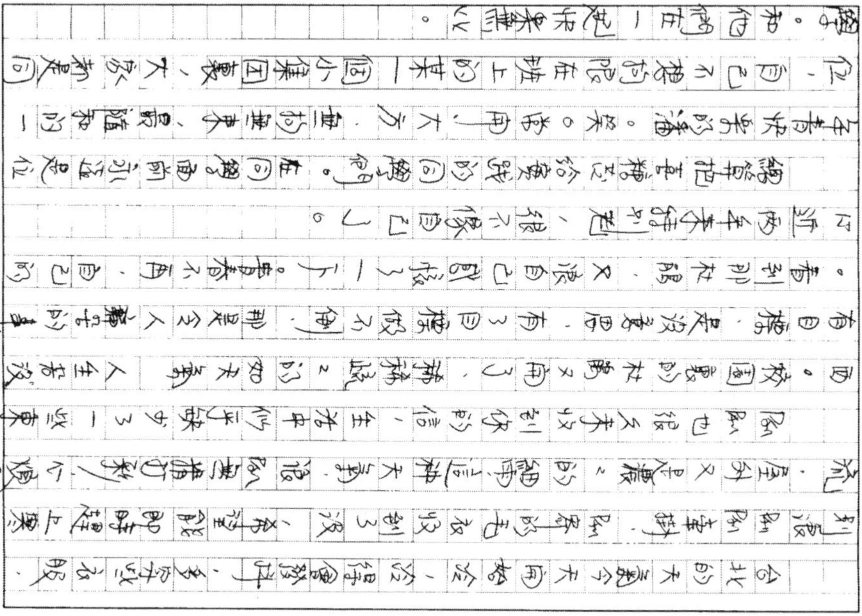
台北的天氣今天很好，沒想到過了一[illegible]，多穿些衣服，
到很[illegible]。[illegible]都收到了沒，[illegible]上[illegible]
[illegible]，居然又是[illegible]的[illegible]天氣，很[illegible]，心[illegible]。
[illegible]也很久未收到你的信，生活中似乎缺少了一些東
西。校園裡的花都又開了，[illegible]人生若沒
有目標，是沒意思，有了目標似乎[illegible]人[illegible]
。看到[illegible]，又想自己[illegible]一下。[illegible]不用，自己的
[illegible]很不像自己了。
[illegible]給[illegible]的[illegible]。在[illegible]
[illegible]。[illegible]大方，[illegible]
位，自己不想[illegible]在班上的某一個小集團裡，大家都是同
學。和他們在一起快樂以。

你至馬祖到今已有一個禮拜天，和你在一起阿阿快樂，不會乱想。剛剛聽收音机馬祖9-5，真冷，讓阿阿心疼，多穿衣服。上回忘了幫你寄毛襪，你有沒，先在馬祖買一双。晚上被蓋厚些。阿阿有時太鑽牛角尖．衹想到自己，忘了別人。我會慢慢學習愛人。

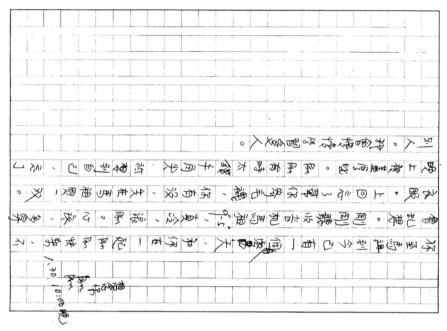

想念你

阿阿

1.30. 10:00晚

我不喜欢成功、像座grave，無生氣。所以我想我的教学是失敗的。自己深深觉得該離開此，接受一個新的S．也希望有如此勇氣。繼續讀書還是我現在的方針和目標。

福成你或許會從阿阿的言談苦說以前你不知的我，每相処久，阿阿的自私，主观令你頭疼，我不想隱瞞。

在那多保重身体。還有如此多的部下需要連長照顧，阿阿很疲倦，想早些睡。这兩天因頭痛沒念書，倒是沉醉在鋼琴中，尤其昨天，似乎很久沒有如此現象。今天開頭痛，感冒似乎還未全好。阿阿會照顧的，衹想告訴你，因你是阿阿的親人。是嗎，晚安。

祝

身體健康

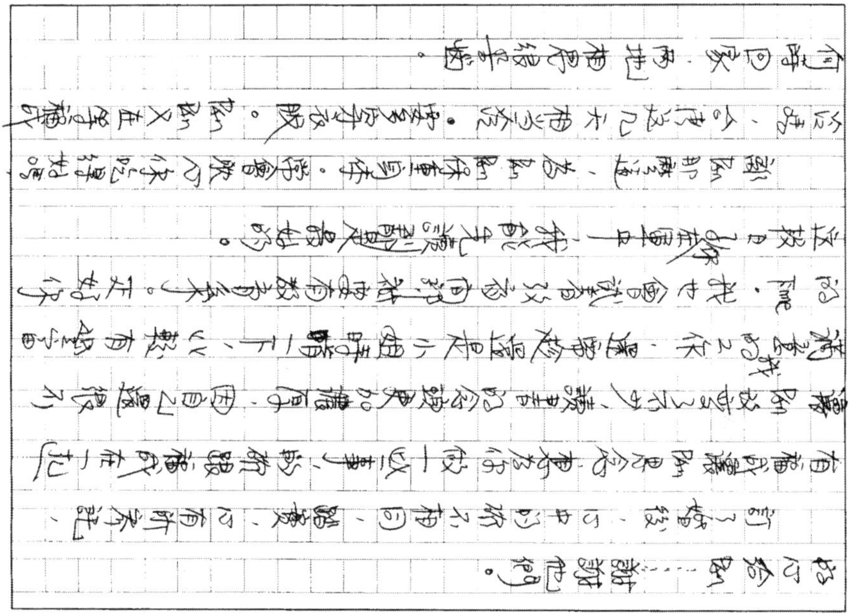

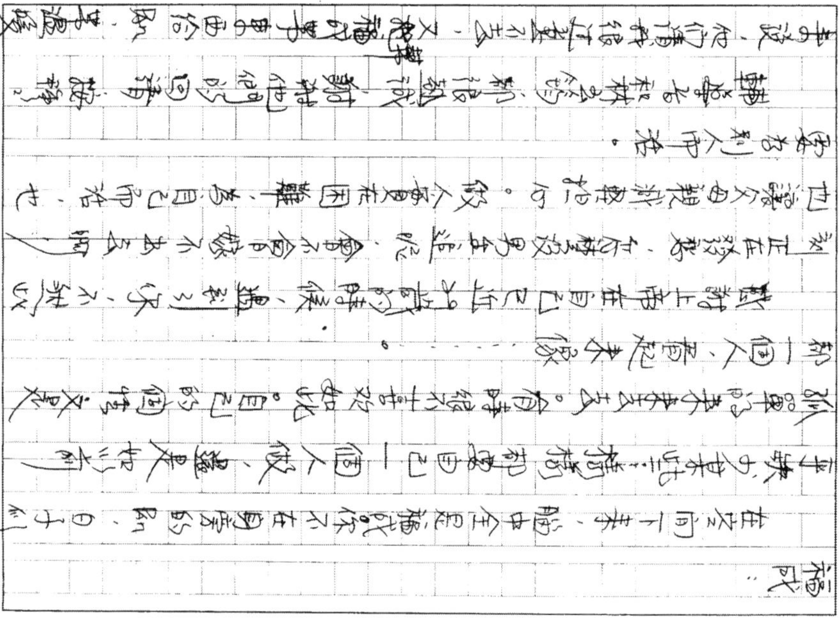

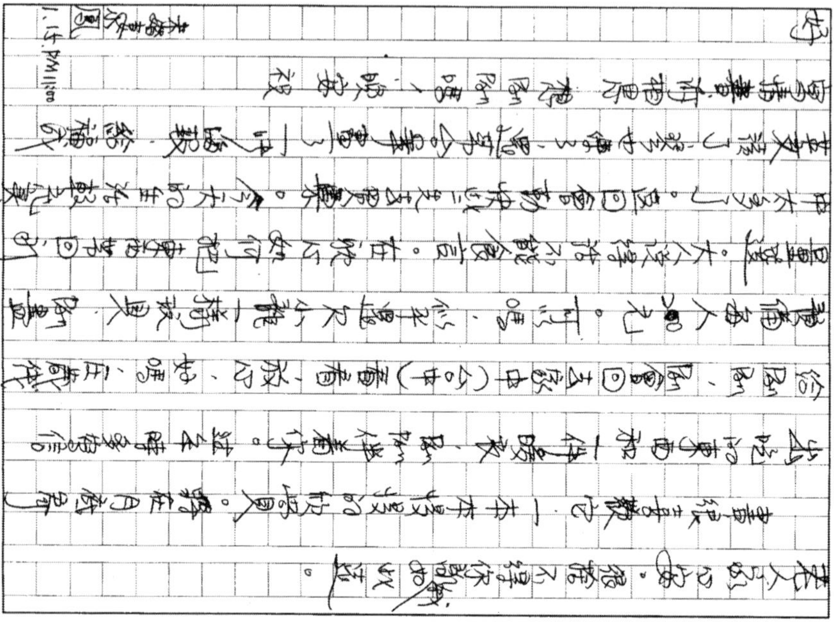

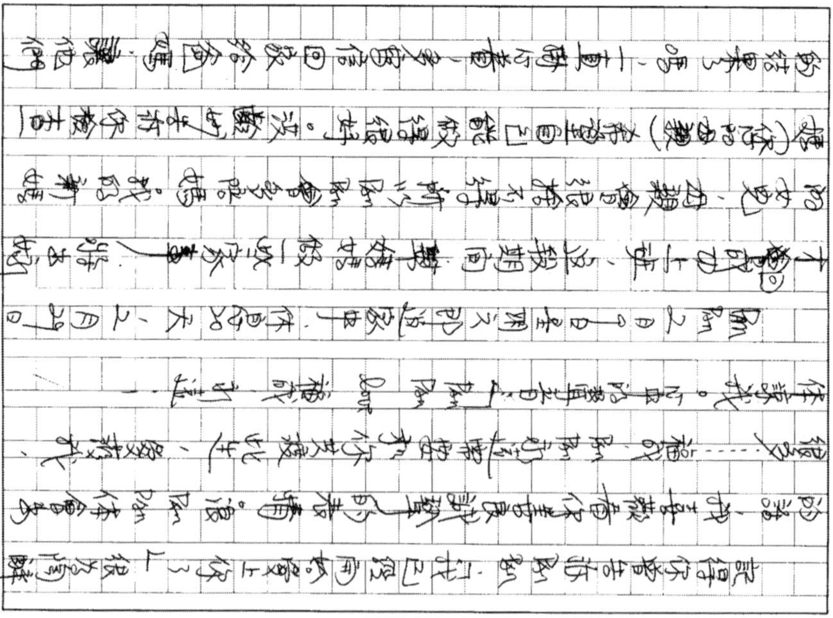

福成：

現在時刻0晨，一月十四日。又是該睡覺的時候，而Pan Pan剛開始執筆再吾愛訴情意，訴相思。

今晚陳銘銓、林弘源請Pan Pan吃飯，越南菜，挺新鮮的，也是託連長福成的福，聽到些你的fun，很有意思。交女朋友後什麼都不一樣了。不過結了婚又全部畢露原形，Pan還是希望看到最原始的你。別隱瞞自己。不過對一些往事卻不希望再知道，人都是小氣的。而Pan Pan也會把些痕跡一一的消除去。我並沒有生氣，祇是怪怪的。

自己的愛十分的豐富，並不輸於你，情感奔放，我想你有時會招架不住，發起脾氣也是很討厭的。

我大約在二月初即將返家，所以你的信，可以開始寄往家中，20天的假期，學校沒有人幫我轉信件。昨晚和爸媽打T.L，已請媽媽多做些香腸，並請爸寄給你，牛肉乾、豆腐乾我會在返家以前由台北寄出給你。陳銘銓回來太早，且想想難得回來，太麻煩他不好，還是郵寄。

受訓期間在外，多保重。衣服多穿，天氣很冷。台北的氣候相當冷，台南卻很溫暖。

晚上還是早些睡，長期桌著灯讀書，會傷眼的。早上早起看看書，辦公剩餘時間看看。也別太心急了，讀書不是一天、二天即成的。是嗎，Pan Pan是望你多讀些書，但卻不願你不照顧健康。

收到你九封信，九本書，一共十八樣禮物，真謝謝你，別再送我禮物了。Pan Pan卻沒送你，過意不去。

過年會去你家（我新的家）拜年，因你不在身旁我想當天返家，自己難得回家，很希望多和爸媽、弟妹們聚聚，尤其是已訂婚的Pan Pan，更想。很捨不得離開家。

對自己要建立充分的信心. 目標確定是件重要事。茫茫大海不知飄向何處. 那是很茫然很可怕的。雖然人算不如天算，但自信還是能掌握一切的。自己有時常會影響，偷懶，這些都是成功的絆腳石，要自己有克服困難的勇氣。

這裏有些英文題目請教你.

one. ones的用法，幫我解說一下、什麼時候用one或ones

1) He sold an old T.V. set and bought a new one.

2) Are the green apples good to eat? No, but the red ones are.

謝謝你告訴Pan Pan讀書方法. 我會從文章、句子中去發現文法。慢慢的學習中。Pan Pan該停筆和你說晚安

祝您

身體健康

小鳳 1.14.0.40分.

5、到你家如何搭公車. 在火車站時。

陳姐林姐都是很可愛. 善良的好青朋友。

我們談，吃的很愉快。

2瓶酒. 我如此幫你安排. 大瓶給叔叔
小瓶給爸爸. 等你下次回假時再各一瓶
你說好吧。謝謝你. 過年到你家. 不知如何
送禮. 對小孩每位該給多少壓歲錢. 這些禮節.
希望能做得好。早上8:00起床心中很高興，穆成對PAN PAN真好

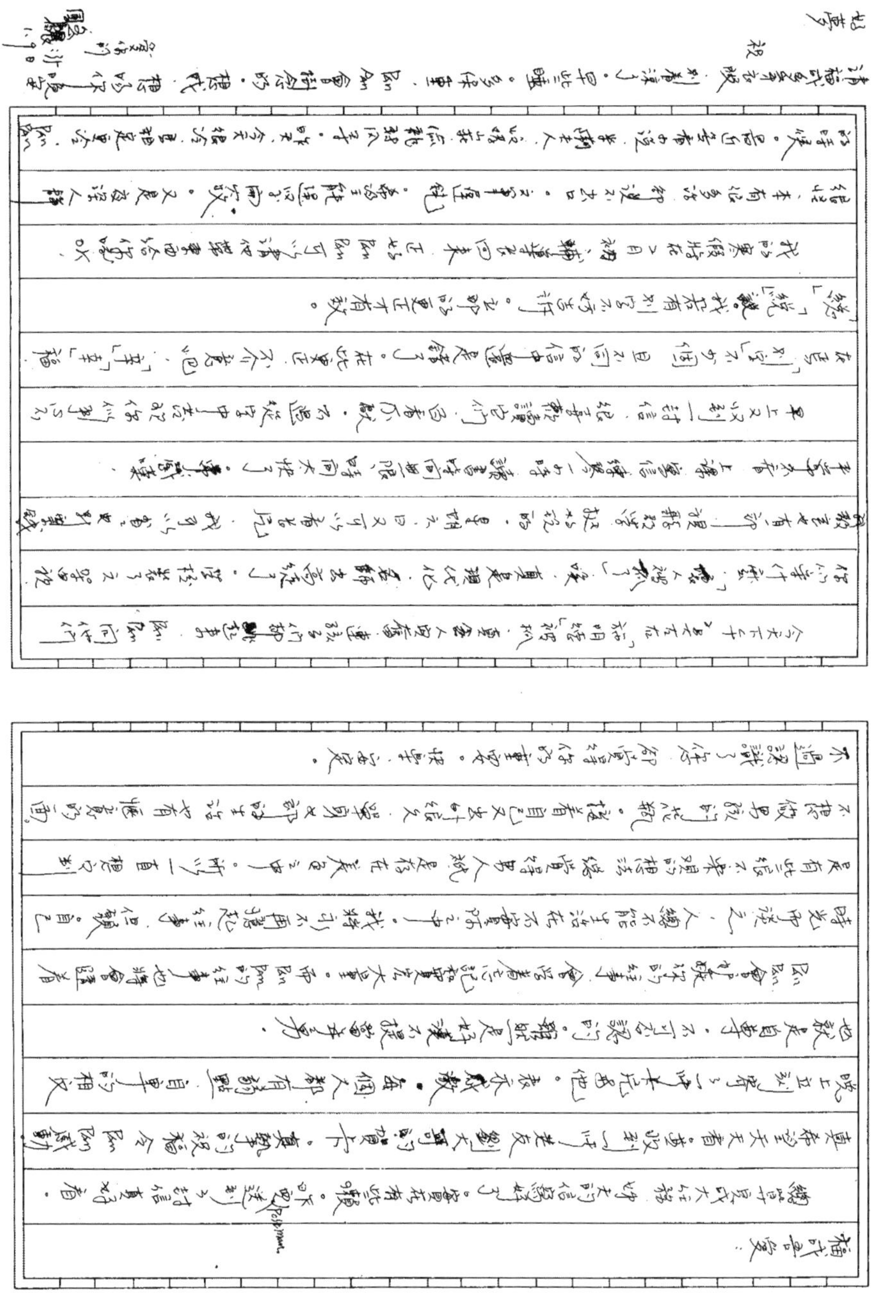

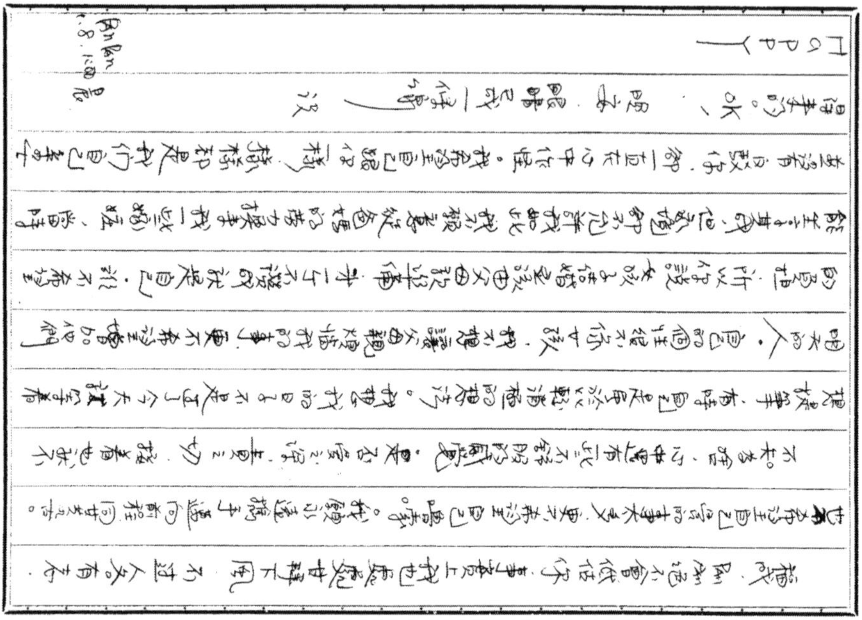

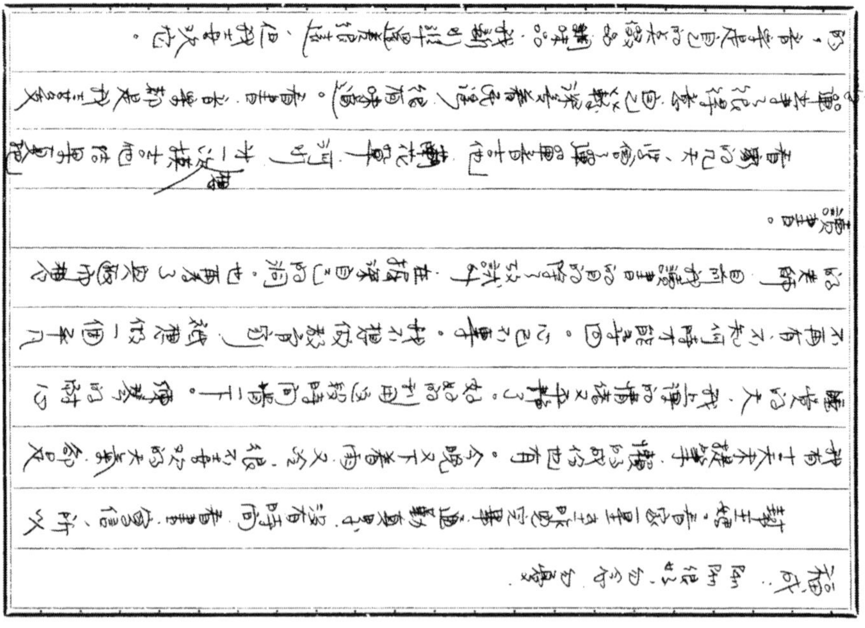

福成：多穿衣服，天氣相當冷。

說不喜歡你，想那是騙自己，祇是時間的短暫無法讓我們認識彼此的細節。今天特別想念你，已有很久沒如此儘想，看掉了Pam Pam的感冒已好多了。要完全好該等到回家才會好。我住的此太潮濕和冷，對自己的身体不很適合，現在都好，勿執還Pam。已經開始又拾回書本看書，很專心，琴彈很有勁。天氣好冷，躲在被窩都是縮成一團。連毛衣都穿上的，被已經五年溼溼的棉暖，不知道的人定認為懶惰。最近晚上都很早睡。這种天氣讓我覺得很懶散，下完課照鏡子，怎麼越看自己越醜，女孩子的心連自己也搞不懂。

以後別讓Pam那麼遠好嗎，從桃芝到現在，自己一個人就北上，中間曾有二年在家，至今似乎有八年在外，心中有說不出的孤單，寂寞，晚上也不知怎會害怕一個人留在室中，會胡思亂想，想得讓Pam心痛。Pam很久未收到你寫的信，是忙，懶，自己有時還是禁不住被花花綠綠的世界所引誘。明晚有位舞蹈的男生結婚，我也被邀收到請貼，在猶豫是否去。不很想去，因室外又冷又溼。

早上讀英文書現一些題目不懂你告訴我好嗎。

一、Add the prefixes listed below to the following words to make them opposite in meaing：例 natural，在此時應該加上，（dis，in，un）三者其中那一個，什麼時候加dis，un，in

我由字典中知道 available，該加un則為相反之意，而organic則加in，popular則加un，幫我解說好嗎。

二、字相反意思 "easy ↔ difficult" increase（增加）↔ d[illegible]（字首是d.（減少））、create（創造）d[illegible]

Pam想不出來，請你幫我想。

弟弟台幣已經於昨返家，真羨慕，我星期天（九日）下午3:30的車快回家，將在家住20天，29日再回幼稚園，到那天我們已是2个月沒見，再一个月Pam想福成該回來，想到此才會開心，等待的日子真長，希望你天天在Pam的身旁，真依賴是吧，同事們還說我最独立，其實祇有自己知道及好友。外表是看不出一個人的。信你現在可以寄往家中。不看信心中就無聊。我一心想離開此，所以自己會好好的利用時間多看書。但也不会求急過切，反而弄巧成拙。

北迴鐵路已通車，十項建設已完成，現開始十二項建設。自己的論說文很不知該如何寫，你可以說說嗎，Pam之新你的小學似乎還有很長的一截，應該迎頭趕上。不過還是敬佩Pam高。Pam很愛聽民謠，古典音樂，熱門音樂啊，有時還會跳一跳，最新的disco不会跳，我喜欢華爾滋，古典也很美，以前也常参加舞会，现在已不是我玩的，祇有欣赏的份，自己还是会找個時间来跳，太静了自己还是不喜欢。收音机正播放着一首小河淌水的演奏曲，記得这首是雲南民謠，一首情歌，哥哥呼妹妹，很偏愛它，裏面的歌詞我没記，祇聊没学会唱。開頭似乎唱月亮出来亮汪汪……妹呀……妹呀……想起我的哥哥……第一次聽在國父紀念館我学校音乐会唱的第一名，很讓我着迷。今天的演奏是國樂伴奏以簫为主奏，可惜我不太懂，從小就喜欢音乐。祇能憑着自己的興趣去欣赏。

今年我的年終獎金送給另些錢贴補家（爸爸媽媽），準備買台南縣里港牌香腸，給三位小孩各200元，給雄500元，玉美300元，給龍200元，佩玲、偉群200元還得買玩具，上回在長途電話中說姑姑要買玩具贈雅玲、惠玲各200元，瑜婷姐姐的小孩各200元，以往都給。正些合計2400元。做大人還真累。獎金剩2300元扣掉會錢正好，今年的待遇祇有2月份的薪水5100元。現在錢真在太薄一下子就用完了。還是你在外島好，可以存錢，也不用花些。聽這些會不会嫌煩，Paul是想說什麼就說。放在肚子Paul会神經崩潰。不喜欢有心事鬱悶，從前就是心事多，所以才鬧頭痛，今天想通了一些，人生就如此何必太計較呢。

在過年期間一定天天給你寫信，不然Paul也無聊，沒人跟我玩。大都在家睡大覺，儲存錢。Paul已請弟把兩瓶酒帶回，弟有空會帶我拿給叔，一瓶我替你送給爸爸媽媽。寄給你香腸了嗎，我的小塊牛肉乾，衣服，好吃，好穿嗎，有2個星期沒收你的信了。希望下星期能收到，不然Paul是明天晚上就在家中。好好的照顧自己和你的部屬們，過年過節會想家的，我寄的東西和爸媽寄的大家一起吃比較好吃，雖然不多，那也一番爸媽和Paul Paul的一片心，对嗎。時時想念福成，別忘了想Paul Paul。盼望你早日回來，寄上幾張相片由你保管，家中的相片也好了寄回到Paul Paul那邊再報告，不給你看，心中這麼不喜，任性不要不如此，雖然醜祇要福成喜欢醜小鴨就行了，是嗎。該停筆看看書，明兒見，祝

身体安康、
新年快樂

想你，吻你

Paul Paul
8:15.2.1

今天是好的開始，特別勤勞，特別快樂，特別想你。

看相片，Paul Paul的臉皮似乎比你厚，同学說我大方，你說呢，難怪你說不好受，而我覺得很好玩，倆拎到家酒，祇我喜欢你。這兒張比較可以看，其它的Paul太醜了，不上相。

福成：你好。

覺得自己對你的愛情還不夠深。自己對自己總有一些很氣餒的時候。結婚的確是件很難決定的事。不嫁又是怪人，嫁了又帶著一位沒有母親的男人忙碌著。有時自己很想逃避一切，不很想做人。很煩。

感冒已經好多了，勿掛念。這裡的氣溫不適合我。尤其對氣管，今年時感冒幸好未引伸到喉嚨，自己很小心的保護。

今天下課去買了一些小塊[redacted]牛肉乾，味道還不錯（本室有到東陽買的人）所以就近買了些，回家我也帶一些回去，希望你喜歡吃，順便買了一件毛衣，是兔毛的，很暖，穿在裏面保暖。家中的香腸，爸爸會寄給你，祝你們佳節快樂。

我將有20天的假期，很盼，可以好好享受一番，平常在外，真是吃得不舒服，但還可以

自己還是比較喜歡家裡，有幾年在外頭生活，是有些厭倦，很想有一個新環境讓自己有衝勁。人往往都是人在福中不知福。

晚上第一次比吃晚飯，很久沒弄菜，真有些忘本了，很糟，「熟能生巧，真不錯」。覺得手藝越來越差。說真的，pan pan 害怕做媳婦，更想逃避，做女兒永遠是輕鬆的。從訂婚到現在，發現自己一直在矛盾，打退堂鼓。難道男、女的婚姻真的維繫在肉體上？我害怕自己是如此。你不在我身邊心中的感覺。

心情一直不很開朗，不知為什麼。像一塊大石頭壓在心中。讓我喘不過氣來。我的坦白希望沒傷害到你。自己個性，對自己可信任的人從不想隱瞞。心中沒大事可讓自己難受的。

今雄這學期拿到3000元的獎學金，今年也在賺家教，希望他們能好好的

利用智慧，時間充實。也希望他們能如願以償他們的理想。你家兄弟姊妹感情融洽如我家一樣，我會捨不得離開自己的家。在家中，從小就是爸媽最操心的一位，讀書、婚姻。自己也覺得是家中生活最多彩多姿的一位。感情太過豐富，太過奔放，不夠堅強、堅定，時常要來要去。

明晚將和家楨同學聚會，在陳媛家。我的喜糖順便給他們，這幾位真忙，總算明天可見。自己也因歸莫玄，都和他們錯過，現在是冬天，糖還沒被熱情所溶化。明天順帶訂婚照給他們看，弟弟拿從家中的照片也照好，要她看的，唯她太瘦。要嫁，要嫁給某人真是不容易，自己覺得糊里糊塗的———。倒手也好，不然我想真要光棍了。

想你你已結訓，感想如何，我仍是當學生，自己還不夠當老師。

今天開始早起，6:30起來，以前都睡到7:30，明天6:00起早上運動會身體好些，抵抗力強些。懶覺睡慣了，做起來還真吃力。最近很消極。

今天也開始讀些書，你還有些事了。但願Pan能戰勝一切。近11:00，Pan Pan該洗臉，刷牙就寢，晚安，

祝

萬事如意

收到東西別忘了告訴Pan Pan，多保重。

玉圓 1.24. 11:00晚上

福成：你好

今天已開始不上星期二、四的英文，因為人們減少，心中輕鬆了些，下課翻到一本小說（光啟社）簡介，翻一翻很想看就看了。看了一個結論：「多和老伙伴」今天輪值日，中午未睡午覺，很累，吃晚飯後從7:00睡至9:00起床，還是迷迷糊糊的（10點）後精神才大增，我想該的教育學中的教育哲學銳定未消化，現在是精神越好越睡不著，提筆訴訴情。

早上真忙，忙公事也忙私事，同學們不停地打電話來，12月9日又可以去爬觀音山，很樂，有時候很喜歡團體生活。或許天天未在宿舍之故。

謝謝你誇獎我的勤快，功勞全歸於my mother，吃苦耐勞的好媽媽，記得小時母親在工廠裡做工……等，總覺得對母親的孝道沒盡好，時時刻刻在提醒自己。除了物質的享受以外，和母親很談得來，因老人家不識字，出門就帶我們陪，台華節目不錯，都會帶母親出去觀賞，而Pan Pan真糊塗，閒門不出的，自己該勤勞些才對。

你的家也相同，令兄待你很關愛，令妹敬愛你，這些都是你父母親的成功，你們家庭的每位都是有濃厚的鄉村人情味，Pan Pan喜歡。鄉下人很好聽的筆名，我的聖名是洗禮時得來的，很神聖。自己還是喜歡Pan Pan代表我。輕鬆些。晚安

祝你有好夢

Pan Pan
11.28. 12:30 夜深人靜
宿舍停電

福成：

今天上課時不專心，聖誕鈴聲音樂完後，接着一首是很令我傷感的賞練，自己又認真的想了一下。遇到你真是Pan Pan的幸運，不然自己將不知如何走完我的人生旅程。

Pan Pan對福成是敬和愛。敬佩你的學識豐富，愛你的腳踏實地，對Pan Pan的疼愛。人最怕傷到別人的心，尤其是Pan更是不堪一擊。在上課前天晚上（星期六）收到信心中覺得不很好，但真的我有這种不安的感覺，Pan Pan害怕會傷害我，自己又要打你從心中的敬愛。那幾天沒接到你的信，亂猜，福成怎麼了，自作多情吧，Pan Pan該有不好的地方，原諒好嗎。Pan Pan會慢慢的改變。自信心要有。願你開心。Pan Pan永遠會做你的好伴侶，好妻子，好助手。I'm sure.

跟你在一起永遠會年青，快樂，更會想充實自己。我喜歡我們現在的情感，除了男女愛情還有很多自己說不出來的感情，願我們永遠保持。

5:00 下課後隨筆

不知是自己本身体力不好，如是太累了，總會有提不起之感，腰痛，腰痛讓老人家知道，真會說我真沒用，這几天才會，或許坐太久沒動，最近停止運動，似乎不好，該多早些把它撿起來才對。

從你信中~~讀到~~你晚上沒睡，寫情書，Pan Pan不願你如此，因會傷身体，除了用功外，睡眠很重要的。別忘了吃好一些，自己是經濟較有把握着生活，就是沒錢了還是吃，但我不吃零食，吃水果，營養的菜。所以不要只被錢控制着。容很難說。不很喜歡應酬，交際，有時還是會常寫的。

你的体重很標準，在外自己多保重，很羨慕你的生活，你的不該是從井中長大的man Pan Pan還沒嘗試過。希望福成能實現你的期望，Pan Pan願意打氣。祝福你。

10封信一趟可真多，郵差先生一定羨慕極了。好喜歡看你的信，可以吸收很多知識，思想，嘆不如福成那是真的，不是沒自信。

夜深人靜，但還可聽到和尚巴12:25，眼睛已成一條線。晚安

夢中有你　祝

萬事如意

盼望你早日歸來
的小鳳凰 12:06 12月.68.

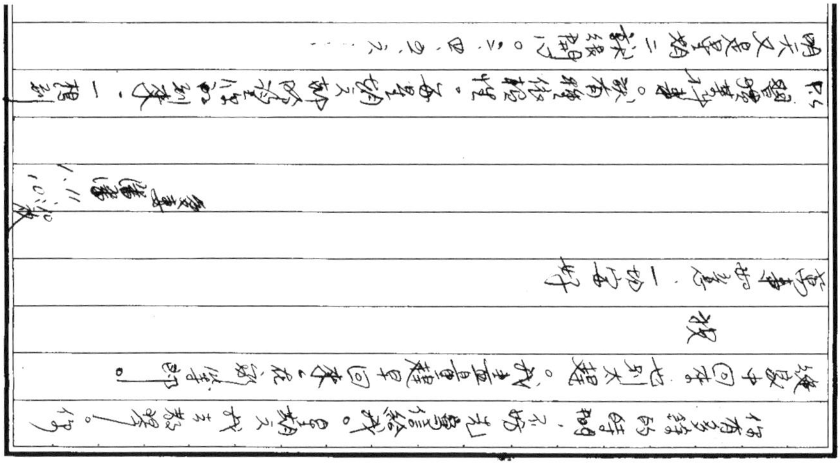

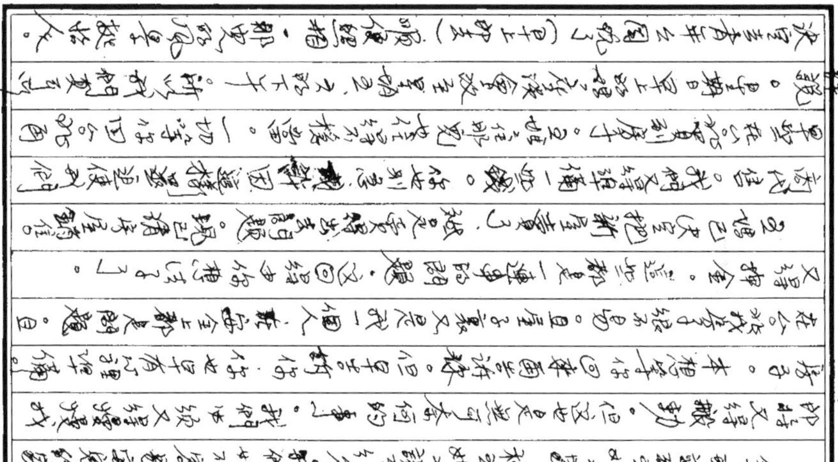

福成：　你好

這月份 Pan Pan 共收到2封信，屬於你寄來的。今天已是24日，已接近11月份的尾聲。且也有18天沒收到信件了。心中一直納悶兒。「why」船，忙，懶。

有時候還會突然的冒出，人為什麼一定要結婚，生子，為什麼不能單獨的生活着。尤其是女孩子更受社會的歧視。自己若是真有些才幹，我想我會把自己埋在事業中，不想被一些……（　　）所拴着。無可奈何，Pan Pan 祇是個柔弱的女孩。很久沒接到福成的信，自己又生活在猜疑中，現在很害怕自己所擁有的再失去，寧可沒有不再嚐試。我祇想告訴福成真正的 Pan Pan。

臺北這一星期來，都非常的冷，使 Pan 想到福成，天寒，是否有請母親寄衣物，別忘了添加衣服。我會担心你的身體，自己多保重。今天中午下課到愛群逛，主要是買一件衣服寄給你，讓你感覺溫暖。不知你何時回來，船的緩慢，決定这件（紅，白，黑）的衣服留着等你放假時穿。好嗎！我很喜欢它，願你喜欢。多提筆給 Pan Pan，別讓 Pan Pan 有亂猜的念頭。

真希望能天天收到你的信，自己就像一隻風箏斷了線一樣，不知該飛到何處。幸好有書伴着我。不然會覺得生活毫無意義。祇是做到吃三餐，工作，賺錢。你是唯一可傾訴現在的生活 Pan Pan 的。我不會把苦悶掛在 face，甚至更不想把痛苦建築在別人身上。我是對時間很自私。那天看了一本翻譯小說，微笑的天使，看那些文章，更發現自己太不會替別人設想了。真是警惕 Pan。

今天是國民黨建黨89週年。從報章上刊了一些偉大的歷史，又看到越南難民的逃亡，台灣真是個自由安樂的寶島，我們這一代真是幸福者。

從報紙上偶爾看到一些話覺得很能勉勵自己，所以把它寫下來，「當我們由於痛苦而哭泣時，必須立刻將淚水拭去，因為只有这樣，才能獲得別人的尊重，也只有明澈的眼睛，才能面对眼前的打擊」。「我們不靠天不靠地，我們靠自己」。「鳥兒們在雪天總是不停地抖動翅膀，所以沒有雪花會在牠们的身上」。「戰勝敵人的第一步，是認清敵人，即使被毒蛇咬傷的瞬間，也當看清那是什麼蛇。」這些詞句是採自於螢窗小語，很年青的作者，也曾做過電視主持節目者．劉墉。「只有熄滅了燈光，小小的螢火才會點亮可愛的螢窗，只有送走了喧嘩，唧唧的蟲鳴才能織成智慧的小語。」你看過這類書嗎！

最近睡時間多，因節運動已停下來，希望天氣趕快晴朗，屋外還是像上星期之一樣，雨，冷，另人沒有精神，懶洋洋。不過晚上我做了很多事，寫情書，動詞的12种時態筆記整理，等你回來還須你的指導。你要有耐心哦！不然Pan Pan太笨了，會被你嚇跑。

明天有Pan Pan的信嗎（別讓Pan失望），睡覺前都有祈禱的習慣，願主保佑爸媽的身體健康，還有福我。

眼睛很疲倦，該向你說聲晚安，天天想念你！盼望！

祝　您

萬事如意

想你的

Pan Pan

68.11.24　11:00P.M.

P.S. 同事們緣我教小朋友跳馬祖之舞，跟他們在一起很開心，這學期來學校裏同事相處氣氛很好。12月工作上忙些，在23日我們有一个活動，目前很推行的親職教育：父母親教養子女的工作稱為「親職」。那末要把親職做得很好，作父母的在這方面也得像其它專門職業一樣，要受專門的教育。這題我教育學院時曾考。每班一个節目，我班跳聖誕鈴聲，班上的男生多，更是被他們弄得我哭笑不得，又不能生氣打人。

福成：

似乎越大結婚了又覺得比較遠。記得年青時的婚姻很懵懂。總未改善。祇是在自己覺得的愛情下想結婚而已。更談不上會去想幸福那些。長大一些，想法也就很多不同之處。

成功目前不會拆，所以我也不想離開。因我遲早也要結婚了，有婚假、產假等等。

先這樣了。7/6

福成：

才一星期不見，就覺得很久了。有否同感。不太能集中看書。

上星期日自己也覺得奇怪為何如此急躁躁的，原來在M.C前，所以，心中會煩躁和身体不適。

今日開始放假，我忙了一天整理寢室，過分勞累。屋外的風特別大，是否又是颱風天。星期三去買票，星期六回家，八月十五再開始上班。至今還未收到你的來函，甚想念你。

昨天下午又開始彈琴。一個人很無聊，所聽到的是寂靜的聲音，風聲，偶而劃破寂靜的鳥叫聲等。高登有什麼。坐在窗前寫信，一邊想你，還記得否，潘潘說離開你實在捨不得，現在的心情是，沒有你不知該如何了。我對你的感情已不少，但自己卻時常警惕自己不要對你付出過多。想到一些事情會心中不快活。今晚寫了一封信給父親（台中）。向他問安。

想中午由的林達欲在回家前能收到你平安信。有時候我也是位神經質的女孩。好時候很好，壞起來，就心狠了些，回到工作崗位、一定常反抑自己，反省自己。您的部下們都好吧。很高興吧。沒事時多寫些信，潘潘很念你。7/20 夜

昨晚很熱，一直睡不着，失眠的現象。腦中在想着，你不在我的身旁，我很容易胡思亂想。想到婚後還是一個人，為什麼還要結婚了。雖然說對人生要達觀，但實行起來並不容易。

早上睡至八點才起來，看一些你以前的來信，潘潘也很小氣，希望霸佔你全部的愛。除了對你的工作事業外。我最近有種壞毛病，很不相信感情，都很謹慎小心。尤其是男生。因而變得多疑。現在我會怕一個人生活，因我已經習慣兩人。盼望你早些回台灣。自己一切要多保重。多吃些，潘潘要福成再胖些。這回在台灣，你接受的營養，潘潘感謝福成們設想週到。我愛您。

你看起來是比潘潘年青，看到你信上寫的，丈夫心目中的美女，潘潘也跟著陶醉。

這回想通了些，我不想再唸書，很費腦筋，讓你多用頭腦，我把家管好，有空時看看書等工作。心情輕鬆些，定會保持年青。不然會加速衰老變醜，很恐怖。

星期六中午即可回家，心中很樂。八月十五日才回來上班。

我在床前擺了一付相片很漂亮，用你送潘潘的鏡框。

明日再見

祝君

平安快樂

P.S.
我躺在床上寫信。很懶。

你愛的

潘潘

7.21.8:00 早上

福成：

很高興看到兩封信在信箱裏，順便帶出去吃中飯。在家的時候看了才一封信，很親切。我也寫了兩封信，忙着代課，晚上九點就睡。連續幾天實在睡過頭了。

你的錢最好在15日以後寄來，我才從台南回來。3000月的會已經本月開始，我先拿出我的錢，能這樣多存些。這月錢就得多些。所以你不用操心。討論後錢合在一起存比較理想，我在成功住，也可省下一些錢。但用的、吃的，卻不能沒有，所以你還是要多吃，多睡些，少用些頭腦。至於買房子，我們湊一下，在我的想法可能在台中買比較好。到時再商量。能經濟些是好，但也不能太省了。你說是嗎。

我最近看書知道心情逍遙的方式，自己也學了一下，假如我真的達到這境界，對我將來工作可能好些，但我們條件相當差，所以改變幾天，目前不想再讀書，等我們家有些眉目，先生有一些成就，我再唸。但並不是說我不看書了，儂儂會養成每天看書的好習慣，常常複習它。

有時把人生想得太透，對一切就覺得沒意思，所以儂儂也不想再多想。今天這兩天天氣相當熱，晚上熱得不好睡，暑假回到可能好些，那間房子涼快。

有了寫平安信回台中。回到家中儂儂的時間過得很快。跟小姪們胡鬧，幫媽燒飯等，再寫了第二封。一星期即將是月底，九月又要開學了，所以你安心，儂儂會好好的，不會胡思亂想。但你自己要多保重。儂儂會常常掛記着你。還是要多寫信，不論收到否。回到家中我也好寫，要提筆就寫。

大姊夫已回到台灣。送了他也就不論什麼了。人情難還。下回不用如此。不過結婚時，男女方還需要送媒人禮。所以在我們結婚費用還需一筆錢。但儂儂不希望福成一直在錢中打轉，我給福成的錢上路，歡迎你。明早去買了3:30的直達車對快，這回都是你請的錢，所以儂儂要寫信。寄上些小東西給你飽嘴！寫此，祝你平安快樂　儂儂 敬 廿一

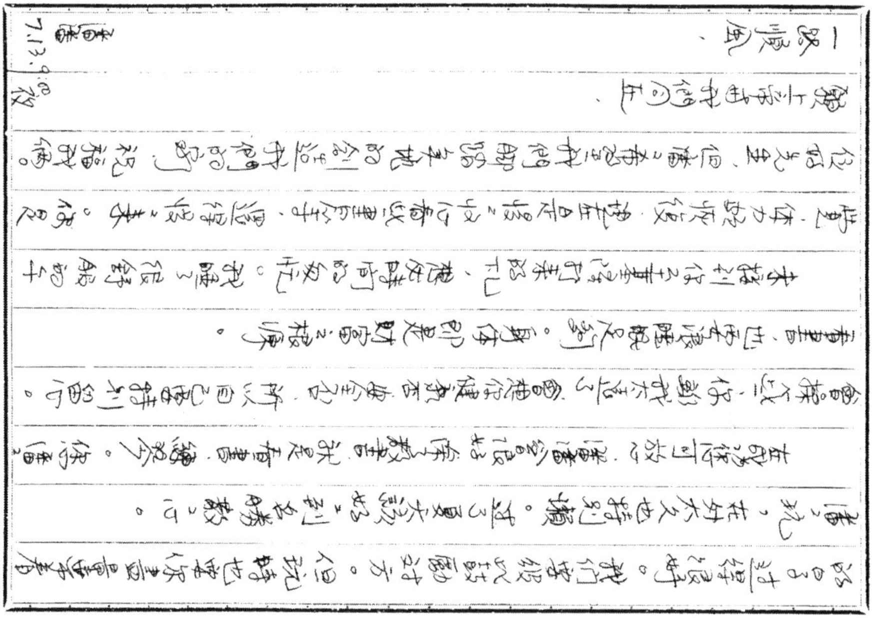

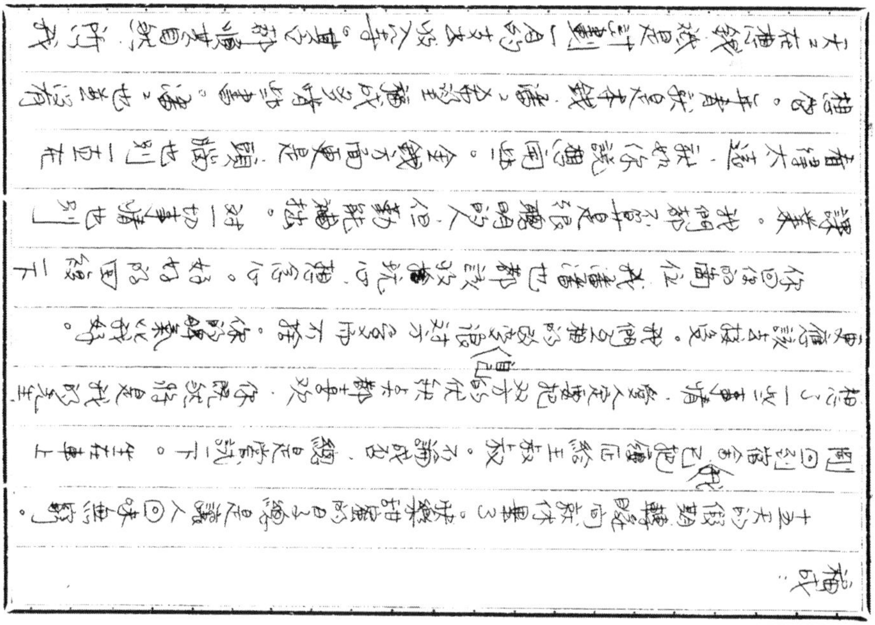

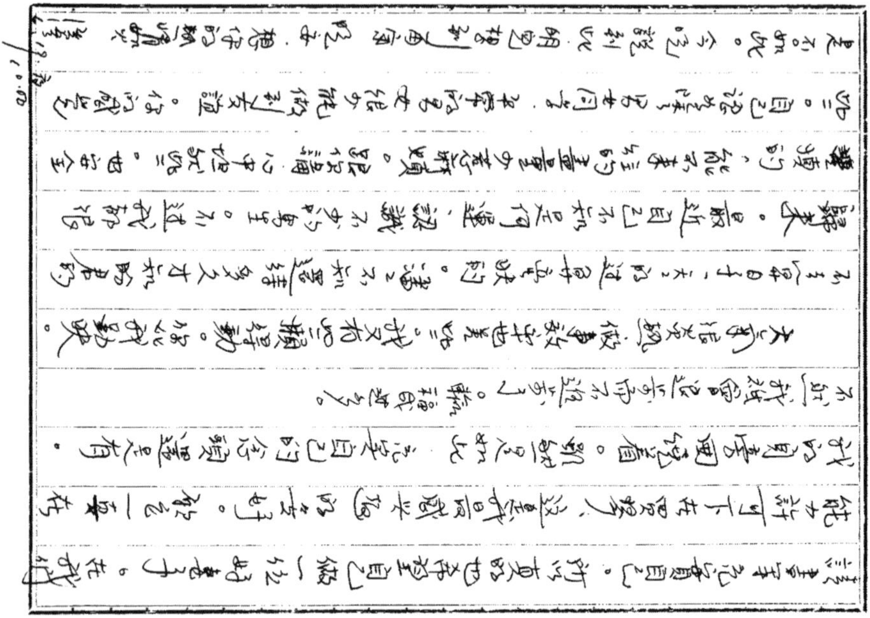

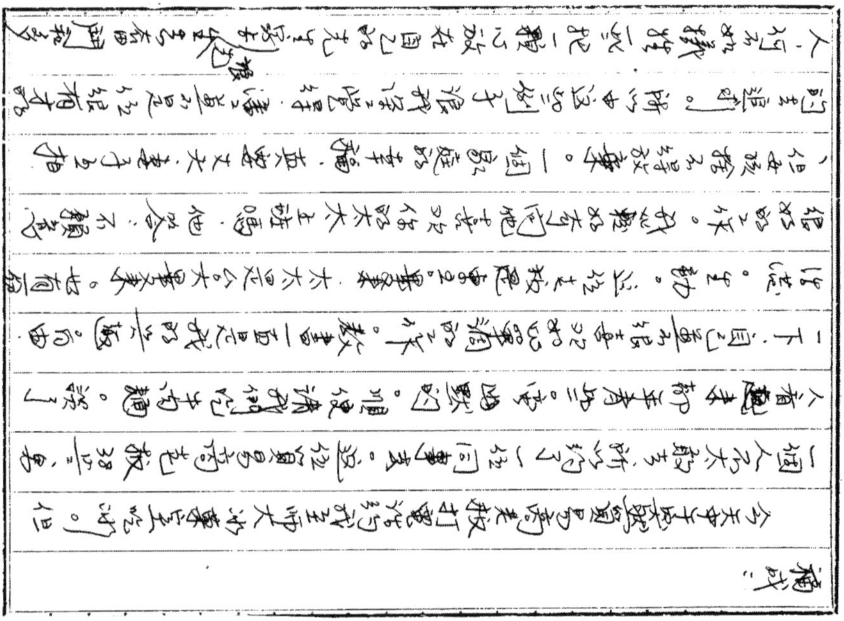

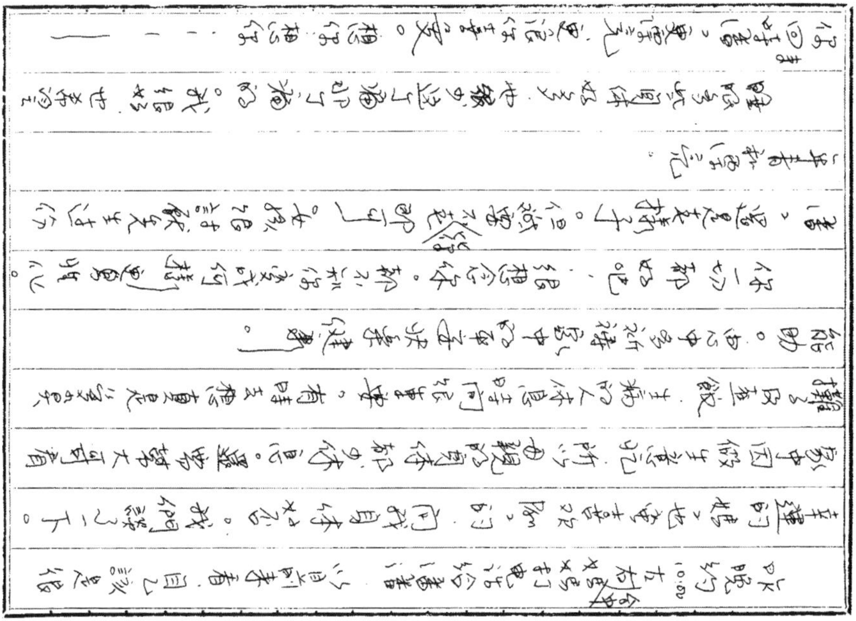

[illegible]

福成：

薪水剛領，卻窮了。這一陣子真是恐慌，郵局存摺裡剩200元。花剩300元，才一回如此空。物價的提高，所以100元並沒買什麼就沒了。沒錢又愛買東西。今天買了一本食譜，270元，自己以前当学生時就想買，捨不得，但自己即將做人妻，該有一本預備，不然是不会做菜那就笑话了。剛洗完澡，翻了中國菜也有[illegible]之[illegible]節。圖案的美，增加了食慾。我很喜歡弄這些。

最近都想時常撥和你說說，相思之情是否會減少些。天天想念你，想滿滿，你會不會有此感覺，想念得很切時，真希望你就在我的身边。時望等待伊人的歸来。

你回來看到的满满說變得那時迷人些。如你說的由我們倆人訂婚後，满满無形中有股女人的味（有一些而已）。我又变漂亮，鍛鍊身材，目前皮膚還未晒黑，黃白的。

常常想念你满满的心才不會乾。多提筆把豐富的感情注入我的事实上。日久生情。你有個人的照片嗎，讓我放在身邊散時看看你。满满的定性，還不夠穩。你呢？同樣如此的男女？福成願你永遠愛着满满。我对感情有時存有戒心。心中還有一些很我們之作痛主感。我身体好、運動後臉也有紅潤。很愛惜自己。福成你多保重。有些話向在心中，難說出，等到你以後溝通一下我的感情。我該睡了。晚安，我最是我们碧潭之遊……　親你　如意快樂　6.20（當晚11:00後）

自己常有种很自己变壞些。但不太有勇氣。情感這种東西是存在其中，本身我又是不達观的人。所以常會煩。你很想達观，所以我蛮羡慕你的個性。今天下午很累，在婚前需要身体檢查，自己賴也是有原因，很容易疲倦。你知道我的還是太少。

結婚的問題，等你回来再說，也不急於時。民國70年元旦那時也可。等你回來再商量。有一段時間讓我們相处較好。我常常在想，不知何時才能重逢。　21/6

今天一天都在同学家，營養豐富。恰好自己又今正好MC期，讓自己進補一番。昨晚累了睡得較早，早上也起得晚，8:00起床在床上特別想念你。一直賴在床上。

8:15同学们下了课，陆续拖起那些讲话，所以今又一天在外面。同学们一一坐在榕树阻了扮大办排的社团。也跟着他们忙。有時候真不想出去，在那里哼哼歌、作作、写書。由快阻到了明天再寫。晚 初 11:15，

二M.（期间会特别想睡，所以总从小00–小00来说，做作，再看一下英文本要提笔写成这一封信，实在很困，看書中就睡着了。所以早上才给你写信。有時想想自己，觉得我一无所有，也一无可取之处，感到人生的茫茫。

昨兒中午收到你端午節的一封信和一本書，謝謝你，不要再送我東西，這兩本書曾經大略的看過，並不太懂，請有時候給我講講，懂得書中男女間到底是如何。這要慢慢的去体會。因为我將要嫁給你。是嗎！

我的心中也很少想念太多的人。清靜的生活一直是我較喜欢的。前天收到父親（台中）的一封信，又有些是我慢慢練習要接受的。心中激煩。自己還會冒去找幸福給福成幸福嗎，对未来我总怕，对我的工作也不稱如意，也不知你为什麼喜欢我，沒有可取之处。

我對化教育学院的学校已经降到零，很悲哀的事，現在的我一事無成。就此搁筆，再寫下去恐怕會煩。

早安

穗

我们会有好的開始

有一件事要（以）给你我用不上，
自己要多保重。儘量身体很好，就是
心情会低潮些。
星期天 6/7 早有人来看我，我不在，昨
早上那位人有封下心问我好。（他是你連長之說）　（寄房 6/15 早晨 6:54）
謝謝福成的真心，讓人心動。

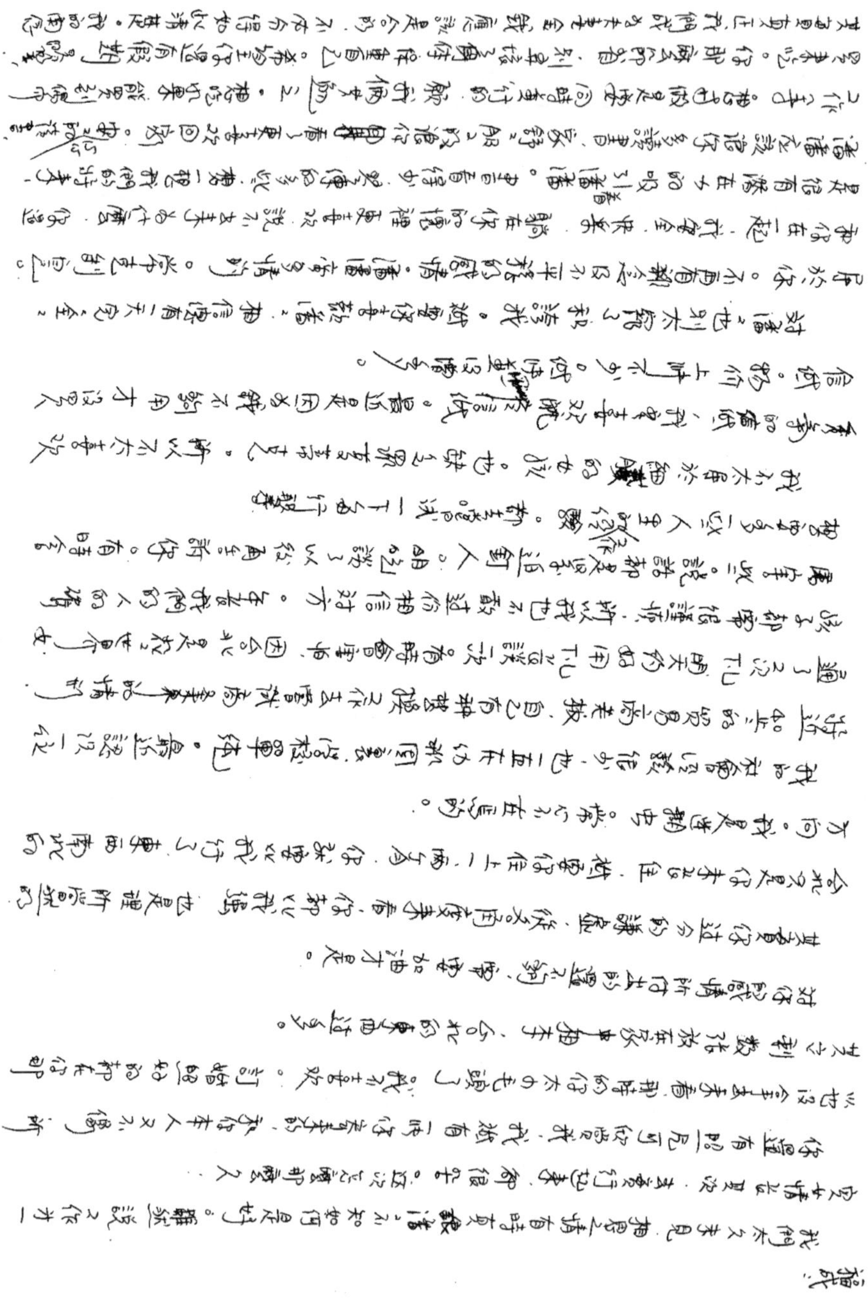

如此。祇要我有，不會那麼小氣。

自己生病好了，体重三十多天大約在49，吃多些會達至51，身体好的時約在53左右，睡眠夠還要美的。(還不知臉長) 最近早上都在做韻律操，我想保持很美的身材，順便鍛鍊身体。

你自己保重好，潘潘會小心的照顧自己。台北同學多，所以有時过份忙。你來信說潘信少，因我生病二星期。實在沒辦法寫，一下班就睡。我一定常提筆。我也想念你。天氣熱，多喝開水，晚上別忘了在肚上蓋了毛巾被。受凉了就麻煩。抽煙少抽。不好對身体。又是11點大半早上讀英文，所以要早早睡。英文這些科是越讀越有趣。不过比以前進步慢了些。最近太多瑣事。我還是喜歡安靜。晚安。

祝 你

身体健康

想念你的

潘潘 6.18 11:00夜

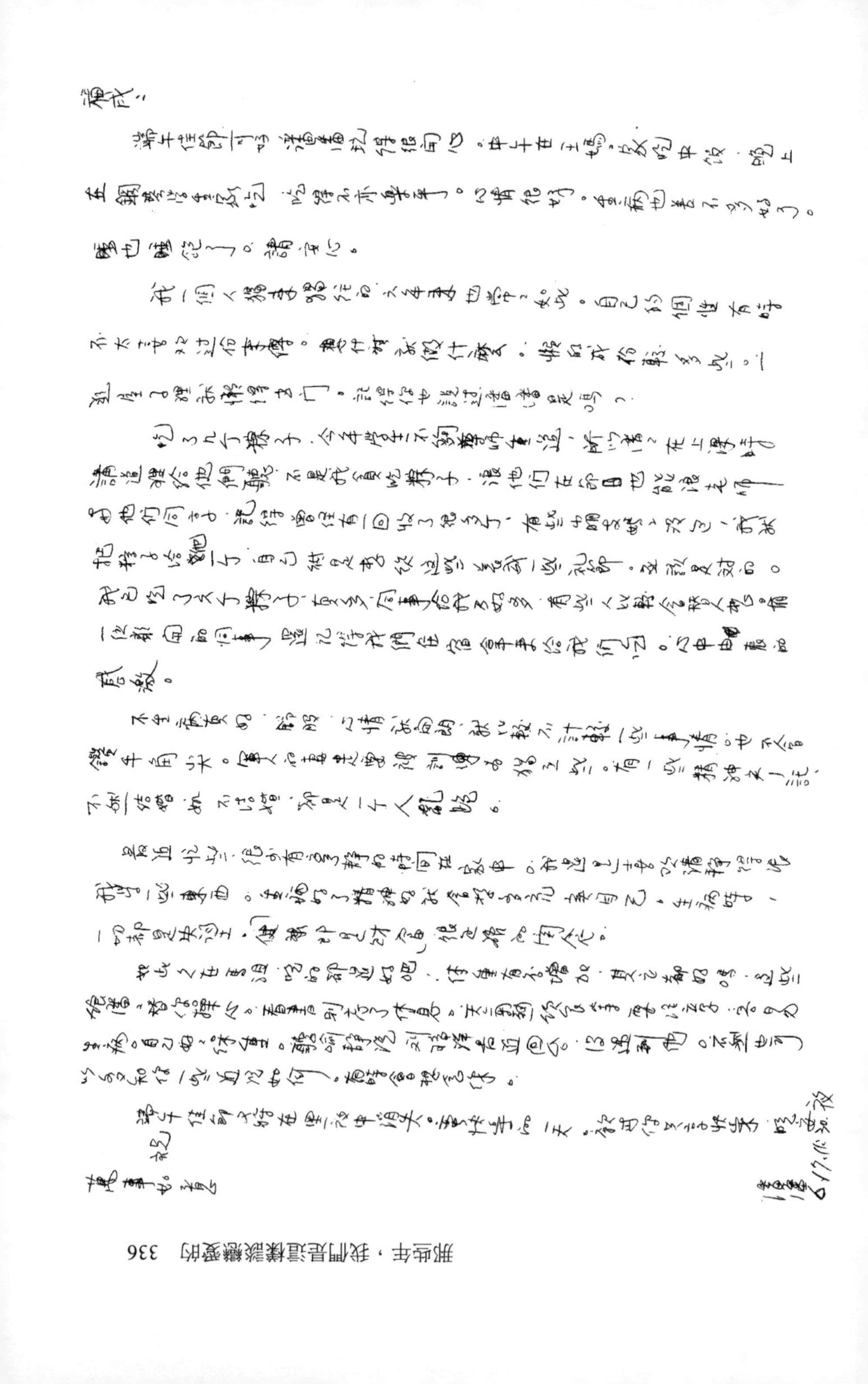

緯成：

端午佳節前夕，[illegible]得很周到。早上十點[illegible]，晚上在鋼琴[illegible]。[illegible]

[illegible]

我一個人[illegible]。自己的個性有時不太[illegible]。[illegible]

[illegible]

[illegible]

[illegible]

[illegible]

端午佳節[illegible]

[illegible] 6/17 [illegible]

最近你去上班前去車站接我。因為你來接我結婚。（不過這都是騙我的夢吧。他也早就跟我說了（輸）真的是把我托他了。為了想他去美國。本來要去的，結果沒有去，要到了。今晚給你聽，人家說，自己做人不好太絕，所以我只好認了很他去吃醋了。我在對他說——的話，所以不理。

早上可以很早去上班，做自己的事。因為你不在。

在我的那一年……回事也不覺得好。老實說，對我是好的，但這幾年來沒他，自己對別人，對一直對你，這幾年沒有過，走過了。

太得照顧自己……來。

多注意身體……。但自己要多保重，……

祝

好

6.18 早 9:30

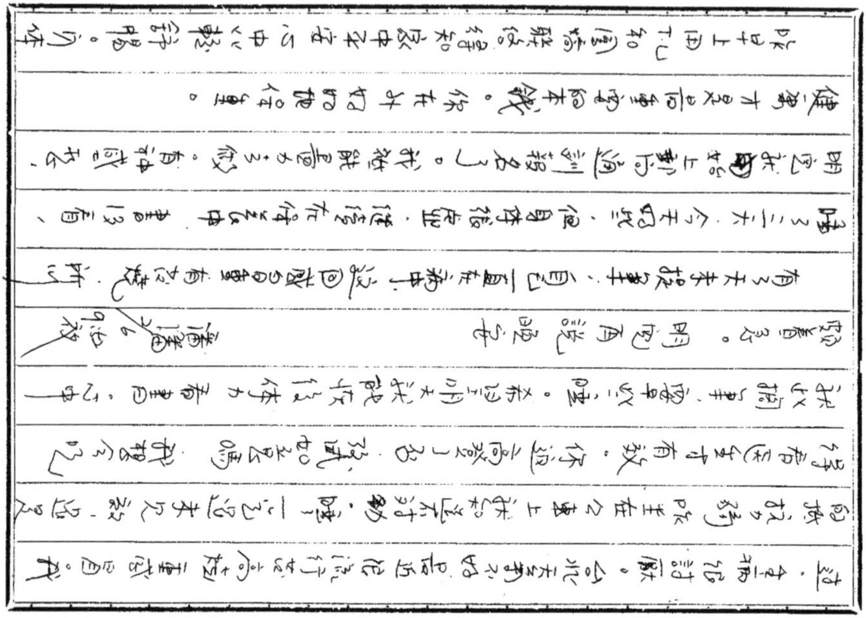

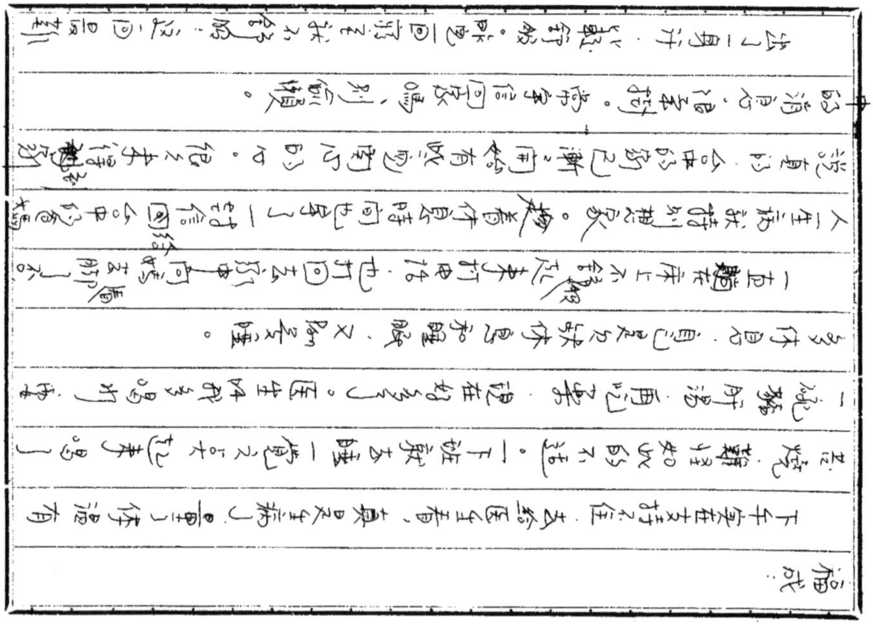

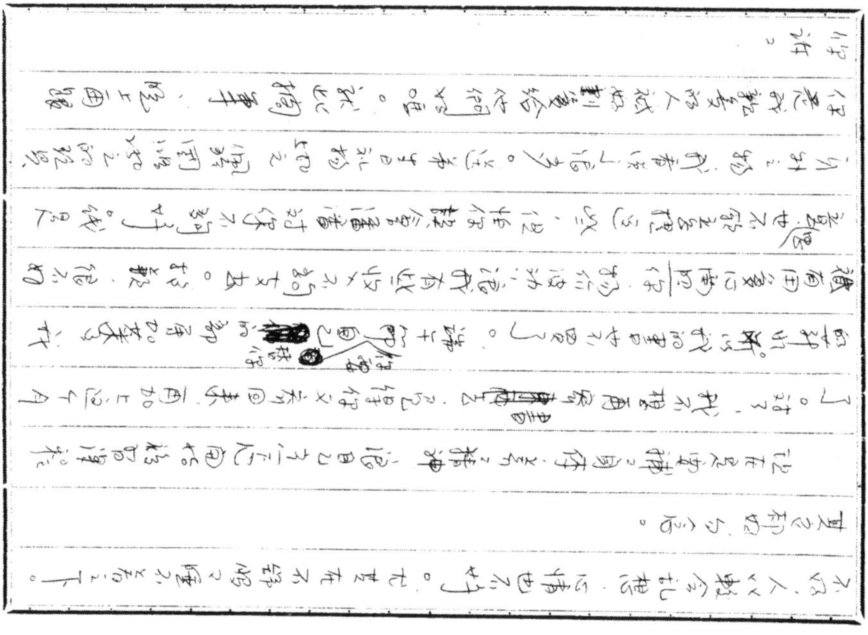

福成：

我總算痊癒了。這次來的時間加之年紀大。第一回感冒如此難受，age越大體力愈差，又
長久居住在外，所造成的營養不良。

今天總算可以人開懷的大笑，看一些書，彈彈琴。人還是要有健康的身体才能進行其
它的事。

昨晚順利地填好部份教育的就業表。也很早就睡。心情輕鬆了一個担子，辦好一件
事。

我又即將成為一班畢業生，在成大6年感想頗多，好的壞的我都看到了，別看
她小小的地方，倒是很多奇怪的事。所幸的是並沒有被污染。在這裡我完成了自己
的學業，學會了自己從小就羨慕的鋼琴，但距離程度還遠得很。我的知識還學
得很有增。

實踐是我很喜歡的學校，它培養我成為一位端莊的女孩，懂得插花，如何欣賞
朋友，如何美化自己，家……等。在學識上它讓我能更加的再充實自己。暑期之私同
學選在學校，我們那一群還真學會了不少東西。對老師的感激銘記在心，尤其是几
位好老師。

那些好的壞的人聽起來是老了些，不過自己的心境卻一直保持很年青。尤其一段段
的過程歷過，至今，心中很有甜的味道，因為我悟出了一些。体會出一些。我的打扮
卻是比年青些的。自己覺得有時是可愛的（羞．．）。

6月6日記得距離我們第二回合的見面第一天是12月6日，整整半年。想想這半年
我倆不知如何去渡過的，但也很快的過完了。相思的滋味。在生病時，沒人安慰
特別難受，又不能做別的，躺在床上好像但又無可奈何，不知待何時，我們
誠如你說的等，但我不要如蝸牛爬行，那太慢了。

沒到校試的成績理想吧，又一星期未收到你的來信，這一段日子收
你的信特別少。你該加油了。我想你該回到「溫暖的家」了吧！信看得是否不亦
樂乎。最近一航次心情平穩，所以寫得開心些。你身体好吧，多保重。
就此停筆，我想早睡，晚安，妹子美問陳哥？回來我從高雄知道大家都
很關心。別告訴我，這些都屬於……我知道的。

祝你　　不然！軍人妻子在說是不合格。

好夢

潘潘 6.6 10.40 夜

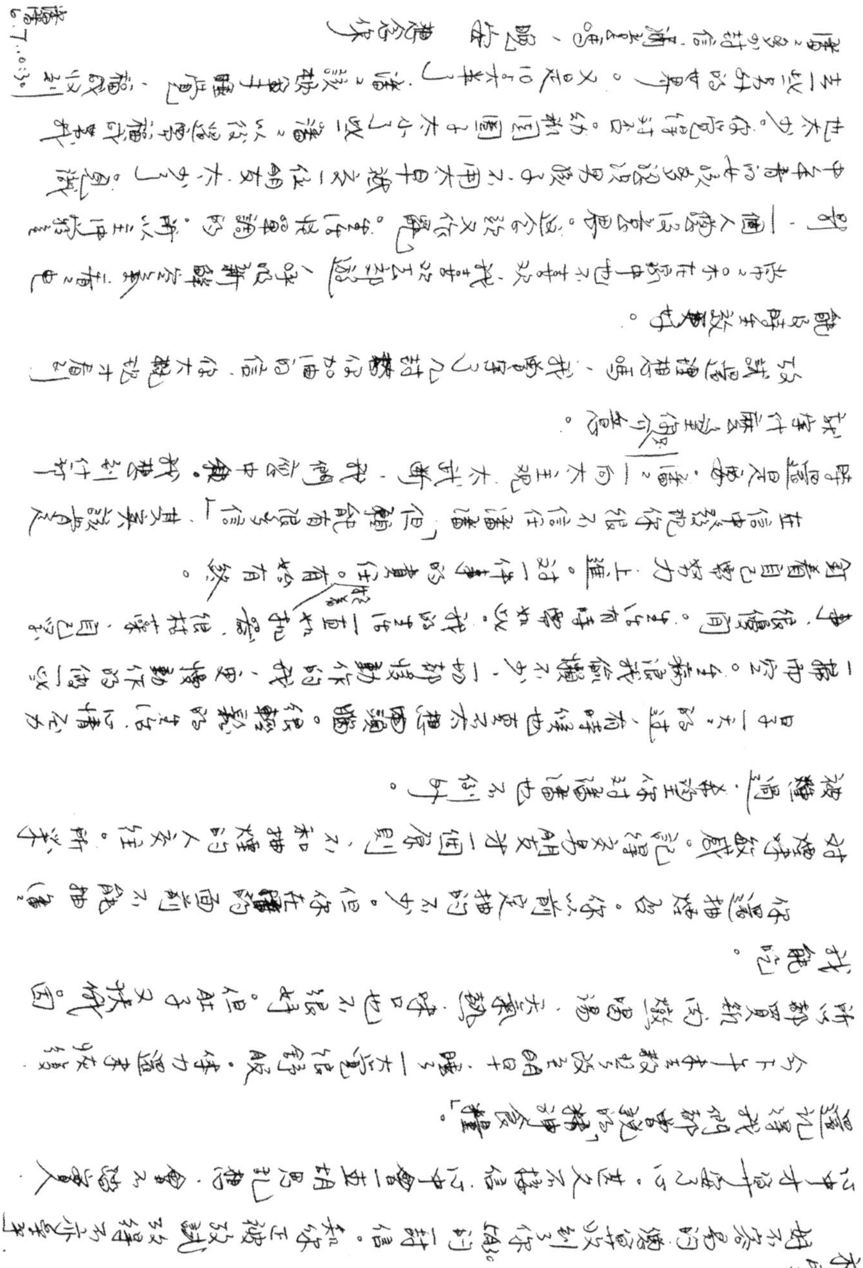

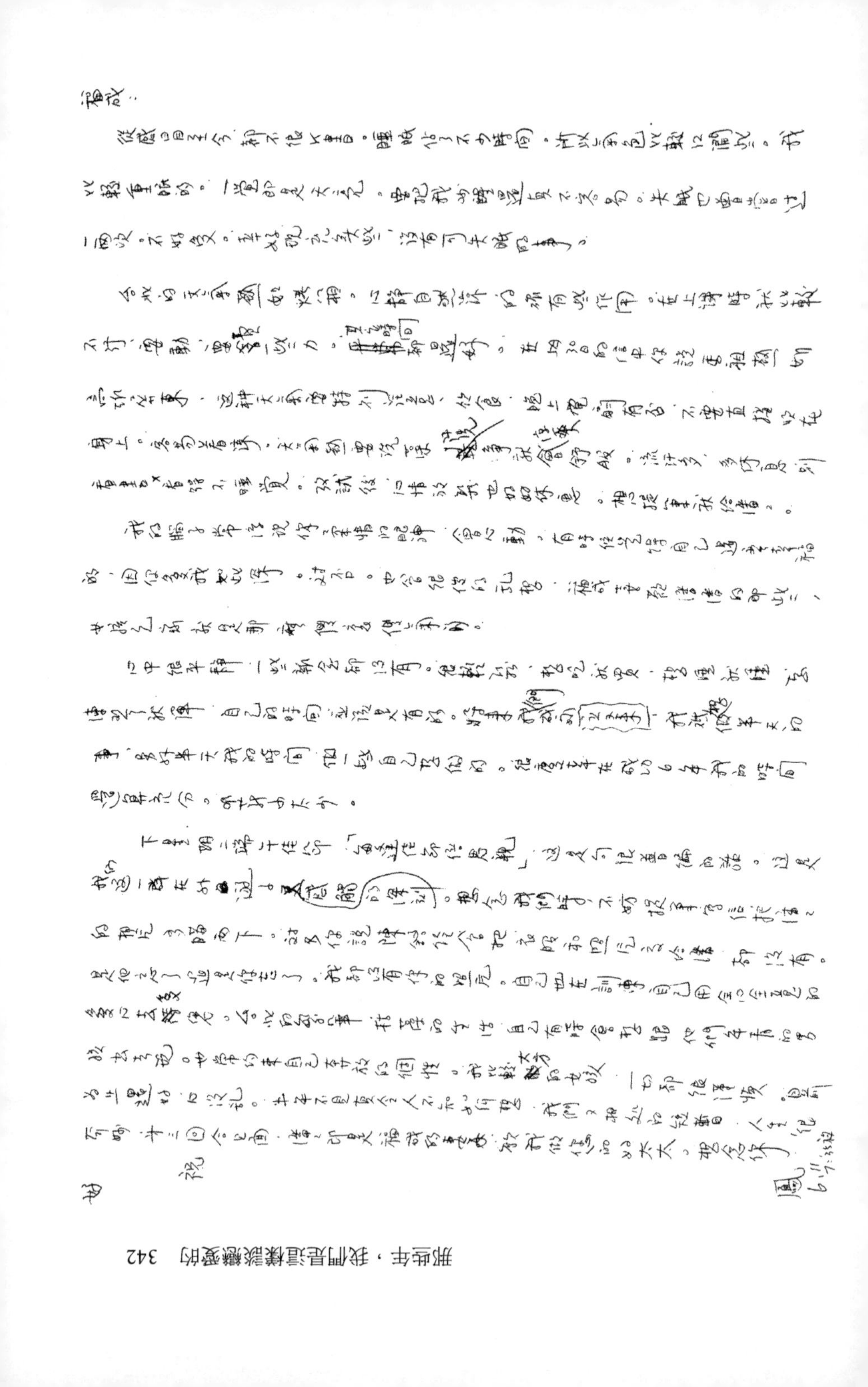

[illegible]

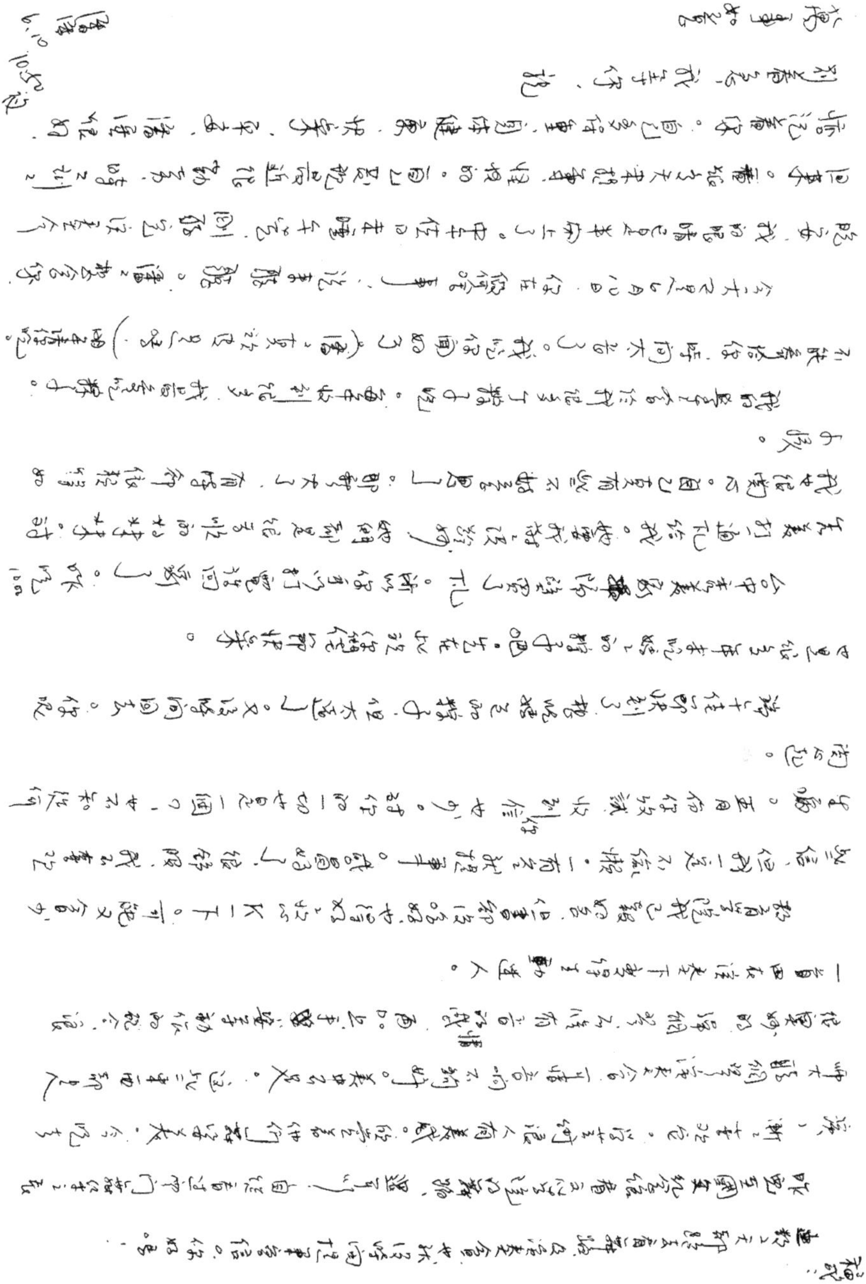

福成：

夜又深了，白天睡得飽，晚上就不想如此早睡。提筆和你說說話。

星期日會想出去和男生們玩玩，你又不在我身旁，自己一個人祇好躺在床上想一想，兩眼瞪着天花板。很奇怪自己的心境在比較淡一些。去年此時都沒如此現象，比較閉塞，把自己關得緊緊的。訂了婚各有利弊，不用担心沒人要，但有時也有一些朋友都祇能淡交。態度方面得收斂些。你離我太遠又太久，我們相處得時間又短。一別就已五個月了，真對自己有擔憂些，但還是有抱怨。沒辦法！

早上起得晚，整理衣服，天氣太熱，冬衣都應該收入箱中，夏天的拿出來穿。弄了一個早上，上市場買些菜回來煮，吃完飯看看報紙，翻翻你的信，又開始睡午覺，睡到四點起床。開始看看書，接着又是晚飯。6:30吃完後，在校園散散步，7:00看幻燈片，我喜歡看山地青年唱歌，他們的聲音很美。7:30開始練琴練到9:10。接着是一陣燒甘薯。又開始唸英文，10:30該是一課，近來是中斷準備洗澡就寢。一天就如此的又將閉幕。你呢，你那兒比我這更安靜。我想是我教的寧靜園地，每到下課學生走完，或一大早，新鮮的空氣，一直讓我很喜歡。所不喜歡的祇有人與事，長官的舉止說是部份人之事，反正首是重要的。上面的人，下面不服從，一凡所主之已是沒有責任的工作。自己也被訓練得祇管自己。不想那麼多。我天天過得很快樂。常在我常檢討自己曾有否做到一位小孩信任喜歡的老師。

你呢！那麼遠，又那麼久，對自己都有些失去信心了。只就說先了別再倒懷。你所付出的並沒有我想像得那麼多哦！你的時間也較充裕，除了考試外可不能找藉口。我想睡了，明兒再說。11:50 25/5

自己又好多天未提筆，還是提筆，本是昨晚該寫信的，結果值日太累9:30就睡了。您最近可好，我也好久不知你的狀況。我們隔得太遠又太久。很想念對方。

昨在中副有篇文章「離別」不知你看了否。還會有出較的。也常着重是採到和穩定情緒。往這些想些離別並不就我們我想的那樣悲戚了的。想到為了工作而暑丟，為了保衛國土而遠離故鄉，心裏也就坦然多了。但總還是盼望你的快快回來。祝你平安快樂。對你的部下要好好的待他們，出外的遊子「多」是最寂寞的。

我已把教育學院的報名表拿來，6月9日再開始寄方式報名。我不確定的成敗，要我認命吧。並不想說考試讀書命失去信心。自己是很有心要再往上層的升學。但時間卻是比較適合我。一切都順於自然。別担心我，工作如昔。新的還是有些比較新的想法，要是不去考和沒有用事。

陳錦全大概一直忙着他的工作，我都未接到他的筆。你也不常多少時間，所以也別太麻煩別人了。我在這兒好，但想多的事亂，都很我有些把不住情緒。你應該比我好，別忘了常提筆。祝你健康如意

想念你的淑清 上 24/5 中午

福成：

真不知該寫些什麼，就是問你好嗎。

記得去年這時候我們還未曾謀面，說起來人生是很奇妙的，我們僅有二次的面對，卻是將來要共同生活的對象。人算實在不如天算。很多事情都是如此，還信自然法則吧。

今天已是5月的尾聲，牆上的日曆一天天的撕去很快。尤其自己懂得時間的可貴時。讀書我不想太逼得自己，想K的時候就多看些，有時上到已很累的，先睡了再說，精神好時再看。也讀一些報章的副刊，稍做消遣。每天一份報紙練習，有時還很迷。因一摸就會不釋手。今天的精神就很好，中午睡了午覺，精神不錯。自己的精神影響會很敏感。希望儘量放鬆我。

昨晚弟弟來找，談了一會因他要去當兵。在台北的生活開支以為不高，但很快就用完了弟弟的存款，買書也花到1000元。他們的書很貴，一本就是700元，弟弟也是為買書。我替他找到錢已很亂花。

台北弟弟手指傷，恰巧端午節前一天是他生日，我和台北弟弟各送一樣實用的禮物給他。寫掛號信都還未接到回信他，今晚該接到了。到了8:00暫時停筆，想到時再寫吧。

曾有過的看法，男女之間若沒有了滿足或渴望而結婚，則必有快樂。但那樣我們就這樣的生活在一起嗎！人就為了逃不過而結婚，心中還有很多不懂，沒結婚還是像現在一樣，一個人伴在明燈下，都是一個人，覺得跟不結婚的也一樣，又何必加重自己的負擔呢。希望少去想這些。早上同事在台北辦掉很多，因他先生以筆跡為由同時，想念而如此，而為我的心的悲哀，她又大了肚子。我也覺得自己很現實，不太想做得如此犧牲，婚後的我不知會有怎樣改變。我卻以讀書來打發了時間。5個多月不見會讓我有所煩怨。

今晚接到陳銘銓的T.L.很興奮，由如見到你一樣。如你說的他從高雄上來。他請我在西餐頓吃，他很忙，又還未自己賺錢，所以吃的飯很去的。叫了一客香雞腿。謝謝西式較好的餐廳吃飯，所以讓人害怕不敢吃，但錢很公道，了丁人才花了200元。謝謝你如此的替我設想。很感激。他們的設備相當美，綠色為主調，很柔和舒適的感覺，天花板都是~~玻璃~~鏡子，裡面吃的人大都是洋人。坐了一小時。陳銘銓開車送我回到宿舍。我沒有問他~~[illegible]~~是否你叫他帶回。我沒有向他道謝，很謝謝他。對了，你說衣服陳銘銓沒交給我。你自己向他好了。以後多當些。

我跟陳銘銓談了一些事情，關於你的工作等。潘曾向你發牢騷對我說的怨恨，因
跟她相處多年。彼此看得過分透徹。但表面上我們還是很融洽的上司與部屬。人有
時是要學的，做人處事的道理深厚，你會幫我，但別忘了自己也要積極的去開導自己。
一切事情若好好的以圓滿來完成。希望你能懂我寫的話，你還記得潘有一封信提到
用「智」關心你的部屬。但對你上司，雖不用拍馬屁，但還是以圓滑的態度處之。人
都是愛聽甜言蜜語的。

我們也談到劉瑞祥，陳銘銓似乎對我很好。也告訴我一些。跟你說過我的
朋友，你不用如此的訓練要求如何做，如果是在你很不喜歡的情形下。別勉強自己。
長那麼大，我可以說問心無愧。不會在乎別人眼中的我，想什麼就做什麼。
在感情上我們倆個都曾是情場上的敗將，有句話「塞翁失馬，焉知非福」是的。今天和你訂婚
但我想我們倆都是對得起自己，並不是遇人不如意時就一腳踢開了。我很尊重，相反的我也很
真的我不會再回到過去，都是不成熟的，幼稚的感情。
珍惜。自己絕不會為一个不值得再如此浪費的而浪費時間。
跟你在一起時很安詳快樂，躺在你的懷裏，就是你。沒胡思亂想過。你是
很成功，很幸運地。但希望婚後的我們能更多多的關心對方。

我不是很盲目的女孩。不過上回曾有人要追我，我跟他說我已訂婚了。所以你安心。我
看你的信，有時傻得可愛，我既然要嫁給你，不是你，是誰，別忘了我是Pan Pan，
會保護自己。太久沒見怪怪的，過些時間過了就好。常寫信告訴我你的生活。不但你
懶。對自己要信心。你在我心中的份量也是重的，就是不習慣寫人的事。
今是很幸運的天收到你之封來函。知你狀況安，心中也坦然了。我都
想你，但不能太想，我會不好受。因你離我太久、太遠。
夜又深，該向你說聲晚安，重要的還一句話，不論做任何事，一定要做到「有始
有終」既然是做了，更要講求盡責，當然是盡自己的能力。一般成功的……家，天才的並不
多，都是努力奮鬥而來「勤能補拙」。共勉之。

抱　您

工作順利
情緒平穩快樂。
P.S. 我目前都在成功，離開之前一定會事先告訴你，不用操心。
我要訓練自己更獨立，不習慣寫人的姓，會煩。
代我問候姊夫好。我很早就猜去你沒有假日想開些。

潘潘 5.30
11:35夜

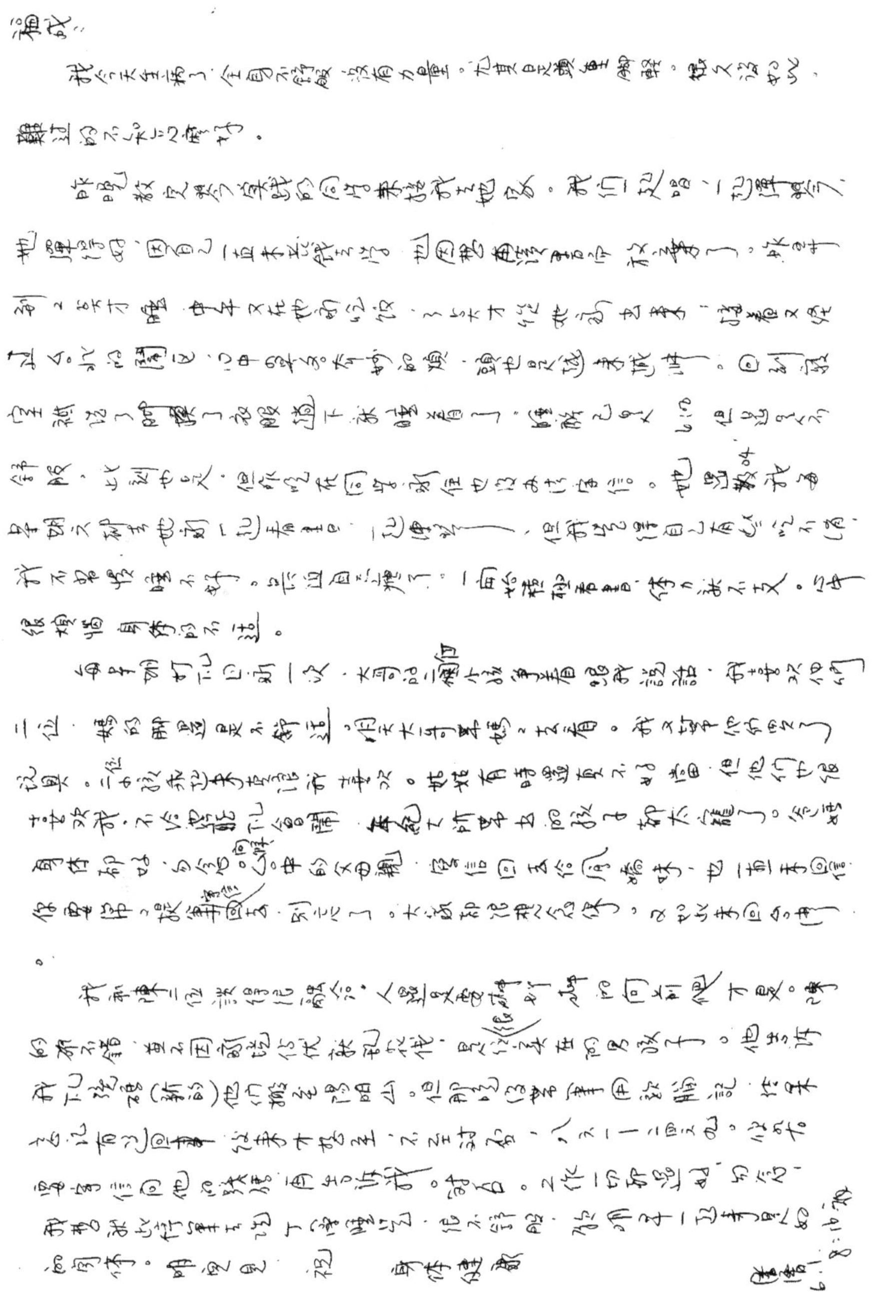

福成：

我今天生病了，全身不舒服，沒有力量。[illegible]

[illegible]

[illegible]的同學。明天見。　祝　身體健康

[illegible]

福成：

昨天大概是打預防針的反應，整天是昏沉沉的。所以昨晚9:30就睡了，5:30醒來，躺在床上，想你想到看看再不起來，書讀不完，整理好到樓上看書已5:50，看至7:30下來準備上班，今天學校也忙，所以自己的事都無法做。到下班後稍微做了些，回去吃晚飯，最近很愛看電視劇書生姊妹所以把吃飯的時間改至7:00－7:30。晚上一邊聽唱片，準備些舞蹈樂曲，今年教小孩跳花圈舞（花團錦簇）。很累人的事。

昨天室友（兩位小鬼）剪了一篇「很淺的婚姻」給我看，覺得很諷刺的趣味。順便寄給你。讓你咀嚼一下。

每天我常常寫我的信，可真難到了Pam Pam。但想到你的寧靜被Pam Pam所破壞，所以停停也就讓你胡思亂想，想我們。台北的[illegible]，分吝。房中的玫瑰也盛開，很美，空中都覺得有花香。最近也看到一些報章新聞，5月2日總統70大壽，確在書祖尚和你三弟第士渡過，實在很得民心的仁者。說起來你們很幸運。

請弟弟準備星期四晚上將禮物寄往家中。也順便寄上一封短簡給台中的母親，因她老人家很盼望你的vacation。布料已買好，順寄給母親做小衣。表示我對媽媽有此時稍微敬意而已。

還記得那首新的歌嗎！想起那晚的，歌給母親的特別多，爸爸們真要吃醋了。

由於前一陣子很忙碌而忘了所以把你的生日都忘了，真抱歉。大小不記小人過，對嗎。祝你永遠快樂幸福，踏上成功之大道。
幫我們送花的那位boy，代我謝謝他，沒有不禮貌還請包涵。
現在已8:15分該擱筆唸書了。拜拜。寫字亂也請原諒包涵。
多保重身體安康。
相信收到否。

潘潘
5.6.69

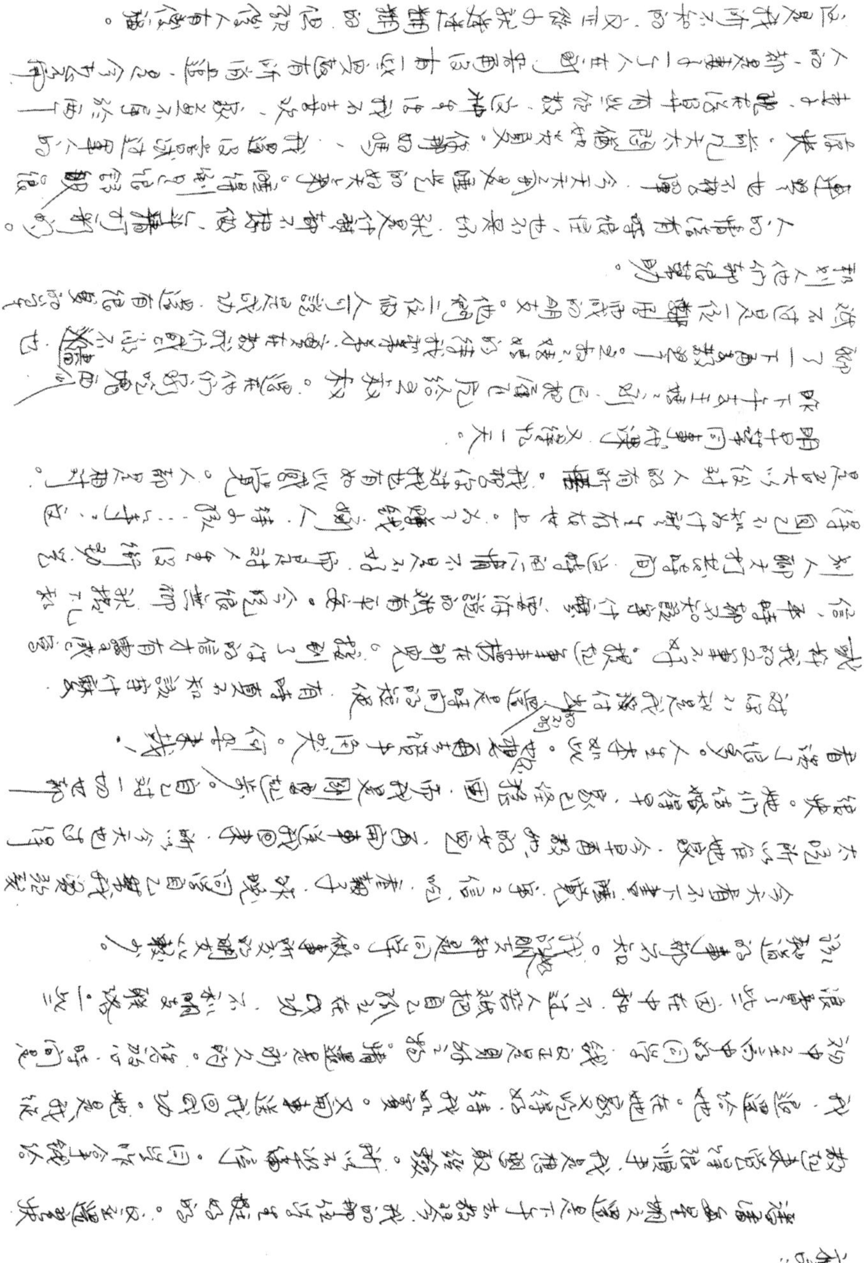

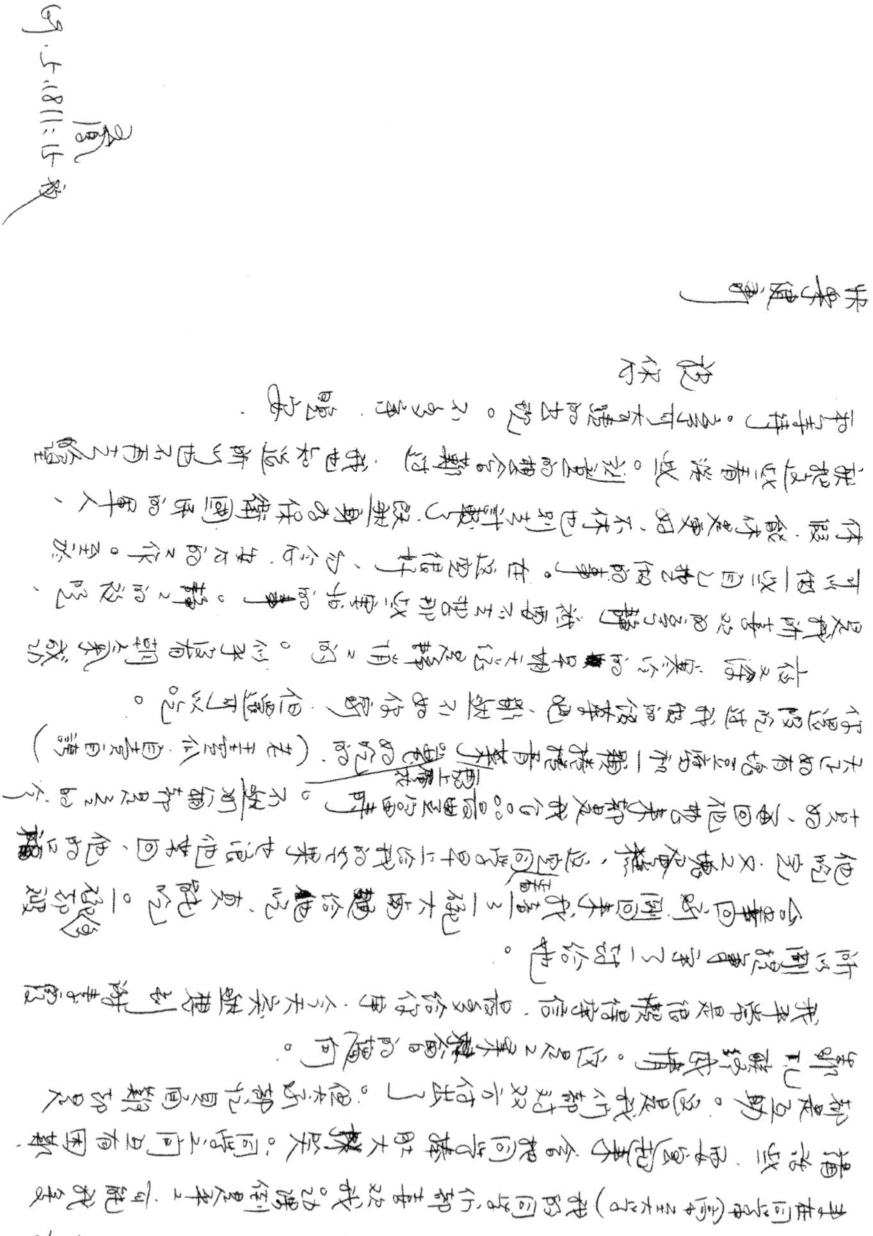

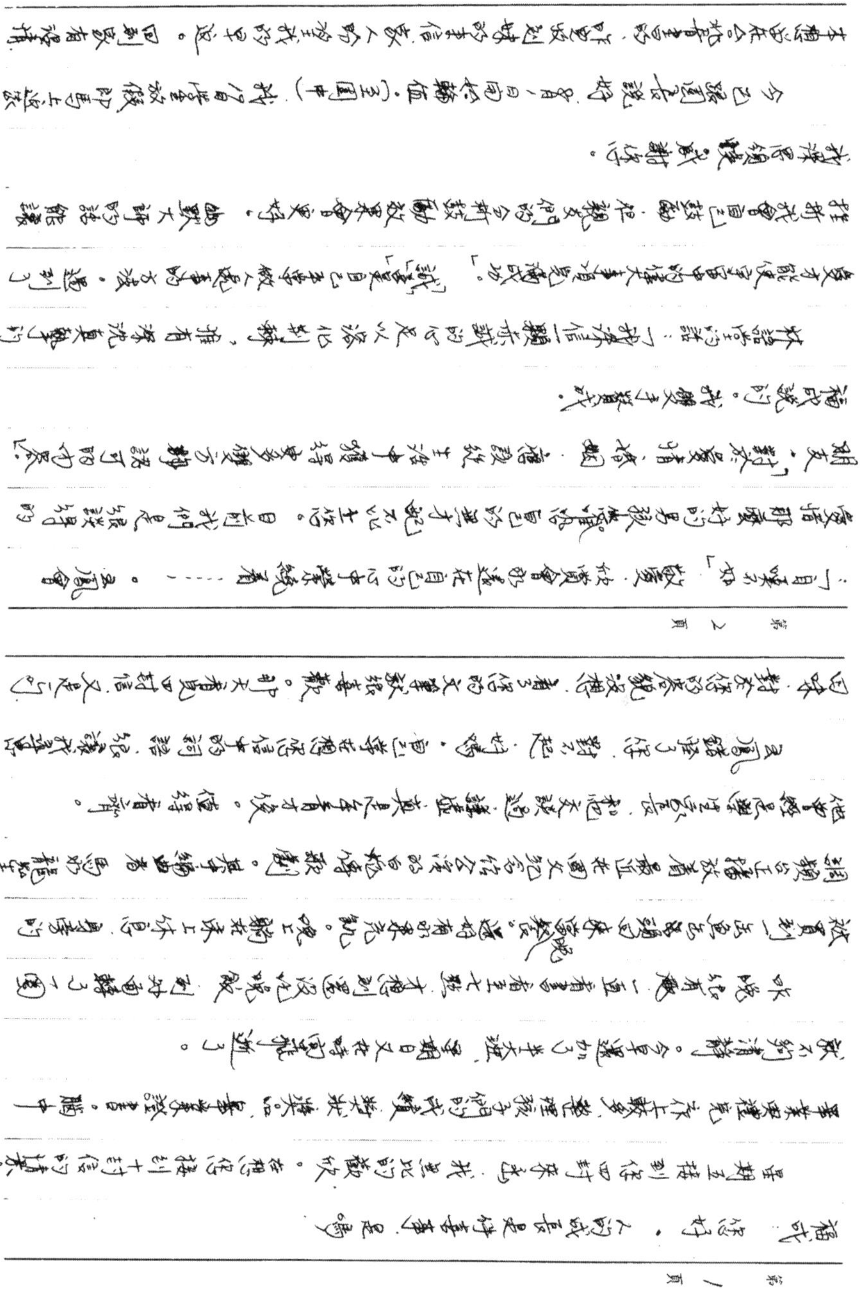

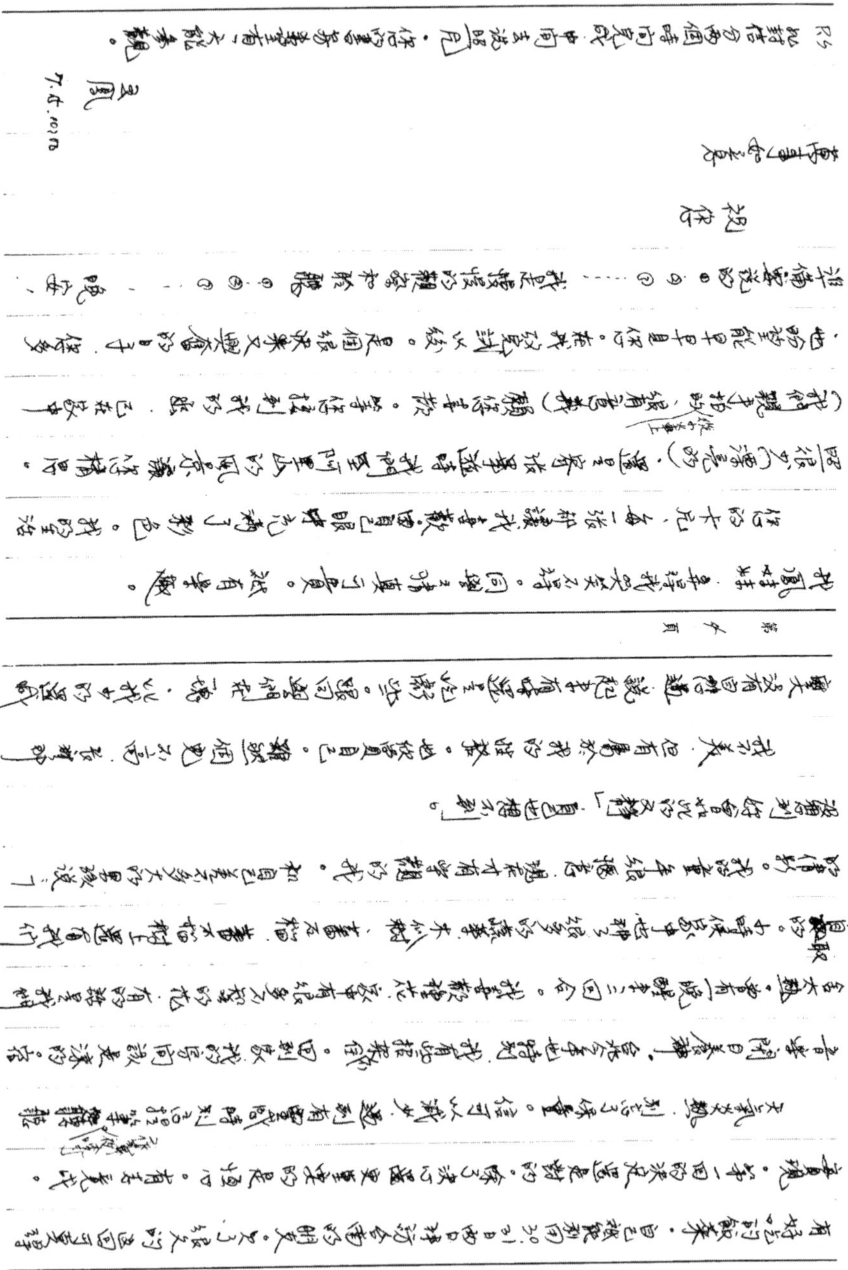

福成：

最近較少收到你的來信，忙否。日子一天天的似乎過得很快。今天已是5月20日了。一直沒未接到陳銘銓的來信。大概沒回到家。

你的工作如意嗎，助手找到了嗎？要彼此信賴的朋友，不是短暫的時間可以找到的吧。自己更懶，躺在床上寫信。字跡潦亂請多包涵。

我的花園要快敗完了，這時候的我覺得最寂寞、那些小小鮮女生可被我亂吵夠了。自己的性子還是過分急躁。不過他們的姿態是挺美的。今天替他們說可憐他們休息……她們可更開心。

我工作目前還未決定離開，可能會延期，不過我是希望早日，可以安全。我的事不用擔心。心中有時會偶出現憂慮，在自己好似走黑路時。

不太有靈感寫信腦中一片空白。晚上突想起還未給鳳嬌回信，所以在晚上寫好已寄出。有好久不見了，人也懶了。什麼都是一個人，無所謂。自由自在的也沒人管。

早上還是近6:00起床看書，不過書讀得輕鬆些，不積極。不是好現象。該自我生活，自己覺得緊張了很多，很洩氣。每天已開始抽一小時練習。台北的天氣已有初夏的味道。今天整中都有涼風，蠻舒服的。高雄還好吧，不再是冬天了吧！吃的，穿的，多留意。

上回在中央副刊看到一篇男生的西裝，是歐美的。黑色，咖啡色在正式宴會中並不很讓人接受，倒是以藍色等比較好。雖然大多男人並不需很多的西裝，總該有一兩件，所以我的認為襯衫、短褲各有一兩件，西裝褲春夏、秋冬二件也不為多。看你的信似乎很固執自己的意見，能彼此對方都喜歡的典型，已經被否決了。你說夾克不好看，當時不能接受，現在已有夾克並不怎麼好看的感覺，祇有輕鬆方便而已。

考試終於過了嗎，少辛苦了。我們相聚的時短，離別的日子又太長了，我不知該如何去維繫感情。祇有不去想是最好的辦法。那種念念不捨的過每一天。眼睛已睜成一條線，向你說聲晚安，祝你　好夢入睡。

潘潘 5.20
11:00晚

福成：想你

寢室到了holiday總是empty。雖然是喜歡，但門都不敢開。現在正寫信給成，剛看了一些書，精神不夠集中，一直在想如此久未收到福成的精神食糧，瞪着你，把以前的letter，很高興的閱讀着，忘記PanPan很久未收到你的訊息。劉大哥定把PanPan的信跟你飽眼福了吧。輔導員林先生把Pan Pan的問安帶給了你。然而Pan卻相思無處訴，你說怎麼办。

還記得你那七張小卡片，真可愛。每回拿出來都逗Pan開懷大笑。第一張 I am keeping quiet while you are studing，Pan Pan是位小頑皮很難講哦，到時吵了你Pan可不管。第二張 I am really belongs to you, but I hope you are really belongs ~~to~~ me。第三張 I am cooking your favorite dinner，祇要你不嫌棄，不过Pan Pan的菜，你一定會喜欢吃。（老王賣瓜自賣自誇）就怕你天天吃，吃膩了。第四張 He Comes home from 馬祖，PanPan除了smile對成外，我想都不跟你離開PanPan ~~myself~~。第五張，真希望收到你的information唯恐究不聽話無聲無息的，跟Pan Pan worry。第六張 Love is cleaning the outside of the windows。相信福成的體貼（considerate），應該不嫌多，祇嫌少。第七張 Love is helping Pan wax the furniture

Pan Pan 這下子可真熱鬧了，哈哈，真開心！ 早上10:20

文法上有錯幫我指正OK，謝了。英文老師說我們習慣了上課現在almost用英文上課，所以須很用功。很累所以2、4不想去上課了甚至有時連腰都挺不直。

有時真像小孩，下午收到你寄來的10封信，開心得不得了，昨天……以前的牢騷全忘了。這份心意，就當Pan Pan沒寫好嗎，我一下就有12封信了，好棒，你有幾封Pan Pan的信告訴Pan，我想做什麼就做什麼，更不限制自己。現在對你最勤快，懶得寫都得寫因你在馬祖。真吃香。

Pan Pan 常幫你買的西裝……等，我們一起購買，爸媽真不知該買什麼，我想年前自己親自準備較好。你例外。

我在盼望福成回來一起看電影，聊天，……有時候看你的文章禁不住偷偷一吻，真喜歡。你有嗎？又將11:00，星期天又即將過去，越到晚上精神越好，白天沒人在會提心吊膽，自己的膽子持不小。Pan Pan 會照顧自己的別擔心和憂慮，晚安

說

Happy

P.S. 台華弟還說你的名字很好，我也喜歡。

Pan Pan
68.11.25. 11:00 PM.

不過當有靈感時就寫給你。你的信封面有所改變，why

P2

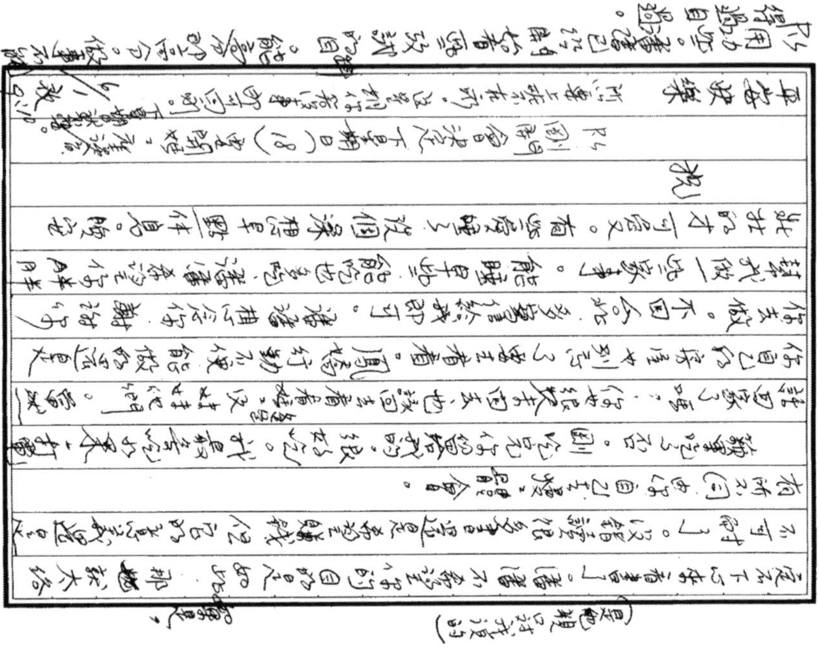

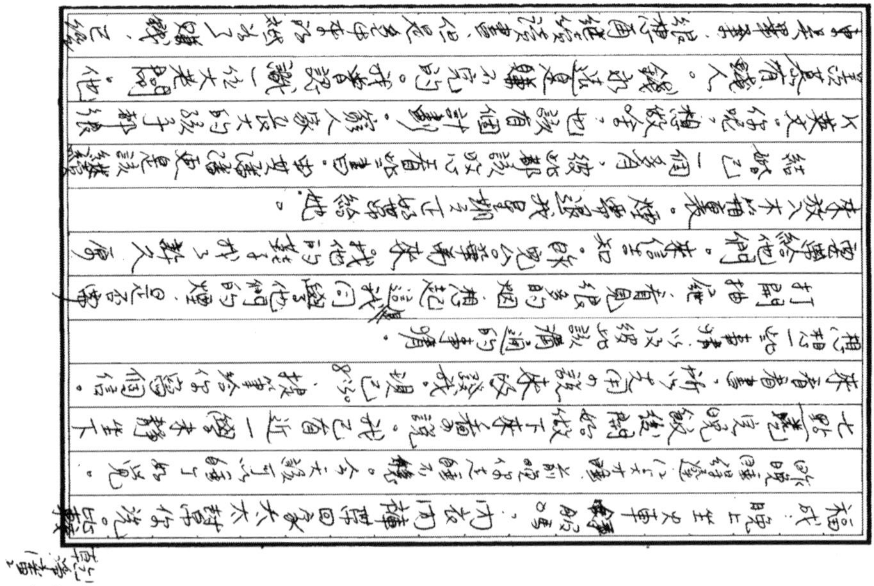

福武：

我想你大概睡了吧！今天想了一些事情抑提筆。在這裏很好。但多少還有一些不方便。自己動作又比較慢。每回想提筆也都撥過去了。唉喲我好了唯！我這個妻子做得不很理想，別見怪。我們是需要多時間培養感情，和你在一起時，偶爾還有一種陌生感。

昨天才給你400-，我忘記你有星期日又回台南、所以現在想想錢一定不夠用。自己若不夠，先向好同學借用一下，或者潘潘寄給你。把地址告訴我。你若需要多少錢自己先估計一下。跟潘潘說，我的想法還很不週到。等你回陽梅才想到。很抱歉。別太罵我了。該說的要說。放心哀，很些的缺點都是被瞞住。也改不過來。知錯能改是高者。

鳳嬌晚上打下山給我。母子連心。做妻子的潘潘有疏不可原諒的。媽媽替你買了藥（咳嗽）給你寄上。

和我相處了有一些時間了，感觸一定很多，不妨有空時，說來聽聽。又到期末星期一考試，趁著這星期好好K一下。分數總不能考得太不理想了。

這回回台中，結果還是未把事情弄辦法。這是我和你都沒人檢討的。假如你要回家，也就不需要先回我這兒。依路途來決定。或是打個電話回家告訴潘潘。我想我該會明理的。一切都在慢慢學習中。彼此互忍，互諒。就此擱筆，時間已晚了。晚安，到了台南安全後別忘了寫信。王媽媽大約21日搬。我也把21日值星掉至這星期日（13日）。你也該好回家，定了還請一些同學到家中聚聚。~~晚安~~，自己好好照顧自己。上下車要留心，不要過度疲勞了。而忘記下車。

祝

平安快樂

潘潘 12.8
11:10夜

[illegible]

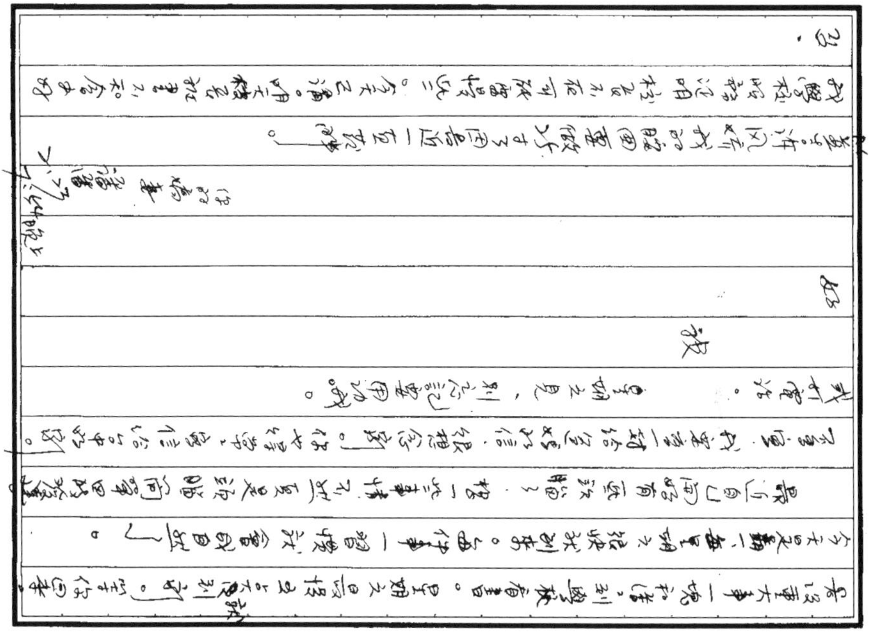

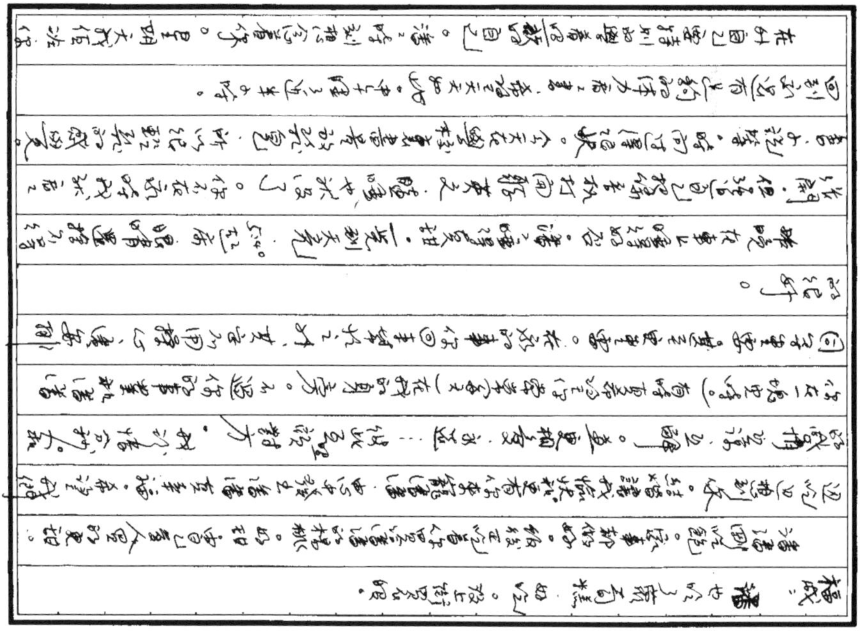

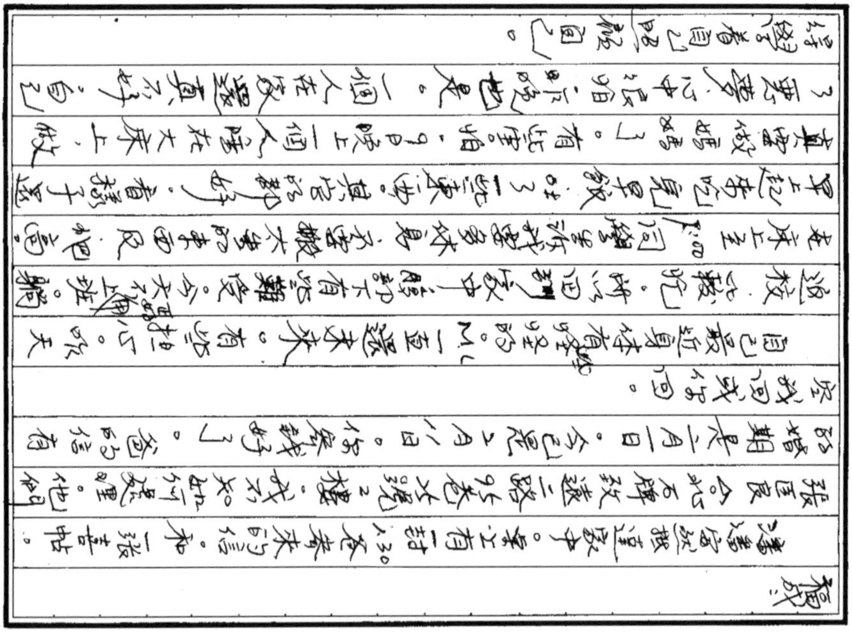

福成：

潘潘安然抵達家中。桌上有一封130爸寄來的信。和一張喜帖。張匡良 台北石牌致遠二路95巷6號2樓。我不知如何處理。他們的婚期是二月一日。今已是2月11日。你寄錢好了。爸的信有空我回或你回。

自己最近身体有些怪怪的。M.C一直還未來。有些担心。昨天返校，玩數吃。所以回到家中，腹部下有些難受。今天不上班。躺在床上至2:00。同學告訴我要多休息，不要搬太重的東西及爬高。早上起來吃完早飯，吐了一些東西。其它的都好。看樣子還真要做媽媽了。有些害怕。9日晚上一個人睡在大床上，做了惡夢，心中很怕，昨晚也是。一個人在家還真不好。自己得學着自己照顧自己。

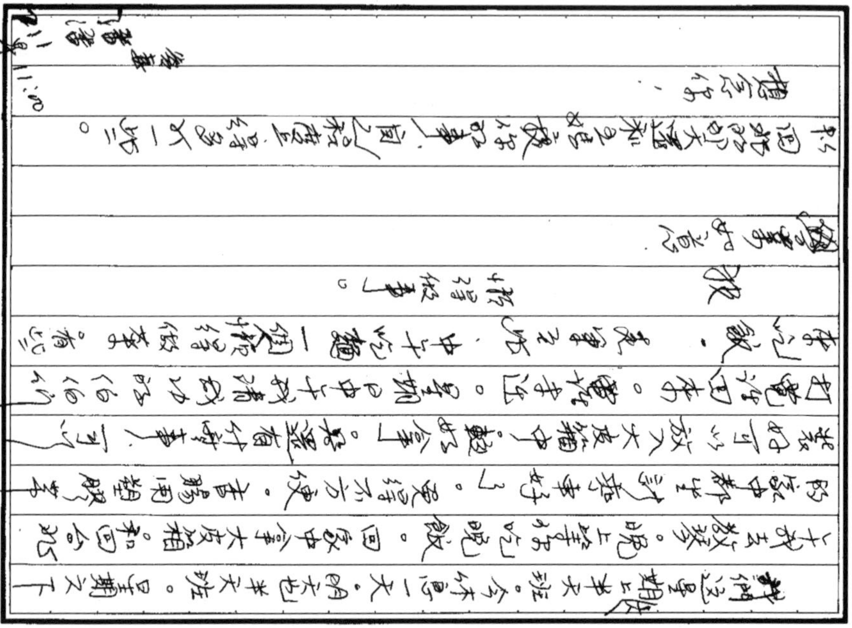

我們這星期上半天班。今休息一天。明天也半天班。星期六下午我去教琴。晚上等你吃晚飯。回家中拿大皮箱。和回台北的家中都坐計程車好了。免得不方便。香腸用塑膠帶裝好可以放入大皮箱中。較好拿。若還有什麼事，可以打電話回來。電話未通。星期日中午我請成功的伯伯們來吃飯。老爹在此，中午吃麵。一個人懶得做菜。有些懶得做事。

祝

學業如意

點回北部的那天還和王姐談你的事，自己程度上，得多下一些。

想念你！

愛妻
潘潘 2/11 11:00

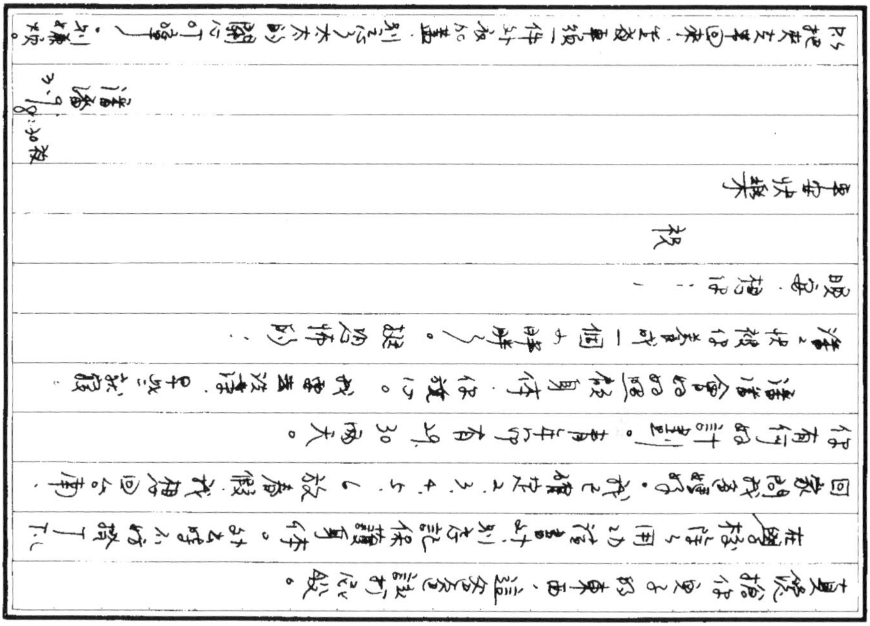

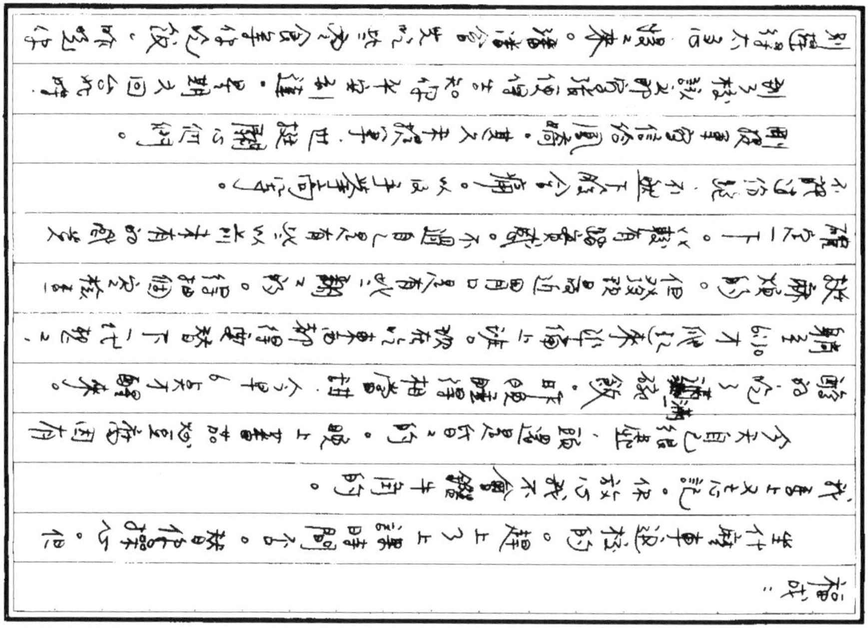

福民：

補給証的事，張姊姊已替我們查出。新的還未到，聯董被有舊的文號，就是你寄給我的那些。現在得請你儘快的查出第二次報上去的文號。由張叔叔幫我們辦理。沒有此文號則不行。很可能壓在你二月份受訓。不然你星期六去部隊看看，親自跑一趟。

剛正好在王姨姨家吃飯。一個人弄完飯很沒味口，在王姨姨吃得好，味口好。心情也愉快。把一些事情分析一下。接到令妹的T.L.讀的頗不愉快。不過還是達到我的意思，母親明天晚上到台北來。我的車票已請同事買 坐國光號返家，8.30-9.00，還未確定。一直不願請假，雖然也有一些是為了錢但最主要的是我請假了，學生無法交待，我聽說同事們已夠累了又添上了我的工作。身体不適還是撐着去。上回信中也曾和你提過，時常會有曲終的分派。昨天你跟我講你們家中的事，還很坦然的接受。今天從接T.L之後，到現在心情很壞我的個性最大的缺點是自暴自棄，所以自己很容易會毀了自己。在這個時候的心情跟第二次到你那裡討婚時的心情有些不想和你訂婚。我不喜歡的事情太多了。今晚的心情尤是。從心中發出一種不屑的心情。

一個人的主觀，而我的主觀特別強，有個不好的印象，一直改變不過來。這所謂的偏見。雖然人不能做絕情的事，這裏的我還是很後悔，徐開口晚不迭，就為了自己的決定而不夠的草率的訂婚、結婚。哈！自找罪受。

這回我是不希望你母親在這節骨眼上來台北來。更不希望這更鬧。若是同事還未買好車票，我想星期五坐夜車回台南。台北的家，我擇前往。隨便你們去。不論你怪我如何，還是把心中的話告訴你。

門當戶對，並不是指金錢。婚姻的幸福和雙方父母等是很密切的。希望這是第一回也是最後一回。不然恨生的了這麼我就可自己一個人。我不喜生活在這裡要完全很快適應自己的家庭。心情很壞，————

我的計劃不變，祇會提早回家。你不用管我。若你母親一直留在台北你回來也好了。可能回南部去看看一些朋友、一直掛在心中的。正好趁此時間去看看。

本來母親到台北來是應該的。但天時、地利、人和等因素，我不喜歡。若今天除你保持是基於此說，沒有鬧得如此大的風度，我會接受。今天和你媽說得下也與不理想，我亂想不起。祇能對你說抱歉。不為了困守自己，令頭腦崩潰。是那麼大，失戀是我第一次打擊，這該是第二次打擊。因要使快的身的補給，正所以因限時寄上。

[illegible]

玲

如

玉鳳

5.31.

11:30 夜

福成：

昨晚睡得太沈，你走了我都不知，但10點40分突然醒過來，問到翰他們說，你剛走。心中很悵然，本想跑下樓看看，窗外又下著雨，所以打消了此念，又回去睡了。今早貪睡至6:45分才起床。7點鐘約好在萬盛街口等幼兒校車，約有10分鐘的時間聊說家常。今早過了軍人的生活。也喝了一杯牛奶，蒸了一個蛋帶到學校吃。我趕上了校車，現在比較舒服些，早晚都可以搭校車。擠公車很辛苦。尤其現在。

昨晚是累了。用力過度。今上廁所也是有一些紅紅的血絲，自己會很謹慎。今早沒輪值日，一直坐著。自己不舒服都會有感覺的，勿擔心。很奇怪昨晚是否吃壞了肚子。拉肚子了，全身很虛。諧諧會很留意的。

昨晚許妹你幫我那麼多的忙，真不想請客了。昨天是沒辦法，同事說要來的。結婚時他們送了禮，也好人情還了。其他的也就不會那麼多了。

昨晚看你睡得那麼熟甜，昨天也是太累了。現在每星期來回跑，很累，自己身體要保重。諧諧還很多地方都未替你想到。你自己要留意。星期五回台中，星期六回台北。星期六晚上我去教琴，你在台中吃過飯再回來好了。我大約8-9點回到家。星期日29日我們BB常去石門水庫，或是陽明山，不要隔夜，當天即可回家。晚上在外面吃了。

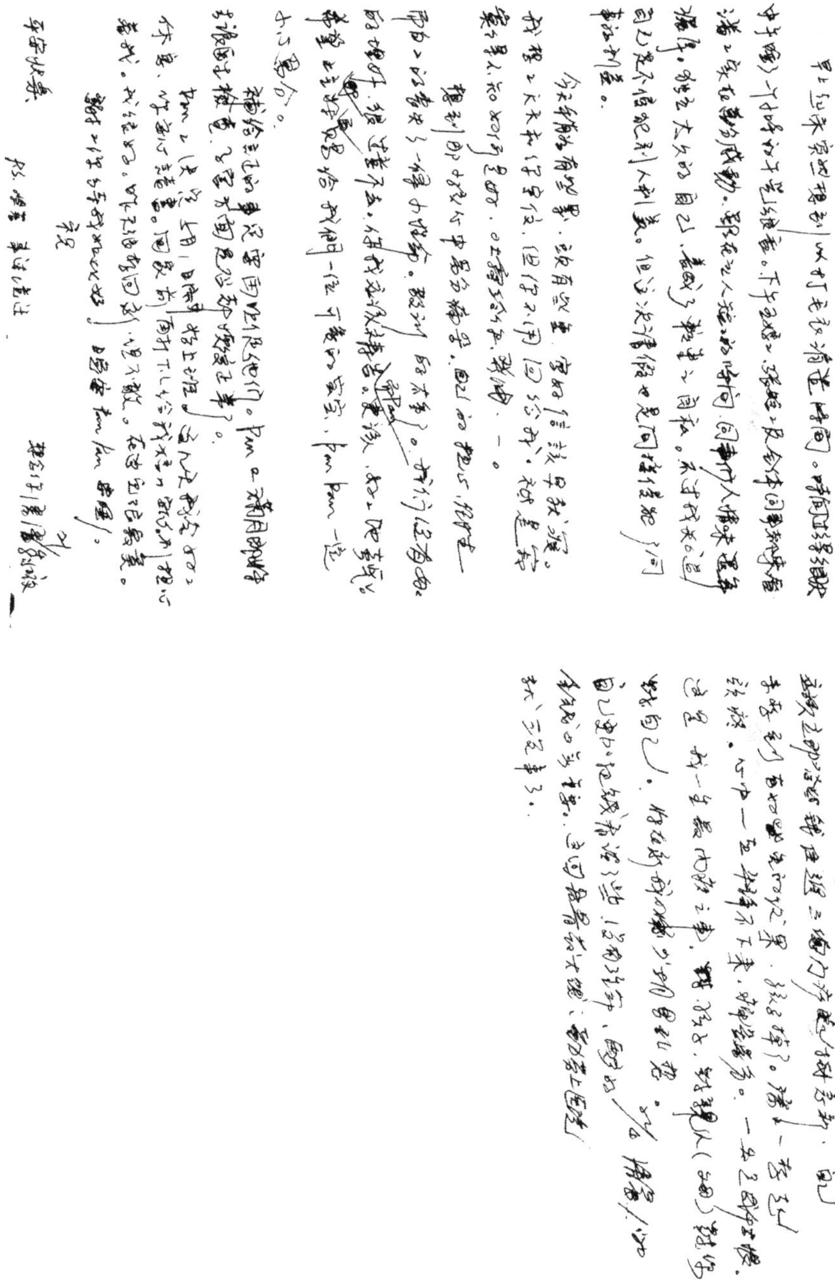

福成：

早上起床突然想到以打毛衣消遣時間。時間過得很快，中午喝了一杯咖啡不覺很香。下午王姐、張姐、及全體同事都來看蒲蒲，家在萬分感動。[illegible]人短短的時間，同事們人情味還[illegible]。獨立太久的自己，養成了較重之自私。不過我知道自己是不值得別人利益。但這次請假也是同樣使[illegible]同事的利益。

今天稍微有些累，頭有些重，字好信該早就寫。我想天天和你寫信，但你不用回給我。祇是寂寞得不知如何是好。[illegible]——。

想到那孩子心中萬分痛苦。自己的擔心，[illegible]失了一條小生命。[illegible]。我們沒有好好[illegible]，很過意不去。[illegible]希望上主將賜給我們一位可愛的寶寶，pan pan一定小心萬分。

補給主任的事[illegible]他們。pan pan[illegible]滿月那時去[illegible]檢查，[illegible]方面是否都恢復正常了。

pan pan決定4月1日開始上班。這幾天[illegible]休息，你安心讀書。回家前再打T.L.給我[illegible]擔心著我。我很好。昨天很想回家，但不敢。在這兒很寂寞。

謝謝你[illegible]！晚安pan pan要睡了。

祝

平安快樂

P.S. [illegible]

想念你[illegible]

[illegible]一些事情。[illegible]自己[illegible]。心中一直平靜不下來[illegible]。[illegible]這是我一生最[illegible]之事[illegible]自己[illegible]。[illegible]就沒事了。

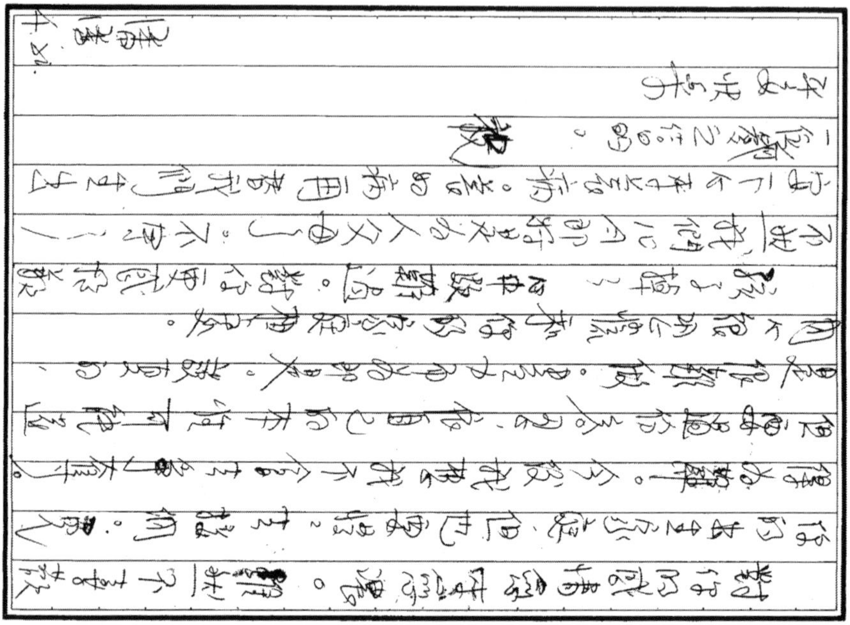

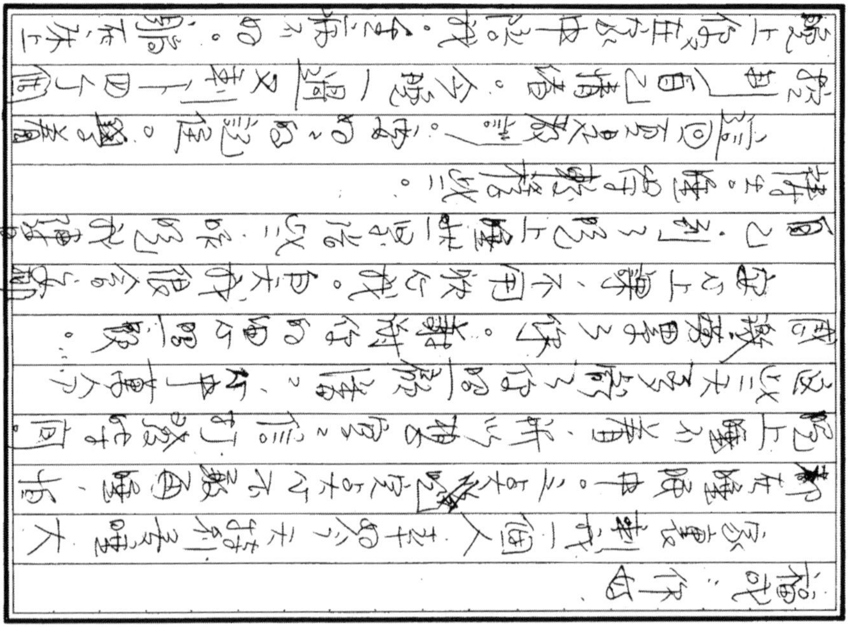

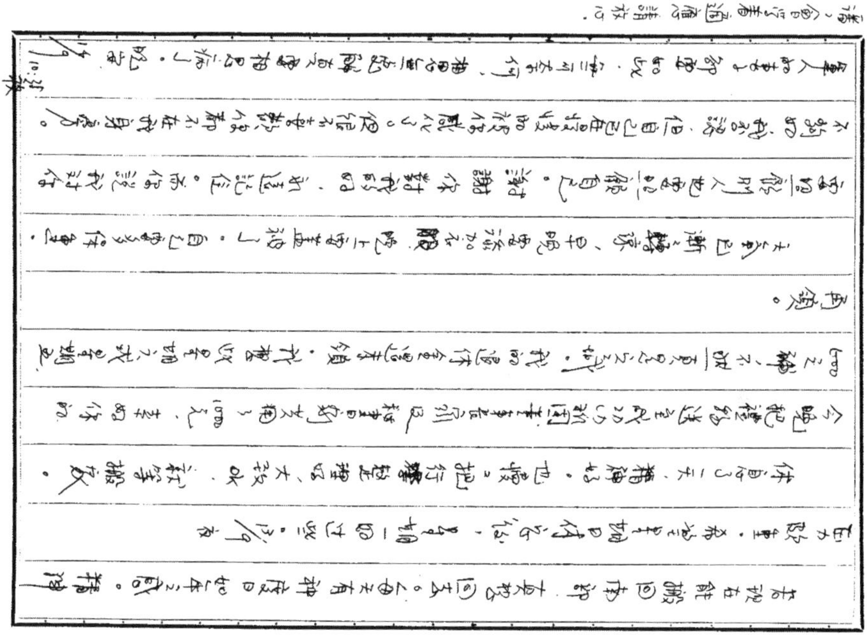

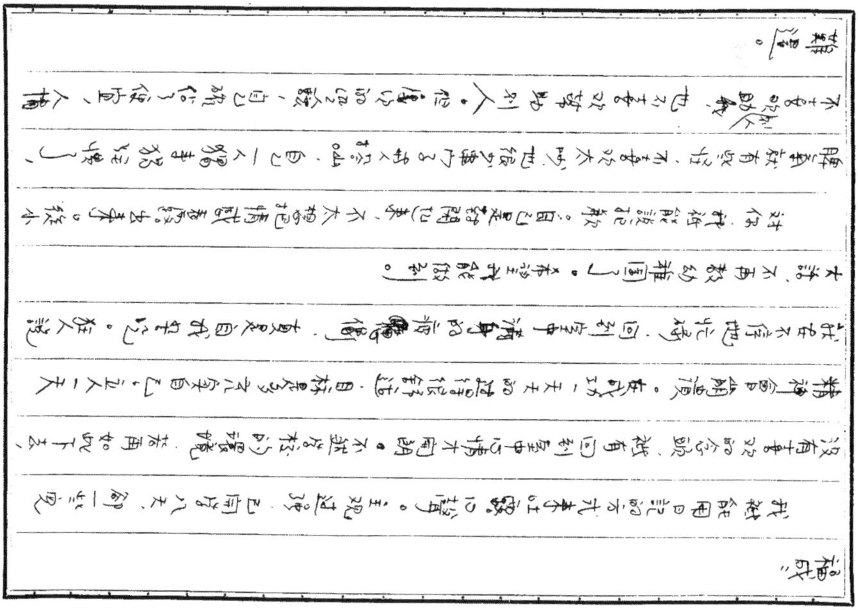

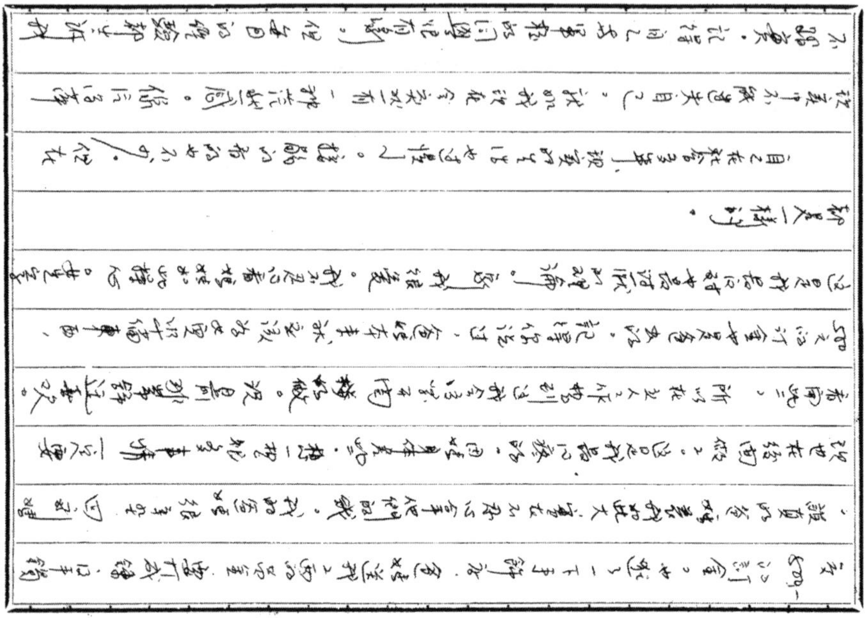

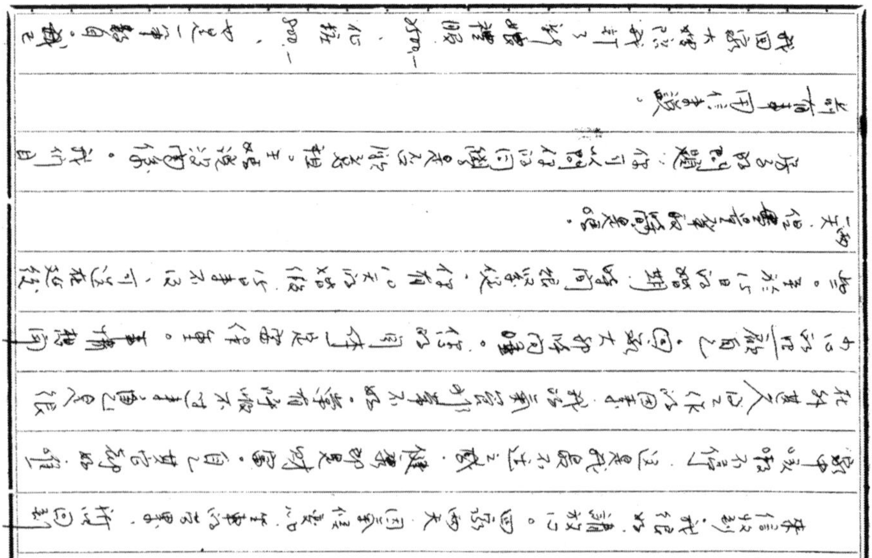

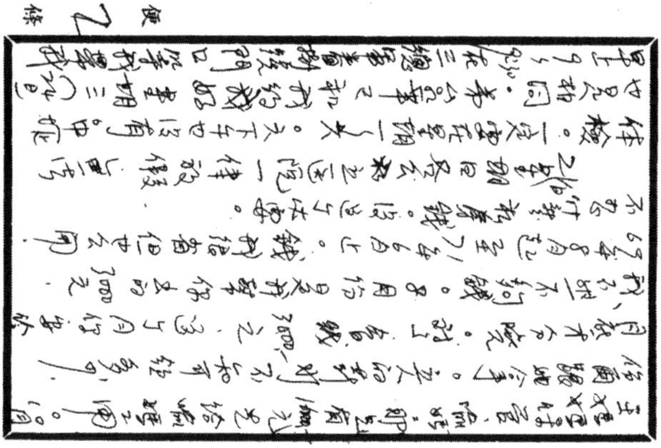

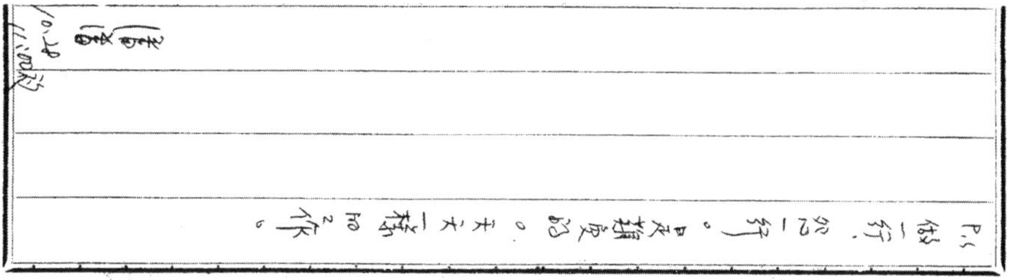

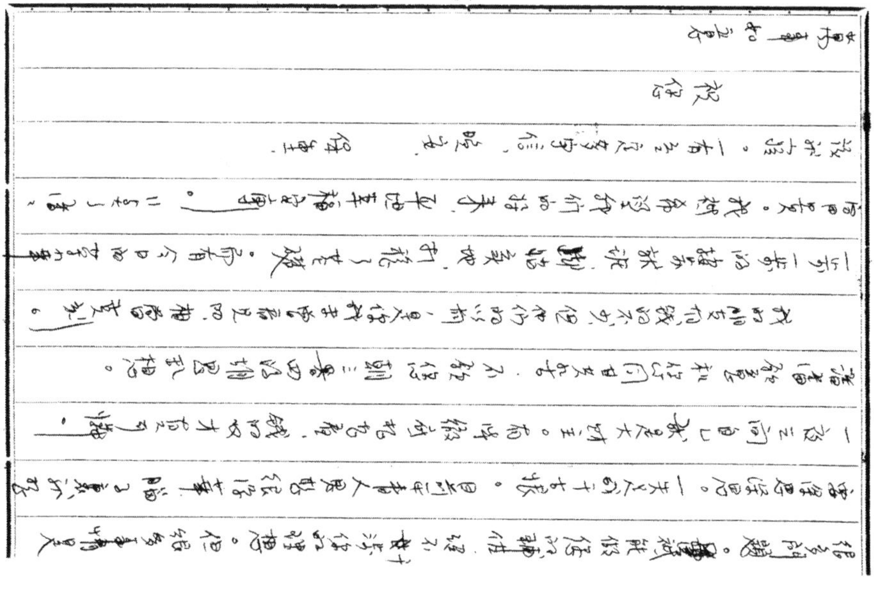

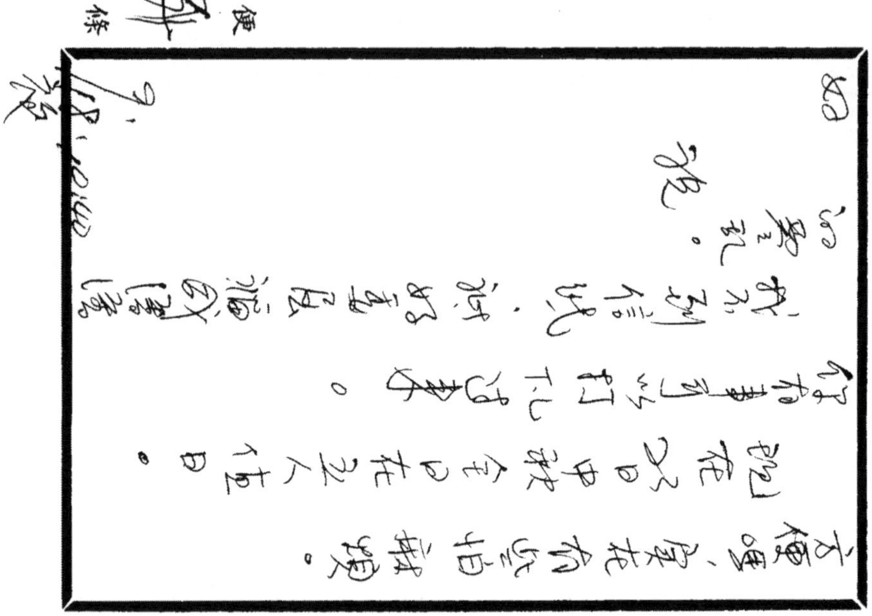

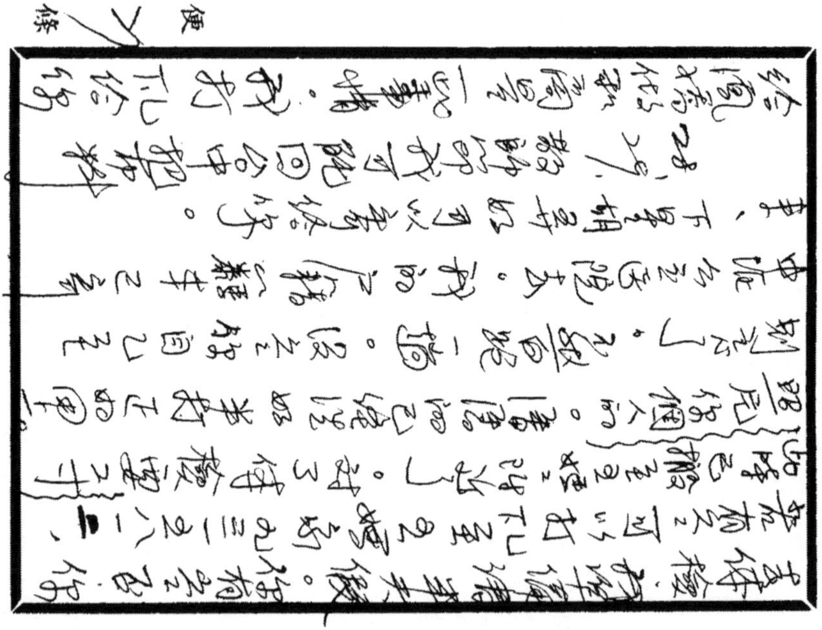

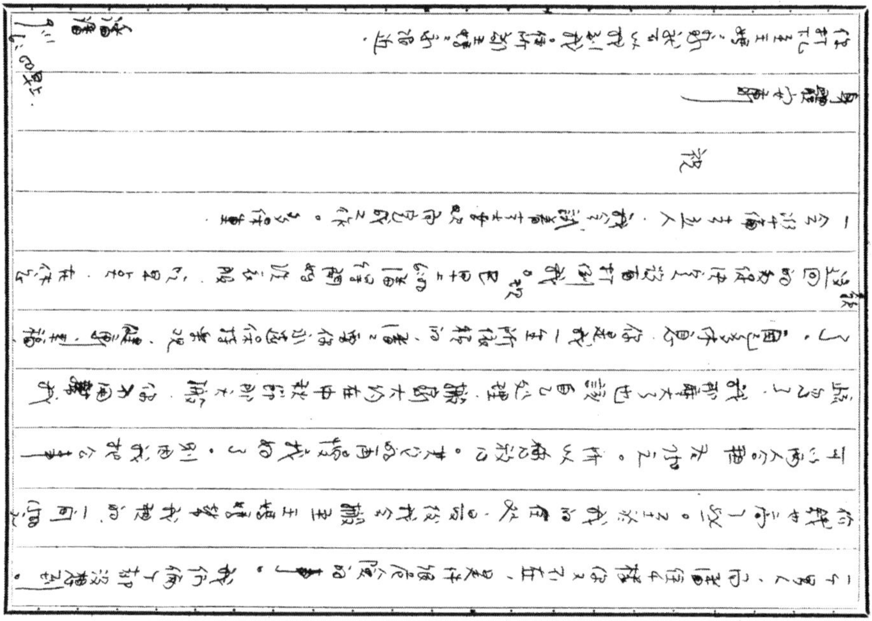

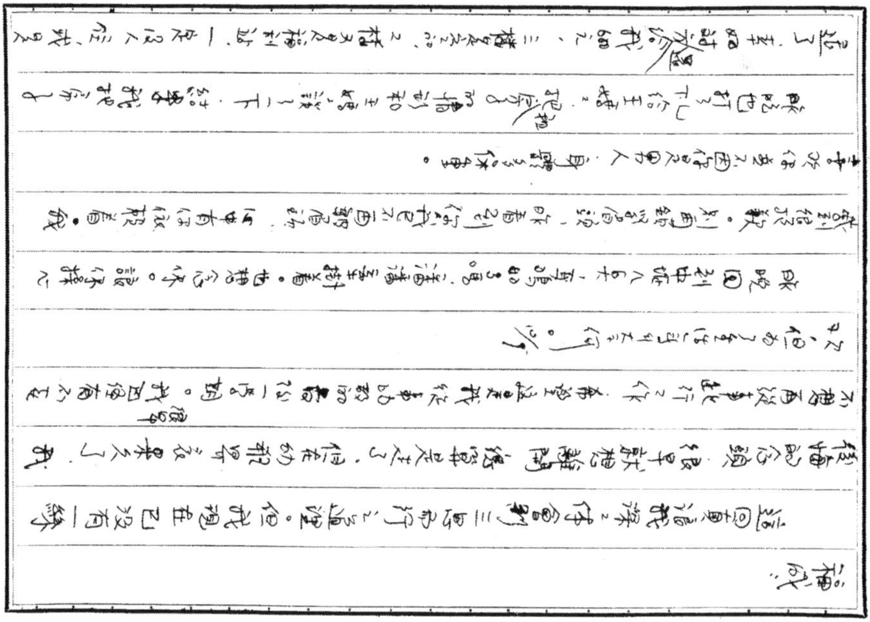

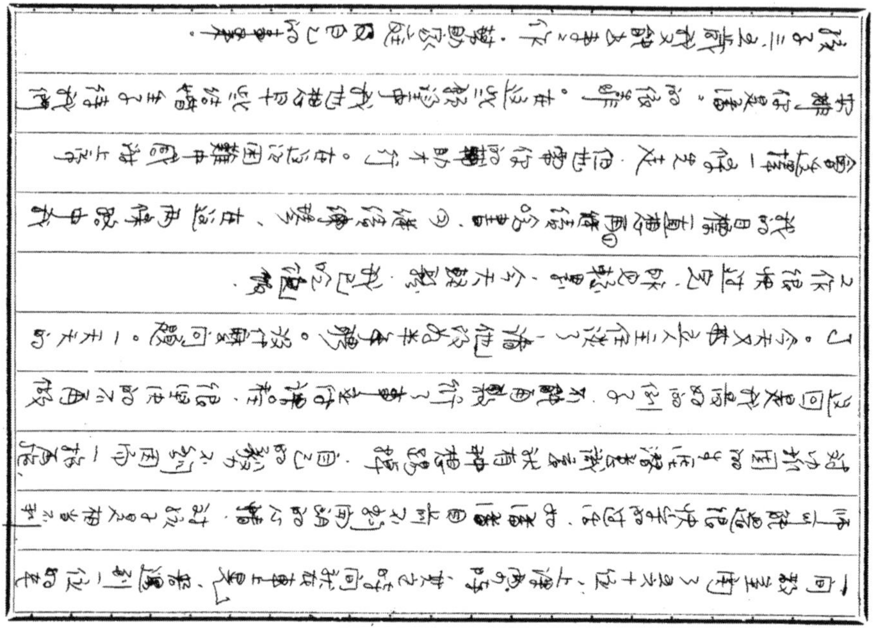

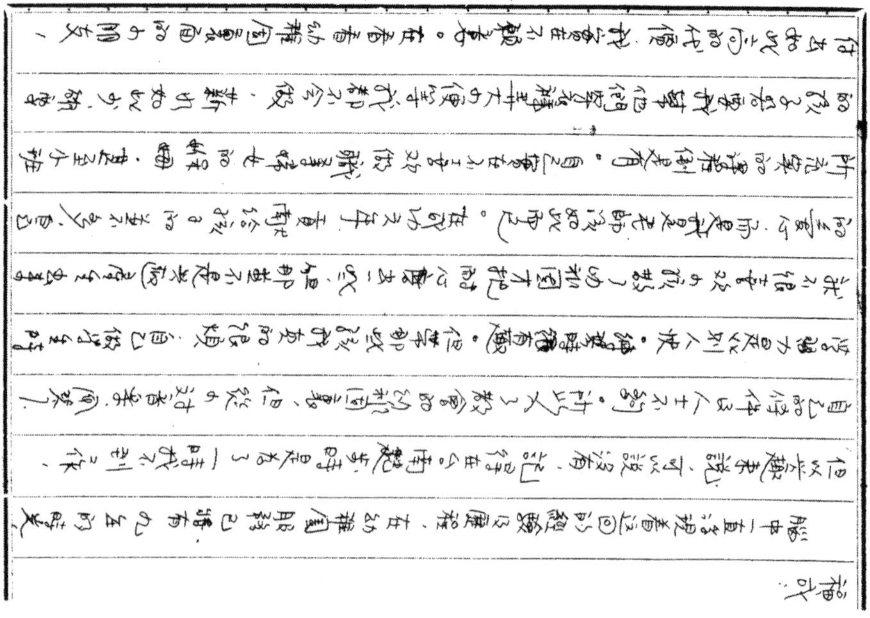

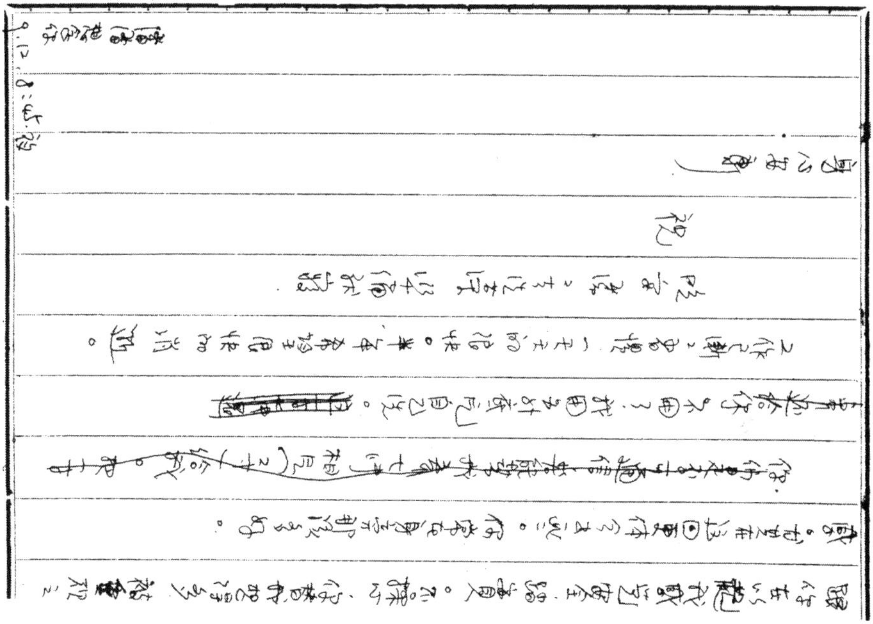

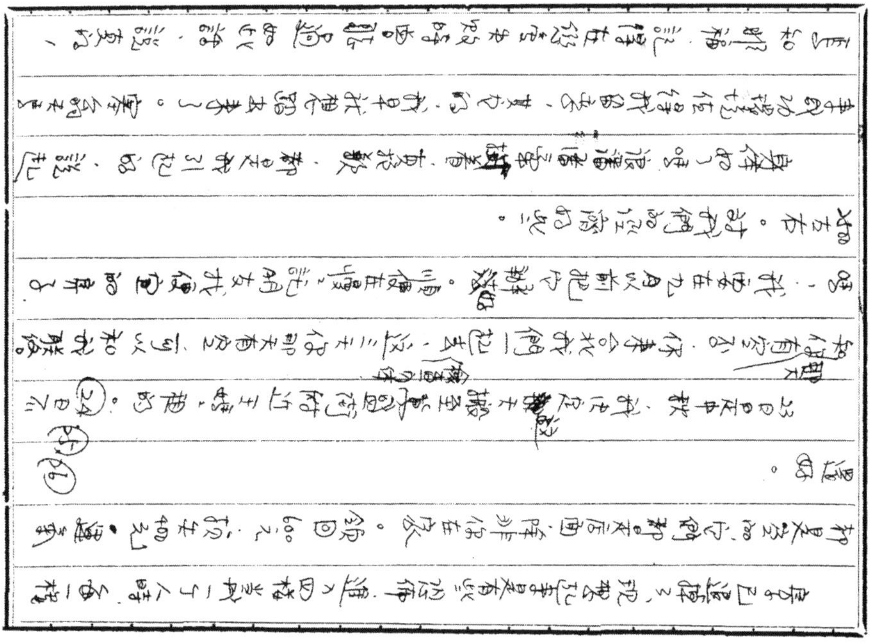

先和Pan通電話後再決定你請假否，以免妨礙功課。等你下文。

早上起來又開始流血，情形不要緊。心情很壞。萬一真的保不住，請當一個人不知道，如何處置。接到信立刻打電話至三姨家，我來接。再決定如何做。

福成：

來信收到，知你睡得好，很安心。看補之事，今晚下樓去張嬸家，張叔叔告訴我他已親筆寫信告訴你。能盡早辦即辦好。

你幫我把菜買好，所以祇有看病才下樓，今天睡得實在悶，所以下樓走了一圈，也不敢太勞累。現剛洗完澡又躺在床上寫信給你。

假如明天不再流血，就沒有危險了。不然就是壞消息了。所以我們心中都要有準備。看補求不下來，是件麻煩事。要發錢的還是要錢用了。明天我繼續請假。假若真能保住孩子，我想繼續請一星期在家休養。早上聽了醫生說的話，心中很難過。現在想要孩子的心較切。但願孩子平安無事。願上帝保佑。

從星期四至今看病已用掉大約1100左右，再扣掉我請假的薪水

一定要給我回音。安

能請假就回家一趟。如好 10/4

三軍大學空軍學院作業紙

課(題)目		學　號		姓　名	

福成：

今天就很清閒，早上沒事做就弄壽司給弟他們吃，吃完中飯睡了一覺，剛睡起很舒服。最近天氣很熱，晚都睡在地上，猛吹電扇。在家一切都很舒適。

待你回到台灣，我倆除了辦理婚事外，也要積極的看些房子，就如你說有些錢時就早買好，自己也覺得在你回台灣兩年中我們辛苦些，待又常調時應可以安心的在家，一個人搬來搬去挺不方便的。在我想這段日子要好好養胖自己，你回時才有精神和你一起辦事。祝福我倆。（自己也很希望有一間清靜理想的房子。）以我們的經濟能力在郊區可以先買。

中午和母親說了一下，我不想請客（娘家），我們回家時爸媽請我倆即可）東西也不需買什麼。一切都節儉。結婚你家需要熱鬧些，你和爸媽商量，在家中請客也好，方便熱鬧，但也別太鋪張了。至於是否要請伴郎伴娘我們再研究。以自己目前的構想，我們需一些舒適些的床、化粧台、電冰箱、書桌、電鍋、炒菜鍋、碗筷、碟子、茶杯、飯桌椅、瓦斯爐，其它的等我們慢慢的用添。

算一算我倆的錢你30萬我大約有10萬我們到台

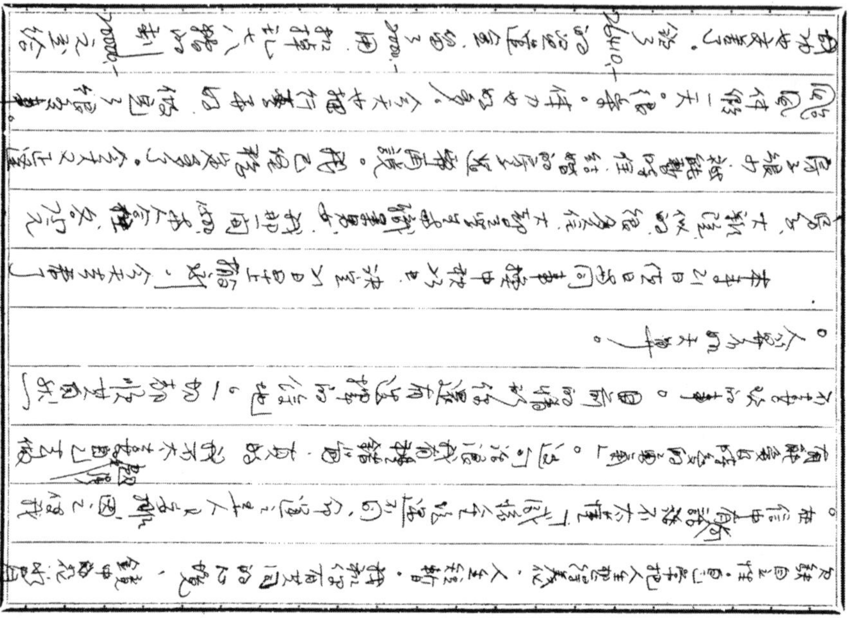

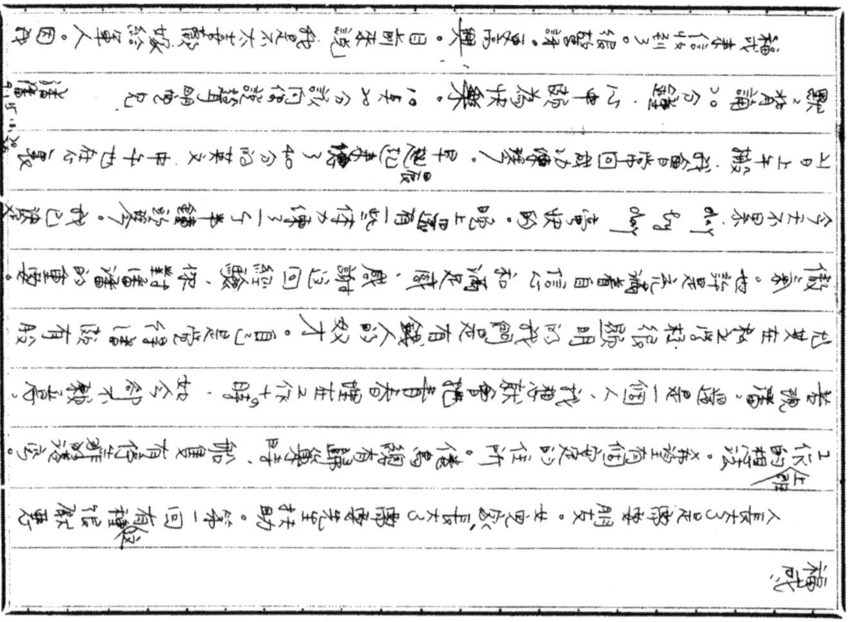

三軍大學空軍學院作業紙

課(題)目　　學號　　姓名

福成：

26日返家至今已有5日的時間，心中常想念你，但回到家很多事情得做，所以一直未提筆，想你會奇怪潘潘怎麼了。放心，潘潘一切好，勿念。

家的瑣事做起來夠累人的，洗地、擦乾淨衛浴，媽age大也不能以前精力充沛天天弄，所以回到就得拿起來。一個人做的夠多的，弟弟們又都不會整理，我又在很南部這個人，真是累累姐姐。

爸媽都很好，心中很安心。大哥兩位小侄都在我媽那，很調皮搗蛋。弟弟們也是夠累的。時很好，哭起來就不可愛了。

你好嗎，好想念你。昨天高中同學來家中玩，幫我剪好了所有的喜字（大、小、紅金字）都有，還送我一本喜的相本很美。很感謝她和她先生的誠意。

前晚接到王姐姐的長途電話，需要我的畢業證書證件等。幸好打電話去成功，有位同事在，幫我鑰匙開門找出了。至於昨申請服務證明書，一切都OK，會請同事先生送至中山給曲叔叔，於是潘潘不用再回台北。這幾天潘潘大約會提前回台北參加筆試。王姐姐福誠：

你好，想念你。

自己已經開始試著去接受一切未來的事實。但願我是個成功者，在做妻子的責任上。

感情還是需要時間的培養。我們的時間是短暫了些。

昨天和王媽媽談了很多話，我欽佩王媽媽的寬容大量。不會斤斤計較，在一般女孩子大都是愛計較的，包括我在內。心中太狹窄。

今龍弟上午去考台南二中。今天來台北住王媽媽家。對你答應他要送他筆的禮物忘記了否，提醒你。鼓勵他讀書。明晚即在家中，這幾天我很忙。所以未提筆。祝 平安，常常想睡，吃飽，多保重身體好

潘潘 7.26/11/30 夜

我的行李大致收好，小件衣服送回很輕，書都沒帶回去。這幾天也未看書，到學生家訪問，以致於沒有適當的心情、時間看書，頭腦一片空空的，這種生活很可怕的。

台北市的工作機關託你的，隔壁就是好政園。小學教的也不多，心中頗感難捱。這種工作並不是我適合的工作，薪水少，付出去的不少。程度也不齊一。有時想想真可悲哀。未來的前途也不能想的如此遠，只有盡力做好現在的前途。真的我很希望我能走的。6/7 中午回家前

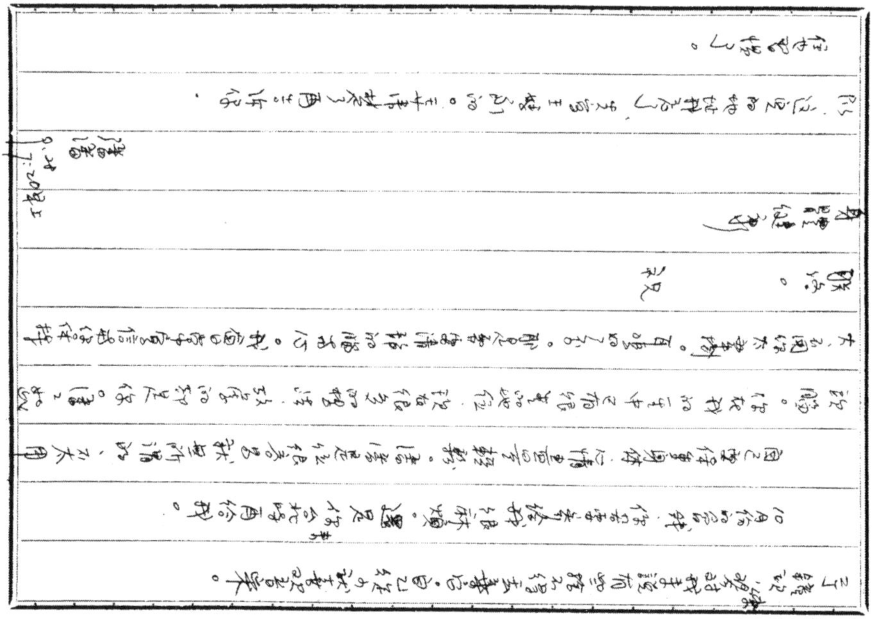

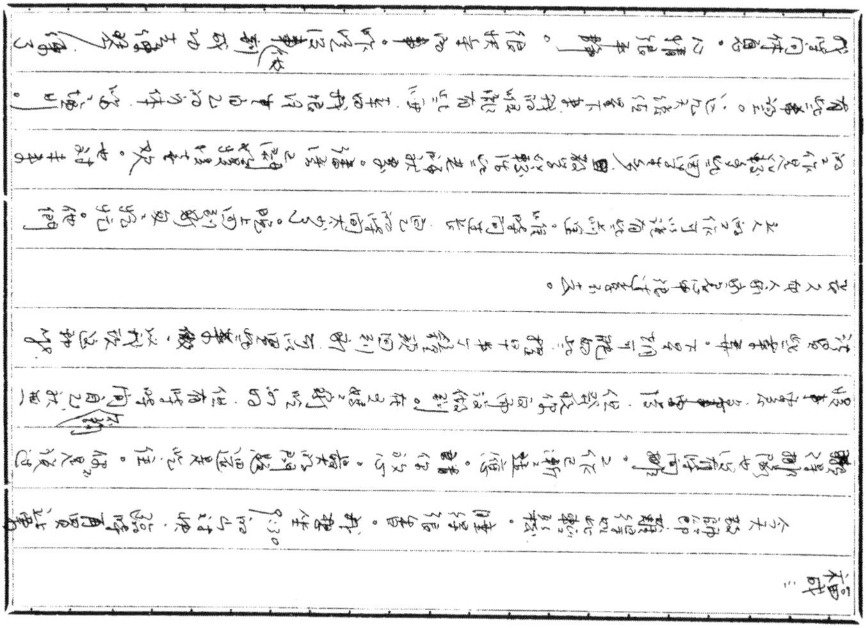

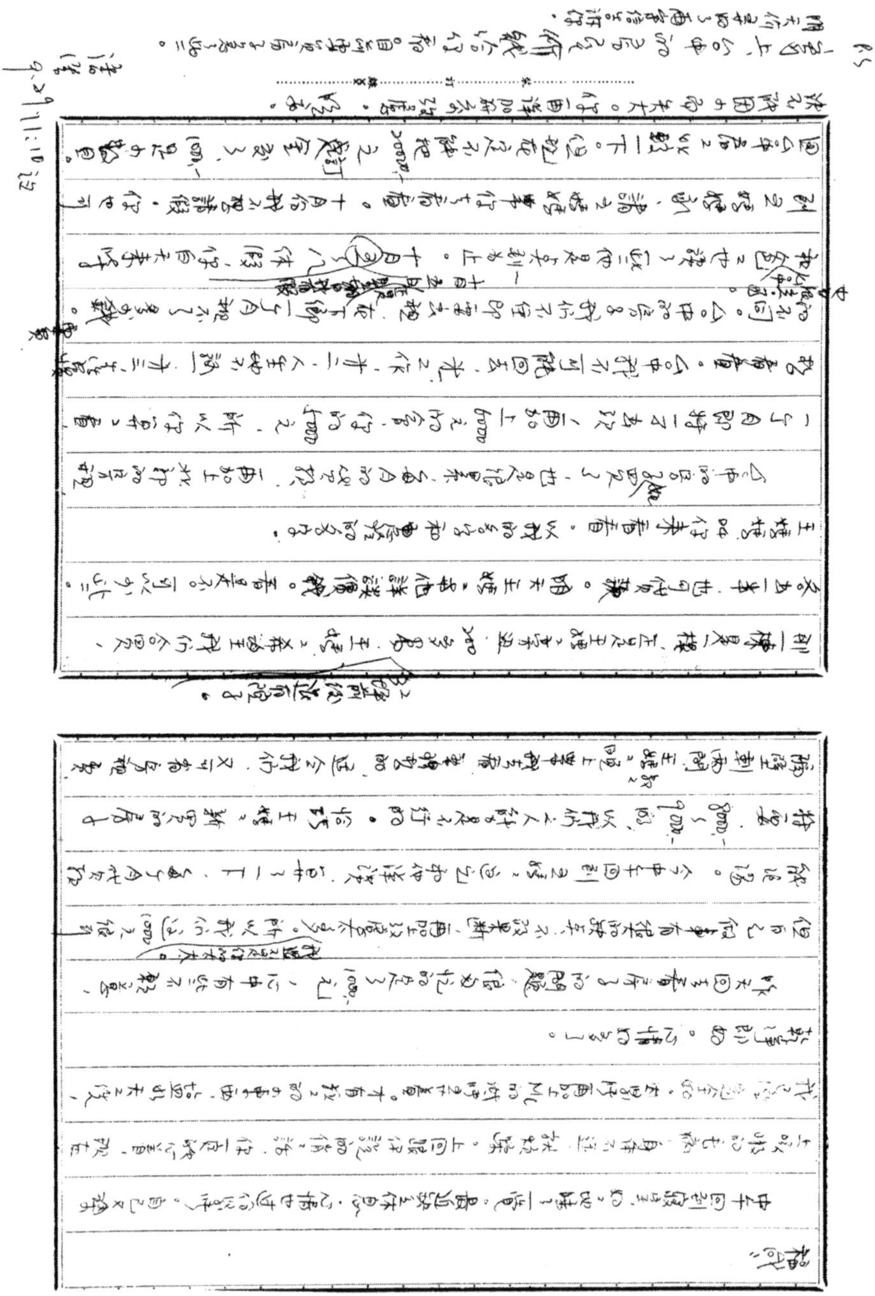

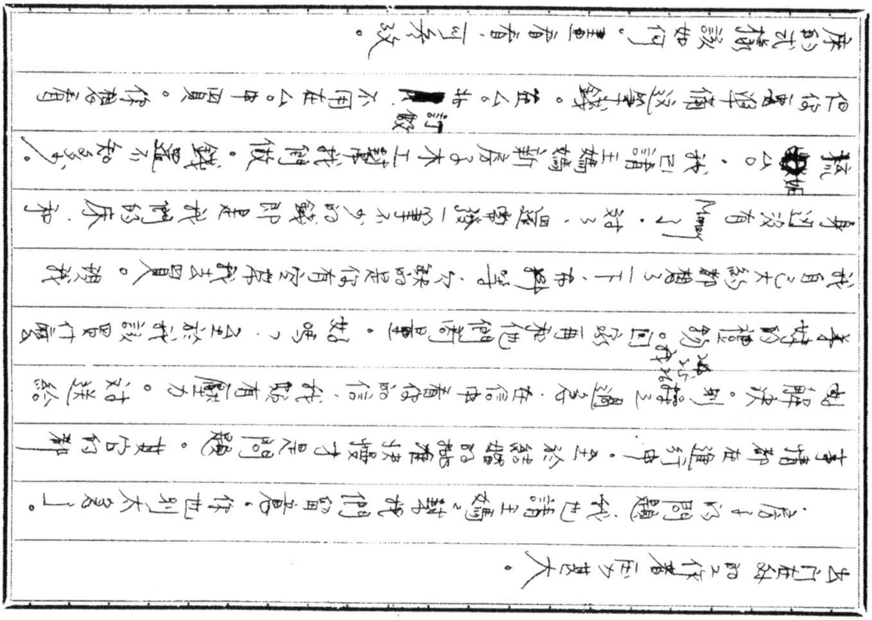

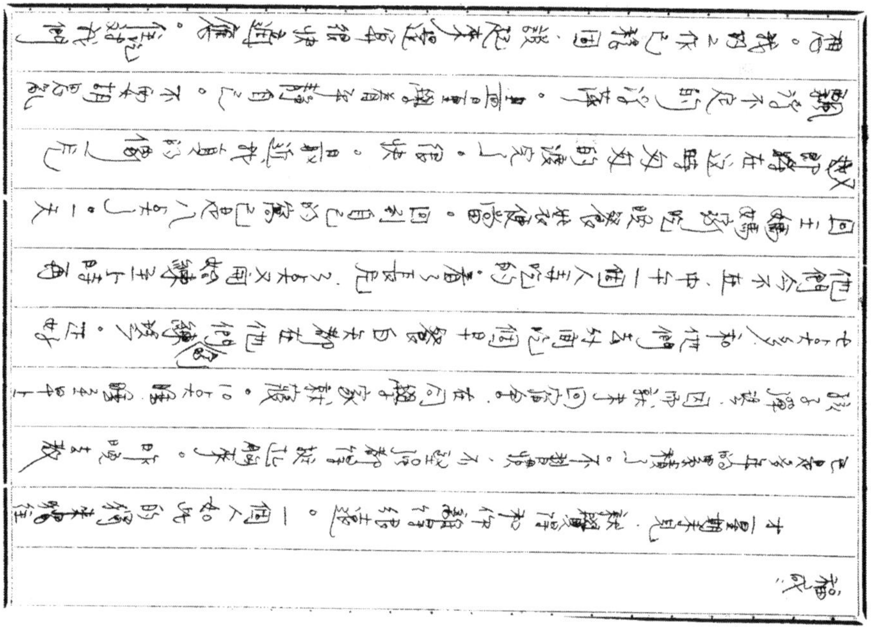

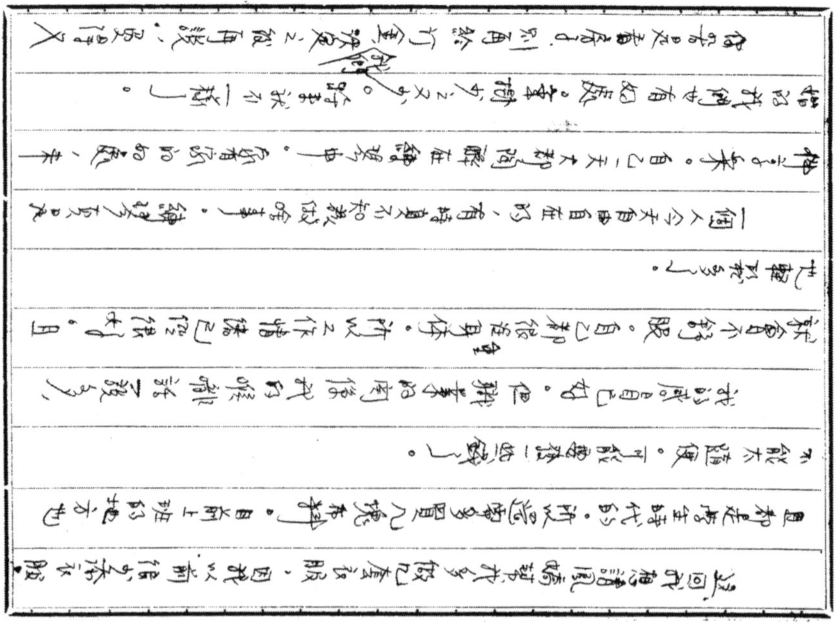

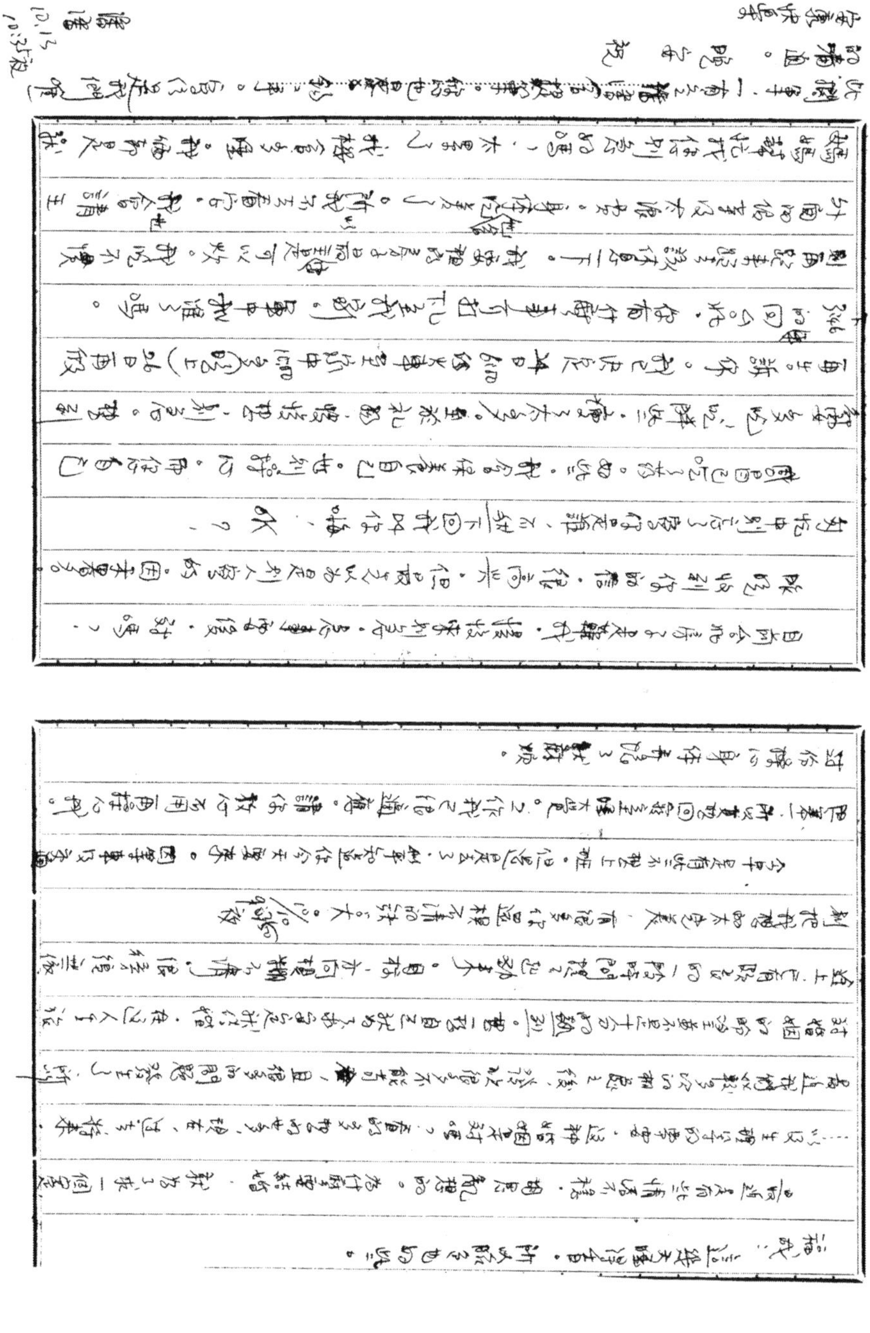

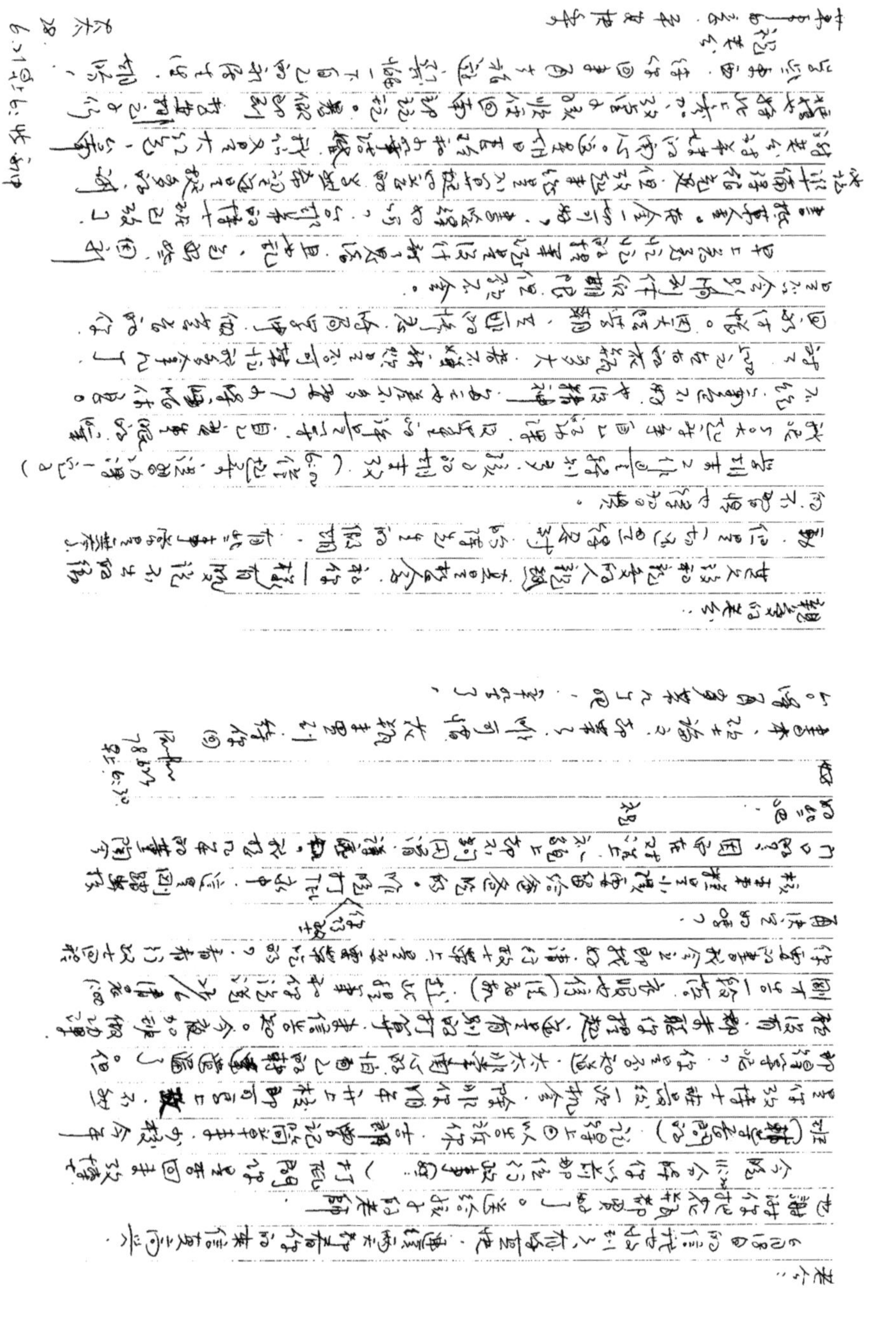

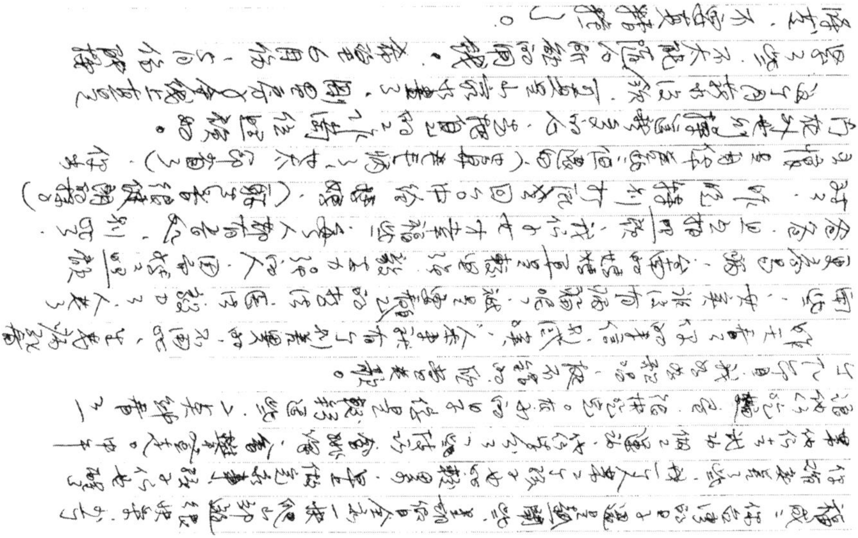

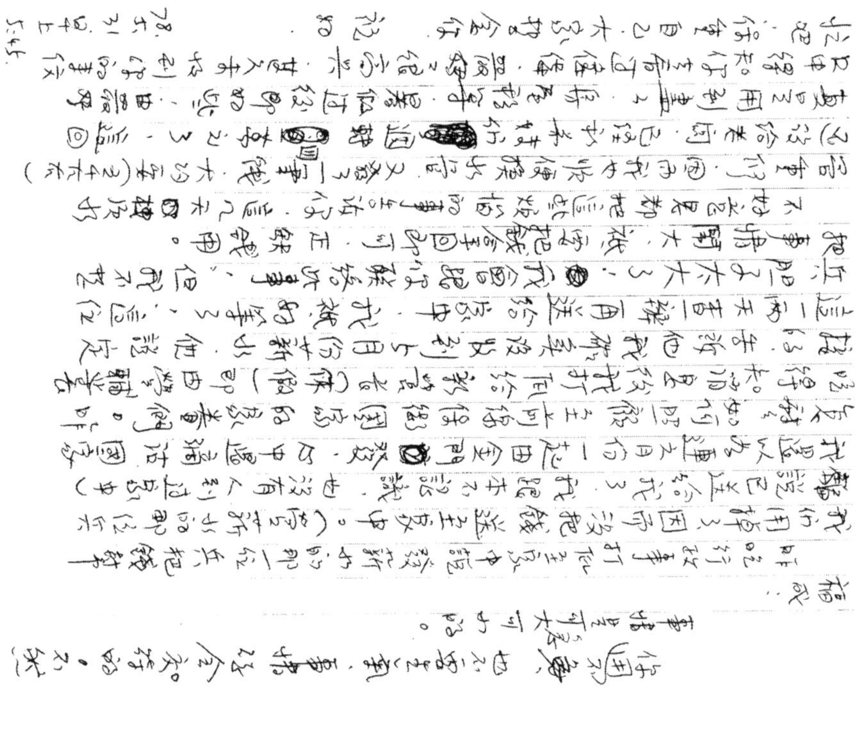

[illegible]

[illegible]

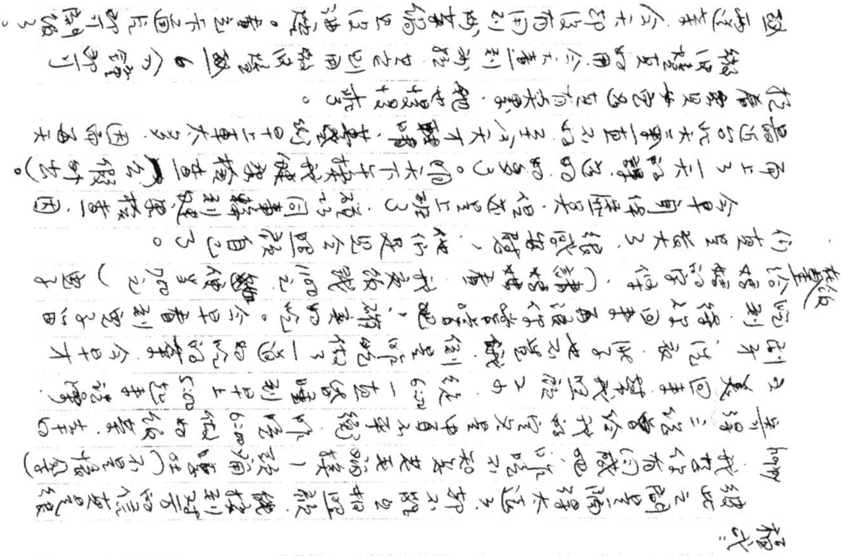

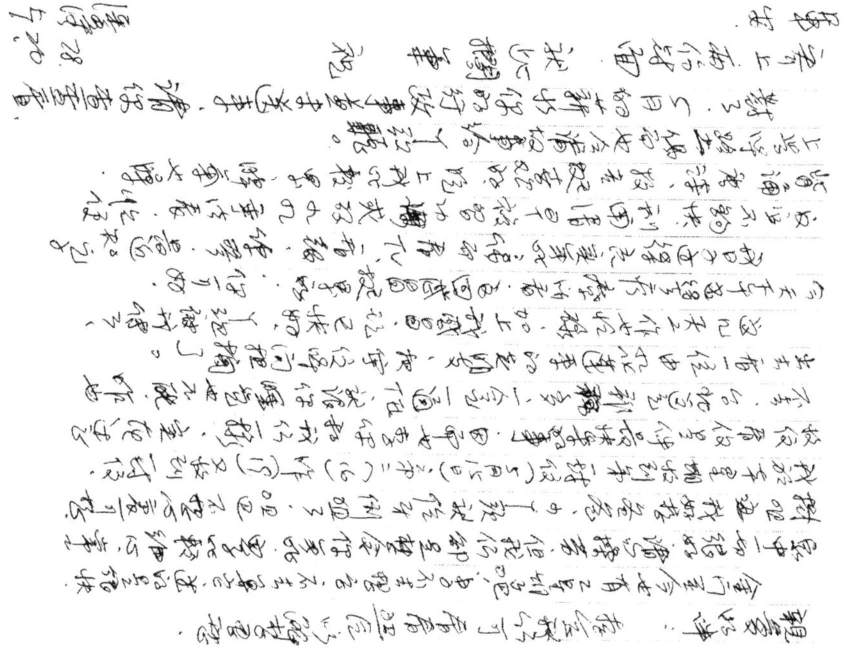

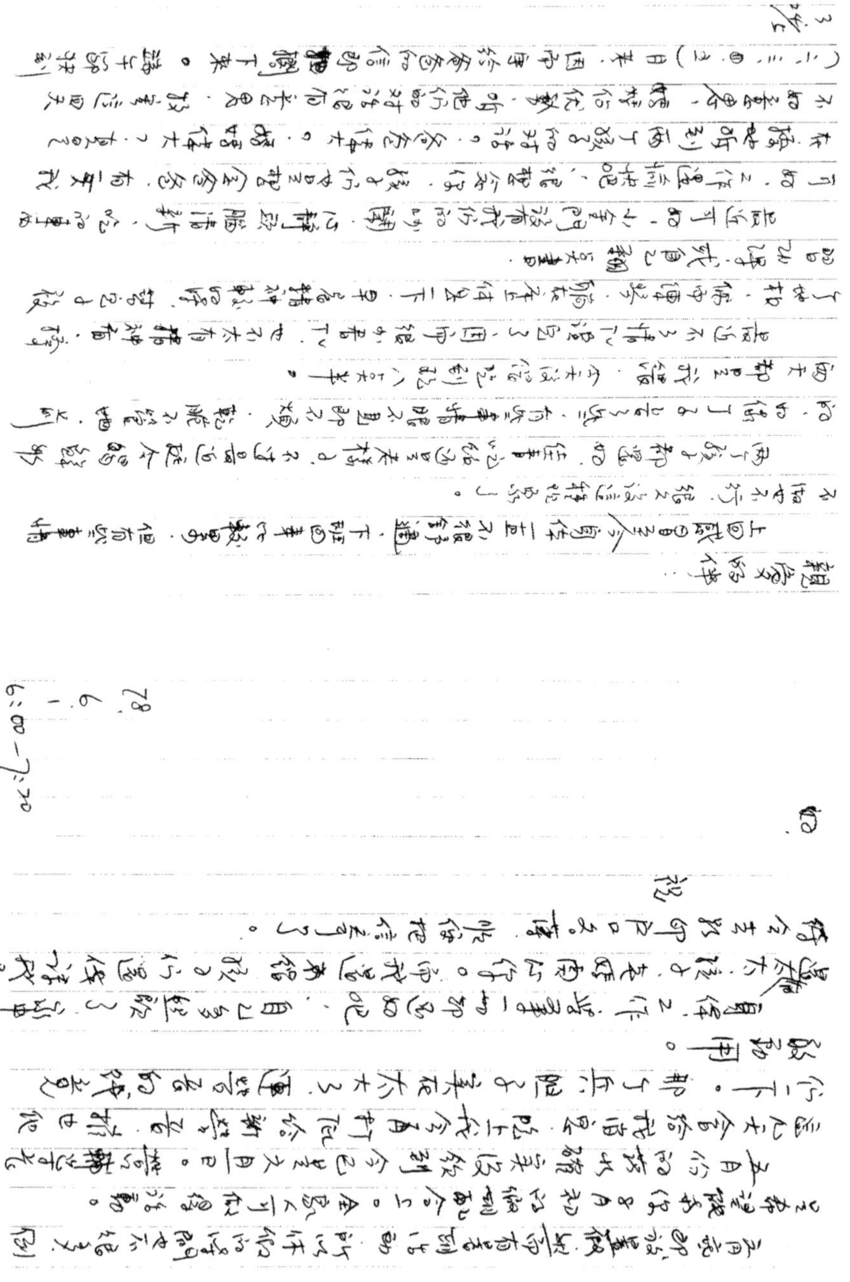

[illegible]

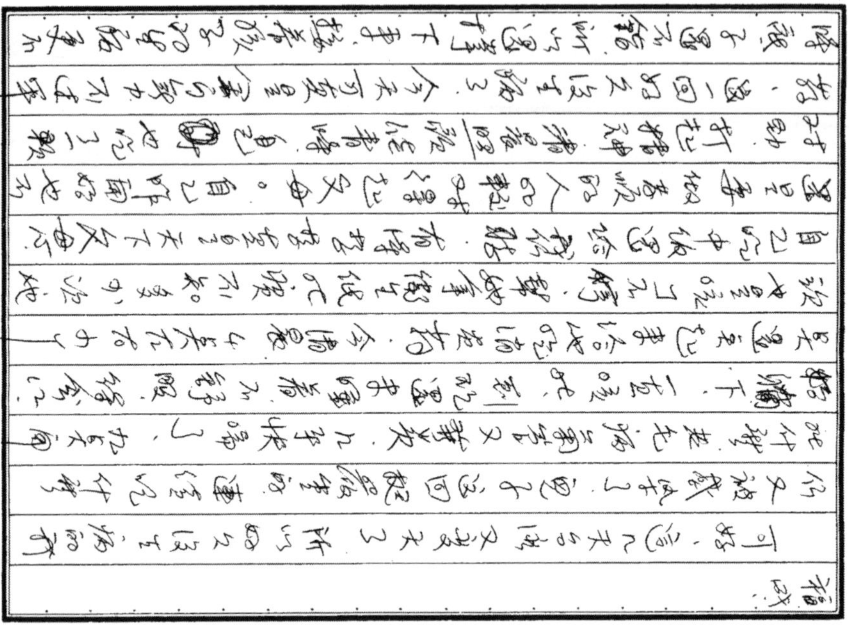

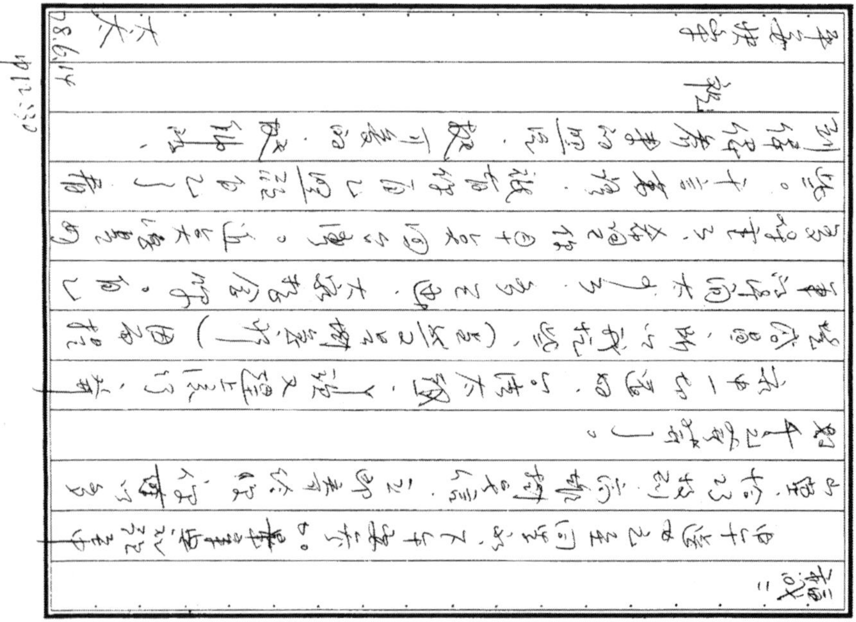

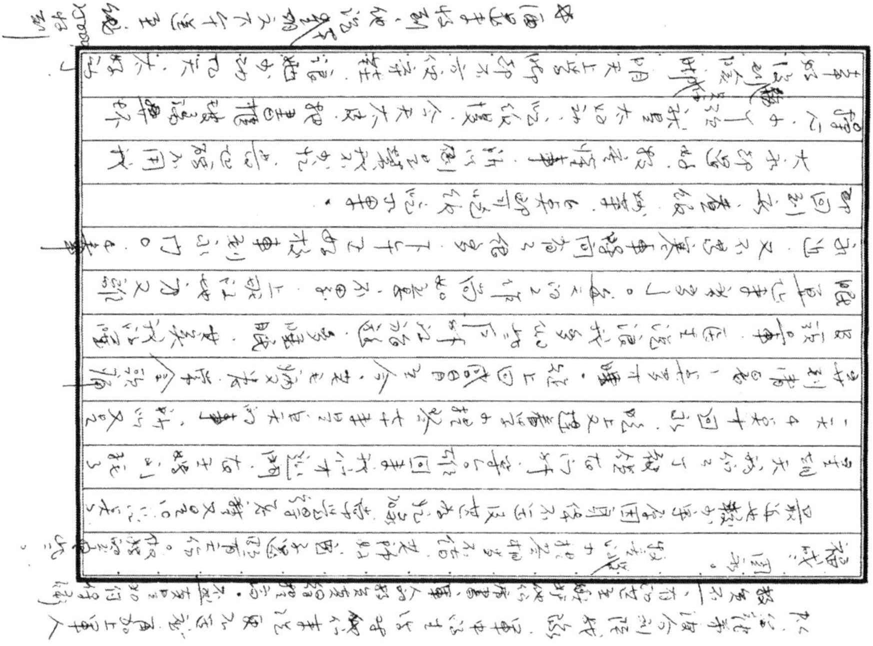

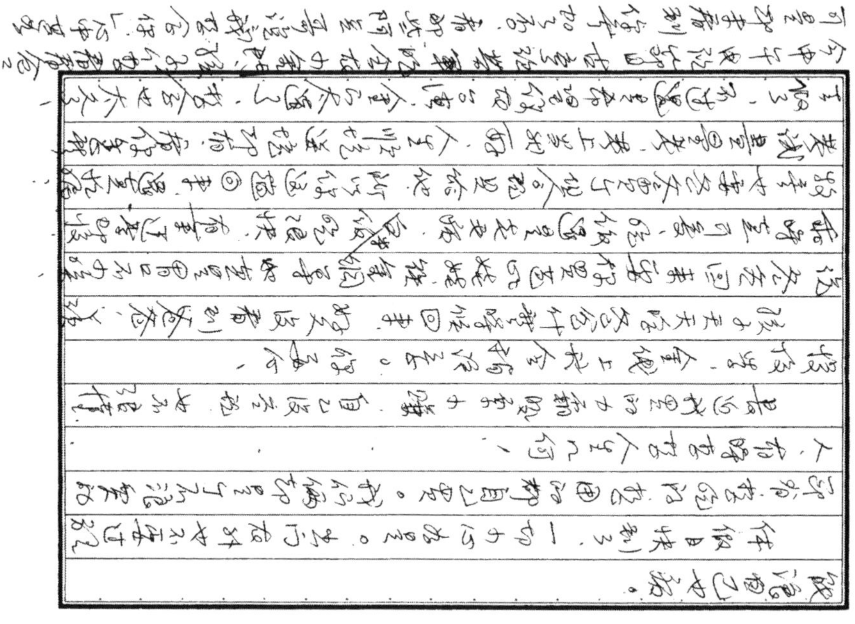

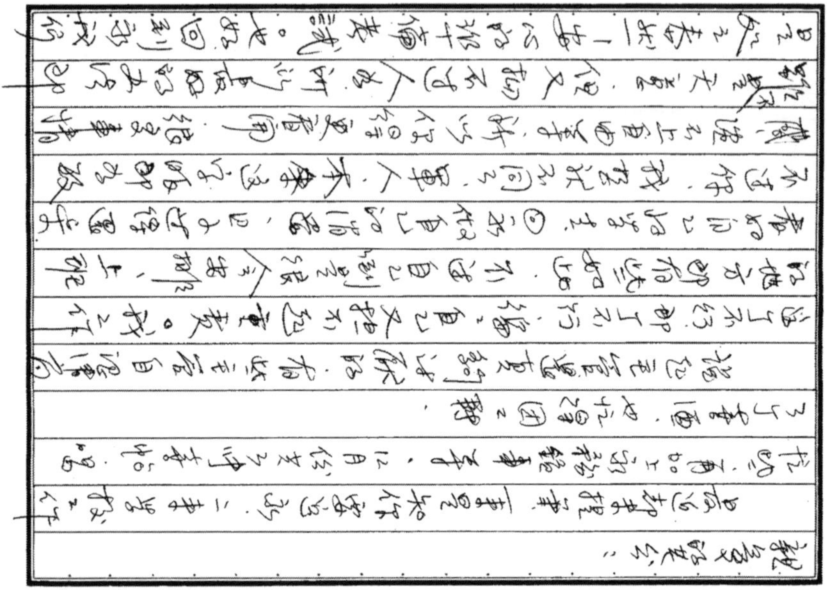

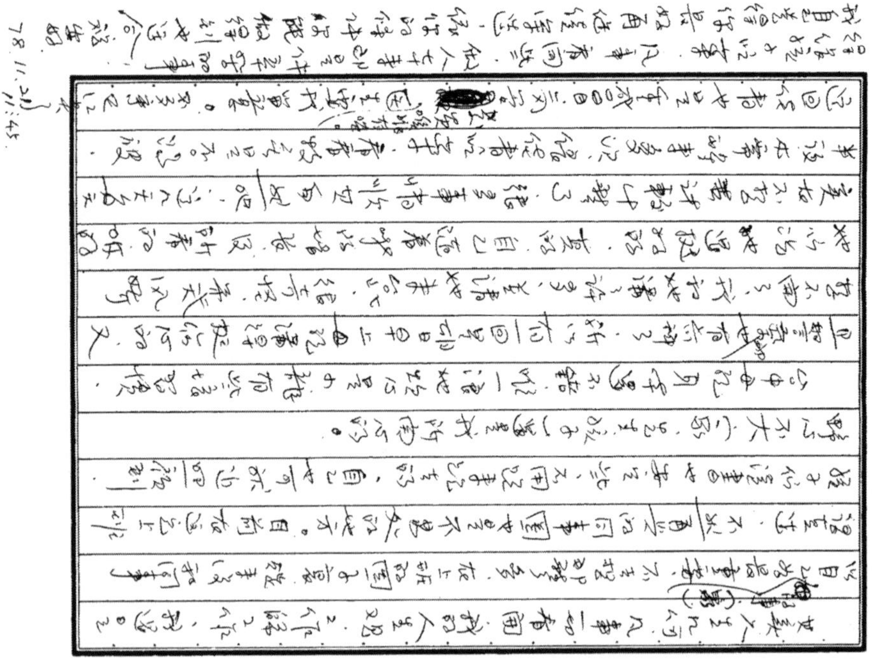

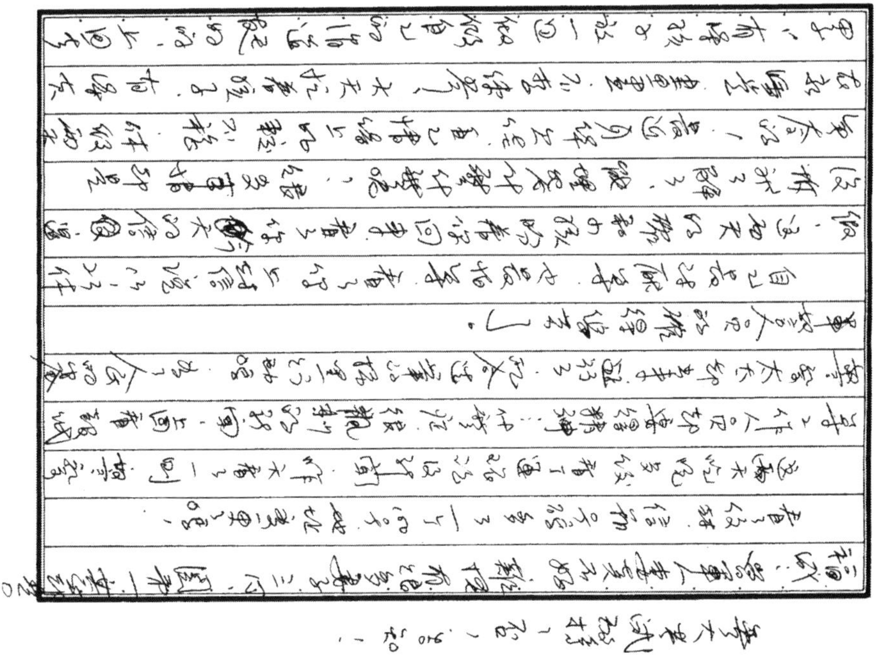

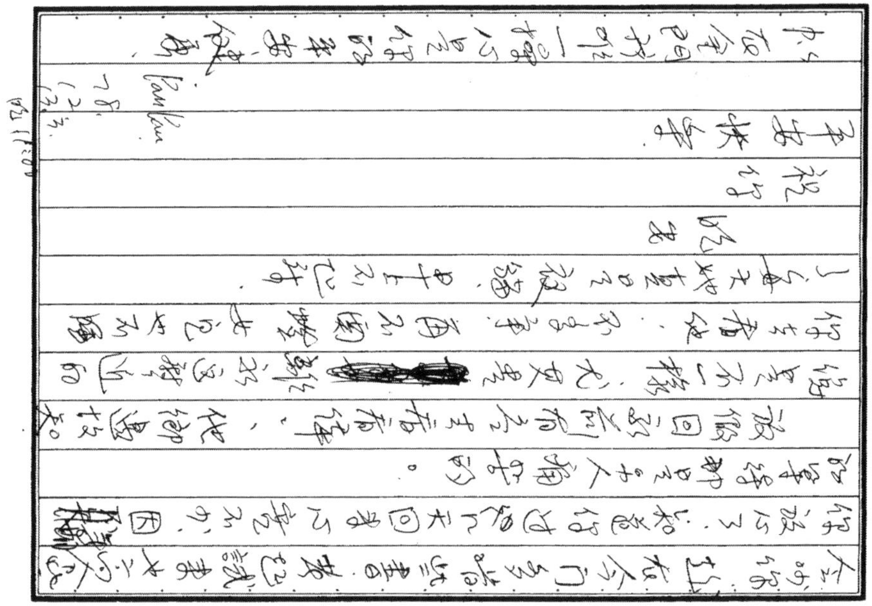

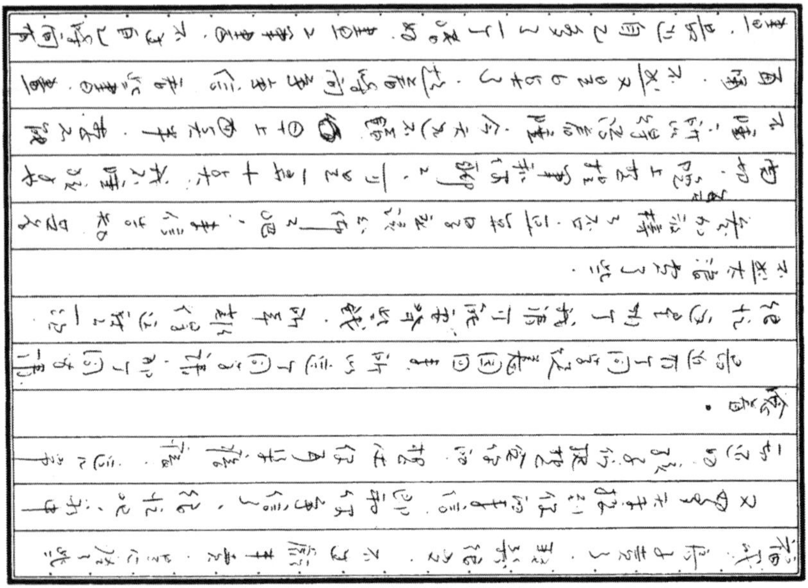

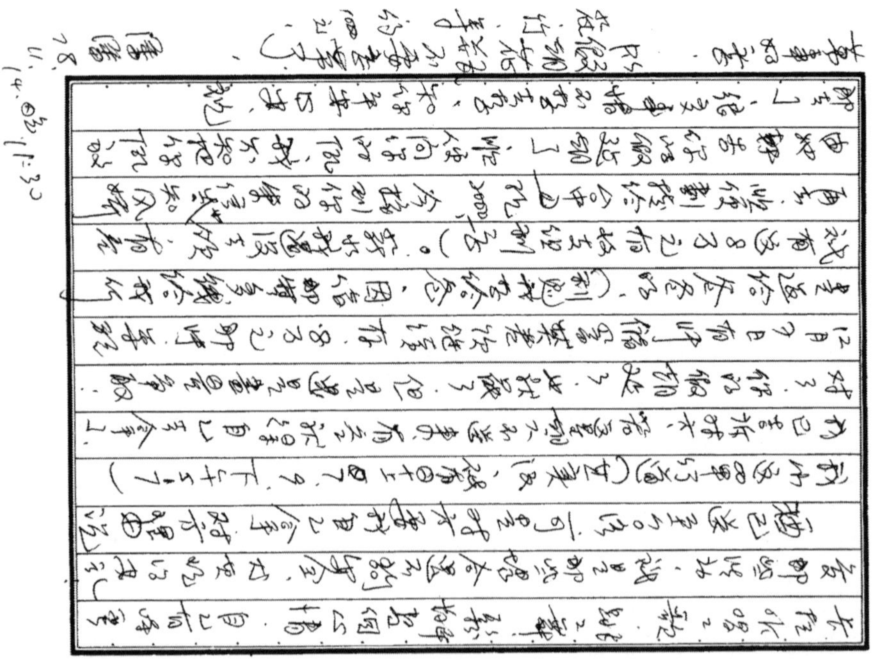

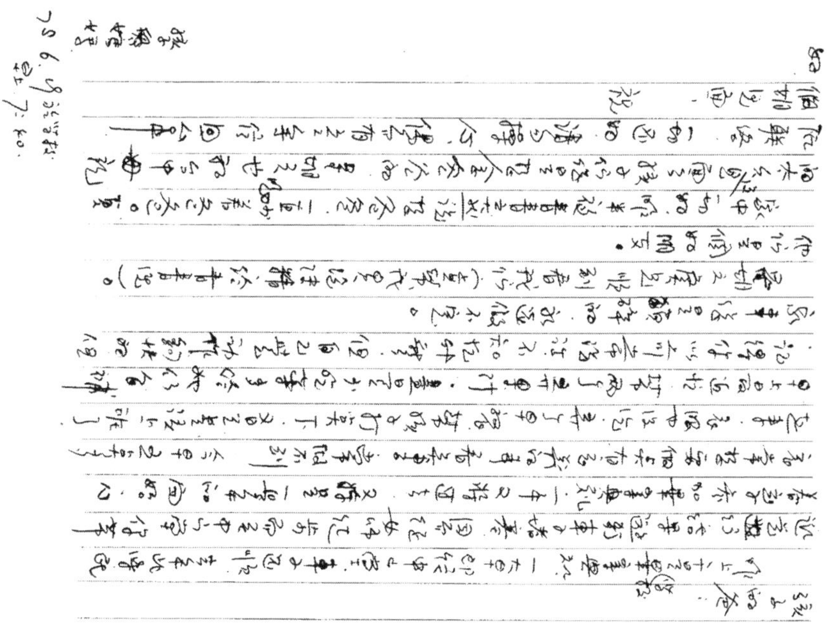

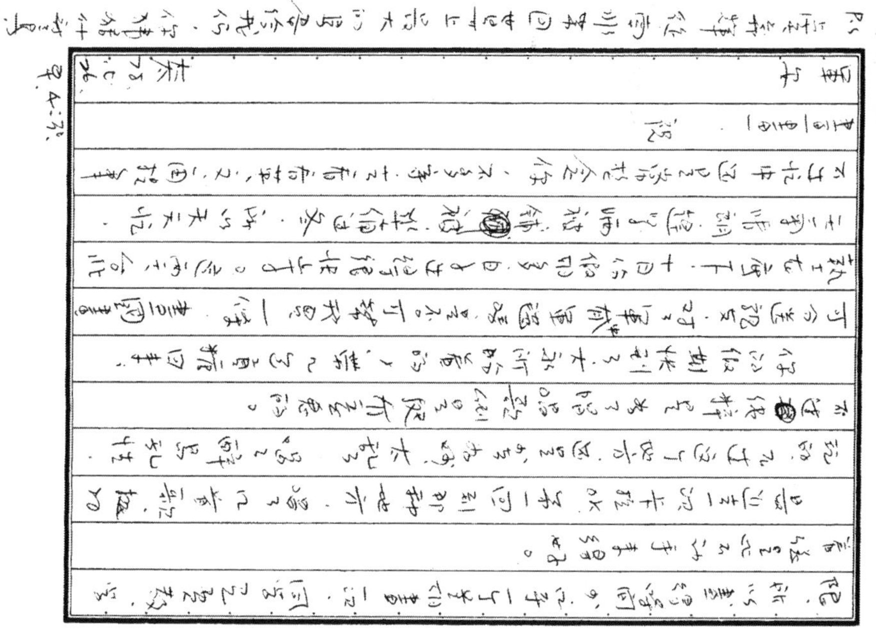

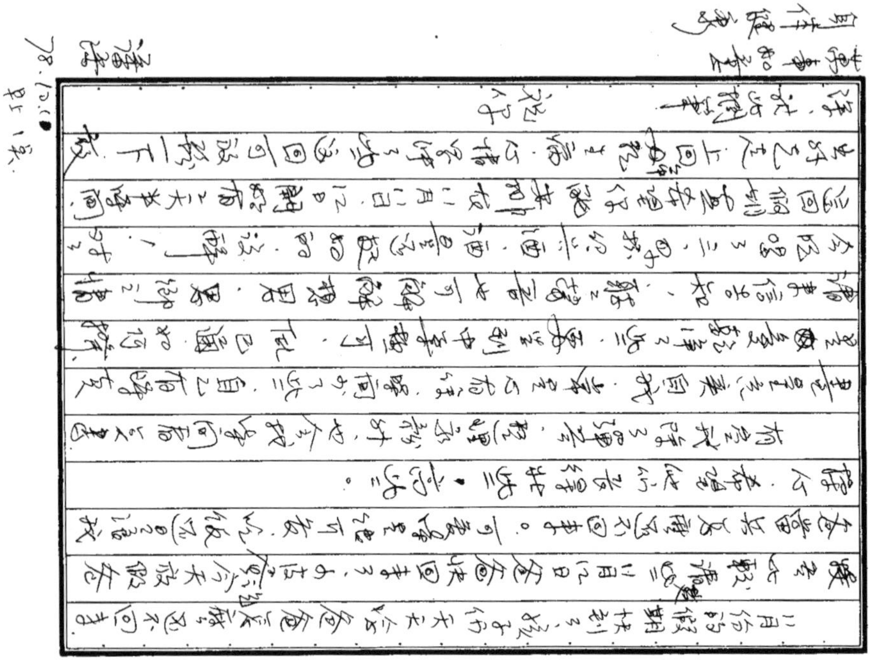

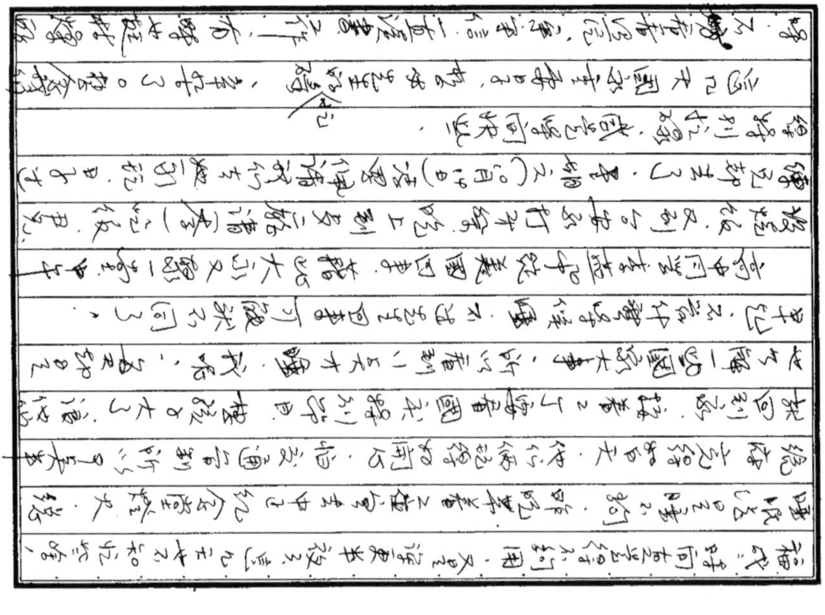

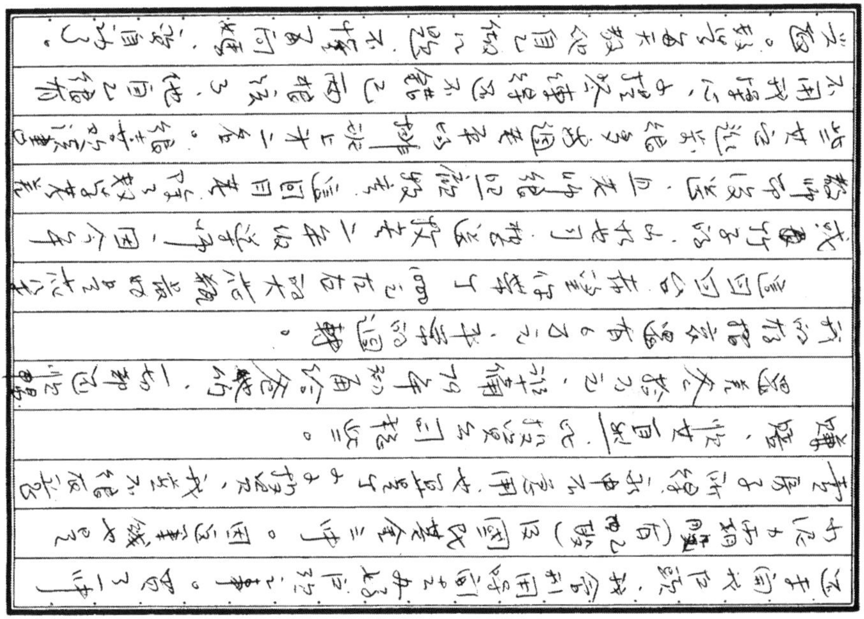

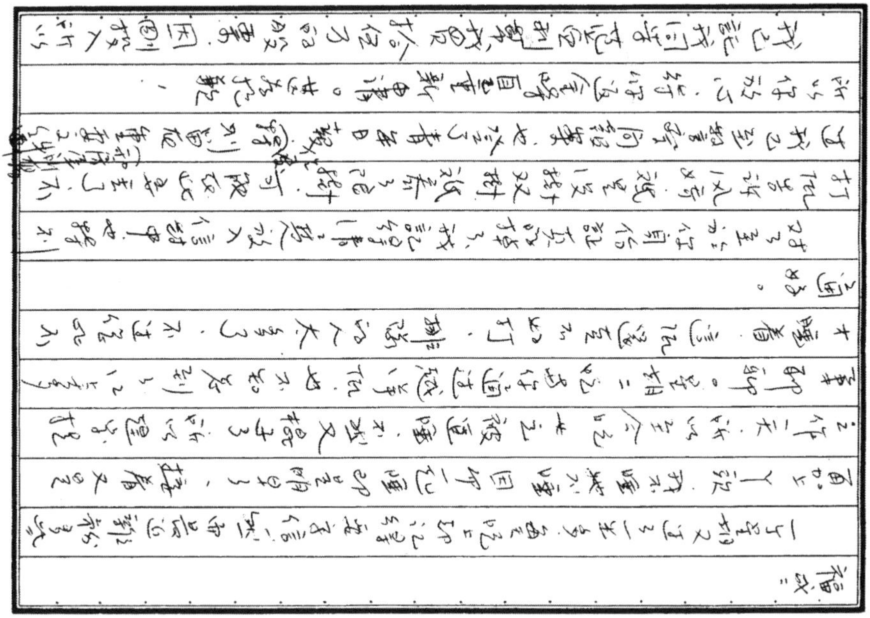

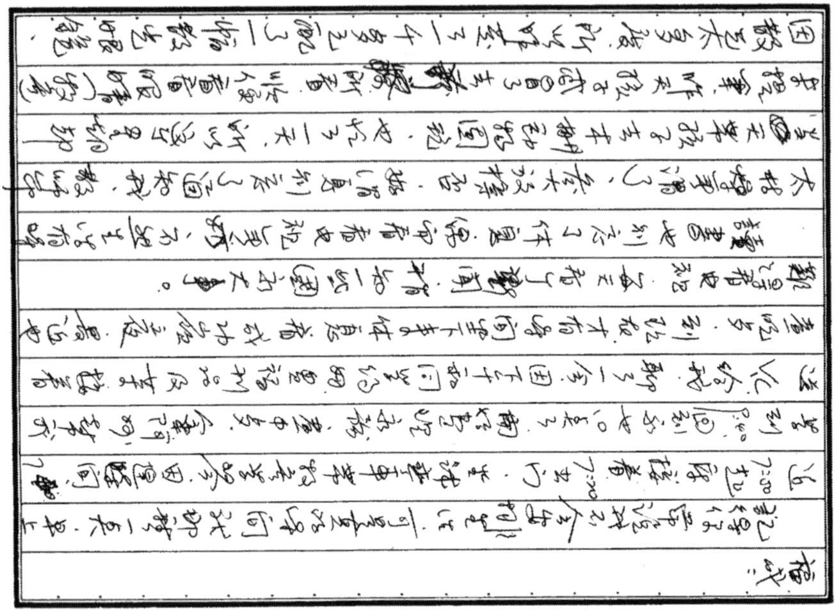

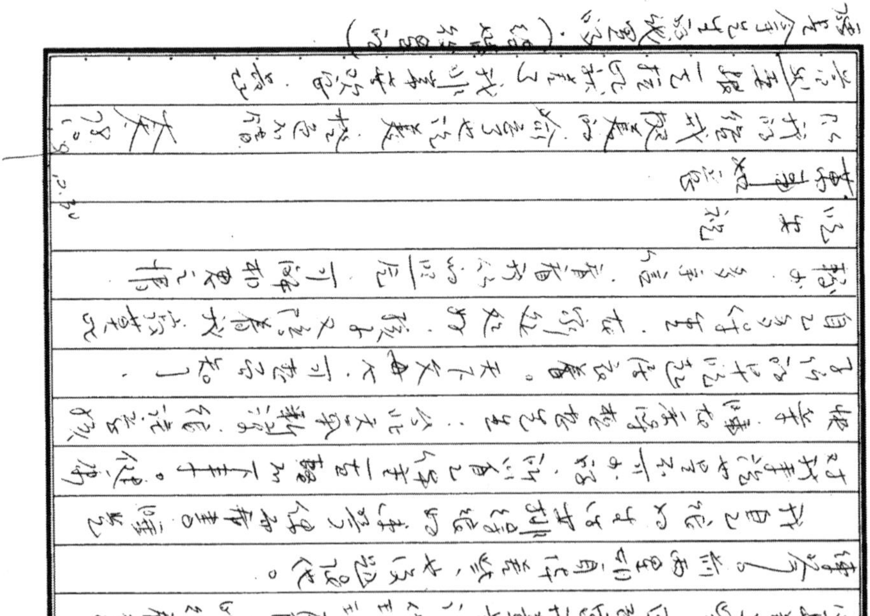

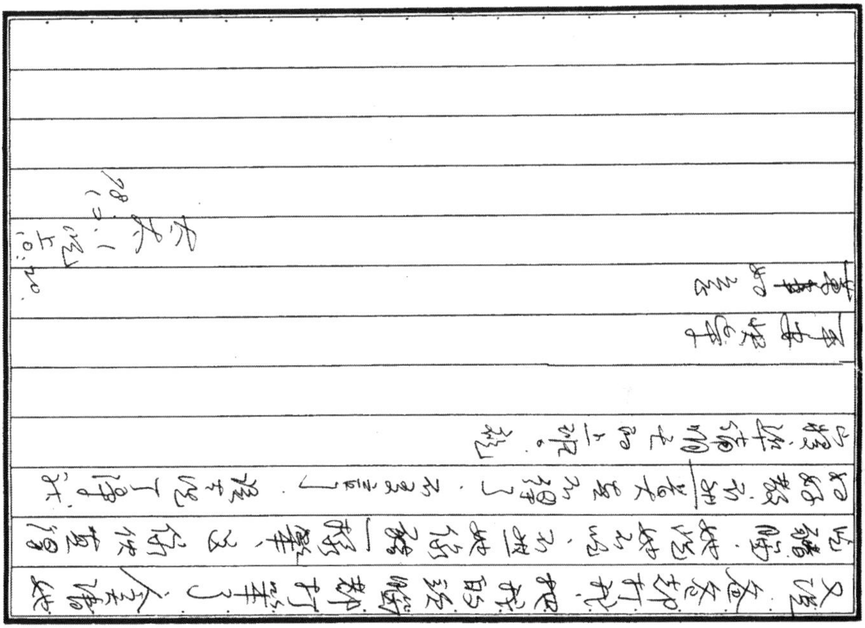

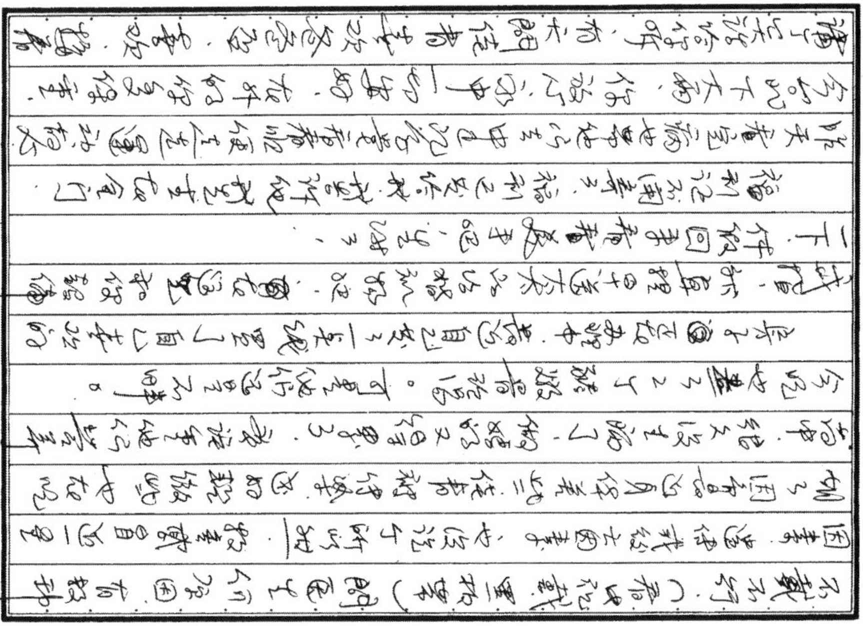

福成：

中秋已過，中秋下午值班，因而晚上和另外一位同學在台安家過節，也熱鬧些，小孩也快樂些，而我們玩得不少，將近11點步行回家時，看到天空中一輪高高圓圓的明月，氣象預報是看不見的，結果台北這兩天欣賞到了，全同的你，看到了吧？傳說也更引起孩子們對爸爸的想念，爸爸怎麼還不回來，教室比較清楚，11月份爸爸回來。

丫頭最近被媽媽們催得有些緊，可是這是得另加油。太淘氣了。

今天星期日又帶教室，佳青去學琴了，上星期日台華結婚請假未去，每月教2000，我2000共4000，一般來目前經濟尚可。只寄了2000元給母親的錢我已請鳳姑先給，明天接到給鳳姑。

中秋也送了不少禮，好多，這回回台，還是買一打高梁吧，過年可以送，本來留了2瓶給你，那天台安跟我拿高梁燒菜，被他們喝掉一瓶，這回一打純我出。花瓶若不麻煩可否帶2、3個回來，最好是花崗或竹的。

至於房子的事完全是房東太太主動了，不過由這次我們學了一個經驗，原租約是明年79、4月到期，當初她要我們住時，即得請他們把東西搬完，但租約書還給我們，這8月份你回台時，太匆忙了，因而也未想到這些瑣事，這也是給我們一次經驗，將來再有房子租給別人時，可要弄清楚，不然虧可吃大了。

聽說我們最近每人加，近3000元，所以加起來我也近3000，教還不錯的，孩子每月共2500元，生活費，真的也挺好的，我也不用操心，都跟我在一起上下學，早上現每天先送教室過紅綠燈，再回來接小孩，這是謹慎些比較好，日子過得也蠻快的，九月一過即是10月，11月即可回台。好了最好我們星期天，日去外面走走，看看，散散心，今下午帶他們去師大分部運動，就此擱筆　祝　平安快樂

78.9.17.7:40

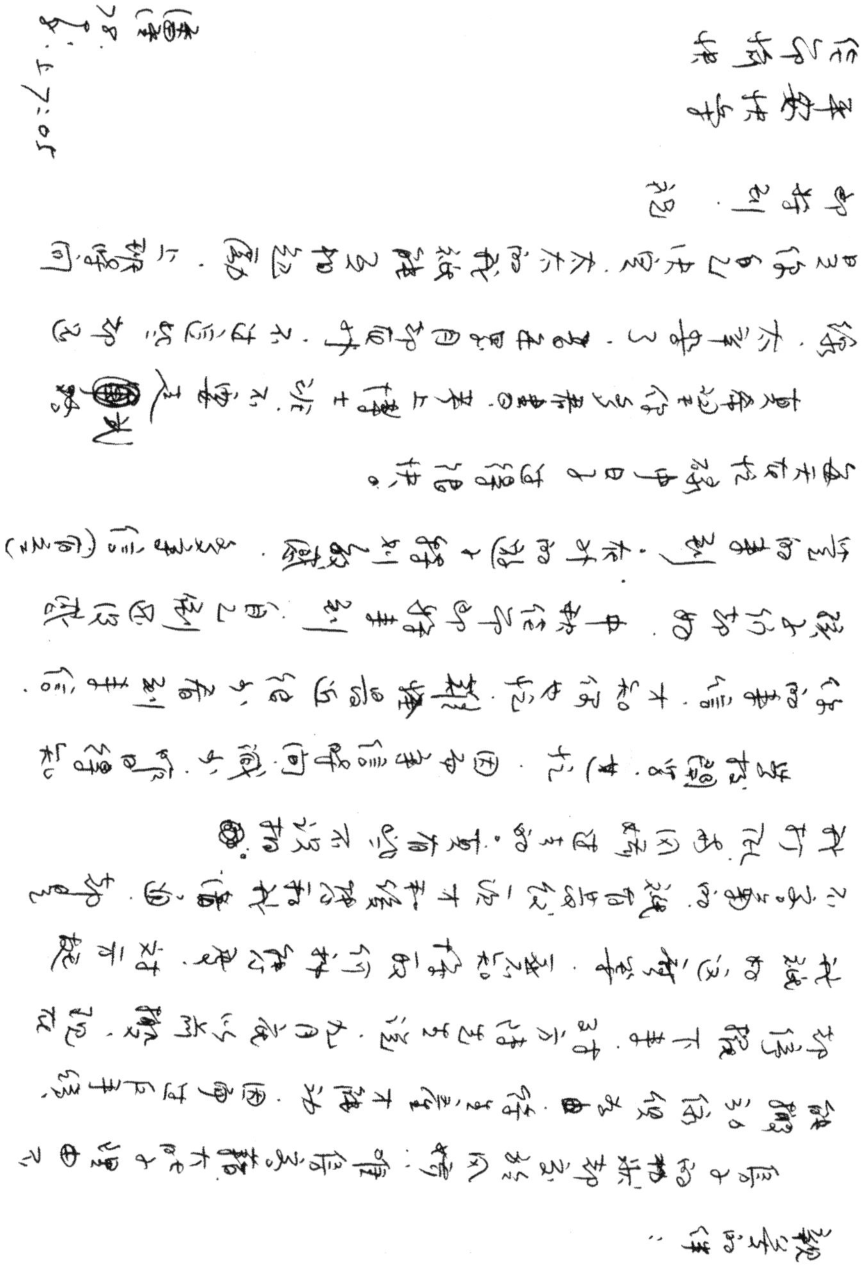

福成：　現在每月2000元給你母親、台北這裏要給我錢，沒寄信，她說她比較少出，也好省錢。

又是一個星期了，日子過得真快，忙了一個禮拜，晚上懶得在家煮飯，帶著孩子上外面吃炸雞，輕鬆一下自己，每天忙着上班、家事、陪孩子做功課，練琴，生活有時真是千篇一律。

工作如意嗎，身體健康否，這裏太太們開口都，教室這幾天感冒了很多他家嗎，休息，佳青真是沒得好動，佳方元佳最近吃飯好些。

又打了學會教具卷要寄給我，不然沒有什麼東西，還有教會的助學金是否繳了，該得的福利不能放棄。

至於貸款的事，最好不用申請，我們目前只剩80萬元貸款，小數目不需要用，留著以後再有買房子機會再說，你覺得如何。鳳嬌中午打電話給我，買房子人已付17萬+3(訂金)共20萬元，扣除共計1萬（已付給對方經手6000元，仲介費等），所以星期一鳳嬌會16萬給我付貸款錢，繳清後對方再付20萬元，訂金3萬元我已借用了（九月初到期週轉），這樣算算大約還剩拾几萬，我想找找看看股票。爸那邊還有十四萬年底再還。你說可好。至於鳳嬌不收代書費，你回台時，你再親自包個紅包給她。我們現在經濟各方面都還不錯，但自己還是常反省，謹慎，不可亂花錢。女人總是想買些自己喜歡的東西。

9月28日教師節放假一天，又可休息一天。今晚看書後，預備了，改天再聊。祝 好。

剛剛教會打來電話，人多些，雖然晚上還要上課。（給孩子）最近晚上上完文化的大課，準備回來通宵。台灣最近治安變不好，開車時，將開車門、窗子等用鎖鎖住，錢別帶多，重要的東西遺失，精神也損失）

天氣漸漸涼，衣服夠暖和，是否要寄些穿的用的。

淑華 1:50
78.9.24

親愛的先生：

27日的考試，應該考得不錯吧，等待你的好消息。台中的房子40万，鳳嬌幫我們賣了，真是虧本生意，心中雖捨不得賣，但擺在那裏是浪費，賣掉也好，把這些錢拿來還爸爸18万，還爸爸（也還的以前缺錢用，所用掉的了）20万，剩2万（要存郵局）做好的一筆結婚禮物，心中很感謝你對我的兄弟姊妹照顧得如此好，相對的，太太的也不能小氣，對待你的家人，公公某方面也能夠盡量的，要房子呀，更快。1万元馬上寄給我，我們結婚時他也送了大禮。這回請客後通知台中家人，因你知道公公的一些情形，爸媽不參加也好，總算對林秀足的好，有個交代。所交好，想起那些事情，倒是很同情秀足的，雖然當初林小姐用了心機，但是公公筆如此的大了，做父母的婦的也講不動了，我還是要講，不管公公聽不聽，有得教，教養兒育女，真辛苦，不過我和你都還算了孝順的好孩子，這也是做人子女應做到的。

對了，寫這快把，要把我先的公文寄跟呼樹子給我，這是胡

以前去的，開學即將到，就忙了。九月九日參加台華婚禮，
本課提回高雄也挺累的，所以很想坐飛機，節省時間，
但不知要等多久，也貴了些，來回我孩子共要四千多左右，可能
還沒決定。

今天忙到現在沒休息，台南的老同學們提議到永中那
困難是茶葉、洗茶、洗碗、孩子們又多，事後的整理挺累的
手洗的卸痛了，還不如來西用免洗碗，吃完呢？不過很致
開，電不理開[illegible]反反的，和你那邊更不能比了。

最近可好，繞合四金，就接到你一封信，身體健康否。
自己多保重，孩子們這幾天玩得很開心，常帶他們去逛街
買東西，去時大多印，我幼園的辦事，也很注意他的吃，你安好
有空多想念我們即可，就此擱筆，祝

平安 愉快

附：付了若有多[illegible]此錢，你決定做什麼好。

太太 張
8.30. 晚 1:30

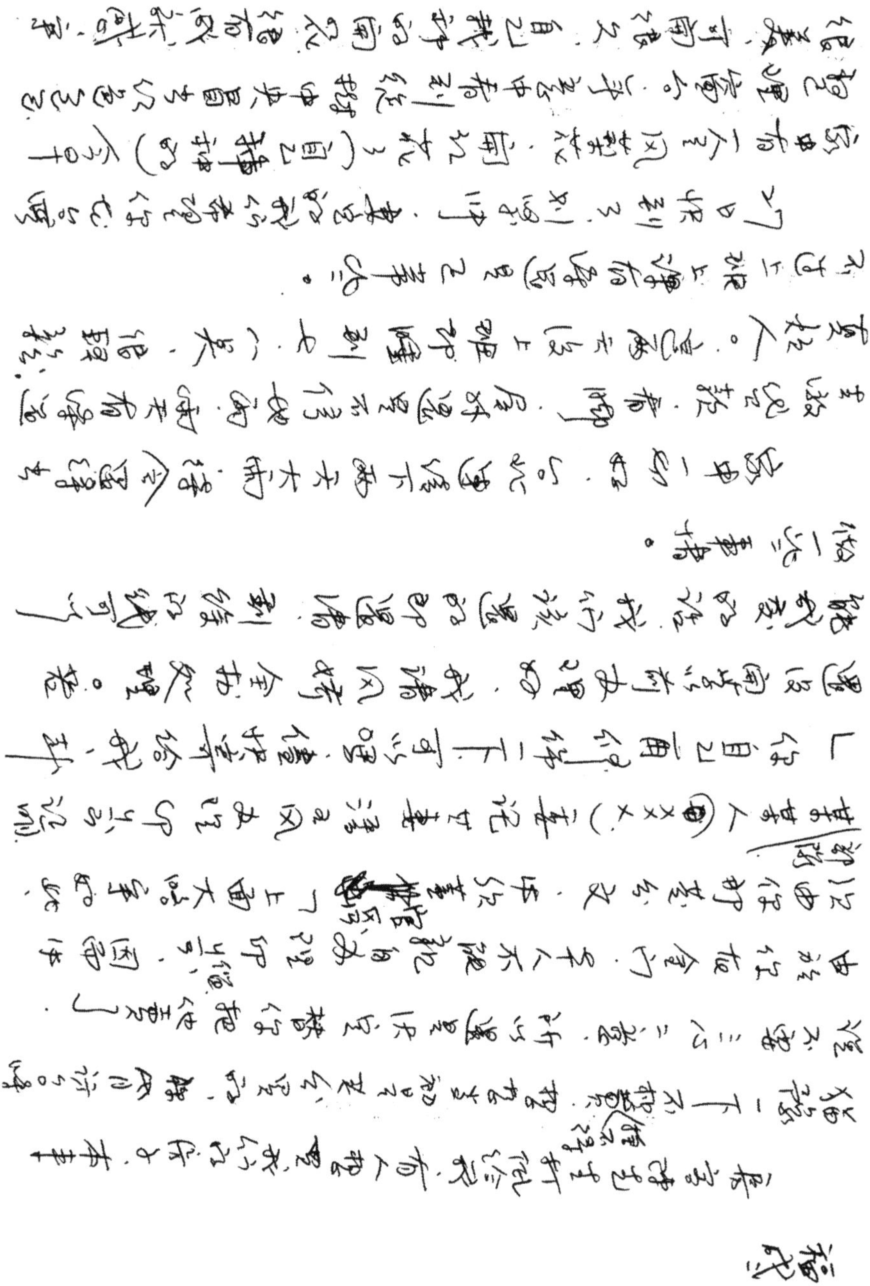

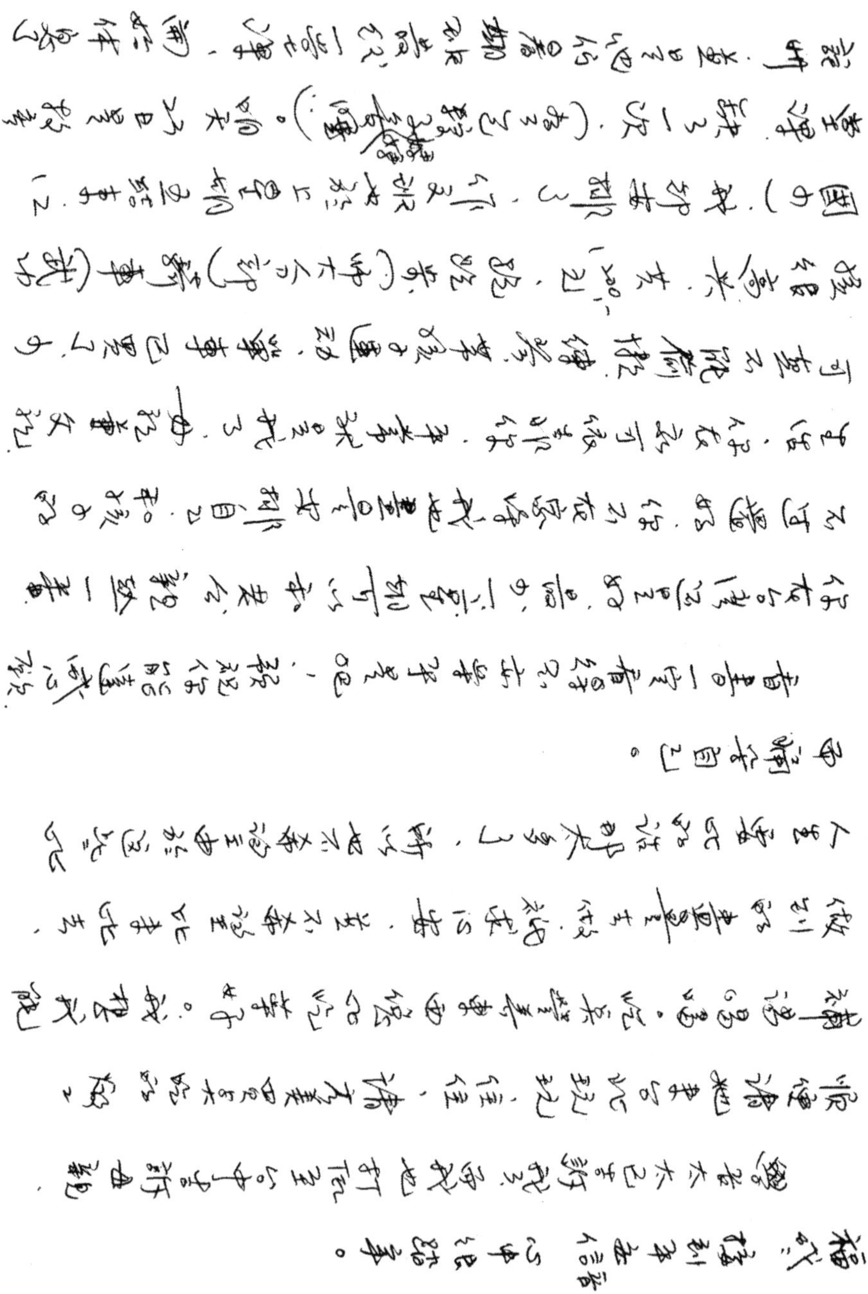

福成：

已開始放暑假了，星期一文文等開始暑期活動了。作文班已上二次，該放玄有机会和外面接觸一下，這孩子平常太拘束和男孩子接觸得少，某方面自己感觉有些女孩子氣息不夠男孩子氣概，生在家女孩堆裡很欠欠心的，每天也是弄些好吃的、甜、做菜之类，他们還是很乖的，不过作文还不算好就是了，就是精神会比较可靠。請放心。

晚在床上準備就寢時突然想到父親了要過來，所以提快準備辦事。

早年父親將北上幫我，第7月17日～8月5日 搬家上作文課這段事，幸好玉美答應換工作，8月份才開始上課，玉美將回家專心幫我帶文文吧。學校已錄取，大哥幫忙介紹的，也好，到那地方碰到男朋友的机会比较多，生活圈也会广些，比较不会鑽牛角尖，所有的事玉美在這也帮我不少忙，有時突有个替換手，也能就靠自己了，最怕孩子们生病時，別的不怕。

那些同事聯絡，田同事已當掉台中房子40万，我们的房子你說已搬去新家給他朋友或弟弟住，也弄不清楚，和你家信明利用時間提事把他们繳房租，平時我都也管，算打過了9月份，我要從10月份每个月給你母親1,500元或2000元，你決定直接給你。做兒子的都沒管母親，總得把錢給人說閒話，但也不好緣起養育之恩，台南的婆婆也對我們很好，他们俩老现在都沒做事了，但又跟他们借了30萬元，數目不少，7月底有一筆錢10萬元我要先還，这年再還10萬，欠錢心裡很是慌慌的，你說对不对，我花錢还是捨得的，尤其在吃方面，衣服省了些，這點很像你，以前所接觸的人也都是捨得花錢的人，自己

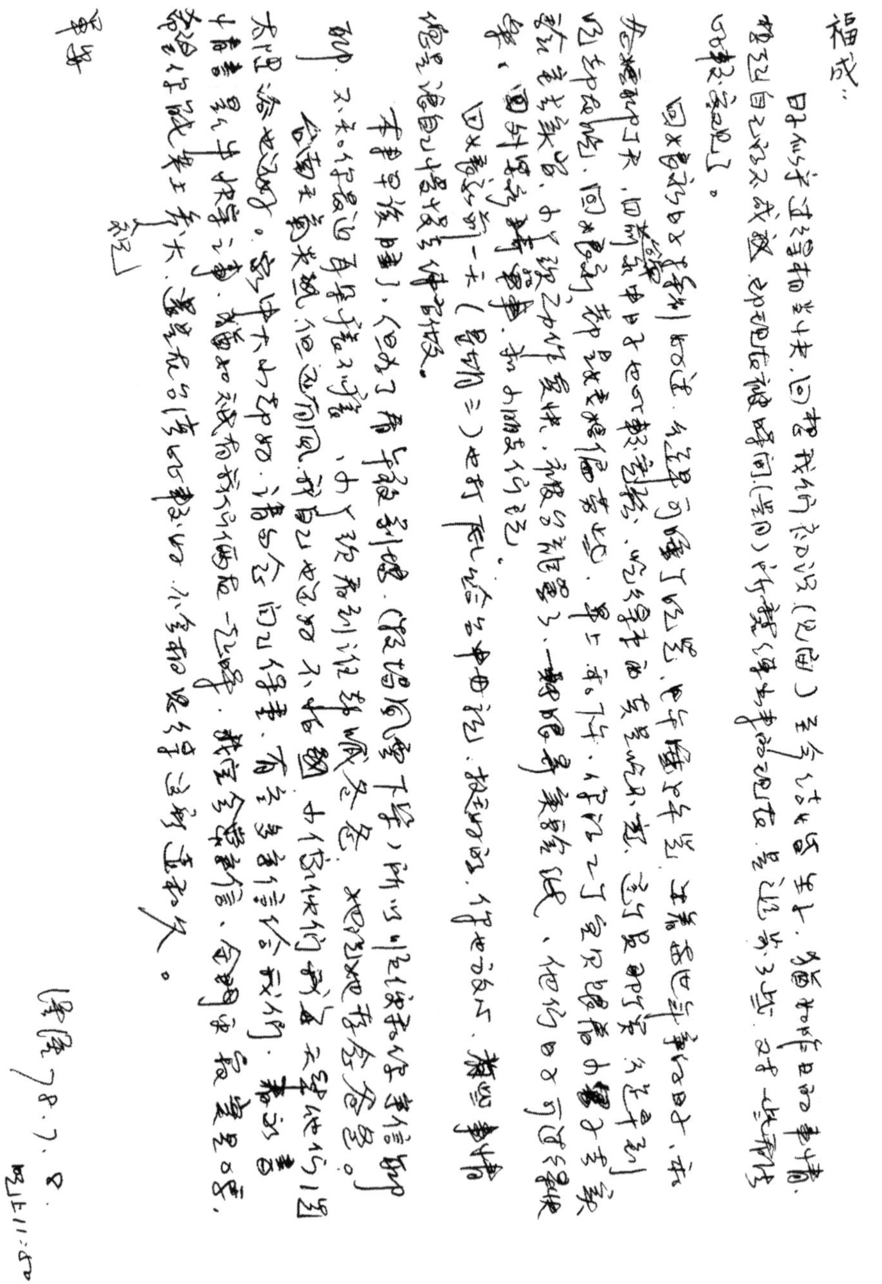

福成：

日子似乎過得相當快，回想我們初識（見面）至今結婚生子，猶如昨日的事情。想到自己都不成熟，卻現在被時間（歲月）所磨練出來的現在，是改善了些，對一些事情比較客觀了。

回娘家的日子特別的快，今天早上可睡了吃完，中午睡中午覺，想著那些年輕的日子，[illegible]聊了天，回前[illegible]日子也比較[illegible]，[illegible]。[illegible]回娘家都是[illegible]，早上和下午，[illegible]小寶子去[illegible]，小寶玩之外作更快，[illegible]，他們日子可過得快樂，因外婆[illegible]和小朋友們玩。

回娘家前一天（星期三）也打電話給台中母親，報平安，你也放心。有些事情總是須自己慢慢去體會做。

本來早該睡了，但為了看午夜劇場（牧場風雲下集）所以順便和你寫信聊聊。不知你最近耳朵癢不癢，小寶玩看到祖母喊爸爸，她說她想念爸爸。

台南天氣炎熱，但還有風，我自己也還好，不怕。小寶他們[illegible]天氣也太悶熱也還好。家中大小都好，請勿念，自己保重，有空多寫信給我們。看到書信情書是件快樂之事，猶如只有我們倆在一起呢。我會[illegible]信，今晚更寂寞些呀。希望你能[illegible]，還是在台灣比較好，不會相思得這麼遠和久。

平安

[illegible] 78.7.8.
晚上11:50

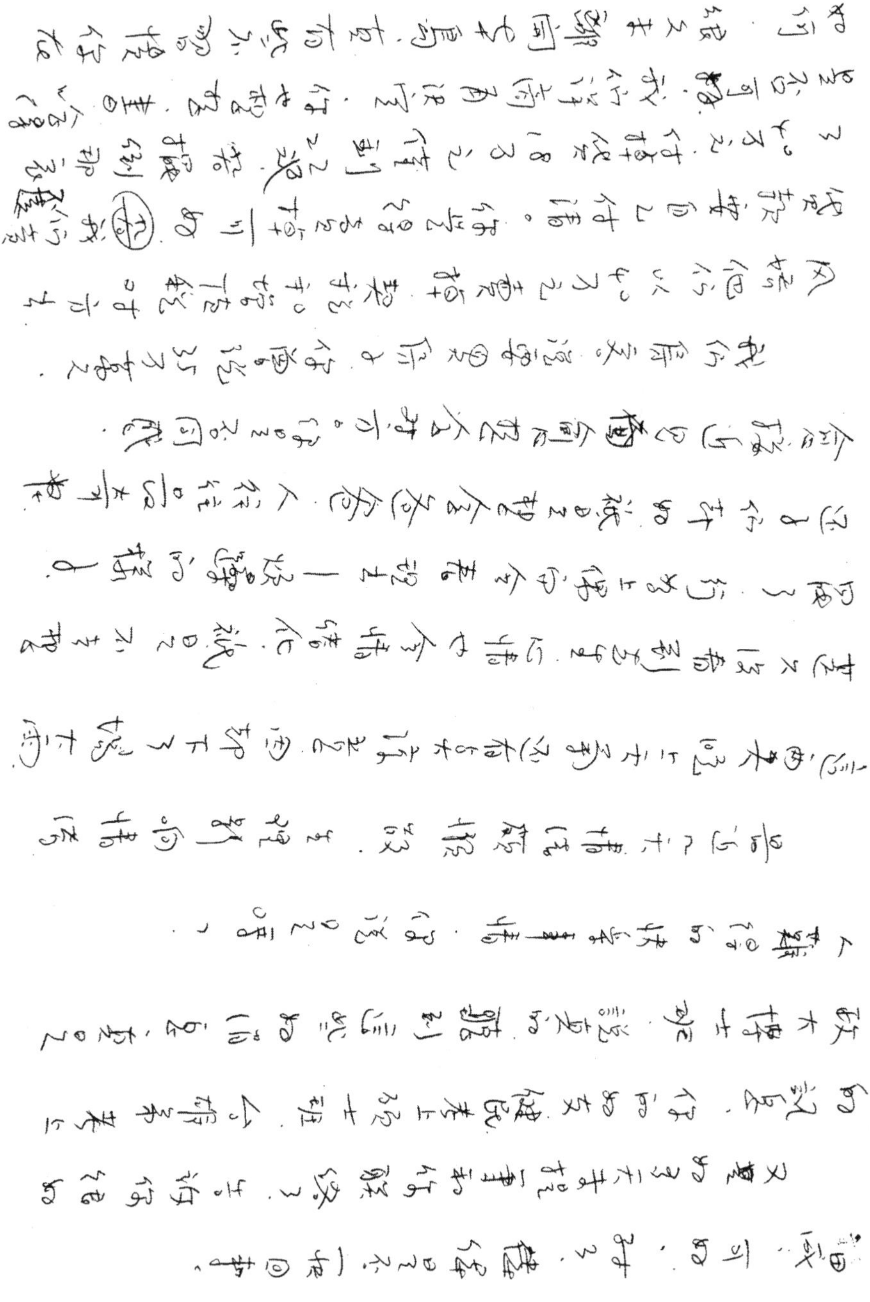

福成：

又是一個星期天過，這週末你過得還愉快的，可好吧。

不知星期幾我去了台中媽媽打電話來，這台北還好吧，台中下大雨台北一滴雨都沒，結果自己看報才知台中水災，今天不放心還是打電話回大哥那裡，知道母親住院高，現在803醫院，晚上阿嬌照顧，秀美剛打電話給我母親一直打點滴，情況有好轉，我請秀美和我保持聯絡。

明早一大早送母親上車，行李太多，接著要去學校值班，中午再回家，一個星期日這樣又過了半天，星期一照上課，二、三高中留考，上到星期六早上，寒假上班我想時去一趟台。

希望母親早日康復，這真是心中老是牽掛著。

今晚一直下大雨，台北這兩天都是傾盆大雨，出門找還不方便，你也不用心急，吉人自有天相，自己的事小心謹慎，我會和阿嬌他們保持聯絡，就是辛苦他們了。

對了我們的房客已經是別的房子，我們的房子已暫時空著，我請他們幫我鎖起來，暫時保管，房租要請他寄給我，家中還好，小孩們的脾氣我甚好說，還是樣；不過還好，睡得吃得都好，少生病，也很文靜可能不吃藥，我們很好，就是有天不小心撞到腳踝青青痛，去過骨科診所，請放心，盼望你的假期回家時候就快到了，看看老母親，就此擱筆 祝

好

[illegible] 78.2.29

親愛的禎成：

我的寶貝有个小軍師，她說：「爸爸你快回來，我好想你，爸爸說暑假回來，哥哥說暑假了你怎麼還沒回來了呢？」

真是抱歉，學校最近一連串的忙，7月1日已放暑假，這星期六，接著日即帶小孩到溪思佛寺住了一晚，那兒真涼快，和山水很接近，輕鬆的兩天，一直在外面都沒有作業份，接著3日到校準備4日的幼稚園電腦抽籤，7月4日從早上7:30到校一直忙到晚上8:10才回家，9:00吃晚飯，太累了沒味，幫孩子洗了澡，自己洗好再吃晚飯，感覺輕鬆極了。

一切都很好，至於上班，每天對著這麼多的小孩，也別有快樂，喜歡的是這一年的小班家長和我已建立起相當好的感情，下學期抽一天去有个家長會開車接我到他家玩，暑假生活也安排得滿滿的。如你一樣沒有時間寂寞，你看書、唸書，比較辛苦，而我說得到是很開心的，雖有先生分享了我們好快樂，孩子們說得很開心，昨天早上（7月6日）上班上到1:00回來，3:30坐台北的車連夜返家看爸媽，又是半年沒回台南了，如你一樣總是想看看自己的家。台北弟弟真夠孝思特別從台南開車接我們回娘家，有時候想想父母說，兄弟姊妹的相聚也真是人生一大快樂。

台北的博士班有好消息定告訴你，要努力考上了對你將是个好消息，將來找資料也較容易。你說是嗎？

對了，我說得我已寄過二封信關於你考博士班的情形，指政戰博士班，你明年參加政戰博士班，必須你升上校才可考，不知你看到我附寄的了沒，我已寄過政戰博士班的簡章。

我於十日返此，今年假期短了些！因我不想讓了暑假浪費在玩耍中度過，因平常我並不很嚴格的要求我放棄功課，因而想利用這暑假做些學業、作文、書劃輔導。正巧我也接到7月17日至8月5日上輔導課，所以又得請銀家的爸爸幫我近一個月的忙，每星期二、五還放棄全國語日報學作文，中午參加60接放棄，因我7月17日至8月5日都是上一天的班，跟出於此，但是日子會充實些。

很希望你的假期是8月6日至8月16日中間，我們就可以配合了，那可以希望你此時休假。

你放心好了，自己已不再是几年前的我，做任何事都會三思而行，除此我激動時也會盡量抑制自己的情緒，不說話，這樣才不會出差錯。

至於你換的事，我也於7月5日到南港七堵銀行辦理，很容易的，但好了利息的原因，這因前還是6.75的利，到2月14日才會增.00，所以好了這几個月等于月可省3600多元的利息，我會利用放寒假時間去，利率可能要.10，或.12了。我們算是很幸運的了，所以你放心有些話就是說自己吐吐心聲，我想你我都有同感，我比你好，有心理壓力，孩子的時間幫會給自己快樂，而沒有時間想事情。希望你能考上大，千上校進修大也是好事，不過事情還是順其自然，跟我從日子不行的，這是你的永遠跑不掉，說句笑話，就如你所需要一長段還是嫁給你了，她完全在京的時看情婚家情事，將來女兒同時可能會像她些，祝安好。

偉偉
於台南永康 7.17日

稻成：

又好久沒提筆和你寫信，還好吧！昨晚連續看了你兩封信，很過癮。昨天氣熱又學校忙，因而昨又鬧頭痛，這毛病竟在很糟，記得以前都沒如此的，真是age，越來越不饒人了，什麼毛病都來了，女人的都還好。

孩子們都很聽話，你放心吧！你的行政士老休回到軍中，也告訴你部中情形，至於打牌，阿清都沒幫你帶，雖然都準備好，大概行政也不會給帶吧，所他並說他會幫你買，所以我也就不强人所難了。

今天心情不太好，上回記得曾和你提過，我介紹凌果佩到我們學校上班，從6月1日起開始代課1個月，結果昨去見校長，校長卻把她說得一毛不文，又對我這個曾經天天往返的校長，實在太不敢恭維了，說了很多難聽的話，說我同學長得土裡土氣，沒前途，不會應對，本來已決定用的，結果見了校長之後，校長竟決不用，結果弄得我兩邊不是人，校長太現實了些，只注重外表的美，而忽略了人的內涵，在這兒做得也蠻寒心的。我們學校真是社會現象的最前端，看到這，學到這，覺得人生真沒意思。

最近學校忙，星期五休業式，接着開會（校長主持），因這次的閔俊不知會有什麼影響，但也不管了，自己又沒做錯事，是學校處理得不當，太傷人了（包括我在內），更索性跟你說也好，誰知禍福，請新聘她再說也是了，太過傳統老式的學校了，要是美的外殼，體力，教學方面也落伍了，中學小學的好老師也走了不少。

抱歉跟你聊了那麼多不爽快的話，自己仔細想還是不夠，不過再說並不是我真正的理想，祇是為了三斗米折腰。

祝

好。

佩佩

78.6.28. 中午 12:30

福成：本想多拿些錢給你，但時間總是抓不住，因前一星期最少一封信給你
房子已过户给对方，钱也拿到了，这回2000元是給台中母親10月份零錢
所以存摺裏有一些錢，买股票可做，今投资在上面，然而最近即跌，所以
這些有這几天再決定。（前一陣子錢都些，這些也还去幾万元）所以
剩10多万，我準備投资5万元。女兒備用。
今晚台北弟回台中，家中有男孩在家感觉安全些，因後日再返回
台北。台北弟已给付15000房钱，再加上我最近胡班的外薪約12000，所以最近
正好有了机会买了一只錶、線戒，（一颗对分，四颗正好一克拉）大多了
這戒子算你送我的结婚廿週年戒指，挺美的，我很喜欢，有机会我也
想弟你买一个鑽石戒（当初的K金戒，記得還是我手上带了一颗，
有時人還是需要一些東西裝飾自己，當然不能超过，我想我們不会
的。人生難得為自己买些需要的東西，戒个指也如此這般。
這房子卸去好了，唯一美不足是我們台中不知怎的身份證不见，
我没用双掛号，所以我前的得得趕緊打電話至警察局報案（约8点），接
着於昨天選擇到各日報去登報作廢，今留了一份青年日報，收藏好，
以防止不必要的麻煩，你是否看到，请你回台時親自办理，也感抱歉，
福利社不用寄了，福利社已给我（因你在金門）收妥。這几天身体差，感
好接着拉肚子，瘦了一圈，今天月老社会還未满分，他挺稳的，還乖，夜保重

78.10.6. 12.30. 太太

親愛的福成：　這張信請勿丟掉，再還給我。

因為颱風而休假了一天，真棒，台北還好，台中、台南都好，請勿掛念。相反的我們躲在家裏一天，沒受影響，可是看TV新聞，也損傷不少，真是天災難防。

星期六（9月9日）帶著行李一塊坐華航279班機，收容坐靠窗邊可看到窗外的景色，真如他課本寫的由上看下小小的，我們很開心，弟弟的運氣不錯，並沒受到颱風的影響，天氣很晴朗，請了30桌，女方及病人較多參加結婚典禮的，台華很高興，雖然爸媽都沒去，由叔叔主婚人，一切都相安無事。爸媽和台華都請明，和女方爸媽也請明，爸媽也送他10萬元及一些他以前所買的金子（紅寶石），大概有10幾萬，送給女方，白姐也都好，爸媽也了心事。買了TV，21800元，大哥9000，台姐2000，玉美2000，我們8800－，送給28吋的，由台華同學幫忙買的，便宜些。台華讓我謝謝金門的姊夫。

今早台華也想到颱風打電話給我，也給台南母親，有時真希望他回頭，好好的建立他新的家庭。

時間過得真快，早上整理一下，修改一下衣服，偉偉等睡覺，和小孩一起看書，到街面買了水果送人，看到前面唱歌（和放音），快樂的一天過完了，睡覺前還要繼續寫信給你，金門有沒受到颱風的影響，這兩天都沒信，很希望收你的信，自己多保重。

對了，最後提醒你，偉偉出德國麻疹，到大醫院去看偉偉，真叫偉偉看醫生多休息、嘔吐。祝

中秋快樂

P.S 別忘了過去書，月餅等生活　[illegible]
一定照顧自己哈，收保存本信
已經準備了10萬元買到10萬元
[illegible]　9.12 晚

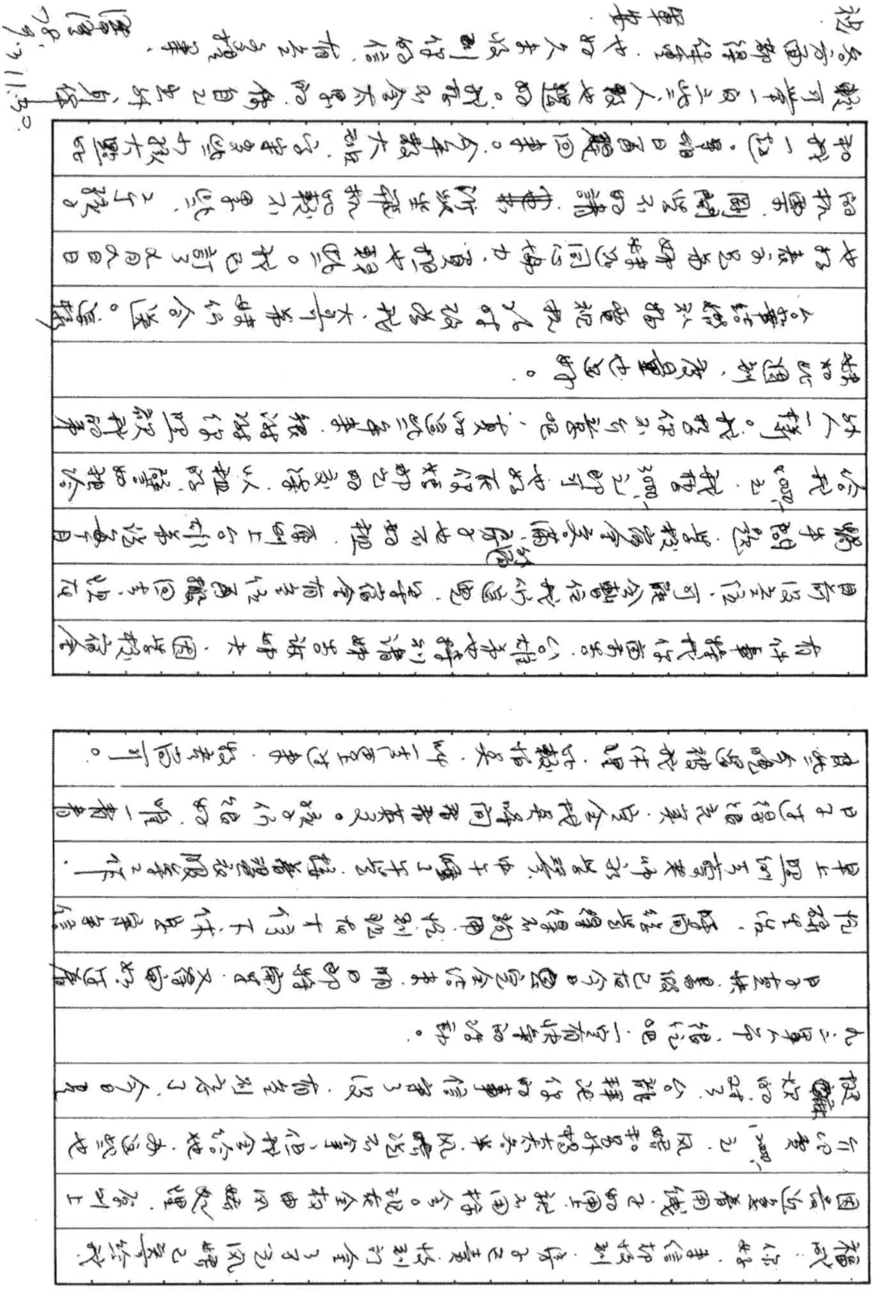

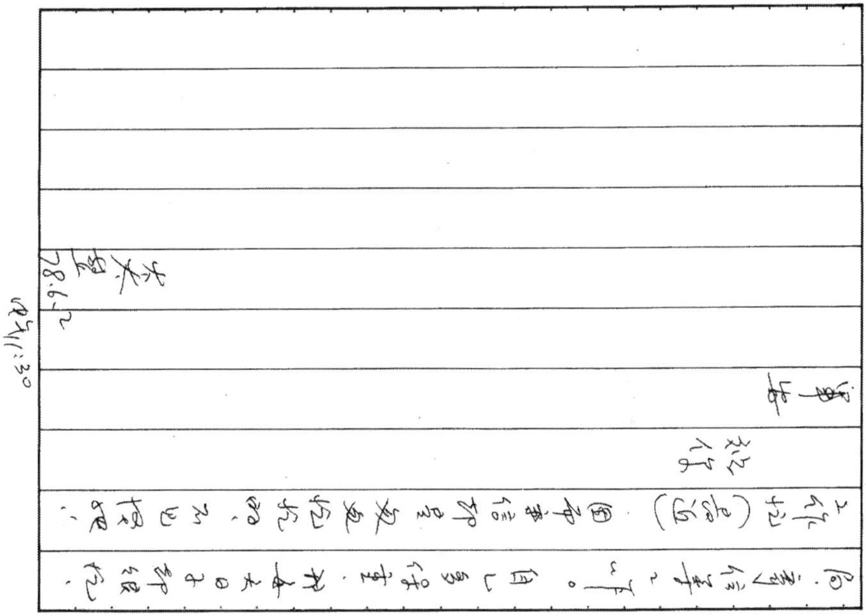

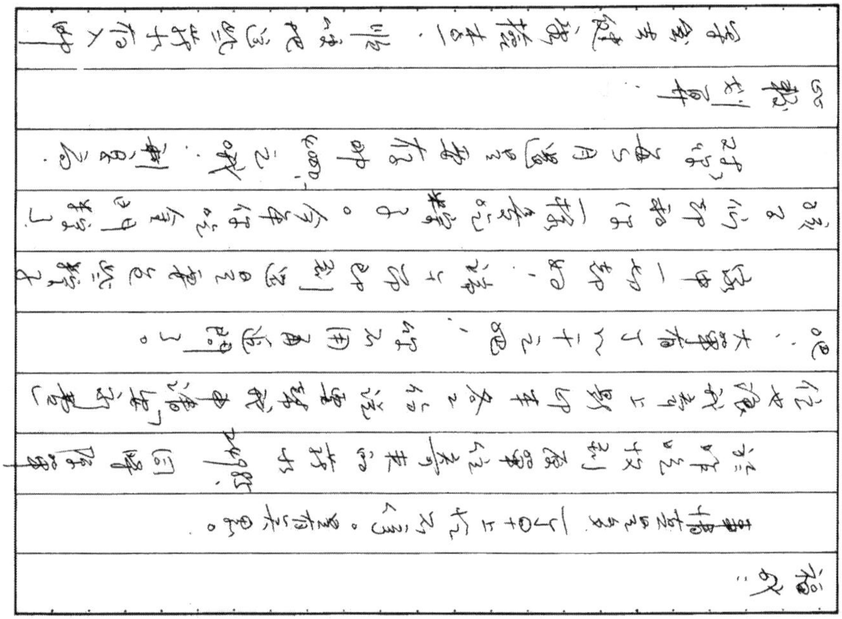

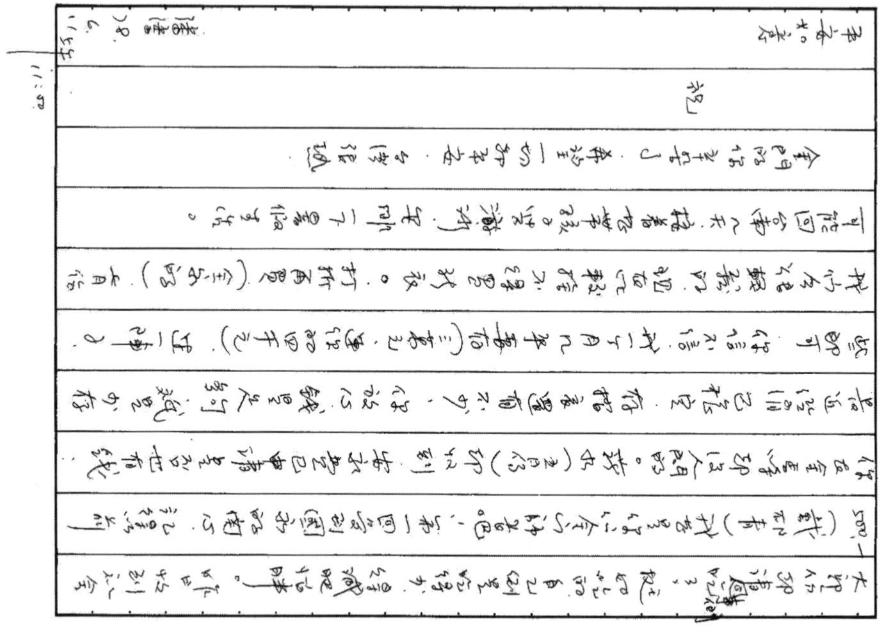

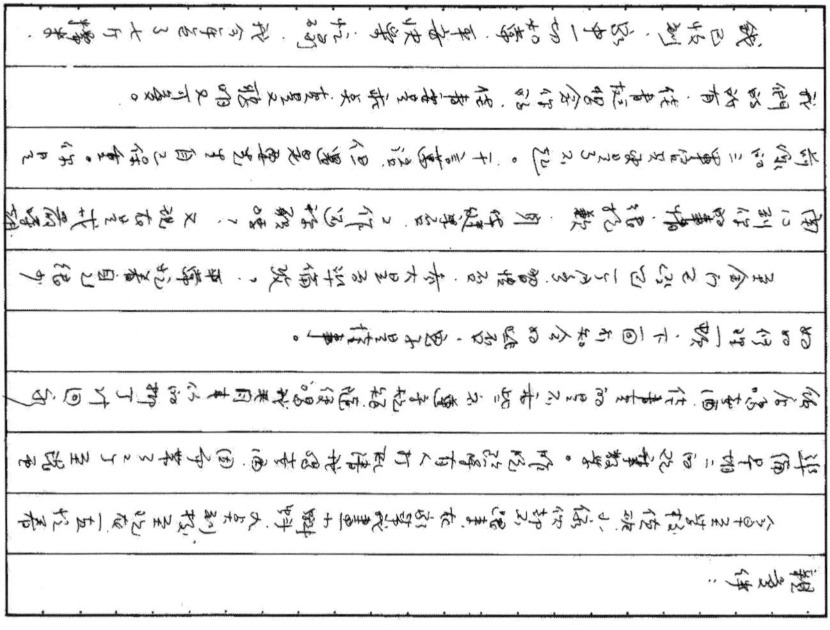

福成：

太太寄的限時包裹,想收到了吧!東西不知如何,湖南書勝找遍了的,收到後請立即放冰箱內,或吹吹風,只怕是不然怕變味了,即可惜。最近的股票,相當看好,資金賺了陸萬左右,力霸今日也上揚,目前我即不賣,也不缺錢用,81貨還是從保華帶利還、還有一些錢我會活用自己覺得身邊有些錢比較可以隨時運轉,反正我也是不亂花錢的人。當然買件四佰元衣服,那是難免的。

書勝放進电鍋,芸芸我會常如吃。

舊曆年初二回娘家,車票已請[建輝]幫買,我想沒問題。國曆2月4日我回台北,2月5日返校,2月6日註冊,2月13日下午值班,不知你是否還有假期,看看你能否配合一下。回台中,若有多餘時間,順便回台南看看。兩個小傢伙會讓他們在台南住住,開學前再接回,讓他們接近一下泥土。輕鬆一下。

我的生活還不錯,除了整理庭園,打毛衣,彈琴,帶孩子[看電視彈琴]拉小提琴,經常還逛租書店。倒是看了佳青到底的同學錄的2卷,有空會看。

身份證已拿,你放心,平時都想迷糊,可是還不是更迷糊。

不多寫 利用上課時間 祝

萬事如意

P.S. 陸陸放棒了否,靜待好消息

PanPan
79.1.17 中午1:30

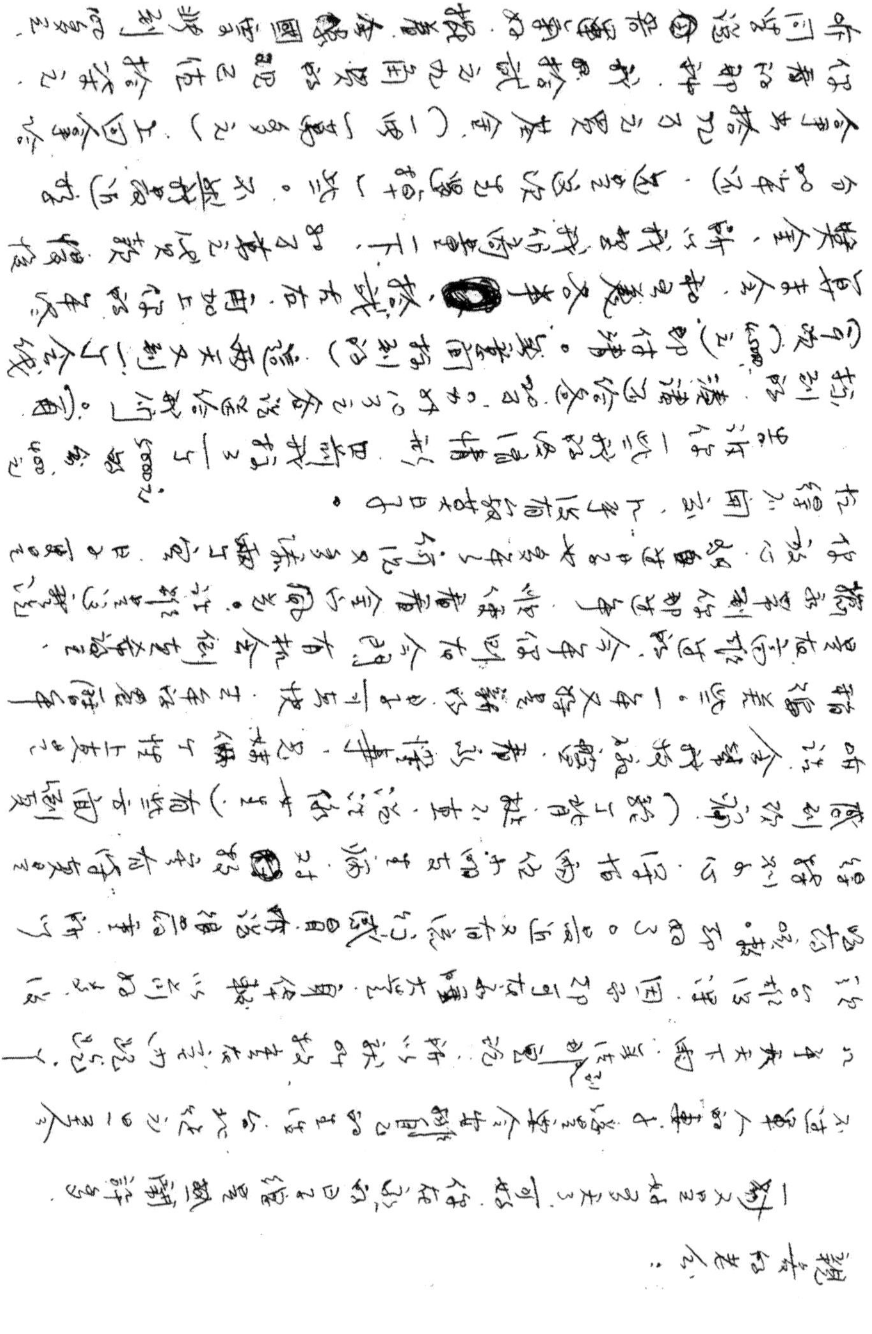

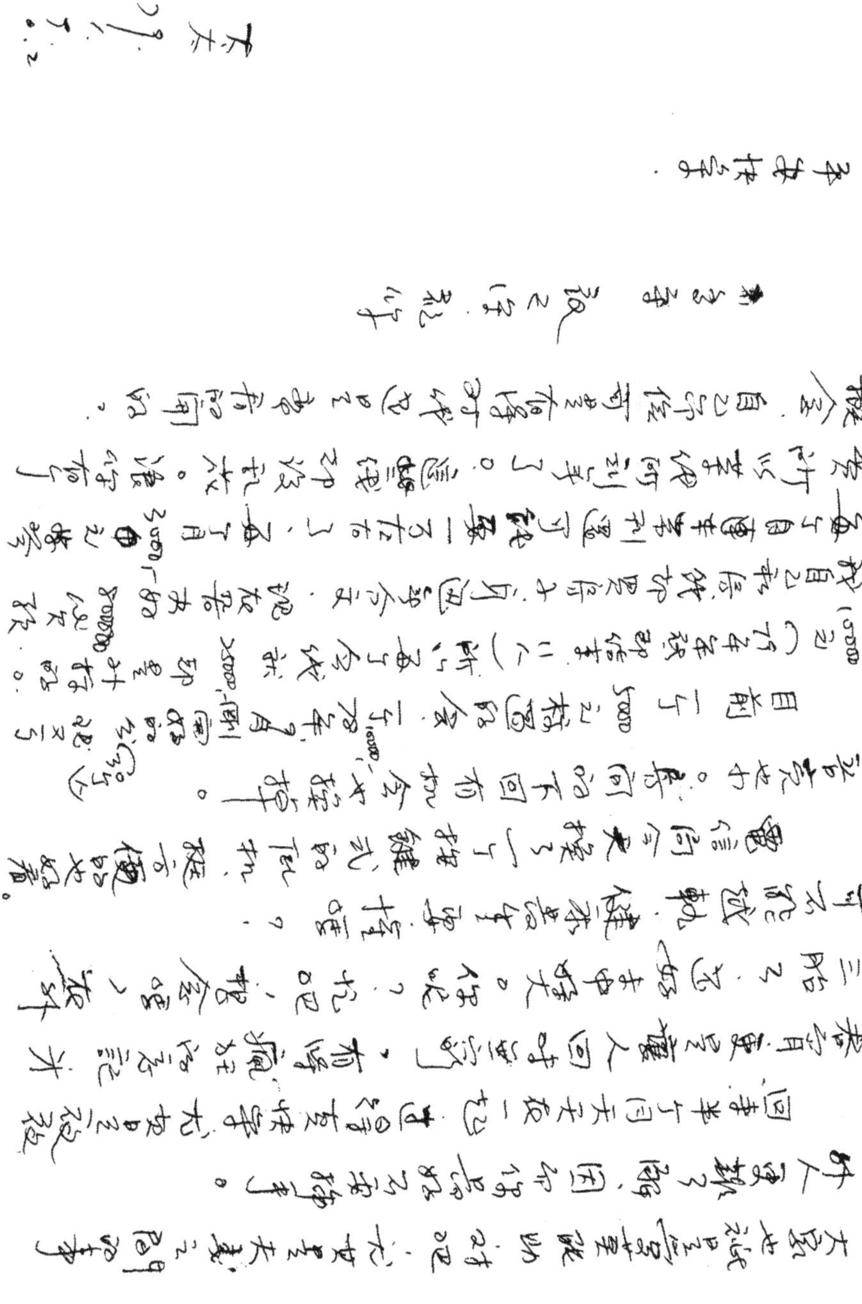
大家也祗是希望能助一對吧，尤其是夫妻之間的事
外人更難了解，因你倆是好不容易掙手。
回來半個月天天在一起，過得真快呀，尤其是夜夜
春宵，更是讓人回味無窮，有時瘋狂得忘記了
三胎了，還好未中獎。你呢？忙吧，想念喔，在外
可不能越軌，健康最重要，懂嗎？
電信局今天換了一個按鍵式的電話機，挺方便的也好看。
音亮也好。局的下回有機會也換掉。
目前一個5000元標過的會，一個10000 78年9月25000，剛開始的會(了個人)
10000元(79年年底即結束，11人)所以每個會我就……即是計接的。
我自己私房錢即是存了，身邊有今天，現在存款80000以及
每個月車錢還可以節省一萬左右了，每個月5000元
所以我們錢所到手了。這些錢都沒亂花。讓你有個
概念，自己的你可是有得對你們也是要有所開明的。

平安快樂。

親愛的 祝之深 祝你

太太

福成：

接到你來信，心安。生活即是如此，看自己如何去過。心情放輕鬆些，希望還是要大的。我和你一樣的心情。可是你除了學業事業的騰達輝煌外，而妻的我除了盼先生一切平安順利，同時期待先生的回家生活。結婚十年了只是卻未開懷。你這幾年中多月不在家的日子，可是心中都仍是十二萬分的不情願，人生旅途中無奈的事還是不少。自己的毅力某方面還是堅強的，希望如上我們二人的毅力，同甘共苦，克服一切的事物。

台中媽也平安無恙，只你娘如何，我也打電話了。另外，倒是你節前跟阿娟說要保重身體，讓自己穩、靜下來，知道嗎，昨晚我和阿娟聊了一會，你放心有好消息，我也會儘快告知你，聽聽音樂，做一些輕鬆的活動。可是別玩累了哦。

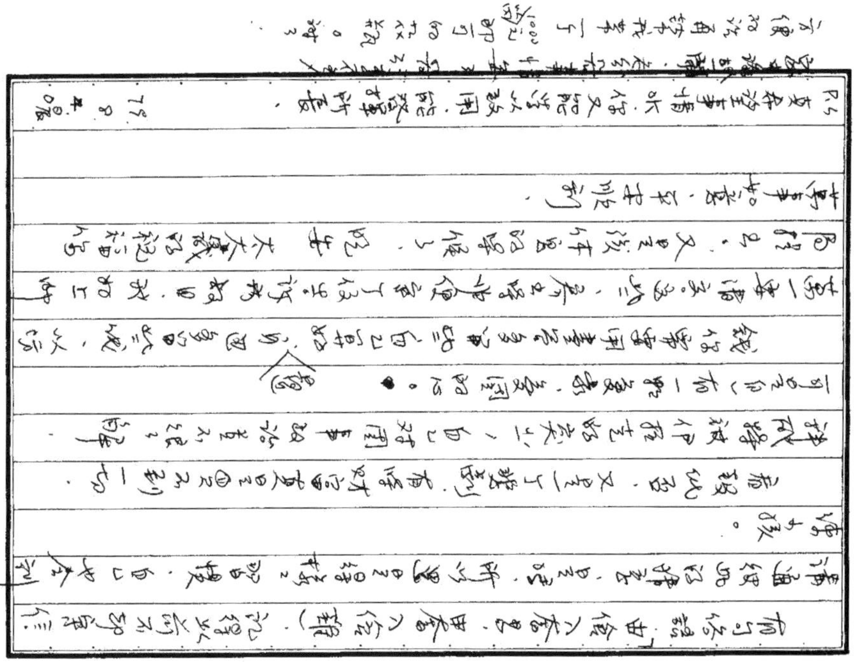

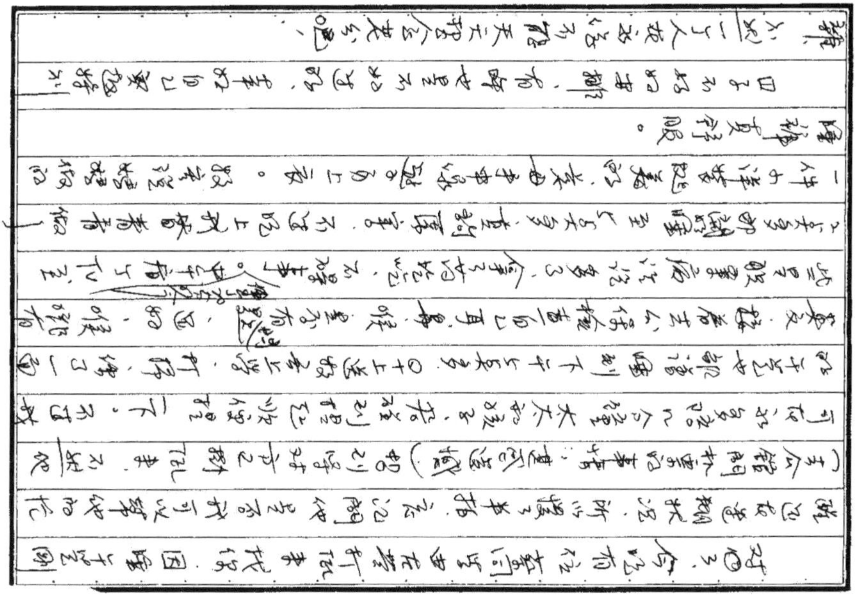

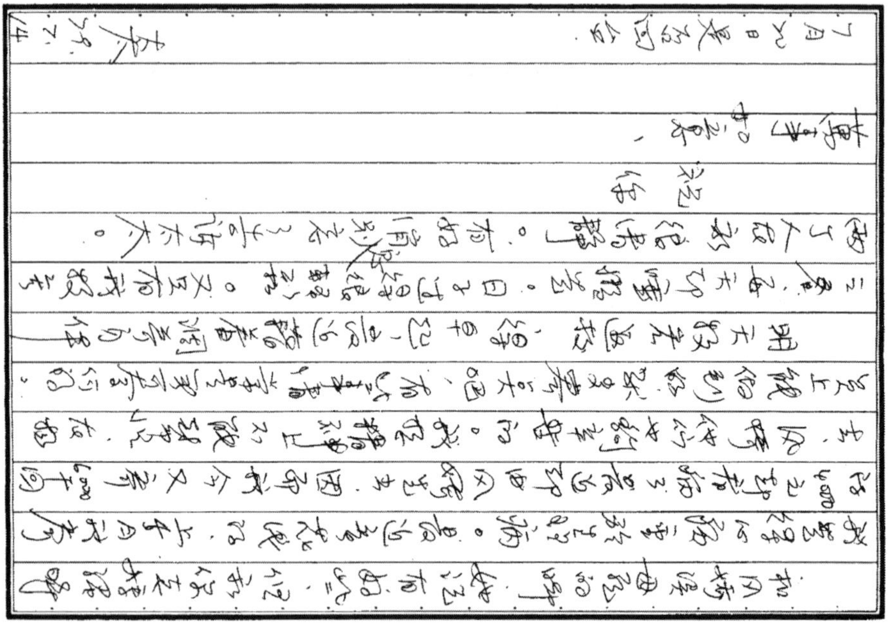

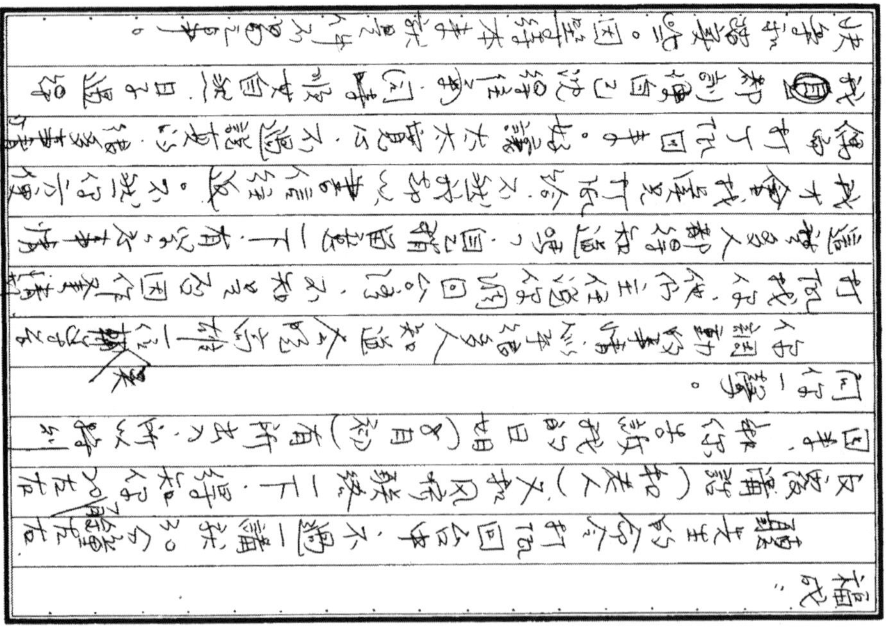

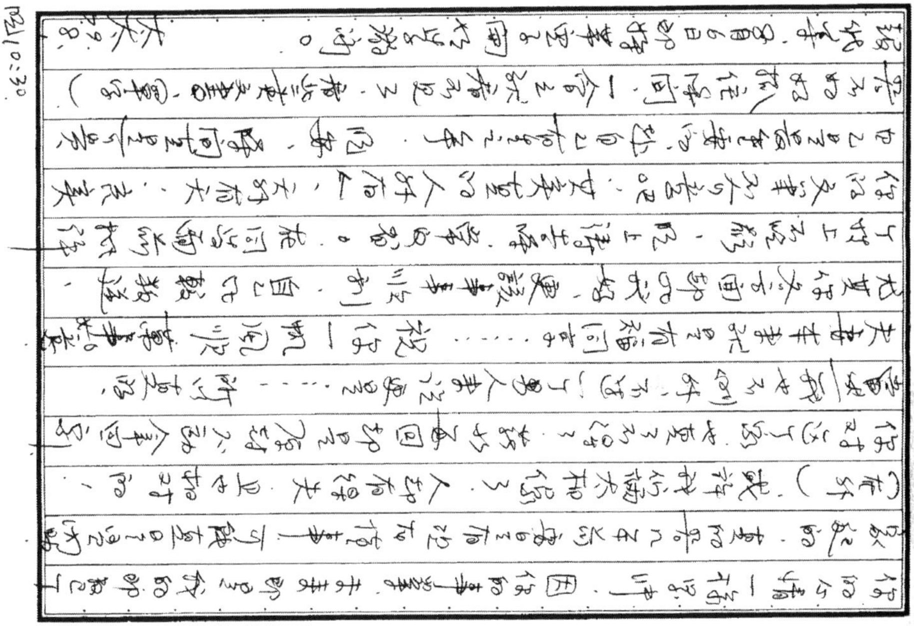

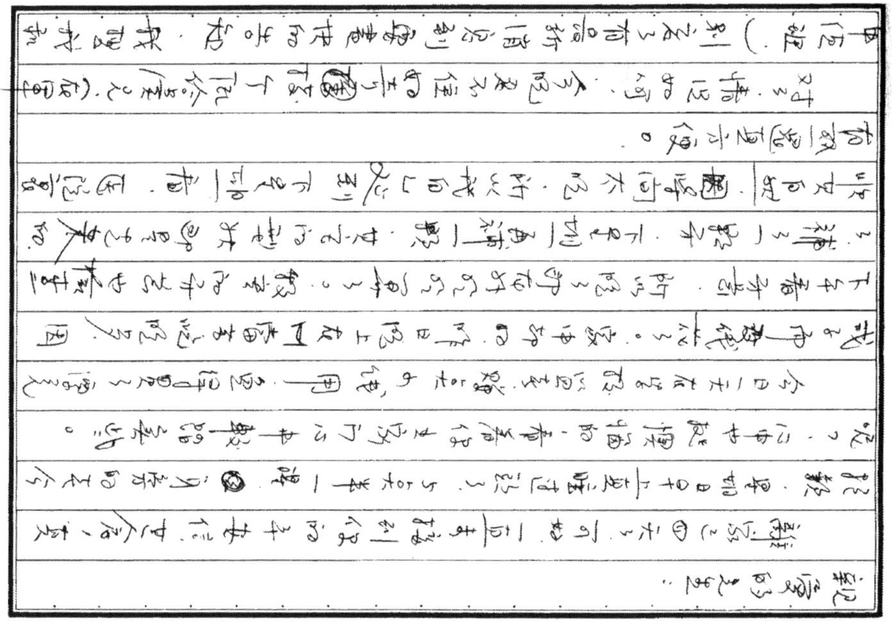

福成：

甚為想念，看到你的信，真高興，夫妻倆，還是心相繫在一塊的。孩子們都好，收系功課，懂事，個性上有[illegible]些，我都大了些，[illegible]吧，佳青還在寫功課，玩得不亦樂乎，過得很好，自己身體不適，因為一直未接回台北。台南媽說，她在那吃得[illegible]（穿的暖）過得挺好的，不像台北常生病。台中我大約一星期接打個電話，不過有一陣子我累了早睡，又忙學校的，所以打得少，接到電話打了，立即接打了電話至台中報告電話的平安，還是好的。這回回打回台中，聽聲音覺得台中媽媽比六月份那時健朗許多。人生病時最怕心裡也病，那人生真是不好活也。

我於6月27日星期三晚住院，於三號拿掉小孩，心中難免有所失落捨不得，可是又怕後遺症，一晚上在醫院[illegible]入睡，數到天亮，

[illegible]回家中，照顧收系上學，同時今早的[illegible]。（曾有一位醫生說了，多影響身體，中兒的照顧，星期三晚他們接來接返家中，醫生不准，又說醫院[illegible]的人，太好了，由於時間的匆忙，還欠了病房中一位住院的病人謝人。心中耿耿於懷。醫院真是不是人可呆的。保健身體是多麼的珍貴，尤如生命，所以，你放心，有[illegible]你母親，別人都有體諒之心，更何況是自己家人。

對你的工作，我能感同情懷的，說你一切順心，人的一生都得有幾回是學以致用的，目前自己能幫上你的忙，就是照顧自己、孩子，有個溫馨可愛的家，當然還有你的[illegible]文字吧，至於錢，你放心，天無絕人之路，且上帝對我挺厚愛的，總有一點[illegible]幫我，我覺得很夠用，挺夠用的，可是錢要用到有用之處，千萬

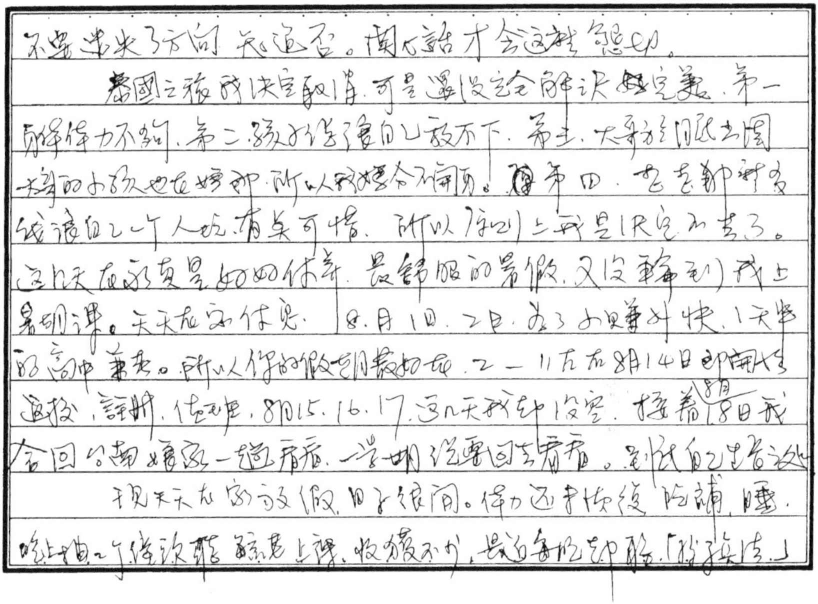

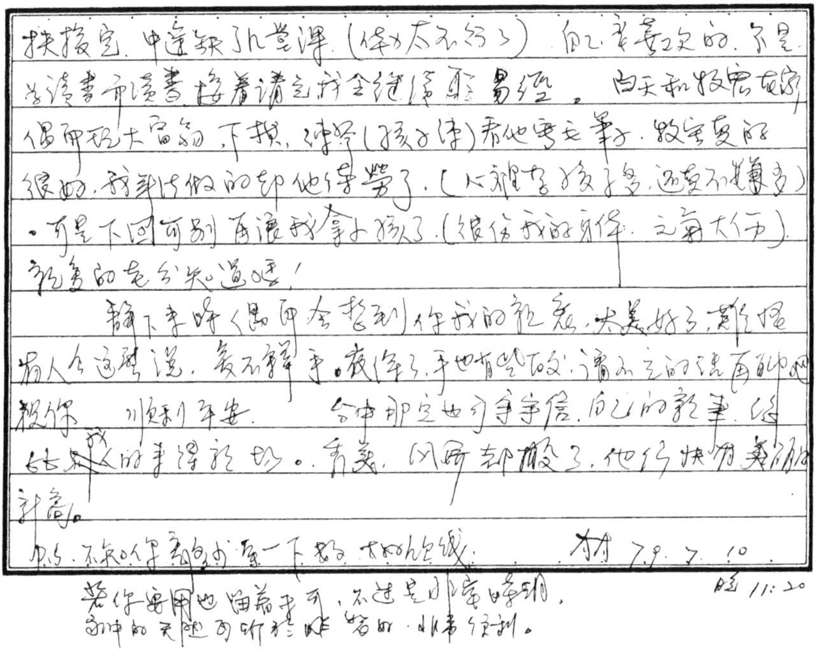

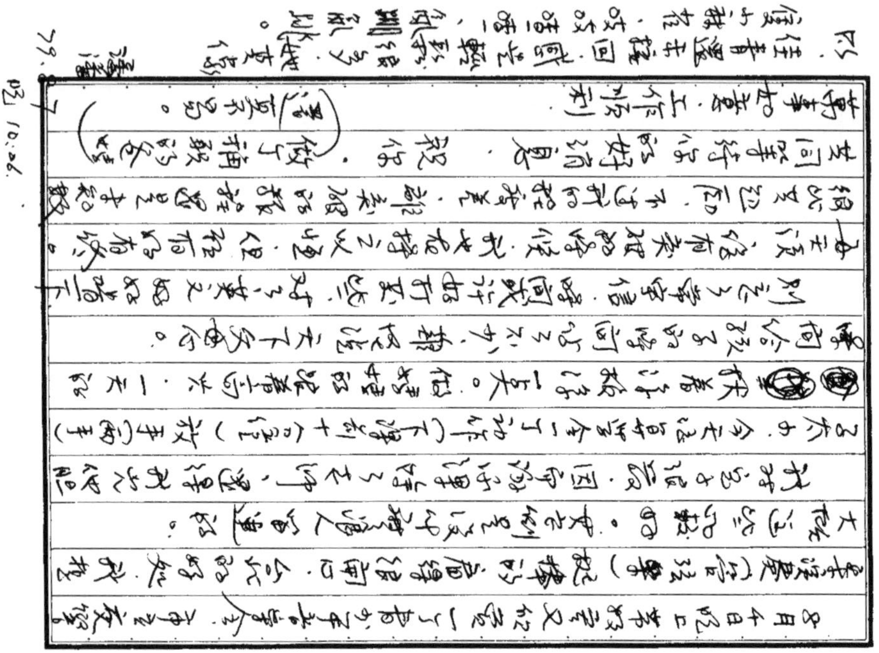

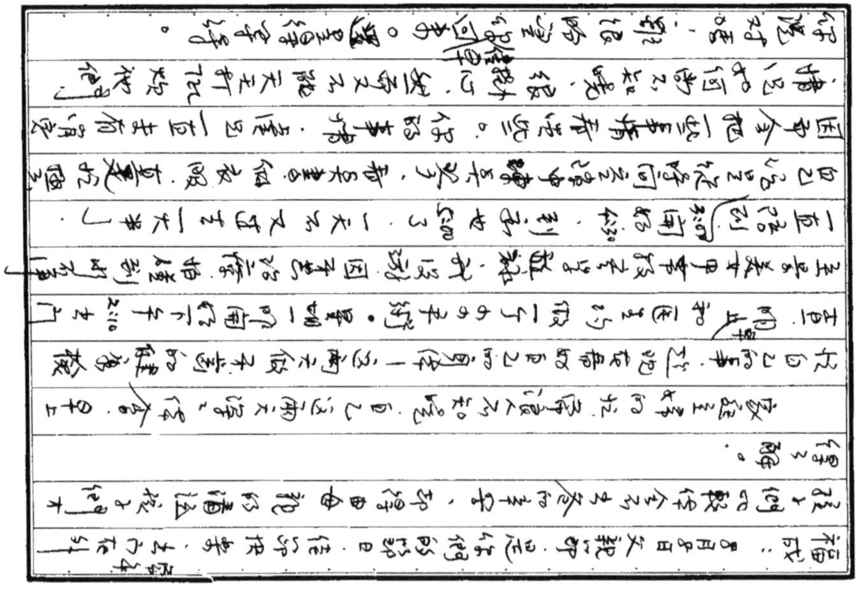

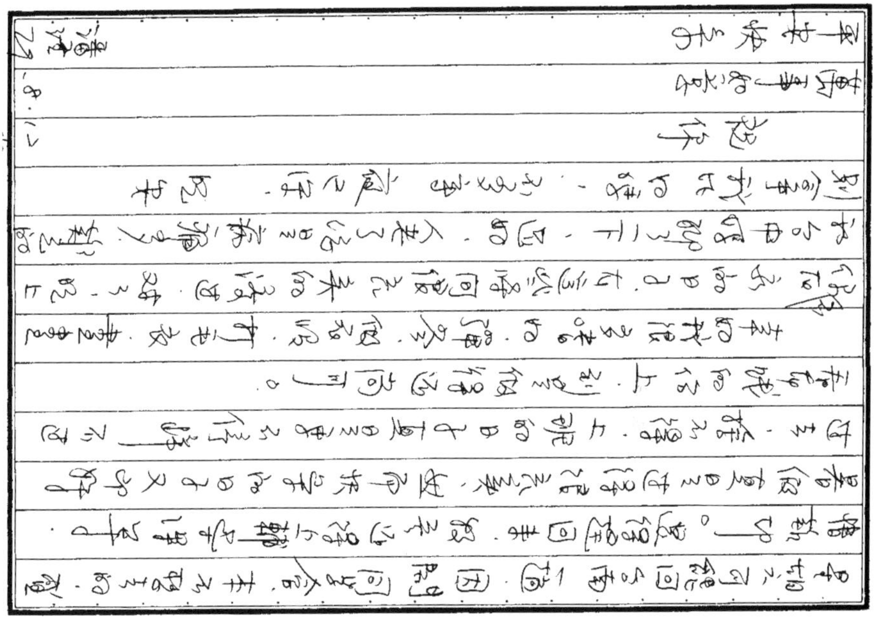

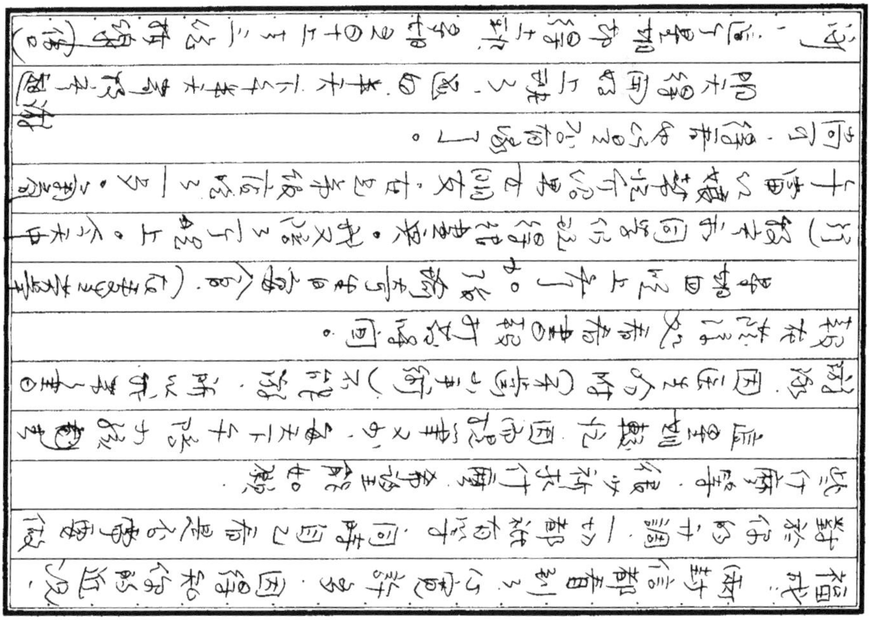

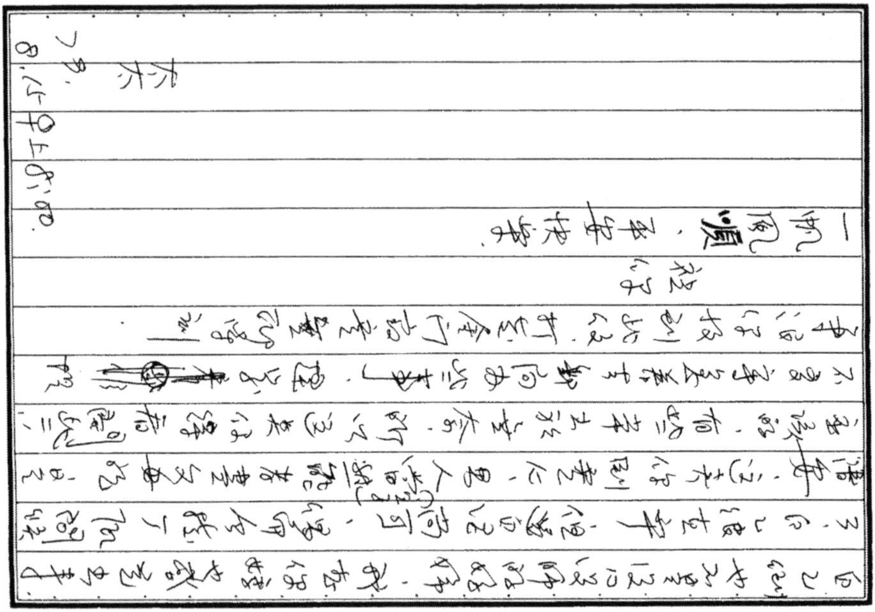

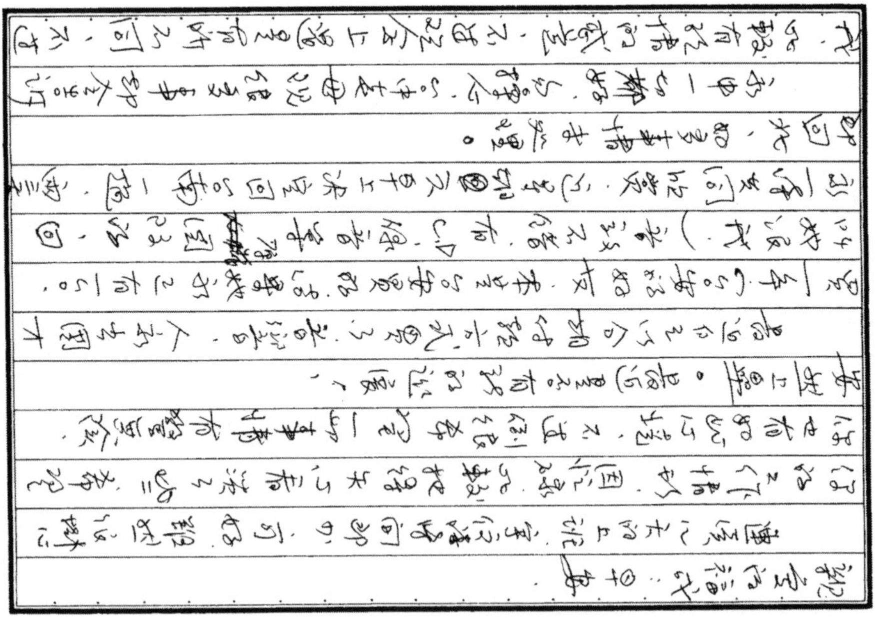

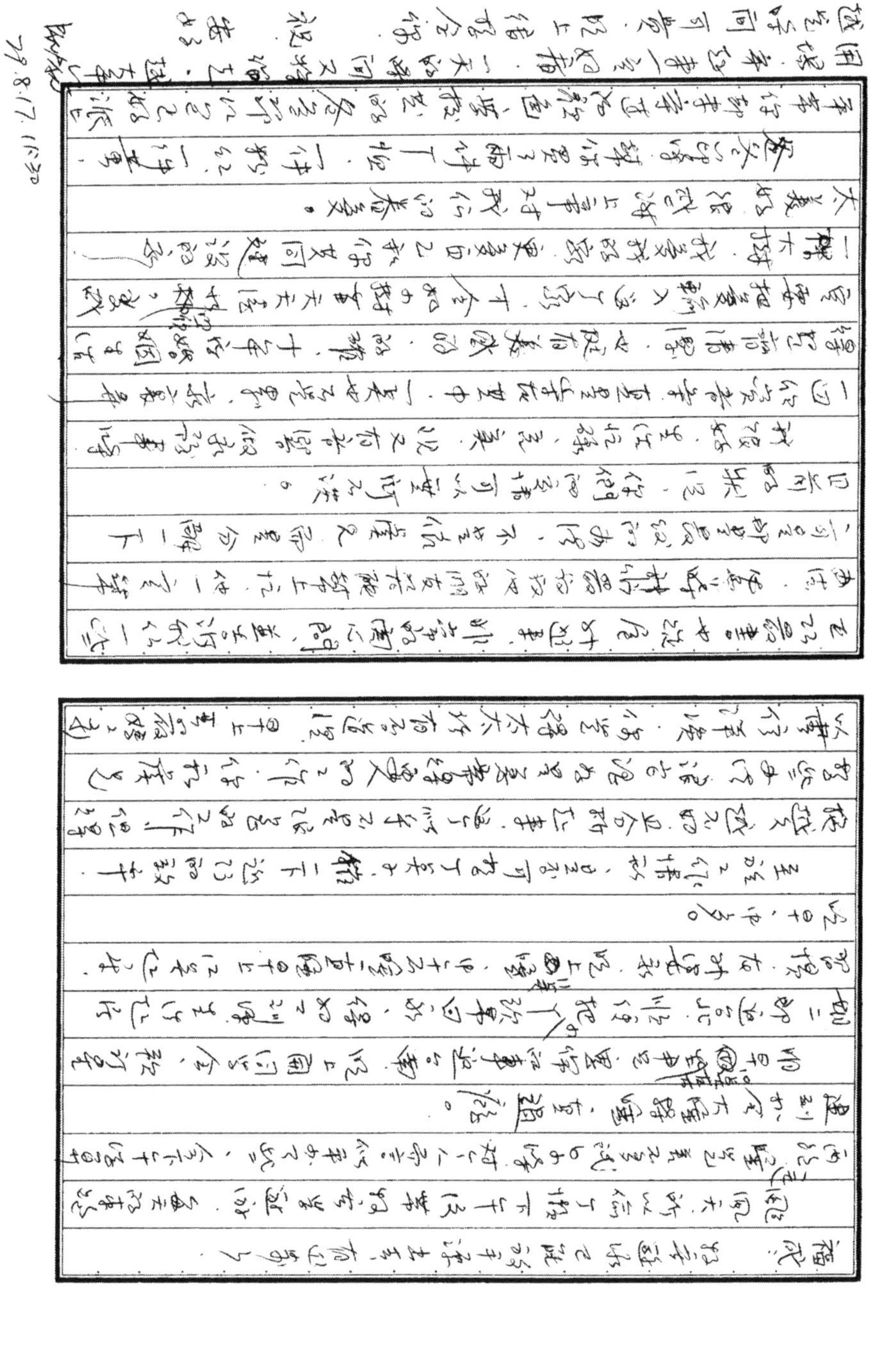

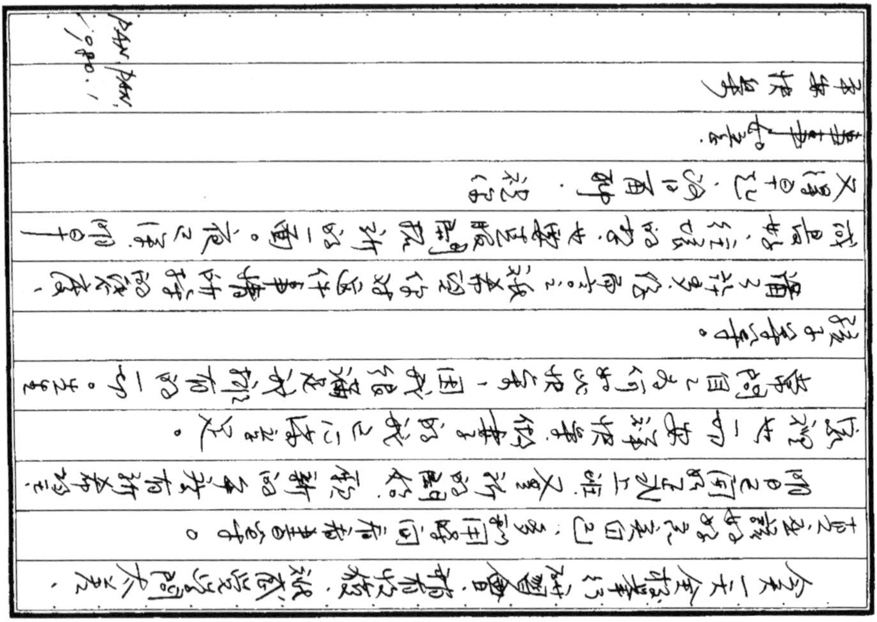

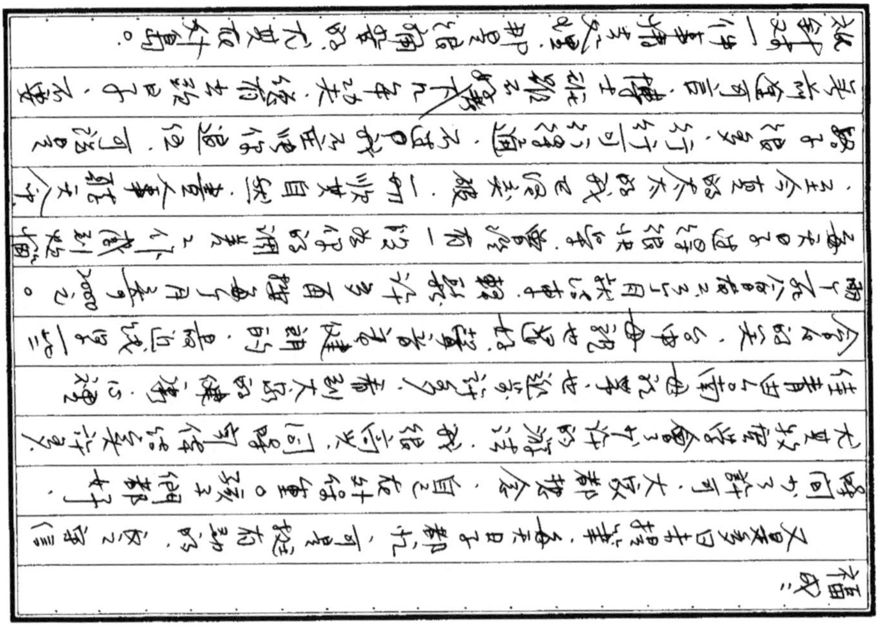

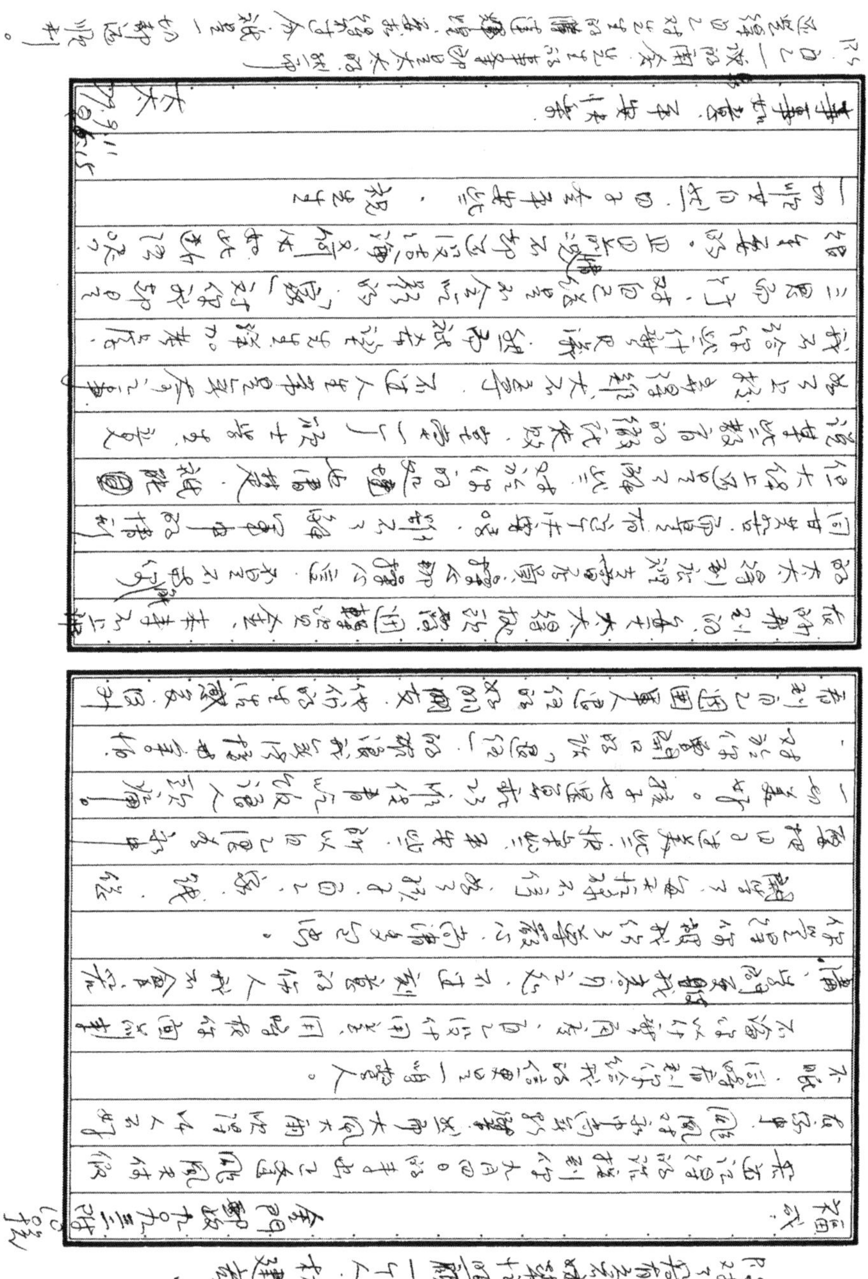

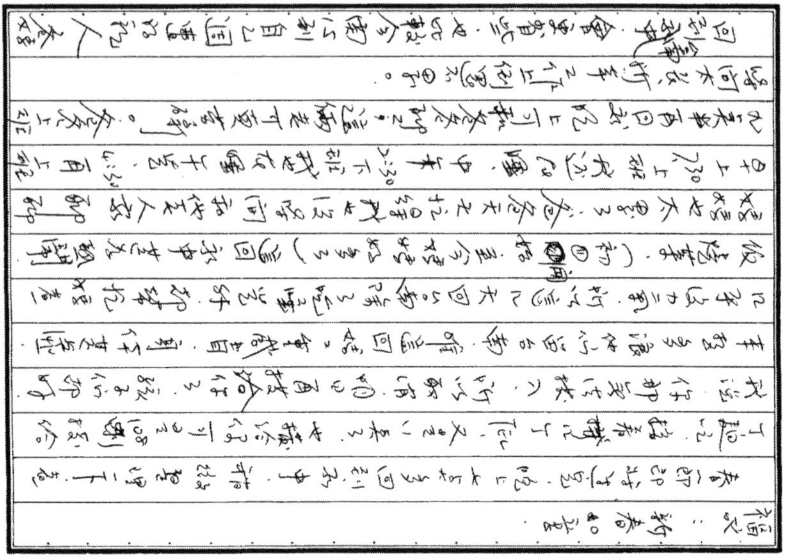

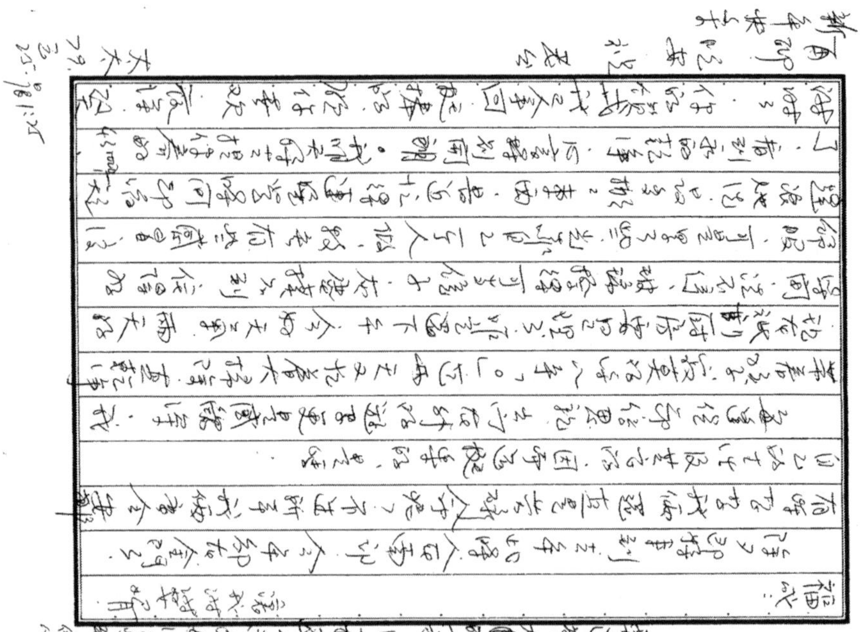

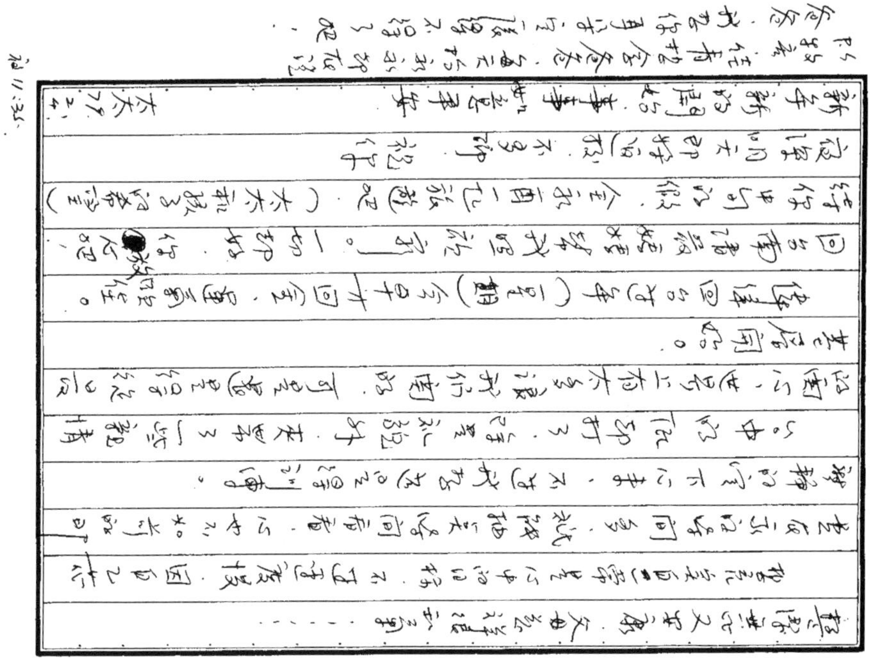

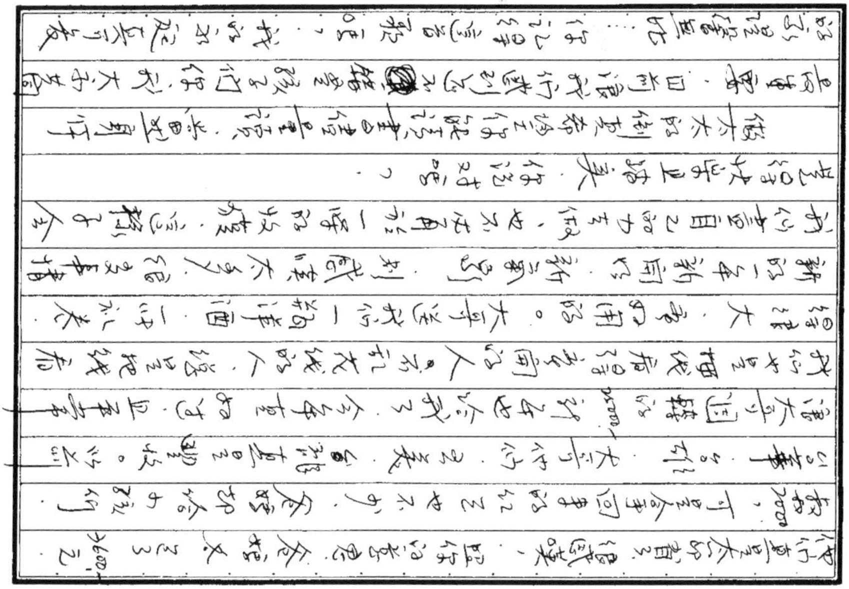

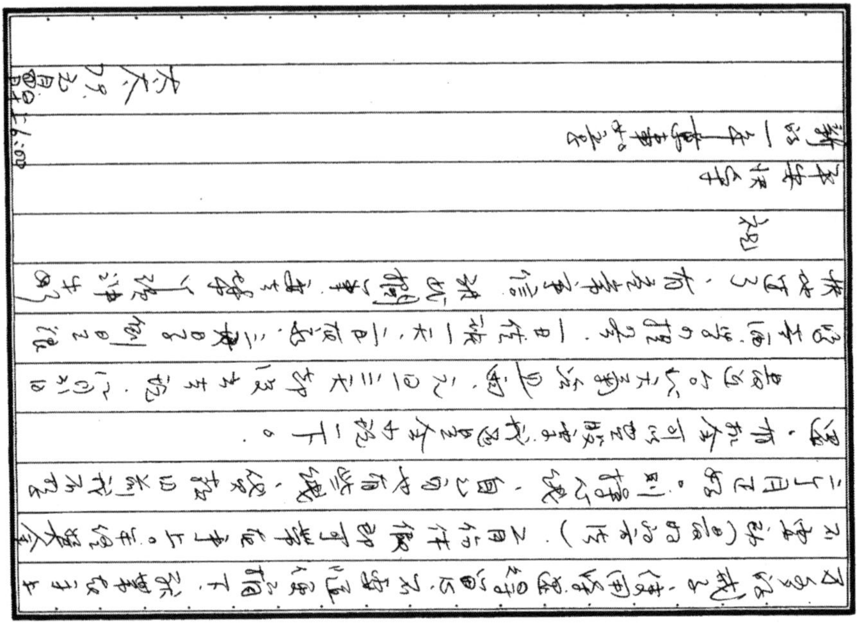

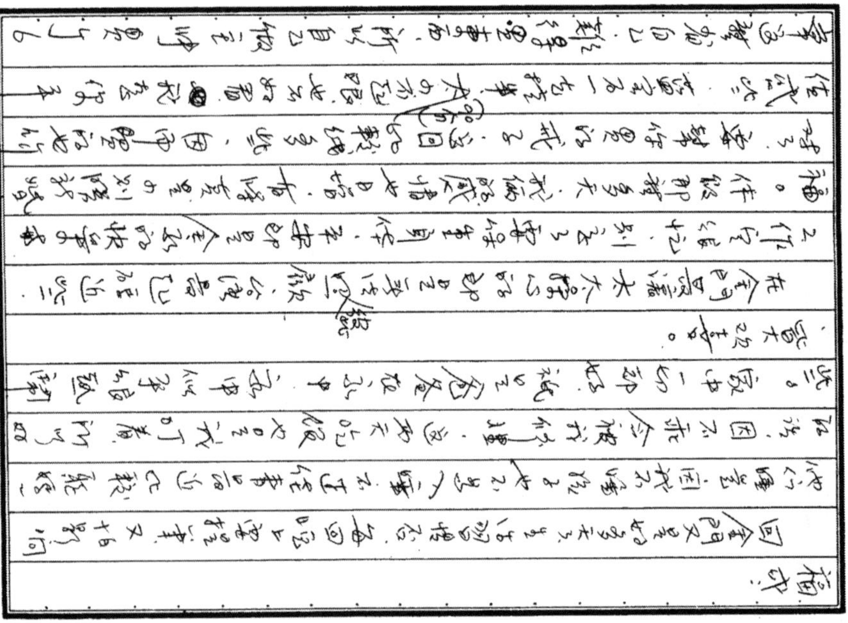

祖民：

人有了幸福，生活過得充實也快樂，對吧。今晚和
弟弟聊了許久，給了他信，所以你說，有這麼一位
好友幫你，真的難能可貴的。[illegible]有幾個
[illegible]不相上下，所以我們更覺得[illegible]。多麼可
而美好的事，[illegible]的人。
今日大考，[illegible]
[illegible]
[illegible]
[illegible]
[illegible]
[illegible]

[illegible]
[illegible]
[illegible]
[illegible]
[illegible]
五月[illegible]回[illegible]你來台[illegible]
[illegible]

祝

[illegible]快樂

[illegible]

79.3.21.

[illegible]

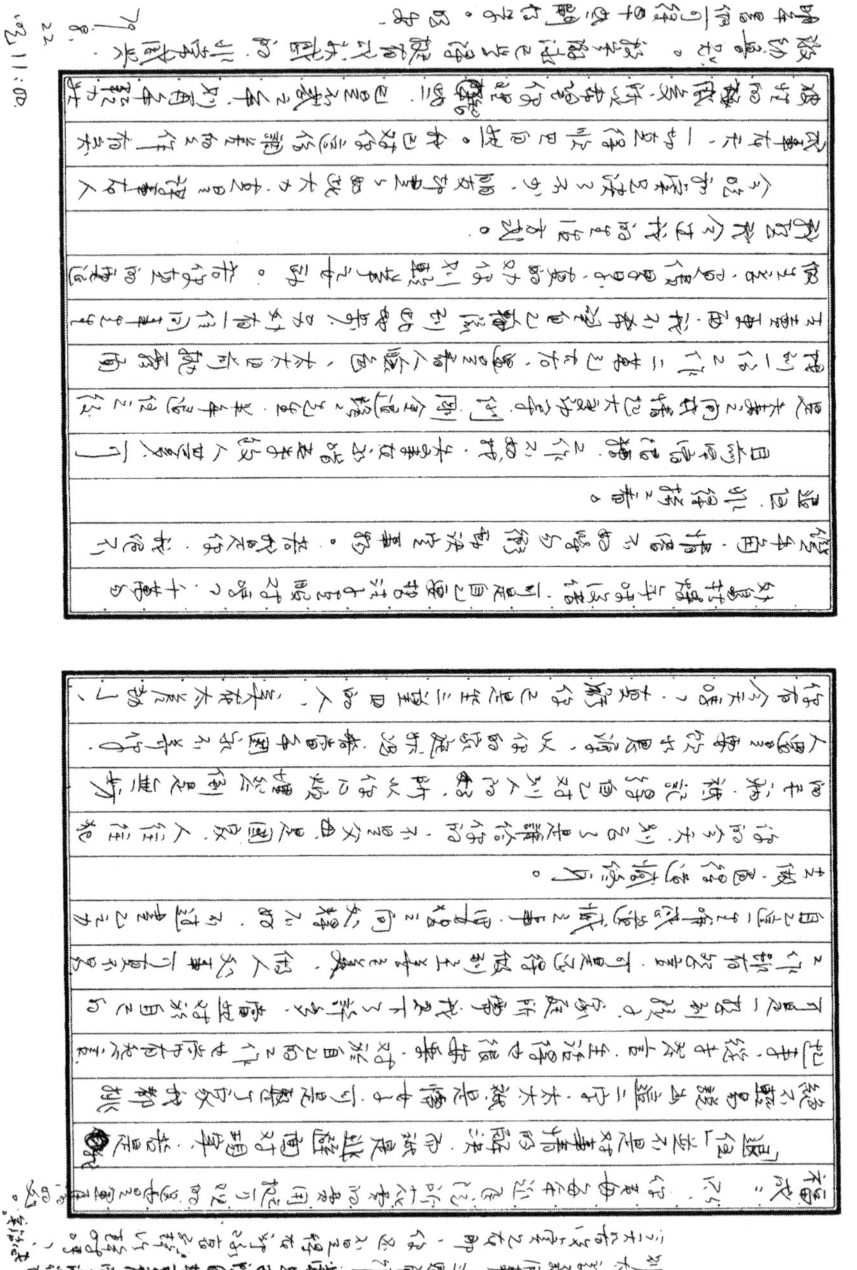

福成：

想念你，最近情緒上不甚好，所以沒提筆了。

三萬元收到了，謝謝。

出門在外自己多保重，有些事情總之不是自己所在的那邊甚好，自己工作都穿，一直比較無政府在公[illegible]孤單之做事，因為我的地方真如字面解釋一樣，「太白我了」，可是回台一半是為了孩子的其實，由於方便，一半也是自己，時間一天天的過，也熬到今天，但還是常常有很多不滿的現況、無奈何的狀況，同時也不能做決定[illegible]之事。自己很多煩惱之事也不能與你多談，怕你想多，祇希望在外的先生能平安快樂，最近有否有閑情看看書或什麼消遣，餘之再寫了，改日再聊。祝

健康平安快樂事事如意

79.7.14

0.晨6點